KB129014

인지행동치료와
수용·마음챙김 기반 치료

James D. Herbert · Evan M. Forman 공편
박 경 · 김혜은 · 양선미 공역

학지사

Acceptance and Mindfulness in Cognitive Behavior Therapy:
Understanding and Applying the New Therapies
by James D. Herbert, Evan M. Forman

Korean Translation Copyright ⓒ 2015 by Hakjisa Publisher, Inc.
The Korean translation rights published by arrangement with
John Wiley & Sons, Inc.

Copyright ⓒ 2011 by John Wiley & Sons, Inc.
Authorized translation from the English language edition published by
John Wiley & Sons, Inc.

All Rights Reserved. This translation published under license.

본 저작물의 한국어판 저작권은
John Wiley & Sons, Inc.와의 독점계약으로 (주)학지사가 소유합니다.
저작권법에 의해 한국 내에서 보호를 받는 저작물이므로
무단 전재와 무단 복제를 금합니다.

우리나라에서 최근 출간되는 상담 및 심리치료와 관련된 책 가운데 마음챙김이나 수용을 주제로 한 책이 유독 많다는 점은 여러분들도 동의할 것이라 생각됩니다. 이러한 현상은 이 책의 서문에서 Gerald C. Davison 교수가 지적한 미국의 상황과 크게 다를 바 없습니다. 마음챙김 치료가 근거 기반 치료로 자리매김을 하는 과정에서 많은 인지행동치료자는 회의적 혹은 비판적인 견해도 제시해 왔고, 이와 관련된 연구 또한 적지 않은 것이 현실입니다. 그럼에도 번역서뿐만 아니라 학위 논문을 비롯한 학술 논문이 끊임없이 증가하고 있습니다.

이 같은 현상을 몇 마디로 간단하게 설명하기는 어려울 것 같습니다. 우리나라에 수용전념치료를 비롯한 소위 'The third wave in CBT'라 불리는 치료들이 소개되고 심리치료자들에게 각광을 받게 된 것은 불과 10년도 채 되지 않았습니다. 그 사이 주로 국내에서는 치료자를 위한 매뉴얼이 번역서로 출간되었고, 많은 치료자가 다양한 치료 기법을 익히고 실제에서 적용하면서 경험한 도움도 이러한 변화에 영향을 미쳤으리라 생각됩니다.

그러나 마음챙김과 수용을 기반으로 한 치료들이 탄생하게 된 이론적 배경과 치료 철학에 대한 깊은 이해 없이 단순히 치료 기법만을 적용한다면 이는 바람직하지 못한 현상이라고 생각합니다. 역자는 이 책이 마음챙김과 수용을 기반으로 한 심리치료를 좀 더 체계적으로 이해하는 데 기여할 수 있을 것으로 기대합니다. 특히 이 책에는 마음챙김과 수용을 기반으로 한 치료들이 과학적 연구를 통해 튼튼한 터전을 마련하고 그 위에 이론과 실제라는 구조를 세워 완성된 치료임을 입증하는 다양한 연구들이 소개되어 있습니다. 이는 책의 차별성을 어필하는 동시에 치료자들에게 과학적 연구의 중요성을 다시 한 번 인식하게 해 주는 계기가 될 수 있다는 점에서 의미가 있습니다. 또한 이 책은 그동안 국내에 소개되지 않아 다소 생소할 수 있지만 여러 치료를 접할 수 있는 기회를 제공하고 있어 독자들로 하여금 새로운 치료에 대한 호기심과 흥미를 유발할 수 있을 것입니다. 아마도 이 책을 통해 마음챙김과 수용에 기반한 치료들을 개관한 후 관심과 흥미가 집중되는 치료를 발견하고 더욱 깊이 공부하고 싶은 욕구가 증가될지도 모르겠습니다.

이 책은 공동 역자인 김혜은 선생의 제안에 의해 시작되었습니다. 김혜은 선생은 ACT(수용전념치료)에 관심을 갖고 역자와 함께 국제 워크숍과 학회에 참석하여 공부하였고, 여성의 우울증 치료를 위한 ACT라는 주제로 박사 학위를 받았습니다. 김 선생은 박사 논문을 쓰는 과정에서 다양한 저서와 논문들을 살펴보면서 이 책을 접하였고 역자에게 이 책의 번역을 제안하였습니다. 역자가 대학원에서 마음챙김과 수용에 기반한 치료를 강의하면서 교과서로서 인지행동치료와의 관계와 차별성을 충실하게 소개한 교재의 필요성을 절감하고 있던 차에, 이 책의 체계적인 구성과 최신 연구들에 이끌려 주저 없이 번역을 결정하였습니다. 또 한 명의 공동 역자인 양선미 선생 역시 동일한 주제에 관심을 갖고 함께 공부하면서 박사 논문을 준비하고 있는 과정 중에 역자의 제안을 흔쾌히 받아들여 참여하게 되었습니다.

그러나 매번 그랬던 것처럼 번역서를 출간하면서 겪게 되는 고충에서 자유로울 수 없었고, 이 책의 번역 과정 역시 녹록하지 않았습니다. 특히 이 책은 여러 저자들이 참여한 편저인 만큼 각 장마다 글의 표현과 서술 방식 등이 다양하여 공동 역자와의 많은 논의와 수정이 필요하였습니다. 또한 역자가 이해하는 수준을 넘어서 독자에게 책의 내용을 충분히 전달하고 이해를 도울 수 있도록 하는 작업은 단순한 번역뿐만 아니라 국문의 다양한 표현과 어휘, 문법과의 씨름이기도 하였으며, 출간을 앞두고 있는 이 시점에도 여전한 아쉬움으로 남아 있습니다. 역자들 역시 매 순간 마음챙김과 수용이 절실한 쉽지 않은 과정이었습니다. 하지만 좋은 책을 번역하여 소개할 수 있었고, 무엇보다 제자들과 함께한 의미 있는 작업이었기에 과정 중에 겪어야 했던 어려움과 현재의 아쉬운 마음도 기꺼이 경험하려 합니다.

이 책이 출간되기까지 여러 가지로 지원을 아끼지 않으셨던 여러분이 있습니다. 특히 믿음을 갖고 출간을 수락해 주신 학지사 김진환 사장님께 감사드립니다. 또한 적지 않은 분량의 원고임에도 불구하고 세심한 교정과 편집에 신경을 써 준 허소라 님에게도 고마운 마음을 전합니다.

마지막으로 독자 여러분의 두 손에 이 책이 들려 있을 순간을 고대하며 부디 마음챙김과 수용에 기반한 치료의 이해를 도울 수 있는 밑거름이 되기를 바랍니다.

2015년 8월
역자 대표 박경

저자 서문

수용과 마음챙김 개념이 임상심리 및 이와 관련한 분야들에 갑작스럽게 퍼지게 된 것 같다. 나도 매주 쏟아지는 도서 전단을 받아 보면서 판단하건대, 요즘에는 제목에 '마음챙김' 또는 '수용'이라는 단어가 없는 심리학 책 한 권을 구매하려 해도 쉽지 않은 상황에 놓여 있다는 생각이 든다. 이러한 현상은 특히 자기계발 도서와 다른 심리학 경향 도서들에서 현저하게 나타나고 있다.

그러나 수용과 마음챙김 개념은 과학 저널에서도 점점 등장하고 있고, 또 가장 초창기 때는 인지적 구성 개념들은 거부하고 오로지 고전적 조건화와 조작적 조건화 용어로만 정의하였던 45년 된 행동인지치료학회와 같은 학술대회 프로그램에서도 수용과 마음챙김의 개념을 찾아볼 수 있다. 나는 1960년대 초반까지는 행동치료를 배웠다. 그 당시에는 행동치료를 '조건형성치료사'와 동일시하였는데, 이것은 비효과적으로 통제되는 치료이며, 또한 행동치료자들의 실제적 치료 수행에는 자아 정체성이 반영되지 않았고, 심지어 그들이 행한 것이 무엇인지에 관한 고찰도 없었다.

내가 대학원에서 Lazarus, Bandura 그리고 Mischel에게 행동치료와 평가를 배울 때, '새로운 물결'을 지지하며 때때로 들뜬 발언을 하는 비행동적 동료들의 세 가지 반응이 있었다. 첫째, "당신은 증상을 치료하지만 그 자체가 장애나 장해가 아니다. 그래서 오히려 더 해롭게 하는 경향이 있을 수 있다." 둘째, "나는 당신들의 효과나 효율성에 관한 보고를 믿지 않는다." 셋째, "새로운 접근에 대해 확신하며 나는 언젠가 이 접근이 도래할 것이라고 생각할 뿐만 아니라, 다만 다른 언어로 나의 치료 효과에 대해 이야기하기 위해 어느 정도 나는 '그것'을 해 오고 있다."

이제 나는 수용·마음챙김 경향이 인지행동치료(CBT)에서 세 번째 범주로서 분류되는 것에 대해 서슴없이 인정할 것이다. 확실히 말하면, 나는 간혹 수용·마음챙김이 수십 년 동안 일해 온 임상가들의 사고와 실제에 대한 이론적이고 절차적인 수정이라는 제3의 물결 또는 새로운 패러다임 용어보다는 좀 더 듣기 좋은 표현이라고 스스로 확신하기도 한다.

예를 들어, 1950년에 Skinner는 역작용에 관한 글을 썼고, 나는 그 주제를 1973년 Banff 회의 때 직접 개발하였는데, 거의 조롱에 가까운 (온화한?) 회의론적인 반응들을 접하게 되었다. 그리고 1920년 Jacobson이 처음 개발하였던 이완 훈련은 수십 년 후에 부적응적 공포를 둔감화하는 항불안 '반응'으로서 Wolpe와 Lazarus에 의해 조정되었다. 즉, 치료자는 환자에게 공포와 불안은 '함께하는' 과정이며, 또 이를 수용하고, 신체의 새로운 감각과 분산되어 있는 주의에 관해서도 걱정하지 않도록 격려할 필요가 있음을 이해해야 한다. 그리고 이 같은 형태로 자기-진정을 가르치고 이에 친숙해져야 한다. 끝으로, 수용 기반 CBT의 원리에 따르면 모순된 생각('나는 그것을 할 수 없다.' 와 같은)을 수용하고 이와 다르게 행동할 수 있지만, 외현적 행동을 변화시키기 위해 고전적 스키너 이론에 초점을 맞추고 있는 경우에는 내적 사고와 감정에 이론적으로나 절차적으로 거의 주의를 기울이지 않는다.

당파 간에 대결이 한창일 때 수용·마음챙김 접근을 누가 하였고, 아니면 누가 이를 가치 있게 보지 못했는가를 타당하게 추론하는 문제가 무시되는 경향이 있었는데, 과학적으로 현실에 기반을 둔 담론에서는 연구자들과 임상가들의 다양한 주장과 또 그것의 반대 주장들을 통해 이 문제를 정리하는 데 도움을 주었다. 나는 꼼꼼히 틀을 잡아 이 책을 편집해 준 James Herbert와 Evan Forman에게 매우 감사함을 표현하고 싶다. 그리고 무엇보다 이 책과 관련하여 때때로 이를 지지하는 사람들에 의한 많은 선전과, 개념적이고 절차적으로 선진의 경험 기반 심리사회적 치료를 시도하기보다는 현상을 보존하는 데 더 많은 관심이 있는 정통 인지(행동)치료자들에 의한 무분별한 거부 사이에서 몹시 힘들었음에도 불구하고 이를 냉철하고 개방적으로 평가해 준 것에 아주 감사하다.

당신은 인지행동치료에서의 마음챙김과 수용 경향 평가를 집중적으로 다룬 이 책을 공부할 때 나의 기쁨을 상상해 볼 수 있을 것이다. 나는 특별히 이 책이 Herbert와 Forman이 편집하여 더 환영받고 있다는 것을 안다. 이들은 마음챙김과 수용을 다루지 않는 전통적 CBT에서는 전도유망한 발전을 기대하기 어렵다고 본 학자들이고, 각 주제에 있어 최고이며, 독창적인 사고력을 가진 분들이다. 그래서 이 책을 생생하게 집필하였다.

이 책의 제1부 1장은 Herbert와 Forman이 집필하였고, CBT에서 심리학적 수용과 마음챙김 개념에 대한 관심의 폭발적인 증가에 대해 재검토하였다. 그리고 이들은 이러한 발전이 제기하는 다양한 임상적이고 이론적인 질문들과 그 분야 내에서 그 발전이 유발했던 갈등을 이 책 전반에 걸쳐 잘 배치하였다. 그런데 이러한 새로운 발전에 대해 분명하게 동조함에도 불구하고, 이 논쟁들을 심각하게 다루지 않으며, 여러 장에서 이러한 언급을 하지 않았다.

이 책의 제1부 2~10장은 CBT의 주요 현대적 모델과 관련하여 제시하고 있다. 인지치료와 같은 전통적 관점들을 설명하고 있지만, 여기에서의 초점은 주로 다양하고 참신한 수용 기반 모델들에 있다. 그리고 이러한 장들은 각각의 모델에 있어서 전문가에 의해 작성되었다. 또한 각 장은 모델에 대한 질문들을 기술하였을 뿐만 아니라 그 핵심 질문들은 어떻게 다루고 있는지에 초점을 맞추었다. 여기에는 직접적인 인지적 변화 전략들의 역할, 마음챙김과 수용의 역할, 그리고 임상적 효과와 이론적 과정에 있어서의 과학적 위상이 포함되어 있다.

이 책의 제2부는 세 개의 장이 포함되어 있는데, 이 장들은 앞에서 언급한 다양한 이슈를 통합적인 관점에서 확장하였다. 첫 번째 장은 전통적인 인지치료의 지지적인 관점에서 이러한 발전을 다루고 있다. 두 번째 장은 수용전념치료에 대한 지지적 견해에 관한 분석을 실었다. 세 번째 장은 나의 친구이자 동료인 Marv Goldfried가 인지행동치료의 선구자로서 가치 있게 여기고 깨달은 부분들을 통합하고 분석하여 치료 실제에서 CBT를 확장하고 넘어서는 입장을 소개하였다.

마음챙김과 수용의 경향은 새 병에 담긴 오래된 와인이라 볼 수 있는가? 만일 당신이 이를 믿는다면 마시는 경험에 영향을 미칠 수 있는 와인을 담는 용기를 생각해 보라.

미국 서던캘리포니아 대학교
Gerald C. Davison, Ph.D.

차 례

제2부 통합과 종합

제1부

심리적 수용과 마음챙김에 관한
행동치료의 새로운 발전

01 인지행동치료의 진화
심리 수용과 마음챙김의 발전

James D. Herbert & Evan M. Forman

모험하는 것은 위험하다. 왜냐하면 잃을 수 있기 때문이다. 하지만 모험하지 않는 것 또한 너무 약은 것이다. 모험을 좋아해서 잃지 않을 것이라고 보는 상황에서조차 잃을 수도 있기 때문에 모험을 선택하지 않을 수도 있다. 어떤 경우에도 쉬운 일은 없다. 그러므로 아무것도 아니라는 그것을…… 스스로가.

-Kierkegaard, 『*The Sickness Unto Death*』(1849)

오늘날 인지행동치료(Cognitive behavior therapy: CBT)는 북미, 영국, 유럽, 아시아와 남미에 이르기까지 많은 나라에서 심리치료의 주류가 되었다. CBT가 발전하게 된 것은 여러 요인 때문인데, 주요하게는 증거중심주의에 대한 관심이 증대되고, 행동 건강 서비스에서 책임이 요구되었기 때문이다(Baker, McFall, & Shoham, 2009). CBT는 정신병리에 대한 연구에서부터 처치에 이르기까지 과학적인 접근을 유지해 왔다. 많은 연구에서 정신병리의 인지행동이론과 CBT 개입의 효과성에 대해 평가해 왔다. 이러한 과학적인 연구로 인해 CBT는 독특한 입장에서 심리치료 분야를 주도해 오고 있다.

이러한 예외적인 성장으로 인해 한 가지 의문이 제기된다. CBT란 정확히 무엇인가? 정신병리나 심리치료의 특정한 모델인가? 아니면 치료의 영역인가? 사실상 CBT는 명확한 정의를 내리기에 너무 광범위해졌다. CBT의 다학제 국제기관인 인지행동치료 발전을 위한 협회(The Association for Advancement of Behavioral and Cognitive Therapies) 웹사이트에서는 CBT에 대한 구체적인 정의를 내리는 대신 협회의 임무를 '인간이 가진 문제를 이해하고 개선하는 데 대한 과학적 접근을 발전시키는 것'으로 설명하고 있다. 다양한 이론, 원칙, 모델, 기법들이 CBT의 기준에 영향을 받고 있으며, 심각한 정신병리와 발달장애의 진단 및 처치에서부터 운동선수의 성취를 극대화시키는 것에 이르기까지 인간이 경험할 수 있는 전 영역에 적용되고 있다. CBT는 인간의 건강을 증진시키는 것을 목표로 한 실증적 증거 기반 심리학 이론 및 기술의 동의어라고 할 수 있다(Wittchen & Gloster, 2009).

다른 과학에 기반을 둔 치료들과 마찬가지로 인지행동치료는 고정된 것이 아니며 지속적으로 발전하고 있다. 검증된 이론과 기법들이 끊임없이 생겨나고 있다. 현대의 기술들이 완벽하지 못하다는 것은 일반적인 인식이다. 가장 최신의 이론들도 완전하지 못하고 때론 잘못된 것일 수도 있으며 아직도 정확한 것을 모르고 있고 진전을 기대하고 있는 정도다. 이렇게 점진적이고 자연적인 진화는 오늘날 이론들과 관련 평가, 치료, 예방 기법으로 주목받는 수용과 마음챙김의 극적인 출현을 보여 주고 있다. 지난 10년간 우리는 인지치료 학자들과 임상가에 의해 이 이론에 대한 폭발적인 관심을 목격할 수 있었고, 마음챙김과 수용에 초점을 둔 개입 기법과 이론적 틀이 인지행동치료의 새로운 모델임을 지켜보고 있다. 인지행동치료의 전통적 접근의 기초가 세워지는 동안 이 같은 새로운 영역의 개발에 흥분해 하고 놀라운 변화가 일어나고 있다.

● 맥락 내에서의 수용과 마음챙김

이러한 발전에 논란이 없는 것은 아니다. 가장 논쟁이 활발한 주제는 진정 어디까지 독창적인 것인가와 전통적인 CBT 모델에 가치를 더할 수 있을지의 여부다. 일부 수용 기반 접근 지지자들은 초기 모델에 근거를 두고 있음을 인정하면서도 초기 CBT 형태와는 전형적으로 구분되는 것으로 본다.

Hayes(2004)는 CBT의 역사를 중첩되면서도 뚜렷하게 구별되는 세 개의 세대로 나눌 수 있다고 보았다. 1세대는 Skinner(1953), Wolpe(1958), Eysenck(1952)의 획기적인 업적에서부터 시작하여 1950년대와 1960년대에 확장되었으며, 정신분석 이론과 치료의 약세에 대항하여 발전되었다. 이 접근은 정교한 학습 이론에 근거하고 있는데, 이들 대부분은 동물 실험을 통해 발전되고 정교화되었으며, 실험실과 응용 기술에서 파생된 기초 과학 발전과 밀접한 관련이 있다. 또한 고전적 조작 조건 형성을 활용한 행동 수정에 집중하였다.

Hayes에 따르면 2세대는 1960년대 후반에 시작되어 1990년대까지 지속되었으며, 정신병리의 발전과 치료에 있어서 언어와 인지의 중요성을 강조하였다. 개인의 세계에 대한 해석, 특히 정서적 상황과 경험을 개인이 어떻게 해석하는지에 대한 연구가 중요하게 되었다. Ellis(1962)의 합리적 정서행동 치료(rational emotiove behavioral therapy), Beck 등의 인지치료(CT)(Beck, Rush, Shaw, & Emery, 1979)가 주요한 업적이다. 여전히 과학적 접근을 취하고는 있지만, 연구의 초점은 기초 심리 이론을 발전시키고 응용하는 것에서부터 다중으로 구성된 치료 프로그램의 효용성을 평가하는 임상적 시도로 이동하였다. 심리 수용이 인지 모델에서도 특히 불안장애를 다룸에 있어서 종종 등장하였지만, 직접적인 인지 구조화와 관련해서는 상대적으로 중요하지 않은 이차적 역할이었다(본서, Dozois & Beck).

Hayes의 분석에 따르면 CBT의 3세대는 1990년대에 시작되었으며, 심리 수용과 마음챙김 원리를 강조하였다. 2세대와 마찬가지로 3세대도 정신병리와 치료에 있어서 인지와 언어 과정의 중요성을 인정한다. 하지만 3세대 접근은 개인의 고통스러운 사고와 감정을 변화시키려고 애쓰기보다 경험을 비판단적으로 수용하는 자세를 갖는 것에 집중함으로써 심리적 안녕을 고양시키고자 한다. 뿐만 아니라, CBT의 3세대는 임상 실험을 지속하는 동시에 기초 이론과 응용 기술을 연결하고자 하는 전통적 접근에 새로운 관심을 보이고 있다.

많은 CBT 학자 중에서도 특히 마음챙김과 수용 기반 접근에 관심이 있는 이들은 Hayes의 이론을 유용하고 체험적인 것으로 보았다(예: Eifert & Forsyth, 2005). 하지만 다른 이들은 이러한 분석이 기존의 이론에 비해 차별적인 요소들을 과장한다고 믿었다(Arch & Craske, 2008; Hofmann & Asmundson, 2008; Leahy, 2008).

비판가들은 수용과 마음챙김에 대한 관심이 증대되고 있고, 임상적 유용성에 대한 가능성이 있음을 인정하면서도 특히 이론적 수준에서는 기존의 접근들과 근본적으로 차별점이 없다고 생각한다. 일부 학자들은 발전하는 세대라는 비유보다는 오래된 것에서부터 파생하여 새로 뻗어나는 나무(Hofmann, 2010)나 하류로 흐를수록 강해져서 바위도 들어올리는 시내(Martell, 2008)라는 비유를 더 선호한다. 세 개의 '물결'에 관한 다른 비유는 혁신적인 '제3의 물결'(Hayes, 2004)과 같이 과열된 미사여구가 생기기도 했고, 다른 이들은 이를 비웃으며 '오래된 모자'(Hofmann & Asmunsdon, 2008)일 뿐이라고 하였다. 이러한 논쟁은 명료화와 관련된 주제를 강조한다는 점에서는 어느 정도 유용할 수 있지만, 정리되는 데는 시간이 걸릴 것으로 보인다.

Hayes의 분석이 '진실'을 대변하는 것이 아니라 심리치료 분야의 촉망받는 흐름과 관련된 역사적 서술에 가깝다는 사실을 기억해야 한다. 이 분석의 궁극적인 운명은 즉각적으로 결정될 수 없으며 역사학자들의 판단을 기다려야만 한다. 현대 사건들을 포함하는 역사적 기간을 구분 짓는 데 지나치게 많은 노력을 기울이는 것은 어리석은 일이다. 의문이 있을 때 일시적인 거리를 유지하는 것은 종종 보다 덜 편향된 시각을 제공한다. 따라서 현재를 포함하는 특정 이론의 정당성에 대한 과열된 논쟁은 시기상조다.

이러한 이슈와 관련해서는 상반된 입장들이 있지만, 다음의 두 가지 일반적인 사실에는 동의한다. 첫째, 수용과 마음챙김에 근거한 이론 및 임상적 접근에 과학자, 학자, 임상가 모두가 급격한 관심을 보인 것은 부인할 수 없는 사실이다. 예를 들어, 수용 전념 치료(ACT)에 관한 중요한 논문이 1999년에 처음 발간되었으나(Hayes, Strosahl, & Wilson, 1999), 2010년이 시작될 무렵 PsycInfo에 '수용 전념 치료'를 주요어로 하는 논문이 363개 이상이었다. 이와 유사하게, 마음챙김에 근거한 인지치료가 2000년에 PsycInfo에 처음 등장하였고, 최근 연구들에 의해 150회 참조되었다. DBT(Dialectical Behavior Therapy)나 MBSR(Mindfulness-Based Stress Reduction) 같은 수용에 근거한 다른 모델들에서도 유사한 학문적 성과가 나타났다. 둘째, 앞에서 언급한 바와 같이 CBT는 특정한 이론적 혹은 치료적 모델을 대변하는 것이 아니다. 오히려 전통적인 모델과 수용 기반 모델 모두를 포함하는 보다 넓은 의미의 이론 및 개입이라고 할 수 있다(Forman & Herbert, 2009). 일부 학자들은 CBT를 CT와 혼용하기도 하지만(예: Hofmann & Asmundson, 2008), 대부분은 CBT가 보다 폭넓은 접근을 포함하고 있는 것을 인지하고 있다. 따라서 'CBT'를 CT, ACT, DBT(Linehan, 1993)와 같은 특정한 치료 모델과 대조하는 것은 '나무'와 '참나무'를 비교하는 것과 유사한 범주상 오류다. 이보다는 광범위한 CBT 내에서 구체적인 모델을 구분하는 것과 같은 의미 있는 구분이 필요하다.

● 심리 수용과 마음챙김의 역사적 전통 및 근거

최근 심리 수용과 마음챙김이라는 개념이 심리학자들의 관심을 사로잡고 있지만, 심리학은 물론 동서양 문화에 근거한 깊은 역사적 근거가 있다(Williams & Lynn, 출간 중). 마음챙김의 현대적 개념은 불교 전통에서 유래를 찾고자 하는 경향이 있는데, 불교는 초기 힌두교의 믿음과 관습에 근거하고 있다. 불교에서는 인간의 괴로움을 '없는 것'을 소망한 결과, 즉 항상 현재일 수 없는 특정한 사물과 마음상태에 집착하기 때문이라고 하였다. 모든 것은 일시적이기 때문에 이러한 집착은 괴로움으로 연결될 수밖에 없다. 명상은 이러한 괴로움을 없애고 영적 깨달음을 얻기 위한 것이다. 지각을 구성하는 언어의 영향은 직접적인 경험과 개념 이해를 혼동하는 경향성으로 여겨진다. 불교 인식론자들은 영적 깨달음에 집중하는 실용주의 경향이 있다. 윤리적 관심도 불교 전통에서 중요하다. 선한 행동(Sila)은 외적인 형태보다는 행동 이면의 의도에 의해 결정된다. 이러한 의도가 개인의 업보(Karma), 즉 행복, 영적 깨달음, 환생 과정을 결정하는 힘을 이끌어 낸다. 불교에서는 '중도', 즉 방종과 자기 박탈의 양극단 사이의 중용을 강조한다. 많은 불교 개념이 현대 CBT의 수용 기반 모델에 반영되어 있다(Kumar, 2002).

심리 수용과 마음챙김 개념이 고대 동양 철학에 근거하고 있지만, 서구 문화 안에서 중요한 개념들이 형성되었다는 사실도 인정해야 한다. 스토아학파와 같은 그리스 철학은 괴로운 경험에 대한 수용을 강조하였다(Williams & Lynn, 출간 중). 또한 기독교는 괴로움을 수용하는 것이 상황을 개선하는 데 도움이 된다고 보았다.

심리학자들이 심리 수용과 마음챙김에 관심을 보이게 된 것이 지난 20여 년 동안에 일어난 일이긴 하지만 심리학 연구들에서 그 개념이 나타난 것은 100여 년이 넘는다. Williams와 Lynn(출간 중)은 수용의 개념을 20세기 심리학에서 찾는다. Freud(1910/1965)는 과거의 고통스러운 경험에 집착하는 것은 현실에 당면한 관심거리들에 집중하는 것을 방해한다고 설명하였다. Freud 이후의 정신분석학자들은 자기 수용을 정신분석의 주요한 목표로 보고 자기 수용을 심리 치료의 핵심 주제로 설정하였다. 1940년대에는 자기 수용을 정신 건강과 밀접한 관련이 있는 것으로 보고, 심리치료의 주요 목표로 삼은 Carl Rogers(1940)의 업적이 두드러졌다. Rogers에게 자기 수용은 단순히 자존감을 개발하는 것을 넘어서 개인의 경험 전체를 수용하는 것을 포함한다. 1950~1960년대는 심리 수용과 관련된 임상 연구가 시작된 시기다. 일부 연구에서는 자기 수용과 정신병리 간의 부정적 관계 뿐만 아니라 자기 수용과 타인에 대한 수용 간의 긍정적 관계를 입증하였다 (예: Berger, 1955). 1970년대에는 통제 소재(locus of control)와 같은 자기 수용과 다른 개념들 간의 관계가 연구되었다(예: Chandler, 1976). 뿐만 아니라 학자들은 '자기'와 '타자'의 영역을 넘어선 수용에 대한 개념을 연구하기 시작하였다. 1980년대에는 모리타 치료(Morita therapy; Ishiyama, 1987)와 같이 심리 수용을 목표로 하는 치료적 개입을 심화시키는 것뿐만 아니라 자기 수용과 관련된 다양한 개념을 연합시키는 것에 대한 연구가 계속되었다.

1990년대는 심리 수용과 관련한 연구와 이론의 발전에 있어서 중요한 시기다. 가장 주목할 만한 점은 초점이 자기 수용에서 진행 중인 주관적 경험, 특히 괴로운 경험에 대한 심리적 혹은 '경험적' 수용으로 옮겨졌다는 점이다. 이러한 변화는 자기 수용과 자존감의 개념을 혼용하는 문제로 나타났다. 자존감과 달리 Rogers (1940)의 초기 작업에서 볼 수 있듯이 경험 수용은 정서와는 별개로 개인의 경험 전체를 수용하는 것을 뜻한다. 뿐만 아니라, CBT 전통과 경험 수용을 중요한 도구로 강조하는 많은 심리치료 모델이 이 시기에 태동하였다.

● 수용, 마음챙김, 관련 구조들의 현대적 개념

수용과 마음챙김에 대한 관심이 증가하면서 이에 관련된 개념과 용어도 급증하였지만, 명확한 정의와 개념 간의 관계에 대한 합의는 아직 이루어지지 않았다. 이 용어에는 마음챙김, 심리(혹은 경험) 수용(그리고 반의어인 경험 회피), 상위인지 자각, 거리두기, 탈중심화, 재인식, 탈융합, 기꺼이 경험하기, 애정결핍, 비판단, 괴로움 견디기 등이 포함된다. 마음챙김, 수용과 같은 일부 개념은 많은 이론과 치료 모델에서 사용되는 반면, 탈융합, 상위인지 자각과 같은 용어들은 특정한 이론에 제한적이다. 마음챙김과 같이 보다 널리 사용되는 용어들은 각각의 모델을 깊이 이해했을 때에야 온전히 그 의미를 알 수 있는, 이론상 미묘한 차이가 있다. 그럼에도 불구하고, 다양한 이론들의 미묘한 차이를 면밀히 조사하지 않더라도 용어들에 대한 일반적인 이해는 가능하다.

마음챙김

마음챙김에 대해 가장 자주 언급되는 정의는 Kabat-Zinn(1994)에 의한 "특정한 방식으로 주의를 기울이는 것: 의도적으로, 현재에, 비판단적으로(p. 4)"다. 이 정의는 불교의 순수한 주의(bare attention), 즉 의식의 흐름을 평가하거나 판단하지 않는 직관에 의한 주의를 강조한다. 보다 개념을 명확히 하고 합의점을 찾기 위해 Bishop 등은 많은 논의 끝에 현재의 경험에 지속적으로 주의를 기울이는 것, 열려 있고 호기심 있는 자세를 갖는 것, 경험을 비판단적으로 수용하는 것이라고 정의를 내렸다. 대부분의 정의는 주관적 경험에 대한 인식과 이를 비판단적으로 수용하는 것에 대한 강조가 포함된다. Herbert와 Cardaciotto(2005)는 마음챙김을 두 가지 요소, 즉 "(a) 현재 경험 전체에 대한 고양된 인식 (b) 경험에 대한 비판단적 수용 자세"(p. 198)로 정의 내릴 것을 제안하였다. Cardaciotto, Herbert, Forman, Moitra와 Farrow(2008)는 필라델피아 마음챙김 척도(Philadelphia Mindfulness Scale: PHLMS)를 개발하여 이러한 두 측면을 평가할 수 있도록 하였다. 이들은 마음챙김의 두 가지 측면이 가지는 특수성을 지지하는 심리측정 자료들을 제시하였다. 마음챙김과 관련된 다른 척도들은 부가적인 요소들을 포함한다. 예를 들어, 켄터키 마음챙김 기술 척도(Baer, Smith, & Allen, 2004), 5요인 마음챙김 척도(Baer, Smith, Hopkins, Krietemeyer, & Toney, 2006), 그리고 개정된 인지 정서 마음챙김 척도(Feldman, Hayes, Kumar, Greeson, & Laurenceau, 2007)는 인식과 수용의 개념을 분석하는 네 개 혹은 다섯 개의 구성요소를 포함하고 있다.

마음챙김과 관련하여 두 개의 해결되지 않은 이슈가 있다. 먼저 마음챙김을 분석하기 위해 얼마나 많은 구성요소나 차원이 필요하며, 이들이 서로 어떻게 관련 있는지다. 첫 번째 입장은 마음챙김은 단일한 구조로 이해되어야 한다는 것이다. Brown과 Ryan(2003, 2004)은 마음챙김의 수용과 알아차림 요소를 구분할 필요가 없다고 주장하였다. 왜냐하면 알아차림이 필연적으로 수용을 포괄하기 때문이다. 하지만 이러한 주장에 의문을 제기할 만한 개념적·임상적 배경이 있다. 첫째, 비판단적 수용 태도를 갖지 않을 때 고양된 알아차림이 나타나는 상황을 쉽게 상상해 볼 수 있다. 예를 들어, 공황장애는 생리적 단서에 대한 예민한 알아차림으로 나타나지만 경험을 수용하는 것과 공존하지는 않는다(예: Ehlers & Breuer, 1992, 1996).

알아차림과 수용이 구분 요소로 가장 적합하다는 것을 인정하더라도 이들이 서로 어떻게 관련이 있는지에 대한 동의는 쉽게 이루어질 것 같지 않다. 알아차림이 수용의 전제 조건이라는 접근이 가장 널리 받아들여지고 있다(Linehan, 1994). 이 접근은 마음챙김 명상을 임상 도구로 강조하는 입장과 일관된다[예: MBSR (mindfulness-based cognitive therapy)]. ACT에서도 매 순간을 인식하는 것이 중요한 개입 목표다. 하지만 알아차림을 높이는 것이 수용을 높이는 데 필수적이고 효과적인지는 분명하지 않다. 알아차림이 약해지는 상황에서 괴로운 경험이 비판단적이고 자연스럽게 의식 수준을 침범한다는 사실을 알 수 있다. 예를 들어, Csikszentmihalyi(1990)는 '몰입(flow)'을 한 개인이 한 가지 가치 활동에 매우 몰입되어 다른 내외부 자극에 대한 알아차림이 감소되는 상태라고 묘사하였다. ACT의 경우, 알아차림을 높이는 것의 목표는 언어 규칙에 따라 행동을 지배하는 것이라기보다 환경에 대한 민감성을 높이는 것이다. 하지만 의식을 인식하는 것은 진행 중인 환경적 맥락에 반응하도록 하는 행동을 위해 필수적인 것은 아니다. 사실 알아차림을 높이고자 하는 시도가 역설적으로 민감성을 낮추기도 한다. 게다가 알아차림의 가치에 의문을 제기하는 임상적 근거도 있다. Cardaciotto 등(2008)은 PHLMS의 두 하위 척도(각각 인식과 수용을 측정하는)가 서로 연관이 없다는 사실과 다른 척도들과 차별적으로 연합되어 있다는 것을 알아내었다(Herbert et al., 2010). 이러한 연구에서는 심리적 수용이 정신 병리와 강력하게 연합되어 있고, 수용에서의 변화가 치료적 성과를 예측하였다. 하지만 이러한 연구들이 알아차림을 뒷받침하는 사례는 아니다. 게다가 주관적 경험에 대한 알아차림이 높아지는 것은 분노와 적개심을 증가시키는 것(Ayduk, Mischel, & Downey, 2002)과 통증의 강도를 높이는 것(Miron, Duncan, & Bushnell, 1989; Roelofs, Peters, Patijn, Schouten, & Vlaeyen, 2004) 그리고 통증과 관련된 장애를 증가시키는 것(McCracken, 1997)과 연관되어 있음이 밝혀졌다.

앞에서 언급된 바와 같이 몇몇 이론가들은 마음챙김을 다섯 개의 요소로 구분하였다. 4~5개의 하위 구조가 존재한다는 임상적 지지도 있는 반면, 서로 간에 중첩되는 증거도 있어서 개념 구분과 임상적 유용성에 대한 의문이 제기되기도 한다(Baer et al., 2006). 분명한 것은 마음챙김을 구성하는 요소 간의 관계에 대한 이론적 · 임상적 연구가 필요하다는 점이다.

마음챙김과 관련된 해결되지 않은 이슈 중 두 번째는 주의집중 과정을 어떻게 개념에 포함시킬지다. 주의집중과 알아차림이 동의어로 보일 수 있지만 사실 이들 간에는 미묘하고도 중요한 차이가 있다. 주의집중은 경험의 제한된 범위에 대한 의도적인 집중을 포함하며, 특정 자극에 대한 알아차림을 높이면서 다른 자극은 덜 강조하거나 심지어 회피하는 것을 말한다. 반대로, 최소한 마음챙김의 맥락에서 자각은 특정 자극에 대해서만 배타적으로 집중하지 않으면서 경험 전체에 대해 의식적으로 지각하는 것이다. 마음챙김과 관련된 많은 논의들이 이 두 개념을 융합하고 있는데, 이는 마음챙김을 집중 명상 수련과 연관짓기 때문일 것이다. 이 둘 모두 집중을 향상시키는 것을 목표로 한다. 하지만 일부 학자들은 주의집중을 통제하고자 하는 어떠한 노력도 전체 경험에 대한 철저한 알아차림과 불일치한다고 말한다(Cardaciotto et al., 2008; Brown & Ryan, 2004). 더욱이 마음챙김의 알아차림 차원이 건강과 덜 혹은 역비례하여 관련되어 있다는 연구들이 현재의 개념화를 어렵게 하고 있다(예: Baer et al., 2006; Forman, Herbert et al., 2007; Cardaciotto et al., 2008). 따라서 마음챙김에서 주의집중에 초점을 두지 않고 알아차림을 이야기하는 것이 더 나을 수도 있다. 그럼에도 여전히 수용, 알아차림, 주의집중, 그리고 다른 요소들 간의 관계에 대한 동의가 남아 있다.

탈중심화와 탈융합

Beck에 따르면 인지에서 일정한 거리를 유지하는 것이 인지 재구조의 첫걸음이다. Beck은 이러한 거리두기를 인지 재구조에 필요하지만 충분한 것은 아니라고 보았다(본서; Dozois & Beck). MBCT와 ACT 같이 일부 수용에 기초한 치료들은 거리두기를 치료 전략으로 구조화하고 강조하면서, 탈중심화와 탈융합을 세계나 자아의 반영이라기보다 주관적 사건을 경험하는 과정이라고 보았다(Fresco et al., 2007; Hayes et al., 1999). 낯선 사람과 대화를 시작하는 데 불안이 있는 사람은 '내가 바보 같을 거야.'와 같이 미리 앞서서 생각할지도 모른다. 탈중심화된 혹은 탈융합된 관점에서는 진정한 가치를 특정한 방식으로 판단하지 않고 사고를 단어(혹은 소리)의 단서라고 알아차리기를 유도한다. 예를 들어, 사고 자체에서 불쾌해지는 것보다 대신 '재미있군. 내가 스스로를 바보 같을 거라고 생각하고 있는 것을 알겠어.' 뿐만 아니라, 행동으로부터 사고를 가지는 과정을 구분할 수 있는 인지에 대한 강조가 있다. 따라서 사회적으로 불안증이 있는 사람은 '저 사람에게 말을 걸어서는 안 돼. 나는 창피해질 거야.'라고 생각하는 동시에 낯선 사람에게 다가가서 대화를 할 수 있다.

거리두기와 탈중심화가 경험을 판단하지 않고 수용하는 정도를 함축하고 있기는 하지만 이 용어는 경험에 대한 수용보다는 경험으로부터 거리를 두고 알아차리기를 의미한다. 예를 들어, CT에서 사고로부터 거리를 두는 것은 수용하기 위해서가 아니라 인지 재구조화를 위한 첫 번째 단계로서 진정한 가치나 기능의 중요성을 점검하는 것이 목표다.

상위인지

마음챙김과 밀접한 관련이 있는 거리두기, 탈융합은 상위인지 혹은 상위인지 자각의 개념이다. 이 개념들은 인지이론으로부터 유래한 현대 CBT 모델의 용어다. 기본적으로 상위인지는 인지 과정을 의미한다(Flavell, 1976). CBT 연구에서 상위인지는 인지로부터 분리된 자각을 의미한다. 그리고 상위인지는 현실에 대한 반영이라기보다는 단지 정신적 사건으로서 경험되는 인지에 대한 분리된 자각을 의미한다. 상위인지는 현대 CBT의 두 모델, 즉 Segal, Williams와 Teasdale (2001)의 마음챙김에 근거한 인지치료, Wells(2000, 2008)의 상위인지치료에서 중요한 역할을 차지한다. 두 모델이 중요한 부분에서 차이가 있지만 인지 과정에 대한 분리된 자각과 특정 사고 그 자체보다는 감정 및 행동과 관련된 인지의 역할에 대한 믿음을 변화시키고자 하는 개입을 강조하는 공통점이 있다.

Teasdale 등은 상위인지 자각과 우울 간의 관계에 관해 연구하면서 MACAM (Measure of Awareness and Coping in Autobiographical Memory)을 사용하였다. MACAM은 경도 우울증에 대한 반응을 평가하기 위해 고안된 면담에 기초한 척도로 보다 분리된 마음챙김 시각 정도를 평가한다. Teasdale 등(2002)은 우울 병력이 있지만 현재는 증상이 없는 개인이 상위인지 자각에서 우울 병력이 없는 통제 집단에 비해 낮은 점수를 받았다고 하였다. 또한 낮은 상위인지 자각이 주요 우울장애의 높은 재발율을 예측하였다. 이러한 연구에 근거하여 Segal, Williams와 Teasdale(2001)은 상위인지 자각을 목표로 하는 우울증을 위한 마음챙김에 근거한 인지치료(mindfulness-based cognitive therapy: MBCT)를 개발하였다. 우울증 재발을 방지하기 위한 MBCT의 효과성을 지지하는 몇몇 연구가 있으며(Bondolfi et al., 출간 중; Kuyken et al., 2008; Ma & Teasdale, 2004; Teasdale et al., 2002; Teasdale, Segal, & Williams, 2003), 진행 중인 우울에 대한 치료로서의 MBCT를 지지하는 연구들도 이루어지고 있다(예: Barnhofer et al., 2009).

다른 독창적인 인지 접근은 상위인지이론(Wells & Matthews, 1994)과 연합된 개입 모델인 상위인지치료(Wells, 2000, 2008)다. 상위인지이론에 따르면 대부분의 부정적인 사고와 감정은 문제시될 필요가 없는 일시적 경험이다. 하지만 일부 개인에게는 비교적 심각하지 않은 부정적인 사고나 감정도 반추나 불안과 연결되어 내적 경험에 대한 자기 통제를 방해한다. 일단 반추가 촉발되면 감정이 고

양되고 반추가 더 깊어지는 악순환이 형성된다. 이 과정은 상위인지 요인에 의해
조정되며, 이는 사고를 감찰하고 통제하는 인지 과정을 주관한다. 상위인지는 지
연된 공포 감찰, 걱정, 사고 억압을 반영하는 긍정적인 상위인지와 경험의 통제
불가능성에 대한 신념과 특정 사고의 위험성을 반영하는 부정적인 상위인지로
구분된다. 긍정적인 상위인지와 부정적인 상위인지 신념 모두 반추를 시작하고
유지하는 데 기여한다. 정신병리는 특정한 부정적 사고의 결과라기보다 상위인
지 신념 안에서 편견의 결과로 보인다. 상위인지치료는 상위인지 과정에 대한 좀
더 나은 통제를 회복하기 위해 이러한 편향된 상위인지 신념을 수정하도록 개발
되었다. 중요한 점은 상위인지치료에서 변화는 자동적 사고에 직접적으로 의문
을 제기함으로써가 아니라 인지 그 자체를 통제하는 상위인지 신념을 수정함으
로써 가능하다는 것이다. 이는 고민을 하루 중 특정하고 제한된 시간으로 연기하
는 것, 행동 실험, 주의집중 훈련, 역설적 반추, 분리된 마음챙김 상태를 촉진하
는 것과 같은 개입으로 가능하다(Wells et al., 2009).

심리적 수용

　마지막으로 경험, 특히 현재 경험의 전체성에 관해 비판단적인 시각을 가질 것
을 제안하는 용어가 있다. 이를 반영한 용어가 심리 수용과 경험 수용이다.
Butler와 Ciarrochi(2007)는 수용을 "회피하거나 행동에 지나치게 영향을 미치도
록 하지 않고 기꺼이 심리 사건을 경험하는 것(사고, 감정, 기억)"(p. 608)이라고
정의하였다. 행동분석 접근에서 Cordova(2001)는 수용을 "이전에는 거부, 회피,
공격성을 일으켰던 자극을 인정하고, 견디고, 포용하고, 경험하고, 접촉하는 것"
(p. 215)이라고 정의하였다. Cordova는 또한 거부에서 수용으로 변화하는 것은
회피하지 않고 참여하는 것과 같이 행동 기능의 변화와 관련이 있다고 강조하였
다. Kollman, Brown과 Barlow(2009)는 수용을 "사고, 감정, 기억, 정신병리적 반
응과 같은 내적 사건을 기꺼이 온전히 경험하는 것"이라고 정의하였다. Williams

와 Lynn(출간 중)은 "고통스러운 경험을 끝내려고 하거나 즐거운 경험을 연장시키지 않으면서 현재 경험에 머무르는 능력"이라고 정의하였다(p. 7). 이러한 정의들은 경험 전체를 열린 마음으로 비판단적으로 수용하는 것을 가리키는데, 이는 괴로움을 일으킬 수 있는 외적 상황을 수용하는 것과는 구분된다. 예를 들어, 공포증이 있는 사람은 상황 그 자체를 받아들이는 것이 아니라 공포 상황에 의해 유발된 불안한 느낌을 수용할 수 있다. 이에 더하여 Williams와 Lynn은 심리 수용을 괴로운 느낌을 기꺼이 경험하는 것뿐만 아니라 긍정적인 경험에 지나치게 집착하는 것을 포기하는 것이기도 하다는 중요하면서도 간과되는 사실을 강조하고 있다.

CBT에서 심리 수용의 중요한 측면은 목표가 아니라 목표를 위한 수단이라는 점이다. 수용을 강조하는 CBT 모델은 구체적인 행동 수정이라는 보다 큰 목표를 위한 것이다. 무력감과 절망감으로 우울한 여성은 침대에서 빠져나와 친구와 점심을 먹으러 가는 것과 같은 목표 지향적 행동을 하도록 격려 받는 동시에 우울한 사고를 단순한 정신적 사건으로 수용하도록 격려 받는다. 이러한 측면에서 현대 심리학이 말하는 수용은 철학이나 종교적 전통과는 구별되는데, 이들은 수용을 인생의 목표를 위한 행동을 강화시키기 위한 도구로 보기보다 수용 그 자체의 중요성을 더 강조한다(Herbert, Forman, & England, 2009).

고대 전통에서 유래한 전통적 수용의 개념과 현대 심리학 개념의 구분점은 수용의 구인 타당도를 검증하는 최근 연구에서 보여 주고 있다. Kollman, Brown과 Barlow(2009)는 심리 수용을 두 가지 비슷한 구조에서 설명하고 있다. 인지적 재평가는 '정서를 이끌어 내는 상황 인지 변화의 형태'(Gross & John, 2003, p. 349)이고, 지각된 정서 통제(perceived emotional control)는 "내적 사건에 대한 지각된 행동적 혹은 간접적 통제, 가치 있는 방향으로 행동할 수 있다고 믿는 정도"(Kollman et al., 2009, p. 207)로 정의된다. 이 연구는 혼재되어 있는 바, 한편으로는 다른 구조의 양측 면과 관련된 수용에 대한 수렴 타당도와 판별 타당도를 지지해 주는 결과다. 다른 한편으로는, 수용은 걱정, 사회적 상호작용 불안, 안녕

감의 구조와는 관련이 없고, 반면 인지적 재평가의 지각된 정서 통제와 관련된
다고 보고 있다. 그러나 특정 문항의 분석에서 연구자들은 수용에 대한 세 가지
구성 개념을 언급하고 있는데, 이들의 수용 문항은 목표 지향적 행동과 어떤 관
련도 없는 '순수한' 수용 문항들이다. 이러한 용어의 사용은 앞에서 설명한 과
거 관점을 넘어서고 있다. 이와는 대조적으로 지각된 정서 통제 문항들은 사실
이름처럼 개인의 정서통제 능력을 반영하고 있지는 않다. 차라리 수용 기반 인
지행동치료 안에서 주로 사용되는 심리 수용 개념을 반영하는 바, 고통스런 경
험을 없애려는 욕구가 없는 목적 있는 행동에 관여하는 능력으로 볼 수 있다. 이
문항들 안에는 "나는 부정적인 사고를 하고 있는 동안에도 효과적으로 일할 수
있다." "나는 불안할 때 도전해 낼 수 있다." "나는 부정적인 정서를 느낄 때도
나의 책무나 과제를 해낼 수 있다." 등이 있다. 척도에서 보이는 문제점이 있음
에도 불구하고 이 결과가 놀라운 것은 고통스런 사고와 감정에 휩싸일 때 효과적
으로 행동하는 능력이 행동으로부터 거리를 두는 순수한 수용보다도 심리적 구
조들과 관련이 있다는 것이다. 행동치료 전통에 뿌리를 둔 수용 기반 인지 행동
치료는 이와 같이 한 개인의 조건과 행동 변화를 꾀하는 방법으로서, 심리적 수
용의 촉진을 추구하게 되는 것이다.

● CBT 수용 기반 모델의 특징

사고와 신념이 감정과 행동에 직접적으로 영향을 미친다는 것과 인지를 변화
시켜야 부적응적 행동과 행복에 관한 주관적 감각을 변화시킬 수 있다는 것은 서
구 심리학의 주요 주제다. 우리는 지인들에게 괴로움에서 벗어나려면 어려운 상
황에서도 '밝은 측면을 보라' 고 한다. 또한 아이들에게도 성적이나 운동 성과를
높이기 위해서 긍정적인 태도를 가지라고 한다. CBT에서도 전통적 인지 중심 모
델(예: CT, 스트레스 면역 훈련, 합리 정서 행동 치료)은 정서와 행동에 대한 인지의

인과적 효과를 묘사하는 왜곡된 역기능적 · 부적응적 인지를 목표로 하는 개입에 근거하고 있다.

반대로 수용 중심 CBT 모델의 핵심은 주관적 경험을 외현화된 행동으로부터 분리하는 것이 주요한 특징이다. 즉, 인지와 주관적 경험이 반드시 행동과 연관되어 있다고 보지 않고, 또한 인지나 정서 상태에 근거하여 일반적으로 예측되는 것과 일치하지 않는 방식으로 행동하는 것을 배우게 된다. 중요한 것은 인지의 내용을 변화시키는 것이라기보다는 인지와 행동 사이의 관계를 변화시키는 것에 있다. 수용 기반 접근은 무엇을 강조하느냐의 문제이지 정의의 문제가 아니다. 추후에 더 논의하겠지만, 인지 기반 접근은 고통스러운 인지를 변화시키기보다 수용하는 것을 강조하고 있으며, 수용 기반 접근은 때로 경험을 수정하고자 하는 직접적인 노력을 인정한다. 결국 각각의 접근은 수용과 주관적 경험의 변화 중 무엇을 더 강조하느냐에 따라 분명한 차이가 있다.

CBT의 모든 형태와 마찬가지로 수용 기반 모델들은 치료 과정과 이론에 대한 양적 · 임상적 평가와 관련이 있다. 이러한 과학적 측면은 '새롭고' '대안적이고' 심지어 '신비로운' 수용과 마음챙김의 특징에 매료된 임상가와 내담자 모두에게 놀라운 일이었다. 하지만 이들은 CBT의 핵심적인 과학적 특성은 공유하지 않았다. 한 예로, ACT에 열광하는 많은 임상가들에게 이 접근이 Skinner의 급진적 행동주의에서부터 유래한 기능 맥락주의에 토대를 두고 있다는 사실은 새롭다. 마음챙김이라는 용어가 현대 심리학에서 유행어가 되었지만, 과학적 이론과 연구에 단단한 토대를 두고 있다는 점은 차별점이다. 많은 차이점에도 불구하고, 모든 접근의 공통점은 과학에 근거하고 있다는 사실이다.

수용 기반 CBT의 다른 특징은 문제의 역사적 근거를 강조하지 않는다는 점이다. 과거에 대한 서술은 정확하지 않을 수도 있고, 정확하다고 하더라도 치료 성과를 위해서는 필요하지도 않고 충분하지도 않다. 사실 과거에 대한 서술은 이를 정체성의 중요한 부분으로 확고히 하는 데 기여하고, 따라서 보다 적응적인 방식으로 다르게 행동하는 유연성을 감소시킨다. CBT의 다양한 수용 중심 모델이 마음챙김과 수용 과정을 강조하고 직접적인 인지 혹은 정서 통제 전략을 강조하지 않는다는 사실은 공유하고 있지만 이론적 토대는 다르다. 그 결과 기본 가정, 이론 용어, 평가와 개입 기법 또한 다르다. 예를 들어, 마음챙김에 근거한 스트레스 완화(Kabat-Zinn, 1990, 2003)는 만성 질환이 있는 환자를 위한 접근으로 CBT 전통 밖에서 발전하였다. 반대로 많은 접근들이 초기의 전통적인 CBT와 특히 CT 전통에서 유래하였다. 여기에는 마음챙김에 근거한 인지치료(Segal et al., 2001), 상위인지치료(Wells, 2000, 2008), 공황 통제 치료(Barlow & Craske, 2006), 노출과 반응 방지 치료(Foa et al., 2005; Kozak & Foa, 1997), 다양한 노출 기반 개입(예: Marks, 1981), 인지 과정 치료(Resick & Schnicke, 1992, 1996), 심리 도식 치료(Young, Klosko, & Weishaar, 2003), 정서 도식 치료(Leahy, 2002)가 포함된다. 전통적인 CBT에서 근거를 찾아볼 때, 이러한 접근의 특징은 CT의 인지 변화 전략과 마음챙김 및 수용을 함께 사용한다는 점이다. 행동 분석 전통에 뿌리를 두고 있는 접근도 있다. 예를 들면, 기능 분석 심리치료(Kohlenberg & Tsai, 1991), 행동 활성화 치료(Martell, Addis, & Jacobson, 2001), 재발 방지(Marlatt, Barrett, & Daley, 1999; Marlatt & Gordon, 1985), 통합 행동 커플 치료(Christensen, Jacobson, & Babcock, 1995; Jacobson & Christensen, 1996), 그리고 ACT(Hayes, Strosahl, & Wilson, 1999) 등이 있다. 이러한 접근은 보다 철저한 탈융합과 수용을 개발하기 위해 직접적인 인지 혹은 정서 변화를 덜 강조하는 경향이 있다. 또한 특정한 개인이나 상태에 집중하는 치료들과는 달리 심리치료의 일반적인 모델을 제시한다는 점에서 특징적이다.

다양한 수용 기반 CBT는 기법을 서로 교환해 오면서 발전해 왔다. 예를 들어, 마음챙김 명상 기법은 최초에는 MBSR의 Kabat-Zinn에 의해 대중화되었지만 DBT와 MBCT 등 다른 많은 모델에도 적용되어 오고 있다. Beck의 CT 전통에 따르는 인지치료자들도 마음챙김과 수용을 강조하는 기법의 가치에 대해 인정하고 있다(본서; Dozois & Beck). 다양한 접근들 간에 논의는 있지만 두 가지 주제가 중심이다. 첫째, 앞에서 언급된 바와 같이 이러한 발달이 초기 모델의 확장을 의미하는지 분리를 의미하는지다. 둘째, 인지의 일반적 상태에 대한 불일치가 있다. 전통적인 CBT에서 유래한 접근들은 자동적 사고 자체보다는 사고의 역할(예: 상위인지)에 대한 신념에 더 집중하기도 하지만 인지적 인과관계를 강조하는 입장도 유지하고 있다. 반대로, 행동 분석에 근거한 접근은 정신병리에 대한 이해와 치료에 있어서 언어와 인지가 중요하다는 점을 인정하면서도 인지를 행동 그 자체로 보고 인지, 정서, 행동 간의 관계를 맥락에서 통제하는 것을 강조한다.

이러한 측면에서 인지는 인과관계에 참여할 수 있지만 행동에 대하여 전적으로 인과관계인 것은 아니다. 때문에 자신의 입장을 지지하는 자료는 인정하고 반대 입장은 부인하는 결과가 나타나기도 한다. 예를 들어, 행동 활성화를 지지하는 이들은 CT의 구성요소 통제 연구 결과를 제시한다. 여기서는 단독적인 행동 활성화나 노출과 행동 활성화(혹은 노출)에 인지 재구조화가 더해진 것이 비교된다. 이러한 연구의 대부분은 인지 재구조화 전략의 점진적인 효과를 뒷받침하지 못하였다(Dimidjian et al., 2006; Gortner, Gollan, Dobson, & Jacobson, 1998; Hope, Heimberg, & Bruch, 1995; Jacobson et al., 1996; Zettle & Hayes, 1987; Longmore & Worrell, 2007 참조). 인지치료자들은 이러한 연구들이 인지적 인과관계 문제와 관련이 없다고 응수한다. 왜냐하면 '행동주의적' 개입이라고 추정되는 행동 활성화도 인지적 변화를 이끌어 낼 수 있고, 이는 치료의 원인으로 추정되기 때문이다(Hofmann, 2008; Hofmann & Asmundson, 2008). 이와 유사하게, ACT 지지자들은 심리적 수용이 치료 결과를 중재한다는 연구 결과를 가지고 있으며, 이들은 인지에 관한 맥락 이론을 지지한다(Hayes, Levin, Plumb, Boulanger, & Pistorello, 출간 중). 이들에게는 인지치료자들이 수용은 신념을 변화시키는 대리인 역할일 뿐이라고 주장하는 것이 의외의 사실이다. 다양한 접근들이 서로 다른 철학 전통과 이론에 근거하고 있다는 사실과 이러한 철학과 이론 간의 차이점이 자료에 의해 직접적으로 설명될 수 없다는 사실은 간과되기 쉽다. 인지 중심 이론가들은 행동 분석가들이 제시한 어떠한 결론도 인지 변화에서 유래한 것으로 설명할 수 있다. 예를 들어, 경험 수용이 변화하는 것은 특정 사고의 진실성 혹은 위험성에 관한 신념(혹은 상위인지)이 변화된 것으로 개념화될 수 있다. 이와는 반대로 행동분석 중심 이론가들은 인지적 매개를 지지하는 이론들이 파생된 자극 기능에서의 변화를 반영하는 것으로 설명할 수 있다. 따라서 두 접근 중 무엇이 더 정확한지 혹은 유용한지를 결정하기 위한 임상 실험은 불가능할 것이다.

하지만 이것이 두 접근이 동등하게 타당하다거나 이러한 이슈를 해결할 수 없다는 것을 의미하는 것은 아니다. 현대 철학자들과 역사학자들은 경쟁이론(이론의 철학적 토대는 더욱)들이 자료를 통해 직접적으로 해결될 수 없다는 것을 알고 있다(Kuhn, 1970). 이보다는 근거 자료를 토대로 정확하고 넓은 시각으로 모험적인 예측을 하는 이론이 궁극적으로는 우세하다(Herbert & Forman, 출간 중). 진보적인 이론과는 대조적으로 보수적인 이론들은 독창적이거나 모험적인 예측은 거의 하지 않으며, 핵심 개념들이 변조되는 것을 보호하고, 새로운 연구에 대하여 선행연구를 토대로 근거를 제시한다. 인지와 행동 분석적 접근이 이와 관련하여 무엇이 더 나은지 설명하는 것은 시기상조이지만 인지적인 접근에 대한 우려가 고조되는 조짐은 보인다. 예를 들어, 인지치료 학회에서는 행동 활성화보다 인지 재구조화가 우울에 대하여 더 효과적이지 않다는 것을 발견한 Dimidjian 등(2006)의 CT 구성요소 통제 연구 결과를 인정하지 않는 의견들이 팽배하였다. 학자들은 행동 활성화는 필수적으로 인지 변화를 유발하여 우울이 감소된다는 사실과 연구 방법론상에 한계가 있다는 점에 집중하였다.

모든 이론이 불편한 연구 결과를 설명하기 위해 기존 가설에 의지하기는 하지만 과도한 의존은 그 이론이 쇠퇴하는 징후다. 물론 이러한 한 사례가 인지적 접근이 더 이상 유효하지 않다는 것은 아니다. 오히려 이론이 지속적으로 유의미하기 위해서는 자료에 근거하여 발전하는 것이 중요하다는 사실을 강조하는 것이기도 하다(즉, 경쟁 구도에 있는 타 이론들보다 우세할 수 있는 요소를 시사하는 것이기도 하다).

●인지 변화 전략과 관련된 미해결 과제

인지 논박과 인지 재구조화 같은 인지 변화 전략과 관련하여 해결되지 않은 의문이 있다. 첫째, CBT 효과성에 있어서 인지 변화를 중요한 매개로 보는 근거가 구체화되지 않았다는 점이다(Longmore & Worrell, 2007). 예를 들어, 이와 관련된 대다수의 연구에서 역기능적 사고의 변화가 결과 변수의 개선을 확실하게 예측하지 않는다. 뿐만 아니라, 역기능적 사고에서의 개선은 내담자가 CT의 처치나 약물적 도움을 받는 것에 상당하는 경향이 있다. 하지만 일부 인지치료자들은 인지적 중재를 지지하는 연구들이 존재함을 강조한다(Hofmann & Asmundson, 2008). 다른 이들은 인지가 정신생물학적 체계라는 사실에 근거하여 인지 변화가 약물에 대한 반응으로 나타날 수 있다고 주장한다(Beck, 1984). 인지 변화가 CT의 중재일 수도 있고, 약물 처치의 결과일 수도 있음을 주장하는 학자들도 있다(DeRubeis et al., 1990). CT에 보다 도전적인 사실은 구성요소를 분석하고자 하는 많은 시도들이 행동 처치에 인지 변화 요소를 추가하는 것이 효과가 없거나 오히려 효과성을 감소시키기도 한다는 점이다(Forman & Herbert, 2009). 이에 대한 반론은 '행동' 개입의 결과적인 경험이 인지 변화를 분명하게 유발한다는 점이다(예: 노출 및 행동 활성화). 하지만 인지 변화가 중요한 매개일지라도 이러한 구성요소 연구는 인지 변화 '개입'이 필요한지 혹은 바람직한지 의문을 제기한다. 결국, 인지 변화 전략이 없는 처치가 더 효과적이고, 내담자도 더 이해하기 쉬우며, 치료자가 습득하고 전달하기도 쉬울 수 있다.

임상적 결과에 대한 의문뿐만 아니라 각 처치의 이론적 배경에 대하여도 흥미로운 이슈가 존재한다. 전통 CBT 입장은 인지 변화 전략을 처치의 기본으로 본다. 하지만 직접적으로 '통제' 사고를 하고자 하는 시도(Alford & Beck, 1997)와 사고를 멈추는 것과 같은 전략은 신빙성이 떨어졌으며 CT의 주류가 아니다. CT에서는 인지 변화를 광범위하게 보고 있다. 예를 들어, CT에서 내담자에게 가장 흔하게 상기되는 점은 '당신이 생각하는 것만으로 사실이 되지 않는다' 는 사실이며, 이는 사고의 내용 자체를 직접적으로 변화시키는 것보다 인지 탈융합에 더 가깝다. 이와 유사하게, 주요한 CT 전략은 내담자가 자신의 사고가 정확한지 의문을 갖도록 하는 것이지만 부차적인 전략은 사고의 '유용성' 에 있다.

앞에서 언급한 대로, 상위인지 접근은 인지 변화 전략에 관해 보다 복잡한 시각을 갖고 있다. 즉, 순간적으로 생겨나서 정서적 생리적 반응을 유발하는 사고는 직접적으로 수정하고자 하는 노력을 잘 받아들이지 않는다는 입장이다. 반면, 이러한 사고에 대한 신념(예: 걱정의 유용성에 대한 상위인지)은 인지 재구조화에 즉각 반응한다(Wells, 2008; Teasdale, Moore et al., 2002). 하지만 인지 변화 전략이 더 효과적이라는 주장을 지지하는 직접적인 임상 증거는 거의 없다.

ACT는 직접적인 인지 변화 전략이 문제시되는 인지에 더 얽매이게 할 수도 있기 때문에 이에 대해 회의적이다. ACT는 보다 가치 있는 목표를 위해 인지를 사용하며, 목표가 높을 경우에 실패할 수도 있다(Ciarrochi & Robb, 2005; Hayes, 2005; Hayes et al., 1999). 반면, ACT의 실용주의는 효과적이고 지나치지 않은 범위에서 인지 변화 전략을 허용한다. 이러한 이론적인 추정에는 이론적 구체화와 증거가 요구된다. 어떠한 상황에서 사고를 재구성하는 것이 유용하고, 또 언제 그렇지 않은가? 예를 들어, 중년 남성이 갑자기 호흡이 가빠지고 가슴에 통증이 있는데도 급성 심장 질환을 의심하지 않는 것은 어리석은 일이다. 반면, 같은 사람이 의학적으로 이상이 없음을 확인하였고, 이를 규칙적으로 경험한다면 수용하는 것이 적절할 것이다. 언제 수용 전략이 필요할지에 대한 지침이 제시되고는 있으나(예: Farmer & Chapman, 2008; Herbert et al., 2009), 연구가 더 필요한 상황이다. 인지 변화 전략이 종종 심리적으로 문제가 될 수 있다는 논쟁을 지지하는 임상 연구가 있을 것인가? 인지 변화 전략의 사용과 관련해서는 많은 의문이 남아 있다.

행동 변화를 조절하는 데 있어서 심리 개입의 역할과 관련해서는 의문이 존재한다. 행동 활성화와 노출 같은 행동 전략이 CBT에서 가장 강력한 개입이라는 사실을 믿을 이유가 있기는 하지만 내담자에게 필요한 행동 변화를 가져오기 위해 어떻게 해야 하는지는 명확하지 않다. 임상가라면 약물을 처방하듯이 행동 활성화나 노출을 처방할 수 없다는 것을 알고 있을 것이다. 이를 위해 가장 효과적인 수단을 개발하기 위한 연구가 많이 필요하다.

해결되지 않은 또 다른 과제는 구성요소 분석 연구가 지금의 개입 기법들을 수정하도록 도와야 한다는 것이다. Borkovec과 Sibrava(2005)는 부가적인 구성요소 통제 설계가 인과관계를 드러내는 힘이 있고, 심리치료에 적극 활용될 수 있기 때문에 방법론으로 채택되어야 한다고 강력히 주장한다. 앞에서 논의한 바와 같이, 구성요소 통제 시험은 CT의 인지 변화가 적극적인 요소가 아니며 사용되지 않아야 한다는 사실을 뒷받침한다. 수용 중심 처치에도 유사한 방법이 적용되어야 한다. 이러한 처치의 비행동적인 측면 중에서 많은 혹은 모든 측면이 필요하지 않다는 결과가 나타날지도 모른다. 하지만 모든 부가적 설계에 대한 방법론에는 해석이 종종 분명하지 않다. 첫째, 대부분의 인상적인 연구들은 결과가 무의미하지만(즉, 처치 요소 A의 효과가 A와 B를 더한 것과 동등하다), 결과에 대한 해석에 충분히 많은 표본 수와 전문적인 통계 분석이 없어서는 안 된다. 또한 어떠한 처치 요소들은 하나의 맥락에서는 효과적이더라도 다른 상황에서는 그렇지 않을 수 있다. 예를 들어, 상위인지를 목표로 한 인지 변화 요소는 행동 개입에 상당히 효과적일 수 있는 반면, 자동적인 인지를 목표로 한 인지 변화 요소는 그렇지 않을 수 있다. 인지 재구조화가 처음에는 신념 혹은 신념들(예: 공황 증상에 대한 파국적 해석)이 왜곡되었다는 사실을 명확히 하는 데 상당히 효과적이다. 하지만 이보다 더 재구조화된 개입은 처치에 도움이 되지 않는다(이에 반해 행동과 수용 기반 전략은 도움이 될 수도 있다). 이러한 의문들은 현재의 구성요소 분석에서는 다루어지지 않는다. 결국 다중구성요소를 해체하기 위해 구성요소를 통제하는 연구보다는 부가적인 설계를 하는 것이 치료 초기 구성요소들의 점진적인 효과를 검증하는 데 더 효과적이다.

후속 방향

지난 20여 년간 수용과 마음챙김에 대한 높은 관심이 CBT 분야를 급격하게 변화시켰고, 현재의 이론과 임상이 발전하였고, 과학적인 연구와 보급이 이루어지도록 중요한 기여를 하였다는 사실은 의심할 여지가 없다. 이 개념들에 대한 초기의 저항감은 이제는 사라졌다. 실제로 심리학자들은 수용과 마음챙김이 선행 이론을 어느 정도 대체하는지보다는 실질적인 이론과 임상 문제에 더 집중하게 되었다.

여전히 몇몇 과제가 남아 있다. 첫째, 이론 용어와 개념이 급증하면서 이에 대한 혼란이 있다. 일부는(예: 인지 탈융합) 특정 이론에서 유래하였고, 해당 이론 안에서는 의미가 있지만 다른 이론에서 유래한 유사한 개념과 유의미하게 중첩되지는 않는다. 다른 예로는, 하나 이상의 이론에서 공유되는 개념(예: 상위인지)이 있지만 각각 의미가 다르다. 결국 '마음챙김'과 같은 광범위한 개념이 있지만, 이는 과학 이전의 전통에서부터 유래하여 다양한 이론가들에 의해 다르게 사용되고 있다. 빠른 시간 내에 이론을 뛰어넘은 광범위한 합의를 기대하는 것은 비현실적인 일이겠지만, 용어를 가능한 한 명확하고 정확하게 사용하는 것이 학자들에게 필요하다.

둘째, 창의적 기술 혁신이 필요하다. 심리적 거리를 유지하면서 경험을 바라보는 것은 가치 있는 것으로 보인다. 즉, 괴로움을 주는 사고, 감정, 감각, 기억을 전적으로 수용하기, 개인사에 대한 과도한 집착을 피하기, 행동으로부터 주관적 경험을 분리하기다. 하지만 이러한 개념들은 반(反)직관적이며 알아차리기도 어렵다. 많은 창의적인 전략들이 개발되었지만 여전히 혁신적인 요소가 필요하다.

셋째, 실험 가능한 이론과 밀접하게 연관된 임상적 혁신이 필요하다. 사회심리학의 아버지인 Kurt Lewin은 "훌륭한 이론만큼 실용적인 것은 없다."라고 하였다(Lewin, 1951, p. 169). CBT의 새로운 수용과 마음챙김 기반 이론은 얼마나 이론적 기반이 잘 개발되었느냐에 따라 다르다. 이론과 기법 사이에 밀접한 연결고리가 없다는 것이 기법상 혁신을 불가능하게 하는 것은 아니지만, 실현 가능한 이론적 토대가 있을 때 발전이 지속될 수 있다.

넷째, 임상 시험, 처치 과정 연구, 부가적 요소 분석, 정신병리와 치료개입 모델과 관련된 이론 연구 등이 필요하다. 그동안 소규모를 대상으로 한 연구들은 상당히 많이 진행되었지만, 대규모를 대상으로 한 보다 방법론적인 연구들은 부족하다. 언제 어떻게 인지 변화 전략을 사용할 것인가와 같은 중요한 연구들이 특히 필요하다. 하지만 이러한 연구를 위한 자원 마련이 어려운 것은 마음챙김을 비과학적 '새로운 시대'의 신념 및 기법과 결부시키는 것이 오래 걸리기 때문일 수도 있다. 이와 유사하게 임상학자들조차 때로는 과도하게 특정 개념, 용어, 과정을 고집한다. 예를 들어, '마음챙김'을 과학적으로 분석될 수 없는 개념으로 가정하거나 마음챙김의 다양한 측면들이 항상 이로운 것으로 생각해서도 안 된다. 명상 수련이 항상 유용한 것처럼 가정해서도 안 된다. 이러한 의문들은 결론이 필요한 것이라기보다는 연구되어야 할 부분이다.

다섯째, 새로운 이론들이 과학에 견고한 토대를 두고 있다는 사실이 중요하다. 마음챙김 기반 치료는 두 가지 유형의 추종자들이 있다. 하나는 CBT에서 과학을 강조하는 이론가, 연구가, 임상가다. 다른 하나는 심리치료에 대해 과학적인 접근을 하는 것에 대해 양면적인 감정이 있거나 적대적이기도 한 임상가와 일반인이다. 후자는 마음챙김이 '대안적'이고 비전통적이기 때문에 이를 지지한다. 신흥 이론들이 지나가는 유행이 아니라 과학에 근거한 채 남아 있으려면 실질적인 기여가 있어야 할 것이다.

마지막으로, 이론의 전파가 중요한 이슈다. CBT의 다양한 수용 및 마음챙김 기반 모델의 지지자들은 연구를 학자와 대중에게 전파하는 데 적극적이다. 이러한 노력은 개입의 과학적 위상이 잘 정립되기 전에 종종 진행된다. 이것은 전문가들만의 문제가 아니며, 이들은 최소한 내담자를 대신하여 연구를 해석할 수 있는 배경과 기술이 있다. 하지만 자습서와 같이 대중을 대상으로 한 직접적인 보급에는 이슈가 있으며, 대중에게 널리 전파되기 위한 가장 적합한 방법에 합의하는 것도 시간이 걸릴 것으로 보인다(Redding, Herbert, Forman, & Gaudiano, 2008). 최소한 CBT 지지자들은(특히 보다 새로운 CBT의 수용 기반 모델에서) 이론 전파와 관련하여 특정한 접근의 과학적인 측면과 관련한 논의를 제공할 의무가 있다.

참고문헌

Alford, B. A., & Beck, A. T. (1977). *The integrative power of cognitive therapy*. New York: Guilford Press.

Arch, J. J., & Craske, M. G. (2008). Acceptance and commitment therapy and cognitive behavioral therapy for anxiety disorders: Different treatments, similar mechanisms? *Clinical Psychology: Science & Practice, 5*, 263–279.

Ayduk, O., Mischel, W., & Downey, G. (2002). Attentional mechanisms linking rejection to hostile reactivity: The role of "hot" versus "cool" focus. *Psychological Science, 13*, 443–448.

Baer, R. A., Smith, G. T., & Allen, K. B. (2004). Assessment of mindfulness by self-report: The Kentucky inventory of mindfulness skills. *Assessment, 11*, 191–206.

Baer, R. A., Smith, G. T., Hopkins, J., Krietemeyer, J., & Toney, L. (2006). Using self-report assessment methods to explore facets of mindfulness. *Assessment, 13*, 27–45.

Baker, T. B., McFall, R. M., & Shoham, V. (2009). Current status and future prospects of clinical psychology: Toward a scientifically principled approach to mental and behavioral health care. *Psychological Science in the Public Interest, 9*, 67–103.

Barlow, D. H., & Craske, M. G. (2006). *Mastery of your anxiety and panic: Therapists' guide* (4th ed.). New York, NY: Oxford University Press.

Barnhofer, T., Crane, C., Hargus, E., Amarasinghe, M., Winder, R., & Williams, J. M. G. (2009). Mindfulness-based cognitive therapy as a treatment for chronic depression: A preliminary study. *Behaviour Research and Therapy, 47*, 366–373.

Beck, A. T. (1984). Cognition and therapy. *Archives of General Psychiatry, 41*, 1112–1115.

Beck, A. T., Rush, A. J., Shaw, B. F., & Emery, G. (1979). *Cognitive therapy of depression*. New York, NY: Guilford Press.

Berger, E. M. (1955). Relationships among acceptance of self, acceptance of others, and MMPI scores. *Journal of Counseling Psychology, 2*, 279–284.

Bondolfi, G., Jermann, F., Vander Linden, M., Gex-Fabry, M., Bizzini, L., Weber Rouget, B., …

Bertschy, G. (in press). Depression relapse prophylaxis with mindfulness-based cognitive therapy: Replication and extension in the Swiss health care system. *Journal of Affective Disorders.*

Borkovec, T. D., & Sibrava, N. (2005). The use of placebo conditions in therapy outcome research and the pursuit of placebo mechanisms. *Journal of Clinical Psychology (Special Issue), 61,* 805-818.

Brown, K. W., & Ryan, R. M. (2003). The benefits of being present: Mindfulness and its role in psychological well-being. *Journal of Personality and Social Psychology, 84,* 822-848.

Brown, K. W., & Ryan, R. M. (2004). Perils and promise in defining and measuring mindfulness: Observations from experience. *Clinical Psychology: Science and Practice, 11,* 242-248.

Butler, J., & Ciarrochi, J. (2007). Psychological acceptance and quality of life in the elderly. *Quality of Life Research, 16,* 607-615.

Cardaciotto, L., Herbert, J. D., Forman, E. M., Moitra, E., & Farrow, V. (2008). The assessment of present-moment awareness and acceptance: The Philadelphia Mindfulness Scale. *Assessment, 15,* 204-223.

Chandler, T. A. (1976). A note on the relationship of internality-externality, self-acceptance, and self-ideal discrepancies. *Journal of Psychology: Interdisciplinary and Applied, 94,* 145-146.

Christensen, A., Jacobson, N. S., & Babcock, J. C. (1995). Integrative behavioral couple therapy. In N. S. Jacobson & A. S. Gurman (Eds.), *Clinical handbook of couples therapy* (pp. 31-64). New York, NY: Guilford Press.

Ciarrochi, J., & Robb, H. (2005). Letting a little nonverbal air into the room: Insights from acceptance and commitment therapy: Part 2: Applications. *Journal of Rational-Emotive & Cognitive Behavior Therapy, 23,* 107-130.

Cordova, J. V. (2001). Acceptance in behavior therapy: Understanding the process of change. *The Behavior Analyst, 24,* 213-226.

Csikszentmihalyi, M. (1990). *Flow: The psychology of optimal experience.* New York, NY: Harper & Row.

DeRubeis, R. J., Evans, M. D., Hollon, S. D., Garvey, M. J., Grove, W. M., & Tuason, V. B. (1990). How does cognitive therapy work? Cognitive change and symptom change in cognitive therapy and pharmacotherapy for depression. *Journal of Consulting & Clinical Psychology, 58,* 862-869.

Dimidjian, S., Hollon, S. D., Dobson, K. S., Schmaling, K. B., Kohlenberg, R. J., Addis, M. E., ⋯ Jacobson, N. S. (2006). Randomized trial of behavioral activation, cognitive therapy, and antidepressant medication in the acute treatment of adults with major depression. *Journal of Consulting & Clinical Psychology, 74,* 658-670.

Dozios, D. J. A., & Beck, A. T. (in press). Cognitive therapy. In J. D. Herbert & E. M. Forman (Eds.), *Acceptance and mindfulness in cognitive behavior therapy.* New York, NY: Wiley.

Ehlers, A., & Breuer, P. (1992). Increased cardiac awareness in panic disorder. *Journal of Abnormal Psychology, 101*, 371–382.

Ehlers, A., & Breuer, P. (1996). How good are patients with panic disorder at perceiving their heartbeats? *Biological Psychology, 42*, 165–182.

Eifert, G. H., & Forsyth, J. P. (2005). *Acceptance and commitment therapy for anxiety disorders: A practitioner's treatment guide to using mindfulness, acceptance, and values-based behavior change strategies.* Oakland, CA: New Harbinger.

Ellis, A. (1962). *Reason and emotion in psychotherapy.* New York, NY: Lyle Stewart.

Eysenck, H. (1952). The effects of psychotherapy: An evaluation. *Journal of Consulting Psychology, 16*, 319–324.

Farmer, R. F., & Chapman, A. L. (2008). *Behavioral interventions in cognitive behavior therapy: Practical guidance for putting theory into action* (Chapter 10). Washington, DC: American Psychological Association.

Feldman, G. C., Hayes, A. M., Kumar, S. M., Greeson, J. M., & Laurenceau, J. P. (2007). Mindfulness and emotion regulation: The development and initial validation of the cognitive and affective mindfulness scale-revised (CAMS-R). *Journal of Psychopathology and Behavioral Assessment, 29*, 177–190.

Flavell, J. H. (1976). Metacognitive aspects of problem solving. In L. B. Resnick (Ed.), *The nature of intelligence* (pp. 231–236). Hillsdale, NJ: Erlbaum.

Foa, E. B., Liebowitz, M. R., Kozak, M. J., Davies, S., Campeas, R., Franklin, M. E., ⋯ Tu, X. (2005). Randomized, placebo-controlled trial of exposure and ritual prevention, clomipramine, and their combination in the treatment of obsessive-compulsive disorder. *American Journal of Psychiatry, 162*, 151–161.

Forman, E. M., & Herbert, J. D. (2009). New directions in cognitive behavior therapy: Acceptance-based therapies. In W. O'Donohue & J. E. Fisher (Eds.), *General principles and empirically supported techniques of cognitive behavior therapy* (pp. 102–114). Hoboken, NJ: Wiley.

Forman, E. M., Herbert, J. D., Moitra, E., Yeomans, P. D., & Geller, P. A. (2007). A randomized controlled effectiveness trial of acceptance and commitment therapy and cognitive therapy for anxiety and depression. *Behavior Modification, 31*, 772–799.

Fresco, D. M., Moore, M. T., van Dulmen, M. H. M., Segal, Z. V., Ma, H. S., Teasdale, J. D., & Williams, J. M. G. (2007). Initial psychometric properties of the experiences questionnaire: Validation of a self-report measure of decentering. *Behavior Therapy, 38*, 209–324.

Freud, S. (1965). *Five lectures on psycho-analysis* (J. Strachey, Trans.). New York, NY: W. W. Norton. (Original work published 1910)

Gortner, E. T., Gollan, J. K., Dobson, K. S., & Jacobson, N. S. (1998). Cognitive-behavioral treatment for depression: Relapse prevention. *Journal of Consulting and Clinical Psychology, 66*, 377–384.

Gross, J. J., & John, O. P. (2003). Individual differences in two emotion regulation processes: Implications for affect, relationships, and well-being. *Journal of Personality and Social Psychology, 85,* 348–362.

Hayes, S. C. (2004). Acceptance and commitment therapy, relational frame theory, and the third wave of behavioral and cognitive therapies. *Behavior Therapy, 35,* 639–665.

Hayes, S. C. (2005). Stability and change in cognitive behavior therapy: Considering the implications of ACT and RFT. *Journal of Rational-Emotive & Cognitive Behavior Therapy, 23,* 131–151.

Hayes, S. C., Levin, M., Plumb, J., Boulanger, J., & Pistorello, J. (in press). Acceptance and commitment therapy and contextual behavioral science: Examining the progress of a distinctive model of behavioral and cognitive therapy. *Behavior Therapy.*

Hayes, S. C., Luoma, J. B., Bond, F. W., Masuda, A., & Lillis, J. (2006). Acceptance and commitment therapy: Model, processes and outcomes. *Behaviour Research and Therapy, 44,* 1–25.

Hayes, S. C., Strosahl, K., & Wilson, K. G. (1999). *Acceptance and commitment therapy: An experiential approach to behavior change.* New York, NY: Guilford Press.

Herbert, J. D., & Cardaciotto, L. (2005). A mindfulness and acceptance-based perspective on social anxiety disorder. In S. Orsillo & L. Roemer (Eds.), *Acceptance and mindfulness-based approaches to anxiety: Conceptualization and treatment* (pp. 189–212). New York, NY: Springer.

Herbert, J. D., & Forman, E. M. (in press). Caution: The differences between CT and ACT may be larger (and smaller) than they appear. *Behavior Therapy.*

Herbert, J. D., Forman, E. M., & England, E. L. (2009). Psychological acceptance. In W. O'Donohue & J. E. Fisher (Eds.), *General principles and empirically supported techniques of cognitive behavior therapy* (pp. 77–101). Hoboken, NJ: Wiley.

Herbert, J. D., Forman, E. M., Yuen, E., Goetter, E., England, E., Massey, J., … Geboy, A. (2010, November). *Awareness, acceptance, defusion and psychopathology: Implications of recent data on the deconstruction of mindfulness.* Paper to be presented at the meeting of the Association for Behavioral and Cognitive Therapies, San Francisco, CA.

Hofmann, S. G. (2008). Common misconceptions about cognitive mediation of treatment change: A commentary to Longmore and Worrell. *Clinical Psychology Review, 28,* 67–70.

Hofmann, S. G. (2010, March). Cognitive therapy. In K. Salzinger (symposium chair), *Will the real behavior therapy please stand up?* Paper presented at the annual meeting of the Eastern Psychological Association, New York, NY.

Hofmann, S. G., & Asmundson, G. J. (in press). The science of cognitive behavioral therapy. *Behavior Therapy.*

Hofmann, S. G., & Asmundson, G. J. (2008). Acceptance and mindfulness-based therapy: New wave or old hat? *Clinical Psychology Review, 28,* 1–16.

Hope, D. A., Heimberg, R. G., & Bruch, M. A. (1995). Dismantling cognitive-behavioral group therapy for social phobia. *Behaviour Research and Therapy, 33,* 637–650.

Ishiyama, F. I. (1987). Use of Morita therapy in shyness counseling in the west: Promoting clients' self–acceptance and action taking. *Journal of Counseling & Development, 65,* 547–551.

Jacobson, N. S., & Christensen, A. (1996). *Integrative couple therapy: Promoting acceptance and change.* New York: Norton.

Jacobson, N. S., Dobson, K. S., Truax, P. A., Addis, M. E., Koerner, K., Gollan, J. K., ⋯ Prince, S. E. (1996). A component analysis of cognitive–behavioral treatment for depression. *Journal of Consulting and Clinical Psychology, 64,* 295–304.

Kabat–Zinn, J. (1990). *Full catastrophe living: Using the wisdom of your body and mind to face stress, pain, and illness.* New York, NY: Delta.

Kabat–Zinn, J. (1994). *Wherever you go, there you are: Mindfulness meditation in everyday life.* New York, NY: Hyperion.

Kabat–Zinn, J. (2003). Mindfulness–based interventions in context: Past, present and future. *Clinical Psychology: Science and Practice, 10,* 144–156.

Kohlenberg, R., & Tsai, M. (1991). *Functional Analytic Psychotherapy.* New York, NY: Plenum.

Kollman, D. M., Brown, T. A., & Barlow, D. H. (2009). The construct validity of acceptance: A multitrait–multimethod investigation. *Behavior Therapy, 40,* 205–218.

Kozak, M. J., & Foa, E. B. (1997). *Mastery of obsessive-compulsive disorder: A cognitive behavioral approach.* San Antonio, Texas: Graywind.

Kuhn, T. A. (1970). *The structure of scientific revolutions* (2nd ed.). Chicago, IL: University of Chicago Press.

Kumar, S. (2002). An introduction to Buddhism for the cognitive behavioral therapist. *Cognitive and Behavioral Practice, 9,* 40–43.

Kuyken, W., Byford, S., Taylor, R. S., Watkins, E., Holden, E., White, K., ⋯ Teasdale, J. D. (2008). Mindfulness–based cognitive therapy to prevent relapse in recurrent depression. *Journal of Consulting and Clinical Psychology, 76,* 966–978.

Lappalainen, R., Lehtonen, T., Skarp, E., Taubert, E., Ojanen, M., & Hayes, S. C. (2007). The impact of CBT and ACT models using psychology trainee therapists: A preliminary controlled effectiveness trial. *Behavior Modification, 31,* 488–511.

Leahy, R. L. (2002). A model of emotional schemas. *Cognitive and Behavioral Practice, 9,* 177–190.

Leahy, R. L. (2008, Winter). A closer look at ACT. *The Behavior Therapist,* 148–150.

Lewin, K. (1951). *Field theory in social science: Selected theoretical papers.* D. Cartwright (Ed.). New York, NY: Harper & Row.

Linehan, M. M. (1993). *Cognitive-behavioral treatment of borderline personality disorder.* New York: Guilford.

Linehan, M. M. (1994). Acceptance and change: The central dialectic in psychotherapy. In S. C.

Hayes, N. S. Jacobson, V. M. Follette, & M. J. Dougher (Eds.), *Acceptance and change: Content and context in psychotherapy* (pp. 13–32). Reno, NV: Context Press.

Longmore, R. J., & Worrell, M. (2007). Do we need to challenge thoughts in cognitive behavior therapy? *Clinical Psychology Review, 27,* 173–187.

Ma, S. H., & Teasdale, J. D. (2004). Mindfulness-based cognitive therapy for depression: Replication and exploration of differential relapse prevention effects. *Journal of Consulting and Clinical Psychology, 72,* 31–40.

Marks, I. M. (1981). *Cure and care of neuroses: Theory and practice of behavioral psychotherapy.* New York, NY: Wiley.

Marlatt, G. A., & Gordon, J. R. (1985). *Relapse prevention: Maintenance strategies in the treatment of addictive behaviors.* New York, NY: Guilford Press.

Marlatt, G. A., Barrett, K., & Daley, D. C. (1999). Relapse prevention. In M. Galanter & H. D. Kleber (Eds.), *The American Psychiatric Press textbook of substance abuse treatment* (2nd ed.) (pp. 353–366). Arlington, VA: American Psychiatric Press.

Martell, C. R. (2008, July). *Twenty years of behavior therapy: Trends and counter-trends.* Address given at the annual convention of the British Association of Behavioural and Cognitive Psychotherapies, Edinburgh, Scotland.

Martell, C. R., Addis, M. E., & Jacobson, N. S. (2001). *Depression in context: Strategies for guided action.* New York, NY: W. W. Norton.

McCracken, L. M. (1997). "Attention" to pain in persons with chronic pain: A behavioral approach. *Behavior Therapy, 28,* 271–284.

Miron, D., Duncan, G. H., & Bushnell, M. C. (1989). Effects of attention on the intensity and unpleasantness of thermal pain. *Pain, 39,* 345–352.

Redding, R. E., Herbert, J. D., Forman, E. M., & Gaudiano, B. A. (2008). Popular self-help books for anxiety, depression and trauma: How scientifically grounded and useful are they? *Professional Psychology: Research and Practice, 39,* 537–545.

Resick, P. A., & Schnicke, M. K. (1992). Cognitive processing therapy for sexual assault survivors. *Journal of Consulting and Clinical Psychology, 60,* 748–756.

Resick, P. A., & Schnicke, M. K. (1996). *Cognitive processing therapy for rape victims: A treatment manual.* Newbury Park, CA: Sage.

Roelofs, J., Peters, M. L., Patijn, J., Schouten, E. G. W., & Vlaeyen, J. W. S. (2004). Electronic diary assessment of pain-related fear, attention to pain, and pain intensity in chronic low back pain patients. *Pain, 112,* 335–342.

Rogers, C. R. (1940). The processes of therapy. *Journal of Consulting Psychology, 4,* 161–164.

Segal, Z. V., Williams, J. M. G,. & Teasdale, J. D. (2001). *Mindfulness-based cognitive therapy for depression: A new approach to preventing relapse.* New York, NY: Guilford Press.

Skinner, B. F. (1953). *Science and Human Behavior.* New York: Macmillan.

Teasdale, J. D., Moore, R. G., Hayhurst, H., Pope, M., Williams, S., & Segal, Z. V. (2002). Metacognitive awareness and prevention of relapse in depression: Empirical evidence. *Journal of Consulting and Clinical Psychology, 70,* 275-287.

Teasdale, J. D., Segal, Z. V., & Williams, J. M. G. (2003). Review of mindfulness-based cognitive therapy for depression: A new approach to preventing relapse. *Psychotherapy Research, 13,* 123-125.

Teasdale, J. D., Segal, Z. V., Williams, J. M. G., Ridgeway, V., Soulsby, J. M., & Lau, M. A. (2000). Prevention of relapse/recurrence in major depression by mindfulness-based cognitive therapy. *Journal of Consulting and Clinical Psychology, 68,* 615-623.

Wells, A. (2000). *Emotional disorders and metacognition: Innovative cognitive therapy.* Chichester, UK: Wiley.

Wells, A. (2008). *Metacognitive therapy: A practical guide.* New York, NY: Guilford Press.

Wells, A., Fisher, P., Myers, S., Wheatley, J., Patel, T., & Brewin, C. R. (2009). Metacognitive therapy in recurrent and persistent depression: A multiple-baseline study of a new treatment. *Cognitive Therapy and Research, 33,* 291-300.

Wells, A., & Matthews, G. (1994). *Attention and emotion: A clinical perspective.* Hove, UK: Erlbaum.

Williams, J. C., & Lynn, S. J. (in press). Acceptance: An historical and conceptual review. *Imagination, Cognition, and Personality.*

Wittchen, H. U., & Gloster, A. T. (2009). Developments in the treatment and diagnosis of anxiety disorders. *Psychiatric Clinics of North America, 32,* xiii-xix.

Wolpe, J. (1958). *Psychotherapy by reciprocal inhibition.* Stanford, CA: Stanford University Press.

Young, J. E., Klosko, J. S., & Weishaar, M. E. (2003). *Schema therapy: A practitioner's guide.* New York: Guilford.

Zettle, R. D., & Hayes, S. C. (1987). Component and process analysis of cognitive therapy. *Psychological Reports, 64,* 939-953.

02 인지치료

David J. A. Dozois & Aaron T. Beck

45년 보다 더 이전에 Beck(1963, 1964)은 우울과 이의 치료에 대한 인지 역할의 개념적 모델을 소개했다. 오늘날 이 인지이론의 주된 신조는 경험적 문헌에 의하여 잘 지지되고 있다. 더구나 인지이론(및 포괄적인 인지적·행동주의적 치료)은 정신건강문제와 상태에 대한 정신적 치료 방법들 중 가장 활발하게 연구되는 방법의 하나가 되었으며(Butler, Chapman, Forman, & Beck, 2006), 경험적으로 지지를 받고 있는 여러 치료 목록에 지속적으로 오르고 있고(Chambless & Ollendick, 2001; DeRubeis & Crits-Christoph, 1998), 우울에 대한 항우울증 약물치료를 포함한 다른 뛰어난 치료 방법들에 비해 뛰어나거나 효과적인 것으로 믿고 있다(DeRubeis, Webb, Tang, & Beck, 2010).

이 장에서는 Beck의 인지모델에 중점을 둔 인지이론과 치료를 기술하려 한다. 특히 인지모델의 주된 개념적 원리들과 이의 치료 기법들에 중점을 두어 시작하려 한다. 이 개요를 따라 지난 시간 속에서 이 모델의 발전에 대해 마음챙김과 수용 기반의 전략이 하였던 역할이 논의될 것이다. 독자들이 판별하게 될 것과 같이, 우리의 논점은 수용의 몇몇 개념들이 상당한 시간동안 인지적 치료(예: Beck,

Emery, & Greenberg, 1985)에서 해 왔던 역할(직접적인 인지적 변화 전략에 비할 때 비록 적은 것이라 하더라도)이다. 비록 마음챙김 및 수용 기반의 접근들이 기존의 인지치료와는 상당히 다른 철학적 가정을 가지고 있을지라도, 이 새로운 형태의 치료는 인지치료와 경쟁력이 있고 보완적인 면도 있다. 또 이의 변화에 있어서 논리적 확장을 대변한다(Hofmann, 2008a; Hofmann & Asmundson, 2008). 이에 더해서 우리는 인식과 수용을 달성한다는 것은 단지 증상과 웰빙, 즉 인지적 변화를 증명하는 중대한 변화를 향한 한 걸음에 불과한 것일 뿐이라는 것을 주장한다. 이 장은 인지적 이론과 치료의 경험적 증거에 대한 개관으로 결론을 맺는다.

● 정신병리학과 치료의 인지적 모델

인지치료의 바탕에 깔려 있는 본 모델의 근본적 형식은 이의 뿌리를 Immanuel Kant(1781/1929)의 철학에 두고 있는데, Kant는 인간의 마음은 외부세계의 표현을 만들기 위한 정보를 적극적으로 잘 조직하고 범주로 묶는 것이라고 주장하였다. Kant는 또한 스키마의 개념을 소개하고, 이 인지적 틀 혹은 광경으로 현실을 여과하였다. 이 생각은 인지과학의 발전에 초석이 되었고, 결국 인지적 정신치료의 기초가 되었다(Nevid, 2007). 또한 인지치료의 개념적 기초는 1950년대와 1960년대에 심리학에서 일어난 인지적 변혁의 원인이 되었다(Beck, 2005). 특히 인지이론에 대한 영향은 George Kelly(1955)와 Albert Ellis(1962)의 글을 보라.

1960년대에 Beck은 과학집단이 다양한 정신분석적 개념에 접근하기 쉽도록 만들어 주는 정신분석적 개념을 증명하는 데 관심이 있었다. 그는 우울 연구에 집중하였다. Beck은 우울을 내부로 향한 화의 결과라는 정신분석적 공식의 증명을 확인하는 증거의 발견보다는 오히려 우울한 사람들의 꿈과 생각에서 실패에 대한 민감성, 거절, 패배, 상실 등의 주제에 집중하였다. 또한 Beck은 우울한 기분은 일반적으로 매우 빠른 부정적인 사고가 진행되고, 치료자에 의해 부정적인 사고를 인식하게 되고 이에 대한 타당성을 검증하며, 도움이 되지 않는 인지를 수정하는 과정을 통해 우울증이 개선됨을 강조하였다(Beck, 1967, 1976). 이 연구는 인지치료 발전의 새로운 계기가 되었다(Beck, Rush, Shaw, & Emery, 1979).

　원래 우울의 치료를 위해 개발된 대로 인지치료는 현재 불안장애(Beck et al., 1985), 정신증(Beck, Rector, Stolar, & Grant, 2008), 성격장애(Beck, Freeman, Davis, & Associates, 2004), 물질 남용 및 의존(Beck, Wright, Newman, & Liese, 1993), 양극성장애(Basco & Rush, 2005), 커플 문제(Beck, 1988), 그리고 위기개입(Dattilio & Freeman, 1994)을 포함하여 많은 정신적 문제에 성공적으로 적용되어 왔다. 이 개발 모두를 볼 때, 일관적인 초점이 비현실적인 평가가 사람들의 감정과 행동에 어떻게 부정적인 영향을 주었는가에 맞추어져 있다.

　Beck의 모델에 의하면(Beck, 1963, 1964, 1967; Beck et al., 1985; Beck et al., 1979; Clark, Beck, & Alford, 1999), 내적 혹은 외적 자극들의 인지적 평가는 잇달은 감정적 상태와 행동적 양식에 영향을 미친다. 특정 인지모델은 다양한 형태의 정신병리를 위해 개발되어져 오고 있지만, 그들은 일반적으로 Beck이 원래 제안하였던 기본 틀에 의존하고 있다. 일반적 수준에서 이 틀은 범위가 보다 깊은 인지적 구조로부터 보다 표면적인 수준의 인지구조(texonomy)를 기본적으로 가정하고 있다(Dozois & Beck, 2008; Garratt, Ingram, Rand, & Sawalani, 2007). 특히 인지의 주요 세 단계―스키마, 정보처리 및 중간적인 사고(역기능적 규칙, 가정 및 태도 등을 포함해서), 자동적 사고―가 이 이론에서 강조되고 있다.

　Beck의 인지모델의 핵심은 스키마의 구축이다. 스키마는 어떤 연구자들은 스키마의 내용(예: 핵심 사고)(Young, Klosko, & Weshaar, 2003)에 중점을 두고, 다른 연구자들은 명제적이고 조직적인 성향(예: Dozois, 2007; Dozois et al., 2009; Ingram, Miranda, & Segal, 1998)에 중점을 두는 등 여러 가지의 다른 방법으로 정의되어 왔다. 자신에 대한 핵심적 사고의 기반을 형성하는 축적된 정보와 기억의 잘 조직화된 인지구조 신념은 오랫동안 인지모델 속에 각인되어 있었다. 예를 들면, Kovacs와 Beck(1978)은 스키마를 기왕의 잘 조직화된 지식의 인지적 구조,

과거의 경험으로부터 추출된 인지적 구조로 정의하였다. 이것들은 축적된 정보를 끄집어내며, 입수되고 있는 자극들을 선별, 기록, 분류 및 평가하는 데 영향을 준다.

스키마는 개개인이 매우 효과적인 방법으로 정보를 처리할 수 있게 감을 잡도록 하는 데 적용된다. 하지만 동화가 적응보다 현저하게 나타날 수 있는 등(Piaget, 1947; 1950) 분류 유형을 고착화시킬(Kelly, 1963) 수 있다. 그와 같이 자기 스키마는 부정적으로 왜곡되고, 잘못 적용되며, 엄격 및 자기 영속될 수도 있다.

Beck에 의하면, 어린 시절 동안에 적용하기 어려운 자기 스키마를 구축하고, 일련의 비슷한 경험들을 접하게 될 때 이는 점차 강화된다(Beck et al., 1979; Kovacs & Beck, 1978). 초기에 형성된 빈약한 경험들과 기타 이와 상반되는 사건들(예: 어린 시절에 받은 학대)은 부정적 초기 사고체계 구축에 있어 상당한 부분을 차지한다(Lumley & Harkness, 2009; Gibb, Abramson, & Alloy, 2004; Ingram, 2003). 스키마의 활성화는 수년간 내재되어 있었을 수도 있지만, 부정적인 상황(흔히 손상 혹은 거절과 같은 어렸을 적의 고통과 유사한)에 의해서 후에 활성화한다. 그러면 활성화된 스키마는 어떤 정보가 사용되고 기록되며, 어떤 정보가 불러와져서 설명될지에 있어서 왜곡될 수도 있을 것이다(Beck et al., 1979; Dozois & Beck, 2008).

흔히 스키마는 문헌들에서 가정과 핵심적 사고에서 역기능적 사고와 동의어처럼 다루어져 왔다. 이론적 고찰 및 경험적 연구는 이 구조의 명확한 차이(Beck, 1996; Dozios & Dobson, 2001b; Ingram et al., 1998; Teasdale, 1996)를 지어 왔다. 예를 들면, Ingram 등(1998)은 스키마란 정보의 구조와 조직뿐 아니라 인지적 진술을 포함하고 있다(즉, 기억 속에 저장되어 있는 정보의 실제적 내용, 이름하여 핵심적 사고와 가정들). 개인의 자기 시스템 내에 조직화된 핵심 사고는 깊으며, 그것들은 흔히 직접적으로 분명하지 않은 절대적인 상태(예: '나는 사랑받을 수 없어.' '나는 무능해.' '나는 아무 가치가 없어.' 등)다(Garratt et al., 2007).

자기 스키마 속에 구성되어 있는 핵심적 생각은 생각의 또 다른 수준, 이름하여 처리과정상의 편견과 중간믿음(Beck et al., 1979; Clark et al., 1999)에 영향을 준다. 이것은 아마도 주의, 기억 혹은 설명할 수 있는 편견으로 대변될 수 있다. 예를 들면, 불안장애를 가지고 있는 사람들은 흔히 그들은 취약하고 세상은 위험한 곳이라고 믿는다. 이러한 사람들은 이를 다룰 수 있도록 해 주는 충분한 자료들을 정보 혹은 위협과 관련성 없는 정보의 비용으로 위협에 적절한 정보에 참여한다. 공격적 성향을 가지고 있는 사람은, 다른 사람은 악의적이거나 '아귀다툼의 세상'이라는 기존의 생각과 일관된 정보를 기록하여 두거나 이에 주목할 수도 있다. 의도적으로 모호한 부정적인 사건 속의 상황은 잘못된 것에 기인하는 것처럼 설명된다(예: 악의적인 성경의 편견; Crick & Dodge, 1994). 한편, 우울에 취약한 사람은 자신이 사랑스럽지 않다는 생각이 밑바탕에 깔려 있다. 이 사고는 특히 강력하고 부정적인 생활사건 속에서 사고가 구체화되면 부정적인 스키마를 촉발한다. 이와 같은 사람은 선별적으로 이 부정적인 자기 견해와 일치하는 정보를 상기하고 이에 참여한다(예: 사랑스럽지 않음과 그러한 생각과 일치하지 않는 정보를 최소화하도록 하는 실마리에 주의집중하기).

왜곡된 생각은 또한 '만약 ……이면 ……이다.'의 서술 그리고 정확하지 못한 인과적 특성인 잘못된 설명 속의 증거일 수도 있다(Dozois & Beck, 2008). 설명하자면 사람이 실수를 하는 것은 완전히 실패하는 것과 같은 것이라거나 혹은 그의 자기가치가 다른 사람으로부터 승인을 받거나 판단 여부에 따라 결정된다는 등을 믿을 수도 있다. 이 역기능적 태도는 역시 계약상의 조건부 판단으로 표현될 수도 있다(예: '만약 일에서 실패하면, 나는 실패한 사람이다.'; Kuiper & Olinger, 1986 참조). 이와 같은 생각에 집착하고 있는 사람은 그들이 자기가치(예: 그 업무를 적절하게 수행하기 등)와 일치하지 않는 기준을 믿는다면 정서적 고통을 경험하진 않을 것이다. 이 규칙을 적용한다면 우연 조건과 만나지지 않았을 때 감정적인 고통을 낳을 것이다. 결과적으로 취약한 사람은 종종 개인적인 규칙을 만들고, 부정적인 핵심 생각과 만날 것을 대비하여 보완적인 전략(Young et al., 2003)을 만들 것이다(예: '나는 내가 하는 모든 것에서 성공해야만 한다.').

개인의 자기 스키마의 활성화 그리고 왜곡되게 처리되고 있는 정보의 잇달은 발생은 또한 보다 표면적인 인지 속에서의 증거이거나 또는 자동적 사고처럼 관련된 것이라는 증거다. 자동적 사고는 매일 각자의 생각에 직접적이고 인식적인 숙고에 의해 동반되지 않고 스쳐 지나가는 긍정적 또는 부정적 생각의 흐름에 포함된 것이다. 어떤 연구자들은 이것은 오히려 부정적 사고의 절재적 빈도라고 하기 보다는 긍정적 및 부정적인 자동적 사고에 대한 상대적인 균형이라고 주장한다. 그리고 이것이 기능적 또는 역기능적일 수도 있다고 주장한다(예: Schwartz & Garamoni, 1986; Clark et al., 1999 참조). 자동적 사고는 흔히 자기 자신, 세계 및 미래, 즉 Beck(1967)이 '인지삼제(cognitive triad)'라고 부르는 것이다. 비록 이와 같은 생각이 다른 인지의 수준에 비해 보다 피상적이고 주어진 상황에 근접한 것이지만 그들은 기능적으로 그의 보다 깊은 사고와 스키마와 관련되어 있고, 그의 사고 체계의 다른 면모가 활성화되는 것과 관련된 것으로서 부각되는 것 같다.

인지는 Beck 이론의 가장 중요한 요점이다. 하지만 이 모델은 단순히 인지가 감정과 행동을 야기시킨다는 것을 주장하지 않는다. 대신에 이 변인들이 상호 관련되어 있다는 것을 인정하고 있다. 몇몇의 관련된 인지모델은 이 상호 교류를 통해 특징을 발전시켜 왔다. 그리고 최근 Beck 모델 적용(예: 방법들의 포함)에 인지와 정서체계 사이의 복합적인 상호작용을 고려하고 있다(예: Beck, 1996, 2008; Teasdale & Barnard, 1993). 하지만 인지모델에 있어 정보처리의 특성과 기능(예: 의미의 부여)은 부적응 행동을 이해하는 데 핵심이 된다고 볼 수 없다(Alford & Beck, 1997, p. II).

더욱이, 스키마 구조로부터 자동적인 사고의 정보처리 수준에 대한 정신병리 관점의 인지 이해에 덧붙여, Beck의 모델도 내용 특수성을 강조하고 있다(Alford & Beck, 1997; Clark et al., 1999). 그것은 인지의 다른 형태들이 특정 임상적 증세를 의미한다는 것이다. 우울증상이 있는 사람들은 예를 들면 자기 상실감, 박탈감 및 실패와 관련된 핵심 사고, 역기능적 태도, 자동적 사고를 가지고 있음이 이론화되어 있다(Beck et al., 1979). 이와는 대조적으로 임상적으로 심각한 불안을 가지고 있는 사람은 위험의 확률을 과대평가하는 경향을 가지고 있음과 동시에 잠재적 위협에 직면하는 것에 대한 그들의 정보 출처를 과소평가하는 경향이 있다. 그들의 생각은 취약함, 위험한 세상, 잠재적 대격변 같은 미래 등에 대한 주제에 집중하고 있다(Beck et al., 1985). 편집형 성격장애를 가진 사람은 다른 사람들이 악의적이고, 믿을 가치가 없고, 남용하고, 거짓투성이라고 믿는다(Beck, Freeman, Davis, & Associates, 2004). 다른 한편 물질 남용의 문제들을 경험한 사람은 자신을 기량이 없고, 약하고, 함정에 빠져 있고, 일련의 절망적인 자신을 강조하는 중심 생각을 가지고 있다. 이런 사람들은 허락하는 생각(예: '한 번만 더 사용해 보고 더 이상 하지 않겠다.' 등)에 빠져 있고, 직면한 문제 관련 대처 전략에 대한 특정한 사고(예: '만약 내가 사용한다면, 나는 그것들을 더 잘 다룰 수 있을 것이다.')를 가지고 있고, 그리고 요구를 저지시키는 데 대한 무능(예: '비록 내가 그러기를 그만둔다 하더라도, 갈망은 무한정으로 지속될 것이다.'; Ball, 2003)이라는 특정한 사고를 고수할 것이다.

인지치료

비록 Beck의 인지이론이 하향식(예: 활성화에 관하여 자기 스키마는 자동적 사고에 영향을 주는 정보처리에 영향을 준다)이지만, 처치의 모델은 우선적으로 상향식으로 작용한다(예: 보다 근접하고 표면적인 수준의 인식에서 보다 깊은 인지 구조로). 인지치료는 사람들이 그들의 인지적 가치판단을 불건전하고 적응성이 낮은 것으로부터 보다 증거 기반으로 그리고 더 적응적이 되도록 돕는 것이 목적이다. 그것에는 세 가지의 기본적인 원칙이 깔려 있다. 첫째, 인지는 행동과 정서에 영향을 준다. 둘째, 인지적 행동은 관찰하고 수정하는 것이다. 셋째, 사람의 생각을 바꿈으로써 사람은 감정적 반응에 보다 만족할 만한 경험과 행동에 있어서 바람직한 변화를 위해 분투한다(Dobson & Dozois, 2010). 비록 인지치료가 다양한 행동적 (및 비록 가끔이지만 수용) 전략을 사용하지만, 요점은 궁극적으로 사고를 바꾸려는 것이다. 환자는 사실보다는 가정으로서의 생각을 다루는 방법을 학습한다. 가정으로서의 생각을 하도록 하는 것은 생각의 타당성을 검증하는 기회를 만드는 것이고, 환자에게 대안적인 설명을 고려하도록 돕는 것이고, 그들이 하나의 생각으로부터 보다 객관적인 관찰을 할 수 있게 하는 거리를 유지하도록 하려는 것이다(DeRubeis et al., 2010).

인지치료는 매우 협동적이고 환자들의 자동적 생각을 감찰하는 것을 도와주는 특별한 학습경험을 디자인하는 것을 포함한다. 인지 정서 그리고 행동 간의 관계를 이해하도록 하는 것이며 자동적 사고의 타당성을 시험하도록 하는 것이다. 보다 현실적이고 적용할 수 있는 인지를 개발하는 것이다. 그리고 밑에 깔려 있는 생각과 가정 그리고 스키마를 변화시키려는 것이다(Dobson & Dozois, 2010). 장애의 치료에 있어 문제의 특성과 사례 개념화뿐 아니라 특정한 치료기법이 다양하다 할지라도 인지치료는 다음과 같은 기본적인 요소를 포함한다(Kuyken, Padesky, & Dudley, 2009).

- 치료동맹의 구축
- 행동적 변화 전략
- 인지적 재구조화 전략
- 핵심 신념과 스키마의 조정
- 재발의 방지

이 변화 전략에 대한 상세한 논의는 이 장의 범위를 넘어서므로 관심이 있는 독자는 DeRubeis 등(2010)과 Dobson 그리고 Dobson(2009)을 참조하기 바란다. 이 전략들에 대한 개요는 다음에 수록되어 있다.

치료적 관계는 인지치료를 포함하여 모든 심리치료의 중요 요소다. 따뜻함, 정확한 공감, 무조건적이고 긍정적인 존중 그리고 진솔성과 신뢰를 포함하여 Carl Rogers(1951)가 주장하는 많은 기본적인 인간 상호 간의 변수들은 인지적이고 증상적인 변화를 위한 중요한 기초로 작용한다. 하지만 Beck 등(1979)이 지적한 것과 같이 우리는 "이런 특성들이 그 자체로 필요하지만 최적의 치료 효과를 내는 데 충분한 것은 아니라는 것을 믿는다."(p. 45) Dobson과 Dobson(2009)은 다음과 같이 말함으로써 심리치료에 있어서 별 특정한 것이 없는 요소들에 대한 논쟁을 잘 요약하였다. "이것은 마치 사람을 걷게 하는 것이 골격 시스템인지, 신경 시스템인지, 또는 근육 시스템인지에 대한 논쟁과 같다. 이들 각각의 요소가 필요하지만 하나로는 충분하지 않다. 그러므로 각 요소들은 심리치료에서 모두 필요한 것이다."(p. 225) 비록 인지치료를 기술함에 있어서 다양한 치료 전략의 효율성을 강조한다 하더라도 이것이 관계적 요소들은 부수적인 역할을 한다는 의미는 아니다. 예를 들면, 인지치료 척도(Cognitive Therapy Scale; Young & Beck, 1980)는 인지치료에 있어서 효력을 평가하는 데 사용되지만, 치료동맹의 확립에 직접적으로 관여되는 많은 항목들을 사용하고 있다(Dobson & Dobson, 2009).

　행동 전략은 인지치료에 있어서 매우 중요한 기능을 제공한다. 비록 이 방법들이 두려운 자극에 익숙해 있거나 한 사람의 반응을 강화하는 스케줄(그래서 기쁨이나 우월감을 증가시키는)을 변화시키는 데 기여할 수 있지만, 주된 관심은 인지적 변화에 있다. 예를 들면, DeRubeis 등(2010)은 자신에 대한 모니터링의 사용이 일어날 수 있는 자기 사고 시스템의 변화를 설명한다. '나는 항상 바닥이야. 위로 올라갈 수 없어.' 혹은 '침대에서 일어나는 것은 의미가 없어.' 등과 같은 생각은 가정으로서, 그리고 한 사람의 기분 상태와 행동에 대한 자료를 모음으로써 검증될 수 있다. 동일하게, 행동적 표출은 두려운 자극의 위협적 특징에 대한 사고의 변화(의미의 재정립)를 초래할 수 있다. 행동 전략은 논란의 여지가 있지만 인지치료에 있어서 인지 변화를 얻을 수 있는 가장 강력한 수단이다(Wells, 1997).

　인지치료는 또한 환자들이 그들의 인지의 타당성을 시험하고 인지할 수 있도록 도와준다. 부정적인 자동적 사고를 평가하고 도출하는 하나의 중요한 전략은

Daily Record of Dysfunctional Thoughts(DRDT)인데, 거기에는 매우 여러 가지가 있다(예: Beck et al., 1979; DeRubeis et al., 2010; Greenberger & Padesky, 1995). 한 사람이 현재의 한 사건, 중간적 생각, 감정적 반응을 기록하도록 함으로써 DRDT가 생각으로부터 거리를 두고 보다 객관적인 생각을 하도록 격려한다. 다음으로 특정한 생각을 갖도록 하는 증거를 시험하고 협력적 경험주의 및 발견을 사용한다. 특별히 환자는 '이 생각의 반대 혹은 지지하는 증거는 무엇인가요?' '이 상황에 대한 대안적인 생각을 하는 방법은 무엇인가요?' '만약 나의 가장 친한 친구나 사랑하는 사람이 나의 이런 생각을 안다면 그는 나에게 무어라고 말할까요?' '이러한 특별한 생각이 사실이라 하더라도 이것이 나에게 무엇을 의미하나요?' 등을 포함한 다양한 질문을 할 것이다(D. Dobson & Dobson, 2009; Greenberger & Padesky, 1995). 이 증거에 대한 이러한 분석으로부터 환자는 증거와 협력할 수 있고, 그들의 감정적 경험에서 대안적인 생각을 할 수 있게 된다. 만약 주어진 생각이 주관적인 것(예: '나는 실패자야.')을 내포하고 있는 사실적 증거의 무게와 일치하지 않는다면, 치료자는 환자가 생각을 바꾸고 재정리하도록 도와주어야 한다. 그래서 이것이 증거에 기반을 둔, 그리고 결과적으로 적용할 수 있는 유용한 것이 되도록 도와준다.

거기에는 특히 정서적 각성이 고조될 때 다른 시간에 우리 모두가 경험한, 많은 상식적인 인지적 실수들 혹은 처리과정상의 오류가(〈표 2-1〉 참조) 있다. 환자를 위해 일반적인 것으로서 환자에게 처리과정상의 오류의 유형에 관하여 지도하는 것은 아마도 유익한 것이라 할 수 있다. 이것이 그들의 생각에 거리감을 갖게 하고 객관적이려고 하는 것이 얼마나 도움이 되지 않는지에 대한 유용한 재고를 하게 해 주니 말이다. 그것들은 환자의 생각이 왜곡되지 않았으나 오히려 주어진 환경의 사실과 어려움을 반영하고 있는 때일 수도 있다. 이와 같은 경우 요점은 인지를 조정하는 것에 있지 않고 문제를 해결하는 것, 기술의 습득 그리고 부정적 사고나 상황에 어떻게 최적으로 접근하는가를 찾아내는 것이다.

치료의 다음 단계는 개인의 자동적 사고와 인지적 왜곡이 기능적으로 보다 깊

표 2-1 ▸▸ 일반적인 인지적 오류

주제	기술
전부 아니면 전무의 생각	흑백 혹은 양분의 생각으로 주어진 상황을 오직 두 가지의 가능성으로만 본다.
격변	미래의 재앙을 예측한다. 긍정적이고 가능한 미래를 무시한다.
점	제한된 증거를 바탕으로 미래를 예측한다.
독심	다른 사람의 생각이 무엇인지 안다고 믿거나 예측한다.
긍정성의 부정	긍정적 정보에 가중치를 주지 않거나 무시한다. 터널 내의 부정적 어두움과 유사하다.
확대 혹은 축소	부정적 정보를 확대하거나 긍정적 정보를 축소한다.
선택적 추상화	정신적 여과라 하기도 한다. 보다 큰 그림보다는 하나의 사소한 것에 집중한다.
과잉일반화	하나 혹은 제한된 수의 예를 바탕으로 결론을 과대평가한다.
잘못된 귀인	다양한 사건의 원인의 귀인을 잘 못한다.
개인화	잘못의 원인을 다른 것에서 찾기보다는 자기를 잘못의 원인으로 생각한다.
감정적 합리화	어떤 것을 나쁘게 느끼기 때문에 그것이 나쁘다고 주장한다.
이름 붙임	행동 혹은 양상을 기술하기보다는 어떤 사람이나 사물에 일반적 이름을 붙인다.

출처: Dobson, D., & Dobson, K. S. (2009: 129).

고 핵심적인 신념과 스키마에 관련되어 있다는 가정을 단정하고 있다. 흔히 이것은 최대한의 재발 방지와 최대한 일반화할 수 있는 변화를 초래할 수 있다는 것을 믿게 하는 이들 스키마의 수정이다(Dozois et al., 2009). DRDT와 기타 전략(예: 하향식 화살표-이 접근방법은 증거를 가지고 생각을 시험하기보다는 자동적 사고로 시작한다. 환자를 감정 수준을 깊게 하도록 하고, 그 생각을 '이 생각이 진실이라면 이것이 의미하는 것은 무엇인가?'와 같은 질문을 가지고 검토하게 하는데, 이것은 일반적으로 보다 깊은 규칙, 신념, 가정 등을 드러나게 돕는다), 많은 주제들이 치료에서 나타난다. 그것들은 환자가 붙들고 있는 핵심적인 생각에 대해서와 마찬가지로 해결의 실마리를 마련해 준다. 치료에 있어서 환자와 치료자는 이보다 깊은 생각, 소크라테스식 대화, 그리고 안내된 발견, 역할 연기, 행동적 실험 그리고 기타의 다른 전략들을 사용해서 하나씩 벗겨 낸다(DeRubeis et al., 2010; D. Dobson & Dobson, 2009).

끝으로 치료의 마지막에서 인지치료자들은 재발 방지에 초점을 둔다. 재발방지는 다른 것들 중에서 치료 기간이 점진적이고 적절했는지와 다루는 시점이 적절하였는지 사용된 치료 전략 중 가장 도움이 된 전략을 재검토하기, 앞으로의 계획 세우기, 치료의 종료에 대한 느낌 논의하기, 실패에 대한 준비하기, (환자의 독특한 배경과 관련 문헌들로부터) 재발을 일으키게 할 수 있는 요소들을 찾기, 환자들이 만드는 치료 변화에 대한 내적 요소들을 확인하기 등을 포함한다.

● 인지치료에서의 마음챙김과 수용 기반 전략

비록 Beck의 인지 모델의 개발에 있어서 마음챙김과 수용 기반 전략이 주된 역할을 하지는 않았지만 인지치료에 있어서 수용이 만든 흔적들이 존재한다. 예를 들면, 인지치료자들이 환자들이 자기만의 생각에 대해 과학적으로 되도록 하며, 그래서 자신, 세상 그리고 미래에 대한 현실적인 평가를 얻도록 한다. 환자들은 주어진 상황에서 비현실적인 평가가 그들의 감정적인 반응에 어떻게 영향을 줄지를 결정하기 위해 그들의 예상과 설명을 시험하도록 가르침을 받는다. 그러나 만일 슬퍼하고, 화를 내고, 공포에 빠지고, 걱정하는 등에 충분한 이유가 있다면, 인지치료자는 이 적용할 수 있는 반응을 변화시켜 볼 수 없다(Hofmann & Asmundson, 2008, p. 7; Kovacs & Beck, 1978 참조). 비록 내적인 경험들을 수용하는 것과는 다르겠지만, 다른 형태의 수용이 문제가 있는 환경을 향한다. 이와 같은 경우 치료자는 환자가 문제가 있는 측면이 변화될 수 있는 것인지(문제 중심적 대응), 그리고 그것이 가능하지 않다면 이 환경을 수용하고 감정 중심의 대응을 할 것인지를 결정하도록 환자를 도와야 할 것이다(Larzarus & Folkman, 1984).

불안장애와 관련해서 수용은 가끔 인지 모델에서 중요한 역할을 한다. 예를 들면, Beck 등(1985)은 불안을 성공적으로 다루기 위해서 5단계의 AWARE 전략을 개발했다(〈표 2-2〉 참조). AWARE 전략은 단순히 환자의 불안에 참거나 대처하는 것만 강조한 것이 아니라 불안을 마음챙김으로 극복하거나 불안을 포용하도록 하였다. 이 아이디어는 저항하고, 싸우고, 피하거나, 혹은 불안을 억누르는 것이 오직 불안을 더 강하게 하고 연장시킨다는 것이다. "역설적이게도 통제하려는 생각을 포기함으로써 환자가 자기의 불안을 통제하는 것을 배울 수 있다. 치료자는 환자에게 불안을 수용하는(포기하도록 하는 것이 아니라) 아이디어를 받아들이도록 할 필요가 있다."(p. 233) 이것에 역점을 둔다는 것은 인지치료와 수용 기반의 접근 사이의 중요한 차이를 나타내 보여 주는 것이다. CT에서 내적 경험들의 수용을 촉진하는 무선적 목적이 인지적 변화와 증상 완화(예: 걱정의 감소 등)를 가져오도록 하는 것이다. 역설적이게도 수용하는 태도를 택한다는 것은 이와 같은 완화를 달성하는 한 방법이다.

수용이 인지적 변화를 초래할 수 있는 잠재력을 가지고 있다는 아이디어는 CT에서 노출 기반 개입에 대한 전제다. 비록 노출에 대한 특별한 초점은 치료하고 있는 장애에 따라서 달라지지만, 기본 원칙은 동일하다. 즉, 걱정을 야기하는 자극에 마주치거나, 환자의 두려움이 사라지거나(익숙해짐을 통해서), 새로운 대처기술이 개발되거나, 중대한 인지 변화가 발생되거나에 따라 달라진다. 새로운 증거가 축적되는 것처럼 위협과 관련된 인지 변화가 발생하는 것은 환자의 생각으로부터 어긋나는 것이다. 그렇기 때문에 새로운 학습이 발생되는 기회가 마련되는 것이다. 공황장애에 대한 내부 감각기에 노출 상태에서 신체적 감각을 포함함(그래서 수용함)으로써, 예를 들면 환자는 이러한 감각에 익숙하게 될 뿐만 아니라, 그는 비록 이 두려움이 편안하지는 않지만 위험하지는 않아 이 감각들이 필연적인 공황발작을 이끌지 않게 된다. 이러한 수용이 발생하면 더 이상 신체적 감각을 감찰할 필요가 없고(예: 이러한 감각의 평가가 내적 감각이 더 이상 협박적 의미를 전달하지 않는 것과 같은), 공포로 끌어올리는 현상이 발생되지 않는다(Clark, 1996). 같은 인지적 변화가 다른 불안장애에서 발생할 수도 있다. 예를 들면, 외상 후 스트레스장애의 치료는 일반적으로 인지적 재처리나 상상적 노출을 사용하여 외상과 직면하는 것을 포함한다. 노출을 통하여 환자는 이러한 상상은 현재 진행되고 있는 사건이 아니라 단지 기억일 뿐이라는 것을 배운다. 그리고 그들 생활의 다른 단면들과 함께 그들을 종합하고 그들을 이해할 수 있게 된다. 유용

표 2-2 ▸▸ AWARE를 이용한 불안 대처하기

A	불안의 수용	당신의 불안을 받아들이는 것에 동의하라. 불안을 환영하라. 불안과 싸우기보다는 경험을 가지고 결정하라. 거부, 화냄, 혹은 불안의 혐오를 수용으로 대체하라. 만약 당신이 불안에 대항하면 그것으로 인한 불행을 연장하게 된다.
W	불안 관찰	어떤 판단 없이 불안을 관찰하라. 이것은 좋은 것도 나쁜 것도 아니다. 이것을 환영받지 못할 손님으로 보지 않는다. 대신에 이것을 관찰하고 이것의 기복을 보라. 당신의 불안의 오르고 내림을 스스로 관찰하라. 분리하라. 당신은 당신의 불안 자체가 아니라는 것을 기억하라. 자기 자신을 경험으로부터 분리하려고 애써라. 그리고 단순히 이것을 관찰하라.
A	불안과 함께 행동	이러한 상황을 일반화하라. 당신이 마치 불안하지 않는 것처럼 행동하라. 불안과 함께 움직여라. 당신의 불안으로부터 달아나는 것이 아마도 단기간에서는 도움이 될 것이다. 그러나 이것은 장기간의 결과다. 만약 당신이 이것에 붙들려 있다면, 당신의 두려움과 불안이 흩어져 버릴 것이다.
R	상기 과정의 반복	당신의 불안을 지속적으로 수용하고, 관찰하고, 당신이 평안한 수준이 될 때까지 불안과 함께 행동하라.
E	최상의 기대	당신에게 가장 드물게 발생하는 것은 무엇인가. 다음에는 당신이 불안하고 있는 것에 놀라지 마라. 대신에 당신이 어떻게 이것을 다루는가를 보라. 당신이 살아 있는 한, 당신은 어떤 불안이든 가지고 있을 것이다. 당신의 안락함을 위해서 당신은 불안을 완전 정복하겠다는 생각을 버려라. 장래에 이것을 기대함으로서 당신은 불안이 다시 엄습할 때 이 불안을 수용할 수 있는 좋은 위치에 당신 자신을 위치하도록 하라.

출처: Beck, A. T., & Emery, G. (1985: 323-324).

한 비유로는 "외상의 기억을 찬장과 비교하는 것이다. 많은 것을 정리되지 않은 채로 재빨리 쓸어 넣어 버리고, 문을 꼭 닫는다면 문이 잘 닫히지 않을 것이며 결국 예측할 수 없을 때 물건들은 떨어져 버리게 된다. 찬장을 잘 정리하는 것은 모든 물건을 잘 관찰하고 그들을 그들이 있어야 할 곳에 놓는 것이다. 한 번 이것을 하면, 문은 잘 닫힐 수 있고, 닫힌 상태를 유지할 것이다."(Ehlers & Clark, 2000, pp. 336-337)

사 례

Sandra는 전문가로서 성공적인 경력을 가지고 있는 30세 여성이다. Sandra는 인지치료를 받았다. 주된 문제는 우울과 외상 후 스트레스장애다. 치료의 처음 과정은 하향적 나선형 회피성 그리고 부정적 분위기를 역전시키도록 행동적 활력(활동을 감찰하고 행복한 혹은 행복 지향적 경험들을 소개하는 것)으로 시작했다. 그리고는 치료는 DRDT를 사용하여 부정적인 자동적 사고를 감찰하고, 시험하고, 수정하는 것에 집중하였다. Sandra는 부정적인 생각을 인식하는 데 정통하게 되었다. 그러나 그 증거를 평가하고, 그녀 생각의 타당성을 평가하거나 보다 긍정적인 생각과 대안을 만들어 내는 것이 어렵다는 것을 발견하였다. 치료자의 도움으로 Sandra는 그녀의 생각이 보다 증거 기반이 되도록 시작하였다. 소크라테스식 질문하기, 발견하는 방법을 지도하고, 또 다른 전략(예: 하향식 접근방법)의 사용을 통하여 그녀는 그녀의 무능력(예: '나는 실패자야.')과 사랑받을 수 없음(예: '나는 사랑받을 수 없어.' '나는 결점 투성이야.')을 내포하고 있는 그녀의 깊고 중심적인 밑바탕의 생각을 확인할 수 있게 되었다. 무능력에 대한 그녀의 생각은 변화되기 시작하였는데, 이것은 그녀의 분위기가 상당히 개선된 결과다. 하지만 그녀의 사랑받을 수 없음에 대한 생각은 아주 뿌리 깊고 변화를 거부하는 것이었다.

Sandra는 감성적으로 꽉 막힌 가정에서 자라났다. 거기에 더하여 그녀 가족의 근원적 분위기는 그녀를 우울 형태의 귀인 방식으로 가르쳤다. 어렸을 때부터 그녀는 긍정적인 사건에 대해 신뢰를 주지 않고, 부정적인 사건들에 대해 비난을 수용하는 것을 배워 왔다. 이 과거의 가정사의 배경에 반하여, Sandra는 또한 성 폭행의 희생자였다. 이 폭행의 상처에 더하여 Sandra는 또한 이것의 원인('나는 사악해.' '나에게는 그것이 당연해.' '내가 그런 일이 일어나도록 만들었어.' 등)과 결과('나는 더러워.' '나는 망쳤어.' 등)를 자신에게 돌렸다. 치료는 상상의 노출에 집중되었다. 특별히 Sandra는 무엇이 발생했는지에 대한 세부사항을 개략적으로 기록하였다. Sandra와 치료자는 이 기술을 보다 상세하게 만들도록 노력했다. Sandra는 매일 몇 번씩 큰 소리로 이 기술을 읽도록 하였다. 또한 그녀와 그녀의 치료자는 이 기술한 것을 기록하였고, 그녀의 숙제는 그녀가 동의하는 시간의 범위 내에서 반복적으로 그녀가 이것을 재현하여 보는 것이었다. 이것을 노출시킨 결과로서, 그리고 그녀의 두려움 구조의 변화(예: '이것은 두려운 기억이지만 현재 협박을 하는 것은 아니다.' 라는 것을 믿도록 하는 것)의 결과로서, 그녀의 의도는 두려움과 재경험의 증상을 몰아내려는 것이다. 하지만 그녀는 지속적으로 성폭력의 결과 때문에 자신은 사악하고 더럽고 결함이 있다는 생각을 했다. 이에 더해서 그녀는 '핵심은 자기가 사악하기 때문에'(그것이 자신의 어린 시절에 만들어졌다는 생각과 개인화된 부정적 경험과 긍정적인 것들을 비하하는 창을 통해 지속된다는 생각) 이 성폭력의 근본적인 원인은 자기라고 생각했다. 노출에 더하여, 치료는 상처의 인지적 재처리를 강조하고 그녀의 경험을 이해하려 노력하고, 상처의 결과 때문에 변화된 그녀 자신과 세상과 미래에 대한 그녀의 견해를 바꾸고, '기억의 찬장을 재정리하는 것'을 강조했다(Ehlers & Clark, 2000).

Sandra는 믿을 수 없을 만큼 고통스러웠지만 배타적으로 부정적인 사건들, '그 일들은 각각 서로 다르지만'에 집중하고 있다는 것을 알아차리기 시작했다. 그녀는 자신의 실수를 알게 되었고, 사악하고 더럽다는 '증거'로서 부정적 사건들을 떼어 놓았다. 동시에 그녀는 산더미 같은 증거들을 부정하려 할 것이다. 산더미 같은 증거들이란 객관적으로 보다 정확하고 부합된 것들이다. 그 증거들이라는 것은 그녀가 유능하고, 친절하고, 남을 잘 돌보아 주고, 착하고, 열정적이고, 남에게 잘 베푼다는 것(더럽고 사악하다는 것과 부합하지 않는 특성)을 의미한다. Sandra는 자기 자신의 편중된 사고를 비록 그것은 그녀의 어린 시절에 배웠던 오래된 규칙과 일관성이 있긴 하지만, 자신이 이러한 생각을 지니고 있음을 인식할 수 있을 것이다. 또 그러한 편중된 사고가 그녀의 성격을 증명하지 않음을 인식할 수 있을 것이다. 그녀는 이 개념을 이 기간 동안에 잡을 수 있을 것이다. 그러나 그것에 매달려 있는 것이 어렵다는 것을 발견할 것이다. 특히나 그녀가 깊은 슬픔을 겪고 있을 때나 신체적으로 혹은 정서적으로 피곤할 때 더 어려울 것이다. 그녀는 그녀의 고통을 수용하도록 하는 과정에서 부정적 정서와 근거들을 자세히 검토해 나가도록 격려받았다. 특히나 그녀가 강한 슬픔을 겪고 있을 때, 그녀는 그녀의 생각을 시험하고, 그것의 타당성을 검증할 것이다. 이렇게 함으로써 그녀는 사악하다는 것이 논리적으로 맞지도 않으며, 더럽지 않다는 것을 인지할 수 있을 것이다. 그녀는 아직도 사악함과 더러움을 느꼈다. 그녀는 이 남아 있는 느낌(느낌은 사실이 아님)을 수용하도록 격려받았다. 그리고 이것을 참거나 멀리 밀어내려고 애쓰거나 하기보다는 이 과정의 흐름을 받아들이도록 격려받았다. 인지적 변화 전략과 고통의 수용을 통해서 Sandra는 그녀의 사고 체계를 바꾸고, 고통 자체를 마음 아파하고, 그녀 스스로 만들어 왔던 고통과 책임 사이에 묶였던 틀을 깨어 버릴 수 있었다.

● 인지치료와 다른 CBT 모델의 차이점

인지치료는 "사고, 해석, 가정 그리고 대응 전략을 변화시킴으로써"(Kazdin, 1978, p. 337) 감정적인 괴로움과 부적응적인 행동을 변화시키는 인지-행동 접근방법 중 하나다. 인지행동치료의 다양한 하위 접근방법은 인지 재구조화, 대처 기술, 문제 해결의 세 가지 주요 범주로 정리할 수 있다. 이러한 접근법의 공통점과 차이점은 다른 저서에서 언급되었기 때문에(예: Dobson & Dozois, 2010) 여기에서는 다루지 않는다. 이 책에서는 Beck의 인지치료와 수용, 마음챙김에 기반한 접근과의 차이점에 더욱 집중하고자 한다.

인지치료가 상당한 연구 지원을 받아 왔지만, 모든 정신건강 문제의 만병통치약은 아니며, 실증적 연구들이 제시하듯 '회복'을 목표로 하는 의미에서 결과가 정의될 때 특히 발전의 여지가 여전히 있다(예: Westen & Morrison, 2001). 우리의 관점은 수용과 마음챙김에 기반한 전략의 적용이 인지치료를 개선하는 데 잠재력이 있다는 것이다. 몇몇 실증적인 연구는 이러한 관점과 궤를 같이하는데(예: Forman, Herbert, Moitra, Yeomans, & Geller, 2007), 그럼에도 현재에는 이러한 새로운 접근들 중 어떠한 것도 임상적으로 지지된 치료들을 위한 범주를 단독으로 충족시키지 못한다(Öst, 2008).

앞서 언급한 것처럼, 수용 전략은 불안을 다루는 인지치료라는 맥락에서 옹호되어 왔다(Beck et al., 1985; 〈표 2-2〉 참조). Beck은 또한 자기 구성(self-construal)으로부터 괴로움, 고통 그리고 분노와 분리되거나 거리를 두는 능력이 고통을 최소화하는 순수한 효과를 가져올 수 있다고 보았다(Dalai Lama & Beck, 2005). 인지를 변화시키는 것에 더하여, 인지이론에 의해 발전된 많은 전략은 어떤 곤경에 대해 거리두기를 하거나 어떤 관점을 확보하도록 초점을 맞춰 왔다.

인지치료에서 인지를 변화시키는 개입에 비해 마음챙김과 수용 기반 전략이 강조되지는 않았지만, 일반적인 접근은 인지 모델과 일치하는 것이며, 그 접근들은 많은 부분에서 다르다기보다는 유사하다(Arch & Craske, 2008; Hofmann 2008a; Hofmann & Asmundson, 2008). Roemer와 Orsillo(2009)가 지적했듯이, 치료에서 수용에 기반한 행동적 접근은 "CBT 전통이 진화하는 한 부분이지 그 외부에 존재하는 어떤 것이 아니다." (p. 3)라고 하였다. 이와 같은 맥락에서 우리는 이러한 접근들이 인지치료의 연장 혹은 보완 요소이지 '제3의 물결'은 아니라고 본다(Hofmann, 2008a; Hofmann & Asmundson, 2008).

최근 마음챙김과 수용 기반 접근이 주목받고, 인지치료에 추가되는 것이 마음챙김과 수용 모델의 확장과 비슷할지도 모른다(예: Hayes, Follette, & Linehan,

2004; Hayes, Strosahl, & Wilson, 1999; Roemer & Orsillo, 2009; Segal, Williams, & Teasdale, 2002). Beck은 초기의 아동 환경이 자기 스키마(예: Kovacs & Beck, 1978) 발전에 있어 중요하다고 언급했다. 그러나 Beck의 저서는 이러한 초기 경험에 초점을 맞춘 것이 아니었다. 오히려 Jeffrey Young과 그의 동료들(예: Young et al., 2003; Young, Rygh, Weinberger, & Beck, 2008)이 인지 모델을 확장하여 초기 부적응적 스키마와 수정의 발달 기원에 대해 보다 명확한 관점을 확보하였다. 이러한 연구들이 인지이론을 발전시켜 줄 인지 모델의 중요한 확장을 대표하고 새로운 개념 요소들(예: Schema compensation, Schema maintenance)을 담고 있지만 CBT의 새로운 '물결'로 인식되지는 않을 것이다. 수용과 마음챙김 접근에 대한 시각도 마찬가지다.

이러한 접근들(예: 다이렉티컬 행동 치료; Linehan, 1993; 마음챙김 기반 인지치료; Segal et al., 2002; 상위인지치료, Wells, 2002, 2008)은 인지 모델 내에서 잘 통합되어 왔다(Roemer & Orsillo, 2009). 다른 영역들[예를 들면, 수용 전념 치료(ACT)]은 그들의 내재된 철학적 가정들에서 주요 인지치료와 다른 것처럼 보인다(Hayes et al., 1999). 예를 들면, 인지치료자들은 일반적으로 현실적인 가정― '현실 세계(real world)'가 우리의 그것에 대한 인식과는 독립적으로 실재하며, 이를 잘못 해석하거나 오인하는 것이 가능하다는 생각―을 고수한다(Dobson & Dozois, 2010). 한 개인이 자신이 특수한 상황 혹은 사건의 평가에 영향을 미치는 특이한 믿음, 가정, 그리고 스키마(사고를 왜곡시킬 수 있는 종류의)에 있다는 것을 알게 되는 것은 환경과의 상호작용이다(D. Dobson & Dobson, 2009). 이런 방식으로 인지치료는 일반적으로 변화 전략들에 초점이 맞추어져 있다(예: 누군가를 돕는 것이 자신의 생각에 있어 증거에 더 기반하게 되는 것). 그러나 앞서 이야기했듯이 만약 어떤 이의 평가가 그 증거의 중요도와 불일치하는 것이 아니라면, 다른 전략들(문제 해결, 기술 쌓기 혹은 수용)이 채택된다. 대조적으로 ACT는 기능 맥락주의의 철학에 기반을 두고 있다. ACT는 세상이 발견될 수 있는 부분들로 조직되어 있다고 가정하지 않는다. 오히려 세상은 그것의 기능적 측면에서 해석되어야 한다. Hayes 등(1999)에 의하면, ACT가 기능을 바꾸려고 한다면, 인지치료는 개인적 경험의 형태를 바꾸려 한다. "언어 관계를 효과적으로 약화시키는 주요한 방법은 언어 과정을 지지하는 맥락을 바꾸는 것이지 언어의 내용에 초점을 맞추는 것이 아니다."(p. 46) Hayes 등(1999)에 의하면 생각과 감정을 '문제'로 보는 것 그 자체가 문제다.

우리는 인지치료가 사실은 상황에 따른 기능과 형태를 모두 수정하려는 것이며, 생각의 내용과 과정의 기능 분석이 중요하다고 주장한다. 생각이 증거보다는 핵심 신념이나 스키마들의 작용에 의해 더 영향을 받는다면, 인지치료자는 내담자가 생각의 '범주를 강화(hardening of the categories)'(Kelly, 1963)하는 것을 약화시키도록 돕는 것에 초점을 맞추어야 하고, 그들의 인지 '광경(spectacles)'(Kant, 1781/1929)의 필터를 바꾸고, 자기-스키마들과 잘못된 정보처리, 역기능적 태도, 부정적인 자동 사고를 수정하는 데에 집중해야 한다. 마음챙김과 수용에 기반을 둔 전략들이 그러한 인지 변화를 가능하게 할 수도 있다.

최근 정신병리학에서 이중 구조 모델(dual-system model)이 인지를 이해하는 데 추가되었다(예: Beevers, 2005; Farb et al., 2007; Ouimet, Gawronski, & Dozois, 2009). 이러한 모델은 사회-인지 연구에서 적용되었는데, 정보처리가 두 가지 과정에 의해 지배된다고 주장한다. 하나는 상대적으로 자동적인 방식(연합에 근거한 처리)이며, 다른 하나는 보다 지적이고 숙고적인(규칙에 근거한 처리) 과정이다. 이러한 과정들은 각각 변연계(예: 편도체)의 신경학적인 구조와 전두피질에 해당하는 것이다. 연합에 기초한 체계보다 처리를 지배하는 경우가 있다. 예를 들면, 어떤 사람의 인지 자원 수준이 낮을 때(예: 인지 과부하나 피로도 때문에) 혹은 삶의 스트레스가 숙고를 불가능하게 할 때(Beevers, 2005)다. 인지치료와 마음챙김 수용 기반 접근들은 서로 상호보완적 방식으로 작동할 수 있는데, 전자가 개인으로 하여금 부정적인 자기 참조적 생각을 인식하고 검증하고 수정하는 것을 돕는다면, 후자는 그러한 생각을 단순히 가끔 일어나는, 단순히 수용되어야 하는 정신적 사건들로 본다(Beevers, 2005).

개인의 숙고적 처리과정이 불가능할 때, 규칙에 근거한 처리가 성공적으로 사용되지만(예: 개인이 증거에 비추어 자신의 생각을 따져 보고 배열할 때) 상황이 여전히 감정적으로 자극적일 때, 상황이 문제해결에 도움이 되지 않을 때(예: 개인이 통제 밖에 있을 때), 그리고 억압과 회피 경향에 반작용하고자 할 때, 수용에 기반한 전략을 사용하는 것을 지지한다(Hofmann, 2008a; Hoffman & Asmundson, 2008; Williams, Teadsale, Segal, & Kabat-Zinn, 2007). 하지만 수용에 의한 인지 변화(예: 상위인지 접근을 통해; Alford & Beck, 1997; Segal et al., 2002; Wells, 2002를 보라.) 또한 가능하며 이것이 웰빙에 매우 중요하다.

가장 잘 연구되고 효과적인 정서 조절 전략 중 하나는 인지 재평가다. 이것은 CBT의 핵심이기도 하다. 억압에 대항하기 위한 수용 전략들(경험적 회피)은 정서적 혼란에 맞서기 위한 CBT 치료자들의 무기 가운데 단지 하나의 도구일 뿐이다(Hofmann & Asmundson, 2008, p. 13).

● 인지 변화 전략의 특성과 가치

사고를 직접적으로 시험하고 수정하는 것의 유용성은 최근 연구들에서 의문이 제기되고 있다(예: Longmore & Worrell, 2007; Hofmann, 2008b 참조). 이러한 비판은 부분적으로는 행동 활성화가 자동적 사고나 핵심 신념(Dimidjian et al., 2006; Jacobson et al., 1996)의 수정에 초점을 맞추는 개입만큼 효과가 좋다는 연구 데이터와 2년간의 후속 연구에서 재발률에 있어 이러한 조건들 사이에 괄목할 만한 차이가 없다는 것을 주장하는 우울치료 연구에서부터 시작되었다(Dobson et al., 2008; Gortner, Gollan, Dobson, & Jacobson, 1998). 비슷한 결과가 불안 치료에서도 보고되었는데, 인지 재구조화에 항상 노출 하나만을 추가하여 치료하지는 않는다는 것이다(Longmore & Worrell, 2007 참조). 행동 활성화는 우울을 위한 독립된 치료로서 사용되어 왔고, 이러한 접근은 실증적 지지를 받았다(예: Dimidjian et al., 2006). 이러한 결과가 반드시 놀라운 것은 아니다. 인지치료는 행동 활성화와 행동 실험을 환자들의 믿음을 바꾸는 핵심적인 전략으로 사용할 것을 옹호해 왔기 때문이다. 언제 인지 변화가 직접적이며 비용 효율적인 방식(예: 행동적 활성화)으로 적용될 수 있는지 그리고 언제 보다 인지 개입과 깊은 스키마 작업이 시사되는지를 결정하는 데는 후속 연구가 필요하다(Dozois et al., 2009).

인지 재구조화 기법은 인식을 바꾸는 데 가장 잘 연구되고 지지된 전략이다. 그러나 부적응적 인지들은 많은 방식으로 수정될 수 있는데, 이는 행동 활성화 체내에서 내수용기적 노출 그리고 수용 전략을 포함한다. 우리의 시각은 이러한 개입 결과의 각각이 인지적 변화를 가져올 것이라고 본다(비록 어떤 면에서는 이것이 실증적 질문으로 남아 있을지라도). 게다가 어떤 전략은 생각의 기록, 소크라테스식 대화 방법을 통해서 인지를 바꾸는 데 더욱 좋은 방법이 될지도 모른다. 예를 들면, 어떤 공황장애를 가진 개인이, 그의 증상이 (지적으로는) 위험하지 않다는 것을 앎으로써 도움을 받을 수 있으나, 이러한 믿음이 실제 노출과 내부 수용이 노출을 통해 검증될 때까지 경험적 학습은 일어나지 않을 것이며, 그러한 믿음은 부분적으로만 바뀔 것이다. 이렇게 통합적인 접근은 인지치료에서 오랫동안 옹호되어 왔다. 개인은 불안을 받아들임으로써 그것이 해로운 결과로 이어지지 않을 것임을 배우는데(Beck et al., 1985), 이는 믿음에 있어서의 변화를 수반하는 것이다. 그러므로 직접적인 인지 재구조화, 행동 전략을 통해서든 혹은 수용이든 인지 변화는 치료 개선에 있어서는 가장 최종적인 공통 경로다.

● 인지이론을 위한 임상적 증거

실증 연구는 일반적으로 Beck의 인지이론을 뒷받침한다. 사회, 임상 그리고 인지 심리학의 다수 연구들이 밝힌 바, 개인은 정보를 필터링하고 자극에 반응하는 데 있어 그 이전에 이미 존재했던 태도, 가정, 기대 그리고 핵심 믿음에서 벗어나지 않는 방식으로 반응한다(예: Olson, Roese, & Zanna, 1996; Tversky & Kahneman, 1974). 인지 과정(예: 선택적 주의, 기억)이 어떻게 뒤따르는 감정적 반응에 영향을 미치는지를 이해하기 위해 상당한 발전이 이루어졌다(예: Beck & Clark, 1997; Clark et al., 1999; Mathews & MacLeod, 2002, 2005; Ouimet et al., 2009; Williams, Watts, MacLeod, & Mathews, 1997). 또한 최근의 실증적 작업은 유전적·신경생물학적 그리고 인지적 요소들 사이의 상호작용에 초점을 맞추고 있다(Beck, 2008; Beevers, Scott, C. McGeary, & McGeary, 2009).

정신병리학의 인지이론과 관련한 데이터에 대한 리뷰는 반드시 선택적이고[우울의 인지적 모델을 위한 실증적 증거에 대해 포괄적인 리뷰를 보려면 Clark 등(1999)의 연구를 참조하라], 각기 다른 수준의 인지가 정서 및 행동의 반응에 함께 영향을 미치며, 다른 정서적 경험이나 임상적 장애들이 핵심 믿음이나 자동적 사고(예: 내용-특수성)의 유일한 구성이라고 특징지어질 수 있다는 Beck의 연구에 초점을 맞추고 있다. 어떤 개인이 부적응적 사고를 재구조화함으로써 긍정적으로 정서적 웰빙과 행동의 패턴에 영향을 미칠 수 있다는 가정은 인지치료 결과 연구의 맥락에서 또한 논의될 수 있다.

인지의 수준

우선적으로 임상 관찰들에 근거하여 Beck(1967)은 스키마, 중간 단계의 믿음(정보 처리 편견들), 그리고 자동적 사고들로 이루어진 인지적 위계를 제안했다.

Beck의 독창적인 제안 이래 연구들이 축적되어 왔는데, 그것은 자가-시스템이 다른 수준의 인지적 분석이라는 측면에서 가장 잘 개념화될 수 있다는 관점을 지지한다(예: Dozois, 2007; Dozois & Dobson, 2001a, 2001b; Ingram et al., 1998). 예를 들면, 부정적인 자동사고의 빈도와 주로 우울과 불안을 수반하는 역기능적 태도(예: Beck & Perkins, 2001), 그리고 특정 내 정보처리 경향은 많은 장애에서 발견되고 있다(Clark et al., 1999; Dobson & Dozois, 2004; Williams, Mathews, & MacLeod, 1996 참조).

인지적 요소가 얼마만큼 정서적 문제에 인과적으로 연결되어 있는지는 이견이 많았다(예: Barnett & Gotlib, 1998; Coyne & Gotlib, 1983). 우울의 인지이론에서의 비판은, 예를 들면 변인들이 우울한 경험과 연관되어 기분이 올라가고 내려가는 데 인과적 영향을 미친다는 것이었다. 개인이 우울할 때, 그들은 주의와 기억에 있어 편견을 보이며, 역기능적 태도와 부정적인 자동사고를 보인다는 것이다(예: Dozois & Dobson, 2001a). 하지만 이러한 정보 처리 경향들은 우울이 완화되면 개선되는 것으로 보인다. 또한 정보 처리와 부정적 사고 스타일은 이미 우울증을 겪고 있는 개인들과 전혀 우울증을 겪지 않은 통제를 구별하지 못한다(Ingram et al., 1998을 보라). 이러한 발견은 안정적 스키마(도식)가 무엇이 되어야 하는지에 대한 작동들과 일치하지 않는다.

그러나 Beck의 제안에서 스키마가 스트레스에 의해 활성화되기 전까지는 휴면 상태라는 점은 명심해 두어야 할 것이다. 사실 부정적 기분 상태를 촉발시킴으로써(예: 음악, 삽화, 자서전적인 기억 등의 사용을 통해) 자가-시스템을 활성화시킨 연구에서는 우울증의 병력을 가지고 있는 개인과 그렇지 않은 개인 간의 차이를 발견했다(예: Hedlund & Rude, 1995; Ingram, Bernet, & McLaughlin, 1994; Miranda, Gross, Persons, & Hahn, 1998; Miranda & Persons, 1988; Miranda, Persons, & Byers, 1990; Persons & Miranda, 1992; Segal, Gemar, & Williams, 1999; Soloman, Haaga, Brody, Kirk, & Friedman, 1998; Teasdale & Dent, 1987; 평판 좋은 연구인, Scher et al., 2005 참조). 그러한 연구는 기분 일치적 정보처리 편견을 이해하는 데

있어 발전을 가져왔고, 안정적 인지 구조가 기분 상태의 변화와 함께 활성화될 수 있다는 개념을 지지한다.

추가적인 편견이 또한 불안과 인과적으로 연결되어 있다. MacLeod, Mathews 와 그의 동료들(MacLeod, Rutherford, Campbell, Ebsworthy, & Holker, 2002; Mathews & MacLeod, 2002, 2005)은, 예를 들어 초월적 정보처리 경향이 비임상적 참여자들에게서 촉발될 수 있고 스트레스 요인에 따른 불안을 야기한다는 것을 실험하였다. 또한 다른 연구들에서는 불안이 개인들로 하여금 위협적인 자극으로부터 주의를 돌리게 훈련시킴으로써 줄어들 수 있다는 것을 보여 주었다(예: Amir, Beard, Burns, & Bomyea, 2009).

장기적 연구는 또한 Beck의 이론을 뒷받침하는데, 인지적 취약성(예: 역기능적 태도)과 생활 스트레스의 상호작용(예: Abela & D'Alessandro, 2002; Alloy et al., 2006; Hankin, Abramson, Miller, & Haeffel, 2004; Hankin, Fraley, & Abela, 2005; Joiner, Metalcky, Lew, & Klocek, 1999; Kwon & Oei, 1992; Lewinsohn, Joiner, & Rohde, 2001; Otto et al., 2007 참조)에서 우울증을 예측할 수 있다고 보았다. Evans, Heron, Lewis, Araya와 Wolke(2005)는 스키마와 관련된 항목 측정에서 상위 1/3을 기록한 여성들이 하위 1/3을 기록한 여성들에 비해 3배나 더 14주 뒤에 우울증상을 경험할 수 있다는 것을 발견했다. 2.5년 후 후속 연구에서, Alloy 등(2006)은 인지적으로 고위험군에 속한 참여자들이 저위험군에 있는 참여자들보다 3.5~6.8배나 우울증 발병률을 더 보인다고 밝혔다.

스키마의 개념은 비록 Beck의 이론에서 중심적인 구성물이긴 하지만, 역사적으로 가장 정의 내리기 어렵고, 작동시키기 어렵다(Segal, 1988). 하지만 그간 다양한 평가 전략이 이러한 구성물을 실증적으로 측정하기 위하여 개발되어 왔다. 자기참조 과정을 측정하기 위한 초기 연구의 하나가 Rogers, Kuiper와 Kirker (1977)에 의해 수행되었는데, 그들은 자기 참조과정이 보다 깊은 수준의 약호화 과정을 촉진하며, 자기 참조적인 정보보다 깊고 정교한 기억 추적을 해 내는 것으로 보고했다(Symons & Johnson, 1997 참조).

최근의 연구에서 우울증에서 조직된 자기-스키마의 생각과 일치하는 증거를 제공했다. 예를 들어, Segal과 그의 동료들(Segal & Gemar, 1997; Segal, Gemar, Truchon, Guirguis, & Horowitz, 1995)은 다양한 정서 스트룹(stroop) 과제를 이용해 기발한 일련의 연구를 수행했다. 참가자들의 표의문자적으로 추출한 자기기술적 특질들의 목록을 만든 이후에 실험가들은 수정된 스트룹 작업을 주관했다. 참가자들은 최초의 단어를 읽고 (표적 형용사와 관련된 측면에서 다양한) 목표물의 색깔을 이름 붙인 뒤 최초 단어를 기억해 낸다. 우울증에 걸린 개인은 색깔의 이름을 붙인 부정적인 표적 단어들에 보다 긴 반응시간을 보였는데, 이는 최초 단어들이 자기기술적일 때 그렇지 않을 때보다 더 그러했다. 이 최초-표적의 관계성 영향은 비우울증 개인들에게는 나타나지 않았다.

다른 연구들에서는 심리학적 거리 척도 과제(Psychological Distance Scaling Task)을 사용했는데, 이는 자기 재현과 관계 있는 형용사 자극들 가운데 자극 간 거리를 계산하는 측면에서 자기-스키마 평가를 작동시키는 것이다. 이러한 연구들에서는 부정적인 정보가 불안과 우울장애를 가진 개인의 자기-스키마에서 더 잘 강화된다는 것을 보여 준다. 이에 반해 긍정적인 정보들은 우울증에서는 덜 조직되는 경향이 있다(Dozois & Dobson, 2001b; Dozois & Frewen, 2006; Lumley & Harkness, 2009). 우울증에서 부정적인 자기-구조들은 시간과 상관없이 굳건한 것으로 보이며, 증상의 호전과도 상관없는 것으로 나타났다(Dozois, 2007; Dozois & Dobson, 2001a).

내용-특수성

내용-특수성 가정은 각각의 감정적인 경험과 심리학적 증상이 구체적인 인지적 프로파일을 가지고 있다고 말한다(Alford & Beck, 1997; Beck, 1976; Clark et al., 1999). 즉, 개인의 특정한 일에 대한 평가가 수반되는 감정들을 지배한다는 것이다. 예를 들면, 불안은 미래의 위협 혹은 위험, 감정들에 대한 평가에서 출발하는데, 이는 상실, 거부, 박탈 혹은 실패, 그리고 분노 등의 평가를 거쳐, 한 사람의 불운은 다른 사람의 악의적 의도에서 비롯된다는 해석에 기인한다. 그러한 방식으로 다른 감정적 경험들과 임상적 장애들은 핵심 신념과 자동적 사고의 독특한 구성의 기초에서 구별될 수 있다.

연구는 일반적으로 내용-특수성 가정을 지지해 왔다(Beck, Benedict, & Winkler, 2003; Beck, Brown, Steer, Eidelson, & Riskind, 1987; Beck, Wenzel, Riskind, Brown, & Steer, 2006; Clark, Beck, & Stewart, 1990; Hankin et al., 2004; Joiner et al., 1999; Ohrt, Sjödin, & Thorell, 1999; Schniering & Rapee, 2004; Westra & Kuiper, 1997; Woody, Taylor, McLean, & Koch, 1998). 예를 들면, Westra와 Kuiper(1997)는 불안은 위협과 관련한 주제에 초점이 맞추어져 있는 반면, 불쾌감은 상실, 실패, 절망과 관련되는 형용사와 연결된다는 것을 발견했다. 연구자들은 또한 내용-특수성이 시각적 탐지 과제를 사용했을 때 불쾌감, 불안 그리고 과식증에서 선택적인 주의집중 편견의 효과를 나타낸다는 것을 발견했다. 또한 그것이 우연 재인 과제에서 지배-특징적 형용사에 있어 기억 수행이 높아졌다 (하지만 불쾌감과 과식증이 있는 그룹만 해당된다).

Joiner 등(1999)은 내용-특수성을 중간고사 전과 후의 대학생들을 대상으로 한 측정에서 발견하였다. 역기능적인 태도에서 높은 점수를 획득하고 중간고사에서 예상보다 낮은 점수를 받은 학생들이 우울 증상에서 증가를 보였다. 이 관계는 특히 우울한 (불안증은 아니라) 인지에 의해 매개되었다.

몇몇의 연구에서 불안과 우울증에서 내용-특수성 가설이 혼재된 지지를 보였으나(Beck & Perkins, 2001), 각각의 장애에 특정한 인지적 요소들은 각각의 장애의 고유 증상의 특징들이 측정되었을 때 나타나는 것 같다(Clark, Steer, & Beck, 1994; Steer, Clark, Beck, & Ranieri, 1995). Beck, Benedict와 Winkler(2003)는 (불안과 우울 특수적인 증상들을 다른 일반적인 괴로움들과 변별하기 위해 고안된) 기분과 불안 증상 질문지를 사용했는데, 우울과 불안이 그들 각각의 인지와 독특하게 연결된다는 것을 발견하였다. Beck(2005)에 의해 검토된 대로, 내용-특수성은 공황장애, 강박장애, 섭식장애, 신체화 장애, 그리고 성격장애 등에서 나타났다.

● 인지치료를 위한 실증적 증거

치료 결과

인지치료와 인지행동치료라는 용어는 흔히 호환되어 상용되어 왔다. 인지치료가 Beck의 접근을 특수하게 일컫는 것이라 하더라도, CBT는 보다 광범위하며 인지치료 접근이 행동 전략과 함께 쓰일 때 기술의 구성을 지정하는 데 사용되었다(Beck, 2005; Dobson & Dozois, 2010).

주요 우울장애에서 대부분의 임상적 관심이 인지치료에 집중되었는데, 1977년 이래로 75개 이상의 임상적 연구들이 발표되었다(Butler et al., 2006 참조). 연구에서는 두 가지의 치료가 플라시보 제어의 조건들보다 우월한 결과를 생산하며, 인지치료가 급성 우울증 치료를 위한 항우울제에 비교될 만하다는 것을 보여 준다(Hollon, Thase, & Markowibz, 2002를 보라). 최근의 연구에서는 인지치료와 약물요법이 심한 우울증에 똑같이 효과적이라는 것을 보여 주었다(DeRubeis et al., 2005; Hollon et al., 2005; DeRubeis, Gelfand, Tang, & Simons, 1999). 항우울제 처방과 관계된 인지치료만의 효과는 보다 적은 환자(아마도 절반 정도)에서 재발한다는 것이다(Gloaguen, Cottraux, Cucherat, & Blackburn, 1998; Wampold, Minami, Baskin, & Tierney, 2002). 인지치료의 예방적 효과는 최근 더 심한 우울증에서 보인 바 있다(Hollon et al., 2005). 하지만 Dimidjian 등(2006)은 최근에 행동적 작동이 인지치료와 비슷한 예방적 효과를 생산한다는 것을 발견했다.

Butler 등(2006)은 많은 심리장애를 위한 인지행동치료에서 치료 결과에 대해 메타분석을 검토했다. 15개의 방법론적 엄격한 메타분석이 1967년부터 2004년 사이에 수행되었는데, 이는 9,995명의 연구 참여자를 332개의 연구에서 통합한 것이다. 단극성 우울증, 일반화된 불안장애, 공황장애, 사회적 불안 그리고 아동기 내재화된 문제들에 대한 연구에서는 큰 효과를 보였고, 커플 고통, 분노, 아동기 신체형 장애들, 그리고 만성 통증에 대한 연구에서는 중간 효과가 발견되었다. 그리고 성적 가해자에 대한 연구에서는 작은 효과를 보였다. 또한 인지행동치료에서는 정신분열증에 대한 개입에 효과적인 결과들을 부가적으로 보여 주었다(Beck et al, 2008; Lynch, Law, & Mckenna, 2010 참조).

　Epp과 Dobson(2010)은 최근의 인지행동치료에 대한 치료 결과 문헌들을 검토하였는데(Beck의 인지치료와 다른 인지 및 행동 접근을 포함하여), 단독 효과, 약물치료와 비교한 효과 그리고 다른 심리치료와 비교한 효과에 대하여 메타 분석하였다(인지행동치료가 비처치 집단, 대기자, 혹은 일반 치료에 비해 호의적인 결과를 드러내는 정도)(〈표 2-3〉 참조, Dobson & Dobson, 2009 참조). Epp과 Dobson (2010) 그리고 D. Dobson과 Dobson(2009)의 연구에 의하면 인지치료는 상당한 지지적 증거들을 보였다. 일부 병리들(예: 불안 장애, 신경성 과식증)에서는 인지행동치료가 선택 치료로 고려되어야만 하는 것을 충분히 뒷받침하는 증거가 있다. 조현병, 중증 우울증 그리고 양극성장애에 대한 메타 분석은 그리 긍정적이지 않았다. Lynch 등(2010)은 인지행동치료가 조현병 치료에 특정하지 않은 일반적 개입들에 비해 더 효과적이지 않으며, 재발 위험을 줄이는 것 같지 않다는 것을 밝혔다(Kingdon, 2010 참조).

치료 기제/과정

　Beck의 접근은 왜곡되거나 특이한 신념 체계를 재구조화함으로써 정신건강과 행동에 긍정적인 영향을 찾고자 한다. 연구자들은 성공적인 인지치료의 과정에서 벌어지는 특정한 변화 과정들에 대해 동의하지 않을지라도, 보통 그들이 본래 인지적이라는 것에 대해서는 일반적으로 동의한다(DeRubeis et al., 2010 참조; Garratt et al., 2007; Whisman, 1993).

표 2-3 ▸▸ 장애 및 문제들에 의한 효능 발견 요약

장애	치료	단독 효능	약물치료 관련 효능	다른 심리치료 관련 효과
단극성 우울증	인지행동치료	+	+	≃
양극성장애*	인지행동치료	+		=
특정공포증	노출과 인지 재구조화	++	+	+
사회공포증	노출과 인지 재구조화	++	≃	≃
강박장애	노출과 인지 재구조화	+		+
공황장애	노출과 인지 재구조화	++	≃	+
만성 외상 후 스트레스장애	장애 노출과 인지 기법	+		=
범불안장애	인지행동치료	+	+	+
신경성폭식증	인지행동치료	+	+	+
폭식증	인지행동치료	+		=
신경성식욕부진증	인지행동치료	+	+	=
조현병*	인지행동치료	+		+
결혼생활 문제	인지행동치료	+		≃
분노 및 폭력 가해	인지행동치료	+		
성폭력	인지행동치료	+	−**	+
만성 통증	인지행동치료	+		≃
경계선 성격장애	인지행동치료	+		≃
물질남용장애	인지행동치료	+		=
신체화 장애	인지행동치료	+	+	+
수면장애	인지행동치료	+	+	+

주: 공란은 증거 없음이나 불충분, −는 부적 증거, +는 정적 증거, =는 거의 비슷한 증거, ++는 치료를 선택함, ≃는 비슷한 증거('인지행동치료'의 특정 효과 요소는 알려져 있지 않음), *는 이 장애의 경우 보통 약물치료를 부수적으로 시행함, **는 신체 치료 관련한 효과(예: 호르몬치료나 외과적 절제)
출처: Epp, A., & Dobson, K. S. (2010: 39-73).

많은 연구에서는 인지치료 과정에서 인지적 징조들에 있어서의 변화를 검토했다. 예를 들어, 연구는 우울증을 위한 인지치료가 역기능적 태도, 귀인 양식, 절망감 그리고 인지 편견(예: Beevers & Miller, 2005; DeRubeis et al, 1990; Jarrett, Vittengl, Doyle, & Clark, 2007; Oei & Sullivan, 1999; Rector, Bagby, Segal, Joffe, & Levitt, 2000; Westra, Dozois, & Boardman, 2002; Whisman, Miller, Norman, & Keitner, 1991)에 있어서 괄목할 만한 감소와 관련이 있다는 것을 보여 주었다.

Garratt 등(2007)은 연구 문헌들이 보통 인지치료가 인지 변화를 나타내고, 또한 우울 증상을 예측한다는 결론을 내렸다. Tang과 DeRubeis(1999)도 우울증 증상의 의미 있는 감소가 중대한 인지적 변화, 즉 내담자들이 부적응적인 핵심 신념을 수정시키는 것 등에 의해 선행될 수 있다는 것을 보여 주었다. 이러한 사실은 잇따른 연구들에서 동일하게 발견되었다(DeRubeis et al., 2010 참조).

연구들은 또한 위협 관련 인지들과 과정에서의 변화가 어떠한 경우에는 불안을 위한 인지행동치료와 관련되어 있고 앞선다는 것을 보여 준다. 예를 들어, 위협에 대한 주의 편중의 감소는 범불안장애(Mathews, Mogg, Kentish, & Eysenck, 1995), 사회불안장애(Mattia, Heimberg, & Hope, 1993), 그리고 특정 공포증(Lavy, van den Hout, & Arntz, 1993)에 대한 인지행동치료를 따르는 것으로 보인다. 일부 연구에서는 또한 공황장애나 사회공포증(예: Hofmann et al., 2007)에 대한 인지행동치료에서 긴장되는 인지에서의 변화가 증상 변화들을 예측한다고 보고하였다(Arch & Craske, 2008; Hofmann et al., 2008a 참조). 예를 들어, Longmore와 Worrell(2007)은 구성요소를 분석하는 인지 기술이 치료 결과에 더 도움이 된다는 점을 뒷받침하지 못했다. Hofmann(2008a)이 지적하였듯이 인지 재구조화가 노출에 근거한 전략을 넘어 결과를 향상시킨다는 것을 발견하지 못했다는 것이 인지적인 개입 가능성을 배제시키는 것을 의미하지는 않는다.

증상 감소에 대한 인지 개입을 평가하는 대부분의 연구에서는 인지치료의 상대적 효능과 항우울제 처방에 초점을 맞추어 왔다. 어떤 연구에서는 인지 개입이 사회적 동의, 절망감 인지, 낮은 자기 개념, 그리고 인지적 편견(예: Rush, Beck,

Kovacs, Weissenburger, & Hollon, 1982; Whisman et al., 1991)에 대한 필요와 관련된 역기능적 태도에서 더 큰 감소와 연관이 있다고 밝혔다. 하지만 이러한 결과들이 유일한 것으로 반복되지는 않았다(예: Simons, Garfield, & Murphy, 1984; Moore & Blackburn, 1996). 사실 인지적 내용과 과정들에서의 변화는 성공적인 약물치료와 연관이 있다(예: Dozois et al., 2009).

DeRubeis, Siegle과 Hollon(2008)이 지적했듯이, 항우울제는 "치료적이라기보다는 증상을 억제하는 듯하다."(p. 789) 예를 들어, 인지치료와 항우울제 처방이 더 표면적 수준의 인지(예: 부정적인 자동적 사고, 역기능적 태도) 수정에서는 상응할 수 있지만 더 깊은 인지 구조를 수정하는 능력에서는 다를 수 있다. Segal, Gemar와 Williams(1999)는 역기능적 태도 척도(Dysfunctional Attitude Scale: DAS)를 인지치료나 약물치료의 실행을 성공적으로 마친 환자들에게 실행했다. DAS는 부정적 기분 감응 과정의 전과 후에 수행되었고, 참가자들은 그들의 생활에서 슬픈 상황을 생각하도록 요구되었다. 중립적 기분 상태에 있을 때는 DAS에 집단 간 차이가 크게 나타나지 않았다. 하지만 기분 감응에 따라 항우울제를 성공적으로 치료 받은 개인은 역기능적 태도에서의 증가를 보였고, 또한 인지치료를 받은 집단에서는 명확하지 않은 효과들을 보였다(Segal & Gemar, 1997 참조). Segal 등(2006)은 또한 이러한 기분-반응성이 18개월 이후에 재발한 것을 예측했다는 것을 밝혔다. 이러한 변화들은 인지치료가 재발과 관련하여 인지 패턴을 각각 다르게 변화시킬 수 있다는 것을 지시한다.

보다 최근에는 Dozois 등(2009)이 우울증 증상, 표면적인 수준의 인지(부정적인 자동적 사고)와 자기 표상의 조직화(인지적 구조)에 대하여 인지치료와 약물치료의 결합을 약물치료 한 가지와 비교를 했다. 두 집단 모두 우울 증상, 자동적 사고, 그리고 역기능적 태도에서 유의한 감소를 보였다. 하지만 인지치료와 약물치료를 모두 처방받은 개인들은 약물치료 하나만 처방받은 집단보다 대인관계에 있어서 보다 긍정적인 내용으로 인지적 조직화를 하였고, 부정적으로는 덜 연결되는 양상을 보였다. 게다가 인지치료와 약물치료를 모두 받은 집단의 내담자들은 긍정적이고 부정적인 인지 조직에 있어서 사전과 사후에 많은 차이를 보였고, 이는 항우울제를 처방받은 집단에서는 명확하게 나타나지 않은 효과다. 이러한 결과들은 인지치료가 안정적으로 인지 구조를 수정할 수 있다는 것을 뜻한다(Dozois, 2007; Dozois & Dobson, 2001a). 이러한 결과들이 보다 뒷받침되어야 하지만, 인지치료가 항우울제 처방보다 개념적으로 더 깊게 인지 구조를 변화시킨다는 것을 제안한다. 이는 인지치료가 약물치료보다 재발에 있어 더 좋은 예방으로서 기능하는 이유가 될 수도 있다(Gloaguen et al., 1998 참조).

기분 반응성과 인지 구조의 결과에 더하여 인지치료의 변화에 대한 신경 촬영적 근거가 있다(DeRubis et al., 2008; Frewen, Dozois, & Lanius, 2008 참조). 예를 들어, Goldapple 등(2004)은 인지치료에 대하여 신경생리학적 반응을 검토하였고, 이러한 결과를 선택적 세로토닌 재흡수억제제(SSRIs)를 처방받은 개인들과 비교했다. 이들은 사전, 사후 처치 변화를 인지치료로 처방받은 개인들과 항우울제를 처방받은 개인들과의 신진대사(양전자방사 단층촬영) 비교에서 발견하였다. Goldapple 등은 상향식(피질-변연) 기제가 항우울제 처방에서 활발한 반면, 하향식(변연-피질) 치료 기제는 인지치료에서 활발할 수 있다고 제안했다.

● 결 론

일반적으로 임상 연구들이 Beck의 이론과 치료의 기본 교리를 지지함에도 불구하고 실험 인지과학과 신경과학에서의 새로운 증거들을 통합하면서 확장되고 정제되어 왔다(Alford & Beck, 1997; Beck, 1996, 2008; Clark et al., 1999). 또한 이 연구의 많은 부분이 수용과 마음챙김에 기반한 접근의 성장을 이끌고 촉진시켰다(예: Teasdale, Segal, & Williams, 1995). 이 장에서 논의한 대로, 수용과 마음챙김에 기반을 둔 전략들은 역사적으로 강조되지는 않았더라도 이 모델과 상응하지 않는 것이 아니다. 사실 이러한 전략들이 직접적인 인지 변화 전략들에 비해 임상적으로 덜 주목받고 활용되어 왔지만, 인지치료에서 중요한 역할을 해 왔다 (예: Beck et al., 1985). 인지치료에서의 가장 주요한 초점은 인지 변화(이상적으로 는 더 깊은 수준의 인지구조)이며, 이는 직접적인 인지 재구조화와 행동 전략(예: 행 동활성화, 노출), 그리고 수용을 통해 가능하다.

　이 장의 초반에 논의한 대로 수용과 마음챙김 전략은 한때의 유행도 아니고, 패러다임의 전환도 아니다('제3의 물결'; Hofmann & Asmundson, 2008 참조). 오히 려 이러한 접근은 현재의 인지치료를 발전시키고 정교화시킬 수 있는 중요한 요 소일 수 있으며, 치료 결과를 향상시킬 수 있는 확장이다. 인지 변화 전략과 수용 전략 모두 치료 변화에 긍정적으로 상관 있는 것으로 보인다(예: Forman et al., 2007; Hayes, 2008). 인지치료나 수용에 기반한 접근들이 유사한 혹은 다른 변화 기제를 통해 효과가 생성되는지에 대한 후속 연구가 필요하다. 이러한 접근이 가장 최적으로 결합될 수 있는 정도를 결정하고, 용량-반응관계를 성립시키고, 언제 어디에서 이러한 전략들이 적용되어야 하는지 알아내는 것 또한 후속 연구 에 있어 중요한 과제다.

┌─────┐
│참고문헌│
└─────┘

Abela, J. R., & D'Alessandro, D. U. (2002). Beck's cognitive theory of depression: A test of the diathesisstress and causal mediation components. *British Journal of Clinical Psychology, 41*, 111-128.

Alford, B. A., & Beck, A. T. (1997). *The integrative power of cognitive therapy*. New York, NY: Guilford Press.

Alloy, L. B., Abramson, L. Y., Whitehouse, W. G., Hogan, M. E., Panzarella, C., & Rose, D. T. (2006). Prospective incidence of first onsets and recurrences of depression in individuals at high and low cognitive risk for depression. *Journal of Abnormal Psychology, 115*, 145-156.

Amir, N., Beard, C., Burns, M., & Bomyea, J. (2009). Attention modification program in individuals with generalized anxiety disorder. *Journal of Abnormal Psychology, 118*, 28-33.

Arch, J. J., & Craske, M. G. (2008). Acceptance and commitment therapy and cognitive behavioral therapy for anxiety disorders: Different treatments, similar mechanisms? *Clinical Psychology: Science and Practice, 15,* 263–279.

Ball, S. A. (2003). Cognitive-behavioral and schema-based models for the treatment of substance use disorders. In L. P. Riso, P. L. duToit, D. J. Stein, & J. (Eds.), *Cognitive schemas and core beliefs in psychological problems: A scientist-practitioner guide* (pp. 111–138). Washington, DC: American Psychological Association.

Barnett, P. A., & Gotlib, I. H. (1988). Psychosocial functioning and depression: Distinguishing among antecedents, concomitants, and consequences. *Psychological Bulletin, 104,* 97–126.

Basco, M. R., & Rush, A. J. (2005). *Cognitive-behavioral therapy for bipolar disorder* (2nd ed.). New York, NY: Guilford Press.

Beck, A. T. (1963). Thinking and depression: 1. Idiosyncratic content and cognitive distortions. *Archives of General Psychiatry, 9,* 324–333.

Beck, A. T. (1964). Thinking and depression: 2. Theory and therapy. *Archives of General Psychiatry, 10,* 561–571.

Beck, A. T. (1967). *Depression: Causes and treatment.* Philadelphia: University of Pennsylvania Press.

Beck, A. T. (1976). *Cognitive therapy and the emotional disorders.* New York, NY: International University Press.

Beck, A. T. (1988). *Love is never enough.* New York: Harper and Row.

Beck, A. T. (1996). Beyond belief: A theory of modes, personality, and psychopathology. In P. M. Salkovskis (Ed.), *Frontiers of cognitive therapy* (pp. 1–25). New York, NY: Guilford Press.

Beck, A. T. (2005). The current state of cognitive therapy: A 40-year retrospective. *Archives of General Psychiatry, 62,* 953–959.

Beck, A. T. (2008). The evolution of the cognitive model of depression and its neurobiological correlates. *American Journal of Psychiatry, 165,* 969–977.

Beck, A. T., Brown, G., Steer, R. A., Eidelson, J. I., & Riskind, J. H. (1987). Differentiating anxiety and depression: A test of the cognitive content-specificity hypothesis. *Journal of Abnormal Psychology, 96,* 179–183.

Beck, A. T., & Clark, D. A. (1997). An information processing model of anxiety: Automatic and strategic processes. *Behaviour Research and Therapy, 35,* 49–58.

Beck, A. T., Emery, G., & Greenberg, R. L. (1985). *Anxiety disorders and phobias: A cognitive perspective.* New York, NY: Basic Books.

Beck, A. T., Freeman, A., Davis, D. D., & Associates (2004). *Cognitive therapy of personality disorders* (2nd ed.). New York, NY: Guilford Press.

Beck, A. T., Rector, N. A., Stolar, N., & Grant, P. (2008). *Schizophrenia: Cognitive theory, research, and therapy.* New York: Guilford.

Beck, A. T., Rush, A. J., Shaw, B. F., & Emery, G. (1979). *Cognitive therapy of depression.* New

York: Guilford.

Beck, A. T., Wenzel, A., Riskind, J. H., Brown, G., & Steer, R. A. (2006). Specificity of hopelessness about resolving life problems: Another test of the cognitive model of depression. *Cognitive Therapy and Research, 30*, 773-781.

Beck, A. T., Wright, F. D., Newman, C. F., & Liese, B. S. (1993). *Cognitive therapy of substance abuse.* New York, NY: Guilford Press.

Beck, R., Benedict, B., & Winkler, A. (2003). Depression and anxiety: Integrating tripartite and cognitive content-specificity assessment models. *Journal of Psychopathology and Behavioral Assessment, 25*, 251-256.

Beck, R., & Perkins, T. S. (2001). Cognitive content-specificity for anxiety and depression: A meta-analysis. *Cognitive Therapy and Research, 25*, 651-663.

Beevers, C. G. (2005). Cognitive vulnerability to depression: A dual process model. *Clinical Psychology Review, 25*, 975-1002.

Beevers, C. G., & Miller, I. W. (2005). Unlinking negative cognition and symptoms of depression: Evidence of a specific treatment effect for cognitive therapy. *Journal of Consulting and Clinical Psychology, 73*, 68-77.

Beevers, C. G., Scott, W. D., McGeary, C., & McGeary, J. E. (2009). Negative cognitive response to a sad mood induction: Associations with polymorphisms of the serotonin transporter (5-HTTLPR) gene. *Cognition and Emotion, 23*, 726-738.

Butler, A. C., Chapman, J. E., Forman, E. M., & Beck, A. T. (2006). The empirical status of cognitive-behavioral therapy: A review of meta-analyses. *Clinical Psychology Review, 26*, 17-31.

Chambless, D. L., & Ollendick, T. H. (2001). Empirically supported psychological interventions: Controversies and evidence. *Annual Review of Psychology, 52*, 685-716.

Clark, D. A., Beck, A. T., & Alford, B. A. (1999). *Scientific foundations of cognitive theory and therapy of depression.* New York, NY: Wiley.

Clark, D. A., Beck, A. T., & Stewart, B. (1990). Cognitive specificity and positive-negative effectivity: Complementary or contradictory views on anxiety and depression? *Journal of Abnormal Psychology, 99*, 148-155.

Clark, D. A., Steer, R. A., & Beck, A. T. (1994). Common and specific dimensions of self-reported anxiety and depression: Implications for the cognitive and tripartite models. *Journal of Abnormal Psychology, 103*, 645-654.

Clark, D. M. (1996). Panic disorder: From theory to therapy. In P. M. Salkovskis (Ed.), *Frontiers of cognitive therapy* (pp. 318-344). New York, NY: Guilford Press.

Coyne, J. C., & Gotlib, I. H. (1983). The role of cognition in depression: A critical appraisal. *Psychological Bulletin, 94*, 472-505.

Crick, N. R., & Dodge, K. A. (1994). A review and reformulation of social information-processing mechanisms in children's social adjustment. *Psychological Bulletin, 115*, 73–101.

Dalai Lama, & Beck, A. T. (2005, June). A meeting of the minds: A discussion between his holiness the 14th Dalai Lama and Dr. Aaron Beck. International Congress of Cognitive Psychotherapy, Göteborg, Sweden.

Dattilio, F. M., & Freeman, A. (Eds.). (1994). *Cognitive-behavioral strategies in crisis intervention.* New York, NY: Guilford Press.

DeRubeis, R. J., & Crits-Christoph, P. (1998). Empirically supported individual and group psychological treatments for adult mental disorders. *Journal of Consulting and Clinical Psychology, 66*, 37–52.

DeRubeis, R. J., Evans, M. D., Hollon, S. D., Garvey, M. J., Grove, W. M., & Tuason, V. B. (1990). How does cognitive therapy work? Cognitive change and symptom change in cognitive therapy and pharmacotherapy for depression. *Journal of Consulting and Clinical Psychology, 58*, 862–869.

DeRubeis, R. J., Gelfand, L. A., Tang, T. Z., & Simons, A. (1999). Medications versus cognitive behavioral therapy for severely depressed outpatients: Mega-analysis of four randomized comparisons. *American Journal of Psychiatry, 156*, 1007–1013.

DeRubeis, R. J., Hollon, S. D., Amsterdam, J. D., Shelton, R. C., Young, P. R., Salomon, R. M., … Gallop, R. (2005). Cognitive therapy vs medications in the treatment of moderate to severe depression. *Archives of General Psychiatry, 62*, 409–416.

DeRubeis, R. J., Siegle, G. J., & Hollon, S. D. (2008). Cognitive therapy versus medication for depression: Treatment outcomes and neural mechanisms. *Nature Reviews Neuroscience, 9*, 788–796.

DeRubeis, R. J., Webb, C. A., Tang, T. Z., & Beck, A. T. (2010). Cognitive therapy. In K. S. Dobson (Ed.), *Handbook of cognitive-behavioral therapies* (3rd ed., pp. 277–316). New York, NY: Guilford Press.

Dimidjian, S., Hollon, S. D., Dobson, K. S., Kohlenberg, R. J., Gallop, R., Markley, D. K., … Jacobson, N. S. (2006). Randomized trial of behavioral activation, cognitive therapy, and antidepressant medication in the acute treatment of adults with major depression. *Journal of Consulting and Clinical Psychology, 74*, 658–670.

Dobson, D., & Dobson, K. S. (2009). *Evidence-based practice of cognitive-behavioral therapy.* New York, NY: Guilford Press.

Dobson, K. S., & Dozois, D. J. A. (2004). Attentional biases in eating disorders: A meta-analytic review of Stroop performance. *Clinical Psychology Review, 23*, 1001–1022.

Dobson, K. S., & Dozois, D. J. A. (2010). Historical and philosophical bases of the cognitive-behavioral therapies. In K. S. Dobson (Ed.), *Handbook of cognitive-behavioral therapies* (3rd ed., pp. 3–38). New York, NY: Guilford Press.

Dobson, K. S., Hollon, S. D., Dimidjian, S., Schmaling, K. B., Kohlenberg, R. J., Gallop, R. J., …

Jacobson, N. S. (2008). Randomized trial of behavioral activation, cognitive therapy, and antidepressant medication in the prevention of relapse and recurrence in major depression. *Journal of Consulting and Clinical Psychology, 76*(3), 468–477.

Dozois, D. J. A. (2007). Stability of negative self-structures: A longitudinal comparison of depressed, remitted, and nonpsychiatric controls. *Journal of Clinical Psychology, 63*, 319–338.

Dozois, D. J. A., & Beck, A. T. (2008). Cognitive schemas, beliefs and assumptions. In K. S. Dobson & D. J. A. Dozois (Eds.), *Risk factors in depression* (pp. 121–143). Oxford, England: Elsevier/Academic Press.

Dozois, D. J. A., Bieling, P. J., Patelis-Siotis, I., Hoar, L., Chudzik, S., McCabe, K., ⋯ Westra, H. A. (2009). Changes in self-schema structure in cognitive therapy for major depressive disorder. *Journal of Consulting and Clinical Psychology, 77*, 1078–1088.

Dozois, D. J. A., & Dobson, K. S. (2001a). A longitudinal investigation of information processing and cognitive organization in clinical depression: Stability of schematic interconnectedness. *Journal of Consulting and Clinical Psychology, 69*, 914–925.

Dozois, D. J. A., & Dobson, K. S. (2001b). Information processing and cognitive organization in unipolar depression: Specificity and comorbidity issues. *Journal of Abnormal Psychology, 110*, 236–246.

Dozois, D. J. A., & Frewen, P. A. (2006). Specificity of cognitive structure in depression and social phobia: A comparison of interpersonal and achievement content. *Journal of Affective Disorders, 90*, 101–109.

Ehlers, A., & Clark, D. M. (2000). A cognitive model of posttraumatic stress disorder. *Behaviour Research and Therapy, 38*, 319–345.

Ellis, A. (1962). *Reason and emotion in psychotherapy.* New York, NY: Lyle Stuart.

Epp, A., & Dobson, K. S. (2010). The evidence base for cognitive-behavioral therapy. In K. S. Dobson (Ed.), *Handbook of Cognitive-Behavioral Therapies* (3rd ed., pp. 39–73). New York, NY: Guilford Press.

Evans, J., Heron, J., Lewis, G., Araya, R., & Wolke, D. (2005). Negative self-schemas and the onset of depression in women: A longitudinal study. *British Journal of Psychiatry, 186*, 302–307.

Farb, N. A. S., Segal, Z. V., Mayberg, H., Bean, J., McKeon, D., Fatima, Z., & Anderson, A. K. (2007). Attending to the present: Mindfulness meditation reveals neural modes of self-reference. *Social Cognitive and Affective Neuroscience, 2*, 313–322.

Forman, E. M., Herbert, J. D., Moitra, E., Yeomans, P. D., & Geller, P. A. (2007). A randomized controlled effectiveness trial of acceptance and commitment therapy and cognitive therapy for anxiety and depression. *Behavior Modification, 31*, 772–779.

Frewen, P. A., Dozois, D. J. A., & Lanius, R. A. (2008). Neuroimaging studies of psychological interventions for mood and anxiety disorders: Empirical and methodological review. *Clinical Psychology Review, 28*, 228–246.

Garratt, G., Ingram, R. E., Rand, K. L., & Sawalani, G. (2007). Cognitive processes in cognitive therapy: Evaluation of the mechanisms of change in the treatment of depression. *Clinical Psychology: Science and Practice, 14*, 224-239.

Gibb, B. E., Abramson, L. Y., & Alloy, L. B. (2004). Emotional maltreatment from parents, verbal victimization, and cognitive vulnerability to depression. *Cognitive Therapy and Research, 28*, 1-21.

Gloaguen, V., Cottraux, J., Cucherat, M., & Blackburn, I. (1998). A meta-analysis of the effects of cognitive therapy in depression. *Journal of Affective Disorders, 49*, 59-72.

Goldapple, K., Segal, Z., Garson, C., Lau, M., Bieling, P., Kennedy, S., & Mayberg, H. (2004). Modulation of cortical-limbic pathways in major depression: Treatment-specific effects of cognitive behavior therapy. *Archives of General Psychiatry, 61*, 34-41.

Gortner, E. T., Gollan, J. K., Dobson, K. S., & Jacobson, N. S. (1998). Cognitive-behavioral treatment for depression: Relapse prevention. *Journal of Consulting and Clinical Psychology, 66*(2), 377-384.

Greenberger, D., & Padesky, C. A. (1995). *Mind over mood: Change how you feel by changing the way you think*. New York, NY: Guilford Press.

Hankin, B. L., Abramson, L. Y., Miller, N., & Haeffel, G. J. (2004). Cognitive vulnerability-stress theories of depression: Examining affective specificity in the prediction of depression versus anxiety in three prospective studies. *Cognitive Therapy and Research, 28*, 309-345.

Hankin, B. L., Fraley, C., & Abela, J. R. Z. (2005). Daily depression and cognitions about stress: Evidence for a trait-like depressogenic cognitive style and the prediction of depressive symptoms in a prospective daily diary study. *Journal of Personality and Social Psychology, 88*, 673-685.

Hayes, S. C. (2008). Climbing our hills: A beginning conversation on the comparison of acceptance and commitment therapy and traditional cognitive behavioral therapy. *Clinical Psychology: Science and Practice, 15*, 286-295.

Hayes, S. C., Follette, V. M., & Linehan, M. M. (Eds.). (2004). *Mindfulness and acceptance: Expanding the cognitive-behavioral tradition*. New York, NY: Guilford Press.

Hayes, S. C., Strosahl, K. D., & Wilson, K. G. (1999). *Acceptance and commitment therapy: An experiential approach to behavior change*. New York: Guilford.

Hedlund, S., & Rude, S. S. (1995). Evidence of latent depressive schemas in formerly depressed individuals. *Journal of Abnormal Psychology, 104*, 517-525.

Hofmann, S. G. (2008a). Acceptance and commitment therapy: New wave or Morita therapy? *Clinical Psychology: Science and Practice, 15*, 280-285.

Hofmann, S. G. (2008b). Common misconceptions about cognitive mediation of treatment change: A commentary to Longmore and Worrell (2007). *Clinical Psychology Review, 28*, 67-70.

Hofmann, S. G., & Asmundson, G. J. G. (2008). Acceptance and mindfulness-based therapy: New wave or old hat? *Clinical Psychology Review, 28*, 1–16.

Hofmann, S. G., Meuret, A. E., Rosenfield, D., Suvak, M. K., Barlow, D. H., Gorman, J. M., ⋯ Woods, S. W. (2007). Preliminary evidence for cognitive mediation during cognitive-behavioral therapy of panic disorder. *Journal of Consulting and Clinical Psychology, 75*, 374–379.

Hollon, S. D., DeRubeis, R. J., Shelton, R. C., Amsterdam, J. D., Salomon, R. M., O'Reardon, J. P., ⋯ Gallop, R. (2005). Prevention of relapse following cognitive therapy vs. medications in moderate to severe depression. *Archives of General Psychiatry, 62*, 417–422.

Hollon, S. D., Thase, M. E., & Markowitz, J. C. (2002). Treatment and prevention of depression. *Psychological Science*, 39–77.

Ingram, R. E. (2003). Origins of cognitive vulnerability to depression. *Cognitive Therapy & Research, 27*, 77–88.

Ingram, R. E., Bernet, C. Z., & McLaughlin, S. C. (1994). Attentional allocation processes in individuals at risk for depression. *Cognitive Therapy and Research, 18*, 317–332.

Ingram, R. E., Miranda, J., & Segal, Z. V. (1998). *Cognitive vulnerability to depression.* New York, NY: Guilford Press.

Jacobson, N. S., Dobson, K. S., Truax, P. A., Addis, M. E., Koerner, K., Gollan, J. K., ⋯ Prince, S. E. (1996). A component analysis of cognitive-behavioral treatment for depression. *Journal of Consulting and Clinical Psychology, 64*, 295–304.

Jarrett, R. B., Vittengl, J. R., Doyle, K., & Clark, L. A. (2007). Changes in cognitive content during and following cognitive therapy for recurrent depression: Substantial and enduring but not predictive of change in depressive symptoms. *Journal of Consulting and Clinical Psychology, 75*, 432–446.

Joiner, T. E., Jr., Metalsky, G. I., Lew, A., & Klocek, J. (1999). Testing the causal mediation component of Beck's theory of depression: Evidence for specific mediation. *Cognitive Therapy and Research, 23*, 401–412.

Kant, I. (1929). *Critique of pure reason.* (N. K. Smith, Trans.). London, England: Macmillan. (Original work published 1781).

Kazdin, A. E. (1978). *History of behavior modification: Experimental foundations of contemporary research.* Baltimore, MD: University Park Press.

Kelly, G. (1955). *The psychology of personal constructs.* New York, NY: W. W. Norton.

Kelly, G. A. (1963). *A theory of personality.* New York: W. W. Norton.

Kingdon, D. (2010). Over-simplification and exclusion of non-conforming studies can demonstrate absence of effect: A lynching party? *Psychological Medicine, 40*, 25–27.

Kovacs, M., & Beck, A. T. (1978). Maladaptive cognitive structures in depression. *American Journal of Psychiatry, 135*, 525–533.

Kuiper, N. A., & Olinger, L. J. (1986). Dysfunctional attitudes and a self-worth contingency model of depression. In P. C. Kendall (Ed.), *Advances in cognitive-behavioral research and therapy* (Vol. 5, pp. 115-142). New York, NY: Academic.

Kuyken, W., Padesky, C. A., & Dudley, R. (2009). *Collaborative case conceptualization: Working effectively with clients in cognitive-behavioral therapy.* New York, NY: Guilford Press.

Kwon, S.-M., & Oei, T. P. S. (1992). Differential causal roles of dysfunctional attitudes and automatic thoughts in depression. *Cognitive Therapy and Research, 16,* 309-328.

Lavy, E., van den Hout, M., & Arntz, A. (1993). Attentional bias and spider phobia: Conceptual and clinical issues. *Behaviour Research and Therapy, 31,* 17-24.

Lazarus, R. S., & Folkman, S. (1984). *Stress, appraisal and coping.* New York, NY: Springer.

Lewinsohn, P. M., Joiner, T. E., & Rohde, P. (2001). Evaluation of cognitive diathesis-stress models in predicting major depressive disorder in adolescents. *Journal of Abnormal Psychology, 110,* 203-215.

Linehan, M. M. (1993). *Cognitive-behavioral treatment of borderline personality disorder.* New York, NY: Guilford Press.

Longmore, R. J., & Worrell, M. (2007). Do we need to challenge thoughts in cognitive behaviour therapy? *Clinical Psychology Review, 27,* 173-187.

Lumley, M. N., & Harkness, K. L. (2009). Childhood maltreatment and depressotypic cognitive organization. *Cognitive Therapy and Research, 33,* 511-522.

Lynch, D., Law, K. R., & McKenna, P. J. (2010). Cognitive behavioural therapy for major psychiatric disorder: Does it really work? A meta-analytical review of well-controlled trials. *Psychological Medicine, 40,* 9-24.

MacLeod, C., Rutherford, E., Campbell, L., Ebsworthy, G., & Holker, L. (2002). Selective attention and emotional vulnerability: Assessing the causal basis of their association through the experimental manipulation of attentional bias. *Journal of Abnormal Psychology, 111,* 107-123.

Mathews, A., & MacLeod, C. (2002). Induced processing biases have causal effects on anxiety. *Cognition & Emotion, 16,* 3, 331-354.

Mathews, A., & MacLeod, C. (2005). Cognitive vulnerability to emotional disorders. *Annual Review of Clinical Psychology, 1,* 167-195.

Mathews, A., Mogg, K., Kentish, J., & Eysenck, M. (1995). Effect of psychological treatment on cognitive bias in generalized anxiety disorder. *Behaviour Research and Therapy, 33,* 293-303.

Mattia, J. I., Heimberg, R. G., & Hope, D. A. (1993). The revised Stroop color-naming task in social phobics. *Behaviour Research and Therapy, 31,* 305-313.

Miranda, J., Gross, J. J., Persons, J. B., & Hahn, J. (1998). Mood matters: Negative mood induction activates dysfunctional attitudes in women vulnerable to depression. *Cognitive Therapy and Research, 22,* 363-376.

Miranda, J., & Persons, J. B. (1988). Dysfunctional attitudes are mood-state dependent. *Journal of Abnormal Psychology, 97,* 76–79.

Miranda, J., Persons, J. B., & Byers, C. N. (1990). Endorsement of dysfunctional beliefs depends on current mood state. *Journal of Abnormal Psychology, 99,* 237–241.

Moore, R. G., & Blackburn, I. M. (1996). The stability of sociotropy and autonomy in depressed patients undergoing treatment. *Cognitive Therapy and Research, 20,* 69–80.

Nevid, J. S. (2007). Kant, cognitive psychotherapy, and the hardening of the categories. *Psychology and Psychotherapy: Theory, Research and Practice, 80,* 605–615.

Oei, T. P. S., & Sullivan, L. M. (1999). Cognitive changes following recovery from depression in a group cognitive-behaviour therapy program. *Australian and New Zealand Journal of Psychiatry, 33,* 407–415.

Ohrt, T., Sjödin, I., & Thorell, L. (1999). Cognitive distortions in panic disorder and major depression: Specificity for depressed mood. *Nordic Journal of Psychiatry, 53,* 459–464.

Olson, J. M., Roese, N. J., & Zanna, M. P. (1996). Expectancies. In E. T. Higgins & A. W. Kruglanski (Eds.), *Social psychology: Handbook of basic principles* (pp. 211–238). New York, NY: Guilford Press.

Öst, L. (2008). Efficacy of the third wave of behavioral therapies: A systematic review and meta-analysis. *Behaviour Research and Therapy, 46,* 296–321.

Otto, M. W., Teachman, B. A., Cohen, L. S., Soares, C. N., Vitonis, A. F., & Harlow, B. L. (2007). Dysfunctional attitudes and episodes of major depression: Predictive validity and temporal stability in never-depressed, depressed, and recovered women. *Journal of Abnormal Psychology, 116,* 475–483.

Ouimet, A. J., Gawronski, B., & Dozois, D. J. A. (2009). Cognitive vulnerability to anxiety: A review and an integrative model. *Clinical Psychology Review, 29,* 259–270.

Persons, J. B., & Miranda, J. (1992). Cognitive theories of vulnerability to depression-Reconciling negative evidence. *Cognitive Therapy and Research, 16,* 485–502.

Piaget, J. (1950). *Psychology of intelligence* (M. Piercy and D. E. Berlyne, Trans.). New York, NY: Harcourt Brace. (Original work published in 1947).

Rector, N. A., Bagby, R. M., Segal, Z. V., Joffe, R. T., & Levitt, A. (2000). Self-criticism and dependency in depressed patients treated with cognitive therapy or pharmacotherapy. *Cognitive Therapy and Research, 24,* 571–584.

Roemer, L., & Orsillo, S. M. (2009). *Mindfulness- and acceptance-based behavioral therapies in practice.* New York, NY: Guilford Press.

Rogers, C. R. (1951). *Client-centered therapy.* Boston, MA: Houghton Mifflin.

Rogers, T. B., Kuiper, N. A., & Kirker, W. S. (1977). Self-reference and the encoding of personal information. *Journal of Personality and Social Psychology, 35,* 677–688.

Rush, A. J., Beck, A. T., Kovacs, M., Weissenburger, J., & Hollon, S. D. (1982). Comparison of the effects of cognitive therapy and pharmacotherapy on hopelessness and self-concept. *American Journal of Psychiatry, 139*, 862-866.

Scher, C. D., Ingram, R. E., & Segal, Z. V. (2005). Cognitive reactivity and vulnerability: Empirical evaluation of construct activation and cognitive diatheses in unipolar depression. *Clinical Psychology Review, 25*, 487-510.

Schniering, C. A., & Rapee, R. M. (2004). The relationship between automatic thoughts and negative emotions in children and adolescents: A test of the content-specificity hypothesis. *Journal of Abnormal Psychology, 113*, 464-470.

Schwartz, R. M., & Garamoni, G. L. (1986). A structural model of positive and negative states of mind: Asymmetry in the internal dialogue. In P. C. Kendall (Ed.), *Advances in cognitive-behavioral research and therapy* (Vol. 5, pp. 1-62). New York, NY: Academic Press.

Segal, Z. V. (1988). Appraisal of the self-schema construct in cognitive models of depression. *Psychological Bulletin, 103*, 147-162.

Segal, Z. V., & Gemar, M. (1997). Changes in cognitive organization for negative self-referent material following cognitive behavior therapy for depression: A primed Stroop study. *Cognition and Emotion, 11*, 501-516.

Segal, Z. V., Gemar, M., Truchon, C., Guirguis, M., & Horowitz, L. M. (1995). A priming methodology for studying self-representation in major depressive disorder. *Journal of Abnormal Psychology, 104*, 205-213.

Segal, Z. V., Gemar, M., & Williams, S. (1999). Differential cognitive response to a mood challenge following successful cognitive therapy or pharmacotherapy for unipolar depression. *Journal of Abnormal Psychology, 108*, 3-10.

Segal, Z. V., Kennedy, S., Gemar, M., Hood, K., Pedersen, R., & Buis, T. (2006). Cognitive reactivity to sad mood provocation and the prediction of depressive relapse. *Archives of General Psychiatry, 63*, 749-755.

Segal, Z. V., Williams, J. M. G., & Teasdale, J. D. (2002). *Mindfulness-based cognitive therapy for depression: A new approach to preventing relapse.* New York: Guilford.

Simons, A. D., Garfield, S. L., & Murphy, G. E. (1984). The process of change in cognitive therapy and pharmacotherapy for depression: Changes in mood and cognition. *Archives of General Psychiatry, 41*, 45-51.

Solomon, A., Haaga, D. A. F., Brody, C., Kirk, L., & Friedman, D. G. (1998). Priming irrational beliefs in recovered-depressed people. *Journal of Abnormal Psychology, 107*, 440-449.

Steer, R. A., Clark, D. A., Beck, A. T., & Ranieri, W. F. (1995). Common and specific dimensions of self-reported anxiety and depression: A replication. *Journal of Abnormal Psychology, 104*, 542-545.

Symons, C. S., & Johnson, B. T. (1997). The self-reference effect in memory: A meta-analysis. *Psychological Bulletin, 121*, 371-394.

Tang, T. Z., & DeRubeis, R. J. (1999). Sudden gains and critical sessions in cognitive behavioral therapy for depression. *Journal of Consulting and Clinical Psychology, 67*, 894–904.

Teasdale, J. D. (1996). Clinically relevant theory: Integrating clinical insight with cognitive science. In P. M. Salkovskis (Ed.), *Frontiers of cognitive therapy* (pp. 26–47). New York, NY: Guilford Press.

Teasdale, J. D., & Barnard, P. J. (1993). *Affect, cognition, & change: Re-modeling depressive thought.* Hillsdale, NJ: Erlbaum.

Teasdale, J. D., & Dent, J. (1987). Cognitive vulnerability to depression: An investigation of two hypotheses. *British Journal of Clinical Psychology, 26*, 113–126.

Teasdale, J. D., Segal, Z. V., & Williams, J. M. G. (1995). How does cognitive therapy prevent depressive relapse and why should attentional control (mindfulness) training help? *Behaviour Research and Therapy, 33*, 25–39.

Tversky, M., & Kahneman, D. (1974). Judgment under uncertainty: Heuristics and biases. *Science, 185*, 1124–1131.

Wampold, B. E., Minami, T., Baskin, T. W., & Tierney, S. C. (2002). A meta-(re)analysis of the effects of cognitive therapy versus "other therapies" for depression. *Journal of Affective Disorders, 68*, 159–165.

Wells, A. (1997). *Cognitive therapy of anxiety disorders.* New York, NY: Wiley.

Wells, A. (2002). Worry, metacognition, and GAD: Nature, consequences, and treatment. *Journal of Cognitive Psychotherapy: An International Quarterly, 16*, 179–192.

Wells, A. (2008). Metacognitive therapy: Cognition applied to regulating emotion. *Behavioural and Cognitive Psychotherapy, 36*, 651–658.

Westen, D., & Morrison, K. (2001). A multidimensional meta-analysis of treatments for depression, panic, and generalized anxiety disorder: An empirical examination of the status of empirically supported therapies. *Journal of Consulting and Clinical Psychology, 69*, 875–899.

Westra, H. A., Dozois, D. J. A., & Boardman, C. (2002). Predictors of treatment change and engagement in cognitive-behavioral group therapy for depression. *Journal of Cognitive Psychotherapy: An International Quarterly, 16*, 227–241.

Westra, H. A., & Kuiper, N. A. (1997). Cognitive content specificity in selective attention across four domains of maladjustment. *Behavior Research and Therapy, 35*, 349–365.

Whisman, M. A. (1993). Mediators and moderators of change in cognitive therapy of depression. *Psychological Bulletin, 114*, 248–265.

Whisman, M. A., Miller, I. W., Norman, W. H., & Keitner, G. I. (1991). Cognitive therapy with depressed inpatients: Specific effects on dysfunctional cognitions. *Journal of Consulting and Clinical Psychology, 59*, 282–288.

Williams, J. M., Mathews, A., & MacLeod, C. (1996). The emotional Stroop task and psychopathology. *Psychological Bulletin, 120*, 3–24.

Williams, J. M. G., Watts, F. N., MacLeod, C., & Mathews, A. M. (1997). *Cognitive psychology and the emotional disorders* (2nd ed.). Chichester, West Sussex: Wiley.

Williams, M., Teasdale, J., Segal, Z., & Kabat-Zinn, J. (2007). *The mindful way through depression: Freeing yourself from chronic unhappiness.* New York, NY: Guilford Press.

Woody, S. R., Taylor, S., McLean, P. D., & Koch, W. J. (1998). Cognitive specificity in panic and depression: Implications for comorbidity. *Cognitive Therapy & Research, 22,* 427-443.

Young, J. E., & Beck, A. T. (1980). *Cognitive Therapy Scale rating manual.* Unpublished manuscript, University of Pennsylvania, Philadelphia.

Young, J. E., Klosko, J. S., & Weshaar, M. E. (2003). *Schema therapy: A practitioner's guide.* New York, NY: Guilford Press.

Young, J. E., Rygh, J. L., Weinberger, A. D., & Beck, A. T. (2008). Cognitive therapy for depression. In D. H. Barlow (Ed.), *Clinical handbook of psychological disorders: A step-by-step treatment manual* (4th ed., pp. 250-305). New York, NY: Guilford Press.

03 마음챙김 기반 인지행동치료

David M. Fresco, Jessica J. Flynn, Douglas S. Mennin, & Emily A. P. Haigh

『정신장애 진단 및 통계 매뉴얼』의 네 번째 개정판(DSM-IV, 2000)에 따르면, 주요 우울장애(Major Depressive Disorder: MDD)란, 한 번 이상의 우울증 삽화(depressive episode)(즉, 최소 2주간 우울한 기분이 지속되거나 거의 모든 활동에서 흥미나 기쁨을 상실하는 것)를 경험하였고, 다음과 같은 추가적인 증상이 최소 네 가지 이상 함께 수반될 때 일어나는 일종의 기분 장애를 뜻한다. 수면 패턴의 변화와 식욕이나 체중 및 정신 운동 활동에 있어서의 변화, 에너지 감소, 무가치한 감정이나 죄책감, 생각하고 집중하거나 결정하는 것에 대한 어려움, 죽음이나 자살에 대해 반복적으로 생각하거나 계획 또는 시도하는 것이 바로 이런 추가 증상들이다. MDD는 평생 유병률이 17%에 이르는 것으로 추정되며(Kessler, Bergland, & Demler, 2005), 정신 건강분야의 주요한 과제가 되고 있다. 한 번 우울증 삽화를 겪은 사람들은 남은 평생 동안 20주에 걸쳐 네 번의 중대한 우울증 삽화를 평균적으로 경험하게 된다.

최근 세계보건기구(WHO)가 60개 국가에서 245,000명을 대상으로 한 연구에 따르면, MDD는 협심증이나 관절염, 천식, 당뇨병과 같은 만성 질환들보다 일상

건강에 더 심한 해를 끼친다고 한다(Moussavi et al., 2007). MDD는 전 세계의 모든 질병들 중에서 네 번째로 건강에 나쁜 영향을 주는 것으로 추정되며, 2020년에는 두 번째가 될 것으로 보인다(Murray & Lopez, 1998). 약물치료와 심리치료가 성공적으로 이루어져도 완치에 이르는 환자는 전체의 절반도 되지 않으며(Casacalenda, Perry, & Looper, 2002), 완전히 회복되지 않은 환자들의 경우에는 재발의 가능성도 높다(Jarrett et al., 2001; Thase, Entsuah, & Rudolph, 2001). 이런 이유로, 기초 연구와 치료 방법 연구에 쏟는 모든 노력은 우울증의 발병과 지속에 관계된 취약 인자를 찾아 내고, 재발의 위험을 높이는 기제를 밝혀내는 데 맞추어져 있다.

불교와 힌두교의 2,500년 전통에 기초하고 있는 명상과 정신훈련 실습은 잠재적으로 큰 성과가 있을 연구 분야인데, 이 분야는 기존의 약물치료와 심리치료를 보완할 가능성이 있을 뿐 아니라 현대의 우울증 모델들을 확장시킬 잠재력을 가지고 있다. 지난 30년간, 힌두교와 불교의 전통에서 생겨난 명상과 요가, 그리고 여러 가지 정신훈련 실습에 관하여 관심은 점점 늘어났다. 또한 이러한 명상과 요가, 여러 정신훈련 실습의 쓰임은 근래 몇 년간 정동신경과학(affective neuroscience)(심리학과 정신의학, 기분 및 정서와 관련된 신경의 기초를 연구하는 신경학 분야 내의 하위 분야라고 할 수 있는)의 출현과 잘 들어맞고 있다. 서양의 과학적 연구 방식에 이러한 동양적 기법을 결합함으로써 심리적 기능을 회복시키고, 다양한 질병으로 인한 인간의 고통을 줄이는 데 초점을 두고 있는 새롭고 효과적인 임상적 개입 방안들을 개발하게 되었다(예: Ospina et al., 2008). 또 정서 처리 과정에 있어 신경과의 연관성을 밝혀내기 시작하였고(예: Cahn & Polich, 2006), 주요 우울장애의 여부나 평생에 걸친 수도승의 수행과 같은 요소들이 뇌 안에서 어떤 식으로 활성화되어 특정 패턴으로 나타나는지를 탐지하였다(Davidson & Lutz, 2008).

MDD의 연구와 치료에 단연 돋보이는 수행 방법 중 하나는 '마음챙김 명상'이다. 현대 이론가이자 실천가이며 스승인 Kabat-Zinn(1995, p. 4)은 '마음챙김'

을 매 순간의 경험에 상당한 주의를 기울이는 과정이라고 묘사하였는데, 그는 이 것을 '현재 순간에…… 비판하지 말고…… 목적을 가지고…… 특정한 방식으로 주의를 기울임으로써' 이룰 수 있다고 하였다. 마음챙김의 상태를 함양하는 능 력은 명상과 같은 불교의 정신훈련 실습을 실천함으로써 생겨난다고 여겨진다.

이 장의 목적은 생물–심리 사회적 측면에서 주요 우울장애를 설명하고자 하는 것으로, 이것은 마음챙김과 수용의 원칙들로 풍부해진 현대의 이론적 설명이 될 것이다. 그렇게 함으로써 우리는 전통적인 인지행동 모델과의 연결점을 만들어 내게 되는데, 이 모델은 벌써 초기에 주요 우울장애가 건강한 정서 처리를 촉진 시키는 상위인지적 기술에 접근하는 데 실패하면서 생겨난다고 보았다. 상위인 지적 자각이 우울증과 관련되어 있다는 증거 자료를 검토해 본 후에 우리는 인지 의 내용 대신에 상위인지를 강조하는 것 자체로서 마음챙김의 원칙들을 병인론 과 치료 모델에 통합시킬 수 있는 비옥한 토대가 될 수 있음을 상정할 것이다. 이 장의 끝부분에서는 주요 우울장애 및 다른 정서장애에 대한 마음챙김 근간의 치 료법을 다룬 연구 결과를 살펴볼 것이며, 그다음으로는 마음챙김의 원칙들을 우 리의 모델에 통합시키는 데 있어 순조로운 출발을 한 후에 이 분야에 닥쳐올 쟁 점들을 말할 것이다.

● 정신병리학의 전통적 인지행동 모델과 주요 우울장애의 치료

우울증에 관한 인지적 스트레스 취약성의 이론들(Abramson, Seligman, & Teasdale, 1978; Beck, 1967, 1976)은 여러 가지 방법으로 병의 원인과 지속, 그리 고 장애의 치료에 대해 우리가 더 잘 이해할 수 있도록 해 주었다. 이런 이론들은 우울증에 대한 취약성이 어린 시절의 어떤 경험들을 통해 생겨난다고 가정하는 데, 즉 이때의 경험들이 그 사람으로 하여금 우울증을 유발할 수 있는 세계관을 갖게 한다고 보고 있다. 구체적으로 학습된 무기력의 공식화이론(Abramson et al., 1978)과 무망감이론(Abramson et al., 1989)에서는 우울증에 대한 취약성을 우울하고 비관적으로 해석하는 방식(보다 구체적으로 말하자면 부정적인 사건들에 대해 안정적 · 전반적 · 내적 귀인을 하는 경향성)의 측면에서 개념화하고 있다. 또한 Beck(1967, 1976)의 우울증이론은 우울증에 대한 취약성이 자기 자신과 세상, 그리고 미래에 대한 부정적인 도식과 역기능적 태도에 관련되어 있다고 본다.

우울증에 대한 인지치료의 전통적인 대상

실제 사건들에 대한 비관적인 인과관계 귀인(Seligman, 1980)이나 역기능적 사고(Beck, Rush, Shaw, & Emery, 1979)를 어떻게 식별하고, 또 어떻게 그에 맞서는지를 가르치는 기술을 포함하는 심리치료법들을 개발하고자 하는 노력들이 계속되어 왔다. 우울증의 인지행동 이론들은 이런 노력들에 정보를 제공해 주고, 영향을 끼쳤다. 경험적 연구 결과들은 우울증에 대한 인지치료의 효력을 지속적으로 뒷받침해 주고 있다(예: Hollon, Stewart, & Strunk, 2006). 인지치료에서 변화의 구체적인 기제는 여전히 학계의 많은 관심을 끄는 주제이지만, 그에 대한 자세한 검토는 이 장의 범위를 벗어난 것이므로 여기서는 생략하겠다. 인지치료의 초기에는 인지의 어떤 측면이 변화를 위한 가장 적절한 대상인가에 논란이 집중되었다. Hollon과 그의 동료들은 인지를 인지 구조와 인지 산물이라는 두 가지 중요한 종류로 구별하였다(Ingram & Hollon, 1986; Hollon & Garber, 1988; Hollon & Kriss, 1984; Kendall & Ingram, 1989). 인지 구조는 "정보가 기억 내에서 표상되는 방법 또는 방식"(Ingram & Hollon, 1986, p. 263)에 해당한다. 인지 구조는 정보를 처리하는 데 능동적인 역할을 한다. 인지 도식(schemas 또는 schemata)은 인지 구조의 한 형태를 띠는 것으로, 우울증에 대한 인지이론 및 인지치료에서 중요하다. 반면, 인지 산물이란 자기 진술과 자동적 사고, 그리고 인과관계 귀인과 같이 직접적으로 접근 가능한 의식적인 사고들을 말한다. 그러한 산물들은 인지

구조를 통해 감각기관에 들어온 정보를 처리하는 과정에서 생긴 결과다.

　인지 구조와 인지 산물을 구별하는 것은 우울증의 인지치료의 측면에서 매우 중요하다. 이를테면 이론가들이 경고하기를, 인지 산물을 치료의 대상으로 하는 것은 그러한 개입이 대중 요법(symptomatic treatments, 병의 원인이 아닌 증상을 치료하는 요법-역자 주)이 될 수 있기 때문에 임상적 유용성을 제한할 가능성이 높다고 하였다(Hollon & Kriss, 1984; Safran, Vallis, Segal, & Shaw, 1986). 이러한 주장을 바탕으로 인지 구조를 다루는 치료 접근들을 추진시켜 왔다. 예를 들어, Beck과 그의 동료들(1979)은 인지 구조나 핵심 스키마의 변화가 인지치료의 기제에서 핵심적인 변화에 해당한다고 명쾌하게 진술하였다. 이와 비슷하게, Safran 외에 몇몇 학자들(1986)은 인지적 변화에 있어서의 노력은 핵심 과정에 초점을 맞추어야 한다고 주장하였다. 또 Beck(1984)은 만약 우울증을 겪고 있는 사람들이 내재된 인지 구조 자체를 변화 대상으로 삼지 않아 변화를 이끌어 내지 못한다면 여전히 재발에 대한 취약성을 남기고 있는 것이라고 경고했다. 보다 최근에는 Hollon 등(2005)이 인지치료를 받은 환자들 중 비현실적으로 긍정적이거나 낙천적으로 생각하는 이들은 보다 현실적으로 사고하는 환자들과 비교했을 때 치료 반응의 지속기간이 더 짧다는 것을 입증했다. 즉, 우울증에 대한 인지치료의 역사 동안에 인지 내용의 변화가 치료 결과를 가져온 것인지 아닌지, 혹은 인지적 자료들과의 관계에서 보다 구조적인 변화가 행동의 진정한 기제인지 아닌지에 관해 때로 토론이 집중될 때가 있었다. 확실히 인지 변화의 기제는 여전이 많은 관심을 끄는 주제이며(예: Jacobson et al., 1996; Tang & DeRubeis, 1999), 더욱 분명한 것은 이것이 인지치료의 상위인지적 본질을 더 잘 설명할 기회를 제공해 주었다는 것이다.

● 정서 처리에 있어서의 상위인지적 접근법

"상위인지란 한 사람이 스스로 인지하는 과정이나 그 인지 과정에 관계된 것들에 대해 고려하고 있는 지식을 뜻한다."(Flavell, 1976, p. 232) 본질적으로 상위인지는 우리의 삶 속에서 의미를 만들고 변형시키는 것을 가능하게 해 주는 인지 과정을 뜻한다. 우리의 삶에 있어서의 의미 변화는 심리치료(특히 전통적 인지치료 이외에서)의 여러 입장에서 중요한 부분을 차지한다(예: Brewin & Power, 1999; Greenberg, 2002). 반면 인지행동 접근법들은 특히 공포와 불안에 관해서 오랫동안 그 정서적인 처리과정에 대해 논의하고 연구해 왔다(예: Foa & Kozak, 1986; Rachman, 1980). 이러한 접근법들을 한꺼번에 묶어 주는 공통점은 의미를 만들고 변형시키는 것이 여러 경로를 통해 들어온 정보들—특히 정서적으로 치우친 정보들—을 처리하고 통합한 결과라고 인식하는 것이다. 특히 규칙 기반 학습(rule-based learning)과 같이 명백하게 고차원적인 개념 처리과정과 고전적 조건학습과 같은 보다 빠른 연상적인 처리 과정은 연구자들에 의해 전형적으로 구별되고 있다(예: Power & Dalgleish, 1997; Teasdale, 1999). 이렇게 처리 과정의 경로는 LeDoux(1996)가 정서에 대한 신경생물학적 모델에서 상위와 하위로서 존재하는 통로가 있음을 제안한 것과 매우 일치한다. 이와 비슷하게, Greenberg와 Safran(1987)도 치료 과정에서 정서에 이르는 다양한 경로들을 다루는 것이 중요하다고 강조하였다. 즉, 인지 과학 접근법에서 생겨난 이러한 정서 처리의 다중수준 모델들은 각 차원의 정서적 경로를 통해 전형적으로 생성된 정보의 질적인 측면과 정보가 인출되는 방식을 강조하고 있다(예: Leventhal & Scherer, 1987; Power & Dalgleish, 1997; Teasdale, 1999).

우울증의 상위인지 모델

최근 몇 년간 우울증의 원인과 치료에 있어서 상위인지적 요소들이 점점 더 강조되고 있지만(예: Teasdale, 1999), 사실상 Beck(1984)의 병인론 및 치료 모델은 본질적으로 상위인지적인 것이었다. 예를 들어, Ingram과 Hollen(1986, p. 272)은 인지치료에 대해서 다음과 같이 설명하였다. "인지치료 과정은 환자로 하여금 통제되고 노력을 요하는 처리 모드로 전환되도록 돕는 것에 의해 좌우되는데, 바로 이러한 상태가 사실상 상위인지적인 상태이며, 또한 환자가 우울과 관련된 인지에 초점을 두도록 한다." 또한 "인지치료의 장기적 효과는 환자들이 이후에 스트레스에 직면했을 때도 이런 처리 과정을 시작할 수 있도록 가르치는 데 달려 있을 것이다."라고 하였다. Barnard와 Teasdale의 다층 마음이론(1991; Teasdale, 1999)에서는 정신병리와 주변 환경을 처리하는 방식과의 관계를 이해하기 위한 명확한 상위인지적 토대를 제공하고 있다. Teasdale의 이론에 따르면, 우울증에 대한 취약성은 개인이 다른 처리 방식을 전혀 염두에 두지 않고 어떤 특정한 정서 처리 방식에만 의존하는 정도와 관련이 있다고 한다. Teasdale(1999)에 따르면, 우울증의 재발 위험은 어떤 특정한 부정적 신념이나 부정적 가정의 존재 여부에 달려 있기보다는 우울성의 반추적인 처리 과정으로 쉽게 원상태화되는 것과 더 관련이 있다고 한다.

● 우울과 상위인지 처리 과정

우울증에 대한 인지 하위 체계 상호작용과 취약성

Barnard와 Teasdale(1991)의 다층 마음이론인 인지 하위 체계 상호작용(ICS)은 개인이 정보를 처리할 때 이용 가능한 총 세 가지의 방식을 제시하고 있다. 먼저 자각 없는 감정 표출 모드란, '보다 큰 그림'에 대해서는 주의를 기울이지 않고 전적으로 반응적인, 감각에 의해 유발되는 반응으로 설명할 수 있다. 개념화/행동 모드(conceptualizing-doing mode)는 개념적인 내용과 분석에 중점을 두는 처리 과정—예를 들면, '장 보러 가는 것'과 같은—과 관련이 있는 방식이다. 마지막으로 마음챙김-경험 모드란, 사고와 감정에 대한 인식 및 내적 · 외적 감각에 대한 인식을 말하는 것으로, 이런 것들이 결국 자각의 통합으로 이어지게 되는 것이다. ICS이론은 인간이 정보를 처리하는 데 있어서 사용하는 인지적 처리 방식은 물론 정서적 처리 방식 둘 다를 설명하고자 노력하고 있다.

ICS이론에 따르면, 정신건강은 특정한 마음의 방식에서 빠져 나오거나 여러 처리 방식을 유연하게 바꾸어 가며 사용할 수 있는 능력과 관계가 있다고 한다. 따라서 최적의 상태는 개인이 환경의 조건에 기초하여 이 세 가지의 처리 방식을 솜씨 있게 변경할 수 있게 되는 것이라고 볼 수 있다. 그럼에도 이 각각의 처리 방식은 우울증에 대한 개인의 취약성과 특별한 관련이 있다.

ICS의 틀 안에서 마음챙김 경험-존재 모드(mindful experiencing-being mode)는 인지-정서적인 내적 탐구와 문제 해결을 위한 방안으로서 지금의 감정을 살펴보는 것, 그리고 현재의 주관적 자기 경험을 평가하지 않고 인식하는 것으로 특징지을 수 있다. 이 방식에서는 감정과 감각, 그리고 생각들이 개념적인 사고의 대상이 되는 것이 아니라, 주관적인 경험의 측면으로서 직접적으로 감지되는 것이다. 세 가지 다른 처리 형태 중에서 마음챙김 경험-존재 모드는 정서 처리가 일어나기 쉬운 유일한 방식이다. 정서적 처리 과정은 도식적인 의미(schematic meanings)의 새로운 대안적 패턴을 만들어 내기 위해서 기존의 도식(schema) 안에 새로운 요소들을 통합하는 과정을 수반한다. 마음챙김-경험 처리 방식은 정서적인 웰빙과 관련이 있는 것으로 여겨진다(Teasdale, 1999).

반면 ICS이론에 따르면, 자각 없는 감정 표출 모드와 개념화-행동 모드는 우울증에 대한 취약성을 제공하는 것으로 설명되고 있다(Teasdale, 1999). 자각 없는 감정 표출 모드에 있는 개인들은 그들의 정서적 반응에 빠져서 동화되는 의식

적 경험을 하게 되며, 자기 인식이나 내적 탐구, 혹은 심사숙고는 거의 하지 않는
다. 이러한 상태는 마음챙김 경험-존재 모드의 특징인 주관적 경험의 자각과 대
비될 수 있을 것이다. 자각 없는 정서 표출 모드의 한 형태로 인지적 반응성
(cognitive reactivity)이 있는데, 이것은 정서 환기 노력에 대한 대응으로써 하나 또
는 그 이상의 인지 틀이 변화하는 것으로 정의할 수 있다(Fresco, Segal, Buis, &
Kennedy, 2007). 인지적 반응성은 우울증의 위험성 증가와 심리적 취약성에 관련
되어 있다(Segal, Gemar, & Williams, 1999; Segal et al., 2006).

그러므로 Teasdale(1999)은 우울증의 재발 위험성은 상황에 따라 처리 방식을
유연하게 바꾸어 쓸 수 있는 개인의 능력과 관계가 있다고 믿었다. 이런 이유로
자각 없는 감정 표출 모드나 개념화-행동 모드만을 고집하는 사람들은 부정적
인 정서 상태가 될 위험이 증가하게 된다. 하지만 개념화-행동 모드와 자각 없는
감정 표출 모드 사이에서 너무 자주 바꾸는 것은 더 문제가 된다. 비록 이것이 한
모드에 고집스럽게 집착하는 것은 아니지만, 이 두 모드 사이에서 너무 빨리 왔
다 갔다 하는 것은 Teasdale이 1999년에 언급한 '우울한 연동' 이라고 하는 상태
에 빠지기 쉽게 하는데, 이것은 자기 자신이나 우울증, 또는 우울의 원인과 결과
에 대한 반추적인 사고의 순환 고리에 빠져 있는 상태다. '우울한 연동' 은 부정
적이고 우울한 내용의 정보를 처리하는 일에 정신이 완전히 지배당할 때 발생하
게 된다. 이러한 사고의 유형은 Teasdale 및 Nolen-Hoeksema(1991)의 우울 반
추의 개념화와 비슷하다. 그러므로 ICS 모델을 고려할 때는 우울증에 어떤 치료
법을 행하든지, 그 결과는 마음챙김 경험-존재 모드에 더 많은 시간을 쓰고 정서
처리의 맥락에 따라 여러 처리 방식을 유연하게 바꿀 수 있는 능력을 갖추는 것
이 되어야 할 것이다.

우울증에 대한 상위인지와 취약성

상위인지적 자각

우울증의 상위인지 모델의 핵심 요소는 '상위인지적 자각'을 형성하는 것이다. 이 상위인지적 자각을 대략적으로 정의하자면, 부정적인 생각이나 감정을 자신과 동일시하지 않고 정신적인 사건들로 경험하는 능력이라고 할 수 있다(Teasdale & Barnard, 1993; Teasdale, Segal, & Williams, 1995). 부정적인 사건들에 대한 이렇게 확장된 시각은 기억 속에 부호화되고, 이후에 부정적인 생각들이 일어날 때, 그런 생각들을 이해할 수 있는 보다 적응적인 방식으로 나타나게 된다. 상위인지적 자각의 수준이 높은 개인들은 이 자각이 낮은 개인들과 비교했을 때, 스트레스가 쌓이는 환경에 처하면 생겨나는 부정적 감정이나 생각들을 자신과 동일시하지 않으며, 우울증과 그 후유증들을 더 잘 피해갈 수 있었다. 최근에는 상위인지적 자각과 연관성이 있는 몇몇 요소들이 상관연구, 전향적 연구, 실험연구, 그리고 치료법 연구들의 관심을 받고 있다.

Teasdale 등(2002)은 '상위인지적 자각의 감소'와 '우울증에 대한 취약성'의 관계를 연구하고, 우울증의 재발과 관련하여 '인지치료가 상위인지적 자각에 미치는 영향'을 조사하였다. 첫 번째 연구에서는 우울증 병력이 있으나 지금은 기분이 정상적인 상태의 환자들이 같은 나이와 성별을 가진 우울증을 앓지 않은 통제집단과 비교했을 때, 상위인지적 자각의 수준이 상당히 낮은 것으로 나타났다. 두 번째 연구에서 Teasdale 등(2002)은 상위인지적 자각이 낮은 환자들의 경우에 기준치 평가에서 주요 우울장애를 앓은 환자들에게 초기 재발이 일어날 것으로 예상한 시기보다 5개월 정도 빠르게 재발이 나타나는 것으로 밝혀졌다. 이러한 결과는 우울한 생각과 감정을 보다 넓은 시각으로 이해하는 능력이 미래의 재발 가능성을 낮춘다는 가설과도 일관성이 있다. 이 연구자들은 또한 인지치료와 비교치료를 비교해 볼 때, 부정적인 생각과 감정에 대한 상위인지적 접근을 증가시킨다는 것을 알아냈다. 인지치료와 비교치료의 차이점은 치료하는 동안에 부호화되어 저장된 기억에서만 입증되고 그 이전의 기억에서는 확인되지 않았는데, 이것은 인지치료의 결과로 나타난 상위인지적 자각의 변화가 우울한 경험을 회상하여 기술하는 방식에 미치는 인지치료의 영향력이 아니라, 우울한 경험들을 부호화하는 데 있어서의 인지치료의 영향력을 반영한다는 점을 시사하고 있다. 그러므로 인지치료는 성공적으로 상위인지적 자각을 증가시킬 수 있으며, 이런 상위인지적 개선은 긍정적인 결과로 이어지게 된다.

탈중심화

상위인지적 자각과 밀접하게 관련된 또 다른 개념으로는 '탈중심화'가 있다. 이것은 어떤 사람이 생각과 감정을 일시적이고, 객관적인 정서적 사건으로 관찰하는—생각과 감정이 반드시 자기 자신의 실제적 반영이라고 보는 것과는 반대로—능력을 뜻한다. 탈중심화된 관점에서는 "…… 순간의 현실은 절대적이지도 않고, 절대 변경할 수 없는 것도 아니다."(Safran & Segal, 1990, p. 117) 예를 들어, 탈중심화를 실천하는 사람은 '나는 우울해.'라는 말 대신 '나는 지금 우울한 기분이 든다고 생각하고 있어.'라고 말할 것이다. 탈중심화는 현재에 초점이 맞추어져 있고, 생각과 감정에 대해 판단하지 않고 받아들이는 입장을 취한다. 탈중심화의 개념은 전통적인 인지치료에서 찾을 수 있지만(예: Beck et al., 1979), Teasdale과 그의 동료들(2002, p. 276)은 그것이 '치료적인 변화의 주된 메커니즘으로' 보이기보다는 주로 '생각의 내용을 바꾸는 목적을 이루기 위한 수단으로' 보인다고 말하였다. 다시 말해서, Beck과 Teasdale은 우울증에 걸린 환자들을 성공적으로 치료하는 개념과 능력이 구축되어 감에 따라 인지치료가 탈중심화를 항상 포함해 왔다는 것에 모두 동의하였다. 그러나 우울증의 인지치료에 있어서 Beck 등(1979)과 Teasdale 등(2002)의 관점의 주된 차이는 Beck의 경우 탈중심화는 개개인이 자신의 핵심 신념을 대폭 바꿀 수 있게 하는 역할을 한다고 본 반면, Teasdale은 탈중심화 자체가 지속적인 우울증의 해소를 가능하게 하는 역할을 한다고 본다는 데 있다.

최근의 연구에서 Fresco, Moore 등(2007)은 열한 개의 문항으로 된 탈중심화의 자기보고식 측정수단인 경험 설문지(Experiences Questionnaire: EQ)를 소개하였다. 일련의 세 가지 연구에서 요인구조는 학생과 환자 샘플 둘 다에서 입증되었다. 더 나아가 EQ에 의해 평가된 탈중심화는 대학생들이 자기보고한 우울증 증상들과 이론적으로 유의미한 상관관계를 보여 주었고($r = -.40$), 우울증을 앓는 환자들이 자기보고한 우울증 증상들과($r = -.46$) 임상의가 진찰한 우울증 증상들과($r = -.31$)도 유의미한 상관관계를 보여 주었으며, 실험 회피($r = -.49$; Hayes et al., 2004)와 표현의 억제($r = -.31$; Gross & John, 2003), 그리고 인지적 재평가($r = .25$; Gross & John, 2003)와도 이론적으로 유의한 상관관계를 보여 주었다.

Fresco, Segal 등(2007)은 Segal 등(2006)의 2차 분석연구에서 탈중심화와 치료 반응의 관계를 분석하였다. Segal 등(2006)은 18개월간의 전향적 연구에서 정서 환기 노력과 인지적 반응성이 결합하여 항우울제 처방(ADM) 또는 인지행동치료(CBT)를 통해 차도를 보였던 환자들의 재발을 예측하였음을 입증하였다. Fresco, Segal 등(2007)은 CBT에 무작위로 배치되어 긍정적인 치료 반응을 보여 준 환자들이 ADM에 긍정적인 치료 효과를 보여 준 환자들에 비하여 자기보고된 탈중심화가 상당히 더 향상되었음을 확인하였다. 더 나아가, 치료 후의 탈중심화 수준은 낮은 수준의 인지적 반응성과 더불어 가장 오래 지속되는 치료 반응으로 연결되었다. 따라서 탈중심화하는 능력은 우울증의 인지치료로 인해 나타날 수 있는 중요한 변화의 기제다. 그러나 Teasdale과 그의 동료들(2002)은 효과적이고 오래 지속되는 MDD(주요 우울장애)의 치료는 인지행동치료가 인지 내용을 바꿈으로써 치료 효과를 보는 전통적인 접근법보다는 상위인지적 능력의 향상을 통해 이루어진다고 여겼다.

해석 양식과 유연성

부정적인 사건들에 대해 인과관계를 설명함에 있어 해석의 유연성은 우울증의 재공식화된 학습된 무기력이론의 중심에 있는 인지적 취약성인 해석 양식의 상위인지적 확장으로 볼 수 있다. 대략적으로 설명하면, 해석의 유연성은 역사적 정보와 맥락적 정보의 균형을 맞추어 사건을 보는 능력이다(Fresco, Rytwinski, & Craighead, 2007). 해석 양식(explanatory style)과 같이 해석의 유연성은 귀인 양식 설문지(Attributional Style Questionnaire: ASQ)(Peterson et al., 1982)를 통해서 평가되는데, 이 설문은 응답자들에게 부정적인 사건들을 가상으로 보여 주고 그 사건들의 주요 원인을 기술한 후 내적, 안정적, 그리고 전반적 인과관계 차원을 숫자로 평가하도록 요구하는 자기보고 측정 방식으로 되어 있다. 해석 양식은 귀인 차원의 점수의 합과 평균 점수를 계산하며, 점수가 높을수록 더 우울을 유발하는 양식임을 나타내는 반면, 해석의 유연성은 귀인 양식 설문지를 통해 나타나는 부정적인 사건들에 대한 안정성과 전반성 차원의 개인 내 표준편차로 계산된다. 표준편차가 클 때 완고한 반응으로 간주되고, 표준편차가 작을 때는 유연한 반응으로 해석된다.

　지금까지 여러 가지 맥락의 연구들이 해석의 유연성과 우울증의 관계를 입증하였다. Fresco와 그의 동료들은 해석 양식과 해석의 유연성이 서로 간에 별다른 연관성이 없음을 보여 주었고, 낮은 점수의 해석의 유연성이 해석 양식의 측면에서 극단적인 반응에 대신하는 것은 전혀 아니며(Moore & Fresco, 2007), 해석의 유연성이 동시에 발생하는 우울감 및 불안 증상과 연관이 있다는 것(Fresco, Williams, & Nugent, 2006)과 기준치 수준의 해석의 유연성은 부정적인 일상의 사건들을 마주하게 되었을 때보다 높은 수준의 우울증 증상들로 나타난다는 것(Fresco, Rytwinski, & Craighead, 2007)을 보여 주었다. 추가적으로 일련의 연구들에는 정서의 환기가 반응이 위험한 수준이라고 여겨지는 개인들에게 해석의 유연성 반응을 불러일으킨다는 것(Fresco, Heinberg, Abramowitz, & Bertram, 2006)과 이 반응이 도중에 발생하는 부정적인 일상의 사건들과 상호작용하여 8주에서 6개월 후(Moore & Fresco, 2009)의 우울증 증상을 예측하게 된다는 것을 입증하였다.

게다가 해석의 유연성이 줄어드는 방향은 기분 점화의 시도가 있을 때 일어나는 부교감계 작용의 감소와 그런 기분 점화 시도가 끝난 뒤의 부교감계 작용의 회복에 연관되어 있다(Fresco, Flynn, Clen, & Linardatos, 2009).

두 연구가 주요 우울장애의 급성 치료라는 맥락에서 해석의 유연성과 우울증 사이의 관계를 조사하였다. 특히나 Jacobson 등(1996)이 실시한 우울증 인지치료의 2차 분석 결과에 따르면, 우울증을 겪는 사람들이 행동 활성화에 반응하는 것은 해석의 유연성에 큰 개선이 있음을 보여 주었고, 반면에 우울증 환자가 '행동 활성화'와 '부정적인 자동적 사고에 대한 논박'을 같이 적용하게 되면 비관적인 해석 양식을 감소시킨다는 것(즉, 부정적인 사건들에 보다 덜 안정적이고 전반적 귀인)을 증명하였다(Fresco, Schumm, & Dobson, 2009b).

더 나아가, 해석의 유연성의 향상과 비관적인 해석 양식의 감소는 향후 2년간 재발의 가능성을 더 낮출 수 있을 것으로 보았다(Fresco et al., 2009b). 그러므로 치료의 행동 활성화 부분은 인지 구조의 변화(즉, 유연성)를 가져올 수도 있다. 반면 부정적인 생각에 이의를 제기하는 것은 인식의 내용을 바꿀 수 있다. 이 두 가지는 모두 재발을 더 잘 예방할 수 있는 것으로 예상된다.

Fresco, Ciesla, Marcotte와 Jarrett(2009a)는 또 다른 최근의 무작위 임상 실험의 2차 분석을 시행하여 인지치료가 우울증에 끼치는 효과를 조사하였다. 처음의 연구에서는 Jarrett와 그의 동료들(2001)은 MDD를 앓는 환자들에게 20회 동안 오픈 라벨(open-label) 방식으로 인지치료를 시행하였다. 그 이후에 응답자들은 8개월에 걸쳐 10회가 추가된 인지치료(유지단계 인지치료: 연속상 CT)에 임의로 배정되어 치료를 받거나 바로 평가만 받도록 배정되었다. 그 후 환자들은 16개월간 어떠한 연구 치료도 받지 않았다. 그 결과 유지단계 인지치료를 받은 환자들은 추가적인 인지치료를 받지 않은 환자들에 비해 우울증의 재발률이 감소하였음을 확인하였다. Fresco 등(2009a)의 2차 분석 결과에 의하면, 인지치료의 급성 치료에 오픈 라벨 단계에서 발생하는 해석의 유연성의 향상은 먼저 우울증 증상들의 감소를 보여 주고, 자기보고와 임상의 평가에서도 우울증 증상이 감소할 것임을 예측하였다. 그러나 유지단계 인지치료는 해석의 유연성의 추가적 향상과는 관련이 없었다. 비슷하게 해석의 유연성은 연구조사가 끝난 뒤 다음 2년 동안의 재발률과는 관계가 없었다. 그러므로 행동적 접근법에 의해 제공된 해석의 유연성 향상은 재발을 줄일 수 있고, 따라서 보다 오래 지속되는 치료 효과를 기대할 수 있다.

극단적인 반응

우울증 증상과 관련된 다른 상위인지적 요인은 ASQ에서 가상으로 제시한 부정적이거나 긍정적인 사건들에 인과 관계를 설명하도록 할 때의 경직성이다. 특별히 몇몇 연구들에서는 ASQ에 나타난 극단적인 반응들은 우울증을 가진 환자들에게 있어 좋지 않은 임상 결과와 연관되어 있다고 밝혔다(Beevers, Keitner, Ryan, & Miller, 2003; Peterson et al., 2007; Teasdale, Scott, Moore, Hayhurst, Pope, & Paykel, 2001). Teasdale 등(2001)의 연구에 따르면, 잔류하는 우울증으로 현재 항우울제를 복용하고 있는 158명의 환자들이 임의로 선택되어 임상관리와 함께 약물치료만을 지속적으로 받거나, 약물치료와 인지치료를 같이 받도록 하였다. 참가자들은 치료 전후에 ASQ에 귀인을 보고하도록 요청받았다. 응답의 내용(즉, 구체적인 질문에 대한 응답)이 아니라 극단적인 반응(예: '매우 그렇지 않다' 또는 '매우 그렇다')이 우울증의 재발을 예측하였다. Beevers 등(2003) 또한 비슷한 결론을 내었는데, 극단적인 반응의 미미한 변화는 증상이 없거나 부분적으로 완화된 우울증으로 치료받는 개인들에게 우울증 증상이 다시 찾아오는 시간이 더 짧을 것으로 예측하였다. Petersen과 그의 동료들(2007)은 만성 우울증 환자들에게 약물치료만 하였을 때는 ASQ에서 극단적인 반응을 하는 빈도가 높아지는 데 비해, CBT를 사용하여 치료하였을 때는 반응의 유의한 변화가 없었다고 밝혔다. 더 나아가 ASQ에 나타난 극단적인 반응은 이 환자들의 우울증에 차도가 있을 가능성이 상당히 증가할 것으로 예측했다. 그러므로 인지치료는 극단적인 반응의 확률을 낮춤으로써 우울증 증상을 경감하는 데 영향을 미치는 것으로 보인다.

상위인지 요약

몇몇 독자적인 연구자에 의해 수행된 수많은 연구에서는 주요 우울장애의 치료에 상위인지 요인이 하는 역할에 집중되고 있다. 이 점에서 두 가지 발견이 특히 중요하다. 첫째, 재발을 막기 위해서는 상위인지적 자각을 가지고 정서적인 자극 상황에 접근하는 능력을 높이는 것이 중요하다. 둘째, 이 상위인지적 자각은 우울증과의 관련이 입증된 몇 가지 구성 개념(constructs), 즉 탈중심화, 해석의 유연성 및 극단적 반응에 반영된다. 특히 기존의 심리치료는 절실하고 오래가는 치료 효과를 달성하는 점을 목표로 증강될 수 있다. 상위인지와 웰빙에 관해서는 많은 문제가 답을 얻지 못하고 있다. 그러나 열렬히 추구되고 있는 중요한 문제 하나는 상위인지적 자각을 일반적인 심리치료에서보다 더 쉽게 개발할 수 있느냐 하는 것이다. 이 질문에 대한 해답의 일부는 이 상위인지 능력이 불교와 힌두교 전통에서 시작된 정신훈련 실제에서 발생한다고 믿어 왔던 능력과 거의 공통된다는 생각에 기인한다. 이 개념적 유사성은 임상 과학자(예: Segal, Williams, & Teasdale, 2002) 및 정서 신경과학자(예: Lutz, Slagter, Dunne, & Davidson, 2008)들이 이 정신훈련 연습에 집중하도록 하였다. 마음챙김과 같은 집중적 훈련은 반복적 이미지, 감각, 소리 또는 주문 같은 특정한 정신적 또는 감각적 활동에 대한 주의집중을 포함한다. 이런 훈련을 개발하는 것은 상위인지적 자각을 육성하기 위한 것으로 생각된다(Teasdale et al., 2002). 이제 우리는 MDD에 대한 서구의 치료에 불교적 정신훈련에 집중하는 노력에 대해 검토할 것이다.

● 마음챙김을 이용한 상위인지적 자각의 증진

Barnard와 Teasdale(1991)의 다층 마음이론(multilevel theory of mind)은 마음챙김 경험-존재 방식이 지속적인 정서 변화를 초래하는 가장 확실한 마음 방식이며, 이것은 우울증의 재발을 방지하는 영향을 준다고 가정한다. 더욱이 인지치료는 마음챙김 경험-존재 방식을 증진할 수 있다. 구체적으로 인지치료의 한 가지 측면은 보통 우울증 유발 도식 모델을 초래하는 것과 동일한 패턴의 정보에 의해 초래되는 기억에서 개인이 대안의 도식 모델을 생성 및 부호화하는 것을 돕는다는 사실을 의미한다. 두 번째, 마음챙김 경험-존재 방식에서 기능작용을 위해 개념화-행동 방식과 인식 없는 정서 표출(즉, 우울증 연동장치) 방식 간의 변동에서 벗어나는 능력을 배우도록 돕는다.

인지치료가 이 능력들의 개발을 이끌 수 있지만, Teasdale(1999)은 개인은 잠재적인 재발의 경우 우울증 연동장치를 막는 '마음 관리' 기술을 배우는 것이 유용하다고 주장하였다. 최근에 마음챙김 훈련으로 구성된 중재들[예: 초월적 마음챙김, Maharishi(1963); 마음챙김 기반의 스트레스 감소, Kabat-Zinn(1990); 마음챙김 기반의 인지치료, Segal, Williams, & Teasdale(2002)]이 표준 서양의학 및 심리적 실습 등에 실행 가능한 보완책으로 등장하였다. 마음챙김은 각 순간의 체험에서 개인적 기준에 의한 무비판적 인식으로 설명되어 왔다(Kabat-Zinn, 1990). 마음챙김은 지금 순간에 대한 집중이 특징을 피하거나, 판단하거나, 반추하지 않고 이 순간의 모든 면들을 완전하고 의미 있는 체험을 허용하는 식으로 개발되는 능동적 과정이다. 마음챙김 기반의 스트레스 감소(MBSR)(Kabat-Zinn, 1990)에서는 참가자들이 호흡, 신체감각 및 자기 마음을 통한 사고의 흐름 등 기본적 체험에 집중하여 마음챙김 기법을 이용해 삶에 단순성을 도입하도록 장려된다. Kabat-Zinn은 다음을 마음챙김의 토대로 설명한다. 즉, 순간과 자기 자신에 대해 판단하지 않음, 인내, 초심자의 마음(즉, 모든 것을 새로운 체험으로 생각하는 개방성), 자기 자신과 자신의 감정에 대한 신뢰, 노력하지 않음(무엇을 해야겠다는 의도가 불필요), 그 순간과 자기 자신에 대한 수용 및 해방(또는 집착하지 않음)이다. Teasdale(1999)의 상위인지 모델을 고려할 때 이 관행들은 분리된 목표지향의 초점(마음의 개념화하기/행동화하기 방식) 및 정서 인식 없이(인식 없는 정서 표출) 포괄적으로 체험되는 마음 상태를 감소시키는 역할을 한다. MSBR에서는 심호흡, 바디 스캔 및 마음챙김 걷기와 같은 기법들이 마음챙김 태도를 개발하는 데 쓰여 모든 경험을 의미 있는 전체로 통합한다. 원래 이 기법들은 만성 통증과 관련 있는 정신적ㆍ육체적 고통을 줄이기 위해 고안되었다.

마음챙김 기반의 인지치료(MBCT)는 MBSR에서 시작된 기법들을 차용하며, 이와 함께 특히 우울증 재발에 대한 취약성을 대상으로 하여 인지행동 중재를 가르친다. MBCT는 우울증이 재발한 12명의 환자들을 대상으로 운영되는 8주간의 집단 프로그램이다.

이 프로그램의 목표는 환자에게 원치 않는 생각이나 감정 및 신체감각을 회피하는 등 부정적 사고양식에 대한 인식을 촉진하고 이에 보다 효과적으로 대응하도록 하려는 것이다(Ma & Teasdale, 2004). 이 마음챙김 기법은 참가자가 부정적 사고양식을 수용하고, 의도적이고 숙련된 방법으로 이 양식들에 대응하도록 돕는 것을 목표로 한다. 이런 방법으로 MBCT는 '자동항법 장치' 방식을 '존재' 방식의 정서적 처리로 바꾸어 부정적 사고와 감정에 대한 탈중심화를 촉진한다.

이 치료는 우울증에 대한 반복적 체험사건이 특징인 부정적인 자동적 사고의 확인과 기본적 마음챙김 연습의 도입으로 시작된다. 2회기에서 참가자들은 일반적인 생활에서의 경험과 좀 더 특별하게 경험한 마음챙김에 대한 태도를 이해하도록 격려된다. 마음챙김 인식은 3회기에서 지금 순간에 주의를 집중하는 호흡 기법을 가르친다. 4회기에서는 집착, 혐오 또는 지루해지지 않는 순간 경험이 재발을 막는 방법으로 제시된다. 5회기에서는 무엇에 매임 없이 자신의 경험의 수용을 증진하기, 6회기에서는 생각은 '단지 생각일 뿐임'을 설명하는 데 집중한다. 마지막 회기에서는 참가자들이 자신을 돌보고, 재발에 대비하며, 일상생활에 마음챙김 연습을 확대하는 법을 배운다. 마음챙김 훈련, 상위인지적 자각 및 우울증 증상 간의 관계를 조사한 최근의 연구에서 Carmody, Baer 등(2009)은 마음챙김 연습이 향상된 집중과 탈중심화를 촉진한다는 사실을 발견하였다. 핵심은 이 두 가지의 요인은 심리적 증상의 현저한 감소를 예측하여 마음챙김과 탈중심화가 매우 높은 관련이 있다는 사실을 시사한다.

사례 연구

Kendra는 40세의 여성으로 많은 치료를 받았으나 우울증 증상을 없애는 데 실패하여 치료를 받으러 왔다. 현재 우울증은 아니나 Kendra의 삶을 분석한 결과 그녀는 17세로 거슬러 올라가는 주요 우울장애 에피소드가 4회 있었는데, 그 나머지는 고등학교 졸업반 때와 부모의 이혼 및 첫 연애가 깨어진 일이었다. 이 사건 이전에 Kendra는 자신을 지지해 주는 가족이 있는 전반적으로 행복했던 사람이었다. Kendra는 이 이후에는 자신을 경험에 의해 상처를 받았다고 보고하였으며, 이후의 주요 우울장애 사건들이 덜 심각한 스트레스 요인임에도 불구하고 발생하는 것 같다고 말했다. 결국 Kendra는 지난 6개월간 우울증 없이 지냈다 해도 그녀는 여전히 '우울증 사건이 또 발생할 것이라고' 매우 염려하였다. 실제로, 최초의 분석을 통해 Kendra가 어떤 슬픔이나 우울한 감정에도 매우 민감하게 반응하여 그녀의 삶의 어떤 스트레스도 완벽한 우울증을 야기할 수 있다는 사실이 드러났다. Kendra의 재발 위험을 고려하여 치료자는 지역의 병원에서 제공하는 MBCT의 연구에 참가하도록 권고했다.

첫 주에 Kendra는 마음챙김 자각을 증진하도록 한 단순한 훈련에 참여하여 자신의 감정을 인정하고, 상황에 자동적으로 반응하는 것을 그치도록 장려되었다.

이런 훈련의 하나로 서서히 건포도의 맛을 보며 건포도에 집중하는 것이다. 또 다른 자각 훈련은 치료자 주도의 바디 스캔이다. Kendra는 숙제로 완성해야 하는 몇 가지 마음챙김 연습도 부여받았다. 2회기에서 치료자는 부정적 생각에 대한 흔한 반응들을 확인해 주었으며, 이 반응에서 벗어나는 방법들을 설명하였다. 이 교육에는 사고와 감정 훈련 및 기분 좋은 사건 등의 기법이 포함되었다. 바디 스캔과 10분 마음챙김을 포함하는 마음챙김 연습은 부정적 생각에서 벗어나는 적극적 방법들을 설명하기 위해 사용되었다. Kendra는 이 연습에 우호적으로 응했으며, 자기의 부정적 생각이 어떻게 해서 우울증의 원인이 되는지를 더 분명히 이해하는 듯하였다. 세 번째 주의 목표는 순간의 자각을 유지하는 능력을 배울 수 있는 보다 더 집중적인 마음챙김 기법을 도입하는 것이었다. Kendra 는 자기가 부정적 생각들을 처리할 수 있는 더 많은 기법을 가지게 된 것 같으며, 스스로 마음챙김 연습을 계속할 수 있다면 이것은 자신의 삶에 지속적인 영향을 줄 수도 있을 것이라고 보고했다. 네 번째 주에 Kendra는 인지 반응 및 특정한 부정적 자동사고가 어떻게 삶의 체험들을 우울증 사건으로 반복되는지를 알게 되었다. 또 40분간 앉은 자세의 마음챙김 등 마음챙김 기법의 추가 실습도 배웠 다. 이 회기 후에 Kendra는 우울증의 과정을 더 잘 이해했으며, 자동적으로 떠 오르는 생각들로부터 마음을 떼어 놓는 능력이 우울증의 재발을 어떻게 막아 주 게 될 것인지를 보고했다. 5주 및 6주째의 프로그램에서 Kendra는 모든 체험의 수용과 함께 생각은 생각일 뿐이며 사실이 아님을 (즉, 탈중심화) 배우기 위한 새 로운 마음챙김 훈련을 다시 배웠다. 7주째에 Kendra는 향후에 재발을 예상한다 면 어떻게 할 것인지 계획하였다. 마지막 주에는 제공된 모든 실습을 함께 묶고, 배운 기법을 일상생활에 적용하는 것에 집중하였다. Kendra는 프로그램을 마치 면서 '왜 자기에게 우울증이 생기는지를 알고' 이제는 '우울증이 반복되지 못하 게 막는 방법'을 알게 되었다는 생각이 들었다. 또한 7회기에서 수립된 행동 계 획 덕분에 향후에 있을 수 있는 재발에 대비할 수 있는 강력한 통제감을 느끼게 되었다.

Kendra는 MBCT 치료가 끝나고 1년 후에 치료자에게 돌아와 약간의 우울한 느낌이 있다고 말하였다. 그녀는 내키지 않는 표정으로 이제는 더 이상 규칙적 으로 마음챙김 전략을 사용하지 않고 있다고 보고하였다. 그러나 그녀는 이 전 략들을 다시 실습하기 시작했고, MBCT에서 배웠던 기법의 일부를 몇 주간 실습 하고 난 후에 차도가 있어서 치료를 그만두었다. Kendra의 이야기는 다수의 우 울증 재발로 인해 고생하고 앞으로 닥칠 사건을 두려워하며 살면서 점점 더 제한 적인 시도들과 재발로 인해 MBCT에 참여했던 환자의 경험을 대표적으로 보여 준다. 이 연구들은 다음 절에서 검토될 것이다.

● 우울증 실험을 위한 MBCT

MDD의 방지

최근 몇몇의 무작위로 통제된 임상 실험에서는 주요 우울장애의 재발을 막는 MBCT의 유용성을 입증하였다. Teasdale 등(2000)은 MBCT와 일반 치료(treatment as usual: TAU)의 재발률에 미치는 영향을 두 번 이상의 주요 우울장애의 이전 에피소드가 있는 145명의 재발 우울증 환자에게서 비교하였다.

이 실험에 참여한 환자들은 본 연구 전에 최소 12주 동안 우울증 약을 복용한 적이 없으며, MBCT나 TAU에 대한 임의 배정에 동의하였다. 세 번 이상의 MDD의 이전 에피소드가 있는 환자의 경우, MBCT는 TAU에 비해 1년 이상의 후속 기간 동안에 의미 있게 더 낮은 재발률을 보였는데, MBCT는 40%, TAU는 66%였다. 세 번 미만의 MDD의 병력을 지닌 환자들의 경우, MBCT와 TAU 간의 재발률에 의미 있는 차이는 발견되지 않았다. 동일한 연구설계를 이용한 몇몇의 추가 연구에서는 MBCT가 세 번 이상의 MDD의 이런 에피소드가 있는 환자들을 우울증 재발로부터 보호한다는 사실을 뒷받침하였다. Teasdale, Segal과 Williams(2003)는 TAU와 MBCT의 경우 재발률이 각기 66%와 37%임을 알아냈고, Ma와 Teasdale(2004)는 TAU의 재발률이 78%, MBCT는 36%임을 알아냈다. Bondolfi 등(출간 중)은 현재는 완화되어 있지만 이전에 세 번 이상의 우울증을 겪은 스위스인들의 2개 샘플에서 이 결과를 확인하였다. 2개의 무작위로 통제된 실험에서 14개월의 후속 기간 중 MBCT＋TAU를 TAU만 하는 경우와 비교하였다. MBCT＋TAU와 TAU만의 두 경우 모두 유사한 재발률이 있었지만, TAU 집단에서의 69일의 중앙값과 비교해 MBCT＋TAU 집단(중앙값＝204일)에서는 최초 재발까지 더 많은 날수가 있었다. 따라서 비교문화적으로 조사할 때도 전통적인 선택치료와 비교하면 MBCT는 우울증의 재발에 효과가 있음을 알 수 있다.

MBCT는 우울증에 대한 그 밖의 전통적 치료를 뛰어넘는 효과도 있을 수 있다. 예를 들면, Kuyken 등(2008)은 무작위로 통제된 실험을 수행해 우울증 재발인들에게 항우울제 약물치료(antidepressant medication: ADM)를 점차 줄이거나 중지하는 것을 지지하여 유지 항우울제(m-ADM)와 MBCT를 비교하였다. 예상한 바와 같이, 재발률은 MBCT 조건(47%)에 비해 m-ADM 조건(60%)에서 의미있게 더 높았다. 흥미로운 것은 MBCT는 ADM 사용을 줄이는 데도 더 효과적이었는데, MBCT 집단(266.46)에 비해 m-ADM 집단(411.4)에서 ADM 사용의 평균일수가 의미 있게 더 높다는 것이 증명되었다. 또한 Dobson과 Mohammadkhani의 미발행 연구(개인적 접촉, 2009년 11월 1일)에서는 다른 문화권에서도 MBCT의 영향이 CBT와 비슷할 수 있다는 예비 결과가 나왔다. 이 연구자들은 무작위로 통제된 실험을 수행한 이란 테헤란의 이란인 샘플에서 MBCT를 집단 CBT 및 TAU와 비교하였다. 8주간의 치료를 포함한 52주간의 관찰 끝에 CBT와 MBCT는 모두 TAU(41.1%)와 비교해 재발 방지율(13.4% 와 11.7%)이 서로 비슷하였다.

MDD의 단기 치료

마음챙김 기반의 인지치료는 우울증의 재발을 줄이려고 고안되었지만, 동시에 현재의 우울증 증상에 대해 TAU의 효과를 뛰어넘는 긍정적 효과가 있음이 밝혀졌다. 통제된 임상 실험에서 Kingston, Dooley, Bates, Lawlor와 Malone(2007)은 세 번 이상의 이전에 MDD 에피소드와 현재 잔여 증상이 있는 19명의 재발성 우울증 환자들을 무작위로 배정해 MBCT나 TAU 중의 하나로 치료받게 하였다.

예상한 대로 TAU를 받은 집단보다 MBCT를 받은 집단에서 자기보고의 우울증 증상에 더 큰 감소가 있었다. 연구자들은 반추를 줄이는 데도 MBCT가 더 큰효과가 있을 것으로 예상했으나 자기보고의 반추에는 의미 있는 차이가 없었다.

통제된 시범 연구에서 Barnhofer 등(2009)은 최소 세 번의 이전 에피소드가 있는 만성적 재발 우울증이 있는 개인의 경우, MBCT에 TAU를 같이 하는 것 (n＝14)이 TAU만 하는 것(n＝14)보다 우울증 증상을 줄이는 데 더 효과적이라는 것을 알 수 있었다. 증상은 MBCT 집단에서 중증에서 경증으로 감소했으며, 반면에 TAU만 시행한 집단에서는 개인의 증상 수준에 의미 있는 변화가 없었다.

몇 개의 공개된 실험에서 발견된 사실은 치료가 안 듣는 집단의 우울증 증상을 줄이는 데 MBCT가 효과가 있다는 것을 보여 주었다. MBCT의 수용 가능성과 유효성을 조사하기 위해 설계된 한 연구에서는 환자들에게 수용 가능할 뿐 아니라 MBCT를 통한 치료가 우울증과 불안 증상을 줄이는 데 성공했음을 보여 주었다(Finucane & Mercer, 2006). Eisendrath 등(2008)은 약제에 잘 듣지 않는 우울증 환자의 경우, MBCT가 우울증 증상을 줄이는 것을 알아냈다. 마찬가지로 Kenny 와 Williams(2007)는 MBCT가 이전에 항우울제 및 인지치료에 모두 효과가 없었던 우울증 환자에게서 우울증 증상 수준의 저하에 영향을 미치는 것을 확인하였다. 마지막으로, Williams 등(2008)은 MBCT 치료는 자살 사고 또는 행동이 일시적으로 약화된 양극성 우울증의 경우에 불안과 우울증 증상의 감소를 초래한다는 사실을 알아냈다. 요컨대, 세 번 이상의 우울증 에피소드가 있었고, 회복되었으나 우울증이 재발된 개인의 경우에 MBCT가 재발률을 줄인다는 강력한 증거가 있다는 것이다. 또한 우울증의 다른 전통적 치료들과 비교해 보면, MBCT는 재발뿐 아니라 우울증 증상을 완화하는 이점이 있을 수도 있다.

과정과 기제 실험

다양한 연구에서 우울증 재발에 관한 MBCT의 효과를 연구하였다. Teasdale 등(2002)은 상위인지 세트가 접근하기 어려움을 나타내는 자전적 기억에서의 인식과 대처의 측정(Measure of Awareness and Coping in Autobiographical Memory: MACAM)에 관한 상위인지적 자각이 우울증이 있는 환자의 우울증 재발을 예측한다는 점을 발견하였다. 이 연구에서 인지치료(CT)와 MBCT는 모두 증가된 상위인지적 자각을 촉진하였다. 그러나 CT는 잔여 우울증 환자의 재발을 줄였고, MBCT는 회복된 우울증 환자의 재발을 줄였다. 따라서 CT도, MBCT도 모두 부정적 신념 등 인지 내용이 아닌 부정적 생각과의 관계 등 인지 구조가 바뀌어 우울증 재발 방지에 효과를 미칠 수 있었다. Raes, Dweulf, Van Heeringen과 Williams(2009)는 MBCT와 인지 반응성 간의 관계를 연구하였는데, 자기보고로 측정한 특성 마음챙김(trait mindfulness)의 수준이 우울증의 과거 이력에 대해 통제할 때조차 의미 있게 인지 반응과 부적 상관관계가 있다는 것을 알게 되었다. 또한 MBCT 효과 검증을 위해 대기통제군과 MBCT를 받기 위해 참가한 집단의 인지 반응을 비교(제외 기준 없음)한 결과, MBCT는 인지 반응을 의미 있게 감소시켰고, 이 영향은 마음챙김 기술의 증가가 매개하였다.

그 밖의 연구에서는 MBCT와 TAU를 비교했을 때, MBCT는 이상적인 자기와 실제의 자기 간의 평가에 더 작은 차이(Crane et al., 2008) 및 더 적응성 있는 기억의 부호화(Williams et al., 2008)를 초래하였다. 또한 MBCT를 대기자 명단 통제 군과 비교했을 때, 자살 사고와 행동이 있었던 회복된 우울증 환자는 MBCT 치료 후에 사고의 억제가 의미 있게 더 낮은 것으로 나타났다(Hepburn et al., 2009).

상위인지적 자각의 이점이 회복 및 치료 효과의 연속성과 연계됨을 보여 주는 증거에도 불구하고, 보다 전통적인 견해는 인지치료가 개인 자신의 부정적 생각과 핵심 신념의 내용을 변경하도록 도움을 준다는 데 있다. 따라서 Teasdale 등(2002)은 증가된 상위인지적 자각이 있는 환자들을 부정적 생각이나 기본적인 기능장애 태도에 대한 신념을 바꾸려는 명백한 시도 없이 훈련하여 이 두 가지 가능성을 구별하려고 하였다. 현재 주요 우울장애로부터 완화나 회복된 100명의 환자를 임의 추출하여 통상적 치료(TAU)나 MBCT 중 하나를 받게 하였다. 결과를 보면, MBCT 환자는 TAU를 받은 환자와 비교하여 더 낮은 비율의 재발 및 주요 우울장애의 재발뿐 아니라 상위인지적 자각의 증가를 나타냈다. 본 연구에서는 전통적 인지치료가 포함되지 않았음에도 이러한 결과는 적어도 MBCT의 상황에서 인지 내용의 변화가 아니라 상위인지적 자각의 효과가 주요 우울장애의 재발이나 재발의 감소와 관련이 있음을 알 수 있었다.

● 불안장애에 대한 마음챙김의 적용

최근 마음챙김 기법은 불안장애의 치료법으로도 검토되어 왔다(예: Evans et al., 2008; Ree & Craigie, 2007). 우리는 여기서 이 접근을 검토하고자 한다. 이 문헌에 대한 검토를 우리는 MBSR과 MBCT에서 더 밀접하게 추출된 치료들에 집중할 것이다. 수용-전념치료(ACT)(Hayes, Stroshal, & Wilson, 1999)와 다이렉티칼 행동치료(DBT)(Linehan, 1993) 등 그 밖의 치료들도 마음챙김 원칙을 포함하고, 다양한 마음챙김 기법을 사용하였다. 그러나 이 치료들은 이 책의 다른 장에서 더 종합적으로 다루게 될 것이다.

MBCT의 수행

최근 몇몇의 연구에서도 특정한 불안장애[예: 범불안장애(GAD) 또는 사회공포]를 가진 개인의 치료에 MBCT를 적용한 다양한 연구 결과를 보고하였다. Evans 등(2008)은 MBCT가 불안을 감소시키고 범불안장애(GAD)인 이들의 우울 증상 감소에도 효과가 있음을 보고하였다.

Craigie, Ree, Marsh과 Nathan(2008)도 9회기의 MBCT 적용에서 자기보고로 측정된 염려, 우울 및 불안 증상의 감소가 나타났다는 것을 보고하였다. 그러나 변화의 효과는 GAD에 대한 다른 CBT치료들에 나타난 효과보다 떨어졌다(예: Borkovec et al., 2002; Dugas et al., 2003). Kim 등(2009)의 연구에서는 MBCT를 받은 GAD와 공황장애(PD) 환자가 불안장애 교육 프로그램을 받는 환자와 비교하여 자기보고에 의한 불안 및 우울증 증상에 유의하게 더 효과적임을 보여 주었다. Böegels, Sijbers와 Voncken(2006)은 마음챙김 훈련을 과제 집중 훈련에 추가하여 8명의 심각한 사회공포증이 있는 환자를 치료하였는데, 여기에는 환자들이 완성하고 있는 과제에 대한 주의를 새로운 방향으로 돌려 신체 증상을 벗어나도록 가르치는 것이 포함되며(Böegels, Mulkens, & de Jong, 1997), 이 결합된 기법들이 이 집단의 사회불안을 감소하는 데 효과적임을 밝혔다. 따라서 전반적으로 MBCT는 불안장애에 대해 결정적 치료법으로 받아들여질 수 있음에도 불구하고 현장의 상황은 시작에 불과하다. 오늘까지 임의의 조건 지정을 통합하여 능동적 비교와 장기적 후속 관찰로 치료 이익의 지속성을 평가하는 연구는 거의 수행되지 않고 있다. 보다 더 잘 통제된 연구들에서의 발견사실은 MDD샘플로 하는 연구처럼 아직 고무적이지는 않다. 그러나 직접 이 프로토콜들을 질병에 따라 사용하는 것과는 상반되게, 마음챙김의 입장을 주입하는 새로운 노력이 가능성을 보여 주고 있다.

마음챙김 기법에 의한 GAD의 새로운 치료들

GAD에 대한 최근의 두 가지 치료[정서 조절 요법, Mennin & Fresco, 2009; 수용 기반의 행동요법(ABBT), Roemer & Orsillo, 2008]가 현재 개발되어 평가 중이다. 오늘까지 ABBT만 공개 실험(Roemer & Orsillo, 2007)과 RCT(Roemer, Orsillo, & Salters-Pedneault, 2008)에서 효과가 입증되었다. 무작위로 추출해 통제한 실험에서 Roemer, Orsillo 등은 15명의 GAD 개인이 지체된 치료를 위해 대기자 명단에 무작위로 배정된 16명과 비교해 ABBT가 GAD 증상의 의미 있는 감소, 마지막 상태 기능에서 의미 있는 증가 및 우울증 증상의 감소를 나타냈다는 것을 입증하였다(Roemer et al., 2008). 이 두 가지 GAD 프로토콜로부터의 예비 결과는 고무적이긴 하지만 마음챙김과 수용 전략을 주입하지 않은 기존의 프로토콜보다 더 나은 효과를 보일지는 시간이 지나야 알게 될 것이다.

●요약, 남아 있는 질문 및 후속 방향

이 장에서 검토된 연구가 증명하듯이, 주요 우울장애의 특정 병인과 치료 및 일반적 정서장애는 불교와 힌두교의 원리 및 정신훈련 실습을 통해 큰 도움을 받았다. 정신병리학의 전통적 인지행동 모델과 치료는 20세기 후반의 정서장애에 관한 이해를 발전시켰다.

그러나 마음챙김 명상 같은 이론적이고 실제적인 요소들의 통합은 원칙에 따라 경험적으로 연구할 때 개인의 적응적 및 부적응적 측면의 이해를 더 진작시키는 중요한 역할을 할 가능성이 있다. 마음챙김 위주의 치료들이 고통을 줄이고 치료 효과가 지속된다는 전망에도 불구하고 몇 가지 중요한 질문이 남아 있다. 이 질문 중 일부에 관해서 적절한 때 이에 대한 시사점을 언급하면서 이 장을 끝내려고 한다.

마음챙김은 정신병리에 대한 관점에 어떤 영향을 미쳐 왔는가

의심의 여지없이 병인의 인지행동 모델과 정서장애의 치료는 이들 장애의 연구와 치료에서 원리를 갖춘 증거 기반의 접근법을 대표한다(Hollon et al., 2006). 그럼에도 불구하고 인지 변화의 구심점에 관한 논란이 이어져 왔다. 이것은 주로 잠정적인 인지 기제의 측정결과가 항우울제(예: Fresco, Segal et al., 2007; Imber et al., 1990; Simons, Garfield, & Murphy, 1984)나 단순한 완화가 나타나는(Hollon, Kendall, & Lumry, 1986) 것을 포함하는 비인지적 치료에 따르는 변화를 입증한다는 사실의 발견으로 촉발되어 왔다. 하지만 이러한 논쟁이 계속됨에 따라 이 분야는 중요한 성장과 확장을 맞이하였다. 바로 이 책 전체에서 이 연구의 증명을 보여 주고 있다. 한 가지 중요한 발전은 정신병리학 모델과 정서와 정서 조절을 강조하는 치료의 출현이다(예: Kring & Sloan, 2009). 이 인지행동의 태동이 동물을 대상으로 한 고전적 및 도구적 조건화에 관한 기초 연구에서 발생한 것과 비슷하게 정서 조절 모델도 기본 연구에서 나온 원리를 이론과 정서장애를 치료하는 접근법에 접목되었다. 사실 인지행동 모델의 전성기 중에는 정서가 주로 인지에 부차적인 부수현상으로 간주되거나 오해를 받았다(Mennin & Farach, 2007). 그러나 신경과학에 대해 고조된 관심에 자극을 받아 정서는 이제 더 이상 임상과학의 '미지의 분야(terra incognita)'가 아니다(Samoilov & Goldfried, 2000). DBT(Linehan, 1993), ACT(Hayes et al., 1999)와 MBCT(Segal et al., 2002) 같은 인지행동 전통 내의 입장들은 정서에 집중하기 시작했는데, 이것은 이 책에서 설명하는 많은 추가적 접근들을 보급하는 원동력이 되었다. 흥미롭게도 이 입장들에서 불교와 힌두교에서 유래한 마음챙김 및 기타의 정신 수련 훈련과 공통적 기반을 찾아볼 수 있다.

마음챙김은 심리사회적 치료를 제공하는 방법을 어떻게 바꾸었는가

인지행동 전통 내에서 매우 분명한 경향 하나는 직접적인 인지 변화 전략, 특히 인지 내용을 목표로 하는 전략을 중시하지 않는 것이다.

오히려 앞에서 말했듯이 탈중심화 또는 상위인지적 자각의 증진이 언제나 인지치료의 일부였다(Beck et al., 1979). 그러나 최근에 이것은 단순히 인지 변화를 증진하는 수단의 하나가 아니라 결정적으로 장기적인 치료 효과 모두를 증진하는 잠정적인 기제로 두드러지게 되었다(Teasdale et al., 2002). 이 논점을 이해하기 위해 우리(DMF) 중 하나가 최근에 Zindel Segal에게 MBCT가 그의 CT 수행을 어떻게 변화시켰는지 설명해 달라고 요청하였는데, 그는 환자들의 사고 기록을 연구할 때 이제는 논쟁과 합리적 반응의 일반화에 집중하는 오른쪽 기록보다 부정적인 자동적 사고에 관해 강조하는 왼쪽의 사고 기록에 훨씬 더 흥미를 가지고 있다고 대답하였다. 왼쪽의 사고 기록에 초점을 두면 환자는 부정적 인지 내용에 대한 탈중심화된 관점을 더 잘 개발할 수 있다(개인적 접촉, 2007년 10월 26일).

우울증을 지속적으로 방지하려면 마음챙김 훈련이 필요한가

마음챙김 명상의 임상 효과는 강력하다. 400개 이상의 마음챙김 치료에 대한 최근의 비평(Ospina et al., 2008)과 집중 마음챙김 치료의 최근의 메타분석(Hofmann et al., 출간 중)은 다양한 정신과적 및 의학적 조건에서의 효과를 입증하였다. 이러한 긍정적 발견에도 불구하고 치료 효과를 위해 지속적인 마음챙김의 훈련이 어느 정도 필요한가에 대해서는 아직 결론이 내려져 있지 않다. 앞에서 말했듯이 인지치료 같은 우울증의 결정적 치료는 상위인지적 자각의 효과를 보여 주고 있는데, 이것은 치료 효과의 지속성은 물론 단기 치료의 반응과도 연계되어 있다(Fresco, Segal et al., 2007). 이 인지치료의 수행은 어떤 분명한 마음챙김 연습도 없다. 따라서 앞의 질문에 대한 간단한 대답은 'no!' 다. 마음챙김 훈련은 치료 이익을 계산하자면, 필요하지도 충분하지도 않다. 그러나 관련된 질문 하나는 마음챙김 훈련을 시작하고 유지하는 것이 치료 이익보다 신속히 훈련을 획득하는 것과 연관되는가 하는 것이다. 이 질문은 아직 체계적으로 연구되거나 치료 연구에서 정량화된 적이 없다. 이 질문에 대한 즉답은 아니지만 관련 주제에 관한 가장 철저한 진술이 Carmody와 Baer(2009)에 의해 최근에 제시되었는데, 이들은 치료 기간, 회기 수, 각 회기의 지속 기간의 관점에서 MBSR과 MBCT의 적용 가능한 연구들을 수행하였다. 이 적용 가능한 연구들은 실제의 시행시간을 제공하지는 않았다. 나아가 이들은 체계적으로 회기 시간의 수를 다양화하는 경험적 연구를 요구하고, 회기 시간을 배정했다. 그러나 마음챙김 과정의 종료에 따라 이전에 다소 미숙했던 마음챙김 전문가들과의 차이(예: Farb et al., 2007)는 물론, 초심자 마음챙김 전문가와 수만 시간의 수행을 하는 숙련된 마음챙김 전문가들(예: 수도승)을 비교하여 관여 양식의 패턴의 차이를 보여 주는(예: Davidson & Lutz, 2008) 정서에 관한 신경과학 연구가 늘어나고 있다.

마음챙김 연구의 발전을 위해 인간의 고통을 줄이면서 임상과학과 신경과학 간의 시너지를 창출하는 방법

마음챙김과 그 밖의 정신훈련 실습을 정신병리학과 치료 모델에 통합하려는 관심은 현재 서구에서는 과거 어느 때보다 높다. 많은 연구 결과가 고무적이어서 많은 사람의 고통을 더는 데 기여하고 있다. 그러나 마음챙김 위주의 치료들은 전통적 인지행동치료들이 직면하는 치료 이익을 산출하는 기제를 설득력 있게 보여 주고자 하는 도전에 똑같이 취약하다(Corcoran, Farb, Anderson, & Segal, 2009). 사실 우리는 자기보고의 측정과 임상가의 평가가 마음챙김에 관해 말해 줄 수 있다는 한계에 도달하고 있는지도 모른다(Davidson, 2010). 감성과학을 연구하는 우리 동료들은 상이하고 보완적인 방법의 마음챙김인 코끼리를 만져 왔다고 볼 수 있다. 이렇게 이들은 이 정신훈련 실습을 실행하면서 발생하는 생물학적이고 신경적인 기초에 고무적인 단서들을 제공하고 있다.

중요한 다음 단계는 생물학적 지표 변화를 살펴보기 위해 마음챙김 관련 치료의 효능 평가를 시작하는 것이다. 첫째, 정서장애를 지닌 환자들이 기본적 감성과학에서 쓰이는 인지적 및 정서적 자극의 상황에서 생물학적 지표에 관한 건강 통제들과 다른지, 다르다면 어떻게 다른지에 관해 평가를 시작해야 한다. 둘째, 중요한 것은 마음챙김의 요소를 갖든 아니든 간에 우리의 유효한 모든 치료들이 지속적인 치료 효과를 유지하면서 주요 우울장애와 같은 장애의 완화와 관련되는 생물학적 및 신경체계에 영향을 주는 방안들을 탐구해야 한다.

● 결 론

이 장에서 인지행동치료와 마음챙김 위주 치료가 우울증에 효과적인 치료법으로 입증된 증거를 검토하였으며, 이에 몇 가지 결론을 도출할 수 있었다. 첫째,

비록 최근의 연구 결과에서 상위인지 능력을 인지치료의 능동적인 구성요소로 강조하기는 하지만 증가된 상위인지 능력(예: 탈중심화)은 언제나 전통적인 우울증 인지치료의 일부였다는 것이다. 둘째, 증가된 상위인지 능력의 효과는 마음챙김 훈련을 명백히 시행하지 않아도 깨달을 수 있었다. 셋째, 재발의 방지를 위해 상위인지 능력 개발에 비해 인지내용의 변화가 덜 중요한 것을 고려하면, 이 능력을 명확히 육성하는 치료의 개발은 상위인지 자극을 부산물로 여기는 치료보다 더 효과적이고 오래 지속될 수 있다.

모든 것을 고려해 보면 이러한 발견 사실들은 전망이 좋고, 이론적 개념화를 확장하며, 다음에는 인간의 고통을 줄이는 데 도움도 된다. 이 고무적인 발전들에도 불구하고 많은 난제가 놓여 있다. 임상과학과 신경과학은 우리의 정서적 생활의 정상적인 혹은 병적인 면을 밝혀 주고 있다. 어떤 점에서 이 작업은 평행의 교차점이 없는 궤도에서 발생한다. 그러나 이제 기본 및 응용 연구 결과들을 창조적으로 통합 및 종합하는 해석적 연구에 착수할 때가 되었다.

그러나 이론과 실험적 연구가 보다 복잡해짐에 따라 연구자가 용어 및 분석단위를 명확히 하고 이에 동의하는 것이 점점 더 중요해졌다. 즉, 다음과 같은 질문들이다. 마음챙김이란 무엇인가? 이것을 어떻게 측정해야 하는가? 1인칭 보고에서 이것을 믿고 평가할 수 있는가? 3인칭 보고의 경우는? 생물학적 및 신경적 관련성은? 그리고 중요한 것은 연구 효과를 검토하기 위해 우리의 연구를 어떻게 접근할 것인가? 실제로 이 장에서 검토된 작업은 이러한 질문들에 예비적 해답을 제시한다. 남은 문제들에 해답을 얻기 위한 우리 앞에 놓인 길은 도전적이고 흥미진진하며 보람 있을 것이다.

참고문헌

Abramson, L. Y., Metalsky, G. I., & Alloy, L. B. (1989). Hopelessness depression: A theory-based subtype of depression. *Psychological Review, 96*, 358-372.

Abramson, L. Y., Seligman, M. E., & Teasdale, J. D. (1978). Learned helplessness in humans: Critique and reformulation. *Journal of Abnormal Psychology, 87*, 49-74.

American Psychiatric Association. (2000). *Diagnostic and statistical manual of mental disorders DSM-IV-TR* (4th ed., text revision). Washington, DC: Author.

Barnard, P. J., & Teasdale, J. D. (1991). Interacting cognitive subsystems: A Systemic approach to cognitive-affective interaction and change. *Cognition and Emotion, 5*, 1-39.

Barnhofer, T., Crane, C., Hargus, E., Amarasinghe, M., Winder, R., & Williams, J. M. G. (2009). Mindfulness-based cognitive therapy as a therapy for chronic depression: A preliminary study. *Behaviour Research and Therapy, 47*, 366-373.

Beck, A. T. (1967). *Depression: Clinical, experimental and theoretical aspects.* New York, NY: Harper & Row.

Beck, A. T. (1976). *Cognitive therapy and the emotional disorders.* New York, NY: International Universities Press.

Beck, A. T. (1984). Cognition and therapy. *Archives of General Psychiatry, 41*, 1112-1114.

Beck, A. T., Rush, A. J., Shaw, B. F., & Emery, G. (1979). *Cognitive therapy of depression.* New York, NY: Guilford Press.

Beevers, C. G., Keitner, G. I., Ryan, C. E., & Miller, I. W. (2003). Cognitive predictors of symptom return following depression treatment. *Journal of Abnormal Psychology, 112*, 488-496.

Bögels, S. M., Mulkens, S., & de Jong, P. J. (1997). Task concentration training and fear of blushing. *Journal of Clinical Psychology and Psychotherapy, 4*, 251-258.

Bögels, S. M., Sijbers, G. F. V. M., & Voncken, M. (2006). Mindfulness and task concentration training for social phobia: A Pilot study. *Journal of Cognitive Psychotherapy, 20*, 33-44.

Bondolfi, G., Jermann, F., Vander Linden, M., Gex-Fabry, M., Bizzini, L., Weber Rouget, B., et al. (in press). Depression relapse prophylaxis with mindfulness-based cognitive therapy: Replication and extension in the Swiss health care system. *Journal of Affective Disorders.*

Borkovec, T. D., Newman, M. G., Pincus, A., & Lytle, R. (2002). A component analysis of cognitive-behavioral therapy for generalized anxiety disorder and the role of interpersonal problems. *Journal of Consulting and Clinical Psychology, 70*, 288-298.

Brewin, C. R., & Power, M. (1999). Integrating psychological therapies: Processes of meaning transformation. *British Journal of Medical Psychology, 72*, 143-157.

Cahn, B. R., & Polich, J. (2006). Meditation states and traits: EEG, ERP, and neuroimaging studies.

Psychological Bulletin, 132, 180–211.

Carmody, J., & Baer, R. A. (2009). How long does a mindfulness–based stress reduction program need to be? A review of class contact hours and effect sizes for psychological distress. *Journal of Clinical Psychology, 65*, 627–638.

Carmody, J., Baer, R. A., Lykins, L. B., & Olendzki, N. (2009). An empirical study of the mechanisms of mindfulness in a mindfulness–based stress reduction program. *Journal of Clinical Psychology, 65*, 613–626.

Casacalenda, N., Perry, J. C., & Looper, K. (2002). Remission in major depressive disorder: A comparison of pharmacotherapy. *American Journal of Psychiatry, 159*, 1354–1360.

Corcoran, K. M., Farb, N., Anderson, A., & Segal, Z. V. (2009). Mindfulness and emotion regulation. In A. M. Kring & D. M. Sloan (Eds.), *Emotion regulation and psychopathology: A transdiagnostic approach to etiology and treatment* (pp. 339–355). New York, NY: Guilford Press.

Craigie, M. A., Rees, C. S., Marsh, A., & Nathan, P. (2008). Mindfulness–based cognitive therapy for generalized anxiety disorder: A preliminary evaluation. *Behavioural and Cognitive Psychotherapy, 36*, 553–568.

Crane, C., Barnhofer, T., Duggan, D. S., Hepburn, S., Fennell, M. V., & Williams, M. G. (2008). Mindfulness–based cognitive therapy and self–discrepancy in recovered depressed patients with a history of depression and suicidality. *Cognitive Therapy and Research, 32*, 1573–2819.

Davidson, R. J. (2010). Empirical explorations of mindfulness: Conceptual and methodological conundrums. *Emotion, 10*, 8–11.

Davidson, R. J., & Lutz, A. (2008). Buddha's brain: Neuroplasticity and meditation. *IEEE Signal Processing, 25*, 171–174.

Dugas, M. J., Ladouceur, R., Leger, E., Freeston, M. H., Langolis, F., Provencher, M. D., … Boisvert, J.–M. (2003). Group cognitive–behavioral therapy for generalized anxiety disorder: Treatment outcome and long–term follow–up. *Journal of Consulting and Clinical Psychology, 71*, 821–825.

Eisendrath, S. J., Delucchi, K., Bitner, R., Fenimore, P., Smit, M., & McLane, M. (2008). Mindfulness–based cognitive therapy for treatment–resistant depression: A pilot study. *Psychotherapy and Psychosomatics, 77*, 319–320.

Evans, S., Ferrando, S., Findler, M., Stowell, C., Smart, C., & Haglin, D. (2008). Mindfulness–based cognitive therapy for generalized anxiety disorder. *Journal of Anxiety Disorders, 22*, 716–721.

Farb, N. A. S., Segal, Z. V., Mayberg, H., Bean, J., McKeon, D., Fatima, Z., & Anderson, A. K. (2007). Attending to the present: Mindfulness meditation reveals distinct neural modes of self–reference. *Social Cognitive and Affective Neuroscience, 2*, 313–322.

Finucane, A., & Mercer, S. (2006). An exploratory mixed methods study of the acceptability and effectiveness of mindfulness-based cognitive therapy for patients with active depression and anxiety in primary care. *BMC Psychiatry, 6*, 1-14.

Flavell, J. H. (1976). Metacognitive aspects of problem solving. In L. B. Resnick (Ed.), *The nature of intelligence* (pp. 231-236). Hillsdale, NJ: Erlbaum.

Foa, E. B., & Kozak, M. J. (1986). Emotional processing of fear: Exposure to corrective information. *Psychological Bulletin, 99*, 20-35.

Fresco, D. M., Ciesla, J. A., Marcotte, M. K., & Jarrett, R. B. (2009a). *Relationship of explanatory flexibility to the recovery from major depression and the durability of treatment gains following treatment with cognitive therapy.* Manuscript submitted for review.

Fresco, D. M., Flynn, J. J., Clen, S., & Linardatos, E. (2009, November). *Reactivity of explanatory flexibility following an emotion evocation challenge: Relationship of concurrent levels of parasympathetic tone.* Paper presented at the annual meeting of the Association of Behavioral and Cognitive Therapies, New York, NY.

Fresco, D. M., Heimberg, R. G., Abramowitz, A., & Bertram, T. L. (2006). The effect of a negative mood priming challenge on dysfunctional attitudes, explanatory style, and explanatory flexibility. *British Journal of Clinical Psychology, 45*, 167-183.

Fresco, D. M., Moore, M. T., van Dulmen, M., Segal, Z. V., Teasdale, J. D., Ma, H., & Williams, J. M. G. (2007). Initial psychometric properties of the Experiences Questionnaire: Validation of a self-report measure of decentering. *Behavior Therapy, 38*, 284-302.

Fresco, D. M., Rytwinski, N. K., & Craighead, L. W. (2007). Explanatory flexibility and negative life events interact to predict depression symptoms. *Journal of Social and Clinical Psychology, 26*, 595-608.

Fresco, D. M., Schumm, J. A., & Dobson, K. S. (2009b). *Explanatory flexibility and explanatory style: Modality-specific mechanisms of change when comparing behavioral activation with and without cognitive interventions.* Manuscript under review.

Fresco, D. M., Segal, Z. V., Buis, T., & Kennedy, S. (2007). Relationship of post treatment decentering and cognitive reactivity to relapse of major depressive disorder. *Journal of Consulting and Clinical Psychology, 75*, 447-455.

Fresco, D. M., Williams, N. L., & Nugent, N. R. (2006). Flexibility and negative affect: Examining the associations of explanatory flexibility and coping flexibility to each other and to depression and anxiety. *Cognitive Therapy and Research, 30*, 201-210.

Greenberg, L. S. (2002). *Emotion-focused therapy: Coaching clients to work through their feelings.* Washington, DC: American Psychological Association.

Greenberg, L. S., & Safran, J. D. (1987). *Emotion in psychotherapy: Affect, cognition, and the process of change.* New York: Guilford Press.

Gross, J. J., & John, O. P. (2003). Individual differences in two emotion regulation processes:

Implications for affect, relationships, and well-being. *Journal of Personality and Social Psychology, 85,* 348–362.

Hayes, S. C., Strosahl, K. D., & Wilson, K. G. (1999). *Acceptance and commitment therapy: An experiential approach to behavior change.* New York, NY: Guilford Press.

Hayes, S. C., Strosahl, K. D., Wilson, K. G., Bissett, R. T., Pistorello, J., Toarmino, D., ⋯ McCurry, S. M. (2004). Measuring experiential avoidance: A preliminary test of a working model. *The Psychological Record, 54,* 553–578.

Hepburn, S. R., Crane, C., Barnhofer, T., Duggan, D. S., Fennell, M. J., & Williams, J. M. G. (2009). Mindfulness-based cognitive therapy may reduce thought suppression in previously suicidal participants: Findings from a preliminary study. *British Psychological Society, 48,* 209–215.

Hofmann, S. G., Sawyer, A. T., Witt, A. A., & Oh, D. (in press). The effect of mindfulness-based therapy on anxiety and depression: A meta-analytic review. *Journal of Consulting and Clinical Psychology.*

Hollon, S. D., DeRubeis, R. J., Shelton, R. C., Amsterdam, J. D., Salomon, R. M., O'Reardon, J. P., ⋯ Gallop, R. (2005). Prevention of relapse following cognitive therapy versus medications in moderate to severe depression. *Archives of General Psychiatry, 62,* 417–422.

Hollon, S. D., & Garber, J. (1988). Cognitive therapy. In L. Y. Abramson (Ed.), *Social cognition and clinical psychology: A synthesis* (pp. 204–253). New York, NY: Guilford Press.

Hollon, S. D., Kendall, P. C., & Lumry, A. (1986). Specificity of depressotypic cognitions in clinical depression. *Journal of Abnormal Psychology, 95,* 52–59.

Hollon, S. D., & Kriss, M. R. (1984). Cognitive factors in clinical research and practice. *Clinical Psychology Review, 4,* 35–76.

Hollon, S. D., Stewart, M. O., & Strunk, D. (2006). Cognitive behavior therapy has enduring effects in the treatment of depression and anxiety. *Annual Review of Psychology, 57,* 285–315.

Imber, S. D., Pilkonis, P. A., Sotsky, S. M., Elkin, I., Watkins, J. T., Collins, J. F., ⋯ Glass, D. R. (1990). Mode-specific effects among three treatments for depression. *Journal of Consulting and Clinical Psychology, 58,* 352–359.

Ingram, R. E., & Hollon, S. D. (1986). Cognitive therapy for depression from an information processing perspective. In R. E. Ingram (Ed.), *Information processing approaches to clinical. Personality, psychopathology, and psychotherapy series* (pp. 259–281). San Diego, CA: Academic Press.

Jacobson, N. S., Dobson, K. S., Truax, P. A., Addis, M. E., Koerner, K., Gollan, J. K., Gortner, E., & Prince, S. E. (1996). A component analysis of cognitive-behavioral treatment for depression. *Journal of Consulting and Clinical Psychology, 64,* 295–304.

Jarrett, R. B., Kraft, D., Doyle, J., Foster, B. M., Eaves, G. G., & Silver, P. C. (2001). Preventing recurrent depression using cognitive therapy with and without a continuation phase: A randomized clinical trial. *Archives of General Psychiatry, 58,* 381–388.

Kabat-Zinn, J. (1990). *Full catastrophe living*. New York, NY: Delta Trade Paperbacks.

Kabat-Zinn, J. (1995). *Wherever you go there you are: Mindfulness and meditation in everyday life*. New York, NY: Hyperion.

Kendall, P. C., & Ingram, R. E. (1989). Cognitive-behavioral perspectives: Theory and research on depression and anxiety. In P. C. Kendall & D. Watson (Eds.), *Anxiety and depression: Distinctive and overlapping features*. New York, NY: Academic Press.

Kenny, M. A., & Williams, J. M. G. (2007). Treatment-resistant depressed patients show a good response to mindfulness-based cognitive therapy. *Behaviour Research and Therapy, 45*, 617-625.

Kessler, R., Bergland, P., & Demler, O. (2005). Lifetime prevalence and age-of-onset distributions of DSM-IV disorders in the National Comorbidity Survey Replication. *Archives of General Psychiatry, 62*, 593-602.

Kim, Y. W., Lee, S-H., Choi, T. K., Suh, S. Y., Kim, B., Kim, C. M., ⋯ Yook, K. H. (2009). Effectiveness of mindfulness-based cognitive therapy as an adjuvant to pharmacotherapy in patients with panic disorder or generalized anxiety disorder. *Depression and Anxiety, 26*, 601-606.

Kingston, T., Dooley, B., Bates, A., Lawlor, E., & Malone, K. (2007). Mindfulness-based cognitive therapy for residual depressive symptoms. *Psychology and Psychotherapy: Theory, Research and Practice, 80*, 193-203.

Kring, A. M., & Sloan, D. M. (2009). *Emotion regulation and psychopathology: A transdiagnostic approach to etiology and treatment*. New York, NY: Guilford Press.

Kuyken, W., Byford, S., Taylor, R. S., Watkins, E., Holden, E., White, K., ⋯ Teasdale, J. D. (2008). Mindfulness-based cognitive therapy to prevent relapse in recurrent depression. *Journal of Consulting and Clinical Psychology, 76*, 966-978.

LeDoux, J. (1996). *The emotional brain: The mysterious underpinnings of emotional life*. New York, NY: Simon & Schuster.

Leventhal, H., & Scherer, K. (1987). The relationship of emotion to cognition: A functional approach to a semantic controversy. *Cognition and Emotion, 1*, 3-28.

Linehan, M. M. (1993). *Cognitive-behavioral treatment of borderline personality disorder*. New York, NY: Guilford Press.

Lutz, A., Slagter, H. A., Dunne, J. D., & Davidson, R. J. (2008). Attention regulation and monitoring in meditation. *Trends in Cognitive Sciences, 12*, 163-169.

Ma, S. H., & Teasdale, J. D. (2004). Mindfulness-based cognitive therapy for depression: Replication and exploration of differential relapse prevention effects. *Journal of Consulting and Clinical Psychology, 72*, 31-40.

Maharishi, Y. (1963). *Transcendental meditation*. New York, NY: New American Library.

Mennin, D., & Farach, F. (2007). Emotion and evolving treatments for adult psychopathology.

Clinical Psychology, 14, 329–352.

Mennin, D., & Fresco, D. M. (2009). Emotion regulation as an integrative framework for understanding and treating psychopathology. In A. M. Kring & D. M. Sloan (Eds.), *Emotion regulation and psychopathology: A transdiagnostic approach to etiology and treatment* (pp. 339–355). New York, NY: Guilford Press.

Moore, M., & Fresco, D. M. (2007). Depressive realism and attributional style: Implications for individuals at risk for depression. *Behavior Therapy, 38,* 144–154.

Moore, M. T., & Fresco, D. M. (2009). *Prospective study of reactivity of explanatory flexibility following a laboratory emotion provocation task.* Manuscript submitted for publication.

Moore, R. G., Hayhurst, H., & Teasdale, J. D. (1996). *Measure of awareness and coping in autobiographical memory: Instructions for administering and coding.* Unpublished manuscript, Department of Psychiatry, University of Cambridge.

Moussavi, S., Chatterji, S., Verdes, E., Tandon, A., Patel, V., & Ustun, B. (2007). Depression, chronic diseases, and decrements in health: Results from the World Health Surveys. *Lancet, 370,* 851–858.

Murray, C. J. L., & Lopez, A. D. (1998). *Health dimensions of sex and reproduction. Global burden of disease and injury series, volume III.* Boston, MA: Harvard, University Press.

Nolen-Hoeksema, S. (1991). Responses to depression and their effects on the duration of depressive episodes. *Journal of Abnormal Psychology, 100,* 569–582.

Ospina, M. B., Bond, K., Karkhaneh, M., Buscemi, N., Dryden, D. D., Barnes, V., ⋯ Shannahoff-Khalsa, D. (2008). Clinical trials of meditation practices in health care: Characteristics and quality. *Journal of Alternative and Complementary Medicine, 14,* 1199–1213.

Peterson, C., Semmel, A., von Baeyer, C., Abramson, L. Y., Metalsky, G. I., & Seligman, M. E. P. (1982). The attributional style questionnaire. *Cognitive Therapy and Research, 6,* 287–299.

Peterson, T. J., Feldman, G., Harley, R., Fresco, D. M., Graves, L., Holmes, A., ⋯ Segal, Z. V. (2007). Extreme response style in recurrent and chronically depressed patients: Change with antidepressant administration and stability during continuation treatment. *Journal of Consulting and Clinical Psychology, 75,* 145–153.

Power, M., & Dalgleish, T. (1997). *Cognition and emotion: From order to disorder.* Hove, UK: Psychology Press.

Rachman, S. J. (1980). Emotional processing. *Behaviour Research and Therapy, 18,* 51–60.

Raes, F., Dewulf, D., Van Heeringen, C., & Williams, J. M. G. (2009). Mindfulness and reduced cognitive reactivity to sad mood: Evidence from a correlational study and a non-randomized waiting list controlled study. *Behaviour Research and Therapy, 47,* 623–627.

Ree, M. J., & Craigie, M. A. (2007). Outcomes following mindfulness-based cognitive therapy in a heterogeneous sample of adult outpatients. *Behaviour Change, 24,* 70–86.

Roemer, L., & Orsillo, S. M. (2007). An open trial of an acceptance-based behavior therapy for generalized anxiety disorder. *Behavior Therapy, 38*, 72-85.

Roemer, L., & Orsillo, S. M. (2008). *Mindfulness- and acceptance-based behavioral therapies in practice.* New York, NY: Guilford Press.

Roemer, L., Orsillo, S. M., & Salters-Pedneault, K. (2008). Efficacy of an acceptance-based behavior therapy for generalized anxiety disorder: Evaluation in a randomized controlled trial. *Journal of Consulting and Clinical Psychology, 76*, 1083-1089.

Safran, J. D., & Segal, Z. V. (1990). *Interpersonal process in cognitive therapy.* New York, NY: Basic Books.

Safran, J. D., Vallis, T. M., Segal, Z. V., & Shaw, B. F. (1986). Assessment of core cognitive processes in cognitive therapy. *Cognitive Therapy and Research, 10*, 509-526.

Samoilov, A., & Goldfried, M. R. (2000). Role of emotion in cognitive-behavior therapy. *Clinical Psychology: Science and Practice, 7*, 373-385.

Segal, Z. V., Gemar, M., & Williams, J. M. G. (1999). Differential cognitive response to a mood challenge following successful cognitive therapy or pharmacotherapy for unipolar depression. *Journal of Abnormal Psychology, 108*, 3-10.

Segal, Z. V., Kennedy, S., Gemar, M., Hood, K., Pederson, R., & Buis, T. (2006). Cognitive reactivity to sad mood provocation and the prediction of depress relapse. *Archives of General Psychiatry, 63*, 749-755.

Segal, Z. V., Williams, J. M. G., & Teasdale, J. D. (2002). *Mindfulness-based cognitive therapy for depression: A New approach to preventing relapse.* New York, NY: Guilford Press.

Seligman, M. E. P. (1980). A learned helplessness point of view. In L. Rehm (Ed.), *Behavior therapy for depression* (pp. 123-142). New York, NY: Academic Press.

Simons, A. D., Garfield, S. L., & Murphy, G. E. (1984). The process of change in cognitive therapy and pharmacotherapy for depression. *Archives of General Psychiatry, 41*, 45-51.

Tang, T. Z., & DeRubeis, R. J. (1999). Sudden gains and critical session in cognitive-behavioral therapy for depression. *Journal of Consulting and Clinical Psychology, 67*, 894-904.

Teasdale, J. D. (1999). Emotional processing, three modes of mind and the prevention of relapse in depression. *Behaviour Research and Therapy, 37*(Suppl. 1), S53-77.

Teasdale, J. D., & Barnard, P. J. (1993). *Affect, cognition and change: Remodeling depressive thought.* Hove, UK/Hillsdale, NJ: Erlbaum.

Teasdale, J. D., Moore, R. G., Hayhurst, H., Pope, M., Williams, S., & Segal, Z. V. (2002). Metacognitive awareness and prevention of relapse in depression: Empirical evidence. *Journal of Consulting and Clinical Psychology, 70*, 275-287.

Teasdale, J. D., Scott, J., Moore, R. G., Hayhurst, H., Pope, M., & Paykel, E. S. (2001). How does cognitive therapy prevent relapse in residual depression? Evidence from a controlled trial. *Journal of Consulting and Clinical Psychology, 69*, 347-357.

Teasdale, J. D., Segal, Z. V., & Williams, J. M. G. (1995). How does cognitive therapy prevent depressive relapse and why should attentional control (mindfulness) training help? *Behaviour Research and Therapy, 33,* 25–39.

Teasdale, J. D., Segal, Z. V., & Williams, J. M. G. (2003). Review of mindfulness-based cognitive therapy for depression: A new approach to preventing relapse. *Psychotherapy Research, 13,* 123–125.

Teasdale, J. D., Segal, Z. V., Williams, J. M. G., Ridgeway, V., Soulsby, J. M., & Lau, M. A. (2000). Prevention of relapse/recurrence in major depression by mindfulness-based cognitive therapy. *Journal of Consulting and Clinical Psychology, 68,* 615–623.

Thase, M. E., Entsuah, A. R., & Rudolph, R. L. (2001). Remission rates during treatment with velafaxine or selective serotonin reuptake inhibitors. *British Journal of Psychiatry, 178,* 234–241.

Williams, J. M. G., Alatiq, Y., Crane, C., Barnhofer, T., Fennell, M. J. V., Duggan, D. S., ··· Goodwin, G. M. (2008). Mindfulness-based cognitive therapy (MBCT) in bipolar disorder: Preliminary evaluation of immediate effects on between-episode functioning. *Journal of Affective Disorders, 107,* 275–279.

04 상위인지치료

Adrian Wells

심리장애에 대한 상위인지이론(Wells & Matthews, 1994; Wells, 2009)은 다음과 같은 기본 원리를 기반으로 하고 있다. 부정적 사고와 정서는 대개 일시적인 경험이라는 것이다. 이들은 개인에게 있어서 자기 조절, 그리고 고통스러운 경험의 소거를 방해하는 특정한 사고의 패턴이나 유형들을 활성화시키기 때문에 심리적인 문제들을 지속시키고 유발한다. 이러한 패턴은 인지적 주의 증후군(cognitive attentional syndrome: CAS)이라 불리는데, 이는 걱정, 반추, 위협에 대한 감찰, 그리고 자기 조절을 방해하는 대처 행동으로 이루어져 있다. 심리장애는 '정신적 보속성(mental perseveration)'의 결과로서 특정한 주제에 대해 반복적으로 되새기고 생각하는 것을 말한다.

● 인지적 주의 증후군

걱정과 반추는 CAS의 핵심적인 특성이다. 이는 개인이 과거의 사건(반추)과 미래의 가능한 위협(걱정)을 깊이 생각하는 언어적 사고의 고리를 이루고 있다. 대부분의 사람들의 경우 다른 과제 중심적인 처리 과정에 자원을 쏟기 때문에

'나는 죽을 것이다.'라는 부정적 사고가 퇴색된다. 그러나 우울하거나 불안한 사람들은 이러한 부정적 사고가 삶의 이유에 대한 근심이나 어떻게 하면 위험을 회피할 수 있을지에 대한 걱정의 지속적인 반추에 직면하게 한다. 각각의 상황에서 지속되는 사고는 고통에 대한 해답을 찾으려는 수단이다(예: Nolen-Hoeksema, 2000; Wells & Davies, 1994; Wells & Carter, 2001). 그러나 불행하게도 이러한 과정은 지속적으로 위협감이 잠입하고 확산되는 정반대의 결과를 초래한다(예: Wells & Papageorgiou, 1995).

또한 위험에 대한 감찰은 CAS의 중요한 특성으로서, 이는 자기와 의미 있는 타인에 대한 위험의 잠재적인 요소에 대해 주의를 유지하는 것이다. 이는 다양한 형태로 나타난다. 사실이나 자료를 찾으려는 정보 탐색을 예로 들 수 있다. 범불안장애를 갖고 있는 사람들은 자신이 겪고 있는 질환의 유병률에 대한 사실과 양상을 인터넷 검색을 통해 훑어볼 것이다. 거리에서 강도를 당한 후 외상으로 고통을 겪고 있는 사람은 의심스럽게 행동하는 사람들을 가려내기 위해 환경을 스캔할 것이다. 위험에 대한 감찰의 문제는 이것이 위협감과 개인의 취약성을 지속시킨다는 데 있으며, 그렇기 때문에 부정적인 정서가 지속되거나 상승하게 된다. 이러한 전략은 인지를 설정하려는 수단이며, 이를 통해 개인을 안전하게 하려는 것이다. 그러나 이는 가장 안 좋은 예측의 심각성에 의존한 것이므로 걱정하는 과정과 밀접하게 관련되어 있으며 안전감을 약화시킨다.

심리적으로 취약한 사람들이 취하는 행동은 남발되는 경향이 있는데, 이러한 행동은 잘못된 생각을 수정하고 과도한 보속성의 통제를 향상시킬 수 있는 학습 경험을 제공하지 못하는 유형인 경우가 많다. 이러한 전략 중 다수는 사실상 상위인지적이며, 확실한 사고의 억제나 회피 혹은 걱정의 지속과 관련되어 있다(Wells & Carter, 2009; Wells & Davies, 1994). 예를 들어, 강박장애와 오염에 대한 두려움을 갖고 있는 사람은 세균에 오염될 것에 대한 두려움(부정적 사고)과 그의 가족도 오염될 것이라는 걱정의 고통에서 벗어나기 위해 손을 씻는다. 게다가 이러한 사례에서 오염의 가능성에 대한 걱정과 감찰(인지적 주의 증후군의 일부)은 잠재적인 위험을 회피하기 위해 사용될 사고 전략이다. 이러한 과정의 유해한 영향은 마치 부정적 사고가 타당하고 중요한 것처럼 여기면서 반복적으로 행동한다는 것이다. 이는 사고와 함께 보다 유연한 관계를 발전시키고 확장된 사고로부터 이들을 분리하는 것을 방해한다. 또한 미래의 정서와 부정적인 사고를 적응적으로 조절하는 데 필요한 걱정 및 반추에 대한 보다 직접적인 상위인지적 통제의 발달을 방해한다. 회피와 같은 행동은 자기와 세상에 대한 보다 일반적인 지식을 수정하는 데 방해가 된다. 예를 들어, 집단에서 질문에 대답하는 것에 대해 회피적이며 사회공포증을 겪고 있는 사람은 마치 그가 우둔한 사람인 것처럼 다른 사람들이 반응할 것이라고 계속 믿는다. 왜냐하면 이에 대해 아니라고 확증할 수 있는 증거가 없기 때문이다. 그러나 우리가 아는 바와 같이 장애에 대한 상위인지적 설명에서 이러한 일반적인 지식은 사고의 중요성 및 통제와 관련된 특정 유형의 상위인지적 지식에 비해 장애에 미치는 영향이 덜 유의하다(예: Myers, Fisher, & Wells, 2009; Solem, Haland, Vogel, Hansen, & Wells, 2009).

본 저자는 심리장애가 사고 패턴의 활성화, 부정적인 신념과 정서를 지속시키고 악화시키는 CAS와 어떻게 관련되어 있는지 기술하고자 한다. CAS의 원인은 무엇일까?

● CAS의 기원

상위인지이론에 의하면, CAS는 통제 혹은 불확실성이나 모호성을 다루기 어렵게 만드는 반복적인 위협과 같은 환경적인 요인들에 의해 중재된다. 그러나 특히 지속적으로 실행되는 걱정, 반추, 위협에 대한 감찰 그리고 사고 억제는 상위인지에 의존한다.

상위인지치료(Metacognitive Therapy: MCT)에서 상위인지는 일반적인 상위인지이론과 일치하는 감찰, 통제, 그리고 사고의 재평가를 포함한 인지의 부분 집

합 혹은 인지의 수준(level)으로 여겨진다(Flavell, 1979). 지속적인 역기능적 사고
는 상위인지의 산물로 보며, 실질적으로 심리장애는 편향된 상위인지의 결과다.
상위인지이론에서는 CAS를 유발하는 두 부류의 상위인지적 지식을 제안한다.
이는 긍정적 상위인지적(positive metacognitive: PMC) 신념과 부정적 상위인지적
(negative metacognitive: NMC) 신념이다(예: Cartwright-Hatton & Wells, 1997;
Papageorgiou & Wells, 2001a; Wells & Cartwright-Hatton, 2004).

긍정적 상위인지적 신념은 지속적인 사고, 위협에 대한 감찰, 사고 억제의 가
치와 관련된 것이다. 다음의 예가 포함된다.

- 나는 안전하기 위해서 미래에 실수를 유발할 수 있는 무언가에 대해 걱정해
  야만 한다.
- 만약 내가 왜 우울한지에 대해 분석한다면, 나는 우울증에 대한 해답을 찾
  을 수 있을 것이다.
- 최악의 상황에 대해 예측함으로써 나는 놀라지 않게 될 것이다.
- 만약 내가 위험에 대한 주의를 할 수 있다면, 나는 미래의 위협을 피할 수 있다.
- 만약 내가 거부의 징후에 대해 집중한다면, 나는 너무 늦기 전에 무언가를
  할 수 있을 것이다.
- 나쁜 생각을 중단하는 것은 통제를 상실하는 것으로부터 나를 지켜줄 것이다.
- 나는 내 탓이 아니라는 것을 확신하기 위해 나의 기억 속에 있는 모든 공백
  들을 채워야만 한다.

긍정적 상위인지적 신념은 부정적인 사고와 정서에 대한 반응으로서 CAS의
발생과 지속을 지원한다.

반면에 부정적 상위인지적 신념은 사고와 정신적 경험(예: 충동, 기억)의 의미,
중요성 및 결과에 주력한다. 두 가지 중요한 영역은 걱정 및 반추와 같은 사고의
통제 불가능성에 대한 신념, 그리고 특정한 사고나 정신적 사건의 의미와 위험

에 대한 신념이다. 이러한 신념 역시 CAS의 지속에 기여한다. 특히 걱정이 통제 불가능하다고 믿는 것은 걱정이나 반추가 발생하였을 때 그 사람이 이를 중단시키기 위해 동기화된 노력을 하도록 만들지 못한다는 것을 의미한다. 뿐만 아니라 중요하거나 위험한 사고에 대해 믿는 것은 이러한 사고들을 보다 잠입적이고 보속적으로 만드는 사고에 대한 감찰과 예측(걱정하는 것)을 유발한다. 몇 가지 예를 살펴보면 다음과 같다.

- 나는 나의 걱정에 대한 통제력이 없다.
- 부정적인 사고는 나에게 해로운 영향을 미친다.
- 틀림없는 생각을 생각하는 것은 위험하다.
- 어떤 사고는 한 개인으로서의 나를 변화시켰다.
- 무엇이 일어났는지에 대한 불완전한 기억을 갖고 있는 것은 내가 정상이 아니라는 것을 의미한다.
- 나쁜 생각을 하는 것은 내가 통제할 수 없는 질병이다.
- 사고는 운명을 시험하게 할 수 있다.

긍정적 상위인지적 신념과 부정적 상위인지적 신념의 내용에는 다양한 장애에 걸쳐 어떠한 특수성이 존재한다. 예를 들어, 강박장애에 대한 상위인지 모델(Wells, 1997)에서는 긍정적 신념이 강박적 사고의 통제와 억제, 그리고 의례 절차에 대한 관여의 중요성에 영향을 미친다. 부정적 신념은 사고-대상(object) 융합(예: '나의 나쁜 생각은 대상을 오염시킬 수 있다.'), 사고-사건 융합(예: '돌발적인 생각은 생각한 일이 일어날 공산을 크게 만들 것이다.') 그리고 사고-행동 융합(예: '누군가를 위해할 생각을 하는 것은 나를 그렇게 하도록 만들 것이다.')에 대한 주제에 영향을 미친다.

우울증에서 긍정적 상위인지적 신념은 슬픔의 증상에 대한 해결책을 발견하는 수단으로서 반추의 가치에 영향을 미치며, 부정적 상위인지적 신념은 반추의 통제 불가능성에 영향을 미친다. 범불안장애에서 긍정적 상위인지적 신념은 대처 전략으로서 걱정의 유용성에 집중하게 하며, 부정적 상위인지적 신념은 걱정의 통제 불가능성과 위험성에 집중하게 한다.

● 인지적 구조물, 상위인지 그리고 정서

앞에서 기술한 바와 같이 심리장애는 사고의 통제감 상실과 관련된다. 이는 이론적인 조망에서 볼 때 중요한 주관적인 경험인데, 기저의 병리에 대한 다양한 기제를 반영하기 때문이다. 통제의 곤란은 반사적인 혹은 '자동적인 처리 과정'의 결과나 '하향식(top-down)' 상위인지적 요인들의 관여로부터 발생된 결과다. 상위인지 모델에서는 자기 통제의 곤란이 낮은 수준의 자동적 혹은 반사적 처리 과정에 의한 것이기보다 오히려 상위인지적 지식(하향식)과 사고 전략 선택의 결과임을 제안한다.

지금까지 상위인지적 지식은 언어적으로 표현할 수 있는 신념인 명제의 세트로 논의되었다. 그러나 상위인지이론에서는 상위인지적 지식이 사고하는 것을 통제하는 계획과 프로그램의 세트로 인식된다고 제안한다. 왜냐하면 상위인지가 사고하는 것을 통제하기 때문에 내적 가이드나 정해진 인지적 결단력에 대한 목표의 세트와 관련하여 그렇게 되어야만 한다. 이러한 계획은 우리가 총체적인 실행적 통제의 일부로 여기는 사고의 통제를 위한 개인 기술의 부분처럼 생각될 수 있다.

상위인지모델에서 상위인지는 정서와 상호적으로 연결되어 있다. 정서는 상위인지적 기능으로서 이는 지식에 대한 접근과 인출, 그리고 인지의 통제를 위한 상위인지적 계획의 선택에 있어서 편향을 갖게 한다. 만약 CAS를 일으키는 계획을 선택하게 된다면 정서는 하위 수준(피질 하부)의 정서 네트워크를 실행 기능이 하향 조절하지 않도록 유지한다. 대신에 자원이 처리 과정의 지속적인 위협 모드로 할당된다.

정리하자면, 장애에 대한 상위인지치료와 이론은 대부분 하향식 모델로서 사고와 정서 간, 혹은 환경과 정서 간의 조건 반응에 대한 학습이론 원리에 의존하지 않는다. 설명한 바와 같이 하위 수준의 처리 과정에 기반한다. 상위인지이론에서는 상위인지적 수준에서 대개 의지적인 과정에 의해 인지의 통제 속에서 일어나는 편향과 장애를 동일시한다. 통제에 대한 지식이나 신념이 잘못되었을 때조차도 사람들은 인지적 통제를 지속한다. 그러나 이러한 경우 실행된 통제 유형의 조성과 훈련이 필요하며, 이를 통해 주어진 상황에서의 사고를 넘어서 가장 적절하고 유연한 통제를 연습할 수 있다.

● 상위인지치료의 본질

상위인지치료는 CAS를 없애고 사고와 관계하는 새로운 방식을 촉진하는 데 중점을 둔다. 치료 목표를 달성하기 위해 사고하는 것을 통제하는 상위인지가 수정되어야만 한다.

상위인지적 지식과 신념은 사고하는 것에 대한 계획이나 프로그램, 그리고 명제적 정보로 표상되기 때문에 치료는 새로운 상위인지적 통제 기술(즉, 강화 계획)을 확립하고 명제적 정보의 본질을 변화시키는 것 모두에 목적을 두고 있다. 이러한 목적은 종종 치료에서 사용되는 전략 간에 상호연계되며 중첩된다. 예를 들어, 걱정을 유예하는 연습은 통제 기술을 향상시키며 자기 통제의 상실에 대한 잘못된 지식을 수정한다. 그러나 지식의 다양한 유형이 있기 때문에 개인의 전략이 각각의 유형을 어디에서나 변화시키지는 못할 것이다. 예를 들어, 걱정을 통제하는 것은 걱정의 통제 불가능성에 대한 신념을 변화시키는 것이지만, 반면에 걱정의 잠재적인 위험에 대한 신념을 수정해 주지는 못할 것이다. 사실상, 환자들은 회피로서 통제할 것이며, 걱정이 해롭지 않다는 것을 발견하는 데 실패할 것이다. 따라서 개인 치료는 각각의 사례에서 작동하는 상위인지적 지식 유형 간의 본질과 관계를 설명하는 장애 특정적 모델에 의해 안내된다. 이에 장애 특정적 상위인지모델은 치료의 결과를 최대화하기 위해 개발되고 검증되어 왔다.

치료자의 첫 번째 과제는 모델에 기반을 둔 개인의 사례 개념화를 하는 것이다. 다음은 상위인지모델을 통해 내담자를 사회화한 사례다. 여기서 치료자는 CAS의 발현에 대해 밝히고 사례 검토, CAS의 결과에 대한 질문, 사회화 실험의 수행을 통해 CAS의 영향을 분명하게 보여 주고자 한다.

예를 들어, 우울증의 치료에서 치료자는 기분의 기복, 증상이나 부정적 사고에 대한 반응을 질문하며, 반추의 특성과 기간, 그리고 이들과 관련된 상위인지적 신념을 명확히 한다.

> 치료자: 지난주에 기분이 어떠셨나요?
>
> 내담자: 좋지 않았어요. 정말 엉망이었죠.
>
> 치료자: 그렇게 느끼도록 만든 것이 있나요?
>
> 내담자: 그냥 좋지 않은 기분으로 일어났는데, 지난 며칠 동안 그랬어요.
>
> 치료자: 좋습니다. 그럼 그렇게 느끼는 것이 무엇일까요? 그러니까 제 말은 생각이나 당신의 몸에서 일어나는 감각이 무엇이냐는 것입니다.
>
> 내담자: 남편과 언쟁이 있었어요. 그리고 그런 다툼이 끝나지 않을 것이라는 생각을 하면서 일어났죠.
>
> 치료자: 그것이 제일 첫 생각이었나요?
>
> 내담자: 네.
>
> 치료자: 네, 그렇군요. 그런 생각을 하게 되었을 때 그다음에 이어서 어떤 생각을 하기 시작했나요?
>
> 내담자: 나의 우울증이 절대 회복되지 않을 거라고……. 그리고 다른 사람들은 '어떻게 나보다 잘 지내는 걸까?'라는 생각이 들기 시작했어요. 하

지만 전 정말로 우울해질 만한 그 어떤 이유도 없었어요. 그냥 제게는 이런 감정을 중단할 수 있게 해 주는 그 무언가가 없는 것 같아요.

치료자: 우리가 반추라고 부르는 마치 사고의 긴 사슬 같군요. 이런 생각이 얼마나 일어났나요?

내담자: 오전 내내요. 전 그냥 침대에 누워 있었고, 제 마음속에서는 계속 그 생각이 일어났어요.

치료자: 그 당시에 어떤 감정을 느끼셨나요?

내담자: 글쎄요. 제가 일어나서 그걸 처리할 때까지 그저 엉망이었어요.

치료자: 그다음에도 그 생각이 계속되었나요?

내담자: 네. 오랜 시간 동안이요.

치료자: 만약 그런 생각이 당신이 엉망으로 느끼도록 만든다면, 활동을 줄이는 게 좋은 방안이 될 수 있을까요?

내담자: 네. 하지만 어떻게? 저는 그런 생각을 제가 통제할 수 있을지 잘 모르겠어요. 그건 제 병의 일부잖아요.

치료자: 만약 당신이 그런 생각을 통제할 수 있다면 더 좋은 감정을 느낄 수 있을까요?

내담자: 네. 아마도 도움이 될 것 같아요. 하지만 우선 제가 왜 이렇게 되는 건지 그 원인을 찾아야만 해요.

치료자: 당신에게 도움이 될거라고 스스로 분석하신 어떤 신념을 갖고 계신 것 같군요.

내담자: 만약 제가 그 해답을 찾을 수 있다면 그 생각에 대해 무언가를 할 수 있어요.

치료자: 그 해답을 찾으려고 노력해야겠다는 생각을 하신지는 얼마나 되셨나요?

내담자: 제가 우울에 빠져 지내 왔던 오랜 시간 동안이요. 4년 이상인 건 틀림없어요.

치료자: 아직도 그 해답을 찾을 수 있다고 생각하시나요?

내담자: 아니요.

치료자: 아마도 그 해답은 반추하는 것을 멈추는 걸 거예요. 어떻게 그것을 멈출 수 있을지 함께 찾아보시겠어요?

내담자: 하지만 저는 통제할 수가 없어요. 그건 그냥 일어나는 것 같아요.

치료자: 당신의 말씀이 맞습니다. 통제할 수 없다는 신념이 당신의 사고에 관하여 새로운 방식을 실천하는 데 방해가 되기 때문에 우리가 가장 먼저 살펴보아야 할 것 중 하나가 당신이 통제할 수 없다는 신념입니다.

치료의 다음 단계로 이어지는 사회화는 안내된 발견, 행동 실험과 같은 언어적 방법의 혼합을 통해 통제 불가능성에 대한 신념을 수정하는 것이다. 예를 들어, 치료자는 회기 내에서 반추를 시작하고 중단하도록 내담자에게 요청할 수 있다. 유사하게 치료자는 내담자가 활동을 증가시킬 수 있는지 그렇지 않은지 반추하고 질문하는 것을 성공적으로 중단했을 때 원인을 확인할 수 있다. 만약 반추가 증가되었다면 감소될 가능성도 있을 것이다.

다음으로 거리를 두는(detached) 마음챙김과 걱정/반추 유예의 개념을 소개하고자 한다. 내담자는 부정적 사고의 존재에 대해 인식하는 것을 배우게 되며, 그 다음에 지속되는 걱정, 반추, 억제, 대처 반응에 관여되지 않는 것을 배운다. 특히 늦은 오후 명시된 15분이 될 때까지 걱정과 반추를 유예하도록 가르친다. 이 기간은 '걱정하는 시간' 으로 구성되지만 이 기간을 의무적으로 사용하도록 하지는 않으며, 사실상 대부분의 내담자는 이 시간이 되었을 때 이 시간이 필요치 않다고 결정한다. 연습과 비유가 지식과 거리를 두는 마음챙김의 기술을 촉진하기 위해 MCT에서 사용된다. 이러한 치료 단계를 통해 치료자는 실습한 거리를 두는 마음챙김과 유예의 빈도 및 이들의 적용에 따른 부정적 사고의 비율을 감찰한다.

MCT에서는 이러한 과정을 촉진하기 위해 보통 통제 불가능성에 대한 부정적 신념과 걱정이나 반추 요구에 대한 긍정적 신념에 필히 도전하도록 한다. 특히 우울증 치료에서 주의 훈련(Wells, 1990, 2007)과 같은 추가적인 훈련 절차를 통해 통제가 개인의 사건 발생과 완전하게 다른 별개의 것으로 경험될 수 있도록 함으로써 환자들이 사고 과정의 통제에 대한 자각을 습득하도록 도움을 준다. 다양한 소리에 대해 지속적으로 집중하는 주의 훈련은 보통 공간에서 장소의 범위와 이들 간의 주의를 이동하는 것에서 진행된다. 더 정확히 말하자면, 있는 곳에서 주의 배분에 대한 지시를 계속 따르고 사고나 감정처럼 자발적인 내적 사건에 대한 자각을 지속하도록 요청한다.

개인의 장애에 대한 치료에서는 걱정하는 것이 위험하다는 신념(범불안장애에서)과 사건을 일으키는 사고의 의미와 영향력에 대한 신념(강박장애에서)처럼 부정적인 상위인지적 신념의 특정한 영역이 다루어진다. 또한 걱정, 반추, 그 밖의 다른 형태의 보속적인 활동에 관여하려는 욕구에 대한 긍정적인 상위인지적 신념이 치료에서 수정된다. 하나의 전략으로서 긍정적 · 부정적 상위인지 사이에서 일어나는 충돌을 강화한다. 예를 들어, 치료자는 걱정이 이득이 된다는 신념과 걱정이 신체의 위험이나 정신적 와해를 일으킬 수 있다는 신념 간에 존재하는 갈등에 주의를 이끌어 낸다. 걱정 부조화(mismatch) 전략, 걱정 조절 실험, 역설적인 반추 처방 기법과 같은 특정한 전략 또한 적절한 곳에서 사용된다(Wells, 2009 참조). 걱정 부조화는 걱정의 연속적 장면(sequence)을 요약하는 각각의 단계에 따라 최근의 걱정 스크립트를 자세히 작성하는 기법이다. 그다음에 내담자는 상황에서 실제적으로 일어난 사건을 기술하게 되며, 이는 '현실 스크립트'를 구성한다. 이 두 가지 스크립트를 비교함으로써 치료자는 내담자가 이들 간에 존재하는 상당한 부조화를 발견하도록 돕는다. 다음으로 질문을 제기한다. '만약 걱정이 현실과 유사하지 않다면 걱정하는 것의 이득이 무엇일까요?' 걱정 조절 실험에서는 어떤 날에 보다 많은 걱정을 하였는지, 다른 것에 대한 걱정을 금하거나 연기하였는지 질문하며, 그다음에 작업 수행에서의 질이나 실수의 회수와 같은 결과에 대한 이들의 효과를 평가한다. 이를 통해 치료자는 걱정하는 것이 도움이 되지 않는다는 것을 알게 하고, 그리하여 긍정적인 상위인지적 신념에 도전하도록 내담자를 돕는다.

치료의 종결이 가까워오면서 재발 방지를 위한 개입이 이루어진다. 이는 잔류하는 상위인지적 신념에 대해 살펴보고 미래의 부정적인 사고와 정서에 대해 어떻게 반응할 것인지에 대한 계획으로서, '청사진'을 만들어 보는 것으로 구성된다. 이러한 청사진은 CAS를 구성했던 '낡은 계획'과 대조되는 것으로서, 낮은 개념 처리 과정, 외적 안전 신호에 대한 재초점화, 회피의 전환, 위협에 대한 감찰 금지와 같은 새로운 반응양상이다.

CAS의 핵심 요소의 수정을 통한 치료의 진전과 중요한 상위인지는 자기보고식 척도를 통해 지속적으로 점검된다. 이러한 척도 중 일부는 특정한 장애를 위해 만들어졌다(예: 범불안장애, 주요 우울장애 척도, 강박장애 척도; Wells, 2008). 보다 포괄적인 또 다른 척도는 공식적인 심리측정 평가에 들어 있다(예: 상위인지 질문지 30; Wells & Cartwright-Hatton, 2004).

● MCT의 역사적 맥락

상위인지이론은 심리장애에서 인지의 복잡성을 포착(capture)하거나 대변(represent)하지 못하는 인지행동치료 이론에 대해 알게 됨으로써 성장하였다. 특히 인지행동치료이론은 주의에 대해서는 한계가 있는 모델을 기반으로 하는데, 장애는 자동적인 편향과 동일시되지만 통제 확장(control extended)의 곤란과 사고양식의 선택적 본질과 같은 중요한 측면을 간과한다. 초기 이론의 개발에 있어서 자기초점화된 주의와 자기의식에 대한 작업이 영향을 미쳤다. 자기초점화된 주의의 증가는 대부분의 심리장애와 관련되며(예: Carver & Scheier, 1981; Ingram, 1990), CAS와 같은 병리적 과정의 가능성에 대한 표지자로 언급되었다. 초기의 경험적 연구에서는 자기초점화와 걱정, 자기초점화와 인지적 실패, 대처 간의 관계를 검증하였다(Matthews & Wells, 1988; Wells, 1985; Wells & Matthews, 1994).

이후에 CAS를 감소시키고 상위인지적 통제 기술의 자각을 증가시키기 위한 주의 훈련 기법의 개발과 효과에 대한 평가가 이루어졌다(Wells, 1990).

임상적 함의에 대한 기술에서 우리는 내담자가 사고에 대해 지속되어 왔던 처리 과정을 중단하고 상위인지적 조망을 가질 수 있도록 하는 기법의 치료가 개발되어야 한다고 주장하였다. 이러한 상태를 '거리를 두는 마음챙김'이라고 하였는데(Wells & Matthews, 1994), 그 시점부터 이러한 상태를 촉진하는 전략이 개발되었다(Wells, 2005b). 이러한 접근은 치료에 대한 여타의 수용 혹은 마음챙김 기반 접근과 독립적으로 개발되었다. 이는 주의의 통제 수준에 관한 정보처리 과정(Shiffrin & Schneider, 1977)과 인지 및 기억에 대한 상위인지이론(예: Nelson & Narrens, 1990)에 의지하고 있으며, 임상적 장애에서 사고 과정에 대한 이러한 구조를 개발, 확장하고 적용하였다.

초기 작업에서는 부정적인 자동적 사고, 자기와 세상에 관한 신념과 함께 장애와 연결되어 있는 도식이론(Beck, 1976) 역시 언급되었다. 그러나 부정적인 자동적 사고는 사고의 작은 하위 유형을 대표하기 때문에 심리장애에서 나타나는 지배적인 유형의 사고로서 걱정과 반추의 개념에 의해 더욱 잘 포착되는 보다 반복적인 되씹기(brooding)를 담아내지 못한다. Beck(1976)이나 Eills(1962)에 의해 발표된 도식이나 비합리적인 신념이 어떻게 장애를 일으키는지 명확하지 않다. 이러한 선언적 표상이 어떻게 처리 과정을 통제할 것인가? 이는 다양한 정서 반응과 사고 반응을 보여 주는 동일한 신념을 갖고 있는 두 사람에게서 전적으로 나타난다. 정신적 통제에 관한 이 같은 유형의 질문은 심리장애에 대한 이해와 치료의 발전을 이끌어 낼 것이며, 따라서 상위인지는 MCT 연구의 핵심적인 주안점과 근거가 되었다.

● 마음챙김과 수용의 역할

일반적으로 사용되는 마음챙김과 수용은 거리를 두는 마음챙김의 구조에 비해 보다 일반적인 개념이다. MCT에서는 설계된 심리적 과정을 보여 주는 거리를 두는 마음챙김에 대한 특정하고 정밀한 정의를 제공한다. 이는 특히 자발적인 사고를 자각하는 상태(마음챙김)이며, 상위 자각에 대한 관여가 증진되어 있는 상태다. 이는 두 가지 요인을 의미하는 '거리 두기'와 짝지어져 있다. 하나는 사고에 대한 어떠한 반응(예: 걱정, 반추, 대처)을 내려놓는 것이고, 다른 하나는 사고의 관찰자로 존재하는 것에 대해 인식하게 된 개인이 자기로부터 분리하여 사고를 자각하는 것이다. 이는 명상에 기반한 마음챙김처럼 '지금-여기'에서의 자각을 포함하지는 않는다. 대조적으로 명상에 기반한 마음챙김은 특별하게 상위 자각(즉, 사고에 대한 자각)을 시사하지는 않는다. 또 다른 대조점은 명상에 기반한 마음챙김이 자각을 위한 닻으로 호흡을 사용하고, 초심자의 열린 마음으로 상황에 접근하도록 한다는 것이다. 상위인지이론의 조망에서 볼 때, 개념 처리 과정의 완전한 유예와 함께 이러한 마음 상태를 조화시키는 것은 어려운 일이다.

명상에 기반한 마음챙김은 지금 이 순간의 비판단적인 자각으로 정의된다. 이러한 정의는 오히려 모호한 것 같다. 무엇에 대한 비판적인 자각인가? 초기 단계에서 호흡에 대한 마음챙김은 보통 지금 이 순간으로 주의를 가져오기 위한 닻으로 사용되었다. 이는 호흡에 집중하는 것이 걱정이나 반추하는 것으로부터 전환할 수 있다는 의미이지만, 만약 걱정하는 것이 정신장애를 유발할 수 있다고 믿거나 위해를 유발한다는 강박적 사고를 통제하는 데 사용된다면 이는 바람직한 것이 아니다. 이러한 묘사된 예와 같이 심리적 기제에 대한 명상에 기반한 마음챙김 실제와 이러한 실제가 어떻게 심리적 기제에 별도로 영향을 미칠 것인지를 연결하는 이론은 효과적인 새로운 개입 기법을 개발하기 위해 필요하다.

● 사 례

　특정 장애에 대한 상위인지 모델은 CAS와 상위인지의 역동을 포착하도록 개
발되었다(Wells, 2009). 이러한 모델은 이론에 대한 경험적인 검증의 기초를 제공
하며 임상적 실제에서 개인에 대한 사례 개념화의 토대가 된다. 범불안장애에
대한 치료 맥락에서의 MCT 접근이 이곳에 제시되었다.

　Jenny는 32세의 어머니로서 오래된 걱정과 불안을 갖고 있다. 그녀는 기분장
애, 강박적 성격 양상과 함께 범불안장애의 진단 기준에 부합하였다. 그녀는 자
녀의 생일 후에 직장으로 돌아갈 때 시작된 지속적인 불안과 공황발작에 대한 치
료를 원하였다. Jenny는 얼마 전에 불안에 대한 이완 치료와 대처 기술 훈련을
받았으나 효과를 보지 못하였다고 보고하였다. 평가에서 그녀는 Beck 불안 척
도(BAI)(Beck, Epstein, Brown, & Steer, 1988), Beck 우울 척도(BDI)(Beck, Steer, &
Brown, 1996)를 실시하였으며, 개정판 범불안장애 척도(GADS-R)(Wells, 2009),
상위인지 질문지(MCQ-30)(Wells & Cartwright-Hatton, 2004)를 포함한 상위인지
측정도구도 실시하였다. Jenny의 BAI 점수는 23점이었고, BDI는 14점으로 중
등도의 불안과 경도의 우울 증상을 보였다. 상위인지 측정도구의 점수에서는 긍
정적, 부정적 상위인지적 신념과 유용하지 않은 대처 행동의 정도가 드러났다.
지배적인 부정적 상위인지적 신념은 다음과 같다.

- 나의 걱정은 통제 불가능하다. [90%]
- 걱정은 나에게 해가 될 수 있다. [60%]
- 나는 걱정하다가 미쳐 버릴 것 같다. [40%]
- 만약 내가 너무 걱정을 한다면, 통제력을 상실할 수 있다. [40%]

긍정적인 상위인지적 신념은 다음과 같다.

- 걱정하는 것은 내가 대처하는 데 도움이 된다. [90%]
- 만약 내가 걱정한다면, 나는 준비를 할 수 있게 될 것이다. [70%]
- 걱정하는 것은 문제 해결을 하는 데 도움이 된다. [50%]
- 걱정하는 것은 내가 실수를 하지 않는다는 의미다. [80%]

첫 번째 치료 회기에서 치료자는 Jenny와 함께 최근에 활성화되었던 사고, 정서, 신념, 그리고 고통을 주었던 걱정 삽화에 대해 자세하게 살펴보았다. 사례 개념화에서 Jenny는 '내가 업무 장부에 모든 것을 포함시켜 놓지 않는다면 어쩌지?' 와 같은 촉발요인이 되는 부정적 사고를 경험하였다. 이는 대처의 의미로서 지속되고 있는 걱정에 관여하려는 욕구에 대한 그녀의 긍정적인 상위인지적 신념이 활성화된 것이다. 그녀의 지속되는 걱정은 가능성이 있는 문제와 이에 대한 해결책을 고려하게 만들며, 이는 불안의 증가로 이어졌다. 불안이 증가됨으로써 부정적 상위인지는 걱정에 대한 통제 불가능성과 이로 인한 위해의 가능성에 대한 우려를 활성화시켰다. 이는 걱정에 대한 걱정(상위 걱정)과 불안의 갑작스런 증가를 일으켰다. 그녀의 대처 행동에는 직장 동료로부터 안심시키는 말을 요청하고, 불안을 통제하기 위해 술을 마시며, 직장과 관련된 사고와 지속되는 부정적 사고에 관여되는 것을 억제하고, 걱정하는 것을 스스로 중단하려는 혼합된 사고 통제 전략이 포함되었다(예: '나는 반복적으로 스스로에게 기운을 내라고 말하거나 혹은 스스로에게 스트레스 때문에 상처받을 것이라고 말한다.').

MCT 접근에서 고유한 특성은 각기 다른 걱정의 내용에 대해 중점을 두지 않는다는 점이다. 또한 이는 정서의 수정이나 불안 증상의 관리에도 중점을 두지 않는다. 이러한 접근에서는 자기나 세상에 대한 보다 일반적인 신념을 밝히는 것을 목적으로 하지 않으며, 이들을 단순히 걱정과 반추의 내용이나 최종 산물로 바라본다. 또한 상위인지적 신념을 수정하고 CAS(걱정/반추, 위협에 대한 감찰, 도움이 되지 않는 대처)의 종결을 가능하게 하는 보다 효과적인 상위인지적 통제 기술을 Jenny가 개발할 수 있도록 도움을 주는 것에 집중하였다. 그러나 상위인지적 신념을 변화시키는 데 있어서의 실패에는 집중하지 않았다.

치료는 상위인지 모델로 Jenny를 사회화시키는 순서로 계속 진행되었다. 여기서 치료자는 걱정의 내용이 어떻게 문제가 되지 않는지, 그녀가 부정적인 사고와 어떻게 관계를 맺고 있는지, 효과적으로 걱정을 조절하는 데 있어서의 실패와 어떻게 관련되어 있는지를 알 수 있도록 도왔다. 이는 걱정에 대한 긍정적인 신념이 사실로 드러나지 않는 한 문제가 얼마나 일어날까라는 질문을 통해 달성된다. 치료자는 만약 걱정이 통제될 수 있다는 것을 Jenny가 발견한다고 하더라도 문제가 얼마나 남아 있는지 질문하였다. 또한 Jenny가 생산적이지 않고 그저 안심시키는 말을 추구하려는 대처 행동을 얼마나 사용하는지 알 수 있도록 도왔다. 이는 어떤 다른 사람에게 그녀의 마음에 대한 통제를 이동시키는 것이며, 그녀 스스로 걱정을 통제할 수 있다는 것을 발견하는 데 방해가 되었다.

치료에서 다음 단계는 거리를 두는 마음챙김과 걱정 부조화 실험을 통해 걱정에 대한 통제 불가능성에 관한 신념에 도전하는 것이다. Jenny는 자발적인 부정적 사고(촉발요인)와 그다음 사고 반응 사이의 차이를 알 수 있도록 도움을 받았다. 치료자는 걱정할 필요가 없게 만드는 새로운 방식 속에서 그녀가 이러한 촉발요인에 반응하는 것을 배울 수 있다는 점을 소개하였다. Jenny는 자유 연상과 '호랑이 과제'를 사용한 거리를 두는 마음챙김을 경험하도록 도움을 받았다. 특히 호랑이 과제에서 그녀는 호랑이에 대한 심상을 창조하고, 호랑이의 행동에 영향을 받지 않고 관찰자로서 그녀 자신을 자각하도록 거리를 두고 바라보라는 요청을 받았다. 몇 분 동안의 이러한 실습 후에 치료자는 어떠한 방식으로 호랑이의 행동에 그녀가 영향을 받았는지 질문하였다. 그 목적은 통제하고 수정하려는, 혹은 영향을 미치려는 욕구 없이 어떻게 그 심상이 그것 자체로서의 생명을 갖고 있는지 알 수 있도록 하는 데 있다. 이러한 목적이 달성되었다는 것은 그녀가 부정적인 사고에 대해 동일한 접근을 취하고 있음을 시사한다. 이러한 접근과 혼합하여 치료자는 걱정 부조화에 대한 개념을 소개하였다. 이는 부정적인 사고에 대한 인식과 지속되는 걱정을 오후 늦게까지 유예하는 결정으로 구성된다. 또한 걱정의 통제 불가능성에 대한 그녀의 신념을 검증하기 위한 실험에 대해 소개하였다. 치료에서 나중에 이러한 실험과 전략은 수정되었으며, 걱정이 통제 불가능하다는 Jenny의 신념을 체계적으로 약화시키기 위해 시행되었다. 특히 Jenny는 그녀가 통제를 상실하지 않을 것이라는 증거를 위해 부정적인 사고에 대한 반응 속에서 가능한 한 많이 능동적으로 걱정하는 실험을 시도하도록 요청받았다. 걱정의 통제 불가능성에 대한 그녀의 신념 수준은 0%였으며, 치료자는 치료의 다음 단계로 이동하였다.

치료의 다음 단계로서 4회기가 시작되었는데, 대처하기 위해 걱정하는 욕구에 대한 긍정적인 신념에 도전하기 전에 걱정하는 것의 위험에 대한 신념을 수정하는 데 중점을 두었다. 언어적 재귀인 방법과 행동적 실험이 이러한 상위인지 영역에 도전하는 데 사용되었다. 마지막 두 회기에서는 재발 방지를 위한 작업에 많은 시간이 소요되었다. 총 10회기가 진행되었는데, 주별로 각 회기마다 40~60분이 소요되었다. 치료의 종결 시에 Jenny는 BAI에서 3점, BDI에서는 1점을 받았으며, 그녀의 상위인지적 신념은 10에서 0까지의 범위를 나타냈다. 그녀는 걱정과 불안이 더 이상 문제가 되지 않으며, 수면도 향상되었다고 보고하였다.

● 직접적인 인지적 변화 전략의 본질과 가치

사례에서 설명된 바와 같이 MCT는 인지 내용을 수정하는 데 중점을 두지 않는다. 대신에 인지 과정과 인지 통제를 수정하는 데 집중한다. MCT에서는 부정적인 사고나 일반적인 신념이 현실인지 검증하거나 걱정과 반추의 내용을 평가하고 도전하는 작업을 시도하지 않는다. 예를 들어, 우울증 치료에 있어서 전통적인 인지치료자는 '당신이 실패했다는 증거가 어디에 있나요?' 그리고 '이러한 결론을 반박하는 증거가 있나요?' 같은 전형적인 질문을 통해 자기에 대한 신념이 현실인지 검증하는 데 초점을 둘 것이다. 대조적으로 MCT 치료자는 '실

패하는 것에 대해 분석하고 반추하는 데 얼마나 많은 시간을 보내나요?' '그렇게
함으로써 이득은 무엇일까요?' '당신이 이러한 활동을 감소시킬 수 있나요?' 라
는 질문을 한다. MCT에서 직접적인 변화 전략은 중요하지만 이는 인지의 내용
보다는 상위인지적 신념을 수정하는 것에 목적을 둔다. 또한 만약 더 중요하지
않고 동등하다면 MCT 치료자는 사고에 대한 개인의 상위인지적 경험을 직접적
으로 변화시킨다. 이러한 차원에서의 변화는 표준적인 인지행동치료에서는 일
어나지 않거나 제한적이 될 것이다. 마치 사고는 중요하며 정확성에 대해 평가
되어야만 하는 것처럼 다뤄지기 때문이다. 반면에 MCT 치료자는 사고 그 자체
로는 문제가 되지 않는다고 가정한다. 사고에 대한 그 사람의 반응이 문제가 된
다. MCT의 목적 중 일부는 내담자가 걱정, 반추, 위협에 대한 집중 없이 보다 잘
기능할 수 있다는 점을 발견하도록 돕는 것이다.

　인지보다 상위인지에 중점을 두는 것은 강박장애에 대한 치료를 통해 설명될
수 있다. 인지적 접근에서는 과도한 책임감(예: Salkovskis, 1985), 완벽주의, 불확
실함에 대한 인내(OCCWG, 1997)와 같은 신념을 강조한다. 그러나 이는 상위인
지적 용어가 아니라 보다 일반적인 자기 신념과 해석의 편향으로 정의된다. 예
를 들어, 이러한 도식 기반 접근에서는 강박적인 사람은 그들이 위해의 원인이
되는 것처럼 상황을 해석한다고 말한다(예: '나는 쓰레기통을 만졌다. 그렇기 때문
에 나는 내 아이를 오염시킬 수 있다.'). 반면에 상위인지적 평가(즉, 사고를 해석하는
것)의 개념은 때때로 도식 기반 모델에 본래 포함되어 있는 고유한 부분이지만
존재할 필요가 없으며 그것이 상위인지의 역할일 때조차도 자세히 설명되지 않
는다. MCT는 책임감에 대한 신념이 현실인지 검증하는 데 주목하기보다 오히려
상위인지의 수준을 명시적으로 변화시키는 것에 중점을 둔다. 무언가가 누락되
는 것은 상위인지 모델에서의 전형적인 예인 강박장애에서 상위인지적 신념의
역할을 하며, 사고와 함께 존재하는 유용하지 못한 관계의 형태다. MCT 치료자
는 책임감에 주목하지 않는데, 왜냐하면 이것이 이후의 반추와 걱정의 최종 산물
이나 내용이기 때문이다. 대조적으로 MCT 치료자는 사고의 영향력, 의미, 중요

성에 대한 잘못된 신념의 수정에 관심을 둔다. 예를 들어, MCT 치료자는 '나는 내 아이를 오염시킬 수 있다.' 라는 일이 일어날 개연성이나 증거에 대한 질문 대신에 사고에 대한 신념과 환자의 관계를 변화시킨다.

수정 전략은 이들이 상위인지를 변화시킬 때 효과적이다. 특히 수정 전략은 사고의 통제 불가능성, 위험, 중요성, 그리고 걱정과 반추의 욕구에 관한 부정적인 상위인지를 수정하는 데 목적을 둔다. 상위인지 자각은 전통적인 인지행동치료와 MCT가 공통적으로 갖고 있는 특성이다. 예를 들어, 표준적인 인지행동치료에서 사고 일지의 사용과 인지적 왜곡을 밝히는 것은 상위인지를 증진할 가능성이 크다. 그러나 여기에는 긍정적 · 부정적 상위인지적 신념을 명료하게 수정하거나 인지를 통제하는 새로운 방식을 내담자에게 제공하는 상위 자각의 본질적인 측면이 없다. 상위인지적 처리 과정으로 내담자가 변화되기 시작하지만 표준적인 인지행동치료에서는 MCT의 핵심적 요건인 CAS를 적절하게 다룰 수 있는 실제를 제공하지 않는다.

상위인지 모델은 상위인지의 다양한 요소를 변별하고 병리의 원인이 되는 이들의 특정한 기능적 역할을 할당한다. 따라서 효과적인 심리치료를 위해 변화되어야만 하는 이러한 요인에 관심을 둔다. 만약 MCT 접근이 옳다면 다양한 형태의 인지행동치료의 결과는 상위인지적 변화에 의존하고 있을 것이다.

자기 자각이나 통찰이 유용하다는 가정은 심리치료의 전통이며, 심리적 회복을 충족시킬 것이다. 그러나 MCT 접근은 이러한 통찰이 회복을 위한 충분조건은 아니라고 본다. 자기 자각의 한 유형으로써 상위인지적 자각은 자신의 사고에 집중하는 능력이다. 그러나 앞서 언급한 바와 같이 상위인지적 자각은 개인이 그들의 잠입적인 사고, 기억, 걱정의 통제 곤란에 대해 지나치게 자각하게 되는 강박장애, 범불안장애, 외상 관련 불안과 같은 어떤 장애 속에서 증가되는 요인이다. 상위인지적 자각은 불경스러운 사고를 통제하기 위해 감찰하고 노력하는 강박적인 사람의 사례에서 나타난 바와 같이 과도하거나 경직되어 있으며 위협을 감찰하게 만든다. 강박장애가 사고에 집중하는 경향성인 과도한 인지적 자의식과 관련되어 있다는 증거가 있다(Cartwright-Hatton & Wells, 1997; Janeck, Calamari, Rieman, & Heffelfinger, 2003). 이는 유익한 변인으로 상위 자각을 바라보는 시각의 이동이 필요함을 보여 준다. 어떻게 이러한 요인의 효과가 인지에 대한 처리 과정과 개인의 지식 혹은 신념에 대한 목표에 의존하는지 탐색할 필요가 있다. MCT에서는 비록 상위인지적 자각이 유용할 수 있다고 하더라도 이는 대개 치료적 변화를 이끌어 내는 데 있어서 충분조건이 아니라고 가정한다. 치료 전략은 이들이 상위인지적 통제(예: 주의의 유연성)를 촉진하고, CAS를 중단시키고, 상위인지적 신념을 수정할 때 유용하고 중요하다.

이 모델에서는 CAS와 상위인지가 효과적인 심리치료를 위해 반드시 변화되어야만 한다고 예측한다. 전통적인 인지행동치료를 포함한 모든 효과적인 치료는 이들이 궁극적으로 CAS와 상위인지를 수정했기 때문에 효과적이라는 점을 함축하고 있다. 그러나 치료의 총제적인 효과는 상위인지적 수정에 중점을 두도록 함으로써 직접적으로 증진될 가능성이 크다.

●MCT를 위한 경험적 지지

지속되고 있는 경험적 지지가 심리장애에 대한 상위인지이론을 위해 지난 25년 이상 축적되었다. 이번에는 이러한 자료에 대한 간략한 개관을 제공하고자 한다.

포괄적인 사고 유형, CAS가 장애와 관련되어 있다는 증거

자기초점화된 처리 과정은 상위인지모델에서 CAS에 대한 표지자다. 자기에 대한 관점에서 내부로 주의를 집중하는 경향성을 말하는 자의식이 광범위한 심리장애와 일관되게 정적으로 관련되어 있다는 문헌(예: Ingram, 1990)이 지속되고 있다.

특히 성향적인 자기초점화는 평가 상황(Wells, 1985)과 스트레스 자극에 대한 노출(Wells, 1991)에서 걱정과 정적 상관관계가 있었다. 사적 · 공적 자의식 역시 인지적 통제 과정을 손상시키는 CAS를 지원하는 인지적 실패에 대한 개인차에 불안과 상관없이 기여하는 것으로 나타났다(Matthews & Wells, 1988). 또한 상승된 자기 주의도 스트레스 상황에서 문제 중심적인 대처를 덜 사용하는 것과 관련이 있었다(Wells & Matthews, 1994).

걱정과 반추

걱정의 효과에 대한 연구들에서는 이것이 부정적인 심리적 결과를 가져온다는 점에 대해 명확하게 지지한다. 특히 걱정이 감소된 기간은 이후에 보다 더 많은 사고의 잠입을 일으킬 수 있다(Borkovec, Robinson, Pruzinsky, & DePree, 1983; York, Borkovec, Vasey, & Stern, 1987).

스트레스 자극의 노출에 뒤따르는 잠입적인 심상에 대한 걱정의 영향을 두 편의 연구에서 검증하였다. 상위인지모델은 걱정이 정서 처리 과정 이상으로 적절한 상위인지적 통제를 방해할 수 있다고 제안한다. 잠입적인 심상/기억은 실패한 정서적 처리 과정의 지표로 여겨진다. Butler, Wells와 Dewick(1995)은 참여자들에게 섬뜩한 영화를 보여 주고 그다음에 5분 명상 집단으로 그들을 분리시켰다. 한 집단은 앉도록 지시를 받았고, 또 다른 집단은 영화 속 사건을 상상하도록 지시 받았으며, 세 번째 집단은 영화에 관한 걱정을 하도록 하였다. 걱정을 한 참여자들은 다른 집단과 비교했을 때, 이후 3일 이상 영화와 관련된 잠입적인 심상을 보고하였다. Wells와 Papageorgiou(1995)는 이러한 효과를 적용하고 확장하였다. Mellings와 Alden(2000)은 사회공포증이 높은 사람의 사건 이후 걱정이나 반추에 대해 살펴보았는데, 사후의 걱정과 반추는 부정적인 자기 관련 정보의 회상, 자기 판단에 있어서의 부정적인 편향, 이후의 사회적 상호작용을 예견할 때 불안감에 대한 회상을 예측하는 것으로 확인되었다.

반추의 부정적인 효과를 언급한 문헌도 지속되었다. 불쾌한 반추는 전환에 비해 심각한 상태의 우울증을 지속시키며, 미래의 우울 삽화를 예측하는 것으로 나타났다(Lyubomirsky & Tkach, 2004 참조). 반추는 스트레스 상황에서 문제해결을 감소시키고(Nolen-Hoeksema & Morrow, 1991), 인지적 수행을 손상시키며(예: Hertel, 1998), 유쾌한 활동에 관여하는 동기를 떨어뜨린다(Lyubomirsky & Nolen-Hoeksema, 1993).

1,100명 이상의 지역사회 성인에 대한 대규모의 종단연구에서 이들은 임상적인 우울증을 보였고, 초기 평가에서 반추적 양식이 보다 심각하였다. 그리고 1년 후에도 관해되지 않은 만성적인 우울증과 불안을 보였다(Nolen-Hoeksema, 2000). Nolen-Hoeksema, Parker와 Larrson(1994)은 253명의 사별한 성인을 대상으로 연구를 진행하였다. 그들은 사랑하는 누군가가 사망한 지 1개월 후에 면담을 하였으며, 6개월이 경과한 후에 다시 면담을 하였다. 첫 번째 면담에서의 반추는 6개월 후의 우울증과 유의한 정적 관계가 있었으며, 이러한 관계는 1개월이 경과한 시점에서의 우울증 수준이 통계적으로 통제되었을 때도 유의하게 지속되었다.

주의적 위협 감찰

CAS의 특성 중 하나는 선택적 주의가 과도하게 구성되어 있거나 개인적으로 관련되어 있는 정보에 편향된 집중을 보이는 비정상성이다. 이러한 편향은 대립되는 채널 밖으로 여과시키는 동안 하나의 측면이나 정보의 채널을 처리하는 피험자의 능력에 대해 살펴본 연구를 통해 지지되었다(Matthews & Macleod, 1985; Gotlib & Cane, 1987; Kaspi, McNally, & Amir, 1995).

만약 이러한 효과가 주의의 통제를 위한 개인의 의식적인 전략과 관련될 수 있다면 이러한 편향은 MCT 접근과도 일치한다. 편향에 대한 초기 작업에서는 인지를 조절하기 위한 개인의 전략 중 일부이기보다 자동적인 과정으로 보았다(Williams, Watts, Macleod, & Mathews, 1988). 그러나 MCT는 개인의 대처 전략을 제공하는 전략적인 처리 과정을 일차적으로 반영하는 것이 편향이라는 관점에 기반하고 있다.

이러한 관점과 일관되게 우울한 사람에게 있어서 이전에 있었던 자기 참조적인 자료(material)가 방해를 증가시켰으며(Segal & Vella, 1990), 비임상적인 피험자에 서의 자기초점화된 조종 역시 마찬가지였다(Richards & French, 1992). Richards, French, Johnson, Naparstek과 Williams(1992)는 어종에 의해 차단되는 시행에 서 편향과 특성 불안이 관련되어 있음을 확인하였는데, 이는 위협적인 자극에 대 한 예측에 의존하는 편향을 보여 준다. 또한 정서적 스트룹(stroop)에 대한 점화 효과는 시간이 경과하면서 그 폭(span)이 수의적인 처리 과정과 관련된다는 것을 확인하게 해 주었다(Segal & Vella, 1990; Richards & French, 1992).

Matthews와 Harley(1996)는 연결주의 모델을 사용한 정서적 스트룹에 대한 편 향의 두 가지 모델을 살펴보았다. 그들은 위협이나 반복된 노출 효과에 대한 굳 어진 민감성과 유사한 자동적 모델, 그리고 또 다른 과제를 수행하는 동안 위협 감찰의 지속에 대한 상위인지이론과 일치하는 대안적 모델을 검증하였다. 오직 후자의 모델에서 정서적 단어를 색깔로 명명하는 데 있어서의 손상이 일어났다.

부적응적인 상위인지 중심 대처

걱정과 반추가 부정적 사고를 다루기 위한 반작용으로서, 대처 전략으로 사용 될 수 있다는 것은 중요한 생각이다. 실제로 걱정에 대한 효과가 불안의 증상으 로 측정된 것과는 완전히 별개로 걱정의 효과가 상위인지적인 대처 전략처럼 측 정되었다(Roussis & Wells, 2008).

사고 통제 질문지(TCQ)(Wells & Davies, 1994)를 사용한 연구에서 고통스러운 사고에 대처하기 위해 걱정과 처벌을 사용하며, 이들이 좋지 않은 심리적 결과와 관련되어 있다는 점이 반복적으로 언급되었다. Warda와 Bryant(1998)는 급성 스트레스장애가 있는 사고 생존자와 그렇지 않은 사고 생존자를 비교한 결과, 급 성 스트레스장애가 있는 사람이 걱정과 처벌을 보다 많이 사용하는 것을 확인하 였다. 또한 걱정과 처벌은 강박장애로 고통 받고 있는 내담자에게서도 증가되었으며(Abramowitz et al., 2003; Amir et al., 1997), 이러한 전략은 우울증과 외상 후 스트레스장애의 낮은 회복 수준을 예측해 주었다(Reynolds & Wells, 1999).

종단연구에서는 움직이는 차량에 의한 사고 경험 후 TCQ에서 높은 수준의 걱정이 측정되었으며, 이는 첫 번째 측정에서 나타났던 증상 수준을 통제하고 난 후에도 이후의 외상 후 스트레스 증상으로의 이행을 예측하였다(Holeva, Tarrier, & Wells, 2001). 유사하게 학생을 대상으로 한 Roussis와 Wells(2008)의 연구에서도 TCQ로 측정한 걱정은 스트레스 노출 후의 외상 증상에 대한 정적 예측 요인으로 밝혀졌으며, 이러한 관계는 불안 증상으로서 측정된 걱정과는 독립적이었다.

사고 억제의 효과에 대한 관련 문헌은 많이 있다. 이러한 영역에서는 즉각적이거나 그 뒤에 일어나는 잠입성을 증가시키는 역효과를 낳는 표적 사고를 생각하지 않으려는 시도들을 보여 준다. 따라서 의식적으로 사고를 제거하려는 노력은 효과적이지 않으며, 어떤 상황에서는 역효과를 낳기 쉽게 될 것이다(예: Purdon, 1999).

상위인지적 신념

상위인지 질문지(MCQ)(Cartwright-Hatton & Wells, 1997; Wells & Cartwright-Hatton, 2004)는 상위인지모델을 검증하기 위해 널리 사용되었다. 인지에 대한 신념은 정서장애의 증상과 유의한 상관이 있는 것으로 나타났다. 예를 들어, Wells와 Papageorgiou(1998)는 강박장애와 걱정의 상위인지적 상관관계를 언급하였다. Hermans, Martens, De Cort, Pieter와 Eelen(2003)은 강박장애가 있는 사람과 불안하지 않은 통제 집단을 비교하였는데, 몇 가지 차원에서 차이를 발견하였다. 강박장애가 있는 사람은 통제 불가능성과 정신적 사건의 위험성에 대한 부정적인 신념이 보다 높은 것으로 나타났다. 그들은 사고의 원인이 되는 위해에 대한 신념이 높은 것으로 보고되었다. 그들은 그들의 사고를 더욱 많이 감찰하였고, 자신의 인지적 능력에 대한 신념은 낮은 것으로 나타났다.

상위인지와 건강염려증(Bouman & Meijer, 1999), 음주 문제(Spada, Moneta, & Wells, 2007; Spada & Wells, 2005), 정신증(Lobban, Haddock, Kinderman, & Wells, 2002; Morrison & Wells, 2007), 우울증(Papageorgiou & Wells, 2001b, 2009), 외상 증상(Bennett & Wells, 2010), 범불안장애(Wells, 2005) 간의 관계가 여러 병리에 걸친 상위인지적 신념의 역할을 지지한다.

상위인지의 원인적 상태

Rassin, Merckellbach, Muris와 Spaan(1999)은 사고 억제에 대한 상위인지적 신념을 다루었으며, 잠입적인 사고와 불편함에 대한 효과를 검증하였다. 어떤 참여자의 경우 EEG 장치가 '사과'에 대한 생각을 탐지할 수 있으며, 그렇게 되면 그 장치가 다른 참여자에게 전기 충격을 주게 될 것이라고 믿도록 하였다. 다른 참여자는 이러한 장치가 생각을 탐지할 수 있지만 전기 충격을 가져온다는 것에 대한 정보는 주지 않았다. 사고에 대한 믿음을 유발한 피험자들의 경우 더욱 큰 불편감과 의도적으로 유도된 분노를 보였으며, 금지된 생각을 회피하려는 노력을 더 많이 나타냈다.

조망적인 연구로서 Yilmaz, Gencoz와 Wells(2007a)의 연구에서는 첫 번째 시기에 측정되었던 상위인지적 신념이 스트레스가 되는 생활 사건의 영향을 통제하고 나서 6개월 후의 불안과 우울증 증상을 예측하였다. Papageorgiou와 Wells (2009)는 12주 간격으로 두 번의 시기에 걸쳐 우울증 진단 척도(IDD)를 대학생에게 실시하였다. 첫 번째 시기에서 측정된 우울한 사고(반추)의 통제 불가능성과 위험에 대한 부정적인 신념은 첫 번째 시기에서 측정된 우울 증상과 반추의 영향을 통제하고 난 후에도 두 번째 시기에서 측정한 우울증을 유의하게 예측하는 변인으로 밝혀졌다. Myers, Fisher와 Wells(2009)는 상위인지적 신념과 강박장애 증상 간의 종단적인 관계를 살펴보았다. 첫 번째 시기에서 측정된 사고의 영향력과 의미에 관한 신념은 3개월 후의 강박장애 증상을 유의하게 예측하였다. 이 연구에서 완벽주의와 책임에 관련된 신념은 고통에 독립적으로 영향을 미치지 않았다. 상위인지적 신념의 측정에 있어서 다른 척도를 사용한 Sica, Steketee, Ghisi, Chiri와 Franceschini(2007)의 연구에서도 사고의 통제 불가능성과 위험에 대한 신념이 3개월 후의 강박장애 증상을 예측하고 있음을 확인하였다.

상위인지적 사고 통제 전략은 이후의 외상 후 스트레스장애 증상도 예측하는 것으로 나타났다. Roussis와 Wells(2008)는 대학생을 대상으로 하여 스트레스 증상, 사고 통제 전략, 걱정을 3개월 간격으로 나누어 두 차례 측정하였다. 첫 번째 시기에서 측정되었던 사고를 통제하기 위한 걱정의 사용은 첫 번째 시기에서 측정되었던 스트레스 노출, 불안의 증상으로 측정된 걱정, 외상 후 스트레스장애 증상의 영향을 통제하고 난 후에도 두 번째 시기에서 측정된 외상 후 스트레스장애 증상과 정적 관계가 있었다. Holeva, Tarrier와 Wells(2001)도 움직이는 차량에 의한 사고에 뒤따르는 외상 후 스트레스장애에 대한 예측 변인이 무엇인지 살펴보았는데, 사고 통제를 위한 걱정의 사용이 4~6개월 후에 외상 후 스트레스장애로의 이행을 정적으로 예측하였다.

상당수의 연구에서 상위인지적 조절 전략의 효과가 검증되었다. 특정한 사고에 대한 억제 시도는 표적 사고의 발생을 증가시키는 강력한 변인으로 밝혀졌다(예: Merckelbach, Muris, van den Hout, & de Jong, 1991; Purdon, 1999; Wegner et al., 1987). 따라서 상위인지적 통제 전략은 잠입성이나 감소된 정신적 통제감에 보다 많이 기여하는 위험요인이라 할 수 있다. 그러나 후속 연구에서는 억제 효과에 대한 상위인지적 평가와 신념에 대한 효과를 연구할 필요가 있다. 행동에 대한 억제 효과가 상위인지적 지식에 의해 영향을 받는다는 초기의 시사점이 있기 때문에 이러한 연구가 필요하다(Reuven-Magril, Rosenmann, Libermann, & Dar, 2009).

상위인지 대 인지

여러 연구에서 심리장애의 증상에 대한 인지(예: 일반적 도식/신념)와 상위인지의 영향을 비교하였다. 횡단적 설계를 통한 연구에서는 인지보다 상위인지가 장애에 더 많이 기여한다고 하였으며, 어떤 연구에서는 인지가 장애 증상의 고유한 변량을 설명하지 못한다고 하였다. Wells와 Carter(1999)는 상위 걱정(걱정에 대한 걱정)의 영향뿐만 아니라 걱정이 병리적인 걱정과 걱정에 의해 일어난 문제 모두와 독립적으로 관련되어 있다는 점을 확인하였다. Nuevo, Montorio와 Borkvec(2004)은 연구를 확장시켰는데, 상위 걱정이 병리적인 걱정과 걱정에 의한 방해를 정적으로 예측하는 요인임이 일관되게 나타났다. 이러한 관계는 걱정의 내용, 특성 불안, 통제 불가능성의 영향이 통계적으로 통제되었을 때도 유지되었다. Wells와 Carter(2001)는 범불안장애 환자 집단이 다양한 불안장애가 혼재되어 있는 비교 집단에 비해 부정적인 상위인지적 신념이 유의하게 더 높다는 것을 확인하였으며, 이러한 차이는 걱정의 빈도를 통계적으로 통제하였을 때도 지속되었다.

Ruscio와 Borkovec(2004)은 범불안장애의 유무가 인지나 상위인지의 차이에 영향을 미칠 수 있는지 살펴보았다. 그들의 연구에서 두 집단은 걱정에 대한 유사한 경험을 보였지만 걱정에 대한 부정적인 신념에서는 차이가 있었으며, 상위인지가 인지에 비해 걱정과 관련된 장애를 갖고 있는 사람을 구별해 준다고 하였다.

특정한 연구에서 강박장애에 대한 인지와 상위인지의 영향을 비교, 검증하였다. 이러한 연구들에서 잠입적인 사고의 영향력과 의미에 대한 상위인지적 신념은 증상과 유의한 상관관계가 있었으나 높은 책임감과 완벽주의를 포함한 인지적 신념의 영역은 상위인지에 비해 영향을 미치지 못하였다(Gwilliam, Wells, & Cartwright-Hatton, 2004; Myers, Fisher, & Wells, 2009; Myers & Wells, 2005).

Yilmaz, Grencoz와 Wells(2007b)는 우울증에 대한 상위인지 대 인지의 고유한 영향에 대해 검증하였다. 인지는 역기능적 태도 척도를 통해 측정되었으며,

상위인지는 반추에 대한 신념을 측정하는 2개의 측정도구에 의해 측정되었다. 그 결과, 상위인지는 우울 증상의 변량을 설명하였지만 역기능적 태도 척도는 이를 설명하지 못하였다.

Solem, Haland, Vogel, Hansen과 Wells(2009)는 강박장애를 위한 노출과 반응 방지 치료를 받고 있는 내담자의 인지와 상위인지 변화에 대해 연구하였다. 이러한 치료는 증상을 완화시키는 데 효과적인 것으로 나타났다. 증상의 향상과 회복에 대한 회귀분석에서 이들이 동시에 예측 변인으로 투입되었을 때 상위인지의 변화만이 증상의 향상과 회복을 유의하게 예측하였으며, 인지의 변화는 그렇지 못했다.

● 치료 효과에 대한 증거

여러 연구에서 개인치료 요소나 기법과 같은 모든 MCT 프로그램의 효과에 대해 검증되었다.

주의 훈련

초기 연구에서는 주의 훈련 기법(ATT)의 효과에 대해 탐색하였다. 이러한 기법은 CAS에서 탈출할 수 있도록 상위인지적 통제의 과잉 처리에 대한 자각과 보다 유연한 주의를 증가시키는 데 목적을 두고 있다. 주의 훈련 기법에 대한 첫 번째 연구에서는 공황장애 내담자를 대상으로 하여 이들의 증가된 불안을 이완시키기 위해 사용되었다(Wells, 1990). 다른 치료를 사용하여 주의 훈련 기법의 효과와 자율적 운동(autogenic exercise)의 효과를 대조하였다. 새로운 기법은 증상의 감소와 궁극적인 공황발작의 소거와 관련이 있었으나 반면에 자율적 이완(autogenic relaxation)은 증상을 증가시켰다. 이 연구에서 주의 훈련 기법을 사용한 집단에서는 종결 12개월 후의 추적 조사까지 공황발작의 소거가 지속되고 있었다. 이러한 연구를 재적용한 이후의 연구로서 Wells, White와 Carter(1997)의 연구에서는 22개의 공황장애 집단과 사회공포증 집단에 대한 주의 훈련 기법의 효과를 검증하였다. 참(true)-반전(reversal) 방법론이 사회공포증 집단에 사용되었는데, 주의 훈련 기법의 초기 단계에 신체 중심 주의 실습을 위한 지시를 따라하고, 이후에 주의 훈련 기법이 다시 도입되었다. 신체 집중은 CAS(예: 위협 감찰)의 재활성화를 위해 의도된 것이며, 행동에 대한 가정된 주의 훈련 기법의 기제가 주의 훈련 기법 기제의 재도입 효과를 담보하는 수단을 제공한다는 반전에 의한 것이다. 2개의 공황장애 집단에서 주의 훈련 기법은 공황발작과 부정적인 신념의 유의한 감소와 관련이 있는 것으로 나타났다. 사회공포증 집단에서는 주의 훈련 기법이 불안과 부정적 신념을 감소시킨 반면에 신체 중심 주의에 대한 지시는 이들을 증가시키는 것으로 확인되었다.

Papageorgiu와 Wells(1998)는 건강염려증에 대한 주의 훈련 기법의 효과를 살펴보았는데, 모든 환자에게서 걱정, 병에 대한 신념의 상당한 감소가 나타났으며, 신체 중심 주의를 사용한 경우에는 추적 조사까지도 걱정, 병에 대한 신념이 지속되고 있었다. 주요 우울장애의 재발에 대한 주의 훈련 기법의 효과도 검증하였다(Papageorgiou & Wells, 2000). 이 연구에서 3~5주 동안의 기저선 감찰 후에 5~8회기 동안에 이루어진 4개의 연속적인 사례에 대한 결과를 제시하였다. 각각의 사례에서 치료에 따른 불안과 우울증의 현저한 향상이 나타났는데, 이는 3개월, 6개월, 12개월 후의 추적 조사까지 유지되었다. 주의 훈련 기법은 반추와 상위인지의 상당한 감소와 관련이 있었다. 건강염려증 치료를 위해 무선적으로 통제된 주의 훈련 기법 연구가 Cavanagh와 Franklin(2000)에 의해 시행되었다. 환자들은 6회기의 주의 훈련 기법이나 무처치 상태에 할당되었다. 이 연구에서 통제 집단은 증상의 향상이 나타나지 않은 반면에 주의 훈련 기법 집단은 결과 측정치의 범위가 향상된 것으로 나타났는데, 건강에 대한 걱정, 질병 선고와 행동적 측정치의 향상이 사후, 그리고 18개월 후의 추적 조사까지 지속되었다.

또한 주의 훈련 기법은 Siegle, Ghinassi와 Thase(2007)에 의해 우울한 환자를 위한 훈련 패키지로 도입되었다. 이들은 기존과 같은 치료(treatment as usual) 조건에 추가된 주의 훈련이 기존 치료에 비해 우울증과 반추를 향상시키는 우수성을 확인하였다. 또한 주의 조종이 정적·부적 자극에 대한 반응에 있어서 피질 하부(편도체) 활성화의 사전, 사후 변화와 관련되어 있다는 추가적인 예비연구 자료도 제공하였다.

MCT 치료 연구

다양한 장애에 적용된 여러 MCT 사례연구와 시행 연구는 치료의 효용성을 지지해 주었다. 우울증(Wells, Fisher et al., 2009), 외상 후 스트레스(Wells & Sembi, 2004), 강박장애(Fisher & Wells, 2008)에 대한 사례연구가 있으며, 강박장애 집단 치료 연구(Rees & van Koesveld, 2008), 강박장애 청소년을 대상으로 하여 인지행동치료와 비교한 연구(Simons, Schneider, & Herpert-Dahlmann, 2006)가 보고되었다.

무선 통제되지 않은 만성적인 외상 후 스트레스장애(Wells, Welford et al., 2008), 범불안장애(Wells & King, 2006) 연구가 출간되었으며, 이러한 연구를 통해 치료 효과 크기와 표준화된 회복 비율에 있어서 MCT가 대단히 효과적이라는 점이 제시되었다.

Nordahl(2009)은 치료 저항을 보이고 있으며 불안과 우울증이 혼재되어 있는 환자들을 대상으로 하여 MCT와 기존의 치료를 비교하는 무선 통제된 연구를 실시하였다. 그 결과, MCT는 인지행동치료에 비해 모든 측면에서 우월함을 입증한 효과적인 치료임이 확인되었다.

범불안장애(Wells et al., 2010)와 외상 후 스트레스장애(Colbear & Wells, 2009; Proctor et al., 2009)에 대한 무선 통제된 MCT 연구에서도 범불안장애에 대한

MCT가 이완을 응용한 다른 치료보다 효과가 우월한 것으로 나타났으며, 외상 후 스트레스장애의 경우 대기 통제 집단과 심상적 노출 집단에 비해 MCT가 우수한 것으로 나타났다. 외상 후 스트레스장애에 대한 연구에서는 MCT의 표준화된 회복률을 78~90%까지 끌어올렸으며, 범불안장애의 경우 특성 불안 점수가 80%까지 회복되었다(Wells et al., 2010).

이는 유망한 연구로서, MCT가 전통적인 인지행동치료를 뛰어넘는 회복률을 이끌어 낸 대단히 효과적인 치료임을 시사해 주었다. MCT의 효과는 6개월 이상 12개월까지의 추적 조사에서도 유지되고 있었다. 그러나 표본 크기가 작고, 추적 조사의 기간이 제한적이며, 다수의 연구가 MCT를 지지하는 사람들에 의해 이루어졌다는 제한점이 있다. 이러한 제한점은 치료 효과에 주목하게 만드는 결론을 퇴색시킨다. 그러나 치료에 대해 주목할 점은 치료 효과가 12회기 내에 획득되었고, 다수의 사례에서 치료 회기 중 8회기 이후부터 회복이 이루어졌다는 치료의 잠재적인 효능성이다.

● 치료 기제에 대한 증거

치료 기제에 대한 연구에서는 주의 조종, 상위인지적 변화를 촉진시키는 정신적 세트 진행의 효과가 검증되었으며, 치료 반응에 대한 예측 변인으로서 상위인지적 신념의 변화가 탐색되었다.

사회공포증의 경우 MCT의 요소인 위협에 대한 감찰은 수행과 당혹스러운 증상에 대한 극도의 자기초점화에 의한 것으로 나타났다. Wells와 Papageorgiou(2001)는 2개의 조건에 노출된 사회공포증 환자에 대한 연구를 시행하였다. 하나의 조건에서는 외적인 요인으로 주의집중을 이동하도록 하였으며(위협에 대한 감찰에 대응하여), 반면에 또 다른 조건에서는 같은 시간 동안에 습관화된 이유를 사용하여 그 상황에 주의를 머무르게 하도록 요청받았다. 주의 재초점화와 관련된 상위인지적 조건이 비교 조건보다 불안과 부정적인 신념을 감소시키는 데 더 효과적인 것으로 나타났다.

강박장애 환자를 대상으로 하여 유사한 접근을 사용한 Fisher와 Wells(2005)의 연구에서는 습관화(habituation) 노출 조건 혹은 상위인지적 변화를 강조한 조건하에서 자신의 강박적 사고에 대한 테이프를 반복하여 듣게 하였다. 그 결과, 상위인지적 조건이 고통, 충동, 부정적 신념을 감소시키는 데 뛰어난 효과를 나타냈다.

두 편의 연구에서 치료 결과에 대한 예측 변인으로서 인지 변화에 대해 평가되었다. Solem, Haland, Vogel, Hansen과 Wells(2009)는 상위인지적 신념의 변화가 노출 치료를 받고 있는 강박장애 환자들의 증상 향상을 예측하였지만 상위인지적 요인이 아닌 역기능적 신념(책임감, 완벽주의 등)은 이를 예측하지 못하였다고 언급하였다. Spada, Caseli와 Wells(2009)는 상위인지적 신념이 음주문제를 가진 사람들에 대한 인지행동치료 후 추적 조사에서의 음주 상태를 예측해 주었다고 보고하였다.

● 후속 방향

MCT는 상위인지적, 피질 하부의 정서적 과정에 관여하는 인지적 구조물을 명시한 정보처리 모델에 기반하고 있기 때문에 인간의 뇌 속에서 일어나는 이러한 과정과 연결에 대한 지도를 만들 수 있어야 한다. 역동적인 심상화 기법의 개발이 상위인지적 기법과 측정도구의 신경학적 상관관계를 결정하기 위해 사용될 수 있어야 한다. 또한 거리를 두는 마음챙김과 주의 훈련 같은 전략의 영향이 탐색되어야 한다. MCT 모델은 이러한 기법들이 실행적 통제를 증가시키고 위협이나 부적 자극에 대한 노출하에서 변연계 영역의 활성화를 감소시킬 것이라고 예측한다.

중요한 비평으로서 후속 연구에서는 상위인지에 대한 기존의 인지행동치료를 포함하여 치료의 효과를 검증하고 치료 결과의 매개변인으로서 상위인지의 역할을 검증하는 연구가 진행되어야 한다. 왜냐하면 상위인지모델은 상위인지의 다양한 특성을 결합한 다차원적인 모델이기 때문에 대부분의 치료 효과를 가져오는 결정 요소를 찾아야 할 것이다. 예를 들어, 이것이 상위인지적 신념의 내용 변화에 의한 것인지 아니면 주의의 유연성에 의해 연동되는 상위인지적 통제의 증진에 의한 것인지? MCT 접근은 단순한 상위인지적 자각의 향상이나 인지 내용에 대한 현실 검증의 개념을 뛰어넘는 가능성의 범위를 제공한다.

인지행동치료 속에서 마음챙김과 수용 접근의 발전은 현실 검증에 항상 민감하지 만은 않은 인지의 다면적인 본질에 더욱 주목하게 해 주었다. 명상에 기반한 마음챙김의 활용은 우울증을 위한 인지행동치료의 재발 문제에 대한 답안을 제시하였다. 그러나 이는 단지 하나의 접근 유형일 뿐이다. 기존의 치료 속으로 새로운 기법을 접목하는 것은 해결책을 제공할 수 있지만 근본적인 치료적 접근의 재고가 완전하게 재발을 방지하는 대안이 될 것이다. 이 책에서 소개된 MCT와 다른 접근들은 이를 위해 시도되었다. 이들은 각각 다양한 질문을 던지고 있으며, 특히 MCT에서는 '사고를 통제하는 것이 무엇일까?' 라는 의문을 가졌다. 만약 우리가 편향된 인지가 장애의 원인이라는 점에 동의한다면 무엇이 편향을 일으키는지, 그리고 더욱 중요하게는 모든 사고가 그렇지는 않지만 무엇이 그들의 어떤 지속성을 유발하는지에 대한 의문을 다루기 위해 이렇게 오랫동안 싸워왔다는 점이 놀랄 만하다.

마음챙김에 기반한 이론과 전략의 결합이 인지행동치료 영역 내에서의 모범적인 변화를 대표하는가? 이는 가능한 일이지만 현재와 같다면 이는 아마도 그렇지 않을 것이다. 마음챙김 접근이 인지행동치료의 확장처럼 제공되고 있으며, 치료에서 보다 근본적인 변화를 이끌어 내지 못해 왔기 때문이다. 게다가 명상에 기반을 둔 마음챙김의 목표가 전혀 고정되어 있지 않아 치료의 진전을 위태롭게 한다. 이는 때때로 불안 관리 기법, 재발 방지 전략, 걱정의 전환 기법들에서 나타난다. 마음챙김 명상의 효과와 사용의 개발에 대한 이해를 돕는 고유한 심리적 틀 없이는 모범적인 변화라고 할 수 없다. 대조적으로, MCT에서 사용하는 주의 훈련과 거리를 두는 마음챙김 같은 기법은 명상의 전통을 차용하지 않았다. 이는 특화된 심리적 기제를 수정하는 것에 이론적 기원을 두고 있다. 그러나 MCT에서 사용하는 기법은 아직까지 단순하며 이들 자체가 패러다임의 변화로 여겨지지는 않는다.

병리를 어떻게 잘 설명하고 있으며 새로운 형태의 실제를 만들어 내고 있는지 판단하기 위해 치료적 접근에 대한 경험적이고 이론적인 기초를 다지는 것은 개별적인 기법 이상으로 중요하다. MCT에서 주목하고 있는 바와 같이 다른 치료에서도 이와 같은 점의 중요성을 간과하지 말아야 할 것이다. MCT는 상위인지, 확장된 사고, 어떤 사고에 대한 개인의 선택 의도와 목적을 경시하는 인지행동치료에서의 초기의 내용 중심 접근 및 행동적 접근과 근원적으로 다르다는 점을 강조하는 바다.

참고문헌

Abramowitz, J. S., Whiteside, S., Kalsy, S. A., & Tolin, D. A. (2003). Thought control strategies in obsessive-compulsive disorder: A replication and extension. *Behaviour Research and Therapy, 41*, 529-554.

Amir, N., Cashman, L., & Foa, E. B. (1997). Strategies of thought control in obsessive-compulsive disorder. *Behaviour Research and Therapy, 35*, 775-777.

Beck, A. T. (1976). *Cognitive therapy and the emotional disorders.* New York, NY: International Universities Press.

Beck, A. T., Epstein, N., Brown, G., & Steer, R. A. (1988). An inventory for measuring depression. *Archives of General Psychiatry, 4*, 561-571.

Beck, A. T., Steer, R. A., & Brown, G. (1996). *Beck Depression Inventory-II.* San Antonio, TX: Psychological Corporation.

Bennett, H., & Wells, A. (2010). Metacognition, memory disorganization, and rumination in posttraumatic stress symptoms. *Journal of Anxiety Disorders, 24,* 318-325.

Borkovec, T. D., Robinson, E., Pruzinsky, T., & DePree, J. A. (1983). Preliminary exploration of worry: Some characteristics and processes. *Behaviour Research and Therapy, 21,* 9-16.

Bouman, T. K., & Meijer, K. J. (1999). A preliminary study of worry and metacognitions in hypochondriasis. *Clinical Psychology and Psychotherapy, 6,* 96-102. Special Issue: Metacognition and Cognitive Behaviour Therapy. Chichester, UK: Wiley.

Butler, G., Wells, A., & Dewick, H. (1995). Differential effects of worry and imagery after exposure to a stressful stimulus: A pilot study. *Behaviour and Cognitive Psychotherapy, 23,* 45-56.

Cartwright-Hatton, S., & Wells, A. (1997). Beliefs about worry and intrusions: The meta-cognitions questionnaire and its correlates. *Journal of Anxiety Disorder, 11,* 279-296.

Carver, C. S., & Scheier, M. F. (1981). *Attention and self-regulation: A control theory approach to human behaviour.* Berlin, Germany: Springer-Verlag.

Cavanagh, M. J., & Franklin, J. (2000). Attention training and hypochondriasis: Preliminary results of a controlled treatment trial. Paper presented at the World Congress of Behavioral and Cognitive Therapies, Vancouver, Canada.

Colbear, J., & Wells, A. (2009). Randomised controlled trial of metacognitive therapy for post-traumatic stress disorder. Manuscript submitted for publication.

Ellis, A. (1962). *Reason and emotion in psychotherapy.* New York, NY: Lyle Stuart.

Fisher, P. L., & Wells, A. (2005). Experimental modification of beliefs in obsessive-compulsive disorder: A test of the metacognitive model. *Behaviour Research and Therapy, 43,* 821-829.

Fisher, P. L., & Wells, A. (2008). Metacognitive therapy for obsessive-compulsive disorder: A case series. *Journal of Behavior Therapy and Experimental Psychiatry, 39,* 117-132.

Flavell, J. H. (1979). Metacognition and metacognitive monitoring: A new area of cognitive-developmental inquiry. *American Psychologist, 34,* 906-911.

Gotlib, I. H., & Cane, D. B. (1987). Construct accessibility and clinical depression: A longitudinal investigation. *Journal of Abnormal Psychology, 96,* 199-204.

Gwilliam, P., Wells, A., & Cartwright-Hatton, S. (2004). Does meta-cognition or responsibility predict obsessive-compulsive symptoms: A test of the meat-cognitive model. *Clinical Psychology & Psychotherapy, 11,* 137-144.

Hermans, D., Martens, K., De Cort, K., Pieters, G., & Eelen, P. (2003). Reality monitoring and metacognitive beliefs related to cognitive confidence in obsessive-compulsive disorder. *Behaviour Research and Therapy, 41,* 383-401.

Holeva, V., Tarrier, N., & Wells, A. (2001). Prevalence and predictors of acute PTSD following road traffic accidents: Thought control strategies and social support. *Behavior Therapy, 32,* 65-83.

Ingram, R. E. (1990). Self-focused attention in clinical disorders: Review and conceptual model. *Psychological Bulletin, 107,* 156-176.

Janeck, A. S., Calamari, J. E., Riemann, B. C., & Heffelfinger, S. K. (2003). Too much thinking about thinking? Metacognitive differences in obsessive-compulsive disorder. *Journal of Anxiety Disorders, 17*, 181-195.

Kaspi, S. P., McNally, R. J., & Amir, N. (1995). Cognitive processing of emotional information in posttraumatic stress disorder. *Cognitive Therapy and Research, 19*, 433-444.

Lobban, F., Haddock, G., Kinderman, P., & Wells, A. (2002). The role of metacognitive beliefs in auditory hallucinations. *Personality and Individual Differences, 32*, 1351-1363.

Lyubomirsky, S., & Nolen-Hoeksema, S. (1993). Self-perpetuating properties of dysphoric rumination. *Journal of Personality and Social Psychology, 65*, 339-349.

Lyubomirsky, S., & Tkach, C. (2004). The consequences of dysphoric rumination. In C. Papageorgiou & A. Wells (Eds.), *Depressive rumination: Nature, theory and treatment* (pp. 21-41). Chichester, UK: Wiley.

Mathews, A., & MacLeod, C. (1985). Selective processing of threat cues in anxiety states. *Behaviour Research and Therapy, 23*, 563-569.

Matthews, G., & Harley, T. A. (1996). Connectionist models of emotional distress and attentional bias. *Cognition and Emotion, 10*, 561-600.

Matthews, G., & Wells, A. (1988). Relationships between anxiety, self-consciousness and cognitive failure. *Cognition and Emotion, 2*, 123-132.

Matthews, G., & Wells, A. (1999). The cognitive science of attention and emotion. In T. Dalgleish & M. Power (Eds.), *Handbook of cognition and emotion* (pp. 171-192). New York, NY: Wiley.

Mellings, T. M. B., & Alden, L. E. (2000). Cognitive processes in social anxiety: The effects of self-focus, rumination and anticipatory processing. *Behaviour Research and Therapy, 38*, 243-257.

Merckelbach, H., Muris, P., van den Hout, M., & de Jong, P. (1991). Rebound effects of thought suppression: Intrusion dependent? *Behavioural Psychotherapy, 19*, 225-238.

Morrison, A. P., & Wells, A. (2007). Relationships between worry, psychotic experiences and emotional distress in patients with schizophrenia spectrum diagnoses and comparisons with anxious and non-patient groups. *Behaviour Research and Therapy, 45*, 1539-1600.

Morrison, A. P., Wells, A., & Nothard, S. (2002). Cognitive and emotional predictors of predisposition to hallucinations in non-patients. *British Journal of Clinical Psychology, 41*, 259-270.

Myers, S., Fisher, P. L., & Wells, A. (2009). An empirical test of the metacognitive model of obsessive-compulsive symptoms: Fusion beliefs, beliefs about rituals and stop signals. *Journal of Anxiety Disorders, 23*, 436-442.

Myers, S., & Wells, A. (2005). Obsessive-compulsive symptoms: The contribution of metacognitions and responsibility. *Journal of Anxiety Disorders, 19*, 806-817.

Nelson, T. O., & Narens, L. (1990). Metamemory: A theoretical framework and some new findings. In G. H. Bower (Ed.), *The psychology of learning and motivation*. New York, NY: Academic Press, pp. 125-173.

Nolen-Hoeksema, S. (2000). The role of rumination in depressive disorders and mixed anxiety/depressive symptoms. *Journal of Abnormal Psychology, 109*, 504-511.

Nolen-Hoeksema, S., & Morrow, J. (1991). A prospective study of depression and posttraumatic stress symptoms after a natural disaster: The 1989 Loma Prieta earthquake. *Journal of Personality and Social Psychology, 61*, 115-121.

Nolen-Hoeksema, S., Parker, L. E., & Larson, J. (1994). Ruminative coping with depressed mood following loss. *Journal of Personality and Social Psychology, 67*, 92-104.

Nordahl, H. M. (2009). Effectiveness of brief metacognitive therapy versus cognitive-behavioral therapy in a general outpatient setting. *International Journal of Cognitive Therapy, 2*, 152-159.

Nuevo, R., Montorio, I., & Borkovec, T. D. (2004). A test of the role of metaworry in the prediction of worry severity in an elderly sample. *Journal of Behavior Therapy and Experimental Psychiatry, 35*, 209-218.

Obsessive Compulsive Cognitions Working Group—OCCWG. (1997). Cognitive assessment of obsessive-compulsive disorder. *Behaviour Research and Therapy, 35*, 667-681.

Papageorgiou, C., & Wells, A. (1998). Effects of attention training in hypochondriasis: An experimental case series. *Psychological Medicine, 28*, 193-200.

Papageorgiou, C., & Wells, A. (1999). Process and metacognitive dimensions of depressive and anxious thoughts and relationships with emotional intensity. *Clinical Psychology and Psychotherapy, 2*, 156-162.

Papageorgiou, C., & Wells, A. (2000). Treatment of recurrent major depression with attention training. *Cognitive and Behavioural Practice, 7*, 407-413.

Papageorgiou, C., & Wells, A. (2001a). Metacognitive beliefs about rumination in recurrent major depression. *Cognitive and Behavioral Practice, 8*, 160-164.

Papageorgiou, C., & Wells, A. (2001b). Positive beliefs about depressive rumination: Development and preliminary validation of a self-report scale. *Behavior Therapy, 32*, 13-26.

Papageorgiou, C., & Wells, A. (2003). An empirical test of a clinical metacognitive model of rumination and depression. *Cognitive Therapy and Research, 27*, 261-273.

Papageorgiou, C., & Wells, A. (2009). A prospective test of the metacognitive model of depression. *International Journal of Cognitive Therapy, 2*, 123-131.

Proctor, D., Walton, D. L., Lovell, K., & Wells, A. (2009). A randomised trial of metacognitive therapy versus exposure therapy for post-traumatic stress disorder. Manuscript submitted for publication.

Purdon, C. (1999). Thought suppression and psychopathology. *Behaviour Research and Therapy*,

37, 1029-1054.

Rassin, E., Merckelbach, H., Muris, P., & Spaan, V. (1999). Thought-action fusion as a causal factor in the development of intrusions. *Behaviour Research and Therapy, 37*, 231-237.

Rees, C. S., & van Koesveld, K. E. (2008). An open trial of group metacognitive therapy for obsessive-compulsive disorder. *Journal of Behavior Therapy and Experimental Psychiatry*, doi: 10.1016/j.jbtep.2007.11.004.

Reuven-Magril, O., Rosenman, M., Liberman, N., & Dar, R. (2009). Manipulating meta-cognitive beliefs about the difficulty to suppress scratching: Implications for obsessive-compulsive disorder. *International Journal of Cognitive Therapy, 2*, 143-151.

Reynolds, M., & Wells, A. (1999). The thought control questionnaire—Psychometric properties in a clinical sample, and relationships with PTSD and depression. *Psychological Medicine, 29*, 1089-1099.

Richards, A., & French, C. C. (1992). An anxiety-related bias in semantic activation when processing threat/neutral homographs. *Quarterly Journal of Experimental Psychology, 40*, 503-528.

Richards, A., French, C. C., Johnson, W., Naparstek, J., & Williams, J. (1992). Effects of mood manipulation and anxiety on performance of an emotional Stroop task. *British Journal of Psychology, 8*, 479-491.

Roussis, P., & Wells, A. (2006). Post-traumatic stress symptoms: Tests of relationships with thought control strategies and beliefs as predicted by the metacognitive model. *Personality and Individual Differences, 40*, 111-122.

Roussis, P., & Wells, A. (2008). Psychological factors predicting stress symptoms: Metacognition, thought control and varieties of worry. *Anxiety, Stress and Coping, 21*, 213-225.

Ruscio, A. M., & Borkovec, T. D. (2004). Experience and appraisal of worry among high worriers with and without generalized anxiety disorder. *Behaviour Research and Therapy, 42*, 1469-1482.

Salkovskis, P. M. (1985). Obsessional-compulsive problems: A cognitive-behavioural analysis. *Behaviour Research and Therapy, 23*, 571-583.

Segal, Z. V., & Vella, D. D. (1990). Self-schema in major depression: Replication and extension of a priming methodology. *Cognitive Therapy and Research, 14*, 161-176.

Shiffrin, R. M., & Schneider, W. (1977). Controlled and automatic human information processing: II. Perceptual learning, automatic attending, and a general theory. *Psychological Review, 84*, 127-190.

Sica, C., Steketee, G., Ghisi, M., Chiri, L. R., & Franceschini, S. (2007). Metacognitive beliefs and strategies predict worry, obsessive-compulsive symptoms and coping styles: A preliminary prospective study on an Italian non-clinical sample. *Clinical Psychology and Psychotherapy, 14*, 258-268.

Siegle, G. J., Ghinassi, F., & Thase, M. E. (2007). Neurobehavioral therapies in the 21st century.

Summary of an emerging field and an extended example of cognitive control training for depression. *Cognitive Therapy and Research, 31*, 235–262.

Simons, M., Schneider, S., & Herpertz-Dahlmann, B. (2006). Metacognitive therapy versus exposure and response prevention for pediatric obsessive-compulsive disorder. *Psychotherapy and Psychosomatics, 75*, 257–264.

Solem, S., Haland, A. T., Vogel, P. A., Hansen, B., & Wells, A. (2009). Change in metacognitions predicts outcome in obsessive-compulsive disorder patients undergoing treatment with exposure and response prevention. *Behaviour Research and Therapy, 47*, 301–307.

Spada, M. M., Moneta, G. B., & Wells, A. (2007). The relative contribution of metacognitive beliefs and alcohol expectancies to drinking behaviour. *Alcohol and Alcoholism, 42*, 567–574.

Spada, M. M., & Wells, A. (2005). Metacognitions, emotion and alcohol use. *Clinical Psychology and Psychotherapy, 12*, 150–155.

Spada, M., Caselli, G., & Wells, A. (2009). Metacognitions as a predictor of drinking status and level of alcohol use following CBT in problem drinkers: A prospective study. *Behaviour Research and Therapy, 47*, 882–886.

Warda, G., & Bryant, R. A. (1998). Thought control strategies in acute stress disorder. *Behaviour Research and Therapy, 36*, 1171–1175.

Wegner, D. M., Schneider, D. J., Carter, S. R. III, & White, T. L. (1987). Paradoxical effects of thought suppression. *Journal of Personality and Social Psychology, 53*, 5–13.

Wells, A. (1985). Relationship between private self-consciousness and anxiety scores in threatening situations. *Psychological Reports, 57*, 1063–1066.

Wells, A. (1990). Panic disorder in association with relaxation induced anxiety: An attention training approach to treatment. *Behaviour Therapy, 21*, 273–280.

Wells, A. (1991). Effects of dispositional self-focus, appraisal, and attention instructions on responses to a threatening stimulus. *Anxiety Research, 3*, 291–301.

Wells, A. (1997). *Cognitive therapy of anxiety disorders: A practice manual and conceptual guide.* Chichester, UK: Wiley.

Wells, A. (2005a). The metacognitive model of GAD: Assessment of meta-worry and relationship with DSM-IV generalized anxiety disorder. *Cognitive Therapy and Research, 29*, 107–121.

Wells, A. (2005b). Detached mindfulness in cognitive therapy: A metacognitive analysis and ten techniques. *Journal of Rational-Emotive & Cognitive -Behavior Therapy, 23*, 337–355.

Wells, A. (2007). The attention training technique: Theory, effects and a metacognitive hypothesis on auditory hallucinations. *Cognitive and Behavioral Practice, 14*, 134–138.

Wells, A. (2009). *Metacognitive therapy for anxiety and depression.* New York, NY: Guilford Press.

Wells, A., & Carter, C. (1999). Preliminary tests of a cognitive model of generalised anxiety disorder. *Behaviour Research and Therapy, 37*, 585–594.

Wells, A., & Carter, K. (2001). Further tests of a cognitive model of generalized anxiety disorder:

Metacognitions and worry in GAD, panic disorder, social phobia, depression, and non-patients. *Behavior Therapy, 32*, 85-102.

Wells, A., & Carter, K. (2009). Maladaptive thought control strategies in generalized anxiety disorder, major depressive disorder, and non-patient groups and relationships with trait anxiety. *International Journal of Cognitive Therapy, 2*, 224-234.

Wells, A., & Cartwright-Hatton, S. (2004). A short form of the metacognitions questionnaire: Properties of the MCQ 30. *Behaviour Research and Therapy, 42*, 385-396.

Wells, A., & Davies, M. (1994). The thought control questionnaire: A measure of individual differences in the control of unwanted thought. *Behaviour Research and Therapy, 32*, 871-878.

Wells, A., Fisher, P. L., Myers, S., Wheatley, J., Patel, T., & Brewin, C. (2009). Metacognitive therapy in recurrent and persistent depression: A multiple-baseline study of a new treatment. *Cognitive Therapy and Research, 33*, 291-300.

Wells, A., & King, P. (2006). Metacognitive therapy for generalized anxiety disorder: An open trial. *Journal of Behavior Therapy and Experimental Psychiatry, 37*, 206-212.

Wells, A., & Matthews, G. (1994). *Attention and emotion: A clinical perspective*. Hove, UK: Erlbaum.

Wells, A., & Papageorgiou, C. (1995). Worry and the incubation of intrusive images following stress. *Behaviour Research and Therapy, 33*, 579-583.

Wells, A., & Papageorgiou, C. (1998). Relationships between worry, obsessive-compulsive symptoms, and meta-cognitive beliefs. *Behaviour Research and Therapy, 39*, 899-913.

Wells, A., & Papageorgiou, C. (2001). Brief cognitive therapy for social phobia: A case series. *Behaviour Research and Therapy, 39*, 713-720.

Wells, A., & Sembi, S. (2004b). Metacognitive Therapy for PTSD: A preliminary investigation of a new brief treatment. *Journal of Behavior Therapy and Experimental Psychiatry, 35*, 307-318.

Wells, A., Welford, M., Fraser, J., King, P., Mendel, E., Wisely, J., ⋯ Rees, D. (2008). Chronic PTSD Treated with Metacognitive Therapy: An open trial. *Cognitive and Behavioral Practice, 15*, 85-92.

Wells, A., Welford, M., King, P., Papageorgiou, C., Wisely, J., & Mendel, E. (2010). A pilot randomized trial of metacognitive therapy vs. applied relaxation in the treatment of adults with generalized anxiety disorder. *Behaviour Research and Therapy*, doi:10.1016/j.brat.2009.11.11013.

Wells, A., White, J., & Carter, K. (1997). Attention training: Effects on anxiety and beliefs in panic and social phobia. *Clinical Psychology and Psychotherapy, 4*, 226-232.

Williams, J. M. G., Watts, F. N., MacLeod, C., & Mathews, A. (1988). *Cognitive psychology and emotional disorders*. Chichester, UK: Wiley.

Yilmaz, E. A., Gencoz, T., & Wells, A. (2007a). The causal role of metacognitions in the development of anxiety and depression: A prospective study. Paper presented at the World Congress of Cognitive and Behaviour Therapy, Barcelona, Spain, July 2007.

Yilmaz, E. A., Gencoz, T., & Wells, A. (2007b). The unique contribution of cognitions and metacognitions to depression. Paper presented at the World Congress of Cognitive and Behaviour Therapy, Barcelona, Spain, July 2007.

York, D., Borkovec, T. D., Vasey, M., & Stern, R. (1987). Effects of worry and somatic anxiety induction on thoughts, emotion and physiological activity. *Behaviour Research and Therapy, 25*, 523–526.

05 정서적 도식 치료
험한 세상에 다리가 되어

Robert L. Leahy

● 정서적 도식 치료

대부분의 사람은 슬픔, 불안, 분노, 후회, 질투, 선망, 그리고 억울함을 경험한다. 곤란하거나 괴롭지 않은 완전한 삶을 산다는 것은 상상하기 어려울 것이다. 기괴하고 기묘하거나 원치 않는 사고—그러나 강박적이지는 않은—를 우리 모두 갖고 있으며, 그래서 '정서적' 혹은 '정신과적' 장애가 없어도 모든 감정을 경험하게 된다. 무엇이 사고와 감정에 의해 우리 중 누군가를 무력하게 만들고, 또 다른 누군가는 보다 충만한 삶 속으로 이러한 경험을 통합할 수 있도록 해 주는가? 정서적 도식 치료(Emotioal Schema Therapy: EST)는 정서장애가 흔히 개인의 정서에 대한 해석과 평가 그리고 이러한 정서 경험에 대처하기 위해 사용되는 전략의 결과라고 제안한다(Leahy, 2002, 2009b). 저자는 EST와 닮은 두 가지 모델로써 인지치료에 대한 Beck의 모델, Wells의 상위인지치료와 EST 간의 대조성 및 유사성에 대한 논의부터 시작하고자 한다.

전통적인 Beck의 인지치료는 Lazarus에 의해 발전된 평가 모델과 유사하게 개인이 상황과 이러한 상황에 대처하는 자신의 능력을 어떻게 평가하는지에 강조점을 둔다. 특히 Beck의 모델에서 내담자는 그들의 자발적이거나 '자동적인' 사고('나는 실패할 것이다.' 혹은 '나는 실패자다.')를 밝혀내거나 이러한 사고에 대한 의미의 본질, 논리적 오류, 증거를 검증하도록 격려받는다. 또한 이러한 자동적 사고는 조건적인 역할이나 기저의 가정('만약 내가 시험을 완벽하게 잘 보지 못한다면, 나는 실패한 것이다.')과 연결되어 있으며, 이러한 조건적 역할은 자기에 대한 기저의 도식이나 핵심 신념(결함 있는, 무력한, 우수한), 그리고 그 밖의 것들(못마땅한, 신뢰할 수 없는, 열등한)과 관련되어 있다. 전통적인 Beck의 모델에서, 정서는 현실에 대한 특정한 해석의 결과로 보는데, 이는 정서 그 자체에 대한 해석에 그다지 주목하지 않거나 전혀 강조하지 않는다. Beck의 모델에서는 사고가 현실과 동등하지 않다고 보면서 이러한 사고의 내용을 강조하고, 증거와 논리적인 평가를 통해 어떻게 이들이 굴복되는지에 대해 강조한다.

　Wells는 광범위한 장애의 과정을 이해하는 데 영향을 미친 상위인지이론을 발전시켰다(Wells, 2009). Wells는 특정한 사고의 내용에 중점을 두기보다 사고 그 자체의 기능과 본질에 대한 신념을 강조하였다.

　'사고에 대한 사고'라는 상위인지 모델은 Piaget(1932, 1967)의 탈중심화, 비자기중심성(Feffer, 1970)에 대한 기술부터 아동과 청소년의 역할 수행과 자기중심성에 대한 Flavell의 상위인지적 기술(Flavell, 2004)에 이르기까지 발달 심리학에서 오랜 역사를 갖고 있다. 초기에 강조하였던 상위인지적 혹은 비자기중심적 사고는 자기와의 관계 속에서 타인에 대한 정보의 부족을 이해하는 능력, 자기와 혹은 각자의 관계 속에서 타인에 대한 조망이나 사고를 조직화하는 능력에 관한 것이다. 사고의 본질에 대한 관심은 이후에 Teasdale과 그의 동료들에 의해 발전되었으며, 감각/지각, 내용을 가진 명제 진술, 경험의 '구조물'에 대한 자각이나 경험의 구조적 조직화를 포함하고 있는 경험의 몇몇 수준들을 확인하였다(Teasdale, 1999a; Teasdale, 1999b). 또한 '마음 이론'에 상당히 관심을 기울이면서, 특히 자폐증이나 아스퍼거 증후군을 갖고 있는 어린 아동과 인간이 아닌 영장류에게 있어서 타인의 '심리상태(mentalities)'에 대한 사회적 인지 성장에 집중하게 되었다(Baron-Cohen, 1995; Bjorklund & Kipp, 2002; Fonagy & Target, 1996). Wells는 마음 이론을 이해하는 데 기여하였고, 이를 통해 마음 이론이 발전하였지만 Wells의 모델에서 강조하는 것은 사람들이 자신의 사고에 대한 기능과 본질을 어떻게 이해하는지, 그리고 역기능적이거나 '유용하지 않은' 전략과 해석을 어떻게 수정할 것인지에 있다.

예를 들어, '초기의' 순수한 인지치료자들에 의해 인지적 접근이 어떻게 발전되었는지에 대해 자세히 살펴보면 강박장애에 적용된 상위인지적 모델을 포함한 보다 최근의 인지적 접근들과 다를 것이다. 원래의 Beck 이론에서 치료자는 잠입적인 사고의 사실적이고 논리적인 내용에 대해 검증하며, 의례적이게 하거나 무효화하는 것의 이점에 관심을 둔다(Beck et al., 2005). 초기의 인지 모델은 명제적 진술, 사고의 내용, 사고의 기저에 있는 가정을 강조한다. 예를 들어, 잠입적인 사고('나는 오염되었다.')는 이러한 사고의 내용이나 도식적 본질에 대한 사실적이고 논리적인 평가를 통해 굴복될 것이다. 그러나 인지 모델은 사고와 감각이 어떻게 평가되고 이러한 내적 경험에 대처하기 위해 어떻게 전략이 사용되는지와 같은 광범위한 조망과 결합되면서 지난 30년 동안 상당히 발전하였다. 이러한 새로운 모델은 일반적인 인지 모델의 일부로 여겨지지만 사고의 도식적 내용에 대해서는 덜 강조한다.

강박장애에 대한 인지 모델은 Salkovskis, Clark와 동료들에 의해 구체화되었는데, 이들은 이러한 사고를 유발하는 평가에 대해 검증하였다. 비록 어떤 사람은 인지치료가 단지 사고의 내용만을 강조한다고 주장했지만, 사실상 Salkovskis, Clark와 동료들—명확하게 모든 '인지치료자들'—은 개인의 책임감, 타당성, 그리고 그 밖의 다른 요인들에 대한 평가처럼 잠입성에 대한 평가에 중점을 두었다(Salkovskis, 1989; Salkovskis & Campbell, 1994; Wells, 2009).

강박장애에 대한 상위인지적 접근은 의례화, 회피, 불안에 대한 '잠입적 사고'로부터 유발되는 과정을 제시하였다(Wells, 2009). 상위인지적 접근에서는 잠입적 사고의 도식적 내용에 집중하기보다 강박장애와 여타의 심리장애를 야기한 잠입적 사고의 평가와 통제를 제시하였다(Salkovskis, 1989; Salkovskis & Campbell, 1994; Wells, 2009). 강박적 사고 그 자체보다 사고에 대한 인지적 평가가 강박장애를 뒷받침한다. 안전한 행동, 사고 억제 전략, 자기 감찰, 사고를 통제 밖에 두려는 인지적 자의식과 신념은 대개 문제적인 평가의 결과다. 심리장애는 개인의 사고에 대한 타당성, 사고와 행동의 융합, 불확실성에 대한 편협함, 완벽주의적 기준에 대한 문제적인 평가에 뒤따르는 사고, 감각, 정서에 대한 반응의 결과로 보인다(Purdon, Rowa, & Antony, 2005; Rachman, 1997; Wells, 2000; Wilson & Chambless, 1999). 실제로, 누군가는 강박장애가 '마음 이론'에서의 특정한 장애를 반영한다고 주장할 수도 있다. 즉, 마음이 깨끗하고, 순수하고, 원치 않는 생각으로부터 자유로워야 한다는 것이며, 마음은 감찰되고 통제될 필요가 있다는 것이다. 반어적으로, '마음 이론'에서의 이러한 장애는 마음이 잠재적으로 위험한 장소라는 것을 시사한다.

유사하게 상위인지 모델에서 공황장애가 어떻게 '내부로부터'의 위협을 감찰하고, 신체적 각성을 촉발하는 상황에서 벗어나고자 하는 정서와 감각 기능에 대한 완벽주의적인 기대에 의해 지속되는지를 제시하였다(Wells, 2009). 수용전념치료(ACT)(Hayes, Strosahl, & Wilson, 2003)에서도 불안에 대한 상위인지적 접근들은 회피 및 실패한 억제 시도의 역할을 강조한다. 그러나 상위인지와 인지 모델은 기저에 있는 '마음 이론'에 대한 상세한 설명을 제공하며, 마음과 감각의 문제에서 파생된 가설들을 명시적으로 검증하기 위해 특정한 행동적 실험을 제안한다. 이는 마음챙김 향상을 위한 개입을 사용하고 치료적 개입으로써 사고와 감각에 대한 관찰의 역할을 활용하는 상위인지적 모델과 ACT 간의 수렴성을 보여 준다는 점에서 주목할 만하다.

그러나 불안과 우울증에 대한 전통적인 인지 모델에서는(기술된 상위인지적 강조와는 대조적으로) 특정한 장애의 도식적 내용을 강조한다. 그러므로 우울증은 자기, 경험, 그리고 미래에 대한 부정적인 시각과 관련된 내용에 의해 특징 지워

진다. 분노는 굴욕과 차단된 목표와 관련이 있고, 사회 불안은 타인과의 관계에
의한 부적응 및 생각과 관련되어 있으며, 강박장애는 위험, 책임감과 관련이 있
다. 이와는 대조적으로 상위인지 모델은 사고의 과정과 통제를 위한 전략을 강
조한다. 즉, '이는 단지 또 다른 사고일 뿐이다.' 라는 사고로부터의 상위인지적
거리두기를 제공하며, '실제적으로 안전하지 않은 어떤 것에 대한 두려움을 지
속시키는 이러한 안전 행동을 당신이 사용할 때' 어떻게 특정한 대처 전략이 장
애를 지속시키는지 지적한다. 전통적인 인지 모델에서는 사고의 내용을 검증하
여 증거를 수집하기 위해 소크라테스식 기법을 사용하는데, 이는 대개 사고가 편
향되고 왜곡되어 있다는 가정에 기반한다. 이와 달리 상위인지 모델은 문제적
과정의 핵심인 사고, 걱정, 반추, 회피의 과다한 사용을 강조한다. ACT와 상위인
지 모델 모두 이러한 신념의 내용보다는 어떻게 마음이 기능하는지에 대한 신념
에 중점을 두는 공통적인 토대를 갖고 있다. 사고의 기능이나 함축성을 변화시
키고 사고의 '발생' 에 어떻게 반응하는가는 상위인지 모델과 수용 기반 모델 모
두를 위한 치료 전략의 공통점이다(Hayes, Strosahl, & Wilson, 1999; Wells, 2009).

이 장에서는 전통적인 인지치료의 일부 관점과 일치하지만 상위인지 모델과
수용 기반 모델과도 일치하는 접근인 EST에 대해 개관하고자 한다(Leahy, 2002;
Leahy, 2007b; Leahy, 2009b). 지적한 바와 같이 정신병리에 대한 전통적인 인지
모델에서는 정서가 인지 내용('자동적 사고')에 의해 악화되거나 유발되며, 기분
은 더 나아가 정서적 각성을 영속화시키는 잠재적인 인지적 도식을 불러일으키
도록 준비될 것이다(Beck, 1976; Miranda, Gross, Persons, & Hahn, 1998; Segal et
al., 2006). 따라서 전통적인 인지 모델에서 정서는 인지 내용에 선행하기도 하고,
동반되기도 하고, 혹은 인지적 내용의 결과이기도 하다. 그러나 정서 그 자체가
인지의 대상으로 여겨지는, 즉 개인에 의해 통제되거나, 활용되거나, 평가되는
내용으로 정서를 바라보는 EST의 관점에서 볼 때 이는 논쟁이 된다(Leahy, 2002).
이러한 접근은 의도성, 정상인 상태(normalcy), 사회적 비교, 귀인 과정에 대한
'순수심리학(naïve psychology)' 모델의 강조와 함께 '사회적 인지' (현재는 '마음

이론'이라 불리는)의 영역에서 파생되었다(Eisenberg & Spinrad, 2004; Leahy, 2002, 2003b; Weiner, 1974). 만약 누군가가 상위인지 모델이 마음 이론의 장애를 강조한다고 주장한다면, 정서적 도식 이론은 정서와 마음 이론의 장애를 강조한다고 할 수 있다. 특정한 유형의 자기 반영적 사고와 자신의 생각과 감정에 대한 평가는 정서적 조절에 대한 문제적 평가와 전략을 이끌어 낼 수 있다. 이러한 생각이 '정서적 도식 치료'라 불리는 기능적 이론을 만들어 냈다.

본 저자는 사람들이 그들의 정서를 처리하고, 평가하고, 반응하기 위한 특정 신념 세트를 갖고 있다는 것을 제안하기 위해 '정서적 도식'의 개념에 대해 소개하고자 한다. (이는 병리에 기여하는 인지 내용을 간직하는 것과 같이 정서를 바라보는 Greenberg의 '정서적 도식'이나 정서-인지 상호작용으로 불리는 Izard의 정서 도식의 개념과는 다르다; Greenberg & Paivio, 1997; Greenberg & Safran, 1987; Izard, 2009). 본 저자는 Beck의 인지 모델에서 사용하는 용어인 '도식'의 측면과 유사한 해석과 전략의 세트처럼 정서적 도식을 바라본다(Beck & Alford, 2008; Beck, Rush, Shaw, & Emery, 1979; Leahy, 2002). 비록 Beck(1976)과 Lazarus(1984)에 의해 기술된 바와 같이 정서-사고 연계에 대한 이러한 생각과 함께 어떠한 공통성을 갖고 있지만 EST에서는 어떻게 정서가 사고로부터 유발되는지, 그리고 어떻게 정서에 관한 사고의 내용이 유용하지 못한 대처 전략을 영속화시키는지에 대해 그다지 집중하지 않는다. 반면에 정서에 대한 인식은 인지 내용, 행동, 주의, 기억의 과정과 연결되어 있으며, EST는 자신의 정서적 경험에 대한 반응 속에 내포된 정서 이론을 강조한다. 더불어 정서적 도식 모델은 개인의 정서에 대한 반응 속에서 활용되는 수많은 잠재적 도식과 전략을 예측해 준다. 이러한 다양한 도식의 예를 자세히 살펴보자.

Ken은 헤어지자는 문자 메시지를 보낸 여자 친구와 결별하게 되었다. Ken은 자신이 화가 났고, 혼란스럽고, 슬프고, 불안하다는 것을 알게 되었으며, 친구인 Dave와 함께 이에 대해 논의하였다. 다행스럽게도 Dave는 Ken의 감정을 인정해 주었으며, 나아질 것이라고 지지해 주었다. 그의 감정에 대한 논의와 표현을 통해 Ken은 자신의 모든 감정이—모순되게 보이는 것조차도(예를 들어, 슬프고 안도하는)—타당하다는 것을 깨닫기 시작했다. 그는 나쁜 감정을 느끼게 될 것이지만 이러한 감정이 영원히 지속되지는 않을 것이며, 그가 낙담하였음에도 불구하고 아직까지 하고 있는 것을 얻을 수 있다고 곧바로 깨달았다. Ken과 관련된 정서적 도식은 그가 자신의 정서를 표현할 수 있고, 이러한 정서가 다른 사람에 의해 인정될 수 있으며, 자신의 정서가 일시적이고 압도적이지 않으며, 타당하고, 자신이 감정의 갈등을 인내할 수 있고, 자신의 정서를 회피하지 않고 이러한 정서에도 불구하고 행동한다는 것이다. Ken은 고통스러운 정서에 대한 직면조차도 수용하고 인내하였으며, 그의 삶 속으로 이러한 경험을 통합하였기 때문에 치료가 필요하지는 않아 보인다.

반면에 Brian은 유사한 이별로 인해 보다 큰 어려움을 겪고 있다. 자신의 감정에 대해 수치스러움을 느꼈고, 분노, 불안, 슬픔, 혼란스러움에 의해 압도되어 혼란에 빠졌으며, 스스로 자신의 감정을 지속시키고 있다고 판단하였다. 그는 자신이 '어떻게 실제로 느끼는지' '기필코' 밝히기 위해 반추하는 만큼 어떻게 자신이 이렇게 많은 다른 감정을 느끼게 될 수 있는지 이해할 수 없었다. 이러한 반추는 과거에 대한 회피와 되씹기를 유발하였으며, 자신의 감정으로부터 도망칠 수 없을 것 같은 마음이 들었고, 불안한 마음을 진정시키기 위해 술에 의존하게 되었다. Brian은 여러 가지 문제적인 정서적 도식을 드러냈다. 즉, 표현과 인정의 부족, 그의 감정이 타당하지 않다는 신념, 회피, 반추, 감정의 마비를 위한 알코올 의존, 그가 경험하고 있는 일시적이지만 곤란한 감정임을 수용하는 것의 실패 등이 그것이다. 자신의 정서를 '처리하는 것' 대신에 그는 정서 속에서 꼼짝 못하게 되고 걱정, 반추, 회피, 비난, 자기 몰두, 물질남용에 의지하고 있다. 이는 조절장애의 잔인한 순환 과정을 활성화시키고, 스스로를 안전하게 해 줄 것이라고 믿고 있는 실패한 전략들에 보다 더 의존하게 하는 결과를 낳는다.

정서적 도식에 대한 도식적 묘사가 [그림 5-1]에 제시되었다. 정서적 도식은 Leahy의 정서적 도식 척도(LESS)로 평가하는데, 이는 자신의 정서를 어떻게 해석하고, 평가하고, 통제하고, 반응하는지에 대한 14개의 차원을 측정한다(Leahy, 2002). 정서의 자각, 정서의 명명, 정서의 변별을 묘사한 도식은 정서에 대한 대처에서 첫 번째 단계다. 실제로 현재 신경과학의 발전은 전전두 피질(PFC)을 활성화하는 의식적인 '하향식(top-down)' 통제하에 정서가 야기되고, 그렇게 함으로써 정서를 평가하고 계획하고 조절하는 능력을 구성하게 된다는 것을 보여 주었다(Delgado et al., 2004; Phelps, Delgado, Nearing, & LeDoux, 2004). 그다음 단계에서

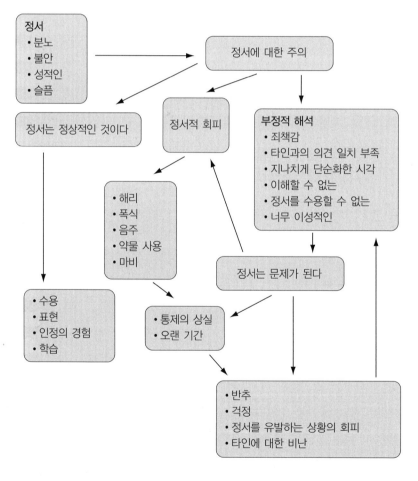

[그림 5-1] 정서적 도식 모델

개인은 정서적 회피(폭식, 하제 사용, 물질남용 등)와 정서에 대한 부정적인 평가를 추구하는데, 이러한 평가에는 귀인(예: 의견 일치, 일반화, 개인적 타당성, 비난), 정서의 결과, 부정적 성향에 대한 평가(예: 수치심과 죄책감)가 포함된다. 또한 대처 전략에는 회피, 반추, 걱정, 혹은 수용, 표현, 인정의 추가가 포함된다. 따라서 정서적 도식은 행동적, 대인관계적, 정서적, 그리고 인지적 평가 반응을 포함한다.

EST에서는 '정서적 추론'과 '정서적 체험'에 대한 이슈를 다루며, 그래서 불안이나 우울 사고를 자주 다룰 뿐만 아니라 비임상적인 개인의 사고에 대한 주요 요소를 다룬다(Kahneman & Frederick, 2005; Slovic, Finucane, Peters, & MacGregor, 2002). 불안하고 우울한 내담자들은 보통 자신의 정서가 마치 외적인 위험에 대한 신호인 것처럼 느끼며, 현재의 이러한 정서적 상태에 기반하여 사건을 예측한다. '사고-행동 융합'과 유사하게 정서적 추론과 정서적 체험은 암시적이고 좀처럼 검증되지 않는다. 정서는 외적인 현실로부터 분리되는 정신적 사건이라고 인식함으로써, EST 치료자는 정서를 변별하고 명명하며, 사고, 시간과 공간에 걸쳐 일어나는 변화와 정서를 연결하도록 용기를 북돋워 주는 동안에 정서에 거리를 두는 마음챙김 자각을 격려한다.

핵심 정서적 도식은 곤란한 정서가 무기한으로 지속될 것이며, 기능을 방해할 것이라는 신념이다. 이는 '내구성' 혹은 '정서적 예측'의 개념과 유사한데, 일반적으로 사람들은 유쾌하거나 불쾌한 정서가 실제로 일어나는 것보다 더 오래 지속될 것이라고 예측하는 경향이 있다(Gilbert, Pinel, Wilson, Blumberg, & Wheatley, 1998; Wilson, Wheatley, Meyers, Gilbert, & Axsom, 2000). 정서의 내구성을 예측하는 데 있어서 이러한 왜곡이 일어나는 이유는 명확하지 않지만 정서 조절, 상황 변화를 위해 사용되는 대처 전략, 더 정확히 말하자면 비의식적 대처에 대한 고려의 부족이 반영된 것으로 보인다. 이러한 예측의 편향은 불안하고 우울한 사람들에게서 더욱 확실하게 나타나며, 경험 노출에 대한 두려움의 이유가 된다. 노출 치료에 대한 저항은 보통 불안한 각성이 무기한적으로 지속되고 자신을 압도할 것이라는 신념의 결과다. EST에서는 이러한 차원을 확인하고, 행동 실험을 통해 정보를 수집하며, 도식의 편향을 재평가함으로써 정서적 예측의 이슈를 직접적으로 다룬다(Leahy, 2007b; Leahy, 2009a).

또 다른 차원으로서 사람들이 주어진 환경을 어떻게 느끼는지에 대한 일반적인 합의가 아닌 자기에 대한 고유한 정서적 신념이 평가된다. 실제로 안심시키기를 추구하는 것은 자신의 정서가 타당하다는 인정과 타인과의 공유를 추구함으로써 정서적 반응을 정상화하려는 시도다. 정서에 대한 죄책감과 수치심은 보통 이후의 정서에 대한 과도한 집중, 반추, 소질적인 자기 명명을 악화시키는 정서 경험에 대한 불안 및 우울증의 증가와 관련되어 있다. 앞에서 살펴보았던 두 개의 예에서 Ken은 감정을 표현하고 그의 친구로부터 인정을 받았으며, 곤란하지만 일시적인 경험에 대한 적응 반응으로서 정서를 지연할 수 있었기에 그의 정서를 정상화할 수 있었다. 결국 그는 정서를 덜 되씹게 되었고, 덜 반추적이게 되었으며, 이러한 시간이 존재하는 것을 수용함으로써 이러한 정서에도 불구하고 행동할 수 있게 되었다. 대조적으로 Brian은 이러한 정서 속에서 '꼼짝할 수 없게' 되었고, 수치심과 자율성에 대한 과대평가로 인해 남몰래 이러한 정서를 품게 되었으며, '무언가를 처리하는' 것까지 할 수 없게 되었다. EST의 핵심 전제는 정서 그 자체가 문제가 아니라 사용된 해석과 전략이 문제이며, 이러한 감정에도 불구하고 행동하는 능력이나 기꺼이 경험하기의 문제라는 것이다. EST는 ACT와 MCT와 함께 이러한 과정에 대한 유사한 관점을 공유한다. 그러나 핵심적인 차이는 사용된 특정한 해석, 이론과 전략에 대한 강조에 있으며, 개인에 의해 사용된 정서 조절에 대한 근본적인 이론을 이들이 어떻게 확인해 주느냐 거부하느냐에 있다. 예를 들어, EST에서는 정상화하고, 지연하고, 가치와 정서를 연결하며, 표현과 인정을 발견하는 데 도움을 줄 수 있도록 인지적 혹은 소크라테스식 평가, 경험적 검증, 행동 실험, 여타의 개입을 사용하여 개인의 정서에 대한 특정한 이론을 명료화하고 수정하는 데 강조점을 둔다. Wells의 모델에서는 사고를 강조하지만 정서는 강조하지 않으며, 정서 이론에 대한 수정을 시도하지 않는다. 세 가지 모델 모두—ACT, MCT, 그리고 EST—단순히 외적 스트레스 요인에 대한 평가의 도식적 내용에 집중하기보다는 상위 경험적 모델이다.

● 인지적 변화 전략

EST 모델에서는 다음과 같은 여섯 가지 주제를 강조한다.

1. 고통스럽고 곤란한 정서는 보편적이다.
2. 이러한 정서는 위험에 대한 우리의 경고를 진화하게 만들었으며, 자신의 욕구에 대해 우리 스스로에게 말하게 해 주었다.
3. 정서에 대한 기저의 신념과 전략(도식)은 단계적으로 확대되거나 그것 자체 혹은 다른 정서의 상승이나 유지에 대한 정서의 영향력을 결정한다.
4. 문제적 도식은 정서의 파국화를 포함한다. 개인의 정서에 대한 사고는 타당하지 않으며, 영속적이고 통제 밖에 있는 수치스럽고, 자기만 느끼는 유일한 것처럼 정서를 바라보는 것이며, 자기를 고수하는 데 필요로 하는 것이다.
5. 물질 남용과 폭식을 통해 억제하고, 무시하고, 상쇄시키거나, 소거하기 위한 시도와 같은 정서적 통제 전략은 참을 수 없는 경험처럼 정서에 대한 부정적인 신념을 확인하는 데 기여한다.
6. 표현과 인정은 정서를 정상화하고, 보편화하고, 정서에 대한 이해를 증진시키며, 다양한 정서에 대해 변별하고, 죄책감과 수치심을 감소시키는 데 있어서, 그리고 정서적 경험의 인내에 대한 신념을 증가시키는 데 있어서 도움이 된다(Leahy, 2009b).

앞서 언급한 것들은 EST를 안내하는 정서에 대한 심리 교육과 근본적인 철학의 일부다.

EST는 다음에 제시된 것들을 통해 내담자를 돕는다. 정서의 다양성에 대한 확인과 명명, 개인의 욕구와 대인관계적 의사소통에 정서를 연결하는 것, 내담자가 정서에 대해 해석하고, 판단하고, 통제하고, 행동하는 신념과 전략(도식)을 확인하는 것, 경험적 기법을 사용하여 정보를 수집하는 것, 그리고 개인의 정서에 대해 보다 도움이 되는 반응을 개발하기 위한 행동적·대인관계적·정서적 '실험'의 수립(Leahy, 2002, 2003b, 2009a, 2009b) 등이 그것이다.

EST 치료자는 역기능적인 정서적 도식과 정서 통제 전략을 검증하고 수정하기 위해 다수의 인지적·정서적·행동적 개입을 활용한다. 예를 들어, [그림 5-1]에서 제시된 정서에 대한 부정적인 해석에서 정서를 넘어선 죄책감이나 수치심은 표준적인 인지치료 기법을 사용하여 다루어질 수 있다. 그 내담자는 화나고, 적대적이고, 비열한 사람인 채로 경험하는 정서를 동일시할 것이다. 사고와 행동을 구별하는 표준적인 인지치료 기법은 정서와 행동이 동등하다는 견해에 도전하는 데 사용될 수 있다. 또 다른 기법은 정서에 대해 수치스럽게 느껴야 한다는 견해를 반박할 수 있도록 하는 긍정적이고, 선하고, 유용한 행동을 검증하는 데 사용될 수 있다. 사람들이 어떻게 분노를 느끼는지 검증함으로써 정서를 정상화시키는 것은 죄책감과 수치심을 소멸시킬 수 있다. 치료자는 내담자가 화나는 것이나 성적인 감정을 행동화하지 않기로 선택한 것이 실제로 '도덕적인 선택'이라는 점을 깨닫도록 하며, 또 달리 행동화하도록 만드는 유혹이 있을 때 이러한 선택이 보다 도덕적이고 윤리적인 타당성을 갖는다는 것을 알 수 있도록 도움을 줄 수 있다. 정서에 대한 죄책감과 수치스러워하는 감정 역시 타인과 이러한 정서를 공유하는 정서의 정상화와 공감대 형성을 통해 다루어질 수 있다. Jones와 Davis의 '변량 분석'에서 파생된 귀인 개입은 내담자가 정서의 구별('당신이 Sarah에게 반응할 때 당신과 다른 사람들은 이러한 방식에 대해 느끼는 바가 있다.'), 공감대('대부분의 사람은 동시에 이러한 감정을 갖는다.'), 일관성('당신은 때때로 이러한 감정을 갖지만 때때로 그렇지 않다.')을 검증하는 데 도움이 된다(Jones & Davis, 1965; Kelley, 1972; Weiner, 1986). 타인이 같은 정서적 반응을 공유할 수 있다고 인식하는 동안 정서가 어떻게 상황과 시간에 따라 함께 변화하는지 검증하는 것은 자기에 대한 성향적인 추론을 감소시키는 데 도움이 된다. 만약 Carol이 주변에 Mark가 있을 때를 제외하고는 좀처럼 질투하지 않으며, 다른 사람들도 Mark의 행동에 대해 같은 방식으로 반응할 것이라는 점을 알게 된다면 Carol은 자신이 '신경증적으로 질투하는 사람'이라는 추론을 덜 하게 될 것이다. 부정적인 추론 성향의 감소는 수치심과 죄책감, 그리고 어떠한 상황일지라도 이러한 방식으로 계속 감정을 느끼게 될 것이라는 신념을 감소시키는 데 도움이 된다.

예를 들어, Carol의 질투와 같은 사례에서 그녀의 감정은 남자 친구인 Mark가 추파를 던지는 그의 전 여자 친구와 함께 그가 저녁을 먹었다고 이야기했을 때 드러났다. Carol은 질투와 화가 나는 것을 느꼈으며, 불안했지만, 자신이 '남자 친구가 싫어하는 질투심 많은 여자 친구가 될까 봐.' 걱정을 했다고 이야기하였다. 그녀는 자신의 질투가 Mark를 소원하게 만들 것이라고 걱정했다는 점을 지적하였다. 귀인 분석을 사용하여 그녀는 다른 상황에서는 Mark를 향한 질투를 거의 표현하지 않았음을 인식하게 되었으며, 과거의 파트너에게도 좀처럼 질투를 표현하지 않았다는 것도 알게 되었다. 또한 그녀가 남자 친구로부터의 공감대 형성에 대한 자료를 수집하였을 때 그들은 Mark가 둔감하고, 그녀의 감정이 정당하다는 점에 동의하였다. 그녀의 질투는 정서적 도식 모델을 통해 '화, 초조함, 걱정'으로 개념화되었으며, 어떻게 하면 다면적인 인지행동 모델이 도움을 줄 수 있을지 살펴보았다. 특히 질투를 행동학적으로 타당하고 유용한 정서로써 정상화하였는데, 잠재적인 유전적 투자(genetic investment)를 보호하고, 정서를 인식하고 판단하지 않는 마음챙김 거리두기를 사용하여 정서와 행동이 다르다는 것, 전념과 정직에 대한 그녀의 높은 가치와 질투가 연결되어 있다는 것을 지적하였으며, 안심시키기의 추구, 토라지거나 공격하기보다 관계 증진 기술과 외교적인 주장에 집중하였다(Leahy & Tirch, 2008).

노출 치료를 방해하는 정서에 대한 공통적인 신념은 불안이 무한정 지속될 것이며, 결국 정상적인 생활을 하지 못하는 사람이 될 것이라는 신념이다. 이러한 정서적 도식은 '느낄 준비가 될 때까지 기다려.' 라는 자기 진정, 안심시키기, 지연, 회피, 그리고 경험적 혼돈을 회피하려는 여타의 전략에 내담자가 의지하도록 만든다. 이러한 경우에 내담자는 자신이 '너무 연약하다.' 라고 주장하며, 따라서 자기가 더욱 강해질 때까지 노출에 관여할 수 없게 된다(Leahy, 2007a; Leahy, 2009a, 2009b). 치료자는 내담자가 자신이 너무 연약하다는 신념의 기능적인 가치를 살펴볼 수 있도록 도움을 줄 수 있다. 예를 들어, 어떠한 내담자는 노출을 고려하기 이전에 그가 '나는 너무 연약하다.' 라는 신념을 떠올리고 있다는 것과 다른 시간에는 이러한 신념을 갖지 않다는 것에 대해 인식하게 되었다. 이러한 신념의 결과가 노출될 가능성을 감소시켰고, 따라서 자신이 연약하다는 신념이 유지되었으며, 그의 삶에 대한 즐거움을 제한하였다. 그는 자신이 너무 연약하다는 것을 치료자에게 납득시키기 위해 노력하는 데 많은 투자를 하였다는 것을 인식하게 되었고, 실제로 그는 이러한 제한점에 대해 다른 치료자들에게 납득시키는 데 성공해 왔다. 치료자는 노출에 대한 내담자의 불안의 강도와 기간, 그리고 일상의 도처에서 무능력이라는 용어가 행동에 영향을 미칠 것이라는 점에 대한 특정한 예측을 이끌어 냈다. 내담자의 심각한 예측이 기록되었고, 그는 실제 노출에 관여하게 되었으며, 지난 이틀 이상 더욱 좋게 느끼고 있다는 것을 인식하게 되었다. 다음 회기 동안 그의 회피와 연약한 자기에 대한 신념을 지속시키고, 회피를 요구하며, 그의 신념을 강화하는 기능을 하고 있는 예측이 검증되었다. 스스로를 기꺼이 병리화하는 정서('나는 정신증적인 상태여야만 해.'), 안심시키기의 추구, 타인의 기대를 낮추기 위해 자신의 '아픔' 을 광고하는 것에 대한 그의 또 다른 신념 역시 회피가 최고의 전략이라는 그의 견해를 예측해 주는 정서적 도식 전략으로 개념화되었다. 그의 정서적 도식은 그가 '자신을 안전하게 지켜준다.' 고 믿고 있는 삶에 대한 위협 탐지 접근에 포함된다. 결국 그는 자신이 안전하기도 하고, 안쓰럽기도 하다는 것을 인식하게 되었다.

불안을 유발하는 상황에 대한 회피는 보통 위험에 대한 잘못된 사정에 기반하여 일어난다. 예를 들어, 앞선 사례에서 오염에 대한 위험은 과장되었다. 그러나 지속되고 있는 강박장애의 위험은 최소화되었다. 이는 Cass Sunstein(조절원리를 응용한; Sunstein, 2005)에 의해 개발된 위험 모델에서 차용한 위험-위험 패러다임을 사용하는 데 유용한 사례다. 위험-위험 모델에 의하면, 결코 위험으로부터 완전하게 자유로운 선택은 없다. 무언가를 하는 것 혹은 아무것도 하지 않는 것 모두 위험이 뒤따른다. '오염' 그 자체에 대한 노출은 병을 얻을 수 있는 작은 위험을 가져오지만, 오염에 노출하지 않으려는 것은 강박장애가 지속될 높은 위험을 가져다 준다. 그러나 강박장애 환자들은 접근 가능성, 정서, 익숙한 체험(familiarity heuristic), 그리고 회피와 도피를 통해 자신이 불안을 견딜 수 없다는 그들의 신념을 유지함으로써 오염의 위험을 과대평가한다. 결국 오염의 실체에 대한 '검증'은 일반적으로 적당한 자료('나는 10년 동안 암에 걸리지 않을지도 모른다.')를 산출하며, 그렇기 때문에 EST에서의 강조점은 불안을 인내하는 것에 있다.

'건설적인 불편함(constructive discomfort)'에 대한 개념은 내담자들이 쌓아 가고 있는 '정신적 힘(mental muscle)'에 대해 믿게 되는 과정에서 자신의 두려움에 직면할 수 있도록 권한을 부여한다(Leahy, 2005c; Leahy, 2007a; Leahy, 2009a, 2009b). 건설적인 불편함은 삶에서 유용한 전략인 중요한 목표의 제공 속에서 불편함을 인내하고, 사용한다는 것을 내포하고 있다. 실제로 목표는 '당신이 원하는 무언가를 얻는 데 도움이 되지만 당신이 원하지 않는 무언가를 하기 위한 것'이다. ACT와 변증법적 행동치료(DBT)의 고통 감내력, 기꺼이 경험하기, 여타의 권한을 부여하기 위한 개념과 유사한 것으로서 EST에서는 건설적인 불편함에 주목한다.

강박장애 환자가 염려하는 것은 '오염'에 대한 노출이다. EST 치료자는 오염의 내용(예: 정말 위험한지에 대한 증거를 검증하는 것)에 초점을 맞추기보다 불안 경험의 내구성과 압도성의 본질에 대한 신념을 검증한다. 이는 불안과 그 불안에 어떻게 대처할 것인지에 대한 내담자의 이론에 집중하는 것이다. 문제적 대처 전략이 확인되면(예: 느낄 준비가 될 때까지 기다리는 것, 안심시키기의 추구, 자신은 연약하다는 파국화), 이러한 전략은 불안을 인내할 수 없다는 신념을 유지하는 '확증'으로 확인된다([그림 5-2] 참조). 그다음으로 내구성, 위험, 연약함에 대한 정서적 도식의 증거를 검증함으로써 회기 내에서 드러난 예측을 검증하기 위해 행동적 실험을 수립하며, 불안을 인내하는 것에 대한 신념이 검증되어 수정된다 ([그림 5-3] 참조). 이러한 목표는 오염되지 않은 자극에 대해 입증하고자 하는 것이 아니며, 정서에 대한 신념, 정서적 통제와 회피에 대한 문제적 진술을 수정하기 위한 것이다.

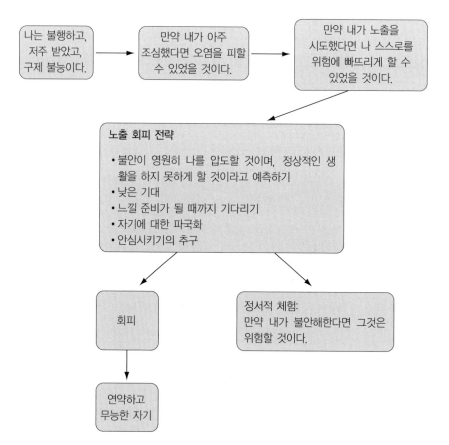

[그림 5-2] 회피를 지속시키는 정서적 도식

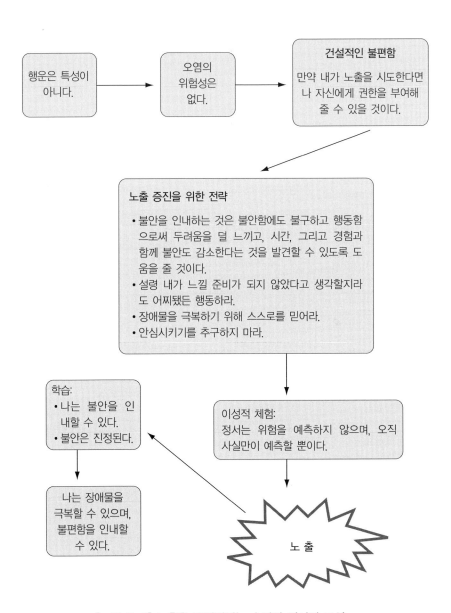

[그림 5-3] 노출을 증진시키는 수정된 정서적 도식

상위자각의 역할

의식적인 자각이 행동적 혹은 정서적 학습과 변화의 근원적인 부분은 아니지 만(Gray, 2004; LeDoux, 1996), 그럼에도 불구하고 EST 모델에서는 의식적 자각과 정서에 대한 변별을 증진하기 위해 이를 시도한다. 이에 대해 강조하는 이유는 감정 표현 불능증(즉, 정서에 대한 이해와 자각의 부족)이 보통 불안, 우울증, 신체 적 문제를 갖고 있는 사람들의 특성이기 때문이다(Grossarth-Maticek, Bastiaans, & Kanazir, 1985; Grossarth-Maticek, Kanazir, Schmidt, & Vetter, 1985; Honkalampi, Hintikka, Tanskanen, Lehtonen, & Viinamaki, 2000; Mennin, Heimberg, Turk, & Fresco, 2005; Mennin, Holaway, Fresco, Moore, & Heimberg, 2007; Spokas, Luterek, & Heimberg, 2009; Zahradnik, Stewart, Marshall, Schell, & Jaycox, 2009). EST 치료 자들은 정서 중심 치료 기법을 사용하여 가능한 정서 범위를 확인하고, 명명하 고, 변별할 수 있도록 내담자를 돕는다(Greenberg, 2002). 또한 일어나고 있는 정 서를 확인하기 위해 EST 치료자는 항상 합리적이어야 한다는 신념, 통제의 상실, 기간, 수치심에 대한 신념과 같이 정서에 대한 문제적 신념도 확인한다. 이러한 신념은 신념의 손실과 이득에 대한 검증, 신념에 대한 증거와 신념에 대항하는 증거의 검증, 정서의 범위에 관한 친구 조사하기(canvassing friends)와 같은 인지 치료 기법을 사용하여 검증되며, 자기 수용과 자기 인정을 증진하기 위한 자비 로운 마음 기법도 사용한다.

정서적 도식, 인지치료 그리고 마음챙김

마음챙김은 지금 이 순간에 통제하려는 시도 없이 열린 자각과 함께 판단하려 하지 않으면서 관찰하는 자세를 취하는 것으로 정의된다. 누군가는 전통적인 인지치료가 마음챙김 자각의 초기 단계, 즉 사고는 단지 사고일 뿐이라는 것을 인식하거나 관찰하며 시간과 상황에 따라 일어나고 지나가는 사고를 알아차리는 것을 포함하고 있다고 주장할 수 있다. 그러나 전통적인 인지치료는 논리적이고, 사실에 기반을 두고 있는 기법과 그 밖의 설득적인 기법을 통해 사고의 내용을 다루기 위해 치료에서 마음챙김 자각이나 거리두기를 사용한다(Beck, Rector, Stolar, & Grant, 2009; Beck et al., 1979; Leahy, 2003a). 예를 들어, '나는 생각을 갖고 있다.' 그리고 '생각은 단지 생각일 뿐이다.' 라는 생각에서 한걸음 물러나고 인식하는 것은 사고에 대한 마음챙김 자각으로 여겨질 것이다. 그러나 호흡에 대한 전통적인 마음챙김 연습(혹은 사고에 대한 마음챙김 자각)과 달리, 인지치료자는 '그저 있는 그대로 받아들이기'보다 사고에 대한 평가와 실제적 본질에 대해 살펴본다. 따라서 인지치료는 사고에 대한 신뢰의 수정을 시도하기 때문에 ACT에 비해 보다 주도적이다.

　EST는 마음챙김 기법을 포함하고 있지만 특히 정서에 대한 신념의 도식적 내용에 중점을 두고 있다. 누군가는 EST가 사고의 내용을 검증하는 인지치료와 유사한지, 또는 정서의 경험적 수용을 강조하는 MCT, ACT와 유사한지 그렇지 않은지 궁금해할지도 모른다. 아마도 EST는 둘 다 다룬다는 대답이 가장 적절할 것이다. 정서는 실제로 특정한 경험이기 때문에 EST가 정서에 대한 논쟁을 하는 것에 관여한다고 주장하는 것은 옳지 않다. 그러나 EST는 정서의 평가에 관여하거나 보다 특별하게는 도출된 평가의 종류를 검증하는 데 관여한다. 누군가는 Wells의 상위인지 모델 역시 책임감과 통제 불가능성의 측면에서 사고의 평가에 관여한다고 주장할 수 있다. 이는 명확하게 기능이나 영향에 대한 평가이지 이러한 사고 안에 들어 있는 특정한 내용에 대한 평가는 아니다.

　인지행동치료에서 정확하게 어떤 것이 '제3의 물결' 이라고 불리는 접근을 구성하고 있는지와 같은 논쟁이 존재한다. 예를 들어, 이러한 접근 중 일부 접근에 대한 지지자(예: Linehan & Wells)는 자신의 접근을 '제3의 물결' 에 속하는 것으로 이야기하지 않음에도 불구하고 우리는 ACT, DBT, MBCT, MCT를 이러한 범주에 포함시켜야 하는가? (Hofmann & Asmundson, 2008 참조) 그러나 앞서 말한 이러한 접근 모두는 사고의 도식적 내용보다 사고와 경험의 기능이나 과정에 집중할 것을 강조한다. 비록 누군가가 인지치료 역시 사고의 기능을 평가할 수 있다고 주장한다 하더라도(예: '이 신념의 손실과 이득은 무엇인가?') 강조하는 바의 대부분은 신념의 수정과 대처로서 문제해결을 위한 대안을 세워 나가는 데 있다. 전통적인 인지치료에서의 강조점은 일반적으로 사고의 도식적 내용, 특히 도식적 내용의 타당성에 있는데, 이는 주의, 기억, 사고의 가치에 대한 정보처리 모델로부터 차용된 것이다(Beck & Alford, 2008). EST는 정서에 관한 신념의 도식적 내용을 평가하는 동시에 '제3의 물결'에서의 거리를 두는 자각과 사고의 과정에 대한 재인식 모두의 요소를 혼합하고 있다. 이는 본 저자가 왜 정서적 '도식'에 주목하는지를 보여 주는 대목이다.

　　EST는 정서적 경험, 표현, 일차적 · 이차적 정서에 대한 평가, 정서가 요구 및 가치와 관련되어 있다는 관점, 그리고 정서가 의미를 품고 있다는 사실(Lazarus의 '핵심적인 합리적 주제'와 유사한)을 강조한다는 점에서 Greenberg의 정서 중심 치료와 유사하다(Greenberg & Paivio, 1997; Greenberg & Watson, 2005; Lazarus, 1999). 그러나 EST는 특히 정서에 대한 신념과 어떻게 정서가 기능하는지를 직접적으로 평가한다는 점에서 상위 정서적(혹은 상위인지적)이다. 따라서 표현, 수인화(validation), 무조건적인 긍정적 존중과 같은 인간 중심치료(Rogerian)의 과정뿐만 아니라 정서에 대한 내담자의 내포된 이론을 강조한다. 이는 Gottman과 그의 동료들이 개발한 접근과도 유사하다(Gottman, Katz, & Hooven, 1997). 예를 들어, EST 치료자는 고통스러운 정서가 더욱 깊고 의미 있는 정서를 발달시킬 수 있는 기회라는 신념, 혹은 고통스러운 정서가 약점과 열등함의 징후라는 상반된 신념에 대해 살펴본다. 정서 중심 치료자는 EST 치료자와 같이 핵심적인 치료 기법으로써 표현과 수인화를 사용한다. 그러나 EST에서는 수인화를 여타의 정서에 대한 인지적 (혹은 도식적) 평가에 영향을 미치는 과정으로 바라본다. 따라서 개인의 정서에 대한 인식을 이끌어 내는 수인화가 독특한 것은 아니며, 압도된 상태를 유발할 필요가 없는 정서의 표현으로서, 일반적으로 수인화와 함께 죄책감과 수치심이 경감되며, 이는 내담자가 자신의 감정이 '타당하다.'라고 느낄 수 있도록 돕는다. 그러므로 수인화는 정서에 대한 신념의 변화를 이끌어 내며, 그다음에 정서 그 자체의 변화도 이끌어 낼 수 있다(Leahy, 2005b).

거리를 두는 마음챙김, 노출, 고통 감내력, 그 밖의 경험적 기법이 개인의 정서에 대한 신념을 검증하기 위해 EST에서 사용된다. 즉, 이들은 경험에 맞서 상정된 가설을 검증하는 인지치료 개입과 같이 대체로 포괄적이다. 상위인지치료와 유사하게 EST는 정서가 사고와 경험의 '대상'이며, 현실이나 경험된 세상 속에서 필요한 방식과 구별된다는 관점에 상당한 영향을 받고 있다. 따라서 '이는 그저 사고일 뿐이다.'라고 인식할 수 있도록 내담자를 돕는 상위인지치료자들처럼 EST 치료자도 '이는 그저 지금 이 순간에 당신이 갖고 있는 감정일 뿐이다.'라고 인식할 수 있도록 도와준다.

예를 들어, 질투라는 정서에 대한 마음챙김 자각은 수많은 정서 중 하나가 일어나고 지나가는 것처럼 질투의 감정을 수용하는 동안에 갖고 있는 감정(그것을 어디에서 느끼는지와 마찬가지로, 예를 들면, 신체 감각)에 대한 인식을 수반하며, 정서는 시간이 지남에 따라 그리고 장소에 따라 일어나고 지나가는 것이라는 깨달음도 이끌어 낸다. '감정은 일어나고 지나간다.'라고 생각하는 동시에 정서를 해변에서 빠져나가고 밀려오는 파도처럼 상상하는 것은 그 감정에 대한 마음챙김 자각을 반영한다. 기술, 비유('그것은 내 머리 위의 어두운 구름처럼 느껴진다.'), 그리고 심상을 포함한 거리를 두는 관찰은 정서 억제 전략을 버리는 동시에 정서의 수용을 증진시킨다. 예를 들어, 질투하는 내담자는 그녀의 감정에서 물러날 수 있고, 깨달을 수 있으며, 이러한 감정이 일어나고 지나간다는 것을 인식할 수 있고, 그녀의 신체 어디에서 질투를 느끼고 있는지 알아차릴 수 있고, 동시에 감정의 재현에 의해 뒤따르는 정서를 관찰하고 내려놓을 수 있게 된다. 그 결과, 정서는 덜 무서운 것이 된다. EST에서(MCT와 유사하게) 마음챙김 거리두기는 압도하고 있으며, 억제해야 한다는 정서에 대한 신념을 검증하는 데 도움이 된다

(Wells, 2009). 정서에 관한 특정 인지 내용은 다음과 같은 질문을 통해 확인된다. '당신이 그저 물러서서 관찰할 때 무슨 일이 일어나는가?' '당신이 정서를 억제하지 않을 때 무슨 일이 일어나는가?' EST에서는 마치 나타날 것을 예상치 못했지만 환영받고, 공손하게 대해야 할 손님으로 정서를 묘사하기 위해 Rumi의 시 'The Guest House' (1995)를 사용한다. 그러나 특정한 인지적 검증은 기간, 정서의 압도 정도, 정서에 대한 판단에 관해 수행된다.

EST는 흔히 특정 정서를 야기하는 도덕적인 판단을 감소시킨다. 실제로 어떤 정서에 대한 대중적인 신념은 위험하다거나 '나쁘다'는 것이며, 수용의 부족, 죄책감, 정서에 대한 두려움도 추가된다. EST는 모든 정서가 종(species)의 역사에서 적응적인 가치를 갖고 있으므로 정서는 인간 본질의 일부라는 관점을 수용한다. 여기에는 선망, 질투, 억울함, 복수에 대한 욕구와 증오 그리고 다양한 성적 감정처럼 폄하된 정서도 포함된다. 잠입적인 사고에 대한 상위인지 및 인지 모델(Clark, 2005; Purdon & Clark, 1993; Wells, 2009)과 유사하게 EST 치료자는 내적으로, 산발적으로 그리고 불수의적으로 일어나며, 부도덕적인 행위와 직접적인 관련성이 없는 '정신적 사건'으로서 정서를 다룬다. 어떤 내담자들은 그들 스스로에게 '내가 무엇을 잘못했기에 이렇게 느낄까?'라고 이야기하는데, 이는 수치심과 죄책감을 느끼게 하고, 반추 경향성을 야기한다. EST 치료자는 환자가 평가적인 사고에 대해 '나는 일어나고 지나가는 무수한 감정을 갖고 있으며, 지금의 이 감정도 내가 갖고 있는 이러한 감정들 중 하나일 뿐이라는 것을 알고 있다.'로 변화시키도록 돕는다. 실제로 일어난 감정에 대한 의식적 통제가 거의 없는 편도체에서 정서가 기원한다고 보기도 한다(LeDoux, 1996). 틀림없이 시각적 착각은 의식적인 자각과 통제를 벗어나서 조작된 것이며, 그래서 정서 역시 의식적인 의지나 선택과 상관없이 활성화된다(Gray, 2004). '나쁜' 혹은 '죄책감'처럼 도덕적인 개념은 의식적으로 만들어진 고의적인 선택과 더 많이 관련되어 있다. 즉, 고려된 대안 속에서 행동을 취하는 것에 대한 선택이다. 만약 우리가 단지 협박, 도발 혹은 폄하된 능력에 의해 방해받지 않는 자유로운 의식적 선택을 위해서만 적절한 것으로 도덕적 평가를 바라본다면, '정서'를 도덕적 선택으로 볼 수 없을 것이다. 정서에 대한 죄책감과 수치심은 신체적 혹은 경험적 현상에 오용된 도덕의 범주로서 '범주 오류'에 해당한다(Ryle, 1948). 예를 들어, 시각적 착각은 의식적인 선택을 할 수 없게 만들기 때문에 '당신이 무책임해서 시각적 착각을 갖게 된 것이다.'라고 말하는 것은 타당하지 않다. EST는 내담자로 하여금 정서가 도덕적 선택과 동일한 것이 아니라고 인식할 수 있도록 도우며, 이를 통해 정서 너머에 있는 죄책감을 감소시키게 된다. 예를 들어, 자신의 남편보다 다른 남성에 관한 환상을 갖고 있는 기혼 내담자의 경우 이러한 환상은 보편적인 경험이며, 이러한 감정은 행동이 아니라는 것을 인식하게 됨으로써 죄책감이 줄 어들게 될 것이다. 감정과 환상이 일어나고 지나가며, 이러한 경험이 자신의 타 락을 필연적으로 반영하는 것은 아니라고 수용하는 것은 활성화된 환상을 갖고 있는 내담자의 매우 두드러진 특성인 '정서에 대한 불안'을 감소시키는 데 도움 이 될 수 있다. 또한 진정한 도덕적 선택을 위한 필수적인 요소인 '유혹'에 대해 내담자가 인식할 수 있도록 돕는 것은 유혹 너머에 있는 '죄책감'의 감소에도 도 움이 되는데, 대안에 대한 고려 없이는 의미 있는 도덕적 결정이 될 수 없기 때문 이다.

　EST는 어려움에 직면했을 때 선택을 장려할 수 있는 무언가를 명료화함으로 써 가치의 역할에 대한 인식을 ACT와 함께 공유한다. 행동 방침으로서 가치의 역할이 새로운 것은 아니다. 이는 '가치'는 '선'과 동등한 것, 즉 용기, 진실성, 자기 통제와 같은 성격 습관(예: Aristotle, Plato, Epictetus, Seneca, Cicero에 의해 지 지된)이라고 언급한 고대 그리스와 로마 철학에서도 자취를 발견할 수 있다. 이 러한 선은 보통 금욕주의의 전통과 동일시되었으나, 이는 서구의 철학과 종교에 서 거의 2,000년 동안 지속되었다. EST는 가치 문제에 대해 중립적이지 않으며, 더 정확히 말하면 내담자가 심사숙고하는 도덕적 그리고 윤리적인 선택에 영향 을 미칠 수 있는 고전적인 선(Aristotle가 기술한 것처럼)과 자비, 자애, 공정성에 대 한 가치(Rawls에 의해 기술된 것처럼)를 취한다. Aristotle는 당신이 존경하는 사람의 특성은 선이며, 그래서 당신이 스스로를 존경하는 사람이 되는 것이 선의 목표라고 보았다. 다음과 같은 간략한 질문은 내담자에게 도움이 된다. '당신이 존경하는 누군가의 개인적인 특성이 무엇인가?' 이어서 '당신은 어떻게 당신 스스로를 존경하는 사람이 될 수 있는가?'

자존감은 대중성, 성취, 영향력, 부, 쾌락주의에 기반하지 않는다. 이는 당신이 존경하는 특성과 스스로에 대해 인식한 특성 간의 차이에 기반한다. 공정성과 정의에 대한 암묵적인 사회적 계약은 도덕적·윤리적 선택이 이루어지는 또다른 방법이다. 사회 속에서 당신의 실제적이거나 궁극적인 지위를 당신이 알지 못한다 하더라도 당신은 어떻게 취급받길 원하는가? 이러한 윤리적인 선택에 대한 '무시의 베일' 모델은 자기가 원하는 대로 하려는 쾌락적이거나 자기 중심화된 관심사보다 공정성, 자비, 자애, 정의에 대한 숙고를 독려한다.

따라서 부정(infidelity)의 환상에 대한 행동화를 염려하는 내담자는 진실성과 자기 통제의 선이라는 측면에서 그리고 주요한 관계의 밑바탕에 깔려 있는 공정성과 호혜성의 암묵적인 사회적 계약의 측면에서 선택을 살펴볼 수 있다. 선택의 기저에 있는 긴장은 이러한 선과 가치에 대한 전념을 명료화하고 자신의 정체성과 문제 그리고 관계의 강도를 명료화하는 데도 도움이 된다. 실제로 공정성의 개념은 Nussbaum에 의해 확장되었는데, 매우 '약한 것'(예: 장애가 있는)에 대한 자비와 보호를 인식하는 것으로써 정의를 밝히기 위해서는 효과적인 계약보다 자애, 자비, 보편적인 고통에 더욱 중점을 두는 사회적 계약에 대한 감각의 확장이 필요하다(Nussbaum, 2005). 선, 정의, 자비, 그 밖의 도덕적 감정에 대한 함의를 살펴보는 것은 이 장의 범위를 넘어서지만 정서가 대개 사람들의 평가에 함축되어 있는 평가적 요소와 도덕적 요소도 갖고 있다는 점을 강조하는 것은 가치가 있다. 가치, 선과 자비가 정서적 손실을 받아들이게 할 수 있다는 점에 대해 내담자가 깨닫도록 돕는 것은 삶에서 일어나는 어려움을 통해 인내하고 성장하는 데 도움이 될 것이다.

유사하게 정서에 대한 평가는 보통 정서의 순수성으로 특징 지워지는 '분별

(sanity)' 이라는 가정에 기반한 신념으로서 '이러한 방식으로 느끼는 것이 내가 미쳤다는 것을 의미한다.' 는 것을 암시한다. 이는 마치 기이하거나, 역겹거나, 미친 것처럼, 그리고 잠입적인 사고가 억제되거나 소거되지 않는 한 통제를 상실하여 미쳐 버릴 것이라는 신념처럼 잠입적인 사고를 평가하는 상위인지적 과정과 유사하다(Wells, 2002). EST에서 상위인지적 전략은 다음과 같은 숙고를 통해 '정서 이론' 을 평가하기 위한 것이다. '당신은 이러한 정서를 자주 경험하지만 당신은 미치지 않았다. 이에 대해 어떻게 설명하겠는가?' '당신이 존경하는 다른 사람도 이러한 정서를 갖고 있지만 그들은 미치지 않았다. 왜 그럴까?' '만약 당신이 정서를 억제하기보다 수용할 수 있도록 스스로를 허락한다면 무슨 일이 벌어질까?' 사고의 홍수법이 사용될 수 있는데, '나는 내가 지금 이러한 감정을 갖고 있고 이 순간에 이러한 감정을 수용한다는 것을 알아차리고 있다.' 라고 내담자에게 계속 반복하도록 한다. 사고가 지루해질 때까지 반복되는 것처럼 불안의 증가는 감소를 동반하는 결과를 낳는다. 정서(혹은 사고)를 억제하려는 시도는 정서가 인내될 수 없다는 신념을 확인하는 것이며, 잠입적인 사고를 억제하는 것에 대한 신념의 확인과도 유사하다. 누구나 의식적인 수용을 향상시킴으로써 정서를 경험한다고 반복적으로 인식하는 것은 정서를 인식하고, 수용하고, 인내하고, 미치지 않기 위해서 정서는 없애야 된다는 신념을 거부하는 것에 대한 노출이다.

● 정서적 도식에 대한 연구

다수의 연구에서 정서적 도식이 다양한 정신병리와 관련되어 있다는 견해가 지지되었다. 문제적인 정서적 도식은 높은 우울증, 불안, 걱정에 대한 상위인지 요인, 경험 회피, 부부 불화, 성격장애, 마음챙김의 약화와 관련되어 있다(Leahy, 2002; Leahy & Napolitano, 2005; Leahy, Tirch, & Napolitano, 2009; Napolitano, Taitz,

& Leahy, 2009, November-a; Napolitano, Taitz, & Leahy, 2009, November-b; Tirch, Leahy, & Silberstein, 2009). 불안이 포함되지 않았다고 하더라도 정서적 도식은 걱정의 밑바탕에 깔려 있는 문제적인 상위인지적 과정과 관련되어 있으며, 이는 걱정이 정서에 대한 부정적인 해석에 기반하고 있는 정서적 회피의 전략임을 시사한다(Leahy, 2005a). 따라서 정서적 도식은 걱정에 대한 상위인지 모델과 정서 회피 모델 간의 '차이를 연결한다'(Borkovec, Alcaine, & Behar, 2004; Wells, 2004). 심각한 부부 불화를 보고하는 사람들은 정서적 도식이 표현과 수인화의 부족, 높은 비난과 관련되어 있을 뿐만 아니라 감정 갈등에 대해 인내하는 능력의 부족과도 관련되어 있음을 보여 준다(Leahy & Kaplan, 2004). 파트너를 향한 감정 갈등을 인내하는 능력은 파트너에 대한 높은 수용과 관계에 대한 작업을 기꺼이 경험하도록 촉진하는 정서적 도식 과정이다.

EST에서 특별한 관심사는 정서적 도식, 경험 회피의 평가와 마음챙김 간의 관계다. 최근 연구에서 마음챙김과 경험 회피의 관계가 정서에 대한 부정적인 신념에 의해 매개되는 것으로 나타났다(Napolitano et al., 2009, November-b). 가장 최근에 이루어진 두 편의 예비 연구에서는 마음챙김 훈련이 정서적 도식에 영향을 미치는 것으로 나타났는데, 정서에 대한 부정적인 신념을 변화시킴으로써 정서 회피를 감소시켰다(Napolitano et al., 2009, November-a).

또한 정서적 도식은 성격장애와도 관련되어 있다. Millon의 다축 임상 질문지(MCMI)에서 경계선, 회피성, 의존성 성격 차원이 높게 나타난 환자는 보다 많은 부정적인 정서적 도식을 나타낸 반면에, 자기애성 성격과 연극성 성격 차원이 높은 환자는 긍정적인 정서적 도식을 보다 많이 나타냈다(Leahy & Napolitano, 2005). 이러한 결과는 성격장애가 곤란한 정서에 대한 해석과 대처에 대한 다양한 전략으로 구성되어 있다는 것을 시사한다.

앞서 언급한 이러한 연구들이 정신병리의 기저에 있는 과정으로서 정서적 도식의 역할에 대해 지지한다고 하더라도 EST 자체의 효과나 관여하는 매개 기제에 대한 증거가 아직까지는 없는 상태다. 예를 들어, EST가 전통적인 인지치료나 행동적 모델만큼 효과적이라는 점이 명확하지 않고, 어떤 내담자와 문제에 특히 적응적이라는 증거도 없다. 그러나 경험적인 연구 자료에서 정서적 도식이 다양한 병리적 상태와 과정을 매개하는 역할을 하고 있다는 것이 확인되었으며, 따라서 인지행동치료에서의 다양한 '물결(wave)' 간의 확실한 경계를 연결하는 데 도움이 될 수 있을 것이다. 예를 들어, 정서적 도식이 마음챙김, 수용, 경험 회피와 불안의 관계를 매개하는 역할에 대한 추정은 마음챙김과 수용이 정서가 어떻게 해석되는지에 영향을 미치고, 그 결과로 불안이 감소될 수 있음을 시사한다. 유사하게 정서에 대한 신념의 수정은 정서를 회피하기 위한 전략으로서 걱정에 대한 타당성을 없애 주며, 따라서 걱정의 과정 기저에 있는 상위인지 요인들을 수정하게 된다. 이 책에 기술되어 있는 다양한 이론적 접근들에는 병리적 과정이 상호적으로 그리고 동시에 작용하며, '진리'를 완전하게 담아내고 있는 단일한 이론은 존재하지 않는다는 중요한 진리의 요소가 각각 들어 있다.

● 후속 방향

앞날을 예측하는 것의 어려움 중 하나는 현재에 닻을 내려 머무르고 있다는 것이다. 1960년대에 정신역동 치료자들이 1970년대에 가속도가 붙었던 인지혁명을 정확히 예측한다는 것은 있을 법하지 않은 일이다. 또한 1990년대에 인지 치료자들이 최근의 ACT, DBT 혹은 MBCT의 대중화를 예측한다는 것 역시 마찬가지다. '제3의 물결'이라고 불리는 접근들의 공헌에 대한 가치를 인정한 최근의 메타분석에서는 이들이 이미 효과가 확인되어 있는 인지행동치료와 대등한 효과를 확립할 수 있는지에 대한 연구가 아직 이루어지고 있다고 제시하였다 (Öst, 2008). 물론 과학은 계속적으로 발전하고 있으며, 이러한 접근을 위해 '경험적으로 지지된 연구'의 엄중한 준거에 부합하는 연구가 머지않아 유효해질 것이다.

가속도가 붙은 하나의 추세는 정신병리에 대한 특정한 범주적 접근을 초월한 초진단(transdiagnostic) 과정에 주목하는 것이다(Barlow et al., 2004; Harvey, Watkins, Mansell, & Shafran, 2004). 정신병리에 대한 새로운 인지 모델에서는 도식적 과정의 내용과 사고 과정에 대한 개인의 평가 모두에 집중한다. 예를 들어, 조현병을 위한 인지치료의 최신 접근에서는 망상적 사고(그리고 이러한 내용이 어떻게 기능하는지)의 내용과 잠입적인 사고나 망상의 본질에 대한 상위인지적 자각 모두를 고려한다(Beck et al., 2009). 유사하게 회피의 역할, 그리고 회피에 기여하는 전략과 신념은 인지치료자들 사이에서도 의미를 갖는 것으로 보인다. 인지적 조망에서의 핵심 질문은 '회피를 통해 배운 것(혹은 배우지 못한 것)이 무엇인가?' 다. 실제로 소거와 노출은 이들이 기대를 변화시키는 선에 있어서 '인지적' 매개에 관여한다. 아마도 '인지'에 맞서 '경험'을 파들어 가는 현재의 논쟁은 Zajonc와 Lazarus 간에 있었던 고전적인 논쟁(Lazarus, 1982; Zajonc, 1984)에서의 정서와 사고에 대한 불필요한 이원론화와 유사하게 될 것이다. 이것 혹은 저것 형태의 선택형 질문이 불필요함에도 불구하고 어떤 경우에는 '닭이 먼저냐, 달걀이 먼저냐!'라는 질문처럼 결코 조정되지 않을 것이다. 실제로 하나의 접근과 또 다른 접근 간의 논쟁에 대한 해결에 있어서의 아이러니는 많은 비평을 받았지만, 신경과학을 통해 명성을 얻게 된 무의식 과정의 개념이 새롭게 부활됨으로써 해결되었다는 점이다(Bargh, Gollwitzer, Lee-Chai, Trötschel, & Barndollar, 2001; Gray, 2004; Hassin, Uleman, & Bargh, 2005). 지각과 범주화는 의식적 자각의 영역 밖에서 일어날 수 있으며, 정서적 영향을 줄 수 있다. 따라서 사고와 감정 간의 이분법은 우리가 무의식적 사고를 포함한다고 하더라도 조정 가능할 수 있다. 즉, 무의식적 사고는 정서적 반응을 낳는다.

인간은 상위인지적 자각을 위한 능력을 갖고 있는 유일한 동물임에 틀림없으며, 병리의 복잡성에 대해 설명하는 것은 마음에 대한 인간의 고질적인 이론과 대처 전략으로서의 걱정에 대한 인간의 신뢰로부터 나온다(Geary, 2005). 그러나 신경과학의 연구에서는 뇌의 다양한 영역과 기능이 정서 조절을 위한 다양한 전략을 사용할 때 활성화된다는 것을 제시하였는데, 어떤 경우에는 해마와 편도체에 주로 의존하며(상향식 과정), 반면에 다른 경우(하향식 과정)에서는 전전두피질이나 이러한 영역과 관련된 곳에 의존한다(Cahn & Polich, 2006; Lazar et al., 2000; Quirk, 2007). 후속 연구에서는 fMRI와 같은 뇌영상 기술을 활용함으로써 다양한 (혹은 유사한) 뇌 기능과 관련 있는 수용, 마음챙김 자각, 인지 재구조화, 상위인지적 과정, 정서적 도식의 매개 과정을 명확하게 밝히는 데 도움이 될 것이다.

참고문헌

Bargh, J. A., Gollwitzer, P. M., Lee-Chai, A., Trötschel, R., & Barndollar, K. (2001). The automated will: Nonconscious activation and pursuit of behavioral goals. *Journal of Personality and Social Psychology, 81*(6), 1014-1027.

Barlow, D. H., Allen, L. B., & Choate, M. L. (2004). Toward a unified treatment for emotional disorders. *Behavior Therapy, 35*, 205-230.

Baron-Cohen, S. (1995). *Mindblindness: An essay on autism and theory of mind.* Cambridge, MA: MIT Press.

Beck, A. T. (1976). *Cognitive therapy and the emotional disorders.* New York: International Universities Press.

Beck, A. T., & Alford, B. A. (2008). *Depression: Causes and treatment* (2nd ed.). Philadelphia: University of Pennsylvania Press.

Beck, A. T., Emery, G., & Greenberg, R. L. (2005). *Anxiety disorders and phobias: A cognitive perspective* (15th anniversary ed.). Cambridge, MA: Basic Books.

Beck, A. T., Rector, N. A., Stolar, N., & Grant, P. (2009). *Schizophrenia: Cognitive theory, research, and therapy.* New York, NY: Guilford Press.

Beck, A. T., Rush, A. J., Shaw, B. F., & Emery, G. (1979). *Cognitive therapy of depression.* New York: Guilford.

Bjorklund, D. F., & Kipp, K. (2002). Social cognition, inhibition, and theory of mind: The evolution of human intelligence. In R. J. Sternberg & J. C. Kaufman (Eds.), *The evolution of intelligence* (pp. 27-54). Mahwah, NJ: Erlbaum.

Borkovec, T. D., Alcaine, O. M., & Behar, E. (2004). Avoidance theory of worry and generalized anxiety disorder. In R. G. Heimberg, C. L. Turk & D. S. Mennin (Eds.), *Generalized anxiety disorder: Advances in research and practice* (pp. 77-108). New York, NY: Guilford Press.

Cahn, B. R., & Polich, J. (2006). Meditation states and traits: EEG, ERP, and neuroimaging studies. *Psychological Bulletin, 132*(2), 180-211.

Clark, D. A. (Ed.). (2005). *Intrusive thoughts in clinical disorders: Theory, research, and treatment.* New York, NY: Guilford Press.

Delgado, M. R., Trujillo, J. L., Holmes, B., Nearing, K. I., LeDoux, J. E., & Phelps, E. A. (2004). *Emotion regulation of conditioned fear: The contributions of reappraisal.* Paper presented at the 11th Annual Meeting of Cognitive Neuroscience Society, San Francisco, CA.

Feffer, M. H. (1970). A developmental analysis of interpersonal behavior. *Psychological Review, 77*(3), 197-214.

Flavell, J. H. (2004). Theory-of-mind development: Retrospect and prospect. *Merrill-Palmer Quarterly, 50*(3), 274-290.

Fonagy, P., & Target, M. (1996). Playing with reality: I. Theory of mind and the normal development of psychic reality. *International Journal of Psychoanalysis, 77 (Pt 2),* 217-233.

Freeston, M. H., Ladouceur, R., Gagnon, F., Thibodeau, N., Rhéaume, J., Letarte, H., et al. (1997). Cognitive-behavioral treatment of obsessive thoughts: A controlled study. *Journal of Consulting and Clinical Psychology, 65*(3), 405-413.

Geary, D. C. (2005). *The origin of mind: Evolution of brain, cognition, and general intelligence.* Washington, DC: American Psychological Association.

Gilbert, D. T., Pinel, E. C., Wilson, T. D., Blumberg, S. J., & Wheatley, T. P. (1998). Immune neglect: A source of durability bias in affective forecasting. *Journal of Personal Social Psychology, 75*(3), 617-638.

Gottman, J. M., Katz, L. F., & Hooven, C. (1997). *Meta-emotion: How families communicate emotionally.* Mahwah, NJ: Erlbaum.

Gray, J. A. (2004). *Consciousness: Creeping up on the hard problem.* Oxford, England; New York, NY: Oxford University Press.

Greenberg, L. S. (2002). *Emotion-focused therapy: Coaching clients to work through their feelings.* Washington, DC: American Psychological Association.

Greenberg, L. S., & Paivio, S. C. (1997). *Working with emotions in psychotherapy.* New York, NY: Guilford Press.

Greenberg, L. S., & Safran, J. D. (1987). *Emotion in psychotherapy: Affect, cognition, and the process of change.* New York, NY: Guilford Press.

Greenberg, L. S., & Watson, J. C. (2005). *Emotion-focused therapy for depression* (1st ed.). Washington, DC: American Psychological Association.

Grossarth-Maticek, R., Bastiaans, J., & Kanazir, D. T. (1985). Psychosocial factors as strong predictors of mortality from cancer, ischaemic heart disease and stroke: The Yugoslav prospective study. *Journal of Psychosomatic Research, 29,* 167-176.

Grossarth-Maticek, R., Kanazir, D. T., Schmidt, P., & Vetter, H. (1985). Psychosocial and organic variables as predictors of lung cancer, cardiac infarct and apoplexy: Some differential predictors. *Personality and Individual Differences, 6*, 313-321.

Harvey, A., Watkins, E., Mansell, W., & Shafran, R. (2004). *Cognitive behavioural processes across psychological disorders: A transdiagnostic approach to research and treatment.* Oxford, England: Oxford University Press.

Hassin, P. R., Uleman, J. S., & Bargh, J. A. (2005). *The new unconscious.* New York, NY: Oxford University Press.

Hayes, S. C., Strosahl, K. D., & Wilson, K. G. (1999). *Acceptance and commitment therapy: An experiential approach to behavior change.* New York, NY: Guilford Press.

Hayes, S. C., Strosahl, K. D., & Wilson, K. G. (2003). *Acceptance and commitment therapy: An experiential approach to behavior change.* New York: Guilford.

Hofmann, S. G., & Asmundson, G. J. G. (2008). Acceptance and mindfulness-based therapy: New wave or old hat? *Clinical Psychology Review, 28*(1), 1-16.

Honkalampi, K., Hintikka, J., Tanskanen, A., Lehtonen, J., & Viinamaki, H. (2000). Depression is strongly associated with alexithymia in the general population. *Journal of Psychosomatic Research, 48*(1), 99-104.

Izard, C. E. (2009). Emotion theory and research: Highlights, unanswered questions, and emerging issues. *Annu Rev Psychol, 60*, 1-25.

Jones, E. E., & Davis, K. E. (1965). From acts to dispositions: The attribution process in social psychology. In L. Berkowitz (Ed.), *Advances in experimental social psychology* (Vol. 2, pp. 219-266). New York, NY: Academic Press.

Kahneman, D., & Frederick, S. (2005). A model of heuristic judgement. In K. J. Holyoak & R. G. Morrison (Eds.), *The Cambridge handbook of thinking and reasoning* (pp. 267-293). New York, NY: Cambridge University Press.

Kelley, H. H. (1972). *Causal schemata and the attribution process.* Morristown, NJ: General Learning Press.

Lazar, S. W., Bush, G., Gollub, R. L., Fricchione, G. L., Khalsa, G., & Benson, H. (2000). Functional brain mapping of the relaxation response and meditation. *Neuroreport, 11*(7), 1581-1585.

Lazarus, A. (1984). *In the mind's eye.* New York, NY: Guilford Press.

Lazarus, R. S. (1982). Thoughts on the relations between emotion and cognition. *American Psychologist, 37*, 1019-1024.

Lazarus, R. S. (1999). *Stress and emotion: A new synthesis.* New York, NY: Springer.

Leahy, R. L. (2002). A model of emotional schemas. *Cognitive and Behavioral Practice, 9*(3), 177-190.

Leahy, R. L. (2003a). *Cognitive therapy techniques: A practitioner's guide.* New York, NY: Guilford Press.

Leahy, R. L. (2003b). Emotional schemas and resistance in cognitive therapy. In R. L. Leahy (Ed.), *Road-blocks in cognitive-behavioral therapy: Transforming challenges into opportunities for change* (pp. 91–115). New York, NY: Guilford Press.

Leahy, R. L. (2005a, November). *Integrating the meta-cognitive and meta-emotional models of worry*. Paper presented at the Association for the Advancement of Cognitive and Behavioral Therapy, Washington, DC.

Leahy, R. L. (2005b). A social-cognitive model of validation. In P. Gilbert (Ed.), *Compassion: Conceptualisations, research, and use in psychotherapy* (pp. 195–217). London, England: Routledge.

Leahy, R. L. (2005c). *The worry cure: Seven steps to stop worry from stopping you* (1st ed.). New York, NY: Harmony Books.

Leahy, R. L. (2007a). Emotional schemas and resistance to change in anxiety disorders. *Cognitive and Behavioral Practice, 14*(1), 36–45.

Leahy, R. L. (2007b). Emotional schemas and self-help: Homework compliance and obsessive-compulsive disorder. *Cognitive and Behavioral Practice, 14*(3), 297–302.

Leahy, R. L. (2009a). Emotional schemas in treatment-resistant anxiety. In D. Sookman & R. L. Leahy (Eds.), *Treatment resistant anxiety disorders: Resolving impasses to symptom remission* (pp. 135–160). New York, NY: Routledge.

Leahy, R. L. (2009b). Resistance: An emotional schema therapy approach. In G. Simos (Ed.), *Cognitive behavior therapy: A guide for the practicing clinician-Volume II* (pp. 187–204). London, England: Routledge.

Leahy, R. L., & Kaplan, D. (2004). *Emotional schemas and relationship adjustment*. Paper presented at the Association for the Advancement of Behavior Therapy, New Orleans, LA.

Leahy, R. L., & Napolitano, L. A. (2005, November 18–21). *What are the emotional schema predictors of personality disorders?* Paper presented at the Association for the Advancement of Behavior Therapy, Washington, DC.

Leahy, R. L., & Napolitano, L. A. (2005, November). *What are the emotioal schema predictors of personality disorders?* Paper presented at the Association for the Advancement of Cognitive and Behavioral Therapy, Washington, DC.

Leahy, R. L., & Tirch, D. D. (2008). Cognitive behavioral therapy for jealousy. *International Journal of Cognitive Therapy, 1*(1), 18–32.

Leahy, R. L., Tirch, D. D., & Napolitano, L. A. (2009, November). *Meta-cognitive and meta-emotional processes affecting anxiety*. Paper presented at the Association for Behavioral and Cognitive Therapies, New York, NY.

LeDoux, J. E. (1996). *The emotional brain: The mysterious underpinnings of emotional life*. New York, NY: Simon and Schuster.

Mennin, D. S., Heimberg, R. G., Turk, C. L., & Fresco, D. M. (2005). Preliminary evidence for an emotion dysregulation model of generalized anxiety disorder. *Behaviour Research and Therapy, 43*(10), 1281–1310.

Mennin, D. S., Holaway, R. M., Fresco, D. M., Moore, M. T., & Heimberg, R. G. (2007). Delineating components of emotion and its dysregulation in anxiety and mood psychopathology. *Behavior Therapy, 38*(3), 284–302.

Miranda, J., Gross, J. J., Persons, J. B., & Hahn, J. (1998). Mood matters: Negative mood induction activates dysfunctional attitudes in women vulnerable to depression. *Cognitive Therapy & Research, 22*(4), 363–376.

Napolitano, L. A., Taitz, J., & Leahy, R. L. (2009, November–a). *Do changes in negative beliefs about emotions mediate the effects of mindfulness on experiential avoidance?* Paper presented at the Association for Behavioral and Cognitive Therapies, New York, NY.

Napolitano, L. A., Taitz, J., & Leahy, R. L. (2009, November–b). *Negative beliefs about emotions mediate the relationship between mindfulness and experiential avoidance: Two preliminary investigations.* Paper presented at the Association for Behavioral and Cognitive Therapies, New York, NY.

Nussbaum, M. (2005). *Frontiers of justice: Disability, nationality, species membership.* Cambridge, MA: Belknap Press.

Öst, L.-G. (2008). Efficacy of the third wave of behavioral therapies: A systematic review and meta-analysis. *Behaviour Research and Therapy, 46*(3), 296–321.

Phelps, E. A., Delgado, M. R., Nearing, K. I., & LeDoux, J. E. (2004). Extinction learning in humans: Role of the amygdala and vmPFC. *Neuron, 43*(6), 897–905.

Piaget, J. (1932). *The moral judgement of the child.* New York, NY: Harcourt, Brace Jovanovich.

Piaget, J. (1967). *Biology and knowledge.* Chicago, IL: University of Chicago Press.

Purdon, C., & Clark, D. A. (1993). Obsessive intrusive thoughts in nonclinical subjects: I. Content and relation with depressive, anxious and obsessional symptoms. *Behaviour Research & Therapy, 31*(8), 713–720.

Purdon, C., Rowa, K., & Antony, M. M. (2005). Thought suppression and its effects on thought frequency, appraisal and mood state in individuals with obsessive–compulsive disorder. *Behaviour Research and Therapy, 43*(1), 93–108.

Quirk, G. J. (2007). Prefrontal–amygdala interactions in the regulation of fear. In J. J. Gross (Ed.), *Handbook of emotion regulation* (pp. 27–46). New York, NY: Guilford Press.

Rachman, S. J. (1997). A cognitive theory of obsessions. *Behaviour Research and Therapy, 35,* 793–802.

Rawls, J. (2005). *A theory of justice* (Original ed.). Cambridge, MA: Belknap Press.

Rumi, & Barks, C. (1995). *The Essential Rumi.* San Francisco, CA: Harper.

Ryle, G. (1949). *The Concept of Mind.* Chicago, IL: University of Chicago Press.

Salkovskis, P. M. (1989). Cognitive–behavioural factors and the persistence of intrusive thoughts in obsessional problems. *Behaviour Research & Therapy, 27*(6), 677–682.

Salkovskis, P. M., & Campbell, P. (1994). Thought suppression induces intrusion in naturally occurring negative intrusive thoughts. *Behaviour Research & Therapy, 32*(1), 1–8.

Segal, Z. V., Kennedy, S., Gemar, M., Hood, K., Pedersen, R., & Buis, T. (2006). Cognitive reactivity to sad mood provocation and the prediction of depressive relapse. *Archives of General Psychiatry, 63*(7), 749–755.

Slovic, P., Finucane, M., Peters, E., & MacGregor, D. G. (2002). The affect heuristic. In T. Gilovich, D. Griffin & D. Kahneman (Eds.), *Heuristics and biases: The psychology of intuitive judgment.* (pp. 397–420). New York: Cambridge University Press.

Spokas, M., Luterek, J. A., & Heimberg, R. G. (2009). Social anxiety and emotional suppression: The mediating role of beliefs. *Journal of Behavior Therapy and Experimental Psychiatry, 40*(2), 283–291.

Sunstein, C. R. (2005). *Laws of fear: Beyond the precautionary principle.* Cambridge, UK: Cambridge University Press.

Teasdale, J. D. (1999a). Metacognition, mindfulness and the modification of mood disorders. *Clinical Psychology and Psychotherapy, 6,* 146–155.

Teasdale, J. D. (1999b). Multi-level theories of cognition–emotion relations. In T. Dalgleish & M. J. Power (Eds.), *Handbook of cognition and emotion* (pp. 665–681). Chichester, England: Wiley.

Tirch, D. D., Leahy, R. L., & Silberstein, L. (2009, November). *Relationships among emotional-schemas, psychological flexibility, dispositional mindfulness, and emotion regulation.* Paper presented at the Association for Behavioral and Cognitive Therapies, New York, NY.

Weiner, B. (1974). *Achievement motivation and attribution theory.* Morristown, NJ: General Learning Press.

Weiner, B. (1986). *An attributional theory of motivation and emotion.* New York, NY: Springer-Verlag.

Wells, A. (2000). *Emotional disorders and metacognition: Innovative cognitive therapy.* New York, NY: Wiley.

Wells, A. (2002). Meta-cognitive beliefs in the maintenance of worry and generalized anxiety disorder. In R. G. Heimberg, C. L. Turk & D. S. Mennin (Eds.), *Generalized anxiety disorder: Advances in research and practice.* New York, NY: Guilford Press.

Wells, A. (2004). Meta-cognitive beliefs in the maintenance of worry and generalized anxiety disorder. In R. G. Heimberg, C. L. Turk & D. S. Mennin (Eds.), *Generalized anxiety disorder: Advances in research and practice.* New York, NY: Guilford Press.

Wells, A. (2009). *Metacognitive therapy for anxiety and depression.* New York, NY: Guilford Press.

Wilson, K. A., & Chambless, D. L. (1999). Inflated perceptions of responsibility and obsessive-compulsive symptoms. *Behaviour Research and Therapy, 37*(4), 325–335.

Wilson, T. D., Wheatley, T., Meyers, J. M., Gilbert, D. T., & Axsom, D. (2000). Focalism: A source of durability bias in affective forecasting. *Journal of Personal Social Psychology, 78*(5), 821–836.

Zahradnik, M., Stewart, S. H., Marshall, G. N., Schell, T. L., & Jaycox, L. H. (2009). Anxiety sensitivity and aspects of alexithymia are independently and uniquely assoicated with posttraumatic distress. *Journal of Traumatic Stress, 22*(2), 131–138.

Zajonc, R. B. (1984). On the primacy of affect. *American Psychologist, 39*(2), 117–123.

06 마음챙김에 기반한 스트레스 완화

Paul G. Salmon, Sandra E. Sephton, & Samuel J. Dreeben

동요하는 마음

지금 이 순간 호흡과 함께 머무를 수 있나요?

-Paul Salmon

● 모델의 역사적 맥락과 기술

마음챙김에 기반한 스트레스 완화(MBSR)

　마음챙김에 기반한 스트레스 완화(Mindfuless-Based Stress Reduction: MBSR)는 기간이 정해져 있고, 집단을 대상으로 하는 행동의학적 개입으로서 1979년에 Jon Kabat-Zinn에 의해 매사추세츠 우스터에 있는 매사추세츠 의과대학의 스트레스 완화 클리닉에서 만들어졌다. Kabat-Zinn(2003)은 마음챙김이란 "지금 이 순간 목적을 가지고 주의를 기울이며, 비판단적으로 순간순간의 경험을 펼치는 것"(p. 145)이라고 정의하였다. '지금 이 순간의 자각'은 이러한 정의에 있어서 근본이 되며, 마음챙김의 정의에서 가장 크게 수렴되는 핵심이다(Brown & Ryan, 2003). MBSR의 토대는 원하는 것이 실제적으로 어떻게 존재하는지와 다르게 계속적으로 원하는 것으로부터 상당한 괴로움과 고통이 일어난다는 단순하지만 심오한 생각에 기초한다. 평안하길 원하고, 치유를 희망하고, 건강 문제를 일으켰던 과거의 행동을 후회하고, 자신의 젊은 시절을 되찾고자 어떻게든 노력하는 것은 이러한 경향성의 징후다.

마음챙김의 임상적 적용

마음챙김의 전통은 불교 명상의 실제에 기반하고 있지만 Engel(1977)에 의해 지지된 생물심리사회적 조망의 맥락인 서구 생물의학 장면에서 널리 적용되고 있다. Epstein(1999)은 마음챙김이 행동적 · 정서적 · 인지적 과정 간에 상호작용의 실제적인 결과를 강조하는 서구 실용주의 철학과 양립 가능하다는 점에 주목하였다. MBSR 프로그램은 참여적 건강관리 추세의 일환으로써 최근 몇 년 사이에 확산되었으며, 현재 내국인과 외국인을 대상으로 하는 수백 개의 병원 및 클리닉에 제공되었다(Salmon, Santorelli, Sephton, & Kabat-Zinn, 2009). 『*Full Catastrophe Living*』과 마음챙김에 대한 이후의 조망(Kabat-Zinn, 1990; Kabat-Zinn, 1994; Kabat-Zinn, 2005; Santorelli, 1999)이 출간되기 시작하면서 마음챙김과 MBSR에 대한 공적인 관심이 상당히 증가하였고, PBS 시리즈의 발표와 함께 Bill Moyers(1993)의 『*Healing and the Mind*』처럼 그에 따른 책이 출간되었다. 의학적 관리와 훈련에서 마음챙김의 역할은 의학 내에서 유망한 예방적 그리고 치료 지향적 개입(Ludwig & Kabat-Zinn, 2008), 심리치료(Baer, 2006; Germer, Siegel, & Fulton, 2005; Roemer & Orsillo, 2008; Shapiro & Carlson, 2009), 최근 들어 건강/신체단련 영역(Dutton, 2008; La Forge, 2005)에서 진전을 계속하고 있다. 마음챙김의 영향은 자기 결정 이론을 포함한 자율성과 자기 조절 모델로 확장되었다(Ryan & Deci, 2004). MBSR은 전통적인 서구의 인지와 행동 심리학에 대한 충성을 유지해 왔던 인지행동치료의 영역 속에서 1990년대 중반에 강력한 움직임을 선도한 Hayes와 동료들의 관계 틀 이론(Hayes, Barnes-Holmes, & Roche, 2001), 수용전념치료 혹은 ACT의 개념적 틀(Hayes, Strosahl, & Wilson, 1999), Linehan(1993)의 마음챙김 중심 변증법적 행동치료(DBT)와 결합되어 있다. 현재 마음챙김과 수용에 기반한 개입(Hayes, Follette, & Linehan, 2004)은 마음챙김에 기반한 인지치료(Segal, Williams, & Teasdale, 2002)와 함께 인지행동치료에 유의한 영향을 미치고 있다.

마음챙김 센터

스트레스 완화 클리닉과 대표(flagship) MBSR 프로그램은 현재 매사추세츠 의과대학의 Center for Mindfulness in Medicine, Health Care, and Society (CFM)에 자리 잡고 있다. 그러나 원래의 클리닉이 세워졌을 때는 상호 보완적인 건강관리 프로그램이 드물었고, 몇 년 동안 MBSR 프로그램은 임시적인 기능을 하는 것으로 만들어졌으며, 전문가의 회의론에 직면했었다. 하지만 Kabat-Zinn의 독특한 배경—선불교에 대한 변치 않는 관심을 갖고 있으며 분자 생물학 박사인—이 그에게 과학적 신뢰성을 부여하였으며, 그가 해 왔던 작업처럼 인간의 고통을 완화시키는 것에 전념하게 하였다(Kabat-Zinn, 2005).

비록 최근에는 프로그램 참여자 중 자의로 내방한 사람들이 차지하는 비율이 증가하였지만, MBSR 강의는 의사에 의해 의뢰된 일반적인 의학적 문제를 갖고 있는 환자들을 위한 의뢰 통로(referral conduit)로서 도움을 주었다(Salmon et al., 2009b). 삶의 일부를 위협하는 질병이나 외상은 자각의 고조 상태와 현재에 닻을 내리고 머무르는 것에 대한 전념을 이끌어 내는 '기상 호출(wakeup call)'을 하게 한다(Gallagher, 2009). 또 다른 예로 동기화가 아마도 보다 쉽다는 점이다. 원인이 무엇이든 간에 MBSR 프로그램의 참여는 외견상으로는 인내심, 자기 신뢰, 심리적 수용을 지지하는 하나의 역설적 반응으로서 전형적으로 변화하고자 하는 강력한 욕구에 의해 동기화된다. 과거에 언급한 바와 같이 현재에 그들이 어떻게 존재하는지와 다르게 무언가를 원하는 것이 참여자들로 하여금 고통의 중심에 놓이도록 하는 것이라는 점에 대해 빠르게 배울 수 있도록 해 준다.

CFM은 주류 의학과 명백히 다르게 '고통'은 보편적인 현상이라는 전제하에 운영되며, 환자들이 받고 있는 의학적 관리와 결합하여 마음챙김에 기반을 둔 보완 관리를 제공하고 있다. 그러나 MBSR의 조망에서 고통의 개념은 신체적 고통에 집중하는 일반적인 의학적 의미와 상당히 다르다. MBSR의 맥락에서 고통은 고통 그 자체와 현재 상황으로부터, 혹은 "자신이 직접적으로 경험하는 것에 대한 두려움"(Epstein, 1995, p. 17)으로부터 멀어지려는 것을 의미한다. 고통에 대한 불교의 기원을 따름으로써 마음챙김은 내면으로 주의를 돌리고, 자기 탐색을 위해 안정적인 기초를 제공하는 것이라는 단순하지만 강력한 의미와 함께 결국 증상의 소거를 제공한다. 이러한 의미에서 마음챙김이 비교적 규율에서 자유로운 해결책처럼 제공되지만 주의가 항상 어떤 장소에서 또 다른 장소로, 시간 속에서는 전후로 이동하며, 지금 이 순간의 현실과는 관계없이 다양한 긍정적·부정적 심리 상태와 연결되어 있는 정신 현상의 집합체를 발견하게 해 주는 '몽키 마인드'의 평범한 경험을 제공하다. 그러한 정신 상태 패턴을 자진해서 인식하고 반응하는 학습은 마음챙김 실제의 핵심적인 이득이다(Kristeller, 2003).

MBSR 프로그램은 다양한 이유에서 참여자들의 마음을 끌어당긴다. 누군가는 의학적 문제에 직면해 있고, 종종 다루지 않고 사라지거나 대수롭지 않게 여기는 조건과 관련된 고통에 대한 완화 추구에 직면해 있다(R. S. Lazarus, 1984). 또 다른 몇몇은 현대 삶의 속도와 살아가기 위해 갈수록 도전하도록 만드는 그날그날의 복잡한 사건들에 의해 의기소침해지기도 한다. 아직까지 누군가는 사람들과 함께 결속된 시간에 공동체 의식을 갖지 못하고, 광범위한 공격성, 환경적 소외, 도덕과 종교적 이정표의 상실을 비롯한 다양한 사회적 취약성에 의해 개인적으로 영향을 받고 있으며(Jason, 1997), 지향성에 대한 안정적인 요소를 찾고 있다.

MBSR 프로그램

MBSR 프로그램은 종종 '코스 형태로 이루어지는 클리닉'으로 언급되며, Brantley(2005)에 의해 임상적 작업을 위한 '심리교육적 접근'이라고 묘사되었다. 따라서 이는 기법적으로 심리치료는 아니며, 인지행동치료와 대조적으로 정신병리나 임상적 진단에 대한 서구의 모델 속에도 포함되지 않는다. 오히려 보완적인 건강관리의 형태로서 심리치료의 전통적인 모델 밖에서 발전하였으며, 그럼에도 불구하고 핵심적인 특성—마음챙김—은 최근 심리치료적 개입의 범위 속으로 결합되고 있다. 그렇긴 해도 우리는 MBSR의 효과가 마음챙김 명상에 대한 실제를 잘 갖추지 않았을 뿐만 아니라 심리치료자나 그 밖의 조력 전문가들처럼 임상적인 훈련을 받지 않은 지도자에 의해서도 증진될 수 있다는 점을 지지한다(Kocovski, Segal, & Battista, 2009; Teasdale, Segal, & Williams, 2003). 초보 임상가에게 마음챙김의 소박한 본질—비판단, 지금 이 순간의 자각—을 효과적으로 전달하기 위한 많은 기술을 가르치는 것에 대해 양해할 수 있을 뿐만 아니라 개인적으로 의미 있는 일이다.

임상적인 감각은 다른 치료 방법에서와 마찬가지로 중요하다. 예를 들어, MBSR이 어떤 개인에게 제공되기 위해 적절한 개입인지 그렇지 않은지를 결정할 때, 혹은 심리치료를 포함한 다른 형태의 건강관리와 함께 통합되는 것이 최선인지 결정할 때. MBSR은 J. D. Frank와 Frank(1991)에 의해 열거된 돕고자 하는 사람과 함께하는 효과적인 작업 동맹, 치유 환경, 고통의 완화를 위한 신뢰할 수 있는 개념적 도식과 절차, 참여자와 지도자 모두의 능동적인 관여를 이끌어 내는 회복 절차를 포함한 심리치료의 공통 요인을 구현하고 있다. Frank와 Frank의 선견지명 있는 작업에는 사회적으로 승인된 치료 실제, 해당 전문가, 훈련, 고통과 관련된 혼란의 광범위한 문제를 다루기 위한 보편적인 방법을 강조하는 목적으로서의 문화적 경계까지도 포함된다.

구조와 커리큘럼

전통적으로 실행된 바와 같이 MBSR은 전형적으로 시간이 정해져 있고(8회기), 참여자가 도전이 되는 환경에 대한 직면을 통해 지금 이 순간에 집중된 주의를 함양하여 스트레스 관리에 접근하는 커리큘럼과 함께 매주 2시간에서 2시간 30분 동안 집단 프로그램을 실시한다. 이 프로그램에서는 서구의 심리학과 더불어 불교의 요소를 효과적으로 통합한 실습이 다루어지는데, 명상(또는 다른) 실습이 문화적으로 이식될 때 많은 회피의 위험이 일어날 수 있다(Aronson, 2004). 바디 스캔(내부 지향적이고 신체 중심의 주의), 하타 요가(온화한 움직임과 스트레칭), 정좌 명상이 세 가지 핵심 마음챙김 실습으로 구성되어 있으며, 45~60분 동안 매일 가정에서 연습하도록 되어 있다. 세 가지 모두 가정에서 지도 받을 수 있도록 제공되는 CD에 녹음된다. 이들은 각각 경험의 특정한 측면(비록 어느 정도 중복된다고 하더라도), 즉 신체 감각(바디 스캔), 운동 감각(하타 요가), 인지적 경험(정좌 명상)에 대해 마음챙김하는 탐색을 독려한다.

공식적인 마음챙김 실습으로 언급되는 바디 스캔, 하타 요가, 정좌 명상은 매일 연습한다는 정기적인 측면에서 MBSR의 토대를 구성한다. 또한 프로그램에서는 먹기, 운전하기, 말하기, 일하기와 같이 일상적인 현실세계의 경험을 지향하는 비공식적인 마음챙김 실습도 강조한다. 이러한 주의의 중심을 만드는 것은 일상적인 삶으로 마음챙김을 통합하는 데 효과적이다.

MBSR 프로그램은 교훈적이고 경험적인 요소를 통합한 핵심적인 스트레스 관련 주제들에 중심을 둔다. 예비 면담(혹은 집단 오리엔테이션 회기)은 기능적으로 첫 번째 회기에 구성되며, 프로그램에 대한 개관을 제공하고, 참여에 전념하도록 용기를 북돋는다. 실제적인 8회기 프로그램 중 첫 회기에는 자비로운 자기 자각과 수용('당신의 문제가 무엇이든 상관없이 거기에는 당신에게 안 좋은 것보다 좋은 것이 있게 마련이다.')의 주제를 소개한다. 참여자들은 프로그램에 오게 된 이유를 나누도록 초대되며, 뒤따라 두 가지의 핵심적인 마음챙김 실습(바디 스캔, 정좌 명상)이 소개되고, 이를 실습한다. 이 회기에는 첫 번째 가정 실습에 대해 논의하고, 잠시 동안 정좌하는 것으로 마무리한다. 그다음 회기들은 정좌 명상(프로그램 기간 동안 계속해서 증가되는)으로 시작되며, 이어서 주간 가정 실습 및 지금 여기에서의 자각을 위한 가정 실습의 효과에 대해 논의한다. 여기에서 지도자의 역할은 실습을 통해 '생생한 경험'에 집중할 수 있도록 참여자를 격려하고, 이완이나 스트레스 완화 같은 특정한 결과를 위해 노력을 투자하려는 경향성을 자각하도록 독려한다.

프로그램 회기에는 '지각과 창의적 반응하기' '현재에 존재하기의 즐거움과 힘' '스트레스에 대한 반작용 대 반응' 그리고 그 밖의 다른 것들을 포함하는 주제를 통해 스트레스 관리에서 마음챙김의 다양한 적용을 보여 주는 비공식적이고 교훈적인 설명이 포함된다. 첨부된 워크북 안의 자료는 실습 일지와 자기 반영(self-reflection) 질문지를 통해 이러한 주제를 더 자세하게 서술한다. 전통적으로 마음챙김 6회기와 7회기 사이에 토요 마음챙김 '수행'이 계속되는데, 이는 참여자에게 실습의 확장을 위한 기회를 제공한다. 이러한 관점에서 가정 실습은 갈수록 더 개별화되어 가며, 정좌 명상, 요가, 바디 스캔의 다양한 혼합에 대한 개인적인 선호가 반영된다.

마지막 8회기에는 전체 프로그램에 대한 종결이 이루어진다. 참여자들은 개인적으로 의미 있고 다양한 공식적 · 비공식적 실습 기법들을 접하여 습득한 그들의 실습을 지속하도록 격려 받는다. 다양한 마음챙김 자원들을 유연하게 사용하는 것은 융통성이 없는 실행과 부적절한 적용과 같이 단일 모드 기법과 관련된 문제에 효과적으로 대응하는 것이다(A. A. Lazarus, 1984). 이러한 다양성은 '소진'과 초기 실습에서의 중도 탈락에 맞설 수 있게 해 준다. 마지막으로 CFM 같은 프로그램에서는 참여자의 실습을 정기적으로 강화한다는 의미에서 다음의 주말 수행에 참여하도록 MBSR 프로그램 수료자를 초대한다.

맥락적 요인

다양한 맥락적 요인들이 지지적인 분위기를 제공하기 위해 혼합되는데, 이는 높은 비율의 프로그램 완수에 기여한다고 CFM과 그 밖의 MBSR 프로그램 센터에 의해 보고되었다. 최근 Salmon 등(2009b, p. 275)에 의해 요약된 맥락적 요인에는 생활 양식의 변화를 조성하는 데 충분한 기간 동안의 시간 제한적인 집단 구성 방식, 내성적으로 지향된 교육적 접근, 개인의 선호와 차이를 수용하는 다양한 마음챙김 실습, 폭넓은 개인적 명상 경험을 가진 지도자, 고통과 전체성에 대한 경험적 주제의 통합, 통합적인 심신 마음챙김 실습, 다양하고 이질적인 참여자, 매일 지속되는 동안에 확장된 명상 실습과 주말 수행, 공유하기와 능동적인 대처하기를 강조한다는 맥락에서 지지적인 학습 등이 포함된다.

MBSR 프로그램은 다면적이고, 다학제적이며, 문화적으로 포괄적이다. MBSR 프로그램의 진화는 최근 사회적이고 문화적인 추세를 명확하게 반영하는데, 불교와 서구 심리학 간에 존재하지 않았던 유익한 동맹을 조성하였다. 예를 들어, 20세기 초반에 명상은 Freud와 그의 지지자들에 의해 매몰차게 여겨졌으며, 비난도 받았다. 의식에 대한 연구에 관심이 급증하면서 인내심, 실제적인 수용, 개념적이고 응용적인 수준 모두에서 관심의 확산이 서서히 증가하게 되었다(Bankart, 2003). 현재 불교의 영향을 받은 교육과 실습이 정신분석의 범위(Epstein, 1995; Safran, 2003)에서 인지행동적 조망에 이르기까지 임상 심리학에서 광범위하게 제기되고 있다. MBSR 지도자와 임상가 모두 진화되어 온 불교의 역사적이고 문화적인 맥락의 적용을 통해 이득을 얻을 수 있다(예: Bankart, 1997; Bankark, Dackett, & Dudley-Grant, 2003 참조).

체화된 실제

개인과 집단 모두를 대상으로 한 MBSR은 마음챙김을 함양하고, 목표를 달성하기 위한 단일한 혹은 '옳은 길'은 없다는 중요한 생각을 암암리에 전달하는 데 기여하였다. 마음챙김은 특정한 행동으로서 독립적이지는 않지만 광범위하게 영향을 미치는 특성들을 구현하고 있다. 마음챙김은 행동, 사고, 감정을 아우르는 맥락적 환경을 제공한다. Brown, Ryan과 Creswell(2007)에 의해 이루어진 마음챙김에 대한 최근의 논의에서는 명확하고 비개념적인 자각, 일관되고 유연하게 배분된 주의를 위한 능력, 현재에 닻을 내리고 존재하기, 비판단적인 태도로 생활하기와 같은 핵심 요소가 요약되었다. 특히 MBSR의 공식적인 실제는 개인적 성향과 선호가 가득한 방식들 속에서 이러한 특성을 구현하는 것에 대한 체계적인 의미를 제공한다.

바디 스캔은 MBSR의 첫 회기에서 소개되는데, 이는 내성적인 실습으로서 감각에 단순히 주의를 기울이기 위한 내성과 함께 주의가 하나의 신체 영역에서 또 다른 영역으로 서서히 옮겨 가게 된다. 이러한 실습은 기록된 서술을 통해 구조화되며, 몇 가지 목표를 제공한다. 첫째, 마음챙김의 주요한 요소인 내부로 주의를 옮겨 가고, 수용적인 태도를 취하는 과정을 선도한다. 둘째, 일반적으로 고요하고, 아직 주의를 기울이고 있으며, 평온한 상태가 지속되는 새로운 경험에 노출됨으로써 지속적이고 고요한 자기 성찰로 이끈다. 셋째, 판단적인 평가(시간이 경과하면서 이상적으로 제거되는)에 따른 고통스럽고, 중립적인 혹은 긍정적인 감각, 혹은 모든 것에 대한 무감각을 환기시킬 수 있는 신체부위에 대한 공정한 방식의 탐색을 통해 전반적인 신체와 함께 친밀한 익숙함을 육성할 수 있는 방법을 제공한다. 공식적인 실습인 바디 스캔은 실제로 불교 명상 속에서 병행되지는 않지만, 그럼에도 불구하고 바디 스캔은 마음챙김 주의의 목적 가치로서 취급되고 있다.

MBSR에서 사용되는 바와 같이 바디 스캔은 마음챙김을 위해 주목하지 않을 수 없는 수단이다. 이는 신체 감각에 대한 마음챙김 지각을 기술한 Shusterman(2008)에 의해 논의된 바와 같이 신체 감각(somaesthetic) 혹은 '신체 의식'의 철학 내에서 잘 부합되는데, 그는 신체 감각에 마음챙김 지각(perception)이 외적인 형상의 수준에서 떨어져 신체적 민감성을 육성하는 자각의 수준을 향상시킨다고 기술하였다. 이러한 조망의 중요한 선도자가 바로 건강에서 '신체 자각'의 중요성을 강조한 Bakal(1999)이다. 그는 신체 자각이 내적 상태 안에서 민감성에 주의를 기울이는 "아주 흔한 내적 경험"(p. 4)이며, 신체적 이완과 명상 실습의 특징이라고 기술하였다. Bakal은 신체 자각을 마음챙김의 특정한 징후이며, 무목적적인 자각의 보다 전반적인 상태로 여겼다. 그의 임상적인 접근은 통증, 괴로움과 고통을 포함한 인간의 정서적 경험 전반에 걸친 잠재적인 관련성으로 인해 내적 상태의 탐색을 격려한다는 측면에서 MBSR을 반영한다. 우리는 내적 상태가 사실상 '아주 흔한' 것임에도 불구하고 MBSR 실습에 의해 대변되는 일종의 참을성과 개방성의 체계적인 방식으로 좀처럼 탐색되지는 않고 있다는 점에 대해 추가적으로 언급하는 바다.

MBSR의 또 다른 핵심 요소인 하타 요가는 역사적으로 불교와 연결되어 있을 뿐만 아니라 독립적인 철학과 실제로 개발되었다. 요가의 몇 가지 체계 중 하나인 하타(문자 그대로 태양/달) 요가는 MBSR과 같이 심신의 통합이라는 목표를 공유한다(Salmon et al., 2009a). MBSR의 맥락에서 요가는 순간순간에 기초하여 동작을 통해 신체를 경험하는 마음챙김 실제의 수단이 된다. 하타 요가는 원래 불활동과 관련되어 있는 신체적 약화를 말하는 불활동성 위축을 환자들이 극복하는 데 도움을 주기 위해 도입되었다. Innes 등(2005)의 고찰과 비평에 의하면, 확장된 연구들이 요가를 발전시켰으나 질이 일관되지 않고, 서구의 건강관리에 적용하는 데 있어서 제한점이 있다고 하였다. MBSR은 의학적 문제를 가진 환자가 수동적인 불활동에서 적응적인 움직임으로 온화하게 그리고 마음챙김하면서 이행할 수 있도록 도움을 준다는 의미에서 신체적으로 너무 부담이 되지 않도록 하며, 그것의 결합에 지나치게 의존하지 않는 요가의 두 가지 순서를 포함하고 있다. 이러한 순서는 서기, 앉기, 눕기 자세(asanas)로 구성되어 있는데, 이는 규칙적으로 시행될 때 균형, 동작의 범위, 강도, 유연성의 측면에서 기동성의 이득을 얻게 된다.

최근에 언급된 바와 같이(Salmon, Lush, Jablonski, & Sephton, 2009a), 소수의 심리학자들(혹은 그 밖의 건강 전문가)이 요가를 포함한 신체적 학문에 대한 훈련을 받고 있다. 게다가 심리치료는 역사적으로 말하기를 강조하지만 행동은 강조하지 않는다. 그 결과, MBSR에서 성취하고자 하는 심신 통합은 오늘날에 이르기까지 임상 심리학의 실제로 포함되지 못하였다(Williams, Teasdale, Segal, & Kabat-Zinn, 2007). 이는 불운한 일인데, 왜냐하면 상당한 연구 문헌을 통해 우울증과 불안, 그리고 스트레스의 완화에 있어서 신체적 움직임의 효능이 지지되었기 때문이다(Dunn, Trivedi, Kampert, Clark, & Chambliss, 2005; Martinsen, 2008; Smits & Orro, 2009). 심리치료 실제가 요가와 같은 움직임 중심 실제를 결합하여 확장되기까지, 증상 완화와 적응적인 기능에 있어서 의미 있는 원천의 이득을 얻는 것은 불가능했을 것이다.

정좌 명상은 MBSR에서 세 번째 공식적인 마음챙김 실습이며, 가장 많은 주목을 받아 왔다. 정좌 명상의 간단함이 관심을 끌게 되었는데, 어찌됐든 지시에는 단순히 '가만히 앉기' 그리고 의도를 가지고 주의를 기울이고, 다양한 '대상을 의식' 하는 것에 대한 일관된 자세가 있다. MBSR 지도자에 의해 자주 반복되는 것처럼 현실 속에서 '단순하지만 쉽지 않다.'는 것이 보다 정확한 묘사다. 효과적으로 시행되었을 때 정좌 명상은 최소의 신체적 활동으로 집중된 주의를 통합하게 되는데, 전통적으로 대부분의 서양 사람에게는 낯선 융합의 상태다. MBSR에서 일관된 정좌의 첫 번째 목적은 바디 스캔을 통해 미리 경험하였던 알아차림이라는 내적 상태 속으로의 심리적 '창'을 기를 수 있도록 돕는 것이다. 이러한 본질의 유리한 위치를 안정적으로 확립하는 것은 내부를 향해 의도적으로 주의를 향하게 하지 않는 것에 대한 몇 가지 적응적인 목적을 제공한다. 인지행동치료는 역기능적인 인지를 명시하기 위해 관례대로 사고 감찰을 실시한다. 그러나 일반적으로 이를 정확히 어떻게 하는지에 대한 지시에 있어서 제한점이 있다. 실제에서 내부 신체나 정신 상태에 대한 지속적인 관찰은 도전 의식을 북돋워 줄 수 있으며, MBSR은 특히 실행의 방법을 가르치는 몇 안 되는 임상적 실제 중 하나다.

정좌 명상의 두 번째 이득은 시간이 지나면서 강화되지 않은 노출과 습관화에 의한 사고와 감정 상태를 향해 비반응적인 자세를 서서히 기를 수 있다는 점이다 (Goleman, 1990). 조건화된 행동적·정서적 반응과 연결되어 있는 자극이기보다 단순하게 사고를 그저 사고로 바라보게 되는 것은 심리적 고통과 연결되어 있는 인지 삼제인 사고, 정서, 행동을 효과적으로 분리시키는 강력한 내성적 도구다.

내성적 방법을 통해 길러진 마음챙김은 현재의 MBSR 실제에 계속 영향을 미치고 있는 이러한 서구 심리학과 기본적으로 양립할 수 있다. 예를 들어, 의식적인 자각은 '깨어 있음에 존재하기' '이완된 자각' '주의 기울이기' '온전하게 의식적인 상태로 존재하기'와 같은 서술을 통해 다양한 방식으로 강조되었다. 의식적이지 못한 상태는 잠을 자는 것과 유사하며, 암기하고 습관적인 방식으로 삶을 살아가는, 마치 자동 조종 장치처럼 행동하는 경향성을 시사한다. Brown과 Ryan(2003), Kabat-Zinn(2003) 그리고 또 다른 학자들이 언급한 바와 같이, 선천적으로 주의를 집중하는 불자는 없으며, 공식 명상 실습과 마음챙김이 특별하게 관련되어 있다는 독점적인 태도로 마음챙김을 취급하는 경향성은 쓸데없이 제한적인 예다.

MBSR에서 감각에 의해 매개된 지식의 중요성이 강조되는데, 이는 여과 체계로서 작용하는 인지 과정에 의해 방해되는 것 없이 경험적 몰입에 대한 지각적 요소를 알아차리고 주의를 집중하도록 참가자에게 용기를 북돋워 주기 때문이다. 기본적으로 널리 시행되는 정좌 명상은 호흡, 다른 내적 감각, 환경적 소리, 마지막으로 사고(청각, 시각, 촉각, 미각, 후각에 더하여 중요하게 여겨지는 육감)로 옮겨 가면서 집중하도록 하는 지시와 함께 시작한다. 또한 감각 현상에 집중하도록 독려하는데, 이러한 실습은 의식적인 자각의 인지 능력 특징인 유연한 주의 배분을 위한 우리의 능력을 분명하게 보여 준다.

마음챙김과 '건설된 세상'

우리가 스스로 만든 건설된 '가상 세상'에서 살고 있다는 전제는 Frank와 Frank (1991), Meichenbaum(1977), Mahoney(1991) 같은 서구의 구성주의자들의 견해 처럼 MBSR에서 기본적으로 중요하다. 공식적인 마음챙김 기법(바디 스캔, 정좌 명상, 하타 요가)은 '여러분의 경험은 다양하고 고유하다.'라는 서술과 맥락적으로 관련되어 있으며, 이완이나 통찰 같은 포괄적인 목표에 대해 강조하지 않는 다. 대신에 특정한 무언가가 일어나도록 하는 노력 없이 경험에 순간순간 몰입 함으로써 사건을 '그저 알아차리는 것'의 중요성이 강조된다. 비판단적인 자각 은 마음챙김 실습의 핵심으로서 지각의 명료화, 인지적 선입견으로부터 자유로 워지는 것을 강조한다. 이러한 비판단적 자각이 심리적으로 유리한 점은 구조화 된 명상 실습을 위해 정해진 시간을 초월해 확장하는 일상적인 적용이라는 관점 과 일관되게 개발하려는 목적으로서 비공식적인 실습에도 동등하게 적용된다는 점이다. 마음챙김은 Kabat-Zinn(1990)에 의해 기술되었던 보다 광범위한 사고 방식의 틀을 포함하고 있으며, 이는 매우 중요하다. 이러한 체계의 요소에는 수 용, '초심'(즉, 마치 처음 본 것처럼 그것을 바라보다), 선입견 및 제한적 시각 내려 놓기, 비판단, 애쓰지 않기, 인내심, 신뢰가 있다.

변화의 필연성은 불교 유산을 반영하는 MBSR에서 매우 중요하다. 그러나 변 화를 관찰하는 능력은 우리의 많은 시간이 안정적인 기준을 제공하지 않고 끊임 없이 일어나는 활동에 쓰이고 있다는 사실에 의해 심각하게 제한된다. '가만히 앉아 있기'를 독려하는 것은 그 사람의 초점이 마음을 포함하여 의식의 다른 대 상으로 이동할 수 있도록 충분히 신체를 진정시키는 간단한 방법이다. 움직이고 실행하는 것은 중요한 관심사에 대한 주의의 범위를 협소하게 만드는 인지적 처 리 능력을 많이 요구한다. 반면에 정좌는 흥미로운 절차이며, 이완된 자각이라 는 다소 역설적인 상태로서 인지적 요구를 감소시키고 그 밖의 목적을 위한 능력 을 마련해 준다.

고요하고 이완된 자각은 변화의 과정이 전형적으로 모호하지만 않다면 그 과정의 관찰을 통해 유리한 점을 제공한다. 징후는 어디에서든 존재한다. 호흡에 대한 관찰은 들숨에서 날숨으로의 국면에 따른 변화를 드러낸다. 내적 상태에 대한 관찰은 기저의 생리적인 과정에 의해 무수히 많은 변화를 보여 주는 규칙적이고 간헐적인 내수용성 감각 모두를 드러낸다. 광경과 소리에 대한 관찰은 끊임없이 일어나지만 보통 그들 스스로 일관되게 변화하는 감각 기관에 의해 미묘한 에너지 상태의 흐름이 포착된다[예: 일관성 있고 분명히 안정적인 시각적 이미지를 관찰하는 능력은 단속성 운동 진동(saccadic oscillations)과 광범위한 스캐닝 패턴 모두를 포함하여 거의 끊임없이 일어나는 미세한 안구 운동으로부터 파생된다]. 또 다른 능력인 사고에 대한 관찰은 추가된 도전 자세를 취하는 고요한 자각에 의해 증진된다. 그러나 사고의 변화를 단순히 알아차리는 데 많은 실제가 시행되지 않으며, 사고는 끊임없이 일어나고 사라진다. 이는 자신과 사고를 분리할 수 있고, 마치 또 다른 감각에 기반한 현상처럼 그들 자신의 외견상의 삶을 소유하는 것으로 묘사된다. 또한 사고의 통제는 단순한 문제가 아니라는 점이 급격히 분명해졌다. 어두운 곳에 앉아 외적인 시각 자극을 제거하거나 소음 제거 헤드폰을 착용함으로써 소리를 제거할 수 있는 방법처럼 곧바로 사고를 멈출 수는 없다.

● 개입 모델에서 마음챙김과 수용 전략의 역할

마음챙김은 MBSR의 토대가 되었다. 그러나 마음챙김 명상에 기반한 인지치료(Segal, Williams, & Teasdale, 2002), 마음챙김과 수용 기반 행동치료(Roemer & Orsillo, 2009), 그리고 Germer, Siegel과 Fulton(2005)에 의해 열거된 또 다른 범위의 마음챙김에 정통한 실제와 같이, 보다 최근의 마음챙김과 수용에 기반한 심리치료 모델의 중요한 촉매가 되었던 Hayes, Strosahl과 Wilson(1999) 그리고 Linehan (1993)의 선구적인 작업과 어떤 점은 관련이 있지만 뚜렷하게 구분된다.

변화에 대한 촉매제의 흔한 경우로써 이러한 몇몇의 마음챙김과 수용에 기반한 개입은 전통적인 행동적 · 인지행동적 · 정신역동적 접근에 강력하게 뿌리를 내리고 있었던 시간 동안에 이러한 임상적 실제의 주류 밖에서 개발되었다. 예를 들어, Kabat-Zinn과 Linehan 모두 개인적으로 서구 심리치료의 문화적 전통 밖에 있는 불교 명상 실제에 깊이 관여되어 있었으며, Hayes의 포스트 행동주의를 따르는 급진적인 행동치료자의 조망 역시 주류의 실제로부터 현저하게 갈라지게 되었다.

MBSR 프로그램은 의학적인 문제와 관련된 스트레스를 환자들이 관리하는 데 도움을 주기 위해 고안되었으며, 초기에는 만성 통증에 중점을 두었다. 직접적인 명상 경험을 통해 Kabat-Zinn은 불가피하게 지속되는 신체의 통증을 상대적으로 정좌 상태에 있을 때 잘 알아차리게 되었다. 그는 통증과 관련된 감각이 마음챙김 실습을 위한 기회를 제공하며, 이러한 마음챙김은 결국 통증과 관련된 감각 그 자체와 일치하는 요소로 경험을 세분화하고 해체하도록 만들 뿐만 아니라 어떠한 것들을 변화시키고자 하는 욕구와 통증을 없애고자 하는 욕구를 추진시키는 부적 유인가에 따른 사고 및 감정과 관련되어 있다고 추론하였다. 전자보다는 후자의 현상이 고통의 근간이라고 여겨지는데, 이러한 고통은 기본적으로 이들이 어떻게 존재하는지와 다르게 이들을 원하는 것에서 출발한다. 따라서 통증에 대한 지금 이 순간의 감각은 고통의 총체적인 수준을 증폭시키는 것과는 달리 경험의 인지적 · 정동적 연관성으로부터 분리될 수 있게 해 준다. 우울하고 불안한 사고와 감정은 대개 과거나 미래의 사건들과 관련되어 있으며, 이러한 방식 속에서 효과적으로 우회했을 때 이들의 영향력은 상실될 수 있다. 비록 지금 이 순간에 집중하는 것이 고통스러운 감각을 가져올지는 모르지만, 이러한 고통스러운 감각은 과거나 미래에 대한 염려에 의해 떠올려지고, 지금 이 순간의 현실을 정확하게 반영하지 못하는 인지적 혹은 정동적 현상의 동반 없이 기본적인 방식(순수한 주의) 속에서 얼마간 경험될 수 있다.

마음챙김의 실천은 적어도 처음에는 많이 역설적인 것처럼 보인다. 앞서 언급한 바와 같이, 이는 보통 '단순하지만 쉽지 않은 것'으로 기술된다. 이는 우리가 회피하려 하는 통증과 그 밖의 경험들에 대해 개방성을 갖도록 요청한다. 임상적으로 고통의 완화를 제안하지만 이러한 고통의 소멸에 도달할 수 있도록 애쓰는 것을 격려하지는 않는다. 또한 마음챙김의 실천은 핵심적인 태도로서 수용을 지지함에도 불구하고 MBSR의 연구 결과를 보면 일반적으로 참여자의 삶 속에서 유의한 변화가 보고되었다. 이 같은 명백한 역설을 이해하기 위해 임상가들은 마음챙김을 다루는 데 있어서 중요한 맥락, 의미 있는 구조를 살펴야만 한다.

Brantley(2005)는 MBSR의 핵심으로서 세 가지 근원적인 주제를 열거하였는데, 이는 각각 서구의 생물의학적 맥락 속에서 치료의 중요성을 강화하기 위한 의도를 갖고 있다. 첫째, 부정적이거나 도전적인 상황과 관계없이 스스로를 자비로운 마음으로 수용하는 것이다. 이는 질병의 진단과 근절에 대한 서구 의학의 전통적인 강조와 균형을 이룰 수 있도록 도움을 준다. 둘째, 행동하기(doing)보다는 의학 모델의 행동 지향성과 균형을 유지하는 방식으로써 존재하기(being)의 중요성을 강조하는 것이다. 셋째, 참여자들은 무엇이 옳다 혹은 그르다는 선입견을 버리고 알고 있지 않은(not knowing) 태도를 취하도록 격려 받는다. 이는 사실적인 정보와 직업적 전문가에게 전적으로 의존하는 서구의 전통적인 의학적 사고와 반대되는 사고의 방식이다.

이러한 세 가지 주제는 의학적 상태가 삶에서 필연적으로 존재하는 무수한 스트레스 요인 중 하나라고 바라보는 MBSR의 보다 넓은 맥락 속에 내포되어 있다. 세 가지 주제 모두 이러한 확장된 맥락 속에서 매우 적응적이다. 수용은 심리적 온전함(integrity)을 강조할 뿐 아니라, 도전적인 상황에서 개방적이고 능숙하게 대처하는 능력의 개발을 강조하는 몇몇 태도 요인 중 하나다. 행동하기보다 존재하기는 수용을 충족시킬 뿐만 아니라 개인의 갈등과 혼란의 한가운데에서 반성을 위한 회복의 시간을 다루는 것이 중요함을 보여 준다. '알고 있지 않다는 것'은 개인의 삶에 관한 중요한 의사결정에서 대두되는 많은 요인들에 대해 숙련되게 숙고할 수 있도록 격려하는 방식이다. 어떤 것을 바라보는 새로운 방식을 통해 열린 마음으로 존재하는 것과 새로운 증거에 대한 직면을 통해 행동의 선결된 과정의 변화에 기꺼이 참여하는 것은 이러한 아이디어의 징후다.

　이러한 조망은 현재의 심리치료에서 널리 지지되고 있는데, 초기에는 행동 패턴을 변화시키는 전략에 거의 배타적이었던 일반적인 행동 및 인지행동적 전략에 역행하였다. 서구의 의학적 관리나 서구 사회 문제의 맥락에서 수용, '행동하지 않기'와 '알고 있지 않기'에 대한 강조가 유용한 기능을 제공하는지 어떻게 알 수 있을까? 이에 대해 몇 가지 타당한 설명이 있다. 첫째, MBSR은 세련된 의학적 관리의 일급 수혜자임에도 불구하고, 전통적인 의학적 임상가에게 도전이 되는 환자의 요구에 답함으로써 진전을 이뤄 냈다. 이는 의학적 관리와 마찬가지로 환자의 심리적 요구를 다루는 상호보완적인 형태의 관리를 제공한다. 또한 치유와 건강에 대한 전체론적인 시각을 지지하는데, 이는 질병의 근절을 강조하는 생물의학적 환원주의와 균형을 이룬다. 둘째, MBSR은 의학적 관리의 치유적 영향력을 넘어서 삶에 대한 가이드라인을 제공한다. 참여자는 일상생활에서 필연적으로 겪게 되는 의학적 스트레스와 그 밖의 도전들을 관리하는 데 유용한 생활양식으로 변화할 수 있도록 격려 받는다. 예를 들어, 프로그램의 마무리에서 '다음 회기'는 '내 삶의 나머지'로 묘사된다. 셋째, MBSR 프로그램은 의학적 장면에서처럼 행동하는 데 있어서의 수동성을 극복하는 데 도움이 되는 매일매일의 구조화된 실습을 지시한다. 일상적인 실습에 대한 기대는 '당신은 그 실습을 좋아하지 마세요. 그저 그것을 하기만 하세요!'라는 말로써 강화될 수 있다. 이러한 기대는 프로그램의 효과에 대한 마지막 판단을 유예하고, 기꺼이 경험하기를 요구하여 참여자들이 오직 시간이 경과함에 따라 일어나게 되는 행동 변화의 이득에 대한 체계적인 과정에 관여하게 하는 프로그램에 전념하는 것이었다. 넷째, 가장 중요한 것으로서 프로그램 참여자들은 그들의 특정한 의학적 상태 이상을 아우르고 확장된 맥락적 틀을 통해 건강하고 만족스러운 그들의 전반적인 상태 속에서 능동적인 역할을 선택할 수 있도록 격려 받는다.

●임상적 기술

George와 Mary는 60대 중반과 60대 후반의 유쾌한 커플로서 8주간의 MBSR 프로그램을 완수하였다. George는 몇 년 전에 파킨슨 병을 진단받았으며, Mary 는 자신이 강박장애 증상처럼 기술한 무언가를 수년간 경험하고 있다고 보고하였다. 두 사람 모두 이러한 상태와 또 다른 문제로 인해 하루하루 겪고 있는 경도에서 중등도의 스트레스를 보고하였다. 그들은 MBSR 연구에 참여하기 위해 신경과 클리닉에서 진행하는 프로그램에 의뢰되었으며, MBSR 프로그램에 참여하면 그들의 대처 기술이 개선될 수 있을 것이라는 점에 관심을 보였다. 두 사람 모두 남달리 프로그램에 전념하였는데, 바디 스캔, 하타 요가, 정좌 명상을 하는 시간에 대한 일지를 상세하게 기록하였고, 주별로 할당된 다양한 스트레스 관리 가정 실습을 완수하였다.

전통적인 MBSR 8주 프로그램은 파킨슨 병 환자와 배우자 혹은 보호자로 구성된 두 집단에게 앞서 기술된 세 가지가 적용되었다. 프로그램 회기와 가정 실습에서는 바디 스캔, 하타 요가(특히 이 연구를 위해 조정된), 정좌 명상을 강조하였다. 8주 동안 주별로 두 시간씩의 회기가 구성되었으며, 여기에는 정좌 명상, 주별 가정 실습에 대한 점검, 교육(didactic) 자료, 세 가지의 공식적인 마음챙김 실습을 위한 회기 내의 코칭이 포함되었다. 요가 자세는 개인의 요구에 따라 조절되었다. 대부분의 회기에서 진지한 논의가 이루어졌다. 예를 들어, 거의 모든 커플에서 지적된 바와 같이 '보호자' 들은 돌보는 것이 어느 한 사람의 고유한 책임감보다는 상호적인 헌신과 관련된다는 결정적인 비판을 하였다. 사실 어떤 보호자는 파킨슨 병만큼이나 벅찬 건강상의 문제에 직면했었는데, 이러한 사실은 건강과 웰빙을 지키는 데 있어서 여러 도전이 필연적으로 일어날 수밖에 없음을 강조한다.

Mary와 George를 포함하여 많은 커플이 함께 실제에 참여하였는데, 보통 지속적인 참여를 강력하게 강화하는 만족스러운 경험을 하게 되었다. 파킨슨 병의 장기간의 진행과 함께 대단히 중요하게 우려되는 점은 효과적인 약물치료에 기반한 증상 관리와 치료 종결의 기대에 대한 잦은 표현에 의해 이러한 실제가 경시되는 경향이 있다는 것이다. MBSR 프로그램이 현재의 스트레스를 관리하는 데는 유용하지만 병을 치유하지는 못한다는 것은 누가 보아도 명백하다.

프로그램이 종결됨에 따라 Mary는 강박장애 증상에 관한 괴로움이 감소되었으며, 스트레스에 대한 보고와 함께 이러한 증상이 실제적으로 유의하게 감소되었다. 두 사람 모두 이전에 비해 스트레스에 대한 대처 능력이 다소 나아졌다고 보고하였다. George는 파킨슨 병을 관리하는 데 도움을 주는 의학적 관리와 함께 스트레스 관리의 중요성을 더욱 깨닫게 되었다고 하였다. 그는 자신의 감정과 이러한 감정이 다른 것에 어떻게 영향을 미치는지 더욱 자각하게 되었다고 보고하였다. Mary는 프로그램이 끝난 후 얻게 된 이득으로 '순간에 존재하는 것을 배우게 된 것'을 들었으며, 이와 더불어 감정과 정서가 어떻게 하루하루의 상황에 대한 자각을 달라지게 하는지에 대해 더욱 잘 알게 되었다는 점 역시 언급하였다. 마지막 만남에서 두 사람은 호흡 자각, 바디 스캔, 요가를 결합한 마음챙김 실습을 지속하고 있었다.

MBSR 프로그램에서 Mary와 George의 경험은 몇 가지 측면에서 주목할 만하다. 첫째, 사회적 지지와 책임감이라는 측면에서 프로그램에 배우자나 파트너가 함께하는 것에 대한 잠재적인 가치를 보여 준다. 둘째, 각자 그리고 다른 집단의 구성원과 함께 개인적 경험과 감정을 기꺼이 나누는 것이 고통스러운 생활 사건의 직면에 대해 생생하게 논의하는 것을 포함하고 있는 주별 회기에서 깊고 상세하게 이루어졌다. 셋째, 다수의 MBSR 프로그램 참여자에게 해당되는 것처럼 Mary와 George를 위한 프로그램의 분명한 가치는 자각을 증진하고, 언젠가는 고통스러운 생활 사건에 직면하게 된다는 실질적인 의미에서 순간을 살아가는 것에 중심을 두었다. 예견된 목표이기보다 계속 진행 중인 과정인 수용과 마음챙김은 MBSR 실제의 예술이다(Kabat-Zinn, Massion, Herbert, & Rosenbaum, 1998).

● 이론적으로 뚜렷하게 구별되는 MBSR의 특성

MBSR은 인지행동치료에 기반한 심리치료 모델과 이론적으로 뚜렷하게 구별되는데, MBSR에서는 특정한 심리장애의 치료와 달리 스트레스 관리와 의학적 상태를 강조하기 때문이다. 일찍이 Kabat-Zinn 등(1992)은 실시되는 시간, 이후의 진화적 변화를 바라보는 유용한 조망의 제공과 같이 MBSR과 인지행동치료의 특성을 대조하여 정리하였다. '역기능적'이라는 것과 반대로 '그저 사고일 뿐'이라고 사고를 명료화하는 것이 대조되는 첫 번째 핵심이며, 인지 내용(인지행동치료)보다 인지 과정(MBSR)을 강조하여 적용한다. 둘째, MBSR은 정서적 고통과 독립되어 있는 일상적인 실습을 위한 체계를 제공한다. 프로그램 지도자는 생활양식 변화를 위한 청사진으로서 '대처하기'가 아닌 '살아가기'를 강조한다. 셋째, MBSR에서의 이질적인 집단 구성은 특정한 장애에 중점을 두는 전통적인 심리치료와 현저하게 대조된다. 넷째, 전통적인 인지행동치료의 중심인 고통스러운 자극에 대한 통제된 노출은 이러한 자극을 떠올리거나 통제하려는 노력 없이 의식의 내용에 개방적으로 주의를 기울이도록 학습하는 것으로 우회된다. 마지막으로 주의집중과 마음챙김은 특히 내적 경험을 탐색하는 도구로서 육성되는 반면에 인지행동치료에서는 보다 외적으로 지향된 자료를 수집한다. 마음챙김 명상에 기반한 인지치료(MBCT)를 시작으로 하여 현대 인지행동치료의 공식화에 마음챙김과 수용이 미치는 영향을 증명함으로써 어떻게 최근 몇 년 동안에 극적으로 이러한 조망들 간의 대비가 약화되었는지 언급하는 데 관심을 두고 있다. Teasdale 등(1995)은 우선 우울증의 재발을 감소시키기 위한 인지행동치료와 마음챙김(원래 주의 통제 훈련이라고 언급되었던)의 통합을 제안하였고, 그다음에 이를 지지하는 연구(Teasdale, Segal, Williams, Ridgeway, Soulsby, & Lau, 2000)와 재적용한 연구(Ma & Teasdale, 2004)가 이어졌다. MBCT는 비판단적인 자각과 지금 이 순간의 주의에 토대를 두고 있는 MBSR의 개념 및 실제의 폭넓은 사용을 이끌어 냈다. 마음챙김은 불안(Orsillo & Roemer, 2005) 및 그 밖의 임상적 조건들(Roemer & Orsillo, 2008; Didonna, 2009)을 위한 인지행동치료 지향의 개인 심리치료와 함께 결합되었다.

Hayes, Follett와 Linehan의 『마음챙김과 수용』(2004)이라는 책에 대해 '최근 치료의 발전에서 가장 중요한 것 중 하나는 증거에 기반한 인지행동적 프로토콜 속에서 마음챙김과 수용의 이론적·경험적 정교화가 이루어졌다는 것이다.'라고 한 Barlow의 논평은 이러한 진화를 분명하게 보여 준다(Barlow, 2004). Hayes(2004)는 이러한 발전이 행동적·인지적 공식화에 의해 이루어진 심리치료 진화에서의 제3의 물결이라고 보았다.

원래 공식화된 바와 같이(Kabat-Zinn, 1990), MBSR은 스트레스 완화 프로그램으로의 초점과 일치하는 스트레스와 대처의 거래 모델(Lazarus & Folkman, 1984)에 기반하고 있다. 이 모델에 의하면, 만성적인 스트레스(도전적인 상황에 대처하는 데 있어서 불충분한 자원으로 여겨지는)는 시간이 경과하면서 신체적·심리적 반응을 촉발하며, 이러한 반응이 점검되거나 다뤄지지 않음으로써 결국 핵심적인 생물학적 파라미터(수면, 혈압, 자율적 활성화와 같은)의 조절장애, 부적응적 대처(과도한 일, 물질 남용), 탈진, 우울증, 전신질환에 의한 쇠약이라는 결과를 초래할 수 있다(Everly & Lating, 2002). 마음챙김은 비자동적인 의식적 자각의 육성을 통해 스트레스 반응성과 조절장애의 이러한 순환을 중단시킬 수 있으며, 따라서 비의식적이고 습관적인 반응 대신에 보다 의도적이고 능숙한 반응을 할 수 있는 기회를 만들어 준다. 이 장의 후반부에 우리는 MBSR 시행의 기제에 관한 검증 가능한 가설의 의미를 제공하는 이러한 모델의 이형(variant)에 대해 제안하고자 한다.

● 직접적인 인지적 변화 전략의 본질과 가치

MBSR의 용어와 기저의 논리 모두 전통적인 인지행동치료와 구분되는 경향이 있다. 하나의 예로서 MBSR에서는 빠르고, 단기간의 변화를 덜 강조한다. MBSR의 핵심 요소는 대개 프로그램의 회기 내와 회기 밖 모두에서 실습의 대부분을 차지하는 정좌 명상의 맥락을 통해 정신 현상에 대한 지속적인 자각의 능력을 육성하는 것이다. 정좌 명상은 신체를 고요하게 함으로써 '마음을 바라보기'라는 본질적인 의미를 갖고 있다. 이는 내적 삶의 뉘앙스에 대한 민감한 자각의 개발에 도전하는 것을 강조한 Walsh(1980)의 '의식 수련'을 근본으로 한다. 고요하게 앉아 다양한 경험적 요소(호흡, 감각, 사고)에 체계적으로 주의를 기울이는 것은 인지행동치료의 맥락에서 '상위인지적 자각' 혹은 '거리두기'를 습득하는데 있어서 가장 직접적이고 영향력 있는 방법일 것이다. 이러한 강조와 마찬가지로, 인지행동적 조망보다 먼저 발생한 역사적인 선행 사건은 중요하다. 예를 들어, Deikman(1982)은 광범위한 심리치료적 조망에서 통찰과 이해를 위한 방법인 '관찰하는 자기'를 기술하였다. 보다 좁은 심리치료적 맥락에서 Safran과 Segal(1990)은 대인관계의 탐색을 위한 토대를 확립하고 유지하는 방법으로써 '거리두기'에 대해 논의하였다. 보다 행동적인 조망에서 Goleman(1990)은 인지적·정동적 '탈융합' 혹은 역제지나 자기 탈감작과 유사한 방식으로서 신체적 활동을 최소화한 정좌 상태에서의 사고와 그 밖의 내적 사건에 대한 지속적인 관찰을 기술하였다. MBSR의 진화와 함께 발생한 이러한 관점은 수용과 변화 모두의 중계자로서 자기 관찰을 연마하는 것에 대한 광범위한 관심을 보여 준다.

● 상위인지적 자각, 거리두기, 인지적 탈융합의 중요성

　상위인지적 자각, 탈융합, 탈중심화는 MBSR이 아닌 심리치료의 어휘에서 온 용어다. 이들은 MBSR의 토대를 각색하여 반영한다. 즉, 의식의 영역에서 지속적인 비판단적 자각이 그것이다. MBSR의 참여자 개인은 집단 프로그램의 형식임에도 불구하고, 그들의 내적 경험과 대면하면서 그들 자신에 대한 의미 있는 확장까지 도달하게 된다. 그러나 이는 사실상 온전하게 침묵하는 동시에 타인과 함께 힘을 북돋는 것으로써 한마음을 가진 사람들의 공동체인 상가(sangha)라는 개념의 기본인 경험의 공유다. 일반적으로 심리치료적 맥락에서 집단 세팅은 구성원 간의 상호작용 증진이라는 목적을 제공하지만, MBSR의 맥락에서 상당히 많은 시간이 침묵과 개인의 반성을 공유하는 데 쓰인다. '상위인지적 자각' 과 '인지적 거리두기' 같은 표현이 MBSR의 토착어는 아니지만 이들은 기본적으로 실제를 통해 호환될 수 있다. 그러나 두 개의 용어 모두 감정이 개입되지 않은 객관성과 동일시되는 것으로서 개인의 경험으로부터 심리적 거리두기의 한 유형임을 시사한다. MBSR 조망에서의 마음챙김에 대한 개념과 일치하는 방식으로 근원적인 생각의 특징을 묘사하는 데 있어서 보다 정확한 방식은 인지적 · 정서적 · 행동적 반응에 대한 조건화된 패턴에 의해 움직이기보다 알아차리는 것을 가능하게 만드는 방식이며, 이는 명료성에 대한 감각이다.

　집단 형식의 MBSR은 명상 실습을 위해 이상적인 맥락을 제공한다. 집단에서 고요하게 정좌하는 것은 비언어적인 관여의 강력한 감각을 불러일으키는 경이로운 경험이다. 이러한 분위기는 전통적인 일대일의 심리치료의 맥락에서는 재현되기 매우 어려운데, 왜냐하면 이러한 심리치료는 대부분 실용적인 문제 해결 의제에 의해 언어를 매개로 하여 이루어지기 때문이다. 많은 치료자들이 전문가의 도움을 통한 권위적인 조력을 기대하도록 조건화된 우리 사회와 문화 속에 있는 그들의 환자들과 마찬가지로 침묵에 익숙하지 못하다.

● 인지적 수정 전략과 상위인지적 자각

기본적으로 MBSR에서는 인지적 수정을 적극적으로 가르치지 않는다. 상위인지적 자각에 이르는 방법으로서 역기능적인 인지를 수정한다는 생각은 몇 가지 이유에서 MBSR에 기반한 실제와 이질적인 것으로 간주된다. 첫째, MBSR 실제는 역기능적인 인지를 수정하려는 특정한 노력이 아니다. 인지의 내용이나 본질보다는 인지와 이들이 발생하는 패턴에 대한 자각을 증진하려는 의도다. 이와 관련하여 '역기능적인'처럼 인지를 명명하려는 생각은 마음챙김 실제를 통해 육성하고자 노력하는 비판단적인 태도를 거슬러 가는 것이다.

상위인지적 자각을 기르기 위해 인지적 수정 전략을 사용하기보다 MBSR 프로그램에서는 공식적인 명상 실습을 통해 지속적인 주의를 기울이기 위한 능력을 개발하는데, 처음에는 주의의 초점으로서 즉각적으로 접근 가능하고 감지할 수 있으며, 국면에 따라 변화되는 호흡에 집중한다. 지속적인 주의를 유연하게 배분하기 위한 능력을 기른 후에 내적(즉, 자기 수용적인) 혹은 외적 원천으로부터 발생하는 다른 신체적 감각에 주의를 기울이게 된다. 오직 감지될 수 있는 내부 혹은 외부의 감각들을 관찰하는 지속적인 실제 이후에만 사고와 여타 의식의 대상들에 대해 주의를 기울이기 위해 습득된 능력이 사용되기 시작한다. 상위인지적 자각은 감각 현상에 대한 고조된 민감성과 함께 시작되는 이러한 확장된 자각의 몇 가지 징후 중 하나다.

의도라는 개념은 어떤 특정한 결과에 극단적으로 의미를 부여하는 것이 아니라 특정한 심리적 방향을 어떠한 것 그 자체에 향하게 한다는 의미를 담고 있다고 바라보는 MBSR에서 성취나 목표 달성의 개념—상위인지적 자각인지 혹은 그 밖의 것들인지—이 강조되지 않는다는 언급 또한 가치가 있다.

● 인지적 변화 전략의 필연성

MBSR에서는 Linehan의 변증법적 행동치료(DBT)에서 명쾌하게 발전된 '수용'과 '변화' 전략의 균형을 사용한다. 수용의 개념은 바디 스캔, 하타 요가, 정좌 명상을 포함한 공식적인 프로그램 요소를 분명하게 구현하고 있는데, 이들 각각은 자각 속에서 드러난 그 자체의 경험에 주의를 기울이거나 알아차리는 것을 강조하기 때문이다. 흥미롭고 약간은 역설적인 방식으로서 '존재하는 그대로에 머무르는 것'에 대한 허용의 강조는 그 자체가 변화를 반영하며, 바라고 기대하는 결과의 성취에 대해 강조하는 목표 지향적인 문화에서 벗어난 이완, 유연성 혹은 평정심과 같은 조망으로의 이동이다. 미래의 목표 추구를 강조하지 않고 지금 이 순간에 집중함으로써 역설적으로 개인이 추구해 왔던 무언가에 대한 성취를 이끌어 내는 고군분투가 줄어들 수 있다.

예를 들어, 사람들은 보통 유연성을 증가시킬 목적으로 요가를 한다. '유연하게 되도록' 하려는 목표는 지금 이 순간의 현실과 달리 결과를 이뤄 내기 위해 애쓰도록 만든다. 애쓰는 것은 현실과 바라는 상태 사이의 차이에 대한 지각과 관련되어 있는 긴장감을 증가시키는 경향이 있으며, 특정한 자세를 습득하기 위해 더욱더 열심히 노력하도록 만든다. 그러나 매우 좋은 상태를 달성하기 위한 고군분투 때문에 시야가 흐려지지만 미래의 유연성에 대한 가능성을 포기하고 단순하게 지금 이 순간의 현실에 집중함으로써 그 사람은 신체적으로 '내려놓기'와 잠재적으로 항상 유효한 신체적 이완 상태를 발견할 수 있게 된다.

MBSR의 조망에서는 '변화'라는 단어에 매우 관심을 갖고 있다. 심리치료에서 우리는 일관되게 환자의 변화를 조력하는 것과 마치 어마어마한 과제처럼 변화를 이끌어 내려는 치료적 노력을 통해 '변화'를 촉진하는 것에 대해 이야기했었다. Freud는 '신경증적 역설'이라는 말로써 변화에 내재되어 있는 도전들을 묘사하였다. 신경증적인 미스테리의 고통 속에 있는 사람들은 왜 변화할 수 없는 것처럼 보이려고 하는 것일까? 현실에서 변화는 필연적인 것으로, 불교 철학의 보편적인 원리일 뿐만 아니라 서구의 심리학에서도 마찬가지다. "환영하든지 그렇지 않든지 간에 변화는 피할 수 없는 것이다. 삶 그 자체가 변화다……. 각각의 순간은 모두 각기 다르다. 행성의 수준에서부터 분자의 수준에 이르기까지 찰나 동안 불변하여 남아 있는 것은 아무것도 없다."(Prochaska, Norcross, & DiClemente, 1994, p. 13)

마음챙김, MBSR 그리고 심리치료의 개념

우리는 이미 MBSR이 전통적인 임상적 진단과 심리치료의 영역 내에 있는 정신병리의 이론에 기반을 두고 있지 않다고 언급하였다. 역사적으로 불교 철학에서 온 마음챙김의 근간은 의학적으로 심리장애와 특정한 개입에 부합하는 진단적 준거에 기반하고 있는 서구의 임상적 실제 영역의 변방에 자리 잡고 있다. 그런 이유로 마음챙김은 우울, 불안, 혹은 스트레스 증상의 완화를 목적으로 특정하게 만들어진 기법이 아니다. 오히려 마음챙김은 삶의 모든 관점에 적용 가능한 비개념적인 관찰 과정으로 폭넓게 기술되었다. 예를 들어, Gunaratana (1991)는 세 가지 기능적인 정의를 사용하여 마음챙김을 기술하였다. 이 정의는 "우리가 행하는 무엇에 대해 우리에게 상기시키고, 그들이 실제 존재하는 그대로 바라보며, 모든 현상의 진정한 본질을 바라보는 것이다." (p. 154) 불교 철학에서 마음챙김은 고통의 소멸을 이끄는 몇 가지 방법(팔정도) 중 하나다. '마음을 챙기며 존재하기' 에 대한 생각은 Rumi의 시 'The Guest House' 에서 전하는 것처럼 최소한의 예상이나 미래의 기대와 함께 일어나는 어떠한 것을 직면하게 되는 매일의 경험에 대해 단순하게 개방적인 자세로 존재하는 것이다.

인간 존재는 매일 아침 새로운 손님이 도착하는 게스트하우스다.

즐거움, 우울, 하찮음,

어떤 순간의 자각은 마치 기대하지 않았던 손님처럼 찾아온다.

그들 모두를 환대하라…….

-Barks, 1994

　원래 구상되었던 바와 같이, MBSR 프로그램은 의뢰를 평가할 때 프로그램 참여를 위한 능력을 제한하는 쇠약한 심리적 상태(정신병, 심각한 우울증)에 있는 지원자들을 제외하는 것 이외에 의학적 혹은 정신과적 진단에 대한 특별한 의미를 두지 않는다. 참여자와 함께하는 보편적인 맥락 그리기(thread drawing)는 참여자들이 완화를 추구하려는 고통에 대한 공유된 경험이다. 거기에는 불교 철학에서 생각하는 고통과 스트레스에 대한 서구의 개념에서 생각하는 고통 간의 관련성이 존재한다. 우리는 불쾌한 상태에 있을 때 완화를 추구한다고 이들 모두에서 일반적으로 언급하고 있으며, 현재의 상황은 우리가 그것을 어떻게 기대하느냐 혹은 그들이 어떻게 되어 있기를 바라느냐가 아니라는 신념을 둘 다 반영하고 있다. 앞서 언급한 바와 같이, 지속적인 스트레스나 고통은 J. D. Frank와 Frank (1991)에 의해 사용된 용어로, 수동적이고 체념해 버리는 전반적인 상태로 묘사되는 사기저하(demoralization)를 유발할 수 있다. 고통의 핵심에는 우리가 고통을 발견하게 된 상황과 어떻게든 다른 것을 원하는 것에 있으며, 반면에 스트레스의 근원은 Lazarus와 Folkman(1984)의 거래 모델에 의해 묘사된 바와 같이 우리가 스트레스를 발견한 상황에 대처할 수 없다고 느끼는 것에 있다. 이들 모두에서 불만족감은 지금 이 순간의 현실에 대한 수용을 강조하는 마음챙김의 육성을 위한 시발점임을 알려 준다. 이러한 방식의 주의집중은 의식의 범위를 한정하는 데 도움이 되며, Borkovec(2002)와 동료들에 의해 언급된 바와 같이 스트레스에 대한 비동조적 상태, 불안, 우울증으로 쉽게 이어질 수 있는 반추, 추측, 강박적이고 비생산적 사고와 같은 인지적 '수하물'을 제한하는 데도 도움을 준다. 역설적으로 특히 긍정적인 변화는 변화를 위한 노력의 투쟁을 포기할 수 있을 때 일어나는 것으로 보인다. 이러한 조망은 수용에 기반한 개입 모델의 핵심에 자리 잡고 있다(Hayes, 2004; Linehan, 1993).

● 치료 결과 연구

MBSR의 효과에 대한 연구는 MBSR의 초기 동안에 시행되었던 관찰 연구를 대체하여 더욱 개념적이고 경험적인 연구의 발전을 위한 Bishop(2002)의 요청에 뒤따라 급속하게 성장을 지속하고 있다. Salmon 등(2004)은 MBSR의 결과 연구들을 고찰하였고, Baer(2003), Grossman, Niemann, Schmidt와 Walach(2004), Chiesa와 Serretti(2009), Ledesma와 Kumano(2009)는 메타 분석을 통해 살펴보았으며, Brown, Ryan과 Creswell(2007)은 이론적 · 경험적 고찰을 하였다. 이를 통해 고찰된 연구들은 광범위한 전집에 기반하고 있는데, 여기에는 건강관리 전문가, 도심 지역 거주자, 재소자, 일반의학적 상태의 환자, 정신과 환자, 불안한 환자, 다소 적은 수의 남성과 유색인이 포함되어 있다.

보다 초기의 연구들은 Kabat-Zinn 등(1992)에 의해 시행되었던 불안과 공황장애를 대상으로 한 연구, Teasdale, Moore, Hayhurst, Pope, Williams와 Segal(2001)의 우울증 재발에 대한 연구를 제외하고는 원래의 맥락에서 다양한 의학적 상태를 위한 스트레스 관리 프로그램으로서의 MBSR에 집중되었다. 전반적으로 스트레스 및 여러 정신건강 측정치들에 대한 중등도의 MBSR 효과 크기인 $d = .54$(Grossman et al., 2004), $d = .59$(Baer, 2003), $d = .48$(Ledesma & Kumano, 2009)로서 일관되게 보고되었다.

이러한 고찰 연구에서 일치하는 점은 MBSR이 임상적인 개입으로서의 가능성을 보여 주었으나 무선 통제 시행, 보다 큰 표본 크기, 장기간의 추적 조사, 다른 개입과의 비교가 함께 이루어진 더욱 엄격한 연구 방법론이 필요하다는 것이다. 후자의 경우 지금까지 무선적인 시행으로 무처치, 기존 처치, 혹은 대기 통제 집단이 사용되어 왔다. 그 결과 이러한 연구들은 불특정한 요인에 대한 통제의 부족에 의해 MBSR의 일차적인 효과를 설명하는 데 있어서 제한이 있었다(Baer, 2003; Chiesa & Serretti, 2009; Grossman et al., 2004). MBSR의 독특한 '코스 형식 강습'의 제공으로 인해 이러한 형태의 MBSR과 비교하기 위한 적절한 대안적인 개입이 왜 적을 수밖에 없었는지 이해가 가능하다. 그러나 Chiesa와 Serretti (2009)는 정신건강 관리자를 위한 MBSR 과정에 대한 단일 코호트 통제 연구(cohort- control study)에서 시기, 지도자 접촉, 집단으로 진행된다는 점을 매치한 교육적 통제 조건과 비교하였을 때 스트레스와 웰빙에 대한 MBSR의 효과가 유의하게 높다고 보고하였다(Shapiro, Brown, & Biegel, 2007).

광범위한 의학적 건강 상태에 대한 MBSR은 명확하게 질병 특화된 것이 아닌 MBSR이 미치는 영향력의 본질에 관한 논의를 이끌어 내는 데 유용한 것으로 확인되었다. 이는 프로그램의 구성에 있어서 이질적인 MBSR 프로그램의 임상적 기반을 명확하게 보여 준다. 사실 이질성은 원래부터 구상되었던 프로그램의 기본적인 요소다. 이러한 의도된 목적은 인간이 경험하는 고통의 넓이와 의학적 상태에 있는 환자들과 병원 직원들을 포함하여 삶을 살아가는 모든 이들 가운데 선정된 프로그램 참여자의 풍부한 자원을 강조하기 위한 것이다. 프로그램 결과에 참여자의 이질성이 어떤 영향을 미치든지 간에 특정한 대상을 위한 MBSR에 주목하는 오늘날의 연구에서도 이질성의 영향은 평가되지 않는다. 연구의 급속한 발전은 만성 통증(Pradhan et al., 2007; Morone, greco, & Weiner, 2008)과 우울증 재발(Kuyken et al., 2008)을 비롯하여 다양한 환자 집단에 대한 MBSR의 효과를 강력하게 증명해 주었다(Grossman et al., 2004).

지금까지 MBSR은 전체 프로그램의 종합적인 영향에 대한 프로그램 요소의 관련 기여점을 평가하는 해체주의 연구에 집중되어 있었다. 그러나 MBSR의 두 가지 핵심 요소—명상과 요가—는 스트레스 완화에 대한 문헌들에서 연구를 위한 적용의 오랜 역사를 갖고 있다(Benson, 1975; Lehrer & Carrington, 2002; Khalsa, 2004). 가장 최근의 권위 있는 연구로서 동양의 명상과 치료적 수련에 대한 부분

을 포함하고 있는 임상적 스트레스 관리의 안내를 위한 경험 기반의 연구가 주목
할 만하다(Lerher, Woolfolk, & Sime, 2007).

　광범위한 의학적 상태 및 이와 관련된 심리 상태에 걸친 MBSR의 연구 결과가
일반적으로 호의적이라는 점은 확실히 주목할 만하지만, 다중요인 개입이 이루
어지는 이 시점에서 프로그램의 효용성을 설명하는 특정한 요소들을 결정하는
것은 어려운 일이다. 숙련된 임상가에게 맡겨진 MBSR은 대부분의 심리치료에서
공통적으로 유용한 요인으로서 기대 요인, 환자/치료 외부적 요인, 긍정적 관계
요인, 특정한 기법을 포함하고 있다(Hubble, Duncan, & Miller, 1999). 비록 우리가
일찍이 MBSR은 엄격히 말해서 심리치료의 형태가 아니라고 언급하였지만, 숙련
된 지도자들이 심리적으로 세련되고 그들의 작업에 대한 전문 기술과 세심함에
있어서 높은 수준을 가지고 있다는 점은 명백한 사실이다. 이에 관해서 고통의
광범위한 증상을 치료하는 데 있어서 효과적이라고 증명된 심리치료의 특성을
MBSR이 공유하고 있다는 점은 상당히 설득력 있는 사실일 수 있다. 언급한 바
와 같이 우울증 재발(Teasdale et al., 2001)과 마찬가지로 불안과 공황장애(Kabat-
Zinn, 1992)에 대한 MBSR의 영향을 측정한 연구를 통해 다양한 진단 범주에 걸
친 심리적 고통을 다루는 데 있어서 MBSR의 유연성이 증명되었다.

　또 다른 관점은 정신병리에 대한 공통적인 측면을 고려하고 그다음에 MBSR
의 개입 요소들 속에서 다루어질 정신병리의 정도를 결정하는 것이다. Harvey,
Watkins, Mansell과 Shafran(2004)은 인지행동적 개입을 위한 '초진단적
(transdiagnostic) 접근'이라 불리는 유용한 틀을 제공하였다. 초진단적 모델의 기
초는 심리적 진단 범주에 걸친 높은 공병률과 여러 장애에 걸쳐 공통적인 기저의
기제가 집산적으로 작동함을 시사하는 순수하게 단일한 진단의 상대적인 희소
성에 의존한다. 다섯 가지의 가정된 공통적인 과정이 Harvey 등(2004)에 의해 논
의되었는데, 주의는 자기초점화되어 있고 선택적이라는 측면 모두에서 MBSR과
명백하게 가장 관련이 있다. Baer(2007)는 개입을 증진하는 마음챙김의 광범위
한 효과가 넓은 범위의 임상적 상태 중 주의 통제 문제에 미치는 마음챙김의 영

향에 의한 것이라고 보았다.

그러나 Harvey 등(2004)이 언급한 바와 같이, 비록 주의가 마음챙김의 핵심적인 측면이며 결과 변인의 상당한 성공 가능성을 보여 준다고 하더라도, 이에 대한 경험적 연구는 매우 초기 단계에 있다. 주의는 Shapiro, Carlson, Astin과 Freedman(2006)에 의해 제시된 마음챙김(태도 그리고 의도)에 대한 개념적 모델의 세 가지 핵심 변인 중 하나인데, 더 나아가 이들은 경험적 연구를 통해 처리할 수 있는 몇 가지 요소들로 주의를 세분하였다. 여기에는 지속적인 주의(경계), 하나의 초점에서 또 다른 초점으로 주의의 초점을 이동하기, 그리고 한때 자각의 특정한 대상에 집중되었던(또는 '심어졌던') 주의의 씨앗을 개화시키려는 인지적 정교화를 한정하는 능력이 포함된다. Posner와 Peterson(1990)은 경험적 연구에서 다루어지는 특정한 기능들을 매개하는 전용적인 해부학적 소재(loci)와 이들의 네트워크 모두에 대해 알아채는 주의의 적응적인 의미를 강조하였다. 이러한 작동 모델은 임상적 타당성을 증가시키는 주의 네트워크에 대한 지속적인 신경인지적 연구를 자극해 왔다(Raz & Buhle, 2006). Jha, Krompinger와 Baime (2007)의 연구에서는 두 개의 마음챙김 프로그램 참여자와 명상 경험이 없는 통제 집단 참여자의 경보, 정향, 갈등 감찰(과제를 우선으로 하는)의 주의 요소들에 대한 실험 측정치를 비교하였다. 첫 번째 집단 참여자들은 과거에 명상 경험이 없는 사람들로서 8주간의 표준적인 MBSR 훈련 프로그램을 받았다. 두 번째 집단의 참여자들은 1개월 동안 심도 있는 마음챙김 수행에 참여한 경험이 있는 명상 참여자였다. 통제 집단의 피험자들은 연구가 진행되는 동안에 명상 경험뿐만 아니라 어떠한 훈련도 받지 않았다. 수행에 참여한 사람들은 통제 집단 및 MBSR 집단과 비교하였을 때 사전에 갈등 감찰에 능숙했고, 향상된 경보의 수행을 보였다. 또한 표준적인 MBSR 집단은 정향과 갈등 감찰 수행 모두가 증진되었다.

다른 치료적 양식과의 비교를 통해 스트레스, 불안 혹은 우울증과 같이 진단적으로 특정한 임상적 상태를 위한 개입으로서 MBSR의 효용성을 확립하는 연구가 필요하다. Lehrer와 Woolfolk(2007)의 최근 고찰에 의하면, MBSR은 아직까지도 이완 훈련, 바이오피드백, MBSR이 아닌 명상, 혹은 인지행동치료에 기반한 프로토콜처럼 또 다른 스트레스 관리 프로토콜과 비교·연구되고 있다고 한다. 명백하게 연구의 이러한 결점을 바로잡을 시점이 되었다. 우선 첫 번째로 이는 심각하게 악화된 심리장애를 갖고 있는 사람들처럼 잘 부합하지 않는 개인이나 집단에 대해 프로그램의 적용 여부를 변별하는 데 있어서의 어려움을 피하는 데 중요하다(Kocovski, Segal, & Battista, 2009). 또 다르게는 임상적인 '최고의 실제'를 위한 가이드라인 개발의 중요성이 특정한 임상 집단을 위한 다른 개입들과 MBSR의 효과 비교를 장려하기 때문이다.

우리는 급증하고 있는 신경생리학적 기능에 대한 연구가 스트레스 관리에 초점을 두고 있기 때문에 이들 중 특히 MBSR과 관련성을 갖고 있는 연구에 대해 언급하면서 이 부분을 마무리하고자 한다. 여러 측정치들을 통해 Treadway와 Lazar(2009)는 네 가지 유의한 임상적 결과에 대한 증거를 제공하는 연구를 요약하였다. 즉, '이 순간의' 증가된 경험, 증가된 긍정적 정서, 낮은 스트레스 반응성, 인지적 활력 등이 그것이다. 마음챙김에 대한 후속 연구에서는 현재 상용되고 있는 자기보고식 측정과 함께 신경생리학적인 측정 영역이 포함되어 연구될 것으로 기대된다.

● 마음챙김: 기제와 과정

몇몇 연구자들은 MBSR 기제에 대한 사려 깊은 개념화를 제공하였다(Kocovski, Segal, & Battista, 2009). 이 같은 모델들은 마음챙김이 실제로 새로운 치료 접근을 대표하는지 그렇지 않은지에 대한 현재의 논쟁에서 유익한 기준이 된다(Hofmann & Asmundson, 2008). 현재 상위인지적 탈중심화—계속되는 인지적 활동에 부착되지 않은 상태로 관찰하는 능력—는 대부분의 저명한 설명 모델에서 언급되고 있다(Hayes, Strosahl, & Wilson, 1999; Teasdale, 1999; Teasdale, Segal, &

Williams, 1995). Shapiro, Carlson, Astin과 Freedman(2006)은 마음챙김의 효과가 실제에 관여하기 위해 수립된 의도, 순간순간의 경험에 대한 체계적인 주의, 수용과 자기 자비를 특징으로 하는 태도의 틀 간에 계속되는 상호작용으로부터 나온다고 가정한 상위인지적 모델을 개발하였다. 이러한 마음챙김의 효과는 관점이 변화되는 것으로서, 인지적 활동에 대한 부착이 서서히 감소하면서 일어나는 탈중심화와 유사한 재인지(reperceiving)를 일컫는다. 이러한 모델에서 재인지는 심리적 고통을 감소시키는 것으로 가정된 네 가지의 기제 속에서의 변화를 매개하는 것으로 예측되었다. 그 기제는 자기 조절, 가치 명료화, 심리적 유연성, 내적 경험에 대한 개방성이다.

최근에 Carmody, Baer, Lykins와 Olendzki(2009)는 매사추세츠 대학교의 마음챙김 센터에서 시행된 MBSR 프로그램 참여자 309명의 자기보고식 측정치를 사용하여 Shapiro, Carlson, Astin과 Freedman(2006)의 개념 모델을 경험적으로 검증하였다. 5요인 마음챙김 척도(Baer, Smith, Hopkins, Kreitemeier, & Toney, 2006)의 하위척도를 통해 마음챙김, 태도, 주의를 측정하였다. 의도는 프로그램 시작 단계에서 참여 이유에 대한 자기보고를 통해 측정하였으며, 경험 질문지(Fresco, Segal, Buis, & Kennedy, 2007)를 통해 재인지와 탈중심화를 평가하였다. 마음챙김, 재인지와 탈중심화, 네 가지 고통 감소 변인 모두 사후에 심리적 고통의 감소와 함께 긍정적인 변화를 보였다. 그러나 재인지의 가정된 매개역할은 미약하였으며, 네 가지의 제시된 변화 기제들 중 오직 심리적 유연성과 가치 명료화만이 고통에 유의하게 영향을 미쳤다.

Kabat-Zinn(1990)에 의해 원래 제안된 마음챙김이 어떻게 작동하는지 개념화하기 위한 두 번째 방식은 Lazarus와 Folkman(1984)의 스트레스에 대한 거래 모델에 기반하고 있다. 이 모델에 의하면 마음챙김은 신체적 활성화의 단서에 대한 민감성의 증가, 스트레스 평가 과정의 향상을 통해 스트레스 반응에 대한 습관적인 패턴이 자동화되는 것에서 벗어날 수 있도록 해 준다. 이들 모두 대처를 향상시키는 데 기여하며, 잠재적으로 스트레스가 많은 사건에 반작용하기보다

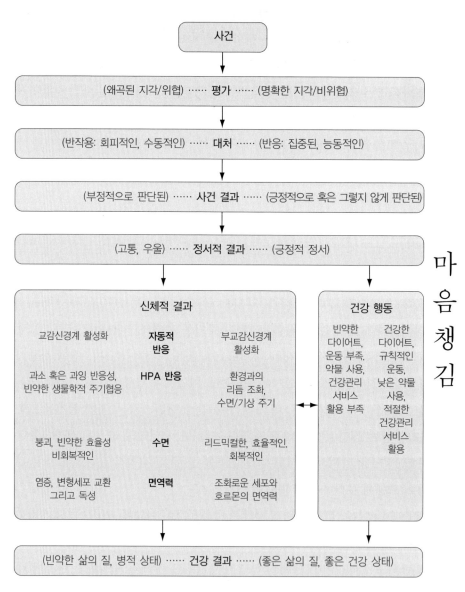

[그림 6-1] MBSR의 스트레스 완화 관점: 스트레스와 대처에 대한 거래 모델의 적용
(Lazarus & Folkman, 1984).

반응하는 능력을 육성함으로써 만성적인 스트레스의 장기적인 부정적 영향을 감소시키는 데 도움을 줄 수 있다(Kabat-Zinn, 1990). 이 모델에서 잠재적으로 스트레스가 많은 사건은 지각된 자원과 이에 맞선 위협이나 위험의 지각에 있어서 균형을 유지하고 있는지에 대한 인지적으로 매개된 평가('이차적')에 뒤따르는 즉각적인 신체적 평가('일차적')를 촉발한다. 경험적 연구를 통해 Garland, Gaylord와 Park(2009)은 마음챙김이 도전적인 환경을 향해 개방적으로 받아들이는 자세를 육성함으로써 이차적 평가 과정을 향상시킬 수 있다고 제안하였다.

　Lazarus와 Folkman(1984), Kabat-Zinn(1990), 그리고 Garland, Gaylord와 Park(2009)이 주장한 요소들을 통합한 최신의 거래 모델이 본 저자들에 의해 개발되었으며, 현재 경험적 검증을 시행하고 있다([그림 6-1]). 경험적 검증에 적절한 구조를 사용하여 스트레스 반응성과 대처 패턴이 어떻게 마음챙김에 의해 영향을 받을 수 있는지 제시하였다. 이러한 관점에서 마음챙김은 높은 수준의 자각과 건강에 있어서 장기적인 부정적 결과를 야기하는 비의식적이고 습관적인 반응을 유발하는 잠재적인 스트레스 요인에 대한 능숙한 반응을 육성한다.

　[그림 6-1]에서 제시된 바와 같이 우리는 마음챙김 실제가 이 모델의 핵심 요소들을 좌측에서 우측으로 이동하도록 촉진할 것이라고 가정한다. 예를 들어, 수동적이고, 회피적이거나, 반작용적인 대처 방식에서 어려운 사건에 대한 능동적이고, 중심적이며, 반응적인 관리로 이동한다. 더 나아가, 이 모델은 마음챙김의 영향이 미래의 건강과 관련된 결과에 대한 함의를 갖고 있는 지금 이 순간의 상황과 특히 관련이 있다고 제안하였다. 일상생활에서의 도전적인 상황에 대해 정확히 지각하고 평가하며 능숙하게 대처하는 능력은 습관적인 스트레스 반응성의 발생을 감소시킨다.

　비록 [그림 6-1]에서 묘사되지는 않았지만 우리는 신체적인 스트레스 반응과 마찬가지로, 평가, 대처, 긍정적 및 부정적 기분에 대한 마음챙김의 직간접적 효과 모두를 제안하였다. 예를 들어, 단순하게 호흡에 대해 집중하는 것은 호흡의 속도를 늦추며 저각성 상태를 수반한다(Salmon et al., 2004). 이를 지지하는 연구로 최근에 섬유근육통 환자 집단에서 MBSR 훈련의 전 과정뿐만 아니라 명상(바디 스캔) 회기 동안에 교감신경계의 활성화가 감소되는 것을 확인하였다(Lush, Salmon, Floyd, Studts, Weissbecker, & Sephton, 2009). 기본적인 명상 기법과 요가 모두 활성화를 감소시키는 데 있어서 그 우수성이 확인되어 왔다(Raub, 2002; Kristeller, 2007). 따라서 공식적인 마음챙김 실제는 서서히 그리고 의도적으로 교감신경계 및 HPA 축의 각성과 관련된 신체적인 활성화를 감소시킨다.

두 가지 모델 모두에서 MBSR에 대한 임상 연구를 위한 방향을 제공하고 있기는 하지만 MBSR의 영향에 대한 기제를 밝히는 과제에 있어서 프로그램의 풍부하고 다중요소적인 본질이 방해가 되고 있다. 지금까지 변화에 대한 특정한 기제를 분리하여 시도한 프로그램 연구는 없었다. 이러한 접근에 대한 대안으로서 강좌 회기의 길이(Carmody & Baer, 2009)와 개인 명상 실습의 시간(Carmody & Baer, 2008) 같이 용량/반응 효과(dose/response effects)의 측정이 가능한 변인들에 중점을 둔 연구를 위한 노력이 시작되고 있다. 이러한 연구들에서 공식적인 명상 실습의 시간이 증상의 호전과 유의한 상관이 있었으며, 가정에서의 실습이 웰빙의 증가와 우울 증상의 감소를 매개하는 마음챙김의 수준을 증가시켰다고 보고되었다. 이러한 결과와 일관되게 최근 Pace 등(2009)에 의해 실시된 '자비' 명상에 대한 무선 통제 연구에서는 가정에서의 실습 시간이 고통의 감소 및 실험실 스트레스에 대한 낮은 면역 반응과 관련이 있는 것으로 나타났다. 비록 모든 연구에서 신뢰로운 용량/반응 효과가 보고되지는 않았지만(Carlson et al., 2003; Davidson et al., 2003), 공식적인 명상이 적어도 어떤 참여자들을 위해서는 사실상 프로그램 효용성의 핵심적인 측면임을 시사하는 증거가 축적되기 시작하였다.

최근 연구에서는 시간이 경과하면서 마음챙김의 효과를 설명하는 기제에 대해 이해하는 데 있어서 기여할 것으로 예상되는 마음챙김의 특정한 측면에 주목하고 있다. 예를 들어, Kabat-Zinn(1982)은 우선 마음챙김이 통증에 대해 기질적인 측면인지 인지적/해석적인 측면인지를 변별하는 능력과 고통 감소의 방법으로서후자와 덜 부착되는 능력을 길러 주고 고통을 감소시킨다고 제안하였다.

원래 이러한 원리가 만성 통증에 집중되어 있었지만, 이는 우울증을 포함한 여타의 고통스러운 상태로 광범위하게 적용되고 있다(Segal, Williams, & Teasdale, 2002). 우울한 사람에 대한 최근의 연구에서는 MBCT 이후에 증가된 마음챙김은 슬픈 기분에 대한 보다 낮은 인지적 반응성(부정적 사고 패턴의 활성화)과 관련이 있는 것으로 나타났다(Raes, Dewulf, Van Herringen, & Williams, 2009).

마음챙김은 명백하게 조건화되고 습관적인 반응에 의지하기보다 마치 사건이 처음 일어난 것처럼(즉, '초심자의 마음') 지속되고 있는 사건에 대해 처리하는 과정을 포함한 여타의 능력들에 확실히 영향을 미친다. 규칙에 의해 지배되는 행동(Hayes et al., 1990)보다는 지금 이 순간에 집중함으로써 이러한 반응 패턴이 잠재적으로 '탈자동화' 될 수 있으며(Kabat-Zinn, 1990), 따라서 반응의 유연성이 증가된다. 이러한 특성은 마음챙김의 관점에 기반한 Langer의 연구와 일치하는데, 새롭고 고유한 경험으로써 지금의 환경을 다루는 능력은 다양한 대안 반응의 선택을 만들어 낼 수 있도록 촉진한다(Langer & Moldoveanu, 2000). 이러한 조망과 일치하는 연구로서 마음챙김 주의 자각 척도(MAAS; Brown & Ryan, 2003)를 사용한 Levesque와 Brown(2007)의 최근 연구에서 성향적인 마음챙김은 일상의 행동적 자율성에 대한 암묵적(즉, 비의식적·습관적) 동기의 부정적 영향을 중재하는 것으로 나타났다.

최근에 이루어진 두 편의 실험실 연구에서는 피험자가 인쇄되어 있는 다양한 색깔의 이름을 읽는 과제에서 주의와 기억의 집중적인 인지적 방해를 측정하는 스트룹 테스트를 사용하여 인지적 유연성의 측면을 살펴보았다(McLeod, 1991; Golden & Freshwater, 2003). Wenk-Sormaz(2005)는 무선적으로 통제된 연구를 통해 비슷한 시간의 주의집중 과제와 함께 선(Zen)에 기반한 단기 호흡 명상을 비교하였다. 전자의 조건에 참여한 사람들은 스트룹 테스트에서 방해가 유의하게 감소된 것으로 나타났으며, 이는 보통 때 자동화되어 있던 인지적 과정에 대한 지금 이 순간의 조절이 증가되었음을 보여 준다. 추적 조사 연구에서는 두 번째 집단인 명상 참여자들에게서 범주 산출 과제에 대한 다양한 비전형적인 반응이 증가되었으며, 더 나아가 자동적 반응이 감소되었다는 증거가 확인되었다. Moore와 Malinowski(2009)도 마음챙김 참여자와 참여 경험이 없는 사람들의 스트룹 테스트 수행을 비교하였는데, 유사한 결과를 보고하였다. 이러한 명상 집단의 경우 켄터키 마음챙김 척도(KIMS)에서 유의하게 높은 점수를 보였으며, 명상 경험이 없는 사람들에 비해 인지적 유연성이 높은 것으로 나타났다.

전반적인 인지 기제가 마음챙김의 유용한 효과를 설명하는 것으로 보인다. 이들 중 탈중심화가 무엇보다도 중요하지만 앞서 시사된 바와 같이 인지의 정보처리 측면도 작동한 것으로 보인다. 이러한 기제는 자기초점화된 주의와 반추적인 경향성(Watkins & Teasdale, 2004), 경험 회피(Arch & Craske, 2006; Hayes, 2004; Roemer & Orsillo, 2009), 지각된 통제(Astin, 1997; Kabat-Zinn, 1982)를 포함하고 있는 최근의 연구에서 임상적으로 관련된 변인에 대한 마음챙김 효과의 기저를 이루고 있는 것으로 보인다.

● 후속 방향

수년 전, Dimidjian과 Linehan(2003)은 임상적인 마음챙김 실제에 대한 연구를 위해 체계적인 의제를 분명하게 설명하였다. 이러한 논의에서 그들이 제기한 많은 질문 가운데 특히 두 가지가 두드러진다. 첫째, 마음챙김이 무엇인가? 둘째, 마음챙김은 어떻게 작동하는가? 마음챙김의 본질과 관련한 우려로써 현재 우리의 이해가 전통적인 서구의 과학적 실제를 유지하면서 핵심 특성을 밝히고, 널리 합의된 조작적 정의를 이끌어 내려는 의도로 광범위하게 질문지를 통한 측정에 기반하고 있다는 점을 들 수 있다. 그러나 Grossman(2008)과 또 다른 연구자들이 주장한 바와 같이 마음챙김은 서양인에게 역사적으로 익숙하지 않은 힘든 구조다. 이성적인 과학은 지금까지 단지 마음챙김을 정의하는 것만 할 수 있었다. 존재한다는 것의 상태는 본질 속에서의 광범위한 선개념(preconceptual)에 머무르

고 있음을 널리 인식하는 것이다. 최근에 Shapiro(2009, p. 555)에 의해 언급된 바
와 같이 "……우리는 임상가, 과학자 그리고 학자들이 마음챙김의 본질에 대해
이해하고 동의할 수 있는 언어를 통해 마음챙김의 비개념화되고, 비이중적인, 그
리고 역설적인 본질을 통역할 방법을 찾아야만 한다." 언어적으로 매개된 자기
평가 질문지에 대한 현재의 의존으로는 단일한 영역과 관련되어 있는 마음챙김
의 표본 추출에 있어서 한계가 있으며, Grossman에 의하면 타당성의 우려도 제
기된다고 한다. 우리는 MBSR 연구에서 결과의 범위가 확장되어야 한다는 그의
관점에 동의한다. 예를 들어, 질적인 면접에 기반을 둔 초보자와 경험 있는 참여
자의 평가가 여기에 포함될 수 있다. 아마도 매우 짧은(거의 5초) '인생의 한 단
면'이 상세한 탐색의 조건이 되는 Stern(2004)의 미시분석적(microanalytic) 면접
을 사용하여 포착하기 어려운 '지금 이 순간'에 대해 상세화하는 현상학적 연구
가 마음챙김의 연구 속에 포함될 수 있을 것이다. 또한 신체적 반응의 범위를 체
계적으로 변화시키는 MBSR의 능력이 철저하게 연구되어야 한다. 면역 기능, 수
면 패턴, 자율적 반응성은 관찰을 위한 실제적인 측정 영역의 예가 된다. 마음챙
김의 인지적·사회적 관계를 연구하기 위한 fMRI와 같은 영상 기술의 사용은 특
히 장래의 연구를 위한 진입로가 된다(Siegel, 2007; Stein et al., 2008).

Dimidjian과 Linehan(2003)에 의해 제기된 두 번째 질문은 마음챙김 개입의
작동 기제에 관한 것이다. 우리는 이러한 질문에 대한 현대의 반응을 요약하였
으며, 이 장에 기반을 두고 있는 MBSR에 대한 원래의 거래 모델을 갱신하였다.
현재의 공식화가 지속적인 연구를 위해 유용한 틀을 제공할 수 있기를 희망한다.
그럼에도 불구하고 '기제'를 밝히려는 시도가 경험적인 분별, 증명에 용이한 구
조와 과정의 존재를 내포하고 있는 발견을 위한 서구적인 접근의 특성임을 기억
하는 것 역시 중요하다. 이러한 접근의 태생적인 한계는 마음챙김이 어떻게 '작
동하는지'에 대한 진정한 이해를 지연시킨다는 점일 것이다. 그럼에도 불구하고
우리는 Dimidjian과 Linehan이 그들의 연구 의제로 처음에 제안하였던 경우보
다는 이와 같은 과정을 더 따르고 있다는 것이 명확한 지적이다.

● 마음챙김의 적용에서 일어나고 있는 추세

인지행동치료와 그 밖의 현대 심리치료에서 마음챙김과 수용의 결합을 이끌어 낸 것은 역사적이고 진화적인 발전임이 명확하다. Hayes(2004)는 경험적으로 지향된 치료의 '제3의 물결'이라 불리는 마음챙김과 수용의 개입이 기존의 행동치료 및 인지행동치료 모델을 뛰어넘어 진화한 것이라고 묘사하였다. 이러한 진화적 발전의 기저를 이루고 있는 영향과 증거에는 몇 가지 측면이 있다. 첫째, 심리치료는 그저 단순히 드러나는 행동보다는 내적 경험에 점점 더 초점을 맞추고 있다. 정신적 표상(도식)과 행동 및 정서에 대한 인지적 매개체를 강조하는 인지행동치료에서는 이러한 추세에 맹렬하게 대항하였다. 그러나 Teasdale과 Barnard (1995)에 의해 언급된 바와 같이 정보처리, 내용 지향된 초점에 대한 전통적인 의존으로는 정신적 생활의 풍부함과 복잡성을 제대로 다루지 못한다.

인지행동치료 속으로 MBSR에 기반하거나 명상 실제와 관련된 통합이 증가함으로써 환자와 치료자 둘 다 이용 가능한 조사 도구의 범위를 확장하는 데 도움이 될 것이다. 둘째, 현재의 임상적 실제의 표준화가 프로그램의 사전과 사후를 측정하는 데 더욱 노력을 기울이게 하며, 환자들이 치료 장면으로 가져오는 심리적으로 도전이 되는 상태를 새로운 지도자들이 효과적으로 인식하고 작업할 수 있도록 충분하게 숙련시킬 수 있다는 측면에서 MBSR 진화에 영향을 미치고 있는 것으로 보인다. 셋째, MBSR의 적용은 스트레스, 불안, 우울증과 같은 부정적인 심리 상태에 중점을 두고 있는 현재의 의학적 지향성을 뛰어넘어 건강 증진, 운동과학의 광범위한 영역으로 확장되면서 진화하게 될 것이다. 건강을 강조하는 프로그램의 새로운 변화는 의학적 혹은 임상적 맥락과는 독립적으로 건강한 생활양식의 변화를 이끌어 내는 프로그램의 능력을 강조할 것이다. 신체적 활동(요가) 및 영양(마음챙김 먹기; 예: Kristeller, 1999 참조)과 관련된 내용의 프로그램은 건강한 생활양식을 조성하는 방법으로서 프로그램의 초기에서부터 강조

될 수 있다. MBSR 요소들은 보다 유연한 개입의 대변자로서 결합되는 것으로
보인다. Carmody와 Baer(2009)에 의해 최근에 언급된 바와 같이 프로그램 회기
시간은 결과에 대한 효과 크기와 유의한 관련이 없으며, 이는 또 다른 요소, 아마
도 가정에서의 실습 시간과 질이 더욱 중요한 요소임을 시사하는 것으로 보인다.
이는 전통적인 강의 기반 집단 형식에 덜 의존하는 MBSR 개입에 맞춰 개인적으
로 발전될 수 있다는 흥미로운 가능성을 열어 준다.

우리는 MBSR이 실행 가능하고 필수적인 임상적 개입이라는 점에 대해 한치
의 의심도 갖지 않는다. 고대 불교에서 기원하였음에도 불구하고 이는 아직까지
서구의 건강관리 실제의 레퍼토리에 새롭게 추가되고 있다. MBSR의 기록에 대
한 연구는 초기의 기술적인(descriptive) 연구에서 점점 더 다양한 범위의 임상적
집단에 기반한 무선 통제 연구로 발전되었다. MBSR은 Hayes, Linehan과 그 밖
의 사람들(예: Hayes, Jacobson, Follette, & Dougher, 1994)에 의한 선구적인 작업과
함께 현재의 인지행동치료 실제에 상당한, 그리고 촉매적인 영향을 미쳤다.
MBSR 프로그램은 서구의 의학 센터에서 만들어져 지난 수십 년 이상 번창하였
으며, MBSR 실제는 현대의 행동 의학과 심리치료의 변방에서 주류로 이동하였
다. 세련된 연구 방법의 증가로 호의적인 결과가 우세한 MBSR 기반의 임상적
연구 출간이 가속화되고 있다.

마음챙김—지금 이 순간의 비판단적인 자각—의 가장 중요한 초점은 단순하
고도 직접적인 것인데, 널리 그리고 점점 더 다양한 범위의 사람들에게 보급되
는 것이다. 의미 있는 방식의 실제에 이러한 메시지를 부여하는 것은 간단하게
할 수 있는 일이 아니며, 마음챙김이 스트레스 관리와 건강에 유용한 효과를 미
치고 있다는 점에 대해 서구 과학적 공동체의 만족도를 충족시킬 수 있도록 설득
력 있게 입증하는 것도 쉽지 않다. 그러나 서구 의학적 관리와 새로운 현재의 심
리치료에서 마음챙김 개념의 지속은 이들의 미래를 계속 만족스럽게 할 것이다.
동시에 어떠한 것에 대한 불교적 도식으로서 알고 있지 않은 것의 중요성—실제
적으로, 필연성—에 일치하도록 알아차리는 것은 가치가 있다. 우리가 마음챙김

을 어떻게든 '밝혀낼' 수 있다는 생각에 과도하게 집착하는 것은 이기심에 의한 좌절감을 만들어 내는 비결과 같다. 이에 관해서는 "알고 있지 않은 것에 대해 알아차리는 것은 모든 치유와 명상의 전통에서 소중하게 여기는 진정한 겸손함을 불러일으키는 그 무엇이다. 또한 이는 과학의 기본이다."라는 Rosch(2007, p. 263)의 언급을 마음에 새김으로써 지양해 나갈 수 있을 것이다.

참고문헌

Arch, J. J., & Craske, M. G. (2006). Mechanisms of mindfulness: Emotion regulation following a focused breathing induction. *Behavior Research and Therapy, 44*, 1849–1858.

Aronson, H. B. (2004). *Buddhist practice on Western ground: Reconciling Eastern ideals and Western psychotherapy.* Boston, MA: Shambhala.

Astin, J. A. (1997). Stress reduction through mindfulness meditation. Effects on psychological symptomatology, sense of control, and spiritual experiences. *Psychotherapy and Psychosomatics, 66*, 97–106.

Baer, R. (2003). Mindfulness training as a clinical intervention: A conceptual and empirical review. *Clinical Psychology Science and Practice, 10*, 125–143.

Baer, R. (2006). *Mindfulness-based treatment approaches: Clinician's guide to evidence base and applications.* New York, NY: Elsevier.

Baer, R. (2007). Mindfulness, assessment, and transdiagnostic processes. *Psychological Inquiry, 18*(4), 238–271.

Baer, R. A., Smith, G. T., Hopkins, J., Kreitmeyer, J., & Toney, L. (2006). Using self-report assessment methods to explore facets of mindfulness. *Assessment, 13*, 27–45.

Bakal, D. (1999). *Minding the body: Clinical uses of somatic awareness.* New York, NY: Guilford Press.

Bankart, C. P. (1997). *Talking cures: A history of Western and Eastern psychotherapies.* New York, NY: Brooks/Cole.

Bankart, C. P. (2003). Five manifestations of the Buddha in the West: A brief history. In K. H. Dockett, G. R. Dudley-Grant, & C. P. Bankart (Eds.), *Psychology and Buddhism: From individual to global community* (pp. 45–69). New York, NY: Kluwer Academic/Plenum.

Bankart, C. P., Dockett, K. H., & Dudley-Grant, G. R. (2003). On the path of the Buddha: A psychologists' guide to the history of Buddhism. In K. H. Dockett, G. R. Dudley-Grant, & C. P. Bankart (Eds.), *Psychology and Buddhism: From individual to global community* (pp. 13–44). New York, NY: Kluwer Academic/Plenum.

Barks, C. (1994). *Say I am you: Poetry interspersed with stories of Rumi and Shams*. Athens, Georgia: Maypop.

Barlow, D. (2004). Book jacket note, S. C. Hayes, V. M. Follegge, & M. M. Linehan (Eds.), *Mindfulness and acceptance: Expanding the cognitive-behavioral tradition*. New York, NY: Guilford Press.

Benson, H. (1975). *The relaxation response*. New York, NY: William Morrow.

Bishop, S. (2002). What do we really know about mindfulness-based stress reduction? *Psychosomatic Medicine, 64*, 71–84.

Borkovec, T. (2002). Life in the future versus life in the present. *Clinical Psychology Science and Practice, 9*, 75–80.

Brantley, J. (2005). Mindfulness-based stress reduction. In S. M. Orsillo, & L. Roemer (Eds.), *Acceptance and mindfulness-based approaches to anxiety: Conceptualization and treatment* (pp. 131–145). New York, NY: Springer.

Brown, K. W., & Ryan, R. M. (2003). The benefits of being present: Mindfulness and its role in psychological well-being. *Journal of Personality and Social Psychology, 84*(4), 822–848.

Brown, K. W., Ryan, R. M., & Creswell, J. D. (2007). Mindfulness: Theoretical foundations and evidence for its salutary effects. *Psychological Inquiry, 18*(4), 211–237.

Carlson, L. E., Speca, M., Patel, K. D., & Goodey, E. (2003). Mindfulness-based stress reduction in relation to quality of life, mood, symptoms of stress, and immune parameters in breast and prostate cancer outpatients. *Psychosomatic Medicine, 65*, 571–581.

Carmody, J., & Baer, R. A. (2008). Relationships between mindfulness practice and levels of mindfulness, medical and psychological symptoms and well-being in a mindfulness-based stress reduction program. *Journal of Behavioral Medicine, 331*, 23–33.

Carmody, J., & Baer, R. (2009). How long does a mindfulness-based stress reduction program need to be? A review of class contact hours and effect sizes for psychological distress. *Journal of Clinical Psychology, 65*(6), 627–638.

Carmody, J., Baer, R., Lykins, E. L., & Olendzki, N. (2009). An empirical study of the mechanisms of a mindfulness-based stress reduction program. *Journal of Clinical Psychology, 65*(6), 613–626.

Chiesa, A,. & Serretti, A. (2009). Mindfulness-based stress reduction for stress management in healthy people: A review and meta-analysis. *Journal of Alternative and Complementary Medicine, 15*, 593–600.

Davidson, R. J., Kabat-Zinn, J., Shumacher, J., Rosenkranz, M., Muller, D., Santorelli, S. F., ⋯ Sheridan, J. F. (2003). Alterations in brain and immune function produced by mindfulness meditation. *Psychosomatic Medicine, 65*, 564–570.

Deikman, A. J. (1982). *The observing self: Mysticism and psychotherapy.* Boston, MA: Beacon Press.

Didonna, F. (2009). *Clinical handbook of mindfulness.* New York, NY: Springer.

Dimidjian, S., & Linehan, M. M. (2003). Defining an agenda for future research on the clinical application of mindfulness practice. *Clinical Psychology Science and Practice, 10*, 166–171.

Dunn, A. L., Trivedi, M. H., Kampert, J. B., Clark, C. G., & Chambliss, H. O. (2005). Exercise treatment for depression: Efficacy and dose response. *American Journal of Preventive Medicine, 28*, 1–8.

Dutton, G. R. (2008). The role of mindfulness in behavior change. *ACSM's Health and Fitness Journal, 12*(4), 7–12.

Engel, G. (1977). The need for a new medical model: A challenge for biomedicine. *Science, 196*(4286), 833–839.

Epstein, M. (1995). *Thoughts without a thinker: Psychotherapy from a Buddhist perspective.* New York, NY: Basic Books.

Epstein, R. (1999). Mindful practice. *Journal of the American Medical Association, 282*(9), 833–839.

Everly, G. S., & Lating, J. M. (2002). *A clinical guide to the treatment of the human stress response.* New York, NY: Springer.

Frank, J. D., & Frank, J. B. (1991). *Persuasion and healing: A comparative study of psychotherapy.* Baltimore, MD: Johns Hopkins University Press.

Fresco, D., Segal, Z., Buis, T., & Kennedy, S. (2007). Assessing attention control in goal pursuit: A component of dispositional self-regulation. *Journal of Personality Assessment, 86*, 306–317.

Gallagher, W. (2009). *Rapt: Attention and the focused life.* New York, NY: Penguin Press.

Garland, E., Gaylord, S., & Park, J. (2009). The role of mindfulness in positive reappraisal. *Explore (New York), 5*(1), 37–44.

Germer, C. K., Siegel, R. D., & Fulton, P. R. (2005). *Mindfulness and psychotherapy.* New York, NY: Guilford Press.

Golden, C. J., & Freshwater, S. M. (2003). *Stroop color and word test: A manual for clinical and experimental uses.* Wood Dale, IL: Stoelting.

Goleman, D. (1990). The psychology of meditation. In M. G. T. Kwee (Ed.), *Psychotherapy, meditation and health: A cognitive-behavioural perspective* (pp. 19–35). London: East-West Publications.

Grossman, P. (2008). On measuring mindfulness in psychosomatic and psychological research. *Journal of Psychosomatic Research, 64*, 405–408.

Grossman, P., Niemann, L., Schmidt, S., & Walach, H. (2004). Mindfulness-based stress reduction and health benefits: A meta-analysis. *Journal of Psychosomatic Research, 57*, 35–43.

Gunaratana, H. (1991). *Mindfulness in plain English*. Boston, MA: Wisdom Publications.

Harvey, A. G., Watkins, E., Mansell, W., & Shafran, R. (2004). *Cognitive behavioral processes across psychological disorders: A transdiagnostic approach to research and treatment*. New York, NY: Oxford University Press.

Hayes, S. C. (2004). Acceptance and commitment therapy and the new behavior therapies: Mindfulness, acceptance, and relationship. In S. C. Hayes, V. M. Follette, & M. M. Linehan (Eds.), *Mindfulness and acceptance: Expanding the cognitive-behavioral tradition* (pp. 1–29). New York, NY: Guilford Press.

Hayes, S. C., Barnes-Holmes, D., & Roche, B. (2001). *Relational frame theory: A post-Skinnerian account of human language and cognition*. New York, NY: Springer-Verlag.

Hayes, S. C., Follette, V. M., & Linehan, M. M. (2004). *Mindfulness and acceptance: Expanding the cognitive-behavioral tradition*. New York, NY: Guilford Press.

Hayes, S. C., Jacobson, N. S., Follette, V. M., & Dougher, M. J. (Eds.). (1994). *Acceptance and change: Content and context in psychotherapy*. Reno, NV: Context Press.

Hayes, S. C., Strosahl, K. D., & Wilson, K. G. (1999). *Acceptance and commitment therapy: An experiential approach to behavior change*. New York, NY: Guilford Press.

Hofmann, S. G., & Asmundson, G. J. (2008). Acceptance and mindfulness-based therapy: New wave or old hat? *Clinical Psychology Review, 28*(1), 1–16.

Hubble, M. A., Duncan, B. L., & Miller, S. D. (Eds.). (1999). *The heart and soul of change: What works in therapy*. Washington, DC: American Psychological Association.

Innes, K. E., Bourguigon, C., & Taylor, G. (2005). Risk indices associated with the insulin resistance syndrome, cardiovascular disease, and possible protection with yoga: A systematic review. *Journal of the American Board of Family Practice, 18*, 491–519.

Jason, L. (1997). *Community building: Values for a sustainable future*. Westport, CT: Praeger.

Jha, A. P., Krompinger, J., & Baime, M. J. (2007). Mindfulness training modifies subsystems of attention. *Cognitive, Affective, and Behavioral Neuroscience, 7*(2), 109–119.

Kabat-Zinn, J. (1982). An outpatient program in behavioral medicine for chronic pain patients based on the practice of mindfulness meditation: Theoretical considerations and preliminary results. *General Hospital Psychiatry, 4*, 33–47.

Kabat-Zinn, J. (1990). *Full catastrophe living: Using the wisdom of your body and mind to face stress, pain, and illness*. New York, NY: Delta.

Kabat-Zinn, J. (1994). *Wherever you go, there you are: Mindfulness meditation in everyday life*. New York, NY: Hyperion.

Kabat-Zinn, J. (2003). Mindfulness-based interventions in context: Past, present and future. *Clinical Psychology: Science and Practice, 10*, 144–156.

Kabat-Zinn, J. (2005). *Coming to our senses: Healing ourselves and the world through mindfulness*. New York, NY: Hyperion.

Kabat-Zinn, J., Massion, A. O., Herbert, J. R., & Rosenbaum, E. (1998). Meditation. In J. C. Holland (Ed.), *Textbook of psycho-oncology* (pp. 767–779). New York, NY: Oxford University Press.

Kabat-Zinn, J., Massion, A. O., Kristeller, J., Peterson, L. G., Fletcher, K. E., Pbert, L., ⋯ Santorelli, S. F. (1992). Effectiveness of a meditation-based stress reduction program in the treatment of anxiety disorders. *American Journal of Psychiatry, 149*(7), 936–943.

Khalsa, S. B. (2004). Yoga as a therapeutic intervention: A bibliometric analysis of published research studies. *Indian Journal of Pshysiology and Pharmacology, 48*(3), 269–285.

Kocovski, N. L., Segal, Z. V., & Battista, S. R. (2009). Mindfulness and psychopathology: Problem formulation. In F. DiDonna (Ed.), *Clinical handbook of mindfulness*, (pp. 85–98). New York, NY: Springer.

Kristeller, J. (1999). An exploratory study of a meditation-based intervention for binge-eating disorder. *Journal of Health Psychology, 4*(3), 357–363.

Kristeller, J. (2003). Finding the Buddha/Finding the self: Seeing with the third eye. In S. R. Segal (Ed.), *Encountering Buddhism: Western psychology and Buddhist teachings* (pp. 109–130). Albany: State University of New York Press.

Kristeller, J. (2007). Mindfulness meditation. In P. M. Lehret, R. L. Woolfolk, & W. E. Sime (Eds.), *Principles and practice of stress management*, 3rd ed. (pp. 393–427).

Kuyken, W., Byford, S., Taylor, R. S., Watkins, E., Holden, E., White, K., ⋯ Teasdale, J. D. (2008). Mindfulness-based cognitive therapy to prevent relapse in recurrent depression. *Journal of Consulting and Clinical Psychology, 76*(6), 966–978.

La Forge, R. (2005). Aligning mind and body: Exploring the disciplines of mindful exercise. *ACSM's Health & Fitness Journal, 9*(5), 7–14.

Langer, E., & Moldoveanu, M. (2000). The construct of mindfulness. *Journal of Social Issues, 56*(1), 1–9.

Lazarus, A. A. (1984). Meditation: The problems of any unimodal technique. In D. H. Shapiro & R. N. Walsh (Eds.), *Meditation: Classic and contemporary perspectives* (pp. 691). New York, NY: Aldine.

Lazarus, R. S. (1984). The trivialization of distress. In J. C. Rosen & L. J. Solomon (Eds.), *Prevention in health psychology*. Lebanon, NH: University Press of New England.

Lazarus, R. S., & Folkman, S. (1984). *Stress, appraisal, and coping*. New York, NY: Springer.

Ledesma, D., & Kumano, H. (2009). Mindfulness-based stress reduction and cancer: a meta-analysis. *Psycho-Oncology, 18*, 571–579.

Lehrer, P. M., & Carrington, P. (2002). Progressive relaxation, autogenic training, and meditation. In D. Mos, A. McGrady, T. C. Davies, & I. Wickramasekera (Eds.), *Handbook of mind-body medicine for primary care*, (pp. 137–150). Thousand Oaks, CA: Sage.

Lehrer, P. M., & Woolfolk, R. W. (2007). Research on clinical issues in stress management. In P. M. Lehrer, R. W. Woolfolk, & W. E. Sime (Eds.), *Principles and practice of stress management*,

3rd ed. (pp. 703-721). New York, NY: Guilford Press.

Lehrer, P. M., Woolfolk, R. W., & Sime, W. E. (2007). *Principles and practice of stress management*, 3rd ed. New York, NY: Guilford Press.

Levesque, C., & Brown, K. W. (2007). Mindfulness as a moderator of the effect of implicit motivational self-concept on day-to-day behavioral motivation. *Motivation and Emotion, 31*, 284-299.

Linehan, M. (1993). *Cognitive-behavioral treatment of borderline personality disorder*. New York, NY: Guilford Press.

Ludwig, D. S., & Kabat-Zinn, J. (2008). Mindfulness in medicine. *Journal of the American Medical Association, 300*(11), 1350-1352.

Lush, E., Salmon, P., Floyd, A., Studts, J. L., Weissbecker, I., & Sephton, S. (2009). Mindfulness meditation for symptom reduction in fibromyalgia: Psychophysiological correlates. *Journal of Clinical Psychology in Medical Settings, 16*(2), 200-207.

Ma, S. H., & Teasdale, J. D. (2004). Mindfulness-based cognitive therapy for depression: Replication and exploration of differential relapse prevention effects. *Journal of Consulting and Clinical Psychology, 72*, 31-40.

Mahoney, M. (1991). *Human change processes*. New York, NY: Basic Books.

Martinsen, E. W. (2008). Physical activity in the prevention and treatment of anxiety and depression. *Nordic Journal of Psychiatry, 62* (Suppl.) 47, 25-29.

McLeod, C. M. (1991). Half a century of research on the Stroop effect; An integrative review. *Psychological Bulletin, 109*(2), 163-203.

Meichenbaum, D. (1977). *Cognitive behavior modification: An integrated approach*. New York, NY: Plenum Press.

Moore, A., & Malinowski, P. (2009). Meditation, mindfulness, and cognitive flexibility. *Consciousness and Cognition, 18*, 176-186.

Morone, N. E., Greco, C. M., & Weiner, D. K. (2008). Mindfulness meditation for the treatment of chronic low back pain in older adults: A randomized controlled pilot study. *Pain, 134*(3), 310-319.

Moyers, B. (1993). *Healing and the mind*. New York, NY: Doubleday.

Orsillo, S. M., & Roemer, L. (Eds.). (2005). *Acceptance and mindfulness-based approaches to anxiety: New directions in conceptualization and treatment*. New York, NY: Springer.

Pace, T. W., Negi, L. T., Adame, D. D., Cole, S. P., Sivilli, T. I., Brown, T. D., ⋯ Raison, C. L. (2009). Effect of compassion meditation on neuroendocrine, innate immune and behavioral responses to psychosocial stress. *Psychoneuroendocrinology, 34*(1), 87-98.

Posner, M. I., & Peterson, S. E. (1990). The attention system of the human brain. *Annual Review of Neuroscience, 13*, 25-42.

Pradhan, E. K., Baumgarten, M., Langenberg, P., Handwerger, B., Gilpin, A. K., Magyari, T., ⋯

Berman, B. M. (2007). Effect of mindfulness-based stress reduction in rheumatoid arthritis patients. *Arthritis & Rheumatism, 57*(7), 1134-1142.

Prochaska, J. O., Norcross, J. C., & DiClemente, C. C. (1994). *Changing for good: The revolutionary program that explains the six stages of change and teaches you how to free yourserlf from bad habits.* New York, NY: William Morrow.

Raes, F., Dewulf, D., Van Heeringen, C., & Williams, J. M. G. (2009). Mindfulness and reduced cognitive reactivity to sad mood: Evidence from a correlational study and a non-randomized waiting list controlled study. *Behavior Research and Therapy, 47,* 623-627.

Raub, J. A. (2002). Psychophysiologic effects of Hatha Yoga on musculoskeletal and cardiopulmonary function: A literature review. *Journal of Alternative and Complementary Medicine, 8,* 797-812.

Raz, A., & Buhle, J. (2006). Typologies of attentional networks. *Nature Reviews Neuroscience, 7,* 367-379.

Roemer, L., & Orsillo, S. M. (2008). *Mindfulness- and acceptance-based behavioral therapies.* New York, NY: Guilford Press.

Rosch, E. (2007). More than mindfulness: When you have a tiger by the tail, let it eat you. *Psychological Inquiry, 18,* 258-264.

Ryan, R. M., & Deci, E. L. (2004). Autonomy is no illusion: Self-determination theory and the empirical study of authenticity, awareness, and will. In J. Greenbeerg, S. L. Koole, & T. Pyszczynski (Eds.), *Handbook of experimental existential psychology* (pp. 449-479). New York, NY: Guilford Press.

Safran, J. D. (Ed.) (2003). *Psychoanalysis and Buddhism: An unfolding dialogue.* Boston, MA: Wisdom Publications.

Safran, J. D., & Segal, Z. V. (1990). *Interpersonal process in cognitive therapy.* New York: Basic Books.

Salmon, P., Lush, E., Jablonski, M., & Sephton, S. (2009a). Yoga and mindfulness: Clinical aspects of an ancient mind/body practice. *Cognitive and Behavioral Practice, 16,* 59-72.

Salmon, P., Santorelli, S. F., Sephton, S. E., & Kabat-Zinn, J. (2009b). Intervention elements promoting adherence to mindfulness-based stress reduction (MBSR) programs in a clinical behavioral medicine setting. In S. A. Shumaker, J. K. Ockene, & K. A. Reikert (Eds.), *The handbook of health behavior change,* 3rd ed. (pp. 271-285). New York, NY: Springer.

Salmon, P., Sephton, S., Weissbecker, I., Hoover, K., Ulmer, C., & Studts, J. (2004). Mindfulness meditation in clinical practice. *Cognitive and Behavioral Practice, 11*(4), 434-446.

Santorelli, S. (1999). *Heal thyself: Lessons on mindfulness in medicine.* New York, NY: Bell Tower.

Segal, S. V., Williams, J. M., & Teasdale, J. D. (2002). *Mindfulness-based cognitive therapy for depression.* New York, NY: Guilford Press.

Shapiro, S. (2009). The integration of mindfulness and psychology. *Journal of Clinical Psychology,*

65(6), 555-560.

Shapiro, S., Brown, K. W., & Biegel, G. (2007). Teaching self-care to caregivers: Effects of mindfulness-based stress reduction on the mental health of therapists in training. *Training and Education in Professional Psychology, 1*, 105-115.

Shapiro, S. L., & Carlson, L. E. (2009). *The art and science of mindfulness: Integrating mindfulness into psychology and the helping professions.* Washington, DC: American Psychological Association.

Shapiro, S. L., Carlson, L. E., Astin, J. A., & Freedman, B. (2006). Mechanisms of mindfulness. *Journal of Clinical Psychology, 62*(3), 373-386.

Shusterman, R. (2008). *Body consciousness: A philosophy of mindfulness and somaesthetics.* New York, NY: Cambridge University Press.

Siegel, D. J. (2007). *The mindful brain: Reflection and attunement in the cultivation of well-being.* New York, NY: W. W. Norton.

Smits, J. A. J., & Otto, M. (2009). *Exercise for mood and anxiety disorders: Therapist guide.* New York, NY: Oxford University Press.

Stein, D. J., Ives-Deliperi, V., & Thomas, K. G. F. (2008). Psychobiology of mindfulness. *CNS Spectrum, 13*(9), 752-756.

Stern, D. N. (2004). *The present moment in psychotherapy and everyday life.* New York, NY: Norton.

Teasdale, J. D. (1999). Emotional processing, three modes of mind and the prevention of relapse in depression. *Behavior Research and Therapy, 37*, S53-S77.

Teasdale, J. D., & Barnard, P. J. (1995). *Affect, cognition, and change: Re-modelling depressive thought.* East Sussex, UK: Erlbaum.

Teasdale, J. D., Moore, R. G., Hayhurst, H., Pope, M., Williams, S., & Segal, Z. V. (2001). Metacognitive awareness and prevention of relapse in depression: Empirical evidence. *Journal of Consulting and Clinical Psychology, 68*, 615-623.

Teasdale, J. D., Segal, Z., & Williams, J. M. G. (1995). How does cognitive therapy prevent depressive relapse and why should attentional control (mindfulness) training help? *Behavior Research and Therapy, 33*(1), 25-39.

Teasdale, J. D., Segal, Z. V., & Williams, J. M. (2003). Mindfulness training and problem formulation. *Clinical Psychology: Science and Practice, 10*, 157-160.

Teasdale, J. D., Segal, Z. V., Williams, J. M. G., Ridgeway, V. A., Soulsby, J. M., & Lau, M. A. (2000). Prevention of relapse/recurrence in major depression by mindfulness-based cognitive therapy. *Journal of Consulting and Clinical Psychology, 68*(4), 615-623.

Treadway, M. T., & Lazar, S. W. (2009). The neurobiology of mindfulness. In F. Didonna (Ed.), *Clinical handbook of mindfulness* (pp. 45-57). New York, NY: Springer.

Walsh, R. (1980). The consciousness disciplines and the behavioral sciences: Questions of comparison and assessment. *American Journal of Psychiatry, 137*(6), 663–673.

Watkins, E., & Teasdale, J. D. (2004). Adaptive and maladaptive self-focus in depression. *Journal of Affective Disorders, 82*(1), 1–8.

Wenk-Sormaz, H. (2005). Meditation can reduce habitual responding. *Alternative Therapies in Health and Medicine, 11*, 42–58.

Williams, M., Teasdale, J., Segal, Z., & Kabat-Zinn, J. (2007). *The mindful way through depression: Freeing yourself from chronic unhappiness.* New York, NY: Guilford Press.

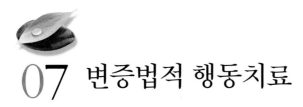

07 변증법적 행동치료

Clive J. Robins & M. Zachary Rosenthal

Marsha Linehan의 변증법적 행동치료(Dialectical Behavior Therapy: DBT)는 표준화된 행동치료를 적용하기 위해 1970년대와 1980년대에 시도되었으며(예: Goldfried & Davison, 1976), 이미 여러 장애와 만성적으로 자살 문제를 보이는 사람들에 대한 효과가 입증되었다(Linehan, 1987). 자살 행동은 대개 살아가는 것이 무가치하다고 지각하면서 삶에서 도피하려는 시도로 가정되며, 따라서 자살 문제를 보이는 사람들은 정서적 고통을 인내하는 기술을 발달시키고, 살아가는 것은 가치 있다고 바라보면서 삶을 창조해 나갈 필요가 있다. 환자가 이러한 기술을 배울 수 있도록 돕는 것은 강화와 노출의 원리를 사용하는 것과 마찬가지로, 지시, 모방, 시연, 코칭을 통한 직접적인 기술 훈련에 의해 이루어진다. 그러나 다각적으로 자살 시도를 보이는 환자들은 비판에 민감하고, 정서 조절장애에 빠지기 쉬운 경향이 있으며, 단지 변화 전략에만 강력하게 집중하는 것이 그들로 하여금 자신이 얼마나 고통스러운지 이해하지 못한다거나 자신의 문제에 대해 비난받고 있다고 느끼게 만들 수 있다. 그로 인해 그들은 치료자에게 화를 내거나 치료에 오지 않을 수도 있다. 반면에 변화에 대한 강조를 내려놓게 되면 환자는 치료자가 그들의 고통을 심각하게 다루지 않는다고 느낄 수 있으며, 환자로 하여금 무망감이나 분노를 야기할 수도 있다. 두 가지 경우 모두 환자는 인정받지 못하고 있다고 느낄 것이다. Swann과 동료들(예: Swann, Stein-Seroussi, & Giesler, 1992)에 의한 연구에서 환자의 기본적인 자기 구조(self-constructs)에 대한 비수인화(invalidation)는 인지 조절장애와 새로운 정보에 대한 처리 과정의 손상을 야기하는 정서적 각성을 증가시키는 것으로 확인되었다. 이러한 환자를 돕기 위해 Linehan은 수인화(validation)가 치료에서 중요한 역할을 할 것이라고 추정하였다.

임상적인 경험적 관찰은 환자가 그의 행동과 환경 속에서의 변화를 만들어 낼 수 있도록 도울 뿐만 아니라 현재의 상태와 환경을 수용하고, 변증법적인 과정을 통해 수용과 변화를 통합할 수 있도록 돕는 치료 프로그램의 개발로 Linehan을 이끌었다. 이러한 접근을 통해 치료를 받았던, 자살 문제를 만성적으로 보이는 사람들의 대부분은 경계선 성격장애(Borderline personality disorder: BPD)의 진단 준거에 부합한 것으로 확인됨으로써 치료 매뉴얼은 BPD를 위해 개발되었다 (Linehan, 1993a, 1993b).

DBT에 대한 첫 번째 무선 통제 시행에서는 BPD로 진단되었으며, 최근에 자살 행동과 그 밖의 자해 행동을 보였던 여성 외래 환자를 대상으로 하여 치료 효과를 검증하였다. 그 결과, 치료 지속, 자살 행동과 그 밖의 자해 행동 시도율, 입원율에 있어서 기존의 치료에 비해 의미 있게 좋은 결과가 보고되었다(Linehan et al., 1991). 미국에서 또 다른 연구자들(Koons et al., 2001)에 의해 이루어진 무선 통제 시행과 네덜란드의 연구(Verheul et al., 2003)에서도 동일한 대상에 대한 치료 효과가 보고되었으며, Linehan과 동료들의 연구에서는 BPD 전문가들에 의한 치료와의 비교에서도 DBT가 보다 효과적임을 확인하였다. 미국 전역과 세계 각국에서 외래 환자를 위한 DBT의 임상적 시행이 이루어졌으며, 이후에 자살 문제를 보이는 청소년(Miller, Rathus, & Linehan, 2007; Rathus & Miller, 2002), BPD 입원 환자 프로그램(Barley et al., 1993; Bohus et al., 2004; Swenson, Sanderson, Dulit, & Linehan, 2001), 낮 병동 치료 프로그램(Simpson et al., 1998), 성인 재소자 교정

(McCann, Ball, & Ivanoff, 2000)과 청소년 재소자 교정(Trupin, Stewart, Beach, & Boesky, 2002)에 적용되었다.

DBT는 만성적으로 자살 문제를 보이면서 BPD의 진단 기준에 부합하는 사람들을 위해 개발되었지만, 두 편의 무선 통제 시행의 연구(Linehan et al., 1999; Linehan et al., 2002)에서는 BPD와 함께 약물사용장애를 갖고 있는 환자들의 약물 남용을 치료하는 데 있어서도 효과적인 것으로 밝혀졌다. 이 치료 모델은 BPD를 넘어서 보다 광범위하게 적용 가능한 것으로 확인되었는데, 폭식장애 (Telch, Agras, & Linehan, 2001), 신경성 폭식증(Safer, Telch, & Agras, 2001), 노년기 우울증(Lynch, Morse, Mendelson, & Robins, 2003), 청소년기 양극성 장애 (Goldstein, Axelson, Birmaher, & Brent, 2007)에 대한 DBT의 효과가 무선 통제된 시행의 연구를 통해 입증되었다. 무선 통제되지 않은 예비 연구에서 변증법적 행동치료의 기술 훈련이 성인 주의력 결핍 과잉 행동 장애의 치료에 효과적인 것으로 나타났다(Hesslinger et al., 2002). 표준화된 DBT에서는 개인치료에 집중하지만, BPD로 진단된 환자의 커플(A. E. Fruzzetti & Fruzzetti, 2003) 혹은 이러한 환자와의 사이에서 가정폭력을 경험한 커플(Fruzzetti & Levensky, 2000)에 대한 적용과 연구도 이루어졌다. 이러한 적용의 다수는 Dimeff와 Koerner(2007)에 의해 편저된 최근의 문헌에서 연구의 원저자들에 의해 기술되었다. 또 다른 연구 대상이나 맥락에 적용할 수 있는 특정한 시행이 지속적으로 개발되고 연구될 것으로 보인다. 이 장에서 우리는 BPD로 진단된 개인을 위한 치료와 같이 표준화된 DBT에 집중하고자 한다.

DBT의 핵심 요소에는 정신병리에 대한 생물사회적 이론, 학습 이론, 사회 심리학, 그 밖의 심리과학, 변증법적 철학에서 파생된 치료 원리, 치료 단계와 각각의 단계 내에서 치료 표적에 대한 우선순위를 정하기 위한 개념적 틀, 환자에 따라 다양하게 요구되는 것을 다루는 다양한 치료 모드, 수용 전략, 변화 전략, 변증법적 치료 전략의 여러 세트가 포함된다. 우리는 다음 부분에서 이러한 요소에 대해 개관하고자 한다.

정신병리와 치료에 대한 모델

정신병리에 대한 DBT 모델: 생물사회적 이론

BPD에 대한 DSM-IV의 9개 준거는 5개의 큰 영역으로 조직화될 수 있다.

1. 정서 조절 곤란(불안정한 정동 및 분노의 과소 통제 혹은 과잉 표현)
2. 관계 조절 곤란(격정적이고 혼돈스러운 관계와 유기에 대한 두려움)
3. 자기 조절 곤란(정체감의 결핍, 공허감)
4. 행동 조절 곤란(자살 및 자해 행동과 그 밖의 충동적 행동)
5. 인지 조절 곤란(일시적인 스트레스 관련 편집증, 해리 혹은 유사 정신증적 증상)

이러한 영역에 대한 DBT의 개념화는 정서 조절 곤란이 핵심적인 역할을 한다는 것이다. Linehan의 모델에 의하면, 진단적 명명에 의해 정리된 여타의 행동 패턴은 정서 조절 기술의 부족(예: 공격적이거나 지나치게 굴종적인 대인관계적 행동과 인지적 조절 곤란)과 함께 결합되어 있는 강렬한 정서와 관련된 행동 충동, 정서를 조절하려는 시도(예: 자해, 약물 사용, 폭식과 하제 사용), 정서와 행동 조절 곤란의 장기적인 영향(예: 불안정한 관계와 유기에 따른 두려움, 손상된 자기감)을 반영하는 것으로 볼 수 있다. BPD 준거에 해당하는 행동의 발전과 지속은 DBT에서 두 가지 요소 간의 거래 과정에서 온 결과로 개념화된다. 그 요소는 정서 조절 체계의 생물사회적 역기능과 비수인화된 환경이다.

정서 조절 곤란

DBT에서는 BPD 환자의 경우 일반 사람들에 비해 보다 쉽고 강하게 정서를 경험하기 때문에 이러한 정서 경험에 있어서 생물학적으로 취약하다고 제안한다. BPD는 정서 조절에 관여하는 중추신경계의 일부 역기능과 관련되어 있다. 쌍생아 연구에서 정서 조절 곤란에 대한 유전적인 영향이 시사되었으며(Livesley, Jang, & Vernon, 1998), 특히 BPD에서도 이러한 결과가 확인되었다(Torgerson et al., 2000). 또 다른 원인적 요인으로 태아기 발달 동안의 사건과 초기 외상이 포함되는데, 이는 변연계의 발달에 지속적으로 구조적 영향을 미칠 수 있다(Sapolsky, 1996). Linehan의 모델은 BPD 환자의 정서적 취약성이 과도한 정서적 민감성, 반응성, 정서적 각성 이후의 회복 지연으로 특징지어진다고 주장한다.

비수인화된 환경

비수인화된 환경 속에서 개인의 사적 경험에 대한 의사소통 시 이러한 경험이 타당하지 않고, 잘못되거나, 부적절하거나, 해결하려는 문제를 지나치게 단편화하려는 것을 시사하는 반응과 자주 만나게 된다. 부정적인 정서에 대한 의사소통은 타인에 의해 무시되거나 처벌을 받게 되며 극단적인 의사소통이 보다 더 심각하게 이루어지게 된다. 결국 개인은 자기 비수인화로 이어지게 되며, 적절한 목표 세우기를 배우지 못하고, 어떻게 정확히 정서를 명명하고 의사소통하거나 조절할 것인지를 배우지 못하며, 대신에 정서적 표현을 억제하거나 극단적인 행동과 함께 고통에 반응하는 것을 배우게 된다.

정서 조절 곤란과 비수인화의 변증법적 거래

시간이 지나 개인의 행동이 정서를 조절하거나 고통을 전달하기 위한 시도로서 보다 극단적으로 되어 가면서 정신건강 시스템을 포함한 환경으로부터 점점 더 비수인화를 경험하게 된다. 그들의 반응은 타인을 곤혹스럽게 하는데, 사람들은 그들이 상황을 조종하기 위해 거짓된 반응을 보이고, 완전히 부당하거나 말도 안 되게 지내고 있으며, 그들의 행동을 통제하는 데 충분한 노력을 하지 않는다고 결론을 내린다. 만약 명시적으로 혹은 암묵적으로 이러한 신념이 전달된다면(비수인화), 민감한 개인은 보다 정서적으로 취약함을 느낄 가능성이 커진다. 따라서 이러한 거래 모델에서 그 개인과 그들의 대인관계적 환경은 계속적으로 또 다른 타인에게 영향을 미친다. 시간이 경과하면서 그 개인은 전반적인 정서 조절 곤란을 경험하게 되는데, 정서 조절 기술의 학습을 포함한 학습의 손상이 일어나게 되고, 부적으로 강화된 행동으로서 정서의 강도를 즉각적으로 감소시키는 데 효과적일 수 있지만 장단기적인 부정적 결과를 초래하는 자해와 약물 사용에 의존하게 된다.

DBT 모델

DBT에서 대부분의 기초적인 변증법적 관찰과 참여는 수용과 변화다. 환자의 변화를 돕기 위한 DBT의 전략은 일차적으로 표준화된 행동치료와 인지치료 절차, 그리고 학습, 정서, 사회적 영향, 설득, 심리학의 여타 영역에 대한 연구로부터의 원리와 결과에 의존한다. 치료자가 환자를 수용하고 있음에 대해 전달하기 위한 치료 전략은 일차적으로 인간 중심 치료와 정서 중심 치료에 의존한다. 환자의 자기와 타인, 그리고 삶에 대한 수용을 발달시키기 위한 치료 전략은 선불교의 원리와 실습에 의존한다. 변증법적인 자세는 수용과 변화 전략의 균형과 통합을 안내하고 지속시킨다.

치료의 단계와 치료 표적

순전히 환자들이 보통 가져오는 문제만으로, 그리고 회기에 따라 환자와 치료자가 변화하기 때문에 그 문제가 가장 긴급한 것처럼 보인다는 사실만으로도 BPD 환자들과 작업하는 데 있어서 도전이 된다. DBT는 치료의 4단계, 그리고 특히 1단계의 치료 회기 내에서 문제의 우선순위에 대한 개념 모델에 의해 안내된다. 치료에 포함되어 있는 4단계는 다음과 같다.

1. 행동 통제 곤란에서 통제로

2. 정서적 억제에서 경험으로

3. 살 것이냐, 죽을 것이냐의 문제에서 평범한 행복과 불행으로

4. 불완전감에서 자유로움과 즐거움으로

DBT의 개인 치료 회기는 단지 단기적인 위기에만 의존하기보다 장기적인 기능에 대한 환자의 심각성과 영향에 따라서 치료 표적의 명확한 목록을 수립하고 위계적인 우선순위를 배정하는 것에 의해 안내된다. 특히 치료 1단계에서는 오늘날 연구에서의 일차적인 주안점이 다루어지는데, 생명을 위협하는 행동 및 이와 관련된 행동이 가장 우선적인 표적이며, 환자 혹은 치료자의 치료를 방해하는 행동, 그다음에 삶의 질을 방해하는 행동과 환경, 그리고 마지막으로 기술 개발이 뒤따르는 표적이 된다(대부분 치료의 기술 훈련 모드와 분리하여 다루어진다). 치료가 시작되기 전에 DBT에서는 치료 전 단계를 명시적으로 포함하는데, 이는 치료자와 환자가 가장 중요한 치료 표적과 치료 구조, 그 밖의 것들에 대한 동의를 이루는 것이다.

치료 모드

BPD 환자를 위한 종합적인 치료에서는 네 가지 기능을 다루는 것이 필요하다.

1. 새로운 기술을 개발하도록 환자를 돕는다.

2. 기술 사용에 대한 동기를 방해하는 것에 대해 다룬다.

3. 환자가 자신이 일상생활에서 배운 무언가를 일반화하도록 돕는다.

4. 치료자가 동기화와 노련함을 유지하도록 한다.

외래 환자에 대한 표준화된 DBT에서 이러한 네 가지 기능은 치료의 네 가지 모드를 통해 일차적으로 다뤄진다. 그 네 가지 모드는 집단 기술 훈련, 개인 심리치료, 전화 코칭, 치료자 자문 팀 미팅이다.

Linehan은 현재의 위기, 조절되지 않는 정서, 최근의 행동 통제 곤란 사례에 동시적으로 반응해야만 하기 때문에 개인 치료에서 장기간 동안 기술 습득에 치료자가 집중하는 것이 극히 어렵다는 점을 발견하였다. 결국 그녀는 이러한 두 가지 치료 기능을 2개의 치료 모드로 분리하였다. 기술은 네 개의 모듈을 통해 가르치는데, 마음챙김, 고통 감내력, 정서 조절, 대인관계적 효용성 등이다. 개인 치료에서 치료자는 환자가 그들이 갖고 있는 어떤 기술이든지 사용하도록 도우며, 보다 효과적으로 위기를 다루고 문제 행동을 감소시키는 방안을 배울 수 있도록 돕는다. 기술 사용에 대한 동기의 문제는 개인 치료에서 일차적으로 다뤄진다.

환자는 그들이 위기에 닥쳤거나 자해, 술을 마시고 싶은 충동, 직장을 그만두고 싶은 충동, 그 밖의 문제 행동을 통제하는 데 곤란을 겪을 때 기술 코칭을 위해 개인 치료자에게 전화를 하여 지시를 받는다(동의된 한도 내에서). 정기적으로 만나는 자문 팀 역시 DBT에서 필요한 요소이며, 이는 치료자의 동기화를 지속하고 치료 수행에 대한 안내를 제공하는 데 목적을 두고 있다.

치료 전략

DBT 전략의 네 가지 기본 세트에는 수용 중심 전략과 변화 중심 전략이 포함되어 있다. DBT의 핵심 전략은 수인화(수용)와 문제해결(변화)이다. 변증법적 전략은 수용과 변화의 대립을 야기하는 극단적인 상태를 보여 주거나 조명한다. 의사소통 유형 전략에는 호혜적인 유형(수용)과 단호한 유형(변화)이 포함된다. 사례 관리 전략은 환자를 위한 환경적 개입(현재 환자의 제한된 능력에 대한 수용), 환자에 대한 자문(환자의 능력 내에서의 변화), 자문 팀 구성(수용과 변화의 균형)을 포함한다.

전념 전략

치료에서 초기 과제는 치료의 목표와 방법에 대해 환자와 치료자가 동의하는지 그렇지 않은지, 그리고 일차적인 표적이 초기에 다루어질 것인지에 대해 결정하는 것이다. 특히 자살과 자해 행동을 보이는 환자의 경우 치료자가 가장 문제가 된다고 보는 행동과 상황에 대한 작업에 환자가 전념하지 않을 수 있으며, 도움을 받을 수 있는 기회를 제공하는 치료에 충분하게 참석하는 것조차도 하지 않을 수 있다. 따라서 DBT는 전념을 이끌어 내기 위한 전략도 포함하고 있으며, 이는 사회 심리학, 마케팅, 동기적 면담에 대한 연구에서 지지된 원칙에 기반을 두고 있다. 이는 다음과 같다.

1. 변화하는 것과 변화하지 않는 것에 대한 찬성과 반대를 평가하는 것
2. 좀 더 큰 부탁에 대한 이후의 동의 가능성을 증가시키기 위해 먼저 작은 부탁에 대한 동의를 이끌어 내는 문간에 발 들여놓기(foot-in-the-door) 전략
3. 보다 작은 부탁에 대한 이후의 동의 가능성을 증가시키기 위해 먼저 거절의 가능성이 높은 큰 부탁부터 하는 문간에 머리 들이밀기(door-in-the-face) 접근
4. 변화의 어려움이나 장애물에 대해 인식하도록 함으로써 치료자가 환자의 약화된 전념을 강화하기 위해 노력하는 악마의 변호인(devil's advocate) 전략
5. 환자가 만들어 냈던 과거의 전념에 현재의 전념을 연결하는 것
6. 선택의 결과에 대해 깨닫는 것과 동시에 전념할 것인지, 그렇지 않을 것인지에 대한 선택은 환자의 자유라는 점을 강조하는 것(예: 환자는 입원을 지속하려고 할 것이고, 치료자는 환자를 치료할 것인지 말 것인지 선택할 수 있다).

문제해결 전략

문제 행동을 변화시키기 위해 환자를 돕는 첫 번째 단계는 문제 행동에 대한 행동적 분석을 시행하는 것이다. 전형적으로 최근에 일어난 표적 행동에 초점을 두며, 학습 원리를 통해 문제를 지속시키는 변인을 조명하기 위해 분석을 시도한다. 선행 사건의 결과가 설명되며, 문제 행동을 유발하고 지속시키는 체인을 해

체시킬 수 있는 방안에 대한 가설이 만들어지고 검토된다. 유용한 행동 분석은 해결책을 지적해 줄 것이며, 이러한 해결책은 최적의 해결책이라고 확인될 때까지 그 효용성에 대해 검증될 것이다. 행동 변화를 촉진시키기 위해 치료자는 네 가지로 분류될 수 있는 표준화된 인지행동치료 절차를 사용한다.

1. 환자가 어떻게 하면 보다 능숙하게 행동할 수 있을지 모를 때, 기술 훈련
2. 환자의 부적응적인 행동이 강화되거나 적응적인 행동이 처벌 혹은 강화되지 못했을 때, 상황 관리(contingency management)
3. 특정한 자극에 대해 조건화된 정서적 반응이 적응적인 행동을 방해할 때, 노출
4. 환자의 신념, 태도, 사고가 적응적인 행동을 방해할 때, 인지적 수정

상황 관리와 노출은 표준화된 인지행동치료의 절차다. 그렇기 때문에 잠재적인 강화, 소거 혹은 처벌의 기능, 그리고 공식적인 노출에 추가하여 곤란한 정서 유발하기, 마음챙김 실습 등을 통해 DBT가 제공하는 다양한 비공식적인 노출(마음챙김 실습에 의한 곤란한 정서 유발하기를 통해)에 대한 많은 기회들에 치료자가 관여하는 DBT에 대한 언급 이외에는 여기서 논의되지 않을 것이다. 다음에 기술된 바와 같이 DBT에서는 인지행동치료 접근에 비해 상대적으로 행동적 분석이 더 많이 수행되는 경향이 있다.

행동적 분석

DBT에서 행동적 분석의 목적은 취약한 요인의 배열, 촉발하는 사건, 사고, 감정, 행동 충동, 특정한 문제 행동을 유발하는 관찰 가능한 행동, 이러한 행동에 뒤따르는 개인적, 대인관계적, 그리고 그 밖의 결과에 대해 이해하기 위함이다. 첫 번째 단계에서는 객관적이고 분명하게, 그리고 비판단적으로 문제 행동을 기술한다. 예로, '금요일, 오후 11시에서 11시 30분 사이에 손톱으로 발목을 반복

적으로 할퀴어서 피가 났지만 꿰맬 필요는 없었다.'를 들 수 있다. 이는 촉발하는 환경적 사건을 확인하는 데 도움이 된다. 환자는 초기에 촉발하는 환경적 사건을 밝히는 것이 어려울 수 있는데, 예를 들어 '나는 항상 자살하고 싶어요.'라고 반응할 수 있다. 한 가지 유용한 전략은 이러한 충동이 증가하는 시간을 확인하는 것이다. 촉발하는 사건에 대한 직접적인 해결책에는 이 같은 사건에서 피하는 것(자극 통제) 혹은 이러한 사건을 변화시키는 것이 포함된다. 최근의 스트레스, 기분, 수면 부족 혹은 충분한 영양 공급의 부족과 같이 환자가 대처하기 더욱 어려운 촉발 사건을 야기하는 취약성 요인을 밝히는 것이 도움이 된다.

치료자와 환자는 촉발하는 사건에서 문제 행동으로 연결되는 체인을 확인하는데, 이러한 체인에는 사건에 대한 사고, 정서적 반응, 이후의 행동, 이러한 행동에 대한 환자와 타인의 반응이 포함된다. 상당수의 이러한 체인 연결은 많은 잠재적인 해결책을 확인할 수 있도록 해 준다. 환자는 그들의 정서적 반응을 허용할 수 있도록 하고, 상황에 대해 스스로에게 무언가 말할 수 있게 변화할 수 있도록 하고, 대인관계 기술을 사용할 수 있도록 하고, 문제 행동을 일으키려는 충동에 대처하는 고통 감내 기술을 사용할 수 있도록 하는 상황에서의 통제된 노출을 반복할 필요가 있다. 또한 치료자는 환자의 정서 변화, 다른 사람들의 반응, 환경 변화를 포함한 문제 행동의 결과에 대해 질문한다. 이는 치료자가 제거할 수 있는 강화물을 확인하고, 치료자가 강조할 수 있는 부정적 결과도 확인하도록 해 준다.

수인화 전략

수인화는 문제해결의 균형을 유지하기 위해 DBT에서 사용되며, 환자가 자신의 반응이 타당하다고 이해 받고 있음을 전달하는 의미다. 이는 사실 오직 타당한 것을 인정하기 위해 중요할 뿐이다. 수인화는 환자가 진실하지 않을 때조차도 환자에 대해 긍정적인 무언가를 말해 주는 것을 의미하지 않는다. 정서적 반응과 같이 어떤 것은 항상 타당하고 그래서 항상 수용될 수 있는데, 설령 지각이

나 사고 그 자체가 타당하지 않다고 하더라도 이러한 정서적 반응은 항상 지각이
나 사고에 대한 이해 가능한 행동으로 정의된다. 길 위에 있는 모든 운전자가 환
자 자신을 해할 의도를 갖고 있다는 신념은 명백하게 타당하지 않다. 그러나 많
은 것들이 어떠한 방식을 통해 수용될 수는 있지만, 또 다른 것들은 수용될 수 없
다. 예를 들어, 자해는 환자의 정서를 조절해 줄 수 있다. 따라서 이러한 행동은
단기적인 결과의 측면에서 근거가 있는 행동이며, 타당하다. 반면에 이러한 행
동은 삶에서의 장기적인 목표에 도달하는 데 효과적이지 않은 부정적인 결과를
다양하게 야기한다. 치료 초기에 그것이 이해될 수 있다고 느끼는 소통 속에서
자해를 수용하는 것은 도움이 될 수 있을 것이다. 치료 후기에는 이러한 수용이
필수적이지 않거나 이를 원치 않을 수도 있다. 수인화는 다양한 수준에서 이루
어질 수 있다. 첫째, 환자가 자신은 중요한 사람이라고 느낄 수 있도록 듣고 관찰
된 것에만 기초하지 않는 소통을 한다. 둘째, 환자가 자신이 이해받고 있다고 느
낄 수 있도록 정확하게 반영하는 소통을 한다. 셋째, 환자가 아직 세상으로 표현
하지 못하고 있는 정서, 사고, 행동 패턴을 분명하게 설명해 줌으로써 환자가 깊
이 이해받고 있다고 느끼는 데 도움이 될 수 있을 것이다. 넷째, 과거의 학습 이
론이나 생물학적 기능의 측면에서 수인화는 설령 현재 일어나는 행동이 부적응
적이라고 하더라도, 그럼에도 불구하고 이러한 행동의 발생이 타당하다고 전달
하는 것이다. 다섯째, 현재의 맥락 혹은 규범적인 기능의 측면에서 수인화는 대
부분의 사람들이 그러한 상황에서 어떻게 반응한다는 것에 대해 환자가 알고 있
다는 가정을 내려놓는 것이다. 마지막으로 환자를 명백하게 연약하고 능력이 부
족한 사람으로 취급하지 않는 치료자로서의 근원적인 진정성을 지켜 나가는 것
이다.

● 마음챙김과 수용 전략의 역할

　DBT에서의 근원적인 변증법은 수용과 변화에 있다. 앞서 논의된 바와 같이 수인화와 같은 수용 지향적인 전략과 변화 지향적인 행동·인지 전략을 치료자가 모두 사용한다는 점이 이러한 변증법을 보여 준다. 여기서 수용은 환자에 대한 수용을 전달하는 치료자의 행동을 말하는데, 이는 치료자가 치료 전략의 세트 안에 반영되어 있음을 뜻한다. 환자에 의한 수용 역시 환자의 표적 행동 세트처럼 DBT에서 핵심적인 부분이다. BPD 환자는 전형적으로 어려운 상황을 인내하는 데 있어서 많은 곤란을 갖고 있으며, 정서적 고통과 연결되어 있고, 그 자신 그리고 타인에게 가혹하게 비판받거나 수용받지 못하기도 한다. BPD 환자의 삶의 환경은 대부분 고통스럽고, 어려우며, 변화가 불가능하다. 우리는 과거를 변화시킬 수 없다. 게다가 우리의 현재 상황 중 어떤 상황은 즉각적으로 변화 가능하지 않으며, 변화로 인한 손실이 너무 클 수도 있다. 그럼에도 불구하고 그 상황이 그러한 방식으로 되어서는 안 되는 상황 그 자체에 대해 계속해서 이야기함으로써 고통을 감소시킬 수 있기 때문에 수용은 유용할 수 있다. 수용의 부족은 어떠한 변화를 유발할 수도 있다. 예를 들어, 자해에 대한 강한 자기 비난과 죄책감, 약물 남용, 폭식은 대개 긍정적인 결과를 이끌어 내지 않으며, 자기 처벌과 같은 문제 행동을 이후에 야기할 것이다. 따라서 DBT에서는 특정한 치료자 치료 전략과 더불어 환자와 치료자가 자기, 타인 그리고 전반적인 삶에 대한 수용을 증진시키는 데 도움이 되는 기술의 학습과 실습이 모두 포함된다.

　다수의 이러한 기술과 치료 전략은 이후에 Robins(2002)와 Robins, Schmidt와 Linehan(2004)에 의해 기술된 바와 같이 불교 원리와 마음챙김 명상 실습에 뿌리를 두고 있다(예: Aitken, 1982; Hahn, 1976). DBT 치료자로서의 태도와 행동을 안내하고 환자를 가르치는 불교 원리와 실제에는 지금 이 순간에 마음챙김하면서 존재하기, 망상 없이 현실을 바라보기, 판단하지 않고 현실을 수용하기, 고통의 원인에 대한 집착을 내려놓기, 극단적인 사고와 행동 대신에 중도(middle way) 찾기가 포함된다. 또한 불교적 사고는 모든 사람은 지혜의 능력을 타고 태어났다고 보는 인간주의적 가정에 의해 특징지어지며, 이 같은 원리는 DBT에서 '지혜로운 마음(wise mind)'이라 불린다.

환자의 수용을 표적으로 하는 치료 전략

모방으로서의 수인화와 자기 수인화의 촉진

앞서 언급한 바와 같이 치료 전략으로서의 수인화는 다수의 의도된 기능과 효과를 제공할 수 있다. 여기서 우리는 수인화가 어떻게 스스로와 세상에 대한 환자의 수용을 목표로 하여 사용될 수 있는지에 중점을 둘 것이다. 즉, DBT에서는 몇 가지 목적에 대한 방법으로서 치료자의 수인화 사용을 특별히 포함하고 있다. 정서적 기능은 Linehan의 생물사회적 모델에서 볼 때 역기능의 일차적인 영역으로 강조되기 때문에 치료자 수인화의 의도된 기능은 정서를 능숙하게 경험하고 표현하는 환자의 능력을 증진시키는 것이다. 타당한 것으로 보이는 무언가를 반복적으로 인정해 주는 것(즉, 내담자가 경험한 어떤 것, 혹은 이치에 맞는 어떤 것, 유용하거나 타당한 어떤 것)과 타당하지 않다고 확인해 주는 것(예: '나는 나쁘다.'라는 것은 그저 내가 갖고 있는 사고이기 때문에 그것은 그야말로 사실이 아니다)은 타당한 행동과 타당하지 않은 행동을 변별하는 환자의 능력을 형성하는 데 도움을 주기 위한 목적을 갖고 있다.

상품을 포장하고 소비자에게 배송하기 전에 문제가 있는 제품을 찾기 위해 컨베이어 벨트를 점검하는 것처럼 치료자는 환자가 타당하거나 혹은 타당하지 않은 경험과 행동을 확인하는 것을 배울 수 있도록 돕는다. 물론 행동이 어떠한 조망에서는 타당하고(즉, 사고가 일어난 이유는 타당하다), 또 다른 조망에서는 타당하지 않을 때 모두가 해당된다(즉, 그 사고는 그야말로 사실이 아니다). 이러한 과정은 회기 내에서 환자가 전형적으로 타당하지 않은 것처럼 경험하는 환자의 행동에 대한 치료자의 수인화를 이끌어 낸다. 보다 수월하게 될 수 있도록 환자를 훈련시킴으로써 정동적 상태 간의 인식과 구별이 이루어지게 되는데, 예를 들어 치료자는 경험된 그 자체로의 정동적 상태에 대한 수용을 촉진한다. 또한 치료자는 환자가 내용이 타당한지 혹은 타당하지 않은 사고가 말 그대로 진실인지에 상관없이 인지적으로 스스로를 자신이 인정하지 못하는 것(예: '나는 결코 좋은 관계를 갖지 못할 것이다.')이 왜 타당한지 그 이유에 대해 수용하는 법을 배우도록 돕는다.

또한 수인화에 대한 명시적인 훈련은 마치 기술처럼 직접적으로 가르쳐지는데, 치료자는 환자가 모방할 수 있도록 자기 수인화를 사용한다. 치료자는 그들 스스로를 위해 어떻게 내적 경험을 명확하게 밝히느냐에 따라 수인화의 본보기가 된다. 거기에는 보편적으로 발생하는 확실한 내적 경험의 선행 사건이 존재한다. 유사하게 치료자는 자신의 사고, 감정, 행동을 타당하고 효과적이라고 인정함으로써 어떻게 스스로를 수용하는지 모델이 되어 준다. 이는 때때로 장난스럽고, 때로는 사무적인 태도를 통해 이루어지지만 명확하게 표적화된 이러한 기술을 발전시키고자 하는 환자의 욕구와 함께 항상 진실한 태도 속에서 이루어진다.

수용의 증진을 위한 경험적 활동

DBT에서 치료자는 수용을 촉진하기 위해 환자와 함께 경험적 활동을 사용한다. DBT에는 다음에 기술된 마음챙김 실습 이외의 다른 특정한 경험적 활동은 없다. 대신에 치료자는 환자가 회기 동안에 사용하도록 선택한 넓은 범위의 가능한 활동을 다룬다. 경험적 활동의 유기적인 사용은 치료자와 환자가 회기 동안에 문제해결, 체인 분석 또는 수용과 인지적 탈융합, 보다 광범위한 통찰을 증진하도록 의도된 경험적 활동에 대한 명시적인 변화 중심의 기술 훈련을 통해 이행할 수 있고, 때때로 동일한 회기 내에서 이동할 수 있도록 허용한다.

경험적 활동은 사고는 그저 사고일 뿐이며, 사실이 아니라는 사고에 대한 수용을 촉진하기 위해 사용될 수 있다. 환자는 사고의 변화를 위해 맥락으로서의 변화 중인 사고의 내용을 관찰하도록 하는 경험적 활동을 통해 '말 그대로 사실인 것처럼 사고를 사들이지 않는 것'을 배울 수 있다. 이러한 활동은 사고가 말 그대로 사실이라고 사로잡히지도 않고, 그것이 거짓이라고 부정하지도 않으면서 지금 일어난 사고를 단순히 그냥 사실처럼 보인다라고 수용하는 법을 배울 수 있도록 돕는다. 또한 경험적 활동을 통해 행동하고자 하는 충동이 항상 충동에 대한 행동을 요구하지는 않는다는 것을 배우도록 도울 수 있다. 충동에 반응하지 않도록 학습하는 것은 필연적으로 발생하는 욕구에 대한 행동을 요구하는 명령이 아닌 단순한 내적 경험으로써 행동을 수용할 수 있도록 돕는다. 또한 여기서는 특정하게 단일한 활동이 요구되지 않는다. 치료자는 주어진 어떠한 순간에 어떠한 내담자와 함께 작업하는 데 있어서 적절할 것이라고 판단되는 경험적 활동의 사용을 선택할 수 있다. 또한 경험적 활동은 명시적인 행동 기술 훈련에 비해 더 좋다 혹은 더 나쁘다라고 개념화되지 않는다. 오히려 수용을 촉진할 때 경험적 활동은 음(陰)을 교훈적이고 명쾌한 기술 훈련의 양(陽)이 되도록 할 수 있다.

마음챙김 기술

마음챙김은 비판단적이고 수용적인 방식을 통해 경험을 자각하고, 비판단적인 자각을 기반으로 한 활동에 참여하는 것을 말한다. 예를 들어, Kabat-Zinn(2003)은 마음챙김이란 "지금 이 순간에 목적을 갖고 주의를 집중함으로써 일어나는 자각이며, 순간순간의 경험을 비판단적으로 펼치는 것"(p. 145)이라고 기술하였다. 마음챙김의 조작적 정의를 시도한 연구의 맥락에서 Bishop 등(2004)은 마음챙김이 주의에 대한 자기 조절과 경험에 대한 지향이라는 두 가지 요소를 포함하고 있다고 제안하였다. 주의에 대한 자기 조절은 있는 그대로 관찰하고, 순간순간에 일어나는 사건, 사고, 감각, 감정, 행동 충동 등을 자각하는 것에 관여한다. 이는 의도된 초점에 주의를 지속하고 의도된 새로운 초점으로 주의를 전환시키는 능력을 수반한다. 예를 들어, 호흡에 주의를 지속하는 실습을 할 수도 있다. 주의가 호흡에서 떠돌아다닐 때 치료자는 환자가 집중하고 있는 무언가를 알아차리고 다시 호흡으로 주의를 집중하도록 가르친다. 마음챙김의 두 번째 차원인 경험에 대한 지향은 지금 이 순간의 경험을 향한 태도, 특히 무슨 경험이든 간에 판단하지 않고 습관적으로 반응하지 않으면서 개방적이고 호기심 가득한 태도를 견지하는 것이다. 우리 모두는 상황과 기회에 따라 다양한 정도에서 마음챙김을 할 수 있으며, 웰빙의 다양한 지표와 유의한 관련이 있는 마음챙김의 평균 수준이 어느 정도인지는 상대적으로 개인에 따라 차이가 존재하는 것으로 나타났다(예: Brown & Ryan, 2003). 마음챙김 자각은 보통 어떤 특별한 의도적인 훈련이나 실제 없이 일어나며, 마음챙김의 증진을 위한 다양한 방법이 존재한다. 그러나 다수의 영적 전통, 그리고 보다 최근의 신체적·정신적 건강에 대한 개입에서는 명상 실습이 마음을 챙기는 능력을 증진시킬 수 있다고 제안한다. 명상을 경험한 사람들의 경우 마음챙김 측정치에서 평균 점수가 더 높았다는 연구 결과가 있으며(예: Baer et al., 2008; Brown & Ryan, 2003; Lykins & Baer, 2009), 마음챙김에 기반한 개입에 참여한 사람들의 경우 마음챙김에 대한 자기보고에서 마음챙김이 향상된 것으로 나타났다는 증거도 있다(예: Carmody & Baer, 2008; Shapiro, Oman, Thoresen, Plante, & Flinders, 2008).

　마음챙김 명상에 기반한 규칙적인 실습을 가르치고 독려하는 것은 마음챙김에 기반한 스트레스 완화(MBSR)(Kabat-Zinn, 1982), 마음챙김 명상에 기반한 인지치료(MBCT)(Segal, Williams, & Teasdale, 2002)와 같은 개입에서 일차적인 내용이며, 중점을 두는 부분이다. DBT에서 마음챙김은 회기 내에서 치료자의 자각과 참여를 위해, 그리고 환자가 핵심 기술을 배우는 데 있어서도 결정적인 부분으로 본다. 그러나 이러한 요소는 치료자의 행동과 환자의 기술 개발을 위해 사용되는 다른 요소들을 모두 포함하고 있는 전체 중 일부다. 마음챙김 기술은 독립적인 기술 모듈로 되어 있을 뿐만 아니라 일상생활을 위한 마음챙김의 타당성이 명료화되어 있는(때때로 비공식적인 마음챙김 실습으로 언급되며, 대조적으로 정좌 명상이나 바디 스캔처럼 공식적인 실습이라고 부르는) 각각의 다른 세 가지 모듈을 포함하고 있다. 정서, 사고, 행동 충동에 대한 비판단적인 자각, 수용, 직면은 정서 조절을 위해 유용하다. 선택한 대상이나 활동에 대해 마음을 챙겨 집중하는 능력은 고통을 인내하기 위한 전환의 효과적인 사용을 촉진할 수 있으며, 부적응적인 도피 행동에 관여되는 것을 피할 수 있고, 대인관계적 상호작용에서의 목표에 대한 자각을 도울 수 있으며, 효과적인 대인관계를 위해 굳건한 정서가 중요한 기술이 된다는 맥락에서 환자가 이러한 정서에 대한 시각을 잃지 않도록 도울 수 있다.

DBT에서는 마음챙김이 강력한 정서가 일어나는 시간에 덜 '혼란되고' 분산되지 않으면서 존재할 수 있고, 보다 깨어 있으면서 반추를 내려놓을 수 있고, 충동에 대해 행동화하기 전에 행동 충동을 자각하고, 보다 온전하게 그리고 풍부하게 삶을 경험할 수 있도록 해 주는 임상적으로 의미 있는 이점을 갖고 있기 때문에 이를 가르친다. 하나의 보편적인 실습은 눈을 감고 편안하게 의자에 앉아 호흡의 들숨과 날숨에 마음을 모아 이를 받아들이고, 심상, 감각, 행동 충동을 알아차리고 이들에 대해 판단, 집착, 억제하려는 노력 없이 자유롭게 일어나고 지나가도록 허용하면서 자각하도록 한다. 사고에 대한 특정한 생각이나 부류 혹은 걷기와 먹기 같은 활동처럼 외적인 대상도 집중의 또 다른 대상으로 사용될 수 있다. 어떤 실습은 '지혜로운 마음'을 허용하는 데 있어서 보다 다가가기 쉽도록 신체적, 정신적 이완을 이끌어 낼 수 있다. 사실 마음챙김 실습 동안에 일어나는 자각은 불쾌한 경험에 대한 자극을 증가시킬 수 있다. 이러한 경험은 피해지지 않으며, 마음챙김 실습을 통해 직접적으로 유쾌한 경험이 추구되지도 않는다. 다른 여러 가지 것들 가운데서도 마음챙김 실습은 현재에 존재하는 자기를 관찰하는 동시에 감각, 사고, 정서, 행동 충동 등이 영속적이지 않고, 마치 파도가 밀려왔다 밀려가는 것처럼 관찰할 수 있는 기회를 제공한다.

DBT의 마음챙김 기술 모듈에서 마음챙김은 'what' 기술(무엇을 하는지)과 'how' 기술(그것을 어떻게 하는지)을 가르친다. 'what' 기술은 감각 경험을 관찰하고, 관찰된 무언가를 기술하고(예: '나는 움직이고 싶은 충동을 알아차렸다.') 참여하는 것이다(즉, 세상과 상호작용하는 것). 관찰과 기술에 대한 실습은 마음챙김하면서 참여하도록 하는 단계에 도움이 된다. 'how' 기술은 경험이나 행동에 대해 좋다 혹은 나쁘다고 명명하지 않고, 비판단적으로 온전하게 자각함으로써어떠한 대상에 대해 온 마음을 다해 집중하는 것이며, 목표를 달성하는 것에 사로잡혀 있기보다 자신의 중요한 목표와 가치에 일치하는 방식을 통해 효과적으로 행동하는 것이다. 실습에 대한 이슈 중 일부는 Robins(2002)에 의해 논의된 DBT에서의 마음챙김 기술 훈련에 언급되어 있다.

또한 마음챙김 기술은 세 가지의 모듈에서 가르치는 기술 가운데 중요한 역할을 한다. 예를 들어, 고통 감내 기술 모듈에서 위기를 통해 얻은 기술에는 전환, 자기보호 활동, 고통을 감내하는 것 대 감내하지 않는 것에 대한 찬성과 반대를 자기 자신에게 상기시키는 것이 포함된다. 이러한 기술 모두는 초점화된 자각의 유지와 판단 없는 현실에 대한 경험을 요구한다. 또한 걷기나 설거지와 같이 일상적인 활동에 대한 마음챙김은 삶에 대한 수용을 증진시키기 위한 도구로서 가르쳐지며, 기술 훈련 집단 참여자들은 일어난 현실을 의도적으로 관찰하고 현실에 대한 수용을 향해 그들의 마음을 전환하고 효과적으로 행동하면서 기꺼이 경험하는 것을 배우게 된다. 정서 조절 기술 모듈에서 정서 조절을 위해 가르치는 하나의 전략은 단순히 현재의 정서에 마음챙김을 하여 머무르고, 이러한 정서와 싸우지 않고 집착하거나 증폭시키지 않으면서 일어나고 지나가는 정서를 관찰하는 것이다. 사고나 그 밖의 행동에 의해 '준비되지' 않는다면 정서적 반응은 태생적으로 오래가지 못하기 때문에 이러한 전략은 이들의 기간이나 강도를 감소시킬 수 있다. 게다가 이러한 전략은 곤란한 정서도 견뎌 낼 수 있으며, 회피하지 않아도 되고, 정서에 대해 타인이나 자기 자신을 평가할 필요가 없으며, 따라서 정서에 관한 이차적인 정서가 쏟아지는 것을 관찰할 수 있는 기회를 제공한다. 대인관계 기술 모듈에서 마음챙김은 DEAR MAN이라는 머리글자로 요약되는 주장적인 요청과 거절하기를 위한 기술 요소 중 하나로서의 특성을 갖는다. DEAR

MAN은 상황을 기술하고(Describe the situation), 그것에 대해 당신이 어떻게 느끼는지 표현하며(Express how you feel about it), 당신이 무엇을 원하는지 주장하고(Assert what you want), 타인을 강화하고(Reinforce the other person), 마음을 챙기면서 모든 행동을 하고(doing all this Mindfully), 자신감을 보여 주면서(Appearing confident), 타협하기에 기꺼이 참여하는(willingness to Negotiate) 것이다.

치료자의 수용과 마음챙김

환자에게 마음챙김 기술을 효과적으로 가르치고, 수용을 촉진하기 위해, 그리고 특히 환자의 의문을 다루기 위해 치료자와 기술 훈련자는 마음챙김 실제와 현실에 대한 실제적인 수용 경험을 갖고 있어야 한다. 일반적으로 치료자의 삶에서 마음챙김의 잠재적인 이득을 얻게 됨에 따라 규칙적인 마음챙김 실습이 현재 BPD 환자와의 치료 과정에 도전하는 내내 치료자가 방향을 유지할 수 있도록 도울 수 있다. 치료에서 마음챙김은 회기 안과 밖에서 환자의 행동을 비판단적으로 관찰하고 기술하는 것을 포함하고 있는데, 이는 치료자가 비난받고 있다고 느끼거나 환자가 자살을 시도할지도 모른다고 두려워할 때 특히 어려울 수 있다. 환자가 탈선하거나 압도되어 있을 때, 지금 이 순간에 과제에 집중하여 머무르는 능력은 환자의 진전을 돕는 데 있어서 근원이 된다. 호흡에 자각을 유지하고 정서적 상태 속에서의 변화에 자각을 지속하는 것은 치료자가 반응적이지 않고 보다 계획된 방식을 통해 행동할 수 있도록 해 준다. 마음챙김 실제의 네 가지 영역은 치료자가 자신의 유능성에 대해 판단하는 데 있어서도 이득이 된다. 치료자는 환자와 마찬가지로 그 순간에 자신이 할 수 있는 최고를 행할 뿐이라는 점을 기억해야만 한다. 만약 다른 치료자의 행동이나 개입이 보다 효과적이라면 치료자는 과거의 행동에 대한 판단 없이 적절한 변화를 계획할 수 있다. 마지막으로 환자가 확실한 목표에 도달할 수 있도록 돕기 위해 노력하는 동시에 치료자가 이러한 결과에 집착하지 않는 태도를 발전시키도록 하는 것이 마음챙김의 근원이다. 이는 목표가 아직 성취되지 않았을 때, 혹은 환자가 치료자에 비해 전념하지 않거나 목표에 대한 작업에 태만할 때 치료자가 경험하게 되는 고통을 경감시키는 데 결정적인 역할을 할 수 있다. 이는 좌절, 걱정, 슬픔을 의미하지 않으며, 발생하지 않은 또 다른 가능한 고통스러운 경험을 의미하지 않는다. 이는 고통을 회피하려는 내적 투쟁 및 시도 없이, 그리고 경험에 대한 내적 언어로의 정교화에 의해 자신의 마음이 강탈당하지 않으면서 단지 그 자체를 허용할 수 있는 것을 의미한다. 치료하기 어려운 환자와의 작업에서 발생하는 고통스러운 정서를 다루는 데 있어서의 어려움은 그 환자와의 작업과 총체적으로 치료를 수행하는 데 있어서 치료자가 소진되는 데 많은 영향을 미친다. 우리가 경험적 연구 자료에 관심을 두지 않는다고 하더라도 치료자로서 그들의 작업적 맥락 내에서 수용을 기르는 것은 소진의 위험을 감소시키는 데 도움이 될 수 있다.

사 례

전형적인 사례로서, 환자인 Kate는 33세의 독신 여성이며, BPD, 사회 불안, 주요 우울증의 재발 증상, 만성 통증, 성폭력 경험을 갖고 있다. Kate는 5개월 동안 변증법적 행동치료를 받았는데, 이 시기 동안에 현재의 인지, 감각, 주관적 감정 상태, 행동 충동에 대한 자각을 증진시키는 마음챙김 기술의 사용을 배웠다.

치료자: 그럼, 회기 시작 전에 우리가 해 왔던 것을 능숙한 방식으로 해 보죠. 마음챙김 실습을 해 보도록 하죠.

환자: 저는 마음챙김 실습하는 것을 원하지 않아요. 저는 지금 당장 미칠 것 같아요. 못 참겠어요! (환자가 고개를 숙이더니 크게 한숨을 쉰다.) 오늘 엄마가 제게 뭐라고 말했는지 당신이 안다면 그 사실을 믿을 수 없을 거예요. 난 절규할 수밖에 없었어요.

치료자: 지금 당장 미칠 것 같고 악을 쓸 것만 같은데 그걸 참을 수 없다고, 그리고 이런 생각이 진짜인 것처럼 당신 마음이 스스로에게 말하고 있는 것 같군요. 하지만 당신은 악을 쓰지 않으면서도 참을 수 있어요. 왜냐하면 이 방에서 이전에 당신은 실제로 미칠 것만 같다고 이야기한 적이 있었고, 무언가를 나쁘게 만들지 않으면서 미칠 것 같은 감정을 견뎠으니까요. 제가 질문해 볼게요. 당신의 지혜로운 마음을 통해서 우리가 지금 당장 할 수 있는 가장 효과적인 것이 무엇이라고 생각하나요? 짧은 마음챙김 실습인가요? 아니면 엄마 때문에 어떻게 당신이 화가 났는지 제게 이야기하는 것인가요?

환자: 저는 엄마가 말한 것을 당신에게 이야기하기를 원해요. 지긋지긋하고 끔찍해요.

치료자: 그것을 지금 당장 제게 들려주는 것이 마음챙김 실습을 하는 것보다 우리에게 도움이 되나요? 이에 대해서 어떤지 듣고 싶네요.

환자: 좋아요. 알겠어요. 마음챙김을 먼저 하도록 하죠.

치료자: 짧은 마음챙김 중에서 어떤 종류의 실습이 미칠 것 같을 때 나중에 후회할 행동을 하는 것으로부터 당신을 지켜 주는 데 도움이 될까요?

환자: 지난 시간에 우리가 했던 자애 명상이 그런 것 같아요. 왜 그런지는 모르겠지만 실제로 저를 안정시키는 데 도움이 됐어요.

치료자: 지금 당장 미칠 것만 같은 게 덜해지길 원하나요?

환자: 네!

치료자: 좋습니다. 자애 명상을 해 보도록 하죠. 의자에 편안히 앉아 호흡하세요. 집중하면서 깊게 들이쉬고 내쉬세요. 지금……

(치료자는 표준화된 자애 명상 실제를 지시한다.)

치료자: 좋습니다. 미칠 것만 같은 게 지금 덜 느껴지나요?

환자: 네. 아직까지 엄마 때문에 미칠 것 같지만, 뭔지 모르겠는데 이게 실제로 도움이 되는 것 같아요.

치료자: 좋습니다. 미칠 것만 같은 감정을 견디고 있는 당신을 알아차려 보세요. 그리고 화를 가라앉힐 수 있도록 기술들을 사용하고 있는 당신을 알아차려 보세요. 지금까지 잘하고 있어요. 좋습니다. 당신이 자해를 생각하기 시작한 후로 3개월이 지났어요. 그리고 이번 주에 당신은 갑자기 스스로에게 상처를 냈죠. 무슨 일이 일어났는지 이야기해 보도록 하죠.

환자: 좋아요. (환자는 고개를 숙여 눈길을 돌렸다.)

치료자: 그렇지만 우리가 이야기하기 전에 지금 당신의 정서가 어떤지 살펴볼 수 있을까요? 지금 어떤 정서가 느껴지나요?

환자: 음, 모르겠어요. 저는…… 죄송해요. 그냥 저는…… 지금 당장은 엄마 때문에 미칠 것 같아요. 제가 이야기하기를 원하는 무언가가 그게 아니란 걸 알지만, 오늘 아침 제게 엄마가 무슨 말을 했는지 당신은 결코 믿을 수 없을 거예요. 우리는 여기에 오기 위해 차에 올라탔어요. 그리고 그 미친년이 흥분을 했어요. 욕해서 죄송해요. 저도 제가 너무했다는 것을 알아요. 하지만 엄마가 제게 무슨 말을 했는지 당신은 믿지 못할 거예요. 우리는 차에 올라탔는데, 그 차는 당신이 알고 있는 제 차였어요. 엄마가 제 차 안에서 제게 주도권을 주지 않았어요. 그리고 제게 압력을 가하기 시작했죠. 저를 게으름뱅이, 멍청이, 그 밖에 뭐라고 부르기 시작했어요.

치료자: 결코 엄마로서 좋은 모습은 아니네요.

환자: 제기랄! 당신 말이 맞아요! 그리고 들어 보세요.

치료자: (정중하게 중단시킨다.) 우선 질문 하나 할게요. 분노와 함께 또 다른 정서를 느끼나요?

환자: 아니요, 저는 그냥 잔뜩 화만 나요.

치료자: 저도 왜 그런지 알겠어요. 그렇게 불리는 것은 정말 싫을 것 같아요. 만약 당신의 정서를 멈추고 마음챙김할 수 있다면 지금 이 순간에 당신이 경험하고 있는 또 다른 정서가 무엇인지 궁금해요.

환자: 모르겠어요. 전 그저 화만 나요.

치료자: 당신이 화가 나는 것에 대해서 의문을 갖지 않는 것 같네요. 당신이 느끼는 정서에 어떤 것이 있는지, 분노 대신에 다른 건 없는지 의문이 생기지 않나요? 처음으로 당신은 이번 주에 자해를 했어요. 만약 당신이 자해에 관해 이야기하는 것과 관련된 어떤 정서를 느끼고 있다면 저는 궁금하네요.

환자: 저는 무슨 일이 있어났는지에 대해 이야기하기를 원하지 않아요.

치료자: 그래요. 그것을 알아차리는 건 잘하신 거예요. 자해에 대해서 이야기하기를 원하지 않는 것과 관련해서 느껴지는 정서가 있다면 느껴 보세요. 그리고 알아차려 보세요.

환자: 죄책감? 수치심?

치료자: 어느 것이죠?

환자: 글쎄요. 엄마에게 보여 주기 위해서 자해를 했다는 것에 대해 죄책감이 느껴져요.

치료자: 그래요. 지금 죄책감을 느낀다는 것을 알아차렸어요. 그렇다면 그 죄책감을 변화시키는 데 도움이 되도록 당신이 사용할 수 있는 기술은 무엇일까요? 오히려 더 많은 마음챙김 기술을 사용하여 죄책감을 수용하고 인내하는 작업을 하시겠어요?

환자: 아니요, 저는 다른 마음챙김 연습을 원한다고 생각하지 않아요. 하지만 일어난 일에 대해서 정말로 죄책감이 느껴지고, 화가 난다고 당신에게 말할 수 있어요.

치료자: 당신의 분노는 엄마에 대해 악을 쓰고 싶은 충동과 관련되어 있어요. 죄책감으로부터 지금 일어나는 어떤 충동에 대해 마음챙김을 해 보시겠어요?

환자: 네, 하지만 제가 말한 것처럼 무슨 일이 일어났는지에 대해서 이야기하기를 원하지 않아요.

치료자: 당신의 충동들을 중단하고 알아차린 것처럼 그 충동은 자해에 대해

이야기하는 것을 회피하는 것인가요?

환자: 그런 것 같아요.

치료자: 그래요. 무슨 일이 일어났는지에 대해 이야기함으로써 죄책감을 느끼게 하는 충동에 의해 행동하는 데 능숙한 당신이 되시겠어요? 아니면 그와 상반되게 행동하는 데 능숙한 당신이 되시겠어요?

환자: 무슨 일이 일어났는지에 대해 우리가 이야기해야 한다고 저도 생각해요.

치료자: 그래요.

● 여타의 인지행동치료 모델과의 이론적 · 기법적 차이

DBT와 전통적인 인지행동치료 간의 차이

이 부분에서는 여타의 인지행동치료와 구별되는 DBT의 몇 가지 특성에 대해 강조하고자 한다. 또한 DBT와 인지행동치료의 가계 내에 있는 여타의 특정한 치료 모델 간의 다양한 차이에 대해 알아보고자 한다. DBT와 현재의 모든 인지행동치료 사이에 존재하는 각각의 차이를 명시하는 것은 이 장의 범위를 넘어서는 것이다. 따라서 다음과 같이 DBT가 다른 인지행동치료 개입과 구별되는 몇 가지 핵심 영역을 강조하고자 한다. 여기에는 DBT의 구조적 요소, 변증법적인 철학적 틀, 인지적 변화와 수용에 기반한 개입 모두의 사용이 포함된다.

DBT의 구조적 요소

DBT는 일차적으로 임상적 집단을 위해 개발되었기 때문에 DBT만의 고유한 구조적 요소가 다수 존재한다. 인지행동치료에 기반한 다른 치료적 요소가 개인과 집단 치료에 모두 포함되어 있기는 하지만 우리는 인지행동치료의 우산 속에 있는 어떠한 다른 개입이라고 인식하지 않으며, 치료자의 소진을 다루기 위해 구성된 치료자를 위한 자문 팀을 주마다 운용하도록 하고 있다. 이는 체인 분석, 수용과 변화의 균형 유지, 변증법의 사용, 마음챙김 실습을 포함한 각자가 사용하는 DBT 기술과 원리를 다루는 데 있어서 치료자 팀이 필요하기 때문이다. DBT 자문팀에서 치료자는 팀 미팅을 하는 동안에 BPD 환자를 치료하는 데 있어서의 어려움을 최적의 방식을 통해 지속적으로 작업을 할 수 있도록 설득하고 동기화하는 데 도움이 되는 다른 치료자의 행동에 주의를 기울인다.

또한 치료자 자문팀에 더해 내담자와 치료자 간의 전화 자문은 DBT의 고유한 구조적 요소다. 비록 위기 상황에서 치료자에게 전화를 하는 것이 많은 심리치료에서 내담자를 위해 극히 평범한 것이지만 DBT에서는 전화 자문 요청을 명시적으로 독려한다. BPD 환자는 빈번하게 위기를 경험하기 때문에 이러한 전화 자문의 구조와 기능이 규정되었다. DBT에서 어떠한 기간 이후에 이러한 구조와 거듭되는 과정은 내담자들이 위기 상황에 대한 전화 요청을 보다 적게 하고, 전화를 하였을 때 특정한 문제에 목표를 더욱 명확하게 두며, 보다 짧게 전화 통화를 할 수 있도록 해 준다.

DBT에서의 또 다른 고유한 구조적 요소는 표적에 대한 위계를 치료에서 사용한다는 점이다. 앞서 기술한 바와 같이 이러한 틀은 회기에서 일어난 어떠한 순간에 표적으로 삼을 수 있는 여러 가능한 문제를 치료자가 결정할 수 있도록 허용한다. 치료를 위해 가능한 표적의 분류로서 치료를 방해하는 행동을 포함시키는 것은 우울이나 불안과 같은 '삶의 질' 문제, 예를 들어 기술 훈련 집단에 참석하는 것을 그만두고 싶은 욕구나 집단에서 배운 기술을 실천하는 데 기꺼이 참여하지 않으려는 것을 내담자가 조절할 수 있도록 돕는 데 있어서 치료자가 유연하게 이동할 수 있도록 해 준다.

인지행동치료에서도 내담자에게 기술을 가르치는 것에 대해 규정하고 있지만 DBT의 또 다른 고유한 요소는 직접적인 기술 훈련과 경험적 학습을 모두 사용한다는 점이다. DBT의 목표는 가치 있게 삶을 살아가도록 촉진하기 위해 핵심적인 생활 기술의 학습을 증진시키는 것이다. 이와 같이 DBT에서 치료자는 때때로 동일한 회기 내에서 민첩하게 오가면서 기술을 가르쳐야 하며(예: 예행 연습, 역할 놀이, 조성, 차별적으로 강화하기 등), 의미 있는 경험적 학습을 촉진시켜야 한다(예: 마음챙김 실습, 행동 실험 사용 등). 인지행동치료의 가계 내에 있는 다른 치료에서 직접적인 기술 훈련과 경험적 학습을 모두 사용하고 있기는 하지만(예: MBCT), DBT는 다른 치료에 비해 이처럼 다양한 학습 방법에 더욱 주의를 기울인다.

BPD에 대한 DBT와 다른 인지행동치료 간의 차이

두 가지 인지행동치료 접근은 지지적인 증거를 갖고 있는데, 인지치료(CT)는 자살 행동의 감소에 효과적인 것으로 나타났으며(Brown et al., 2005), 도식치료(schema-focused therapy: SFT)는 BPD 환자에게 있어서 몇 가지 결과를 향상시킨 것으로 확인되었다(Giesen-Bloo et al., 2006). DBT와 마찬가지로, 이들 치료에서도 환경적 맥락, 생물학적 요인, 행동적 기술의 결핍, 역기능적인 인지적 내용과 양식, 서로 거래하는 정서적 반응이 치료에서 다루어져야 할 필요가 있다고 인식한다. 그러나 인지치료와 도식치료는 역기능적인 태도, 신념, 정보처리 양식(그리고 특히 SFT의 경우 이러한 인지의 기원)과 같은 인지를 보다 강력하게 강조하고 중점을 두는 반면에, DBT는 정서 조절 체계의 생물학적 역기능, 행동 기술의 결핍, 강화 상황, 그 밖의 환경적 영향을 더욱 강력하게 강조한다. 개념적으로 DBT는 도식의 구성을 포함하지 않으며, 대신에 인지적 행동(사고)의 패턴에 대해 논의하고, 일반적으로 보다 행동적이고 기능적인 과정을 지향하며, 인지의 형태와 구조는 덜 지향하는 치료 모델이다. 인지치료에서는 전형적으로 참(true)인 인지적 양식과 패턴이 결코 무시될 수 없지만 DBT의 1단계에서는 이에 대해 덜 집중하는데, 왜곡된 인지는 정서의 원인이기보다 보통 강렬한 정서의 결과로 보기 때문에 정서를 조절하기 위해 행동 기술과 그 밖의 기술들을 개발하는 데 집중하는 것이 보다 유용하다. 또한 많은 BPD 환자들이 특히 치료 초기에 정서를 수용하지 못함으로써 왜곡된 인지에 집중하는 경험을 하게 되기 때문에 수용하는 것을 거부하고, 치료를 거부하게 된다. 2단계와 특히 3단계에 의해 표준화된 인지치료 접근의 사용이 보다 유용할 수 있는데, 만약 변증법적으로 균형 잡힌 전략의 맥락 속에서 사용된다면 DBT와 함께 반드시 양립 불가능하지는 않을 것이다.

변증법적인 철학적 틀

이전에 기술된 바와 같이 DBT에서의 핵심 변화 전략은 행동치료와 인지치료 모두를 아우르도록 수립되었다. 실제로 이러한 핵심은 인지행동치료의 가계 속에 DBT를 정확하게 배치하고 있음을 보여 준다. 변증법은 모든 치료 요소의 도처에 파장을 미치기는 하지만 표준화된 행동치료와 인지치료 개입의 적용은 DBT와 달리 이루어진다. 우리는 DBT의 기저에 있는 근본적인 변증법이 어떻게 수용과 변화의 변증법인지 이미 개관하였다. 수용과 변화 모두 DBT 모델에서는 동등하게 중요하며, 이와 더불어 어떻게 DBT가 수용에 기반한 다른 심리치료 모델과 비교되는지를 조명해 준다는 점에서도 중요하다. 우리는 DBT의 변증법 사용이 수용에 기반한 다른 치료와 DBT가 구별되는 일차적인 방식이라고 본다.

DBT에서 변증법의 핵심적인 역할에 대해 고려할 때, DBT의 이론적 틀과 기법적 전달 모두에서 수용전념치료(ACT)(Hayes, Strosahl, & Wilson, 1999)와 마음챙김 명상에 기반한 인지치료(MBCT)(Segal et al., 2002)를 포함한 당대의 다른 수용 기반 행동치료와 대비될 수 있다. 이론에 관해서 존재론적이고 인식론적인 조망 모두의 기저가 되는 변증법은 DBT 치료자들에 의해 선택된다. 존재론적인 조망에서는 환자를 부분의 합체 이상의 전인적인 존재로 보며, 주어진 문제에 대한 해결책은 변증법적인 과정을 통해 발견된다. 각각의 위치가 점유(taken)되면(즉, 정), 반대 혹은 다른 위치가 점유되고(즉, 반), 두 대안적인 위치 간의 이러한 자연스러운 긴장이 새로운 위치를 발견하는 데 사용된다(즉, 합). 이러한 합은 양극단 사이에 정확하게 중간의 위치가 될 수도 있고, 그렇지 않을 수도 있다. DBT에서 양극단 사이의 최적화된 배치는 주어진 그 순간에 가장 효과적인 해결책을 산출하는 것이다. 다른 사람에게 공을 던지기 위한 가장 좋은 경로(trajectory)는 바람의 강도와 방향에 기초하고 있는 것과 같이 DBT 치료자와 환자는 주어진 맥락 속에서 문제를 위해 가장 효과적인 합이 무엇인지를 함께 결정해야만 한다.

변화에 대한 변증법적 과정에 대한 이러한 의존은 DBT와 ACT, MBCT 모두 간의 가장 명확한 구분을 제공할 것이다. 변화를 위한 변증법적 과정을 포함하고 있는 부분에 ACT도, MBCT도 언급되지 않았다. 이들 치료는 변증법을 규정하지도, 금기하지도 않는다. 대조적으로 DBT의 모든 주요 요소에 걸쳐 변증법이 명시적으로 규정되어 있다. DBT에서 작업의 합(synthesis)에 도달하는 변증법적 과정은 개인 치료, 집단 기술 훈련, 전화 자문, 치료자 자문 팀이 이루어지는 동안에 발견된다. 변화에 대한 변증법적 과정을 규정하는 치료 모델 없이 DBT는 그야말로 DBT가 아닌 것이다.

치료의 기법적 전달에 있어서도 변증법은 DBT와 다른 수용 기반 치료를 변별해 준다. 한편 DBT와 유사하게 ACT와 MBCT 치료자는 경험적 학습을 촉진하기 위해 회기 내에서 마음챙김 실습을 사용한다. DBT와 마찬가지로 ACT와 MBCT 모두 환자가 내적 경험에 대한 내용이 아닌 맥락을 변화시키는 것을 배우도록 돕기 위해 마음챙김에 기반한 경험적 실습을 사용한다. 예를 들어, 관례적인 인지치료에서 이루어지는 잠입적인 사고의 형태나 빈도에 대한 재구조화보다 ACT나 MBCT 치료자들은 환자의 잠입적인 사고가 그야말로 사실이라는 생각을 내려놓는 법을 경험적 실습을 통해 배울 수 있도록 도우며, 따라서 잠입적인 사고가 사실이라는 것에 대해 지지하거나 혹은 반박하는 데 충분한 증거를 찾으려는 투쟁을 내려놓게 된다. 대신에 환자는 내적 경험의 내용을 염두에 두지 않는 의도적이고 가치 지향적인 행동을 선택하고 행동하도록 격려 받는다. ACT와 MBCT에서 이루어지는 이러한 형태와 기능의 경험적 학습 전달은 때때로 DBT와 매우 유사하다.

한편 DBT에서 변증법적 철학은 회기 동안에 이루어진 다양한 형태와 기능의 마음챙김 모두에 영향을 미친다. 예를 들어, DBT 치료자는 다음에 제시된 다양한 이유에 의해, 그리고 다양한 방식으로 환자가 마음챙김을 사용하도록 지시한다. 효과적으로 회기를 시작함으로써 쉽게 분산되는 것과 같이 치료를 방해하는 행동을 감소시키기, 보다 효과적으로 행동적 분석을 회기 내에서 수행하는 데 도움을 주기, 그 회기 동안에 부정적인 정서로부터 도피하려는 시도를 차단하고, 예행 연습, 역할 놀이, 실제 노출 연습의 수행에 앞서 정서적 각성을 감소시키기, 환자가 그 회기를 즉각적으로 끝내려 하지 않고 서투른 행동을 보일 가능성이 증가될 때 회기를 종결하기 등이다. 변화에 대한 변증법적 과정은 설령 비일관적으로 혹은 예측 불가능하게 이루어진다고 하더라도 치료자가 회기 동안의 어떠한 지점에서 유연하게 마음챙김을 사용하는 것에 대해 허용한다. 또한 환자가 어떤 특정한 형태(즉, 정좌, 호흡, 걷기 등)를 통해 특정한 시간 동안 혹은 특정한 지시적 내용과 함께 하든지 이는 중요하지 않다. 무엇이 어떻든 간에 변화에 대한 변증법적 과정은 회기 내에서 사용되는 회기 내의 행동 여하에 따른 유기적인 방식을 통해 마음챙김을 위한 맥락을 제공한다. 마음챙김은 DBT 회기 동안에 필요에 따라 사용되는데, 이는 자발적이고 예측 불가능하게 사용될 수도 있으며, 계획적이고 일관되게 혹은 이러한 극단 간의 어디에서든 사용될 수 있다는 의미다. 변증법은 환자가 어떠한 형태 혹은 또 다른 형태로 어떠한 기능이나 또 다른 기능을 위해 회기 내에서 그리고 회기에 걸쳐 마음챙김을 사용하도록 도우려는 의도와 함께 치료자가 신속하게 움직일 수 있도록 허용한다.

● 직접적인 인지적 변화 전략에 대한 DBT의 조망

상위인지적 자각, 거리두기 인지적 탈융합의 역할

불교와 여타의 전통으로부터 온 마음챙김 실습에는 의도적인 관찰과 때때로 사고의 내용과 과정에 대한 기술을 위한 중요한 역할이 포함되는데, 이는 사고 그 자체에 관여하는 것으로부터 거리를 두도록 해 주며, 관찰자와 관찰 대상 간의 분리를 가능하게 하고, 관찰 대상의 실체를 볼 수 있도록 해 준다. 사고는 말 그대로의 '사실'로 받아들여지지 않으며, 사고에 따라 행동하지 않게 된다. 표준화된 인지치료에서 환자는 대개 괴롭거나 그 밖의 상황에 처했을 때 일상적 사고에 대한 기록을 지속하도록 요청받는데, 이는 사고로부터 심리적인 거리두기 —혹은 '탈중심화'—와 유사한 결과를 만들어 낼 수 있다. 이러한 거리두기는 사고의 타당성 검증에 대한 가능성을 위해 허용될 뿐만 아니라 사고는 그저 사고일 뿐이며, 현실과 다르다는 것을 상기하는 데 있어서도 유용하다. DBT는 마음챙김과 그 밖의 경험적 활동, 인지치료의 자기 감찰 전략과 그 밖의 방법을 통해 상위인지적 자각, 거리 두기, 인지적 탈융합의 촉진을 시도한다. 향상된 자기 관찰은 다양한 방식으로 이득이 될 수 있는데, 사고의 타당성이나 유용성에 대해 검증할 수 있는 기회가 될 수 있다. DBT는 사고에 대한 직접적인 평가를 위한 기회로서 유용하며, 사고의 수용을 목표로 하는 전략으로도 유용하다.

변화 지향, 수용 지향 인지적 개입의 사용

DBT에서는 직접적으로 인지적 변화 전략에 대한 일반적인 자세를 취한다는 점에 대해 개관하는 것이 유용할 것으로 보인다. DBT에서 변증법에 대한 강조는 환자가 고통스러운 인지를 관리하는 데 도움을 줄 수 있도록 수용과 변화 개입 모두를 치료자가 사용한다는 점에서 놀랄 만한 일은 아니다. DBT 치료자는 환자가 자극에 대한 특정한 기능적 분류에 의해 유발되는 인지적 반응 경향성을 확인하는 것을 배울 수 있도록 돕는다. BPD로 진단받은 사람들은 대부분의 인지행동치료에서 왜곡이라고 개념화된 사고에 의해 동반되는 강렬한 정서를 자주 경험한다. 따라서 DBT 치료자는 환자가 내적 혹은 외적 선행 자극에 뒤따라 일어나는 경향이 있는 역기능적인 인지의 유형(예: 독심술, 파국적 사고, 이분법적 사고 등)을 인식할 수 있도록 돕는다. 행동 통제 곤란(예: 자해 행동, 약물 사용 등)의 맥락에서 발생하는 사고는 이러한 행동 통제 곤란에 선행하거나 뒤따르는 사건의 원인적 체인을 해체하기 위해 새로운 기술을 배우고 발전시키는 데 중요한 표적이 된다. 예를 들어, 충동, 갈망, 욕구를 야기하는 사고가 개입을 위해 표적화된다.

DBT에서는 가장 고통스러운 사고에 대한 개연성에 영향을 미치거나 행동적 문제와 관련되어 있을 가능성이 큰 이러한 사고에 영향을 미치는 맥락적 변인을 밝히는 데 주의를 기울인다. 그러나 DBT에서는 행동의 원인이 되는 인지나 행동을 변화시키기 위해 요구되는 인지의 변화에 대한 개념화를 우선으로 하지 않는다. DBT에서 인지는 문제 행동이 발생하기 전후에 복합적인 인과적 체인과 연결될 수 있는 일종의 내적 경험이나 관찰 불가능한 행동이다. DBT에서는 문자 그대로의 인지 재구조화가 다루어지지 않는 한편, 사고는 관찰 불가능한 행동이며, 확실하고 인과적인 방식을 통해 명백히 조종될 수 있는 것으로 바라본다. 한편 DBT 치료자는 어떠한 사고방식이 다른 방식보다 얼마나 더 도움이 될 수 있는지를 환자가 인식할 수 있도록 돕기 위해 노력한다. 치료자와 환자는 환자의 가치 있는 삶과 일치하는 유연하고 맥락에 민감한 방식의 반응 개발을 목표로 삼고, 불쾌한 내적 경험에 반응하는 새로운 방식(수용하거나, 변화하거나)을 개발하기 위해 함께 작업한다.

그러나 DBT 치료자는 불쾌한 내적 경험에 반응하는 데 있어서 보다 변화 중심적인지 혹은 수용 중심적인지 어떻게 알 수 있을까? DBT 초기에 치료자는 문제 행동에 대한 체인 분석을 통해 가능한 해결책을 산출하는 수용과 변화 개입으로 환자에게 방향을 제시하고, 또 새로운 방향을 제시하였다. 환자가 새롭게 배운 인지적 수용과 변화 전략을 일반화하는 것을 배우고 시도함으로써 무엇이, 언제, 왜, 최고의 작업이었는지에 대해 치료자가 평가하는 데 도움을 주었다. 확실한 수용 기술은 어떠한 맥락에서 문제 행동에 도움이 될 수 있는 반면에, 다른 문제는 변화 중심 전략에 의한 어떤 맥락에서 해결될 수 있다. 치료자와 환자는 고통스러운 내적 경험에 반응하는 데 있어서 가장 효과적으로 사용할 수 있는 기술이 무엇인지 확인하는 작업을 함께한다.

변화와 수용 기술 모두의 효용성은 다양한 방법을 통해 평가된다. 예를 들어, 치료자는 어떤 기술이 사용되고 있으며, 향상과 관련된 것은 무엇인지 살펴보기 위해 자기 감찰 시트나 일기 카드를 사용한다. 행동 실험은 환자가 사용하는 변화나 수용 기술이 확실한 내적 경험과 관련되어 있는 고통을 어떻게 감소시키는지 평가하기 위해 회기 동안에 시행된다. 체인 분석은 과거 한 주 동안에 어떤 기술이 사용되었고, 작업되었는지를 확인하기 위해 사용된다. 어떤 환자는 다른 환자에 비해 고통스러운 내적 경험에 대한 반응에 있어서 변화나 수용 기술을 어떻게 사용하는지에 대해 배우는 것을 어려워한다. 치료자는 환자가 기술을 사용할 수 있도록 동기화를 시도하게 되는데, 어떤 기술이 사용에 있어서 가장 용이하며, 언제, 어떻게 사용할 것인지를 결정하게 된다. 조성과 학습 원리의 사용에 있어서 치료자는 초기에 한계가 설정되어 있는 어떤 기술을 사용하도록 격려하지만, 시간이 경과함에 따라 수용과 변화 전략 모두의 보다 넓은 집합체를 서서히 추가한다. 또한 한 주 동안의 숙제에 대해 치료에서 논의할 때, 치료자는 환자가 인지 전략(변화 혹은 수용에 기반한)을 어느 정도 이해하고 있는지, 어떤 것의 사용을 선호하는지, 반응과 가치 있는 삶을 살아가는 것과 관련되어 있는 가치와 목표 간의 관계를 어떻게 바라보는지 평가하게 된다.

● 치료 모델과 치료 접근에 대한 자료

BPD의 생물사회적 이론

BPD의 발달과 지속에 대한 Linehan의 모델(Linehan, 1993)은 최근 몇 년 동안에 많은 경험적 연구의 주제가 되어 왔다. 이러한 자료를 모두 살펴보는 것은 이 장의 범위를 넘어선다. 그러나 정서적 민감성(Domes, Schulze, & Herpertz, 2009)과 반응성(Rosenthal, Chapman, Rosenthal, Kuo, & Linehan, 2008)에 대해 살펴본 최근의 경험적 연구는 유효하다. 요약하자면 BPD를 갖고 있는 사람들은 정서에 대한 부정적인 얼굴 표정에 대해 고조된 민감성을 드러내는 경향이 있다(Lynch et al., 2006). 그러나 모든 연구에서 이러한 결과가 확인된 것은 아닌데, 어떤 연구에서는 부적 편향을 보이지만 BPD 환자의 얼굴 표정 인식에 있어서 고조된 민감성 그 자체가 필수적인 것은 아니라고 한다(Wagner & Linehan, 1999). 정서적 민감성에 대한 연구들 중 주류는 얼굴 표정 인식 과제를 사용해 왔는데, 정지된 이미지가 사용되기도 하였으며, 얼굴 표정이 변하는(morphing) 이미지를 사용하기도 하였다. 이러한 실험 과제는 BPD 환자들이 정동적인 얼굴 표정을 분류할 때 지나치게 빠르게, 정확하거나 혹은 빠르면서 동시에 정확한 것으로 특징지어질 수 있는지에 대한 이해를 높이는 데 도움을 줄 수 있다. 그렇긴 하지만 정서적 민감성은 얼굴의 정동 분류 이상의 다른 방법을 사용하여 연구될 필요가 있다. 신경영상은 BPD에서 정서적 민감성을 연구하기 위한 방법론으로의 가능성을 보유하고 있다. 실제로 한 연구에서 BPD를 갖고 있는 사람들의 경우 정서적으로 표현된 얼굴에 대한 편도체의 과잉반응이 확인되었다(Donegan et al., 2003). 현재의 시점에서 BPD의 정서적 민감성에 대한 정확한 본질은 명확하게 규명되지 않은 상태로 남아 있다. 이러한 영역에 대한 후속 연구에서는 정서를 유발하는 자극에 대한 정서적 반응 빈도의 측정에 있어서 신경행동학적인(neurobehavioral)

측정도구를 사용하여 정서적 민감성을 살펴보아야 한다.

자기보고식 자료에 기반한 연구에서는 BPD를 갖고 있는 사람들이 통제 집단에 비해 정서적 강도, 반응성, 불안정성이 더 높은 것으로 일관되게 지적되었다(예: Gratz, Rosenthal, Tull, Lejuez, & Gunderson, 출간 중; Koenigsberg et al., 2001). 행동적 혹은 정신생리학적 실험실 연구 자료에서는 BPD에서 정서적 취약성에 대한 Linehan의 가설이 비일관적으로 지지되었다. 정서 유발 자극을 사용한 연구에서 연구자들은 BPD를 갖고 있는 사람들은 과소반응(Herpertz et al., 1999), 과잉반응(Ebner-Priemer et al., 2005), 혹은 통제 집단과 차이를 보이지 않는다고 보고하였다. 또한 이 같은 혼재된 결과에 대한 인색한 설명(예: 측정 도구 오류, 작은 표본, 부적당한 예측을 제공하는 모델)으로서 하나의 가능성은 BPD가 정서 체계(즉, 주관적인 감정, 동작성 행동, 생리)에 걸쳐 조화를 이루지 못하는 정서적 반응에 의해 부분적으로 정의된다는 점이다. 즉, BPD를 갖고 있는 사람들은 높은 정서적 반응 상태에 있음이 보고되었지만, 정서적 반응성의 더 높은 주관적 경험이 보다 정서적이고 율동적으로 표현되는 실재(being)나 더 높은 교감신경계 각성의 유발과 동일하지 않을 수 있다.

또 다른 가능성은 BPD를 갖고 있는 사람들이 단순히 더 정서적으로 반응적이라기보다는 부정적인 정서를 하향 조절하는 능력이 결핍되어 있다는 것이다. 이러한 예측은 Linehan 모델의 핵심으로서 BPD의 준거 행동은 정서를 조절하는 신경행동학적 체계에서의 극단적인 결핍이라는 맥락에서 발생한다. 실제로 최근의 한 연구(Kuo & Linehan, 2009)에 따르면, BPD를 갖고 있는 환자는 자극을 정서적으로 환기시키는 반응에서 유사한 규모의 교감신경계 각성이 일어나는 것으로 확인되었으며, 정서적으로 각성된 후에도 호흡기의 굴심방부정맥으로 인해 유의한 곤란을 드러냈다고 한다. 이러한 연구는 BPD가 일반적으로 고조된 생리적 각성의 장애는 아니지만 정서적으로 각성되었을 때 스스로 안정시킬 수 있는 능력의 결핍에 의해 보다 더 특징지어질 수 있는 장애라는 점을 시사하는 핵심적인 증거를 제공한다.

BPD에서 정서적 역기능에 대해 살펴본 최근의 연구들과 대조적으로 소수의 연구에서는 BPD에서의 수인화되지 못한 환경의 역할을 조명하였다. 비록 BPD에서 비수인화에 대한 실험연구가 소수에 불과하지만 현존하는 연구에서의 결과는 BPD 모델을 부분적으로 지지해 준다. 연구에서는 비수인화의 다양한 시사점에 대해 보고되었는데, 초기의 성적·신체적 학대, 부모의 높은 비난, 정서적 방임 모두 BPD와 관련되어 있었다(Fruzzetti, Shenk, & Hoffman, 2005 참조). 이 같은 부정적 경험에 대한 자기보고는 BPD에서 나타나는 특유한 것은 아니다. Linehan 모델의 이러한 관점을 보다 엄격하게 검증하기 위해서는 후속 연구에서 내적 경험의 비수인화와 시간이 경과한 후에 BPD에서의 정서적 역기능 발달 간의 관계에 대한 조망적 연구가 필요하다.

DBT 결과

DBT는 현재 최소한 10편의 무선 통제된 시행(RCTs)을 통해 경험적으로 검증되었다. 미국심리학회 제12분과(임상심리학)에 의해 '경험적으로 지지된' 연구 설계로 보증받은 임상적인 연구 결과에서 DBT가 BPD 여성 환자의 치료에 효과적임이 지지되었다. 네 편의 무선 통제된 시행에서는 BPD와 자살 혹은 자해 행동을 보이는 여성을 위한 치료에서 기존의 치료에 비해 DBT의 효과가 우수한 것으로 확인되었으며(Koons et al., 2001; Linehan et al., 1991; Linehan et al., 2006; Verheul et al., 2003), 특히 자살 시도와 자해 행동의 빈도 및 의학적 심각성, 정신과 병동에 입원한 빈도와 총 입원일 수, 환자의 분노 수준이 감소되었고, 치료에 대한 순응과 사회적 적응 수준은 향상된 것으로 나타났다(Linehan, Tutek, Heard, & Armstrong, 1994). 이러한 변화는 1년 후의 추적 조사에서도 지속되고 있는 것으로 나타났다(Linehan, Armstrong, & Heard, 1993; van den Bosch et al., 2002). Linehan 등(2006)의 연구 결과에서는 BPD 치료의 전문가로 지명된 임상가에 의해 치료가 이루어진 집단과의 비교에 주목하지 않을 수 없다.

표준화된 DBT는 몇몇 다른 대상과 치료 장면에 대해서도 적응적인 결과를 나타냈다. 무선 통제된 시행 결과, 지역사회 정신건강 클리닉에 내방하는 BPD 여성 환자(Turner, 2000), BPD와 함께 약물 남용이나 의존을 보이는 여성(Linehan et al., 1999; Linehan et al., 2002), 폭식장애를 갖고 있는 여성(Telch, Agras, & Linehan, 2001)과 신경성 폭식증(Safer, Telch, & Agras, 2001), 우울한 노인(Lynch, Morse, Mendelson, & Robins, 2003)에 대한 DBT의 효과가 지지되었다. 통제되기는 하였지만 무선적으로 통제되지 않은 연구에서도 BPD를 가진 장기 입원 환자(Barley et al., 1993; Bohus et al., 2004), 자살 행동을 보이는 청소년(Rathus & Miller, 2002)에 대한 DBT의 적용이 효과적임을 시사해 주었다. DBT 결과에 대한 고찰을 위해 Robins와 Chapman(2004)의 연구를 보라.

DBT 치료 기제

DBT 효과의 기저에 있는 정확한 기제는 잘 알려져 있지 않다. DBT는 두 가지의 관련된 조망을 통해 다뤄질 수 있을 때 작업하게 된다. 치료적 요소들 중 어떤 것의 확장이 DBT 효과의 원인이 되는가? 증상과 기능의 변화에 대한 치료 효과를 매개하는 요인은 무엇인가?

DBT 요소에 관한 질문은 치료에서 주요한 모드(개인치료, 기술 훈련, 전화 자문, 치료자 자문팀)의 상대적인 중요성과 특정한 치료 전략의 사용이나 전략의 그룹을 다룰 수 있게 해 준다. 오늘날에 이르기까지 보다 나은 결과와 관련되어 있는 치료 모드를 확인하기 위해 설계된 요소 분석 연구는 출간되지 않았다. 현재 표준화된 DBT, 기술 훈련을 하지 않는 '활동' 집단과 병행되는 DBT 개인 치료, 개인 치료는 하지 않지만 표준화된 개인 사례관리와 병행되는 DBT 집단 기술 훈련을 비교하는 연구가 Linehan의 연구 집단에 의해 수행되고 있는 중이다. 특정한 치료 전략의 상대적인 중요성, 특히 변화 전략, 수용 전략, 그리고 DBT에서 이 두 가지 전략 통합의 상대적인 중요성은 아직까지 직접적으로 연구되지 않았다. 그러나 두 전략 모두를 포함하는 것이 보다 나은 결과를 이끌어 낼 것이라는 생각에 일치하는 연구가 있다. Shearin과 Linehan(1992)은 환자들을 통해 회기에서 DBT 치료자의 통제와 자율성의 조성(변증법적 자세)을 측정하였는데, 두 가지 모두로 평가된 회기는 오직 통제(순전히 변화) 혹은 자율성의 조성(순전히 수용)으로만 평가되었던 회기에 비해 이후의 자살 극적(parasuicidal) 행동 및 자살 사고 감소와 보다 높은 관련이 있는 것으로 나타났다. 또한 BPD와 함께 아편 의존을 보이는 사람들에 대한 DBT와 수인화만 사용되는 개입을 비교한 소규모의 무선 통제 시행에서는 DBT를 받은 환자의 경우 4개월에서 12개월까지의 약물 사용에 있어서 유의하게 나은 결과를 보였다(Linehan et al., 2002). 이러한 연구는 이와 같은 특정한 외래 환자를 위해 DBT에서 수용과 변화 모두를 포함하는 것이 수용만 단독으로 사용하는 개입보다 약물 사용의 감소를 도울 수 있음을 시사한다. 그러나 수인화만 단독으로 사용한 개입에 참여하였던 사람들은 DBT에 참여한 사람들에 비해 중도 탈락이 유의하게 적었는데, 이는 수용 기반 접근이 치료의 지속에 도움이 될 수 있음을 지적하는 결과로 보인다. 이러한 연구가 특정한 치료 기제에 대한 직접적인 증거를 제공하지는 못한다고 하더라도 이러한 결과는 BPD와 약물사용장애를 함께 갖고 있는 사람들을 위한 치료에서 수용과 변화 각각의 역할을 명료화하는 데 도움이 된다.

　DBT에서 치료 결과의 기저가 되는 기제에 대한 매개 검증 연구는 아직 출간되지 않았다. 그러나 BPD에서 정서적 기능에 대한 매개 모델 검증은 Linehan의 모델을 사용하여 수행되었다. 예를 들어, 몇몇 연구에서 정서적 취약성과 BPD 양상(Cheavens et al., 2005), 진단적 증상(Rosenthal, Cheavens, Lejuez, & Lynch, 2005) 간의 관계를 부정적 정서 조절 문제가 완전하게 매개하는 것으로 확인되었다. 또한 마음챙김(Lynch et al., 2006)과 DBT에서 가르치는 여타의 기술사용 증가가 DBT의 추정 기제로 시사되었으며 치료효과에 대한 후속 연구의 표적임을 제안하였다.

　요컨대, 왜 DBT 작업이어야만 하는지에 대해 현재 알려진 바는 적은 편이다.

이러한 이슈를 설명하는 데 도움을 주기 위해 우리는 인지행동치료와의 공통점 및 DBT의 독창성 모두 변화의 기저를 이루는 기제임이 확인되었음을 강조하면서 DBT가 이후에 보다 엄격하게 연구될 수 있는 방법으로 전환하고 있다.

● DBT 연구에서의 후속 방향

DBT 후속 연구에서 다루어야 할 다수의 결정적인 이슈가 있다. 앞서 논의한 바와 같이 일차적으로 중요한 것은 변화에 대한 공통적인, 그리고 고유한 기제의 확인이다. 특히 수용에 기반한 개입과 마음챙김을 들 수 있는데, 후속 연구에서는 시간 경과에 따라 치료 결과로서의 변화가 수용의 개입을 통해 일어난 변화인지, 마음챙김 기술의 습득과 일반화에 의한 변화인지 살펴봐야 한다. DBT의 다양한 모드에 걸쳐 변화의 잠재적인 기제로서 수용과 마음챙김 기술의 역할에 대한 후속 연구는 유용한 정보를 줄 수 있을 것이다. 예를 들어, 자문 팀이 이루어지는 동안에 마음챙김과 수용에 대해 강조함으로써 소진을 경감시킬 수 있고, BPD 환자의 작업에서 공감과 기꺼이 경험하기를 북돋울 수 있으며, 이는 DBT 치료자에게 도움이 될 수 있다. 그러나 설령 마음챙김과 수용이 결과에 대한 치료자 기제로 확인된다고 하더라도, 이는 환자에 대한 또 다른 치료 결과의 근거가 되지 못할 수도 있다. 즉, 다양한 치료 결과를 설명하는 다양한 기제가 존재할 수 있다.

후속 연구에서 지향해야 할 또 다른 이슈는 DBT 적용 가능성의 범위다. 표준화된 DBT는 특정 기술 교육에 의해 다뤄지는 많은 영역에서 곤란을 겪고 있는 사람들, 특히 고통을 경감시키기 위해 부적응적인 행동을 보이거나(빈약한 고통 감내 기술), 정서적으로 강력하게 반응하거나(빈약한 정서 조절 기술), 변화 지향 치료에 부정적으로 반응하는 사람들을 위해 유용한 것으로 보인다. 치료의 적용 범위를 확인하기 위해서는 BPD에서 보다 더 확장된 무선 통제 시행 연구가 유용하다. 문제의 대부분은 정서 조절 곤란, 빈약한 고통 감내력과 관련되어 있는데, 이는 특정한 기술의 교육 및 치료 전체에서 가장 중점을 두는 것이 정서라는 사실과 일치한다. 전통적인 인지행동치료의 부속물처럼 여겨지는 기분장애나 불안장애와 같이 정서 조절과 관련된 또 다른 조건의 환자 사례에서는 DBT의 개인 치료를 제외하고 시행되었을 때도 DBT의 임상적 실제와 DBT의 기술 훈련은 유용한 것으로 보인다. 그러나 이러한 임상적인 인상에 대해 검증하기 위한 연구는 아직 수행되지 않았다. 기술(skill)의 수준에서 매우 넓은 범위의 정신병리를 갖고 있는 환자는 적어도 하위 기술에 대한 실제를 통해 이득을 취할 수 있을 것이다. 예를 들어, 주장과 같은 대인관계 기술과 정서 조절 기술은 일차적인 기분장애, 불안장애, 여타의 장애를 갖고 있는 입원 환자에게 있어서 공통적으로 결핍되어 있는 부분이다. 주의를 증진하고, 비판적인 자각과 현실의 수용을 증가시키는 마음챙김 기술은 다양한 범위의 환자들에게 유용할 것으로 보인다. DBT에서 초점을 두고 있는 수용, 마음챙김, 변증법, 수인화는 DBT가 어떠한 문제를 위해 치료의 일반적인 모델로서, 혹은 필수적이거나 유용한 일부로서 표준화된 인지행동치료에 추가되었을 때도 유용할 것이다.

참고문헌

Aitken, R. (1982). *Taking the path of Zen*. San Francisco, CA: North Point Press.

Baer, R. A., Smith, G. T., Lykins, E., Button, D., Kreitemeyer, J., Sauer, S., ⋯ Williams, J. M. G. (2008). Construct validity of the five facet mindfulness questionnaire in meditating and nonmeditating samples. *Assessment, 15*, 329–342.

Barley, W. D., Buie, S. E., Peterson, E. W., Hollingsworth, A. S., Griva, M., Hickerson, S. C., ⋯ Bailey, B. J. (1993). The development of an inpatient cognitive-behavioral treatment program for borderline personality disorder. *Journal of Personality Disorders, 7*, 232–240.

Beck, A. T., Freeman, A., Pretzer, J., Davis, D. D., Fleming, B., Ottaviani, R., et al. (1990). *Cognitive therapy of personality disorders*. New York, NY: Guilford Press.

Bishop, S. R., Lau, M., Shapiro, S., Carlson, L., Anderson, N. D., Carmody, J., … Devins, G. (2004). Mindfulness: A proposed operational definition. *Clinical Psychology: Science and Practice*, *11*, 230-241.

Bohus, M., Haaf, B., Simms, T., Limberger, M. F., Schmal, C., & Unckel, C. (2004). Effectiveness of inpatient dialectical behavioral therapy for borderline personality disorder: A controlled trial. *Behaviour Research and Therapy*, *42*, 487-499.

Brown, G. K., Ten Have, T., Henriques, G. R., Xie, S. X., Hollander, J. E., & Beck, A. T. (2005). Cognitive therapy for the prevention of suicide attempts: A randomized controlled trial. *JAMA: Journal of the American Medical Association*, *294*, 563-570.

Brown, K. W., & Ryan, R. M. (2003). The benefits of being present: Mindfulness and its role in psychological well-being. *Journal of Personality and Social Psychology*, *84*, 822-848.

Carmody, J., & Baer, R. (2008). Relationship between mindfulness practice and levels of mindfulness, medical and psychological symptoms and well-being in a mindfulness-based stress reduction program. *Journal of Behavioral Medicine*, *31*, 23-33.

Cheavens, J. S., Rosenthal, M. Z., Daughters, S. D., Novak, J., Kosson, D., Lynch, T. R., & Lejeuz, C. (2005). An analogue investigation of the relationships among perceived parental criticism, negative affect, and borderline personality disorder features: The role of thought suppression. *Behavior Research and Therapy*, *43*, 257-268.

Dimeff, L. A., & Koerner, K. (2007). Dialectical behavior therapy in clinical practice: Applications across disorders and settings. New York, NY: Guilford Press.

Domes, G., Schulze, L., & Herpertz, S. C. (2009). Emotion recognition in borderline personality disorder: A review of the literature. *Journal of Personality Disorders*, *23*, 6-19.

Donegan, N. H., Sanislow, C. A., Blumberg, H. P., Fulbright, R. K., Lacadie, C., Skudlarski, P., … Wexler, B. E. (2003). Amygdala hyperractivity in borderline personality disorder: Implications for emotional dysregulation. *Biological Psychiatry*, *54*, 1284-1293.

Ebner-Priemer, U. W., Badeck, S., Beckmann, C., Wagner, A., Feige, B., Weiss, I., … Bohus, M. (2005). Affective dysregulation and dissociative experience in female patients with borderline personality disorder: A startle response study. *Journal of Psychiatric Research*, *39*, 85-92.

Fruzzetti, A. E., & Fruzzetti, A. R. (2003). Partners with borderline personality disorder: Dialectical behavior therapy with couples. In D. K. Snyder & M. A. Whisman (Eds.), *Treating difficult couples: Managing emotional, behavioral, and health problems in couple therapy*. New York, NY: Guilford Press.

Fruzzetti, A. E., & Levensky, E. R. (2000). Dialectical behavior therapy for domestic violence: Rationale and procedures. *Cognitive and Behavioral Practice*, *7*, 435-447.

Fruzzetti, A. E., Shenk, C., & Hoffman, P. (2005). Family interaction and the development of borderline personality disorder: A transactional model. *Development and Psychopathology*, *17*, 1007-1030.

Giesen-Bloo, J., van Dyck, R., Spinhoven, P., van Tillburg, W., Dirkesen, C., van Asselt, T., ···
Arntz, A. (2006). Outpatient psychotherapy for borderline personality disorder: Randomized
controlled trial of schema-focused therapy vs. transference-focused psychotherapy. *Archives
of General Psychiatry, 63*, 649-658.

Goldfried, M. R., & Davison, G. C. (1976). *Clinical behavior therapy.* New York, NY: Holt,
Rinehart & Winston.

Goldstein, T. R., Axelson, D. A., Birmaher, B., & Brent, D. A. (2007). Dialectical behavior therapy
for adolescents with bipolar disorder: A 1-year open trial. *Journal of the American
Academy of Child and Adolescent Psychiatry, 46*, 820-830.

Gratz, K. L., Rosenthal, M. Z., Tull, M. T., Lejuez, C. W., & Gunderson, J. G. (in press). An
experimental investigation of emotional reactivity and delayed emotional recovery in
borderline personality disorder: The role of shame. *Comprehensive Psychiatry.*

Hahn, T. N. (1976). *The miracle of mindfulness: A manual on meditation.* Boston, MA: Beacon
Press.

Hayes, S. C., Strosahl, K., & Wilson, K. G. (1999). *Acceptance and commitment therapy: An
experiential approach to behavior change.* New York: Guilford Press.

Herpertz, S. C., Kunnert, H. J., Schwenger, U. B., Eng, M., & Sass, H. (1999). Affective
responsiveness in borderline personality disorder: A psychophysiological approach.
American Journal of Psychiatry, 156, 1550-1556.

Hesslinger, B., Tebartz van Elst, L., Nyberg, E., Dykierek, P., Richter, H., Berner, M., & Ebert, D.
(2002). Psychotherapy of attention deficit hyperactivity disorder in adults: A pilot study using
a structured skills training program. *European Archives of Psychiatry and Clinical
Neuroscience, 252*, 117-184.

Kabat-Zinn, J. (1982). An outpatient program in behavioral medicine for chronic pain patients based
on the practice of mindfulness meditation: Theoretical considerations and preliminary results.
General Hospital Psychiatry, 4, 33-47.

Kabat-Zinn, J. (2003). Mindfulness-based interventions in context: Past, present, and future.
Clinical Psychology: Science and Practice, 10(2), 144-156.

Koenigsberg, H. W., Harvey, P. D., Mitropoulou, V., Schmeidler, J., New A. S., Goodman, M., ···
Siever, L. J. (2001). Characterizing affective instability in borderline personality disorder.
American Journal of Psychiatry, 159, 784-788.

Koons, C. R., Robins, C. J., Tweed, J. L., Lynch, T. R., Gonzales, A. M., Morse, J. Q., ··· Bastian, L.
A. (2001). Efficacy of dialectical behavior therapy in women veterans with borderline
personality disorder. *Behavior Therapy, 32*, 371-390.

Kuo, J. R., & Linehan, M. M. (2009). Disentangling emotion processes in borderline personality
disorder: Physiological and self-reported assessment of biological vulnerability, baseline
intensity, and reactivity to emotionally evocative stimuli. *Journal of Abnormal Psychology,*

118, 531–544.

Linehan, M. M. (1987). Dialectical behavioral therapy: A cognitive behavioral approach to parasuicide. *Journal of Personality Disorders, 1*, 328–333.

Linehan, M. M. (1993a). *Cognitive-behavioral treatment of borderline personality disorder.* New York, NY: Guilford Press.

Linehan, M. M. (1993b). *Skills training manual for treating borderline personality disorder.* New York, NY: Guilford Press.

Linehan, M. M., Armstrong, H. E., & Heard, H. L. (1993). Naturalistic follow-up of a behavioral treatment for chronically suicidal borderline patients. *Archives of General Psychiatry, 50*, 971–974.

Linehan, M. M., Armstrong, H. E., Suarez, A., Allmon, D., & Heard, H. L. (1991). Cognitive-behavioral treatment of chronically parasuicidal borderline patients. *Archives of General Psychiatry, 48*, 1060–1064.

Linehan, M. M., Comtois, K. A., Murray, A. M., Brown, M. Z., Gallop, R. J., Heard, H. L., ⋯ Lindenboim, N. (2006). Two-year randomized controlled trial and follow-up of dialectical behavior therapy versus therapy by experts for suicidal behaviors and borderline personality disorder. *Archives of General Psychiatry, 63*, 757–766.

Linehan, M. M., Dimeff, L. A., Reynolds, S. K., Comtois, K. A., Shaw Welch, S., Heagerty, P., & Kivlahan, D. R. (2002). Dialectical behavior therapy versus comprehensive validation plus 12-step for the treatment of opioid dependent women meeting criteria for borderline personality disorder. *Drug and Alcohol Dependence, 67*, 13–26.

Linehan, M. M., Schmidt, H., Dimeff, L. A., Craft, J. C., Kanter, J., & Comtois, K. A. (1999). Dialectical behavior therapy for patients with borderline personality disorder and drug-dependence. *American Journal on Addiction, 8*, 279–292.

Linehan, M. M., Tutek, D., Heard, H. L., & Armstrong, H. E. (1994). Interpersonal outcome of cognitive-behavioral treatment for chronically suicidal borderline patients. *American Journal of Psychiatry, 51*, 1771–1776.

Livesley, W. J., Jang, K. L., & Vernon, P. A. (1998). Phenotypic and genetic structure of traits delineating personality disorder. *Archives of General Psychiatry, 55*, 941–948.

Lykins, E. L. B., & Baer, R. A. (2009). Psychological functioning in a sample of long-term practitioners of mindfulness meditation. *Journal of Cognitive Psychotherapy: An International Quarterly, 23*, 226–241.

Lynch, T. R., Chapman, A. L., Rosenthal, M. Z., Kuo, J. R., & Linehan, M. M. (2006). Mechanisms of change in dialectical behavior therapy: Theoretical and empirical observations. *Journal of Clinical Psychology, 62*, 459–480.

Lynch, T. R., Morse, J. Q., Mendelson, T., & Robins, C. J. (2003). Dialectical behavior therapy for depressed older adults: A randomized pilot study. *American Journal of Geriatric*

Psychiatry, 11, 33–45.

McCann, R. A., Ball, E. M., & Ivanoff, A. (2000). DBT with an inpatient forensic population: The CMHIP forensic model. *Cognitive and Behavioral Practice, 7,* 447–456.

Rathus, J. H., & Miller, A. L. (2002). Dialectical behavior therapy adapted for suicidal adolescents. *Suicide and Life Threatening Behavior, 32,* 146–157.

Robins, C. J. (2002). Zen principles and mindfulness practice in dialectical behavior therapy. *Cognitive and Behavioral Practice, 9*(1), 50–57.

Robins, C. J., & Chapman, A. L. (2004). Dialectical behavior therapy: Current status, recent developments, and future directions. *Journal of Personality Disorders, 18,* 73–89.

Robins, C. J., Schmidt, H., & Linehan, M. M. (2004). Dialectical behavior therapy: Synthesizing radical acceptance with skillful means. In S. C. Hayes, V. M. Follette, & M. M. Linehan (Eds.), *Mindfulness and acceptance: Expanding the cognitive-behavioral tradition* (pp. 30–44). New York, NY: Guilford Press.

Rosenthal, M. Z., Cheavens, J. S., Lejuez, C. W., & Lynch, T. R. (2005). Thought suppression mediates the relationship between negative affect and borderline personality disorder symptoms. *Behaviour Research and Therapy, 43,* 1173–1185.

Rosenthal, M. Z., Gratz, K., Kosson, D. S., Lejuez, C. W., Cheavens, J. S., & Lynch, T. R. (2008). Borderline personality disorder and emotional functioning: A review of the research literature. *Clinical Psychology Review, 28,* 75–91.

Safer, D. L., Telch, C. F., & Agras, W. S. (2001). Dialectical behavior therapy for bulimia nervosa. *American Journal of Psychiatry, 158,* 632–634.

Sapolsky, R. M. (1996). Why stress is bad for your brain. *Science, 273,* 749–750.

Segal, Z. V., Williams, J. M. G., & Teasdale, J. D. (2002). *Mindfulness-based cognitive therapy for depression.* New York, NY: Guilford Press.

Shapiro, S. L., Oman, D., Thoresen, C. E., Plante, T. G., & Flinders, T. (2008). Cultivating mindfulness: Effects on well-being. *Journal of Clinical Psychology, 64*(7), 840–862.

Shearin, E. N., & Linehan, M. M. (1992). Patient-therapist ratings and relationship to progress in dialectical behavior therapy for borderline personality disorder. *Behavior Therapy, 23,* 730–741.

Simpson, E. B., Pistorello, J., Begin, A., Costello, E., Levinson, H., Mulberry, S., ⋯ Stevens, M. (1998). Use of dialectical behavior therapy in a partial hospital program for women with borderline personality disorder. *Psychiatric Services, 49,* 669–673.

Swann, W. B., Jr., Stein-Seroussi, A., & Giesler, R. B. (1992). Why people self-verify. *Journal of Personality and Social Psychology, 62,* 392–401.

Swenson, C. R., Sanderson, C., Dulit, R. A., & Linehan, M. M. (2001). The application of dialectical behavior therapy for patients with borderline personality disorder on inpatient units. *Psychiatric Quarterly, 72,* 307–324.

Telch, C. F., Agras, W. S., & Linehan, M. M. (2001). Dialectical behavior therapy for binge eating disorder. *Journal of Consulting and Clinical Psychology, 69*, 1061-1065.

Torgerson, S., Lygren, S., Oien, P. A., Skre, I., Onstad, S., Edvardsen, J., ⋯ Kringlen, E. (2000). A twin study of personality disorders. *Comprehensive Psychiatry, 41*, 416-425.

Trupin, E. W., Stewart, D. G., Beach, B., & Boesky, L. (2002). Effectiveness of dialectical behaviour therapy program for incarcerated female juvenile offenders. *Child & Adolescent Mental Health, 7*, 121-127.

Turner, R. M. (2000). Naturalistic evaluation of dialectical behavior therapy-oriented treatment for borderline personality disorder. *Cognitive and Behavioral Practice, 7*, 413-419.

van den Bosch, L. M. C., Verheul, R., Schippers, G. M., & van den Brink, W. (2002). Dialectical behavior therapy for borderline patients with and without substance use problems: Implementation and long term effects. *Addictive Behaviors, 27*, 911-923.

Verheul, R., van den Bosch, L. M. C., Koeter, M. W. J., de Ridder, M. A. J., Stijnen, T., & van den Brink, W. (2003). Dialectical behavior therapy for women with borderline personality disorder. *British Journal of Psychiatry, 182*, 135-140.

Wagner, A. W., & Linehan, M. M. (1999). Facial expression recognition ability among women with borderline personality disorder: Implications for emotion regulation? *Journal of Personality Disorder, 13*, 329-344.

08 '제3의 물결' 치료 맥락 내에서의 행동 활성화

Christopher R. Martell & Jonathan W. Kanter

정신병리와 치료 모델의 기술

행동 활성화(behavioral activation: BA)[1]에서 정신병리와 치료 모델은 우울증의 행동 이론에 기초하고 있으며, Hayes, Strosahl과 Wilson(1999)에 의해 기술된 기능적 맥락주의(functional contextualism)에 철학적 근간을 두고 있다. 기능적 맥락주의는 일찍이 B. F. Skinner가 저술한 급진적 행동주의(예: Skinner, 1953)로부터 진화된 것이다. 이러한 전통적인 행동 이론의 직계 혈통인 BA는 정신병리가 어떻게 개념화되고, 이러한 개념화에 뒤따르는 치료 기법에 관한 몇 가지 핵심 가정 속에서 탄생하게 되었다. 이 가정은 간단하고 이해하기 쉽도록 제시되어

---

1) 행동 활성화에는 몇몇의 다른 형태가 존재한다. 이 장에서는 Martell, Addis와 Jacobson (2001)에 의해 기술된 행동 활성화에 주로 집중하고자 하는데, 이러한 형태의 행동 활성화가 가장 경험적으로 지지되었고, 마음챙김과 수용에 대한 논의와 관련되어 있는 기법들이 포함 되어 있기 때문이다. 그러나 Lejuez, D. R. Hopko, Lepage, Hopko와 McNeil(2001), 그리고 Kanter, Busch와 Rusch(2009)에 의한 행동 활성화의 또 다른 중요한 형태가 존재한다.

있으며, 대부분의 독자에게 의심할 여지없이 익숙하다. 가정의 내용은 다음과 같다. 첫째, 사고와 감정은 행동의 원인이기보다 오히려 설명된 행동으로 드러난다. 둘째, 원인의 분석은 행동의 역사적, 맥락적 결정인이 명확하게 밝혀질 때까지 불완전하며, 이러한 분석은 기능적 분석이라고 알려져 있다. 셋째, 치료 기법은 이러한 결정인을 표적으로 해야 한다. 그러므로 이 모델에서 사고와 감정은 행동의 직접적인 원인은 아니지만 적어도 원리 내에서 기능적 분석을 통해 설명될 수 있다(Moore, 1980).

우울증에 대한 BA 모델에서 기능적 분석은 Lewinsohn(1974)과 Ferster(1973, 1974)의 초기 발표에 기반을 두고 있다. Lewinsohn에 의하면 우울한 사고, 감정, 행동은 정적 강화에 따른 반응이 감소함으로써 일어난 결과다(Lewinsohn, 1974; Martell, Dimidjian, & Lewinsohn, 2009). 정적 강화가 감소할 때, 조작적 행동은 이러한 강화의 소거에 의해 명백하게 유지되며, 침체되고 우울한 감정 등과 같은 반응성 정서 상태가 유발된다. 간단히 말하자면, 정적 강화가 감소할 때 이와 관련 있는 행동이 둔화되거나 중단되며, 불쾌함을 느끼게 된다(Kanter, Busch, & Rusch, 2009).

정적 강화에 수렴되는 반응 감소의 다양한 원인이 있을 수 있다. 어떤 경우에는 환경적으로 충분한 강화가 제공되지 않는다. 예를 들어, 어떤 사람들은 가난, 가족이나 사회적 지지의 부족과 같은 빈곤한 환경에 놓여 있다. 여기에는 사랑하는 사람이 사망하였을 때와 같이 강화를 주는 대상의 갑작스런 상실이 해당된다. 빈곤한 환경 속에서는 가능한 강화물에 접근하기 위해 필요한 기술이 결핍될 수도 있다. 이는 극도로 수줍음이 많거나, 사회적으로 불안하고, 자신의 사회적 네트워크를 확장하기 위해 적절한 자기 주장이나 의사소통 기술을 개발하지 못한 경우다. Ferster(1973)에 의해 논의된 바와 같이 이러한 경우에는 일상적인 괴로움과 만성적인 스트레스가 커져서 부적 강화나 처벌이 증가된다. 자극이 잠재적으로 유효한 정적 강화를 제공한다고 하더라도 이러한 사람은 도피와 회피 행동에 의한 레퍼토리가 지배적이기 때문에 정적 강화를 접촉할 수 없게 되며,

이로 인해 정적 강화가 감소되는 결과를 낳는다. 이 같은 상황은 모든 다양한 방식으로 도피와 회피 행동을 증가시키며, 정적으로 강화된 행동을 감소시킨다.

이러한 예들은 우울증과 관련이 있는 감소된 정적 강화와 연관된 행동 요인의 부분적인 목록만을 구성한다(Kanter et al., 2009). 예를 들어, 강화 계획은 수행 빈도에 의해서 역할을 하는데, Ferster(1973)는 환경 속에서 적절한 변화를 이끌어 내기 위한 활동을 요구하는 강화 계획은 상실에 매우 민감하다고 제안하였으며, 목표를 달성하기 위해 열심히 일해 온 사람이 성공의 정점에 도달했을 때 우울에 빠지게 되는 현상을 통해 설명할 수 있다고 하였다. 행동 모델에서는 관련된 특정한 역사적 그리고 현재의 맥락적인 결정인과 상관없이 정적 강화가 상실 혹은 감소되거나 만성적으로 낮을 때 우울 증상과 경험이 발생한다고 상정한다. 또한 이러한 경험에 있어서의 개인차는 관련된 역사적 그리고 현재의 맥락적인 양상 내에서의 차이에 의한 것이라고 설명한다.

정신병리에 대한 BA 모델은 여타의 생물심리사회적인 이론들과 일치하며, 이들과 함께 통합될 수 있다. 이 모델은 어떤 사람이 다른 사람에 비해 우울증에 보다 취약하다는 점과 유전적 요인이 중요한 역할을 한다는 점에 대해 부인하지 않는다. 또한 인지적 요인과 인지적 양식의 중요성 역시 부인하지 않는다. 삶에서의 사건들에 개인이 어떻게 반응하는지에 미치는 영향에는 다양한 요인들이 상호작용한다. 그러나 결국 이러한 요인들은 행동 모델의 용어들로 제시되는 것인데, 유전적 요인과 인지적 요인은 환경적인 사건이 강화로 작용하거나 혹은 처벌로 작용하는 정도에 영향을 미칠 수 있지만 행동 변화를 위해 필수적이지는 않다는 것이다. Ferster(1974)는 "우울한 사람들의 공통 분모는 정적으로 강화된 다양한 활동 빈도의 감소"(p. 35)라고 하였다. 우울증에서 일차적인 요인으로서 강화에 대해 중점을 두는 것은 실용적이며, 교조주의적이지 않다. 이 이론은 명확하게 설명되어 있고, 정적 강화와의 접촉을 증가시키기 위해 효과적인 치료 기법으로 구성되어 있는 세트를 이끌어 냈다(Martell, Addis, & Jacobson, 2001; Martell, Dimidjian, & Herman-Dunn, 2010).

●BA 모델의 발달 속에서 마음챙김과 수용에 기반한 전략의 역할

BA는 최근 들어 마음챙김과 수용 기법을 강조하는(Hayes, 2004) 수용전념치료 (ACT)(Hayes et al., 1999)를 포함한 몇몇의 새로운 치료들 중 하나로 구분되고 있다. 현재의 공식화된 BA 모델과 치료는 명백하게 행동치료에서의 이러한 현재 흐름에 의해 영향을 받고 있다. BA와 마찬가지로 ACT에서도 기능적 맥락주의의 철학에 기반하고 있으며, 두 치료 모두 소거할 수 있는 목표(즉, 증상 감소)를 표적화하기보다 내담자와 함께 건설적인 치료 목표(예: '좋은 삶을 살아가는 것')를 설정하고, 이를 표적으로 삼는다. 그러나 BA와 달리 ACT에서는 특징적으로 증상 감소에 대해 다루는 것을 삼가며, 불쾌한 심리적 경험을 마음챙김하면서 수용할 수 있도록 내담자들과 함께 직접적으로 작업한다. BA에서 증상 감소에 대해 다루는 것은 문제가 되지 않으며, 치료자가 목표로서의 증상 감소에 대해 문제 삼지 않는다. 그러나 BA에서 장기적인 증상 감소의 성취를 위해서는 불쾌한 심리적인 경험을 회피하기보다 삶에서 이를 활성화시키고, 다시 연결시킬 수 있도록 불쾌한 심리적 경험에 대한 수용이 요구된다.

BA에서 일차적인 전략은 활성화이지, 마음챙김이나 수용이 아니다. 활성화는 우울한 내담자가 관여를 중단해 왔던 행동을 증가시키고, 숙달감(sense of mastery)이나 유쾌함을 주는 활동을 증가시키며, 이러한 활동에 대한 내담자의 관여 정도를 높이는 것으로 정의된다. 따라서 전통적인 행동 이론으로부터 직접적으로 파생된 BA 모델 속에 마음챙김과 수용이 내포되어 있으며, 필요할 때는 특별한 전략으로서 명시된다. 이처럼 마음챙김과 수용은 ACT와 BA를 전반적으로 비교하기 위한 핵심이 된다(Kanter, Baruch, & Gaynor, 2006 참조).

전통적인 행동 이론에서는 사고와 감정의 변화를 포함한 행동 변화가 맥락적 요인의 조작을 통해 이루어질 수 있다고 여겨 왔으며, 행동 변화를 이끌어 내기 위해 사고나 감정의 변화가 필요하지는 않다고 보았다(Hayes & Brownstein, 1986). 일찍이 자극-반응 행동주의자들(예: Watson, 1913)은 행동 과학에서 사고 및 감정은 의탁할 곳이 없다고 주장하였고, 자폐증과 발달장애, 혹은 여타의 심각한 행동 관리 장면에서 일하는 다수의 응용 행동 분석가들은 명백한 행동에만 독점적으로 집중해야 한다고 주장하였다. 그러나 BA에서는 사고와 감정을 진지하게 다룬다. 근본적인 BA는 사고와 감정이 고통스럽고 영향을 미치고 있다는 점을 인식하는 것이며, BA에서 명확하게 사적 사건에 대한 수용을 요구하여 이러한 사적 사건을 알아차리는 동안에 명백한 행동 변화에 집중함으로써 인식을 확장한다. BA에서는 지금 여기에 집중하며, 내담자는 특히 과거의 사건을 되씹거나 반추할 때 그들을 둘러싸고 있는 환경에서 마음챙김할 수 있도록 격려받는다. 여타의 마음챙김과 수용 접근과 달리 BA에서는 특정한 수용과 마음챙김 전략을 모든 내담자에게 가르쳐야 한다고 제안하지 않는다. 행동 변화에 대한 직접적인 집중으로 충분할 수도 있으며, 때때로 수용과 마음챙김이 함께 다루어지기도 한다. 기분보다 목표에 의한 행동 실천에 의해 내담자는 어느 정도의 불쾌감을 수용할 수 있으며, 나쁜 감정과의 싸움을 감소시킬 수 있다. 또한 우울 반추에 대안이 될 수 있는 과제에 참여함으로써 자신이 관여하고 있는 활동에 대해 보다 '마음챙김' 하게 된다.

이는 '밖에서부터 안으로(from the outside-in)' 라는 BA의 실천에 대한 개념을 명확하게 보여 준다(Martell, Addis, & Jacobson, 2001). BA 치료자들은 '삶에서 보상이 낮은' 환경적 사건을 경험하고 있는 내담자에 대한 우울증을 개념화하였는데, 이러한 환경적 사건이 우울한 기분을 유발하고 정서적·신체적 반응과 연관되어 있다고 보았다. BA에서는 사람은 본질적으로 기분과 감정으로 반응하다고 가정한다. 따라서 BA에서 기분과 감정은 다른 행동 이상으로 어떤 자극 통제력을 행사하지만 전통적인 행동 이론과 일관되게 궁극적인 원인은 환경적인 요인에 있다. 예를 들어, 무기력하고 피곤함을 느끼는 사람의 경우 늦은 아침까지 침대에 머물러 있거나 극단적으로는 일은 하지 않은 채 며칠 동안 잠을 잘 수도 있을 것이다. 누군가는 눈물 나게 가슴 아픈 영화를 보면서 슬픔을 느낄 수도 있을 것이다. BA에서 이러한 행동은 우울한 기분에 대한 반응 내에서의 '이차적인 문제'로 기술되지만 이들은 우울증을 악화시키는 주기를 지속시킨다. 왜냐하면 무기력할 때 극단적으로 잠을 자거나 슬플 때 최루성 영화를 보거나 하는 행동에 보다 더 관여하게 되면서 더욱 피곤하거나 슬픔을 느끼게 되기 때문이다. 게다가 이는 종종 도피와 회피 같은 기능을 활성화시키며, 초기의 환경적 스트레스 요인이나 적어도 변화시키고자 하는 주제가 되는 이러한 환경적 상황의 긍정적 영향을 얻지 못하게 만든다. 어떤 경우에는 이러한 활성화가 더 나쁜 삶의 문제를 만들어 낼 수도 있다. 우울한 내담자가 직장에 지각을 하기 시작할 때 업무는 지연되고 그 순간의 기분에 반응하게 될 것이다.

기분이나 감정에 의한 행동은 자연스러운 것으로서 많은 내담자들은 치료에서 무엇이 변화되길 바라느냐는 질문에 대해 기분이 변화되는 것을 원하며, 그런 다음에 자신의 행동이 변화될 수 있다고 제안할 것이다('만약 내가 에너지가 많아지거나 보다 좋은 감정을 느낄 수 있다면, ……을 할 수 있을 것입니다.'). 이는 '안에서부터 밖으로 행동하기(acting from the inside-out)'라고 부르는데, 우울한 내담자의 딜레마는 안에서부터 밖으로의 추동력이 도피하거나 회피하려 하거나 모든 것을 행동하지 않으려는 것이라는 점이다. 그러므로 행동하기 전에 감정이 좋아지기를 기다리는 것은 단지 이러한 주기를 지속시킬 뿐이다. 대신에 BA에서는 '밖에서부터 안으로' 행동하기를 내담자에게 요청한다. 다시 말하자면 내담자들이 관여해야만 하는 활동이나 좋은 감정을 느낄 때 그 시간 동안에 내담자가 해 왔던 활동을 기술하고, 내담자의 계획에 이러한 활동이 포함될 수 있도록 돕는다. 내담자가 보다 좋은 감정을 느끼게 될 것이라고 보장할 수는 없지만 시간이 지남에 따라 행동이 변화됨으로써 내담자의 기분이 행동에 뒤따를 가능성이 있다. 부정적 정서의 수용에는 '밖에서부터 안으로'라는 이러한 행동의 개념이 내재되어 있다. BA에서는 삶에 다시 관여하는 행동을 하기 전에 좋은 감정을 느끼길 원하는 것보다 내담자가 무엇이든 느끼고, 어떠한 방식으로든 다시 관여될 수

있도록 요구한다. 이는 대부분의 내담자에게는 반직관적인(counterintuitive) 것이
지만 BA의 핵심이다.

BA에 적용되는 수용과 마음챙김의 두 번째 방식은 우울한 내담자의 반추적 사
고를 다루기 위해 제안된 BA의 기법과 연결되어 있다. 수동적이고, 반추적인 사
고 양식은 종종 우울한 기분과 관련되어 있으며(Nolen-Hoeksema, Morrow, &
Fredrickson, 1993), BA 치료자는 내담자의 사고 과정과 결과에 대해 내담자를 교
육하는 수준으로 개입한다. '그것에 관해 당신은 또 달리 어떻게 생각할 수 있을
까요?'라고 질문하기보다 BA 치료자들은 '반추하거나 되씹는 것 대신에 당신이
달리할 수 있는 것은 무엇일까요?'라고 질문한다. 대개 반추는 회피 기능에 기여
하며, BA에서는 다른 회피 행동과 마찬가지로 개념화될 수 있다(회피 유형으로서
반추의 이러한 개념화는 경험적인 지지를 받아 왔다.)(Kanter, Mulick, Busch, Berlin, &
Martell, 2006 참조). 근본적으로 반추할 때 내담자는 '사고 속에서 헤맬' 수 있으
며, 이러한 과정은 순간순간과 함께 접촉하는 것을 감소시키고 고통스러운 정서
를 유발하게 된다. 따라서 반추는 다른 유형의 회피와 마찬가지로 단기적으로는
일시적으로 불쾌한 정서 상태를 감소시키지만 장기적으로는 이러한 상태에서
발생하는 문제를 해결할 수 없게 만든다.

BA에서는 우울한 내담자가 갖고 있는 많은 내용의 반추가 부정적이고, 그것
자체로 고통스러우며, 인지치료(Beck, Rush, Shaw, & Emery, 1979)에서의 표적으
로서 우울증을 실제 현상이라고 지각하는 인지 내용의 편향이라는 점을 인식하
고 있다. 우울증에서 부정적인 인지 내용의 형성은 의심할 여지가 없지만, BA에
서는 이러한 부정적인 내용을 설명하기 위해 인지치료에서 사용하는 인지 모델
을 지지하지는 않는다(Clark, Beck, & Alford, 1999). 사실상 인지 내용에 대한 이
론 모델은 BA를 위해서는 다소 불필요한 것인데, 왜냐하면 임상적으로 BA는 반
추의 내용보다 오히려 행동으로서의 반추 과정에 집중하기 때문이다. 그럼에도
불구하고 인지 내용에 대한 행동적 모델이 존재하며(즉, 관계틀 이론)(Hayes,
Barnes-Holmes, & Roche, 2001), 충분한 설명을 제공하기 위해 우울증에 대한 BA

이론에 적용되고 있다(Kanter, Busch, Weeks, & Landes, 2008; Kanter et al., 2007). 근본적으로 관계 과정을 통해 인지 내용은 혐오적인 유발 기능을 얻게 되며, 이러한 기능과 일치하도록 환경을 변형시키는 효과를 갖게 된다. 이는 결국 강화되거나 혹은 강화되지 않는 부가적인 환경적 특성을 만든다. 예를 들어, 어떤 사람은 부정확함에도 불구하고 직업을 잃게 될 것이라고 완전하게 믿는데, 이러한 신념의 심리적 효과는 실제적으로 직업을 잃게 되는 것과 일치하도록 만들 것이다.

BA에서 내담자는 반추의 행동적 과정에 집중하도록 배우며, 반추가 회피임을 인식하고, 반추에 대한 적응적인 대안으로서 삶에서 일어나는 순간순간의 경험에 온전하게 참여할 수 있도록, 즉 반추에 빠지지 않고, 보고, 듣고, 냄새 맡는 것, 그 밖의 경험들과 온전하게 접촉하면서 머무를 수 있도록 격려 받는다. 이러한 맥락으로 BA에서는 반추에 대한 대안으로서 마음챙김 기법을 가르친다. 이를 모든 내담자에게 요구되는 대단히 중요한 기술로 가르치지는 않으며, 그보다는 내담자의 문제와 행동에 대한 기능 분석에 근거하여 사례에 따라 결정된다.

● 간략한 사례 기술

Gerald는 34세의 기혼 남성이며, 아직 자녀는 없다. 그와 그의 아내는 결혼한 지 3년이 되었다. Gerald는 영업사원으로서 성공적인 경력을 갖고 있었지만, 자신의 업무에 대한 걱정과 불안감을 항상 가지고 있었다. 특히 그는 새로운 소비자에게 간청하기 위한 '콜드 콜(cold calls)'을 어려워하였으며, 따라서 이 같은 전화 업무를 회피하였다. 또한 자신의 직업 속에서 상당한 독립성을 갖고 있었으며, 스스로 스케줄을 통제해 왔다. Gerald는 8개월 동안 우울증이 지속되어 왔으며, 이는 분명 그와 매우 친밀한 아버지의 죽음에 의해 촉발되었다. Gerald는 과거에 집을 떠나 대학에 입학할 때 또 다른 우울증 삽화를 보였었다. 그의 가족으로부터 받아 왔던 일차적인 지지의 변화와 상실, 특히 그의 아버지는 우울증의 촉발 요인이었다. 아버지가 사망한 후 Gerald는 침대에 누워 있기 시작했고, 아침 내내 일을 하지 못하였다. 그는 고객에게 전화를 해야 하지만 점점 더 콜드콜을 회피했다. Gerald가 아내에게 삶이 가치 없게 느껴진다고 말하였을 때 치료적 도움을 구할 수 있도록 아내가 권했으며, 이후 치료에 오게 되었다. 그러나 그는 죽기를 원하지는 않는다고 하였으며, 자살에 대한 의도를 부정하였다. 그는 잠을 통해 도피하고자 하는 압도된 욕구를 보고하였으며, 동면하면서 세상과 마주하지 않을 수 있기를 바란다고 하였다. 성에 대한 흥미도 거의 잃었으며, 식욕 저하로 인해 체중이 10파운드나 감소하였고, 자녀를 갖는 것에 대해 아내와 논의하는 것도 거부하였다. 흥미롭게도 Gerald는 장례식에서 관이 운구되는 동안에 운 것을 제외하고는 아버지의 죽음에 대해 거의 정서를 드러내지 않았다. 그의 아내는 시간이 지나면서 그가 아버지의 죽음에 대해 빨리 적응할 것이라고 생각했다. 그러나 몇 개월이 지난 후 Gerald의 애도는 우울증으로 발전하게 되었다.

　Gerald의 치료자는 그에게 BA의 사례 개념화를 제시하였고, 그의 슬픈 감정, 피로, 무쾌감, 식욕 저하는 '적은 보상'이 주어지는 생활의 결과라고 강조하였다(Martell, Addis, & Jacobson, 2001). 그러나 그의 업무에 대한 회피, 식사의 감소, 자신의 미래에 대해 아내와 대화를 나누는 것에 대한 회피는 이차적인 문제가 되었다. Gerald와 치료자는 활동 감찰 차트를 사용하여 Gerald의 활동에 대한 기저선을 잡기 시작했다. 그가 업무에 보다 많은 시간을 보낼 때 기분이 더욱 좋아지게 하는 행동 패턴을 작성하였으며, 아침에 일찍 직장에 갔을 때 일에 보다 많은 시간을 보낼 것 같다고 작성하였다. 훗날 그는 일에 머무르게 되었고, 초기에 한두 번은 일에 대한 걱정을 겪었지만, 활동 차트에 기분이 향상되었고, 성취감을 느꼈다고 보고하였다. 그와 치료자는 보다 일찍 직장에 갈 수 있도록 그를 위한 계획을 개발함으로써 활성화를 시작하였다. 대체로 그는 한낮에 일을 할 수 있도록 계획을 수립하였다. 궁극적인 목표는 매일 오전 9시까지 출근하는 것이며, 이틀마다 30분 일찍 출근할 수 있도록 계획하였다. 일찍 출근하려는 그의 목표를 성취하고, 특히 고객과 그들에게 전화하는 것에 대한 그의 걱정에 직면하게 됨으로써 Gerald는 BA에서 내포된 수용의 절차로 여겨지는 활동들에 관여하게 되었다. 그는 나쁜 감정을 느끼고, 회피하고, 지연하고자 하는 욕구를 가지고 있다는 것, 그리고 출근을 하여 어차피 그의 고객을 상대해야 한다는 것을 수용할 필요가 있었다. 얼마나 일을 싫어하는지에 대해 반추할 때 그는 일을 위해 새로운 행동을 준비하는 것과 집 밖으로 나와 회사에 갈 때까지 아침마다 일상적으로 이루어지는 각각의 단계에 집중하는 것이 유용함을 배우게 되었다. 이는 '경험에 대한 주의집중하기'의 예로서 BA에서 마음챙김과 유사한 활동이다.

Gerald가 근무하는 5일 중 3일을 9시에 출근하였을 때 그와 치료자는 대인관계 목표를 추가하였다. 가정을 이루는 것에 대해 아내와 대화할 준비가 되어 있지 않고, 아직까지 변화 가능성에 압도된 느낌이었지만, 그는 아내에게 저녁 식사 후 매일 30분에서 1시간 정도 단순하게 대화하기를 제안해 보는 것에 동의하였다. 그와 치료자는 한 회기 동안에 그들과 함께할 수 있도록 그의 아내를 초대하였으며, 토론을 위한 기본 규칙을 세웠다. 이를 통해 Gerald는 더욱 참여하는 것처럼 보였고, 불안하거나 압도된 감정에 대해 회피하지 않게 되었다. Gerald의 치료자는 Beck 우울 척도 II(Beck & Steer, 1987)를 사용하여 그의 우울증을 살펴보았는데, 이는 2주마다 시행되었다. 24회기를 지나면서 Gerald의 우울 점수는 초기의 40점에서 9점으로 감소하였다. 치료가 종결되는 시점에 그는 아직까지도 침대에 누워 있는 것처럼 느끼는 날들이 있지만 기분보다는 계획에 따라 실천하는 것을 습득하였으며, 가까운 미래에 자녀를 갖는 것에 대해 아내와 함께 고려하기 시작하였다고 보고하였다.

인지행동치료 모델과 이론적 · 기법적으로 구별되는 BA 모델의 방식

BA는 특정한 사고 수정 전략을 사용하지 않는다. 또한 행동 변화의 필수적인 기능이 궁극적으로 신념의 변화라는 생각(Hollon, 2001)은 BA 모델과 일치하지 않는다. BA의 목표는 행동 변화인데, 이는 시간이 지나면서 내담자의 기분을 향상시키는 데 도움이 되거나 그의 삶을 증진하고 변화하는 기분에 보다 잘 대처하기 위해 이를 수용할 수 있도록 도움을 주는 것이다. 훌륭한 결과는 내담자의 목표와 가치를 유지하면서 정적 강화의 다양하고 안정적인 원천을 접촉하고 지속하기 위해 탄탄한 행동적 레퍼토리를 만드는 것이다. BA에서 개입의 목표는 내담자가 지각하는 삶의 상황을 어떻게 변화시키느냐가 아니다. BA 치료자는 내담자의 반추적이고 우울한 생각을 다룰 때, 이를 되씹기보다는 문제 해결과 같이 사적인 행동을 하든지, 혹은 친구들과 유쾌한 대화를 하는 것처럼 공적인 행동을 하든지 보다 생산적인 활동에 내담자가 참여하도록 조력한다. 중요한 요인은 내담자가 그 순간에 참여하도록 돕는 것인데, 이는 희망을 가지고 내담자가 잠재적인 결과와 접촉할 수 있도록 이끌어 주며, 우울증에 대항하는 행동을 정적으로 강화시키게 된다.

BA는 Skinner의 초기 저술과 행동 수정 전략 개발까지 거슬러 올라가는 전통적인 행동 이론의 성공적인 적용 중 하나다. 반면에 BA는 3세대 행동치료로 기술되고 있으며(Hayes, 2004), 특별하게 별개의 모델이 존재하지 않고 1세대 행동치료를 통해 온전하게 이해할 수 있다. 즉, 이는 과거의 작업들을 통합하고 확장한 우울증의 새로운 모델이다. 행동주의의 강점—명확하게 설명되어 있고 효과적인 치료 기법을 가진 실용적이고 단순한 이론—을 활용하였고, 비록 아주 독특하지는 않지만 앞선 이론들과 비교했을 때 훌륭하고 종합적이라고 생각된다.

우울증에 대한 BA 이론은 우울증의 전통적인 인지 모델과 명확하게 구분되며, 이러한 차이는 BA 역사의 도처에 설명되어 있다. 그러나 이 이론들이 명확하게 구분되는 동시에 우리는 주요 측정 기준이 행동에 대한 BA의 기제를 경험적으로 구별하고 있다고 믿는다. 이러한 점에서 BA 모델은 다른 인지행동치료 모델과 현저하게 다르다고 저항할 수도 없고, BA를 사용한 치료 결과에 대한 현재의 문헌들이 BA에서 집중하는 변화의 기제를 보고하는 데 한계를 지니고 있다고 볼 수도 없다. 예를 들어, 우울증에 대한 인지치료의 잘 알려진 요인 분석(Jacobson et al., 1996)에서 BA와 인지치료 내담자 모두 유쾌한 사건의 빈도와 즐거움이 증가하였으며(행동 활성화 모델과 같이), 부정적 사고가 감소하였고, 부정적 사건에 대한 내적이고 안정적·전반적인 귀인도 감소하였다(인지 모델과 같이). 사실 예상과 달리 치료에서 초기의 귀인 양식 변화는 인지치료 내담자가 아닌 BA 내담자의 우울 변화를 예측하였으며, 반면에 유쾌한 사건 빈도의 변화는 행동 활성화 내담자가 아닌 인지치료 내담자의 우울 변화를 예측하였다. 다음에서 논의될 대규모의 무선 통제된 BA, 인지치료, 항우울제 치료 비교 연구(Dimidjian et al., 2006)에서는 변화에 대한 기제들을 이해할 수 있도록 하는 측정치가 나타나지 않았다.

BA의 성공을 두고 인지 내용의 변화가 치료 변화에 불필요한 기제임을 시사한다고 결론을 내릴 수도 있다. 그러나 우리는 이러한 주장을 만들어 낼 준비가 되어 있지 않다. 이는 오늘날의 BA 연구에서 오직 치료의 효능성만이 다루어졌으며, 치료의 기저에 있는 변화 기제를 다루지 않았다는 점에 주목할 만하다. 이러한 질문은 인지 변화가 능동적인 기제인지 그렇지 않은지에 대한 것이 아니며, 그보다는 오히려 인지 내용을 직접적으로 변화시키기 위해 노력하는 것이 필수적인지에 대한 것이다. 1984년에 Latimer와 Sweet는 문헌 고찰을 통해 인지이론에서 파생된 치료들이 행동치료보다 효과적인지, 그보다는 인지가 중요하거나 의미가 있는 것인지에 대한 질문을 언급하였다. 그들은 동시에 행동적 요소를 배제한 '인지치료의 효능성'은 임상 집단에서 입증되지 못하였으며, 인지치료의 '인지적인' 절차적 요소는 행동적 방법에 비해 강력하지 못하다는 증거라고 결론 내렸다. 상당히 많은 연구에서 행동적 절차 이상으로 인지적 절차의 효과가 증가하였는지에 대한 의문을 밝히는 데 많은 노력을 기울이고 있음에도 불구하고, 이와 같은 결론은 오늘날까지 타당한 것으로 남아 있으며(Cuijpers, van Straten, & Warmerdam, 2007; Ekers, Richards, & Gilbody, 2008; Mazzucchelli, Kane, & Rees, 2009), 우리는 BA의 성공은 순수한 행동적 접근과 사고 내용의 변화에 집중하는 접근들 모두 우울증 치료에 있어서 성공적인 것으로 확인되었음을 시사하는 것이라고 주장한다.

BA에서 변화 기제에 대한 이해는 앞으로의 치료 절차를 정의하는 데 도움이 될 중요한 질문이다. 가정된 매개 변인과 변화 기제를 온전하게 측정하기 위해 새로운 측정 도구를 개발하는 것이 필요하며, 이러한 영역에서의 연구는 걸음마 수준이다(Manos, Kanter, & Busch, 2010에서 고찰되었다). 이러한 두 가지 측정도구로서 Behavioral Activation for Depression Scale(Kanter, Mulick, et al., 2006)과 Environmental Rewards Observation Scale(Armento & Hopko, 2007)이 개발되어 사용되고 있지만, 이 측정도구는 치료에서의 핵심 과정을 성공적으로 측정하고 있는지 그렇지 않은지 살펴보아야 한다는 점이 남아 있다. BA에서 치료자의 치료 과정 엄수와 유능성을 측정하는 도구를 개발하고, 이들과 치료 결과의 관계를 밝히는 많은 연구가 필요하다.

조작적인 치료 과정에 대하여 현재의 혼란을 명료화할 수 있도록 확인되어야 하는 하나의 가설은 급성적인 증상 감소보다 재발 방지를 매개할 것으로 예상되는 BA에서 주장하는 행동 · 정적 강화와 접촉할 수 있는 내담자의 활성화에 대한 기제가 가능한지다. 어찌됐든 정적 강화가 성공적으로 접촉되는 어떤 시기를 측정해야 한다.

두 번째 저자에 의해 제시되었던 행동 활성화 사례를 자세히 살펴보자. 내담자는 실직 상태이고, 우울하며, 구직에 대해 절망적이 되면서 이를 포기하였다. 치료자는 '밖에서부터 안으로' 의 근거를 제공하였고, 구직을 회피하는 것이 어떻게 나쁜 감정을 유발하며, 무엇이 결코 직업을 구할 수 없을 것이라고 장담하게 만드는지, 그리고 다시 구직 활동을 시작할 수 있도록 성공적으로 내담자를 어떻게 동기화할 수 있을지에 대해 내담자와 함께 논의하였다. 행동—구직—에 대한 가정된 강화물이 발생하지 않았고, 몇 달 동안 발생하지 않을 것임에도 불구하고 내담자는 즉각적으로 좋은 감정을 느끼기 시작했다. 직업을 구하기 위해 면접을 보는 동안 내담자는 더 이상 우울증의 진단 범주에 속하지 않았을 뿐만 아니라 우울증과 '친숙해진' 것처럼 느꼈고, 직업을 구한 후에는 다시 우울해지지 않을 것이라는 확신을 갖게 되었다. 이 사례에서 즉각적인 증상 변화에 대한 두 가지 가능성을 가정하는 것이 합리적이다. 첫 번째 가정은 걱정이 감소됨으로써 강화가 주어지는 구직 행동을 회피하지 않고 접근하게 되었다는 것이다. 두 번째 가정은 무망감의 개선(Teasdale, 1985)이 즉각적인 증상 변화의 매개 변인이 되었고, 정적 강화와의 접촉이 재발 방지의 매개 변인이 되었다는 점이다. 따라서 직접적인 인지적 개입이 이루어지지 않았음에도 불구하고 인지 변화가 일어났으며, 즉각적인 증상 완화의 결과를 낳았고, 재발 방지의 핵심은 시간이 지남에 따라 강화와의 접촉을 이끌어 내는 활동의 증가에 있었다. 사실 Strunk, DeRubeis, Chiu와 Alvarez(2007)는 치료 동안에 BA 기술을 습득했다고 이야기한 내담자들이 인지치료를 포함한 급성 치료 후의 추적 조사에서 관해 상태가 보다 많이 유지되고 있음을 확인하였다. 후속 연구에서는 하나의 이론에서 매개 변인에 대한 교조주의적 탐색을 하기보다 매개 효과의 상호작용 가능성에 대해 살펴보아야 할 것이다.

BA를 통해 다양한 유형의 인지 변화가 가능하다는 것이 명확해졌다. 예를 들어, 행동 이론에 의하면 BA에서 변화에 대한 중요한 기제처럼 보이지 않음에도 불구하고 '사고에 대한 사고'는 BA와 매우 관련되어 있다. 예를 들어, BA 치료자는 사고의 '내용'보다는 사고의 '과정'에 대해 내담자와 작업하며(Martell, Addis, & Jacobson, 2001), 내담자는 반추적인 사고보다 경험에 주의를 집중하도록 배운다. 내용에 대한 집중에서 과정에 대한 집중으로의 변화는 상위인지적 변화를 가능하게 하는데, 이는 내담자들이 사고에 대해 다양하게 생각하는 것을 필요로 한다. 인지적 탈중심화(사고는 관찰될 수 있는 그저 사고일 뿐이다)와 인지적 탈융합(사고는 우리의 정서나 행동을 통제하지 않는다)(Hayes, Strosahl, & Wilson, 1999) 같이 ACT에서 정의된 인지 과정 역시 BA의 마음챙김과 수용 전략에 의해 적용되는 과정과 마찬가지로 볼 수 있다. 예를 들어, 내담자는 기분, 감정 그리고 '나는 오늘 세상과 마주할 수 없어.' 와 같은 생각에 따르기보다 목표에 따라 행동하도록 배운다. 내담자는 행동을 통제하는 생각을 밝혀내려고 하기보다 이러한 생각에도 불구하고 행동을 한다. 그러나 BA는 보다 쉽게 관찰될 수 있고, 추측을 덜 요하는 명백한 행동 변화에 대한 이론적 해석에는 그리 집중하지 않는다.

● 인지적 변화 전략의 본질과 가치

우울증 치료에 대한 연구에서 인지적 변화는 성공적인 치료 과정 위에서 일어난다는 것이 명확하지만, 이러한 연구는 치료 결과에 대한 매개 변인으로서 인지적 변화의 확립에 대해서도 보여 주고 있다(Kazdin, 2007; Longmore & Worrell, 2007). BA에서 특히 우울증의 변화에 대한 매개 변인은 알려져 있지 않으며, 인지 및 행동적 매개 변인 모두가 운용 가능한 것들이다. 그러나 명확한 것은 사고와 신념을 평가하기 위한 소크라테스식 질문하기와 같은 표준적인 인지치료 기법—BA에서 사용하지 않는—은 시간이 경과하면서 지속된 우울 증상을 감소시키는 데 있어서 불필요하다는 점이다. BA 기법만으로도 매우 강력하게 이러한 결과를 이끌어 낸다.

초기의 BA에서는 인지적 중재의 사용에 맞서는 것이 연구 목적을 위해 BA와 인지치료를 구별하는 데 필요하였다. 인지적 기법들의 사용 없이 BA가 효과적이었다는 경험적 증거가 치료 내내 인지적 개입을 삼가도록 임상가들에게 강력하게 영향을 미쳐야 하지만 전형적인 실제 장면 속으로 이를 이행하는 것은 임상적 기법에 대한 연구 방법론의 불필요한 유물이 되었다. BA에서 인지적 재구조화를 피하는 실용적인 이유 역시 여기에 있다. 간단히 말해서, 인지 변화를 목적으로 하는 기법은 인지적 변화 없이 일어날 수 있는 행동 변화를 유지하는 BA 모델의 맥락에서 내담자를 혼란스럽게 할 수 있다. 인지적 개입은 구체적이고 직접적인 행동 변화를 위한 근거의 힘을 잠재적으로 희석시킨다. BA이기 때문에 임상적 시행에서 수행되어야만 하는 것이 아니라, 이러한 기능적이고 실용적인 이유에서 행동주의자들이 어떠한 인지적 변화 개입을 선험적으로 거부해야만 했기 때문에 BA 치료자는 명시적인 재구조화 개입에 관여하지 않는다는 점을 제언한다.

인지적 변화 전략이 배제되는 또 다른 이유는 BA의 보급과 훈련을 용이하게 하려는 데 있다. BA는 이해하기 쉬운 이론과 기법의 토대 위에서 인지치료에 비해 훈련과 시행이 수월한 것으로 가정되었다(Hollon, 2000). 물론 이는 가정이며, 이를 다루는 것은 후속 연구를 위해 중요하다. BA의 확장을 위해 BA가 인지치료에 비해 보급과 시행이 쉽고, 효과적이거나, 인지치료보다 더 효과적이라고 확인된다면 이는 명확한 공중 보건과 정책적 의의를 갖는 우울증 치료의 중요한 발전을 대표하게 될 것이다.

결국 앞서 말한 연구가 이러한 이슈를 명료화하고 있으며 BA는 확실히 우울한 내담자의 치료에서 임상가가 유연하게 작업할 수 있도록 해 준다. 치료자는 치료의 중요한 측면을 자신이 제한하고 있다는 두려움 없이 자신의 개인적 강점을 사용할 수 있다. 예를 들어, 모든 치료자가 소크라테스식 질문하기에 숙련되었다고 할 수 없으며, 행동 중심 접근이 인지치료 못지않게 효과적이라는 보다 교훈적인 현재의 증거가 있다. 어떤 내담자는 엄격한 행동적 접근을 위해 보다 좋은 대상이 되기도 하고, 반면에 또 다른 내담자는 인지적 개입에 보다 잘 맞기도 한다. 치료자를 가이드하는 데 적절한 연구가 적기는 하지만 행동 측정과 기능 분석은 직접적인 치료 계획을 위한 개인 사례에 사용될 수 있고, 특정한 사례에 보다 잘 맞는 기법을 제안할 수 있는 도구다.

　치료자는 좋은 사례 개념화를 발전시키도록 독려되며, 특정한 사례를 위해 표준적인 인지행동치료 절차의 사용에 주목하지 않을 수 없을 것이다. 그러나 BA를 위해 인지적 변화 전략이 추가된다고 하더라도 이는 항상 행동적·인지적 개입 모두가 포함되어 있는 인지치료의 인지 개념화 및 근거(Beck, Rush, Shaw, & Emery, 1979)와의 결합을 시사할 것이다. 또한 치료자는 상황 분석을 사용할 것인지, 별개의 대인관계 상황에 대한 내담자의 해석을 측정하고 수정할 것인지 선택하게 되는데, 이러한 경우 심리치료에 대한 인지적 행동적 분석 체계(CBASP)(McCullough, 2000)의 개념화와 근거 및 절차가 유용할 것이다.

● 자료의 고찰

모델과 관련된 심리치료 이론

　심리치료의 BA 이론은 광범위한 환경적 사건과 상황들이 우울증의 위험을 증가시키고 직접적으로 이를 촉발한다고 제시한 다양한 출처의 자료에 의해 지지되었다(Kanter et al., 2007; Manos et al., 2010). 이러한 연구의 다수가 행동 이론을 명시적으로 언급하지는 않았지만, 강화의 상실, 감소 그리고 만성적으로 낮은 수준의 강화가 우울증의 발병에 핵심이라는 견해와 일치한다. 게다가 대규모의 연구들에서 회피는 우울증 발병과 지속에 있어서 핵심적인 역할을 한다는 점이 명확하게 밝혀졌다(Ottenbreit & Dobson, 2004).

　강화 과정의 측정을 명시적으로 시도한 연구는 측정 도구에 대한 이슈에 의해 제한되어 왔다(Manos et al., 2010). 유쾌한 사건 계획(MacPhillamy & Lewinsohn, 1982), 관련이 있는 측정치(Lewinsohn & Talkington, 1979; Youngren, 1978)를 사용한 초기 연구에서는 행동 이론과 일치하는 결과를 이끌어 냈으나 희망했던 것만큼 강력하거나 명확한 결과는 아니었다. 활성화 과정을 측정한 최근의 시도에서 보다 좋은 결과(Armento & Hopko, 2007; Kanter, Mulick, Bucsch, Berlin, & Martell, 2006)를 이끌어 낼지도 모르지만 아직 종단연구가 진행 중이다.

우울증이 이질적인 조건이라는 점에 대해 인식하는 것이 중요한데, 연구에서 우울증의 유발에 다양한 요인이 상호작용하고 있음을 명확하게 지적하고 있다(Gotlib & Hammen, 2002). BA가 경험적 지지에 의해 유일하게 우울증에 성공 가능한 모델이라고 할 수는 없다. 아무리 BA 모델과 일치하는 적용 가능한 자료라고 해도 모델의 강점이 정신병리의 모든 자료를 유일하게 설명하는 것은 아니다. 그러나 BA는 분명하고 효과적인 치료 기법들과 관련되어 있다.

치료 결과

BA에 대한 경험적 지지가 1970년대 이래로 축적되어 왔으며, 이는 세 편의 BA에 대한 메타 분석을 통해 고찰되었다(Cuijpers et al., 2007; Ekers, Kane, & Rees, 2008; Mazzucchelli et al., 2009). Ekers 등(2008)은 BA에 대한 무선적으로 시행된 17편의 연구를 분석하였는데, BA가 무처치 혹은 최소 처치 통제(12편 비교), 단기 심리치료(3편 비교), 지지치료(2편 비교), 인지행동치료(12편 비교)에 비해 우수함을 밝혀냈다. 데이터가 중복되는 Cuijpers 등(2007)의 연구에서도 유사한 결과를 확인하였는데, 두 편의 비교 연구를 통해 BA가 6~12개월 후의 추적 조사에서 통제 조건에 비해 우수하였으며, 인지적 기법의 추가가 사후나 추적 조사에서 BA의 효과를 증가시키지 못한다는 점을 몇몇 연구에서 보여 주었다. Mazzucchelli 등(2009)은 다양한 형태의 BA에 대한 34편의 연구를 고찰하였는데, BA가 잘 확립되었고, 경험적으로 지지된 개입의 범주에 부합한다고 결론 내렸다. 보다 초기의 고찰로서 DeRubeis와 Crits-Christoph(1998)는 BA가 우울증을 위한 경험적으로 지지된 심리치료라고 하였다.

초기의 경도 우울증 혹은 중등도에서 중증 우울증의 심각도에 의해 범주화된 240명의 우울증 환자를 대상으로 하여 무선적으로 시행된 BA, 인지치료, 항우울제 치료, 위약 집단을 비교한 대규모의 치료 결과 연구가 수행되었다(Dimidjian et al., 2006). 경도 우울증 환자의 경우에는 사후에 처치 조건 간의 차이가 없었다. 심각성이 높은 집단의 경우에는 BA와 약물치료 집단의 환자들은 위약 집단에 비해 유의하게 향상되었으며, 반면에 인지치료 집단의 환자들은 그렇지 않았다. 또한 보다 중증의 우울증 환자군에서는 BA와 약물치료 간에 치료 효과의 차이가 확인되지 않았다. 게다가 BA 조건은 약물치료 조건과 비교하여 중도 탈락이 보다 적은 것으로 나타났다. 2년에 걸친 추적 조사에 대한 생존분석에서는 인지치료나 BA 종결 후에 관해되었던 참여자들이 추적 조사 기간까지 약물치료를 유지하고 있는 참여자들과 마찬가지로 치료 효과가 지속되고 있었으며, 이들은 관해된 정도가 더 높았고, 약물을 복용하지 않게 되었다(Dobson et al., 2008).

논의된 바와 같이 BA의 결과에 대한 연구가 매우 강력하다고 하더라도 BA의 치료 기제와 과정에 대한 연구는 범위가 제한되어 있고, 방법론과 결과가 다소 명확하지 않다. 동시에 BA가 경험적으로 지지된 개입이라는 점은 옳지만 BA의 필요성과 행동적 요소가 아직 명확하게 밝혀지지 않았으며(검토를 위해 Kanter et al., 출간 중), 행동에 대한 BA 기제는 명확하게 지지되지도 검증되지도 않았다.

● 후속 연구를 위한 간략한 개관

BA는 널리 적용될 수 있는 간단하고 실용적인 접근으로서 전도유망한 치료다. 현재의 작업 영역은 우울증을 비롯한 다양한 문제에 적용할 수 있는 BA 프로토콜의 개발이다. 외상 후 스트레스장애(Jakupcak et al., 2006; Mulick & Naugle, 2004), 우울증과 비만의 공존장애(Pagoto et al., 2008), 암환자의 우울증(Hopko et al., 2008), 도심지역 불법 약물 사용(Daughters et al., 2008), 우울한 대학생(Gawrysiak & Hopko, 2009), 우울한 흡연자(MacPherson et al., 2010), 우울한 라틴계 사람들(Kanter, Santiago-Rivera, Rusch, Busch, & West, 2010)을 포함하여 다양

한 조건과 장면을 위한 BA 프로토콜이 개발되고 평가되었다. 연구비 지원을 통한 아직 출간되지 않은 BA 연구가 계속 진행 중인데, 사별, 비전형성 우울증, 양극성장애 중 우울 삽화, 우울한 청소년, 치매 환자의 보호자, 의학적 치료의 지속, 우울한 아프리카계 미국인 노인에 대한 연구다. Barlow, Allen과 Choate(2004)에 의하면, BA는 회피 행동의 수정이 불안의 치료에 적절하고, 불안과 우울증은 빈번하게 공존한다고 강조하기 때문에 BA 기법은 우울장애와 불안장애를 위한 통일된 치료의 하나로 포함되고 있다. BA는 회피보다 접근을, 기분 지향적인 방식보다 목표 지향적인 방식을 독려한다. 많은 장애에 있어서 기능 분석을 통해 회피 행동과 같은 명확한 행동을 밝혀냈을 때 BA 기법은 유용할 것이다.

과거 10여 년 이상 행동치료자와 인지행동치료자들은 변화하였는데, 증상 변화에 대한 강조는 줄어들었고, 마음챙김과 정서적 수용을 더욱 강조하였다(Hayes, Folette, & Linehan, 2005). BA는 이러한 변화의 일부다. BA하에 있는 내담자들은 그들의 계속되는 경험에 주의를 기울이는 마음챙김을 통해 현재에 머무르고, 부정적인 정서와 싸우기보다 수용할 수 있도록 격려받는다. 이러한 추세를 대표하는 또 다른 치료와 비례하여 BA는 행동 변화에 대해 지속적으로 일관되게 강조하며, 따라서 전통적인 행동적 실제를 계속 따르고 있다. 그러나 전통적인 행동적 개입에 비해 BA는 내담자가 좋은 감정을 느끼는 것에 그리 중점을 두지 않으며, 좋은 삶 속으로 들어가는 것에 더욱 집중한다.

BA의 현재 동향이 패러다임의 변화를 대표하는 일부라는 지적이 있다. 마음챙김과 수용 기법이 항상 인지행동치료 전통의 일부로 존재해 왔음이 사실인지에 대한 질문을 평가할 때 고려해야 하는 요인은 단지 마음챙김과 수용 기법이 현재보다 덜 강조되었을 뿐 인지적 변화 모델 내에서 언급되었다는 점이다. 예를 들어, 이완 기법은 우울장애를 위한 다양한 인지행동치료의 핵심 요소로 알려져 왔다. Beck과 Emery(1986)는 불안한 내담자가 그의 불안을 수용하는 초기 단계를 시도하도록 하였고, 내담자가 불안을 수용하기(Accept the anxiety), 그들의 사고를 바라보기(Watch their thoughts), 건설적으로 행동하기(Act constructively), 앞서 말한 것을 반복적으로 실천하기(Repeat the above), 최상을 기대하기(Expect the best)의 머리글자 AWARE를 제안하였다.

1986년부터의 이러한 치료 제안은 BA에서 사용된 현대적인 치료 절차들과 근본적으로 다르지 않다. 또 다른 예로서 Arch와 Craske(2008)는 탈융합 절차(즉, 사실로써 사고를 받아들이기보다 사고는 그저 사고일 뿐임을 알아차리는 것)가 사실이기보다 평가된 가설로서 사고를 인식하라는 인지적 재구조화 절차의 초기 요소라는 점을 언급하였다.

다른 기법들을 넘어서는 확실한 기법에 대한 강조로 단순하게 이동하는 것은 패러다임의 변화가 아니다. 이는 인지 혁명에 대한 Latimer와 Sweet(1984)의 주장에 의해 대두되었다. 과학 혁명은 양립 불가능한 새로운 패러다임이 전체 혹은 부분으로 배치되고 확립되었을 때 일어난다는 Kuhn(1970)의 제안에 기반한 것으로서, 그는 인지치료가 '혁명'이기보다 '진화'라고 주장하였다. 인지행동치료에서, 그리고 적어도 BA에서 마음챙김과 수용에 대한 강조가 증가되고 있는 점 역시 혁명보다는 진화를 대표한다. 우리의 견해에서는 확실한 기법에 대한 강조로 변화하는 것보다는 과거에 일어났던 이론적 변화와 같이 더 큰 무언가가 일어나야만 한다고 본다. 예를 들어, 인지 혁명은 새로운 인지적 기법을 추가하도록 하였고, 진화의 일부인 행동적 기법을 경시하였지만 이를 유지하였다. 그러나 보다 중요한 것은 심리치료와 변화에 대한 중요한 연구로 인해 인지에 대한 새로운 이론적 모델이 일찍이 행동 모델을 대신했다는 것이며, 이는 진정한 혁명적인 변화를 대표하였다.

현재 제3의 물결과 함께 일어나고 있는 진정한 변화에 대한 증거의 대부분은 ACT 모델에 있는데, 기존의 철학에서 벗어나 정신병리에 대한 새로운 이론적 모델과 변화를 받아들였다(Hayes, Levin, Plumb, Boulanger, & Pistorello, 출간 중; Viladarga, Hayes, Levin, & Muto, 2009). 사실상 BA는 변화에 대한 ACT 모델과 일치하지만 전통적인 행동 이론 안에 위치하고 있기도 하다. 그러나 '제3의 물결'이라고 명명된 BA와 또 다른 치료들은 오히려 주안점의 변화, 그리고 새로운 모델이기보다는 변화에 대한 초기 행동 모델로의 귀환을 대변한다. BA에서 이러한 더 새로운 아이디어는 행동 모델의 선형적인 확장이며, 이는 과학의 논리적 진보를 대표한다. BA의 역사에서 보면 비록 BA가 행동치료의 새로운 동향 중 하나이지만 응용과학의 정상적인 진보가 이루어지는 동안에 일어난 수정의 일부로 보는 것이 더욱 타당할 것 같다. Martell(2008)은 이전에 존재했던 모든 것을 휩쓸어 버리는 물결(wave)이라는 비유는 길을 따라 바위와 나뭇가지를 정리정돈하고, 진보적으로 보다 강하고 영향력 있게 성장해 나가는 비탈 아래로의 흐름(stream)이라는 말에 비해 현재의 주안점 변화에 대한 비유로서 덜 적절하다고 하였다. BA의 경우 동일한 흐름인 것처럼 보인다.

ACT 모델은 확실하게 상당한 경험적 지지(Hayes, Luoma, Bond, Masuda, & Lillis, 2006)를 축적해 왔음에도 불구하고, ACT에 의해 제안된 새로운 모델이 공동체를 장악할지는 미지수다. 어찌됐든 패러다임의 변화가 과학적 문제 그 자체는 아니다(O'Donohue, Lilienfeld, & Fowler, 2007). 패러다임의 변화에 대한 이러한 이슈는 역사학자들에게 맡기는 것이 최선이라고 생각한다. 우리의 지식을 위해 패러다임의 변화는 변화가 일어나고 있는 동안보다는 사후에 평가된다. 패러다임의 변화가 일어나고 있든지 그렇지 않든지 간에 이는 행동 연구자와 임상가에게 흥미진진함을 유발하며, 임상적인 우울증과 재발로 고통받고 있는 사람들을 위한 BA의 효과와 이러한 효과의 지속을 증진시키고 있는 진정 의미 있는 발걸음이 될 것이다.

참고문헌

Arch, J. J., & Craske, M. G. (2008). Acceptance and commitment therapy and cognitive behavioral therapy for anxiety disorders: Different treatments, similar mechanisms? *Clinical Psychology: Science & Practice*, 5, 263-279.

Armento, M. E. A., & Hopko, D. R. (2007). The environmental reward observation scale (EROS): Development, validity, and reliability. *Behavior Therapy, 38*, 107-119.

Barlow, D. H., Allen, L. B., & Choate, M. L. (2004). Toward a unified treatment for emotional disorders. *Behavior Therapy, 35*, 205-230.

Beck, A. T., & Emery, G. (1986). *Cognitive therapy of anxiety.* New York, NY: Guilford Press.

Beck, A. T., Rush, A. J., Shaw, B. F., & Emery, G. (1979). *Cognitive therapy of depression.* New York: Guilford.

Beck, A. T., & Steer, R. A. (1987). *Beck depression inventory: Manual.* San Antonio, TX: The Psychological Corporation.

Clark, D. A., Beck, A. T., & Alford, B. A. (1999). *Scientific foundations of cognitive therapy and therapy of depression.* New York: Wiley.

Cuijpers, P., van Straten, A., & Warmerdam, L. (2007). Behavioral activation treatments of depression: A meta-analysis. *Clinical Psychology Review, 27*, 318-326.

Daughters, S. B., Braun, A. R., Sargeant, M., Reynolds, E. R., Hopko, D., Blanco, C., & Lejuez, C. W. (2008). Effectiveness of a brief behavioral treatment for inner-city illicit drug users with elevated depressive symptoms: The life enhancement treatment for substance use (LET'S ACT). *Journal of Clinical Psychiatry, 69*, 122-129.

DeRubeis, R., & Crits-Christoph, P. (1998). Empirically supported individual and group psychological treatments for adult mental disorders. *Journal of Consulting and Clinical Psychology, 66*, 37-52.

Dimidjian, S., Hollon, S. D., Dobson, K. S., Schmaling, K. B., Kohlenberg, R. J., Addis, M. E., et al. (2006). Randomized trial of behavioral activation, cognitive therapy, and antidepressant medication in the acute treatment of adults with major depression. *Journal of Consulting and Clinical Psychology, 74*, 658-670.

Dobson, K. S., Hollon, S. D., Dimidjian, S., Schmaling, K. B., Kohlenberg, R. J., Gallop, R. J., … Jacobson, N. S. (2008). Randomized trial of behavioral activation, cognitive therapy, and antidepressant medication in the prevention of relapse and recurrence in major depression. *Journal of Consulting and Clinical Psychology, 76*, 468-477.

Ekers, D., Richards, D., & Gilbody, S. (2008). A meta-analysis of randomized trials of behavioural treatments of depression. *Psychological Medicine, 38*, 611-623.

Ferster, C. B. (1973). A functional analysis of depression. *American Psychologist, 28*, 857-870.

Ferster, C. B. (1974). Behavioral approaches to depression. In R. J. Friedman & M. M. Katz (Eds.), *The psychology of depression: Contemporary* (pp. 29-45). Washington, DC: New Hemisphere Publishing.

Ferster, C. B. (1980). A functional analysis of behavior therapy. In L. P. Rehm (Ed.), *Behavior therapy for depression: Present status and future directions* (pp. 18-196). New York, NY: Academic Press.

Gawrysiak, M., Nicholas, C., & Hopko, D. R. (2009). Behavioral activation for moderately depressed university students: Randomized controlled trial. *Journal of Counseling Psychology, 56,* 468–475.

Gotlib, I. H., & Hammen, C. L. (Eds.). (2002). *Handbook of depression.* New York, NY: Guilford Press.

Hayes, S. C. (2004). Acceptance and commitment therapy, relational frame theory, and the third wave of behavioral and cognitive therapies. *Behavior Therapy, 35*(4), 639–665.

Hayes, S. C., Barnes-Holmes, D., & Roche, B. (2001). *Relational frame theory: A post-Skinnerian account of human language and cognition.* New York, NY: Kluwer Academic/Plenum.

Hayes, S. C., & Brownstein, A. J. (1986). Mentalism, behavior-behavior relations, and a behavior-analytic view of the purposes of science. *Behavior Analyst, 9,* 175–190.

Hayes, S. C., Folette, V. M., & Linehan, M. M. (Eds.). (2004). *Mindfulness, acceptance and relationship: The new behavior therapies.* New York, NY: Guilford Press.

Hayes, S. C., Levin, M., Plumb, J., Boulanger, J., & Pistorello, J. (in press). Acceptance and commitment therapy and contextual behavioral science: Examining the progress of a distinctive model of behavioral and cognitive therapy. *Behavior Therapy.*

Hayes, S. C., Luoma, J. B., Bond, F. W., Masuda, A., & Lillis, J. (2006). Acceptance and commitment therapy: Model, processes and outcomes. *Behaviour Research and Therapy, 44,* 1–25.

Hayes, S. C., Strosahl, K. D., & Wilson, K. G. (1999). *Acceptance and commitment therapy: An experiential approach to behavior change.* New York, NY: Guilford Press.

Hollon, S. D. (2000). Do cognitive change strategies matter in cognitive therapy? *Prevention & Treatment, 3,* Article 25.

Hollon, S. D. (2001). Behavioral activation treatment for depression: A commentary. *Clinical Psychology: Science and Practice, 8,* 271–274.

Hopko, D. R., Bell, J. L., Armento, M., Robertson, S., Mullane, C., Wolf, N., & Lejuez, C. W. (2008). Cognitive behavior therapy for depressed cancer patients in a medical care setting. *Behavior Therapy, 39,* 126–136.

Jacobson, N. S., Dobson, K., Truax, P. A., Addis, M. E., Koerner, K., Gollan, J. K., ⋯ Prince, S. E. (1996). A component analysis of cognitive-behavioral treatment for depression. *Journal of Consulting and Clinical Psychology, 64,* 295–304.

Jakupcak, M., Roberts, L. J., Martell, C., Mulick, P., Michael, S., Reed, R., ⋯ McFall, M. (2006). A pilot study of behavioral activation for veterans with posttraumatic stress disorder. *Journal of Traumatic Stress, 19,* 387–391.

Kanter, J. W., Baruch, D. E., & Gaynor, S. T. (2006). Acceptance and commitment therapy and behavioral activation for the treatment of depression: Description and comparison. *Behavior Analyst, 29,* 161–185.

Kanter, J. W., Busch, A. M., & Rusch, L. C. (2009). *Behavioral Activation: The CBT Distinctive Features Series*. East Sussex, England: Routledge Press.

Kanter, J. W., Busch, A. M., Weeks, C. E., & Landes, S. J. (2008). The nature of clinical depression: Symptoms, syndromes, and behavior analysis. *Behavior Analyst, 31*, 1–22.

Kanter, J. W., Landes, S. J., Busch, A. M., Rusch, L. C. Baruch, D. E., & Manos, R. C. (2007). A contemporary behavioral model of depression. In D. W. Woods & J. W. Kanter (Eds.), *Understanding behavior disorders: A contemporary behavioral perspective*. Oakland, CA: New Harbinger.

Kanter, J. W., Manos, R. C., Bowe, W. M., Baruch, D. E., Busch, A. M., & Rusch, L. C. (in press). What is behavioral activation? A review of the empirical literature. *Clinical Psychology Review*.

Kanter, J. W., Mulick, P. S., Busch, A. M., Berlin, K. S., & Martell, C. R. (2006). The behavioral activation for depression scale (BADS): Psychometric properties and factor structure. *Journal of Psychopathological and Behavioral Assessment, 29*, 191–202.

Kanter, J. W., Santiago-Rivera, A., Rusch, L. C., Busch, A. M., & West, P. (2010). Initial outcomes of a culturally adapted behavioral activation for Latinas diagnosed with depression at a community clinic. *Behavior Modification, 34*, 120–144.

Kazdin, A. E. (2007). Mediators and mechanisms of change in psychotherapy research. *Annual Review of Clinical Psychology, 3*, 1–27.

Kuhn, T. A. (1970). *The structure of scientific revolutions* (2nd ed.). Chicago, IL: University of Chicago Press.

Latimer, P. R., & Sweet, A. A. (1984). Cognitive versus behavioral procedures in cognitive-behavior therapy: A critical review of the evidence. *Journal of Behavior Therapy and Experimental Psychiatry, 15*, 9–22.

Lejuez, C. W., Hopko, D. R., LePage, J., Hopko, S. D., & McNeil, D. W. (2001). A brief behavioral activation treatment for depression. *Cognitive and Behavioral Practice, 8*, 164–175.

Lewinsohn, P. M. (1974). A behavioral approach to depression. In R. J. Friedman & M. M. Katz (Eds.), *The psychology of depression: Contemporary theory and research* (pp. 157–178). Washington, DC: Hemisphere Publishing.

Lewinsohn, P. M., & Talkington, J. (1979). Studies on the measurement of unpleasant events and relations with depression. *Applied Psychological Measurement, 3*, 83–101.

Longmore, R. J., & Worrell, M. (2007). Do we need to challenge thoughts in cognitive behavior therapy? *Clinical Psychology Review, 27*, 173–187.

MacPherson, L., Tull, M., Matusiewicz, A. K., Rodman, S., Strong, D. R., Kahler, C. W., ⋯ Lejuez, C. W. (2010). Randomized controlled trial of behavioral activation smoking cessation treatment for smokers with elevated depressive symptoms. *Journal of Consulting and Clinical Psychology, 78*, 55–61.

MacPhillamy, D. J., & Lewinsohn, P. M. (1982). The pleasant events schedule: Studies on reliability, validity, and scale intercorrelation. *Journal of Consulting and Clinical Psychology, 50*, 363-380.

Manos, R. C., Kanter, J. W., & Busch, A. M. (2010). A critical review of assessment strategies to measure the behavioral activation model of depression. *Clinical Psychology Review, 30*, 547-561.

Martell, C. R. (2008, July). *Twenty years of behavior therapy: Trends and counter-trends.* Address given at the annual convention of the British Association of Behavioural and Cognitive Psychotherapies, Edinburgh, Scotland.

Martell, C. R., Addis, M. E., & Jacobson, N. S. (2001). *Depression in context: Strategies for guided action.* New York, NY: W. W. Norton.

Martell, C. R., Dimidjian, S., & Herman-Dunn, R. (2010). *Behavioral activation for depression: A clinician's guide.* New York, NY: Guilford Press.

Martell, C. R., Dimidjian, S., & Lewinsohn, P. M. (2009). Behavioral models of depression. In R. E. Ingram (Ed.), *The international encyclopedia of depression* (pp. 59-64). New York, NY: Springer.

Mazzucchelli, T., Kane, R., & Rees, C. (2009). Behavioral activation treatments for adults: A meta-analysis and review. *Clinical Psychology: Science and Practice, 16*, 383-411.

McCullough, J. P. (2000). *Treatment for chronic depression: Cognitive behavioral analysis system of psychotherapy.* New York: Guilford.

Moore, J. (1980). On behaviorism and private events. *Psychological Record, 30*, 459-475.

Mulick, P., & Naugle, A. (2004). Behavioral activation for comorbid PTSD and major depression: A case study. *Cognitive and Behavioral Practice, 11*, 378-387.

Nolen-Hoeksema, S., Morrow, J., & Fredrickson, B. L. (1993). Response styles and the duration of episodes of depressed mood. *Journal of Abnormal Psychology, 102*, 20-28.

O'Donohue, W. T., Lilienfeld, S. O., & Fowler, K. A. (2007). Science is an essential safeguard against human error. In S. O. Lilienfeld & W. T. O'Donohue (Eds.), *The great ideas of clinical science: 17 principles that every mental health professional should understand* (pp. 3-27). New York, NY: Routledge.

Ottenbreit, N. D., & Dobson, K. S. (2004). Avoidance and depression: The construction of the cognitive-behavioral avoidance scale. *Behaviour Research and Therapy, 42*, 293-313.

Pagoto, S. L., Bodenlos, J., Schneider, K., Olendzki, B., Spates, C. R., & Ma, Y. (2008). Initial investigation of behavioral activation treatment for comorbid major depressive disorder and obesity. *Psychotherapy: Theory, Research, and Practice, 45*, 410-415.

Skinner, B. F. (1953). *Science and human behavior.* New York, NY: Mcmillian.

Strunk, D. R., DeRubeis, R. J., Chiu, A. W., & Alvarez, J. (2007). Patient's competence in and performance of cognitive therapy skills: Relation to the reduction of relapse risk following treatment for depression. *Journal of Consulting and Clinical Psychology, 75,* 523-530.

Teasdale, J. D. (1985). Psychological treatments for depression: How do they work? *Behavior Research and Therapy, 23,* 157-165.

Viladarga, R., Hayes, S. C., Levin, M. E., & Muto, T. (2009). Creating a strategy for progress: A contextual behavioral science approach. *Behavior Analyst, 32,* 105-133.

Watson, J. B. (1913). Psychology as the behaviorist views it. *Psychological Review, 20,* 158-177.

Youngren, M. A. (1978). The functional relationship of depression and problematic interpersonal behavior. *Dissertation Abstracts International, 39 (10-B),* 5096.

09 통합적 행동 커플 치료
관계성 기능 증진을 위한 수용 기반 접근

Meghan M. Mcginn, Lisa A. Benson, & Andrew Christensen

통합적 행동 커플 치료(Integrative Behavioral Couple Therapy: IBCT)에서는 각 파트너의 행동에 대한 수용과 변화를 통해 커플 관계의 고충을 다룬다. 1990년 초반, Neil Jacobson과 Andrew Christensen에 의해 개발된 IBCT는 행동치료의 첫 번째와 세 번째 '물결'이 갖는 중재 특성을 포함하고 있다(Christensen, Jacobson, & Babcock, 1995). IBCT는 상대 파트너에게 고통을 주는 행동을 바꾸는 몇몇의 직접적인 기술들을 갖는데, 이것은 주로 파트너와 함께 공감하고, 보다 수용적인 방식으로 반응할 수 있는 개인의 능력을 향상시키기 위한 시도다. 즉, 세 번째 물결에서의 개인 치료가 공감적 인내력과 개인의 정서적 경험의 수용인 반면(예: DBT, Linehan et al., 1991; ACT, Hayes, Strosahl, & Wilson, 1999), IBCT에서는 다른 사람의 생각과 감정 그리고 행동들을 수용하는 것의 단계를 추가적으로 다룬다. 이러한 수용 지향적 치료 기법을 커플 치료에 결합하는 이유는 다음에 상세하게 논의되어 있다. 한편, 수용은 강하고 단호하게 자기 주장을 하는 사람과 조용하고 내성적인 사람 간의 갈등 또는 도시와 지방 중 거주지를 결정하는 데 있어 의견 불일치를 보이는 커플 등을 치료할 때, 사실은 커플 간의 갈등을 일으키는 이 표면적인 문제보다는 그 이면에 내재되어 매우 중요하고 필수적인 사항들이 오히려 미해결된 채 남아 있고, 이렇듯 가치 소홀히 되어 있는 많은 이슈들을 다루는 데 중요한 요소일지 모른다. 이에 치료 목표는 문제를 제거하는 것이 아니라 커플이 그들 관계의 친밀성을 약화시키지 않고 보다 건설적인 방법으로 서로에게 반응하도록 돕는 것이다.

● 커플의 고충에 대한 모델과 치료

IBCT는 불행한 관계를 나타내는 전적인 신호는 아니지만 보통의 커플이 갖는 일반적인 특성들은 적게 보이고 파트너 간의 불화합성에 대해 주목한다(Jacobson & Christensen, 1996). 그런데 모든 불화합성이 나쁜 것만은 아닌데, 예를 들어 만약 Mary는 활기 넘치고 모든 사람과 적극적인 관계를 맺는 성향이고, Jim은 Mary의 옆에 머무는 것으로도 만족하는 성향이며, 또 그들이 서로 이러한 생활방식에 합의하였다면 둘 다 만족할 수 있다. 게다가 Mary의 활발함과 Jim의 안정성은 서로에게 매력적인 특성일지도 모른다. 그러나 둘 중에 하나든 아니면 둘 다에게 있든 어떤 상처받기 쉬운 취약한 부분 때문에 불화합이 생긴다면 그때는 다른 커플보다 더 쉽게 고통이 발생한다. Jim은 이전에 두 명의 여자 친구들과 외도 경험이 있고, Mary도 어머니가 그랬던 것처럼 질투하는 남자로 인해 통제받는 것을 두려워한다면, 이 커플은 순결과 독립성 이슈와 관련된 갈등을 보다 더 경험하기 쉽다.

이 커플이 갖는 어려움은 IBCT에서 그들의 '주제'로 기술된다. 이 주제는 커플의 상호작용 뒤에 숨겨진 원동력과 같고, 그들의 논쟁 내용들은 이 주제에서 파생된 것이다. Jim과 Mary의 주요한 주제는 근접성과 거리감이고, 좀 더 일반적이고 공통된 주제로는 통제와 책임감, 관습과 비관습, 예술적이고 직관적인 지향과 합리적이고 과학적인 지향이다(Jacobson & Christensen, 1996).

커플의 고충이 심화되는 데 있어서 다음 단계는 문제와 관련된 '양극화' 다

(Jacobson & Christensen, 1996). 이 사례에서 Mary는 다른 남성에게 단지 한 번 가볍게 매력을 느끼지만, Jim은 이것이 걱정이 되어 Mary에게 남자 친구들과 시간을 덜 보내도록 요구하였다. 하지만 Mary는 Jim이 자신의 행동을 통제하려고 하는 것으로 인식하였고, 이 때문에 몹시 속상하였다. 이에 대한 반응으로 그녀는 빈번히 Jim과 상관없이 자신의 활동을 계획하였고, 그에게 이를 이야기하지도 않았다. 이로 인해 Jim은 점점 더 화가 났고, 그녀에게 더욱 강요적으로 되었으며, 또 그럴수록 Mary는 그로부터 숨었는데, 이에 그의 불신과 의심은 증가하였다. 이러한 식으로 커플 사이에서 처음에는 매우 사소한 차이점이었지만 상대방의 행동에 부정적으로 반응하게 됨으로써 점점 더 심한 차이점이 된다(Jacobson & Christensen, 1996).

이 사례에서 커플이 갖는 상호작용의 패턴은 '요구-철수'이며, 이는 매우 일반적인 용어다(Christensen, 1988; Heavey, Layne, & Christensen, 1993). Jim은 요구자의 위치에서 Mary의 관심과 정서를 보다 원하고, 반대로 Mary는 Jim으로부터 일정한 거리와 자유를 보다 원하는데, 대부분 이 문제에 대해 서로 '논의'하기보다는 침묵한다. 게다가 이러한 상호작용 방식의 양극화가 반복되면 결과적으로 '상호 간의 덫'이 되고, 이는 서로를 '꼼짝 못하게' 함으로써 각각 파트너를 조종할 수 있다고 생각하게 된다(Jacobson & Christensen, 1996). 이 사례에서도 Mary는 Jim과 논쟁하는 것을 피하는 방법으로 자신의 모든 경험과 감정들을 철저히 숨겼고, 이로 인해 Jim은 자신을 화나게 만드는 Mary의 행동들, 즉 외부로부터의 만족감을 추구하는 그녀를 멈추게 하는 어떠한 방법도 생각하지 못하게 된다.

● IBCT에 대한 개관

고충을 겪는 커플을 위한 치료에서 IBCT는 '평가' '피드백' '치료'의 세 가지 단계를 다룬다(Jacobson & Christensen, 1996). 첫 번째, 치료자는 반드시 커플의 문제를 평가하는 단계를 이행해야만 한다. 첫 회기에서 치료자는 커플의 관계에서 나타나고 있는 문제에 대한 둘 다의 관점을 평가하고, 커플의 대화를 통해 그들의 상호작용 방식을 관찰할 수 있다. 또한 치료자는 이 커플이 어떻게 만났는지, 서로에게 어떤 것이 매력적이었는지, 관계가 좋을 때는 이를 더 좋게 하기 위해 어떻게 했는지 등에 대해서도 질문해야 한다.

다음으로 치료자는 각각을 따로따로 한 번 만나는데, 이 개인 회기에서 다루었던 내용은 어떤 것이든 상대 파트너에게 전달하지 않으며, 비밀을 보장해 주어야 한다(Jacobson & Christensen, 1996). 이 회기를 통해 커플 문제에 대한 각 파트너의 관점을 보다 명백히 알 수 있게 되며, 또 각각의 가족사가 현재의 문제와 어떤 관련성이 있는지에 대해서도 알 수 있게 되고, 개인적으로는 어떤 고충을 겪고 있는지, 그리고 서로의 관계에서 개인이 어떤 부분들을 희생하고 있는지 알 수 있게 된다. 이외에도 개인 회기에서는 파트너로부터의 폭력 여부나 외도 문제가 있었는지도 필수적으로 질문해야 한다. 이에 대한 비밀을 보장함으로써 각 개인은 치료자에게 적절한 커플 치료를 위해 도움이 되는 정확한 정보를 제공할 확률이 높아진다. 한편, IBCT 치료자는 상해를 입힐 정도로 중등도 수준 이상의 폭력이 있거나 또는 커플 중 한 사람이라도 물리적 보복에 대한 두려움 때문에 타인에게 자신의 정보를 개방하지 않는 경우에는 치료하지 않아야 한다. 오히려 이러한 커플에게는 가정폭력을 전문으로 하는 프로그램을 의뢰하도록 한다. 물론 가정폭력 가해자에 대한 성공적인 치료 가능성을 보여 주는 몇몇 증거가 있지만(Stith, Rosen, McCollum, & Thompson, 2004), 폭력 문제가 주된 커플 치료는 IBCT보다는 이러한 커플을 위해 특별하게 고안된 치료법이 보다 적절하다(예: 가정폭력 커플 치료; Stith, McCollum, Rosen, Locke, & Goldberg, 2005). 또한 IBCT 치료자는 외도 문제가 있는 경우에는 외도 사실을 상대 파트너에게 알리든지, 아니면 외도를 조용히 끝낸 후에 본 치료에 참여하도록 하고, 그렇지 않으면 치료하지 않도록 한다(Atkins, Eldridge, Baucom, & Christensen, 2005 참조). 만약에 자신의 외도 문제를 정리하지 않고 치료에 참여할 경우, 치료자는 파트너 두 사람에게 유감스럽지만 당신들은 이 커플 치료에 적절하지 않는 것 같다라고 간략히 말한다.

이 세 가지 평가 회기들을 마친 후 치료자는 회기 내용의 요약과 피드백을 제공하기 위해 커플 둘 다를 함께 만나고, 커플이 갖는 현재 어려움의 수준과 정도를 이야기해 준다. 이때 간혹 결혼생활의 만족도와 결혼생활에서의 헌신의 정도를 측정하기도 하는데, 치료자는 규준과 비교하여 본인들의 점수 결과에 대해 짧게 설명해 줄 수 있다. 그다음 치료자는 앞서 언급하였던 커플 고충에 대한 이론적 모델에 입각하여 커플 문제에 대한 개인적인 사례 개념화를 제시하고, 이러한 기술에 대한 각각의 동의 여부를 질문하며, 또 주기적으로 추가 내용들을 계속 확인하는 게 중요하다. 만약 치료자가 제시한 사례 개념화가 적절하다면, 이것은 커플 문제와 관련하여 서로 비난을 덜 하게 되어 보다 상호교류적인 방식으로 문제를 이해할 수 있게 해 준다. 또한 치료자는 커플이 갖는 힘에 대해서도 피드백을 해 주는 것이 중요한데, 이는 무망감을 완화시켜 줄 수 있기 때문이다. 끝으로, 커플은 그들의 문제에 대한 개념화를 바탕으로 어떻게 치료할 것이지에 관한 개요를 듣게 되며, 그런 다음 치료자는 그들에게 치료에 대한 의사결정의 기회를 준다.

IBCT의 치료 단계는 평가 단계보다는 덜 정형화된 구조이며, 커플과 치료자는 거의 주마다 한 시간씩 만난다. 치료 회기에서 커플은 지난주에 있었던 가장 중요한 긍정적인 상호작용과 부정적인 상호작용을 이야기하고, 또 치료에서 가장 중요하게 다루었으면 하는 것이 무엇인지를 확인한다. 전형적으로, 이 사례의 커플은 개념화와 관련하여 사건들을 기술하는데(Jacobson & Christensen, 1996), 예를 들어, Mary와 Jim 커플은 Mary가 남자 동료와 함께 점심을 먹은 것에 대해 Jim에게 이야기하지 않는 일을 서로 논의하고자 할지도 모른다.

치료의 시작을 위해 IBCT 치료자는 수용 중심 중재를 강조하는데(Jacobson & Christensen, 1996), 수용은 그것 자체로 행동의 변화를 생산할 수 있고, 상호작용의 변화를 가능하게 한다. 또한 치료자는 공감적 참여, 합일된 거리두기, 인내심 구축 등을 촉진시킨다. 그리고 커플이 그들의 문제 영역을 토론하는 데 있어 상대 파트너와 함께 참여하도록 돕기 위해, 치료자는 파트너 둘 다에게 자기 개방적이고 취약한 방법으로 그들의 감정들을 표현하도록 격려하고 서로를 측은히 여길 수 있는 타당한 관점에서 각자의 위치(position)를 수정해 준다(Christensen et al., 2004). 예를 들어, 만약 Jim이 Mary가 직장의 남자 동료와 점심을 먹고 자신에게 말하지 않는 점을 비난한다면, 치료자는 Jim에게 Mary가 항상 자신에게서 달아나려고 할 때, 자신의 감정이 어떤지, 또 그녀가 한 일에 대해 자신이 모를 때 어떤 느낌인지를 질문한다. 그로 인해 Jim은 그녀에 대한 자신의 불안과 두려운 환상들을 끄집어 낼 수 있도록 격려 받게 된다. 이를 통해 Mary는 Jim의 비난에 반응하는 것보다 그의 불안에 공감하는 것이 보다 더 쉬울 수 있다. 이때 치료자는 각 파트너가 치료 초반에서는 진술하지 않았던 감정들을 끌어낼 필요가 있고, 그러면서 서로가 보다 자비적으로 치료를 시작할 수 있게 되며, 또 그들은 자신의 감정을 보다 더 표현할 수 있게 된다.

합일된 거리두기를 통해 치료자는 커플 갈등의 일반적인 과정을 확인하고, 이를 기술할 때 비난하지 않는 방법을 찾는 것이 목표다. 예를 들어, 치료자는 Mary와 Jim이 그들의 갈등에 있어서 일반적인 사건의 순서를 분석하도록 돕는데, 이를 위해 치료자는 자신의 일상에 관한 Mary의 피상적인 기술이나 Mary의 행동에 대한 Jim의 비난에서부터 관련 질문들을 시작할 수 있다. 하지만 개방된 논쟁(open argument)이 발생하기 전까지는 단계적인 질문들과 최소한의 반응들만 해야 한다. 또한 치료자는 커플이 그들의 '일상의 모습'을 분명히 표현할 수 있도록 도움으로써 커플이 갖는 고유한 패턴에 대한 비유나 명명하기가 가능하게 된다. Mary와 Jim도 그들의 패턴에서 '고양이와 쥐 게임' 또는 '검사와 적의를 가진 증인 시나리오'를 발견함으로써 정서적 거리를 둘 수 있게 된다. 그리고 상호작용의 패턴을 '객관적으로' 묘사하고, 패턴에 대한 이름 붙이기와 비유 찾기를 통해 이제는 문제를 직접적으로 언급하지 않고 'it'(3인치 대명사-역자 주)으로 전환되며, 또 IBCT 치료자는 커플이 하나의 구성단위로서 함께 작업하기 위해 그들 이면에 내재되어 있는 친밀성과 수용력을 다시금 분명하게 해 주고 재논의할 수 있게 돕는다. 결국 공감적 참여와 합일된 거리두기는 커플의 주요한 문제를 논의하는 데 있어서 그들 사이의 친밀감을 세우기 위한 수단으로 사용된다.

인내력 구축 개입은 종종 매우 파괴적인 관계를 맺고 있는 커플이 그들 사이에서 의견 다툼이 있을 때 상대방에게 반응하는 방식에 적용된다(Christensen & Jacobson, 1996). 만약 어떤 말이나 논쟁 스타일이 상대방에게 고충을 준다면 이는 아마도 정서적 충돌을 낮추는 어떤 행동의 연속을 일으킬지 모른다. 예를 들어, Mary는 자신을 향한 Jim의 질문들이 악의가 있든 없든 상관없이 이에 민감하게 되고, 유사하게 Jim 역시 Mary의 제한된 노출이 매우 악의가 없을 때도 예민하게 된다. 이에 Mary와 Jim은 그들의 상호작용 패턴을 제대로 인식하고자 치료에 참여하게 되고, IBCT 치료자로부터 상호작용 패턴을 논의할 때 최소한의 객관성과 자비를 갖도록 안내 받으며, 인내심 갖기를 위한 연습도 소개받게 된다. 또한 치료자는 Jim의 질문에 대한 Mary의 제한된 노출과 관련하여 '근무가 끝나고 바로 집에 도착하는 시나리오'로 역할극을 해 보도록 요청할 수 있다. 이러한 연습은 자신에게 쉽지 않은 역할을 취해 봄으로써 둘 사이에서 어떤 유머러스한 것을 이끌어 낼 수 있다. 또 만약 역할극을 잘 수행해 낸다면, 이전에 회기 밖에서 경험하였던 정서적 당혹스러움을 이제는 보다 축소된 형태로 경험하게 되는 기회를 갖게 되고, 이러한 정서적 경험에 대한 해명을 들을 수 있게도 된다. 따라서 인내심 훈련은 파트너 모두에게 '합일된 거리두기'를 위한 기회와(역할극을 실패함으로써 나타나는 유머), '공감적 참여'(회기 중 경험하게 되는 정서에 대한 해명)의 기회를 제공한다. 이러한 인내심 훈련은 회기 밖에서도 적용할 수 있는데, 예를 들어, 치료자는 한 주 동안 Jim이 Mary를 의심하지 않고 충분히 그녀에게 질문할 수 있는 시간을 가질 수 있게 격려하고, 이 과제를 통해 Mary 역시 Jim의 질문의 진위를 미심쩍어하지 않도록 돕는다. 만약에 Jim의 질문하기 과제가 Mary로부터 어떤 반응을 이끌어 내고, 이에 Jim이 보다 감정적으로 공감할 수 있는 능력이 가능하게 된다면 결국 그녀의 민감성을 경험할 수 있는 기회가 주어지게 되는 것이다. 이후에는 이 과제에 대해 서로 토의할 수 있도록 격려 받게 된다. 이런 전반적인 과정을 통해 각각은 상대방의 행동 패턴에 대해 보다 관대해질 수 있고, 생활에서도 관용이 종종 두각을 나타내기도 하는데, 이처럼 감추어져 있다가 가끔씩 표면화되고 분명해진다고 해서 치료가 실패한 것은 아니다.

이러한 수용 지향적 기술들을 통해서 커플은 그들의 문제를 다루는 데 협력하고자 하는 강한 전념하기를 발달시키고, 이때 IBCT 치료자는 변화된 행동을 언급해 주며, 의사소통 훈련이나 전형적인 행동 커플 치료에서의 문제해결 훈련 유형을 소개해 준다. 앞서 언급한 수용 전략들이 어떤 커플에게는 충분히 적용되지 않을 수 있는데, 그때는 전형적인 전략들을 이용할 수 있다. 행동 변화를 위해 각자 파트너를 기쁘게 하는 특정 행동 목록을 작성하고, 이러한 행동들을 시도해 본 다음 치료자와 상대 파트너로부터 긍정적인 강화를 받는 것이다. 의사소통 훈련은 치료자가 커플에게 상호 간에 듣기와 말하기 방법, 진술을 명확하게 표현하는 방법, 정서 중심으로 말하는 방법, 다른 사람의 메시지를 듣고 이해한 것을 다른 말로 바꾸어서 표현하는 방법을 가르친다. 그리고 문제해결 훈련은 커플에게 문제를 해결하려는 시도 전에 문제를 정의하는 방법을 가르치고, 비평가적으로 자유롭게 문제에 대한 대안을 세워 보며, 그중에서 어느 한가지를 선택하여 시도할 때 발생할 수 있는 이점과 난점을 확인하도록 지시한다. 이러한 전략은 필요에 따라 사용되는데, 특별히 기본적인 문제해결 기술이 부족할 때 적용되며, 커플은 중요한 결정을 함께할 필요가 있다.

따라서 IBCT는 수용뿐만 아니라 커플의 특정한 필요에 따라 변화 지향적인 행동 기술들도 함께 포함하기 때문에 '통합적'이라고 할 수 있다. 치료자의 주요 과제는 각 개인의 개념화에 맞게 중재법을 선택하고 이행해야 하며, 이를 통해 커플에게 매우 고통스러웠던 상호작용 패턴이 수정 가능해질 수 있게 된다.

● 수용 기반 전략

수용이 커플 치료에서 왜 가치 있는지를 이해하기 위해 전통적 행동 커플 치료 (Traditional Behavioral Couple Therapy: TBCT)의 역사와 효과를 먼저 살펴볼 필요가 있다. 치료자들은 1960년대부터 커플의 고충을 개선하고자 행동 기술들을 사용해 왔지만, 매뉴얼화된 행동 커플 치료를 위한 무선적인 임상 실험은 1977년 Jacobson에 의해 처음으로 실행되었다. 이 프로토콜(Jacobson & Margolin, 1979)은 행동 변화, 의사소통 훈련, 문제 해결 훈련을 결합하여 어떤 행동 중재법보다 더 효과적이었다(Jacobson, 1984). 게다가 TBCT는 커플의 고충에 있어서 여전히 "효과적이고 구체적인 중재"의 전적인 기준이 되고 있다(Baucom, Shoham, Meuser, Daiuto, & Stickle, 1998, p. 58).

그러나 유감스럽게도 TBCT의 임상적 유용성에 한계가 드러났다. 4개의 TBCT 결과를 분석한 연구(Jacobson et al., 1984)에서 치료에 참여하였던 커플의 54.7%가 그들의 결혼생활 만족도가 치료 전과 후에서 유의미하게 개선된 반면, 35.3%는 결혼생활 만족도의 수준이 비스트레스 범위 내에서만 개선되었으며(Jacobson et al., 1984), 추후 검사에서는 결혼생활 만족도가 지속되지 않았다. 또한 Jacobson, Schmaling과 Holtzworth-Munroe(1987)는 TBCT에서 오히려 커플의 25%는 결혼생활 만족도가 약화되는 것을 발견하였고, 2년 뒤의 추후 검사에서 9%는 이혼을 하였으며, Snyder, Wills와 Grady-Fletcher(1991) 역시 TBCT로 치료받았던 커플의 38%가 4년 뒤에 이혼하였음을 발견하였다. 이러한 결과들은 TBCT가 커플에게 유용할 수 있으나, TBCT를 통한 변화들은 단기적이거나 혹은 고통으로부터의 진정한 회복을 위해서는 충분하지 않음을 보여 준다.

TBCT가 그리 효과적이지 않아 보이는 커플 유형이 있는데, 서로의 관계를 위해 제대로 헌신하지 않는 커플은 이 치료에서 효과를 얻기 어렵다(Jacobson & Christensen, 1996). 또한 정서적으로 충분히 교류하지 않는 커플의 경우에도

TBCT의 효과를 기대하기 어려운데, 특히 성적인 친밀성이 없다면 관계성으로부터 철수하는 경향이 더욱 뚜렷하게 나타난다(Jacobson & Christensen, 1996). 노인 커플 또한 전형적으로 TBCT에서 덜 성공적인데, 이는 관계성의 강도보다는 나이가 분명한 한계가 되기 때문이다(Jacobson & Christensen, 1996). 뿐만 아니라 집안일, 생계 부양, 가족 구성원의 정서적 웰빙에 대한 돌봄 등 가정에서의 역할에 대해 전통적인 관점을 가진 커플도 TBCT로부터 개선되는 정도가 약하다. 지나치게 광범위하고 막연한 관점을 갖고 결혼으로부터 무언가를 얻고자 할 때도 마찬가지인데, 예컨대 정서적인 지지와 우정, 또는 결혼의 목적이 일차적으로 어떤 수단으로서 파트너십을 원하는 경우 등이다. Jacobson과 Christensen(1996)이 언급한 것에 따르면, 이러한 유형의 커플들은 공통적으로 유연성, 협력 그리고 서로의 차이점을 궁극적으로 수용하는 데 어려움이 있다. 즉, 상호 간에 수용 능력의 부족 때문에 TBCT에서 효과성을 기대하기가 어려운 것이다.

전통적 행동 커플 치료에 참여하기 위해서는 커플 간에 협력적 사고방식이 필수적임을 확실히 인식해야 하는데, 만약 치료 계약이나 자신의 개인적인 행동들을 변경하는 데 기꺼이 참여하지 않는다면 치료자는 반드시 협력적 기술들을 갖고 제대로 참여하도록 요구해야만 한다(Jacobson & Christensen, 1996). B. F. Skinner(1966) 이후로 행동치료자들은 행동의 변화에서 규칙 통제와 유관 형성을 구별하였는데, 전자는 특정하게 부여된 요구들에 대한 반응에서 발생하고, 후자는 환경으로부터 자연적으로 진행되는 것이다. 협력적인 마음이 일어나도록 하기 위해서 TBCT는 지배 규칙 접근을 활용하고, 이때 커플 각각은 치료자의 요청에 대해서만 반응한다. 그리고 규칙이 더 이상 중요하지 않게 되면, 문제 행동 역시 유지되지 않는다(Jacobson & Christensen, 1996). 그런데 파트너 중에 변화를 진실로 원하지 않는 경우에는 변화 기술에 참여하려는 상대방의 노력을 덜 인정할지도 모른다. 반면, 파트너를 염려하는 감정이 자연적으로 우연성에 의해 발생했다면, 또는 상대방의 행복을 더욱 원하게 된다면 보다 쉽게 만족감을 가질 수 있게 된다(Jacobson & Christensen, 1996).

Jacobson과 Christensen이 TBCT를 개선하는 방법에 대해 고려하기 시작했을 때, 서로의 욕구를 자연적으로 동기화하는 방법으로 수용과 공감을 주요하게 강조하였다. 그들은 임상 실제에서 종종 파트너와의 갈등이 상처와 고통이라는 가면성 감정들로 변하는 것을 발견하였다(Jacobson & Christensen, 1996). 이에 파트너와의 관계에서 갈등을 일으키는 '잘못된 행동'을 수정하는 데 임상적 초점을 맞추는 것 대신에 파트너의 반응에 대한 새로운 맥락을 대안적으로 소개함으로써 '잘못된' 반응을 수정하도록 제시하였다. 이처럼 수용은 관계의 어려움을 관리하기 위한 특정한 전략들을 제공할 뿐만 아니라 자발적으로 더 나은 반응들을 이끌어 냄으로써 그들의 관계 패턴을 변화시킨다.

커플 치료에서의 수용은 개인 치료와는 다른데, 왜냐하면 이것은 개인뿐만 아니라 다른 사람의 경험과 행동에 대한 인내심까지도 요구하기 때문이다. 이는 커플 관계에서 나타나는 현재의 상황을 수용하는 것이 아니다(Jacobson & Christensen, 1996). 이는 관계의 만족에 변화를 주지 못할 뿐만 아니라 서로의 관심보다는 한 파트너의 흥미만을 선호하는 것이다. 전형적으로 커플 치료에서 한 개인(대부분은 여성)은 파트너(대부분은 남성)가 그녀 자신에게 고충을 그만 겪도록 이를 멈추길 바라기 때문에 변화에 대한 압력과 관련된 이슈를 갖게 된다(Jacobson & Christensen, 1996). 이때 IBCT 치료자도 변화에 대한 압력으로 다른 파트너와 공모하지 말아야 한다.

IBCT에서의 수용은 개방성, 비방어적 경험의 조성, 불화합성에서 친밀감을 형성하기 위해 변화에 대한 투쟁을 내려놓는 것을 의미한다. 그보다는 서로 다르게 행동하는 데 있어서 경험되는 무능력을 받아들이고, 또 서로를 인정하고, 보다 더 잘 돌보기 위해 노력하였던 것들을 중단해야만 한다. 이후에 자연스럽게 보살핌이 이루어지고, 서로의 행동에 대한 정서적 반응이 변화되며, 변화를 위한 실제적인 행동이 덜 필요하게 된다는 것을 발견하게 된다. 다소 역설적일 수는 있으나, 파트너를 수용함으로써 경험하게 되는 감정은 행동 변화에 있어 중요한 동기가 되고, 오히려 변화에 대한 압력이 변화에 있어서 주요한 장애가 될 수 있다(Jacobson &

Christensen, 1996). 예를 들어, Karen이 자신의 파트너인 Isabella에게 조직적이고 계획적인 것을 지속적으로 압박한다면, Karen의 계속되는 잔소리 때문에 Isabella는 분개하게 되고, 이러한 감정적 경험이 어떤 행동을 취하는 데 있어서 방해 작용을 할지도 모른다. 이 대신, Karen이 Isabella의 태평한 성향이 그들의 삶에서 기여하고 있는 것이 무엇인지를 인식하는 데 초점을 맞추기 시작한다면, 이로 인해 압력은 제고되고, Isabella는 자신이 실제로 원하는 것을 발견하고 자신과 서로에게 의미 있는 목표들을 성취하기 위한 단계들을 시작하게 될지도 모른다. 한편, 행동 변화는 수용만을 목적과 목표로 두고 이를 끝내는 것이 아니다. 치료를 시작할 때 커플에게 변화에 대한 압력을 감소할 수 있는 능력이 있는지 다뤄야 하며, 또 치료 동안에는 행동 변화가 치료자에 의해 강조되고 강화되기는 하지만 행동 변화는 덜 우선시돼도 오히려 행동이 갖는 가치가 고무됨으로써 실제적인 변화가 부재하기도 하는데, 그래도 이를 치료의 성공으로 간주하는 경우가 있다.

한편, TBCT는 협력이 어려운 커플에게서도 어느 정도 유용함을 보여 주는데, 이때는 파트너의 이해할 수 있는 반응을 수용하도록 초점화되고, 이와 관련하여 친밀감과 같은 정서와 또 진정한 파트너십에 대한 희망을 중요하게 다룬다. 결국 IBCT에서 수용에 대한 강조는 변화에 있어서 필수적이고, 더욱이 커플의 행동 패턴을 변화하는 데 중요하며, 수용을 통해 함께 존재하는 관계성을 생생하게 경험하게 한다.

● 사 례 [1]

IBCT의 사례 개념화와 치료를 적용한 예를 살펴보자. Carmella와 Eduardo는

[1] 이 사례는 Elizabeth Thompson과 Joseph Trombello의 치료 사례이며, 제3자에 의해 수퍼비전 받았다. 이 사례에서의 커플 이름과 인구통계학적 사항들은 비밀보장을 위해 수정하였다.

필리핀계 중년 기혼 커플로 리무진 버스 회사를 공동으로 운영하고 있다. 그들은 20년 동안 결혼생활을 했고, 십대 딸이 두 명 있다. Carmella가 치료를 요청하였고, 둘 사이의 의사소통 문제를 호소하였다.

평가와 피드백

이 커플은 3회의 평가 회기를 가졌는데, 관계에서 많은 이질적인 문제를 확인할 수 있었다. 두 사람은 파트너가 이성 동료와 함께 시간을 보낼 때 질투를 느꼈고, 특히 Eduardo는 Carmella가 어릴 적부터 알고 지내는 가족 같은 남자 친구에 대해서 신경을 많이 썼다. 그리고 Carmella는 Eduardo가 지나치게 깐깐하고, 아이들이 아주 사소한 것도 마음대로 하지 못하고 그의 허락을 받아야만 하는 것에 대해 불만이 있었다. 또한 Carmella는 자신이 흥미 있어 하는 취미 활동이나 원가족과 시간을 많이 할애하고자 하는 반면에, Eduardo는 가계업 외에는 전혀 흥미를 갖지 않는다고 하였다.

Eduardo와 Carmella는 성적 친밀감과 관련해서도 갈등이 있는데, Carmella는 Eduardo의 성적 수행 능력에 대해서 상처되는 말로 그를 지적하면서 스스로는 성관계 시 어색함을 보이고, 또 섹스 후에 Carmella는 기분이 침울해지며, 결국 둘 사이에 긴장감이 돈다고 하였다.

Carmella는 Eduardo와의 관계 내 이슈들을 다루고자 할 때면 Eduardo가 침묵을 하거나 또는 주제를 변경해서 좌절감을 많이 느끼고, 그의 마음이 어떤지 알 수 없다고 하였다. 반면에 Eduardo는 이러한 중요한 주제들에 관해 이야기할 때면 자신이 공격받는 듯하고 존중받지 못한다는 느낌 때문에 저항감이 생긴다고 하였다.

첫 번째 평가 회기 후, 각각의 파트너는 개별적으로 성 관련 질문지(OQ-45.2) (Lambert, Hansen et al., 1996)와 역동적 적응 척도(DAS)(Spanier, 1976), 갈등 전략 척도(CTS) (Straus, 1979)를 수행하였고, 개인 및 역동적 스트레스에서 유의미한 결과가 나타났으며(Carmella는 DAS=78, Eduardo는 DAS=73), 지난 해의 폭력성은 낮은 수준이었다.

피드백 회기에서 IBCT 치료자는 커플의 관계 갈등에 대한 개념화 작업을 하였고, 이 커플의 주요 주제는 독립/자율성과 관련된 서로 다른 욕구 때문에 겪는 갈등으로 이루어졌다.

Carmella는 Eduardo와 함께 사업을 경영하면서 상당한 시간을 같이 보내기 때문에 결혼생활 외에 자신의 관심사와 외부 관계를 유지하길 매우 원하는 반면, Eduardo는 그녀와 자녀들과 대부분의 시간을 보내는 편이다. 이러한 차이점은 처음 만남에서부터 생각해 볼 수 있는데, Carmella는 Eduardo가 자신을 향해서만 주의를 기울이고 관심을 보이는 데 감동하였고, 또 Eduardo는 Carmella의 고유한 특성 때문에 서로에게 로맨틱한 파트너가 되었던 것이다. 하지만 파트너의 약점은 환경의 변화에 따라 드러나기 시작하였고, 시간을 거듭하면서 장기적으로 문제가 지속되었다. Eduardo와 Carmella는 결혼 후에 Carmella의 친정집과 가까운 곳으로 이사를 가면서 시댁과는 멀어졌고, Eduardo는 Carmella 외에는 전혀 사회적 연고들이 없었으며, 더욱이 사업 및 가족과 대부분의 시간들을 보내면서 새로운 친구들을 만들 기회가 적었다. 반면에 Carmella는 친정 식구들과 매우 가깝게 지냈고, 사회적 활동도 많았으며, 그러면서 Eduardo와 함께하는 데 많은 시간을 할애하는 것이 불편해지기 시작하였다.

Carmella는 자신이 다른 누구와 시간을 보내는 것에 대해 Eduardo가 몹시 화를 내고, 또 아예 그렇게 하지 못하도록 관계 자체를 끊어 내게끔 하는 모습을 보고 자신을 권위적으로 통제한다고 느끼면서 자율성에 대한 욕구가 도래된 것이다. 그래서 Eduardo의 통제가 덜할 때나 자신의 독립적인 활동을 격려해 줄 때만 Carmella는 반응하였는데, 이에 Eduardo는 그녀의 반응 태도가 상당히 비난적이라고 느꼈고, 결국 관계로부터 조금씩 철수하게 되었다. 또한 Carmella는 Eduardo가 자신의 독립에 대한 욕구를 위협한다고 느껴지면, 성관계와 같이 신체적인 친밀감과 관련해서도 그를 비판하기 시작하였는데, 왜냐하면 이는

Eduardo의 친밀감에 대한 욕구와도 관련되기 때문에 결국은 이 이슈에 대한 그의 걱정을 더욱 심화시키는 것이 된다. 이러한 요구-철수 패턴을 통해 커플은 더욱 양극화되고, 상호 간의 덫에 메여 두 사람 모두 서로에게 접근하고 친밀감을 원하지만 이것을 성취하는 데 무력감을 느끼게 되며, 독립과 관련된 투쟁에서도 무기력감을 경험하게 된다.

이외에도 피드백 동안 치료자는 규범적인 기준과 비교해서 그들의 스트레스 수준을 설명해 줌으로써 서로에게 내재되어 있는 돌봄의 힘과 가족과 사업에 대한 헌신 및 자부심을 강조하였다. 또한 사례 개념화에 대한 각자의 피드백을 요청하였고, 앞으로의 치료 회기에 대한 안내 후에 치료를 지속할지 동의를 구하였다.

중 재

개념화한 것을 바탕으로, Eduardo와 Carmella에게는 그들의 전형적인 상호작용 패턴을 깨고 공감적 참여를 격려하며, 그 패턴으로부터의 합일된 거리두기가 중요한 중재법이 된다. 이 커플은 한 주 동안 그들의 이슈와 관련하여 과제를 부여 받고, 성공한 것이든 그렇지 못한 것이든 치료 시간에 가져온 사건을 치료자와 함께 다루게 된다. 치료자는 사건에서 나타나는 커플의 주제와 상호작용 패턴을 탐색하고, 이를 수정하기 위한 단계들을 다뤄 준다. 예를 들어, Carmella는 조카딸을 위한 생일 파티에 참석하고자 하지만 Eduardo는 휴일에는 쉬길 원하기 때문에 집에 있었다. Carmella는 몹시 화가 났고, 생일 파티를 마치고 집으로 돌아와 자신의 가족에게 남편이 오지 못한 이유를 거짓말하였다며 Eduardo에게 소리를 질렀다. 이러한 반응을 보고 Eduardo는 사회성이 부족한 자신의 성격을 비난한다고 느끼면서 더 이상 이 문제에 대해 논의하기를 거절하였다. 이 회기에서 치료자는 Carmella가 좀 더 부드러운 표현을 하도록 격려하였고, 또한 Eduardo가 파티에 참여하지 않아 상처받았을지도 모른다고 언급하였다. 이에

Eduardo는 Carmella가 파티에 가지 않은 자기 때문에 실망하였고, 때때로 Carmella의 가족과 가깝게 지내는 것에 별로 흥미를 보이지 않아 그녀가 슬픔과 당혹스러움을 느낄 것이라는 데도 동의하였다. 이러한 수정된 맥락을 통해 Eduardo는 Carmella에게 공감적으로 반응할 수 있었으며, 또 사회적인 모임에서 불안감을 느끼기 때문에 혼자 있는 것을 더 선호하게 된다는 점도 밝혔다. 몇 회기 정도는 성과 관련된 사건들을 다뤘는데, 이 커플은 둘 다 성적 접촉 시의 불안감을 표현하였고, 특히 Eduardo는 자신이 원하는 만큼 성적 수행이 안 되는 경우에는 스트레스를 경험하고, Carmella는 Eduardo와의 성적 교류가 부족한 것이 그의 개인적인 행동으로부터 느껴지는 거리감과 연합이 되면서 불안을 경험한다고 하였다. 이를 위해 치료자는 오감을 이용한 연습을 제안하였는데, 이에 Eduardo와 Carmella는 별로 흥미를 보이지 않았고, 대신 성적 긴장과 관련된 정서적 영역들에 초점을 맞추었다. 결국 이 커플은 정서적 이완을 통해 만족스러운 성적 접촉이 가능해졌음을 보고하였다.

치료 결과

치료의 마지막 회기에서 Eduardo와 Carmella는 회기 안팎으로 부정적 상호작용이 감소하였고, Eduardo는 자신의 감정을 보다 개방적으로 표현하였으며, Carmella도 Eduardo의 지적에 대해서 더 많은 수용력을 보였다. 그리고 치료가 종결된 후에도 그들은 지속적으로 관계 내 이슈에 관해 함께 이야기할 수 있는 시간을 주마다 가졌다. 또한 매주 측정하였던 결혼생활 만족도 결과에서 지속적인 변화를 보였고, DAS 점수 또한 사후 평가에서 만족스러운 범위였다.

●IBCT와 CBT

IBCT와 행동 커플 치료

IBCT는 행동 커플 치료와 공통된 근원을 공유하고 있고, 전통적 행동 커플 치료(TBCT)(Jacobson & Margolin, 1979)와 인지행동 커플 치료(Cognitive Behavioral Couple Therapy: CBCT)(Baucom & Epstein, 1990)도 포함하지만, 이론적으로나 기법적으로 구별된다. IBCT는 TBCT와 이론적으로 분리되는데, 통제된 규칙에 따른 행동적 변화보다는 정서적 수용과 우연성 형성을 강조하였다. IBCT는 필요에 따라 직접적인 행동적 변화를 위한 개입을 적절히 활용하기도 하지만 수용을 기반으로 하는 중재 실제가 주를 이루며, 덜 통제된 방식에서 유연하게 적용된다. 예를 들어, IBCT에서의 의사소통 훈련은 상대 파트너와 함께 정서적인 반응, 특별히 부드러운 감정을 공유하도록 격려하고, 치료자는 정서적 반응을 표현하는 데 있어서 정형화된 '나 진술'을 강요하지 않는다.

CBCT 또한 TBCT 내에 뿌리를 두면서 이중으로 개인 스트레스를 위한 인지치료 모델로부터도 영향을 받는다(Beck, 1970; Ellis, 1962). 인지 모델은 개인의 인지, 정서, 행동이 타인과도 상호 영향을 주고받기 때문에 한 가지(예: 수정된 역기능적 인지)를 중재 목표로 두면 다른 것들(예: 정서와 행동)까지도 변화가 가능할 것으로 추정한다. 또한 CBCT는 직접적인 인지 수정 전략을 사용하는 IBCT와는 다르고, 커플 관계에서 벌어지는 갈등 사건의 의미를 파악하기 위해 역기능적 정보처리에 초점을 둔다. 즉, 파트너의 부정적인 행동에 선택적으로 주의를 두거나 역기능적으로 귀인하며, 또는 로맨틱한 파트너와의 관계에 대한 비현실적인 기대와 기준을 갖고 있을지도 모른다(Baucom & Epstein, 1990). CBCT에서는 이러한 인지 유형을 제거하고, 개인 CT에서의 전략을 유사하게 활용한다(Baucom & Epstein, 1990). 예를 들어, 만약 Sara가 'Tim은 나에 대해서 걱정하지 않는다.' 라는 생각을 하고 있다면, 이는 전화도 없이 집에 늦게 들어온 그에게 화가 나서 소리를 지르는 행동에까지 영향을 준다. 이에 대한 인지적 중재로는 Sara의 생각을 지지하는 증거와 반대되는 증거를 보여 주고, 또 Tim이 Sara를 걱정하고 있다는 것을 입증하는 증거와 그가 늦을 때 전화하지 않는 이유에 대한 대안적인 설명을 해 주는 것이다. 이렇게 증거를 밝힘으로써 Sara는 자신의 비합리적인 사고를 수정하게 되고(예: 'Tim이 늦는 데는 다른 이유가 있을지 모른다.'), 앞으로 이와 유사한 상황에서도 수정된 사고를 회상할 수 있도록 격려받게 된다.

그런데 IBCT 관점에서는 이러한 유형의 중재가 오히려 문제가 되거나 불필요하게 보이는데, Sara가 갖고 있는 생각의 내용을 평가하는 것과 수정하는 것은 치료자와 함께 Tim도 그녀를 '비합리적'으로 보게 되고, 따라서 관계의 어려움이 발생했을 때 그녀를 비난하면서 갈등의 정도를 더욱 악화시킬 수도 있다. 결국 정보처리와 정서 표현 방식에서 '감정적인' 파트너는 희생되고, '이성적인' 파트너에게는 보다 특권이 주어지게 되는 것이다. 게다가 역기능적 인지 유형을 가진 파트너에 의해서 발생된 부정적인 감정이 잘못된 것임을 입증받고 아예 무효화되는 것은 오히려 치료자의 입장에서 인지 변화 전략이 보다 더 강화되는 것일지도 모른다. 이에 IBCT 치료자는 개인의 역기능적 사고보다는 커플의 역기능적 행동 패턴에 개입하고(예: 합일된 거리두기를 통해), 치료자는 이 상황에 대한 보다 완벽하고 균형 잡힌 관점을 갖도록 돕는다.

또한 커플 치료에서는 개인의 사적 사건(예: 사고와 감정)을 그리 중요하게 다루지 않는다. 대신에 파트너의 경험을 공유함으로써 한 개인의 생각과 감정이 상대 파트너에 의해 영향을 받게 된다는 것을 인식하게 한다. 앞에 기술된 예에서 Tim이 문제 사건에 대한 자신의 생각을 설명하는 것은 Tim이 자신을 걱정하지 않는다는 Sara의 생각을 지지하거나 반대하는 증거를 제공하게 된다. 그러나 IBCT에서 '현실 검증'은 치료의 주요한 목적이 아니다. IBCT는 사적 사건의 상대적인 진실을 강조하고, 친밀성을 구축하는 데 의미 있게 활용된다. IBCT 치료자는 Tim의 반응이 사건의 개연성을 강화하고(예: 'Tim이 전화하지 않는 것은 Sara

는 돌봄을 받고 있지 않다는 느낌을 갖게끔 하고, 결국 Tim이 집에 왔을 때 Sara는 화를 내게 된다.'), 상대 파트너의 경험은 보다 넓은 맥락에서 이해될 수 있도록 관점의 이동을 격려해 준다(예: 'Tim이 나를 걱정하지 않을지도 모른다는 생각은 당신을 매우 무섭게 만들고, 특히 당신의 아버지가 어린 시절에 많은 시간을 부재하였던 경험을 상기시킨다.'). 따라서 치료자는 Tim이 Sara를 걱정하든 그렇지 않든 이에 대해 직접적으로 이의를 제기하지 않고, 또 Sara의 생각에 역기능적으로 꼬리표를 붙이지 않으며, 대신 그녀의 이 같은 반응과 반응에 따른 차후의 행동에 대한 감정을 살펴 준다면 Tim은 아마도 그녀에게 덜 방어적으로 반응하게 될지도 모른다. 또한 치료자는 커플 내 딜레마로서 반복되는 경험들을 제시해 줄 수 있는데, Sara는 Tim이 자신에게 관심을 가지지 않는다는 생각을 갖고 소리치는 행동을 하게 되며, 이에 Tim은 자신이 공격받는다는 느낌과 대화로부터 철수하는 반응을 하게 되고, 결국 둘 다 고통스러운 감정을 겪으며 이 같은 곤란에 계속 묶이게 된다. 이러한 설명은 각각의 경험과 행동에 대한 선행 사건과 결과들을 설명함으로써 입증되었다.

보다 최근에 CBCT 치료자들은 커플의 행동 패턴을 거시적인 수준에서 탐색하였고, 이전의 관계와 같은 맥락적 요소를 포함하여 인지적 중재 전략을 확장하였다. 또한 과거의 사건보다는 정서적 과정에 보다 집중하였고, 정서적 경험에의 접근과 강화를 목표로 하는 중재도 포함하였다(Baucom, Epstein, & LaTillade, 2002). 이러한 변화는 CBCT에 대한 비판을 고려한 것이나, 여전히 주요한 초점은 인지 전략이며, 오히려 상기한 것이 포함되면서 다른 접근과의 구별이 보다 어렵게 된 부분도 있다. 반면, IBCT는 CBCT와는 다르게 사례개념화를 가장 크게 강조하며, 규칙 통제 행동과 유관 형성 행동 개념에서 설명하는데, 이는 전통적 인지 전략에서 강조된 것이다.

IBCT와 '제3의 물결' 행동치료

IBCT가 개인 치료를 위한 어떤 특정 모델의 직접적인 적용이 아님에도 불구하고, 개인 치료의 CBT로부터 CBCT가 나온 것과 동일한 방식이며, 개인의 디스트레스를 위한 수용 기반 행동치료와도 일부 공통점을 공유한다. 그리고 IBCT는 수용-전념치료(Acceptance and Commitment Therapy: ACT)와 변증법적 행동치료(Dialectical Behavior Therapy: DBT)와 유사하고, 행동의 기능과 내적 사건의 내용, 수용 또는 현재 순간에서 자기 자신과 타인, 그리고 세계를 기꺼이 경험하는 것을 강조한다. 예를 들어, DBT 치료자는 환자의 현재의 문제 행동을 해결하기 위해 변증을 통한 수용 모델로서 자기 행동의 기능과 결과 둘 다를 이해하는 것이 가능해진다. 유사하게 IBCT 치료자는 개인의 내력과 두 파트너의 개인적 차이, 그리고 둘 사이에 공동으로 존재하는 주변 환경이 포함된 맥락 내에서의 기능을 통해 파트너와의 관계에서 발생한 문제 사건을 기술함으로써 각각의 현재 행동, 사고, 정서를 입증한다. 그리고 치료자는 각 파트너의 행동을 현재 맥락에서 이해 가능한 반응으로 볼 수 있게 함으로써 서로에 대한 커플의 수용을 증진시킨다.

IBCT는 ACT와도 유사한데, 이 둘은 매우 경험적인 접근이다. 커플은 회기 내에서 새롭게 경험한 자극과 이에 반응하는 방법을 배우며, 또 이것은 파트너를 통해 강화받기도 한다. 예를 들어, 결혼한 커플은 전형적인 하나의 패턴을 갖게 될 수 있는데, 그 패턴은 남편은 아내에게 화를 내고 비난하여 결과적으로 아내가 부부간의 대화로부터 철수하게 되는 것이다. 이에 치료자는 남편으로부터 '완화된' 표현을 이끌어 내고, 그리고 그의 분노와 비난 뒤에 숨겨진 정서적 경험으로는 상처 또는 두려움과 같은 감정일지도 모른다. 아내는 회기를 통해 남편의 보다 부드러워진 정서 표현이라는 새로운 자극제를 경험하고, 점점 이 상황에 자연스럽게 반응하게 된다. 그리고 아내가 남편과의 대화로부터 철수하지 않거나 또는 지지하게 된다면, 남편은 부드러운 정서 표현이라는 새로운 행동을 강화

받게 되는 것이다. 이는 치료자가 '비난하지 않기' 또는 '철수하지 않기'와 같은 어떤 규칙을 처방하지 않고, 서로 간의 일반적인 상호작용 경험을 통해 새로운 행동 패턴을 형성하게 하는 것이다. 또한 새로운 자극제의 경험과 서로 간의 반응을 통해 파트너와의 관계 맥락이 자연스럽게 수정된다.

● IBCT에서 인지의 역할

앞서 기술한 것과 같이 IBCT는 직접적으로 사고를 수정하는 것을 목표로 하는 중재법은 사용하지 않는다. 또한 IBCT는 수용 기반 개인 치료에서의 상위인지 또는 인지적 융합을 다루는 전략을 활용하지도 않는다. IBCT는 커플에 치료 초점을 두기 때문에 개인의 인지 변화를 강조하지 않는다. 따라서 IBCT 치료자들은 커플 관계를 떼어 놓고 개인의 사고를 직접적으로 다루지 않으며, 생각은 단지 생각으로서만 경험하도록 격려한다. 하지만 합일된 거리두기 개념은 유사한 기제로 작용하는데, 원래 합일된 거리두기는 파트너로부터 거리두기를 목적으로 하는 기법으로 IBCT에서도 커플의 상호작용 패턴으로부터 거리두기를 목적으로 한다. 또한 합일된 거리두기 기법이 갖는 평가적인 특징보다는 유머와 비유 등을 사용함으로써 서로의 행동(예: 파트너를 비난하는 것)에 대한 정상성 판단과 거리를 둘 수 있게 된다.

또한 IBCT 치료자들은 자신의 사고와 감정에 대한 개인적 자각에서부터 파트너의 생각과 감정, 그리고 양자의 마음챙김과 같이 두 사람의 사고와 인지에 대한 양자적 의식으로 인지적 자각을 옮겨 갔다. 이를 통해 두 사람 모두 이해 가능한 맥락을 갖게 되고, 개인은 사건에 대한 개인적인 경험과 파트너의 경험 둘 다를 인식함으로써 상황에 보다 유연해지고, 변증법적 관점을 얻게 된다. 또한 개인은 가능할 수 있는 해석이 많은 하나의 사건에 대해 자신 또는 상대의 해석을 경험해 봄으로써 상황에 대한 두 사람의 해석 경향이 얼마나 타당한가를 인식하게 되고, 이는 양자의 의식으로의 이동을 가능하게 하여 결국 상위인지 자각까지 이끌어 낸다. 그런데 이러한 IBCT의 효과를 지지하는 연구는 아직 없다. 이상의 것들을 요약하면, IBCT에서는 양자의 의식을 위해 파트너 비난하기를 감소시키고, 정서적 혼란으로부터의 거리두기(합일된 거리두기)가 가능해야 하며, 감정 표현을 통한 공감적 참여를 경험하는 것을 목적으로 한다.

● 경험적 발견

커플 디스트레스 이론

IBCT에 대한 관계 디스트레스 이론을 직접적으로 확인하는 실증적인 연구는 아직 부족하나 관련 요소들을 포함하는 경험적인 지지가 많이 있는데(Christensen & Pasch, 1993 참조), 가장 일반적으로 요구-철수와 같은 양극화 패턴에 관한 연구를 언급할 수 있다(Heavey, Layne, & Christensen, 1993). 이러한 상호작용 패턴은 거의 범문화적으로 관계 불만족과 관련된다(Christensen, Eldridge, Catla-Preta, Lim, & Santagata, 2006). 아내의 강한 요구와 남편의 철수 패턴을 보이는 커플은 다음 해에서도 결혼생활 만족도가 하락하는 경향이 있다(Heavey, Layne, & Christensen, 1993). 이러한 결과는 커플 디스트레스 이론에서도 전형적으로 예측되는 것으로, 결국 역기능적 상호작용 패턴이 관계를 악화시킨다고 제안할 수 있겠다.

치료 결과

디스트레스 이론을 지지하는 실증적인 데이터는 없지만, 치료적 접근에서는 그것의 효과와 이점을 틀림없이 주장할 수 있다. IBCT의 효과를 지지하는 두 가지 소규모의 임상 실험과 한 가지 대형 복합 임상 실험이 있는데, Wimberly(1998)

의 미출간 논문을 보면, 8쌍의 커플을 대상으로 IBCT를 시행하였고, 그 결과 대기 집단인 9쌍의 커플보다 유의미하게 만족스러운 결과가 나타났다. 또 다른 소규모 임상 실험을 보면, Jacobson, Christensen, Prince, Cordova와 Eldridge (2000)는 21쌍의 커플을 대상으로 TBCT와 IBCT를 비교한 결과, 효과 크기나 임상적 유의성이 IBCT에서 더 높았다. 한편, 대형 복합 임상 실험에서는 여러 지역에서 무선 임상 시행을 하였는데(Christensen et al., 2004), 디스트레스의 수준이 심각하고 만성적인 경우로 대상자를 선정하였다. 최종 연구 대상자는 시애틀, 워싱턴, 로스앤젤레스, 캘리포니아에서 결혼한 커플 134명으로, 치료 회기는 36주 과정 동안 평균 23회기씩 치료에 참여하였다. 참가자들의 평균 나이는 여자는 41.6세, 남자는 43.5세이며, 평균 결혼 기간은 10년이고, 거의 80%가 백인이었다. 또한 커플 중 누구라도 현재 조현병, 양극성장애, 물질 남용 또는 물질 의존, 경계선 성격장애, 분열형 성격장애 또는 반사회성 성격장애가 있다면 대상에서 제외되었고, 남편이 위험 수준의 폭력을 갖고 있는 경우에도 역시 제외되었다. 디스트레스 결과의 유의미한 수준을 보장하기 위해 치료 방법은 엄격하게 제시되었고, 또 결혼생활 만족도와 관련된 독립된 측정 도구 세 가지를 사용하였다. 이를 통해 커플 치료를 원하나 디스트레스 수준이 충분하지 않은 100쌍의 커플이 제외되었고, 이들 중 50% 정도는 지역사회 내에 있는 커플 치료 센터에 등록하였다고 한다.

연구 치료자들은 모두 지역사회에서 시행하였던 TBCT와 IBCT에 참여한 경험이 있으며, 이에 대한 슈퍼비전을 받은 경력도 있다(Christensen et al., 2004). TBCT와 IBCT 훈련에서 IBCT 치료자들은 수용 지향 중재 접근에 세 번 참여하였고, TBCT 치료자들은 변화 지향 중재 접근에 세 번 참여하였다. 또한 이 연구에서는 TBCT 매뉴얼을 공동 집필한 상담가들(Gayla Margolin of Jacobson & Margolin, 1976)이 TBCT 치료 회기를 완벽하게 구성하기 위해 매뉴얼에서 선택된 회기 내용들의 등급을 매겼다. 평균 등급 점수는 52.1이고, 이는 '좋다'와 '탁월하다' 사이의 점수다. 그리고 두 치료 집단의 모든 참가자는 치료적 유대와 소비자 만족을 측정하였고, 이로써 공정한 자료의 비교가 가능함을 제안하였다.

커플의 자기보고식 결혼생활 만족도를 측정하는 복합 모델링 방법(DAS: 주요 효과 측정)은 사전-사후에서 변화를 보였는데, 커플들은 치료를 통해 유의미하게 개선되었고, 효과 크기도 d = 0.86으로 상당히 큰 편이었다(Christensen et al., 2004). 그런데 치료 집단에 따라 다른 효과 궤도를 보였는데, TBCT에서는 결혼 생활 만족도가 IBCT에 비해 빨리 증가하였고, 이후부터는 정체기를 나타낸 반면, IBCT는 보다 안정적으로 상승하였다. 그리고 IBCT에 참여한 커플의 71%는 그들의 결혼생활 만족도가 확실히 신뢰할 수 있게 증가하였고, 치료 종결에서도 표준적인 '회복' 수준을 보였지만 TBCT에서는 단지 59%만이 만족을 보였다.

이후 2년간 추후검사에서는 치료 종결 후에도 결혼생활 만족도의 변화는 발생하지 않았음을 보여 주었다(Christensen, Atkins, Baucom, & George, 2006). 대신에 치료 종결 바로 후부터 '하키스틱'(초반에는 곡선으로 서서히 이루어지지만 곧 속도가 붙는 현상-역자주) 패턴으로 감소하다가 다시 만족도가 증가하기 시작하는 반전을 보였다. 그리고 IBCT보다는 TBCT에서 '하키스틱' 패턴을 보이며, 초기에는 유의미하게 급속으로 감소하였다. 하지만 2년 뒤의 추후평가에서는 두 치료 집단 모두 만족도의 유의미한 개선이 유사한 수준을 보였는데, IBCT는 69%, TBCT는 60% 커플의 결혼생활 만족도가 유지되고 있었다. 즉, 치료에 참여한 커플의 약 2/3가 2년 뒤의 추후평가에서도 안정된 개선 또는 회복을 보였고, 이는 모집단의 초기 디스트레스를 간주할 만한 수치다(Christensen, Atkins et al., 2006).

치료 반응에 대한 예측 요인

커플 치료에서 공통된 예측 요인으로는 나이와 인종과 같은 인구학적 변인들, 성격과 정신병리와 같은 개인 내 변인들, 그리고 의사소통 유형과 전념의 정도와 같은 개인 외 변인들이 포함된다. Atkins, Berns 등(2005)은 치료 전에 가능할 수 있는 모든 예측 요인들을 확인하였고, Christensen과 Atkins 등은 임상 실험과 사전-사후 결혼생활 만족도의 변화가 가장 좋은 예측 요인임을 제안하였다. 또한 신혼부부에게서는 친밀감에 대한 강한 욕구, 좀 더 나은 의사소통, 그리고 이혼에 대한 고려가 적기 때문에 높은 결혼생활 만족도를 예측할 수 있다. 또한 결혼 초기에 남녀의 결혼생활 만족도는 비슷한 수준이고, 이들에게 커플 치료를 시행하면 남자의 변화가 보다 빠르며, 그런 다음 전반적으로 천천히 변화가 나타난다. 한편, 18년 이상 결혼생활을 하고 있는 커플의 경우에는 결혼생활 초기의 커플들보다 치료의 개선이 빠르게 나타난다. 그리고 두 사람 중 누구든 성적 관계에서 불만족감을 갖고 있는 경우도 중요한 예측 요인으로 작용한다. TBCT에서 성적으로 행복하지 않은 커플들은 치료 초반부터 빠르게 개선되었지만, 종결로 갈수록 만족도가 유의미하게 감소하였다. 이와 달리 IBCT에서는 커플의 성적 만족도가 치료 과정 전반에 걸쳐 보다 안정되게 증가하였다. 한편, 대인관계와 관련된 요소들은 결혼생활 만족도에서 가장 중요한 예측 변수가 될 수 있으나 변화의 정도보다는 초반 만족도의 등급을 예측하는 데 더 강력한 변수다. 이러한 예측 변수에 대한 발견을 통해 행동 커플 치료가 모든 유형의 커플의 만족도를 개선하는 데 유용한 도움을 줄 수 있는 가능성을 보여 준다.

또한 Baucom, Atkins, Simpson와 Christensen(2009)은 임상 실험에 대한 2년의 추후 평가에서 변화를 보인 임상 조건들이 가장 좋은 사전 치료 예측 변수임을 확인하였다. 특별히 암호화된 정서적 자극, 상호작용 과제 동안에 화자의 목소리 빈도와 강약의 정도, 그리고 화자의 언어가 강압적인지 또는 부드러운지가 중요한 예측 변수로 특징지어진다. 이들 중 부드럽고 공감적인 화자의 언어가 IBCT에서만 임상적 개선 또는 회복을 예측하였는데, 이는 아마도 부드럽고 공감적인 화자의 언어 감소가 공감적 참여 과제를 다루는 데 제한점이 있기 때문이다(Baucom et al., 2009). 또한 보다 높게 각성된 부호화 정서 자극이 TBCT에서 더 강력한 효과를 가짐에도 불구하고, 결과적으로는 IBCT와 TBCT 둘 다에서 만족도가 전보다 악화되었다. 이처럼 높은 정서적 각성이 제한된 변인임에도 IBCT에서는 정서를 강조함으로써 이러한 유형의 커플을 돕는 치료자의 능력을 개선시킬 수 있다고 본다(Baucom et al., 2009). 그리고 상기한 두 연구 결과들을 조합하면, 파워 프로세스와 부호화된 각성과 같은 특성이 오히려 IBCT와 TBCT 중에서 커플이 그들의 욕구를 인식하고 표현할 수 있게 해 주는 치료를 선호케 할 것이라고 보았다.

변화의 기제

커플의 만족도는 긍정적 그리고 부정적 행동의 적절한 빈도 변화, 이러한 행동에 대한 수용력의 변화, 그리고 파트너와의 의사소통과 같은 요소들이 치료 과정 동안에 증가함으로써 가능한 것일지도 모른다. Doss, Thom, Sevier, Atkins와 Christensen(2005)은 파트너의 행동 변화를 가능하게 하는 기제로 자신이 파트너에게 바라는 행동의 빈도와 수용력을 측정하였다. 그 결과, TBCT에서는 치료 초반에 목표로 두었던 행동의 빈도가 크게 변화한 반면, IBCT는 치료 초기와 후기 둘 다에서 목표 행동에 대한 수용력이 크게 증가하였다. 즉, 목표 행동의 빈도 변화는 치료 초기의 만족도 개선과 깊이 관련되지만, 정서적 수용은 치료 후기에서의 만족도 변화와 보다 관련됨을 알 수 있다.

자기보고식 검사로 측정된 의사소통 패턴 또한 치료의 과정 동안에 개선되었다(Doss et al., 2005). IBCT와 TBCT 두 집단 모두 상호 간에 긍정적인 상호작용이 증가하였는데, TBCT에서 더 큰 효과를 보였다. 또한 두 집단 모두 상호 간에 부정적인 상호작용과 요구-철수 패턴의 정도도 감소하였다. 이러한 변화는 치료 초반의 행동 변화에 대해서는 TBCT 접근을 강조하였고, 수용 능력과 의사소통 패턴의 변화가 결혼생활 만족도를 궁극적으로 지속 가능하게 하는지 아닌지에 대해서는 재고할 필요가 있음을 제안해 준다(Doss et al., 2005).

또한 Cordova, Jacobson과 Christensen(1998)은 변화에 대한 잠재적인 기제로 의사소통을 측정하기 위해 치료 회기 동안에 관찰된 의사소통 행동들을 살펴보았다. IBCT와 TBCT를 비교해 보면, 치료 초기에는 거리두기와 (두려움 또는 슬픔과 같은 감정에 대해) 부드러운 감정 표현에는 차이가 없었지만, 중기와 후기에서는 IBCT에서 보다 유의미한 결과들이 나타났다. 그리고 IBCT와 TBCT 전체에서 부드러운 감정 표현과 거리두기의 증가는 문제 행동의 감소와 결혼생활 만족도의 개선과 상관을 보였다. 이러한 결과들로부터 IBCT가 커플이 문제를 논의하는 데 있어서 비난적이지 않고, 공감을 유도하는 방법을 적용하는데, TBCT보다 더 유의미한 변화를 나타냄을 알 수 있고, 그런 다음에 발생하는 행동은 보다 높은 관계 만족도와 연합된다고 제안하였다(Cordova et al., 1998).

특수한 치료 적용

디스트레스를 경험하고 있는 커플들 중 파트너의 외도를 보고하기도 하는데, IBCT와 TBCT를 비교하는 임상 실험에서(Christensen et al., 2004), 19쌍의 커플이 한 번 이상의 외도 경험이 있다고 하였고, 그중 14쌍의 커플은 치료를 시작하기 전이나 치료 동안에 외도 사실이 밝혀졌으나, 5쌍의 커플은 여전히 외도 경험을 언급하지 않았는데(Atkins, Eldridge, Baucom, & Christensen, 2005), 결국 추후에 이 문제가 드러났다. 외도 경험을 밝힌 커플은 외도 경험이 없는 커플보다 치료 동안에 스트레스를 더 받지만, 결혼생활 만족도는 유사한 비율로 개선되며, 치료를 통한 전반적인 효과들도 외도 경험이 없는 커플과 차이가 없다. 대조적으로 외도 경험을 밝히지 않은 커플은 이를 밝힌 커플보다 스트레스가 심하고, 궁극적으로 결혼생활 만족도가 감소하였으며, 대부분 치료가 실패한 것으로 인식하였다. 이러한 결과는 파트너에게 자신의 외도 경험을 밝히기를 거부하고 외도를 지속하는 것이 긍정적인 이득이 없음에도 불구하고, 외도 경험이 있는 커플에게도 IBCT 또는 TBCT 치료가 성공적이었음을 보여 준다(Atkins, Eldridge, et al., 2005).

또한 몇몇의 저자들은 정신적 또는 신체적 질병으로부터 고통받는 파트너가 있는 커플을 위해 수정된 IBCT를 제시하였다. 즉, IBCT의 특수한 버전으로 주요 우울장애(Cordova & Gee, 2001; Koerner, Prince, & Jacobson, 1994), 외상 후 스트레스장애(Erbes, Polusny, MacDermid, & Compton, 2008), 그리고 만성 통증장애 (Cano & Leonard, 2006)가 있다. 하지만 이 수정된 버전의 IBCT는 개인 사례연구 들에서만 그 효과가 입증되었다.

이러한 발견들은 확실히 2개의 소규모 임상 실험과 한 개의 대형 실험 자료에 제한되어 있다. 하지만 대형 실험의 경우 여러 지역으로부터 표집된 거대한 표본 크기, 그리고 엄격한 연구 설계는 소규모 임상 실험에서의 동일한 결과를 지지해 주며, 또한 IBCT가 TBCT만큼 효과적이고, 커플의 디스트레스에 유용함을 보여 준다(Christensen et al., 2004). 게다가 IBCT만의 특별함을 보여 주기도 하는데, IBCT는 의사소통 유형(예: 부드러운 정서를 사용하는 것)의 변화에 효과적이기 때 문에 이에 따라 결혼생활 만족도도 개선된다. 그리고 IBCT는 정서를 강조하기 때문에 높은 정서적 각성을 지닌 파트너로 고충을 겪는 커플에게도 유용하게 적 용될 수 있다. 또한 디스트레스가 높은 커플에게도 IBCT의 수용 기반 중재가 가 치 있게 활용된다.

● 후속 방향

앞서 제시한 세 가지 임상 실험의 효과적인 결과를 통해 IBCT가 결혼 디스트 레스 또는 이혼 문제를 감소하는 데 가치 있는 치료 접근임을 확신할 수 있다. 또 한 IBCT가 TBCT만큼 치료 과정 동안이나 2년 뒤의 추적 검사에서도 유의미함을 보여 준다. 그리고 CBCT 역시 TBCT만큼의 효과를 보여 주며, IBCT와의 비교 실험에서도 유사한 효과 크기가 나타났다. 단, 추적 검사에서는 IBCT가 더 지지 되는 경향이 있었다. 그러나 이러한 행동 커플 치료가 갖는 공통의 제한점도 있 는데, 그것은 대부분의 연구들에서 치료 효용성의 경우 각 치료 접근 간에 차이 점을 발견하지 못했다는 것이고, 어떤 치료의 요소가 다른 것과 비교적 더 효과 적인지에 대한 질문에도 대답하지 못했다는 것이다(Snyder, Castellani, &

Whisman, 2006). 따라서 향후 연구에서는 치료 효과에만 초점을 맞추지 않고, 내담자의 과정 변화에 더욱 주의를 기울이며, 개인의 사적인 경험들(예: 정서와 인지) 그리고 과정의 변화에 대한 다양한 잠재적 중재 요인을 연구에 포함해야만 한다(Heatherington, Friedlander, & Greenberg, 2005). 이에 IBCT와 CBCT는 변화 매개체를 잠재적으로 지지하는 경험적 증거들을 제안하였는데, 앞서 기술한 것과 같이 IBCT에서는 문제 행동에 대한 수용력의 증가(Doss et al., 2005)와 치료 과정 동안에 거리두기의 증가(Cordova, Jacobson, & Christensen, 1998)가 치료 효과와 관련된다고 제안하였다. 비슷하게 CBCT에서는 행동적 중재와 함께 인지적 재구조화 그리고 정서 표현 훈련이 치료 과정 동안에 관계 지향적 관점의 의미 있는 변화를 보여 주었는데, 이는 TBCT만으로는 가능하지 않은 결과다(Baucom, Seyers, & Sher, 1990). 그러나 CBCT에서 수용의 변화, 그리고 IBCT에서 인지 변화를 제대로 평가한 실증적인 연구 자료들이 아직 없기 때문에 수용이나 인지 변화가 치료의 필수적인 요소인지는 확증하기 어렵다. 그리고 우리는 여전히 이러한 치료 작업들이 정확하게 왜, 그리고 누구를 위한 것인지 제대로 알지 못하고 있는 실정이다.

비교 연구들이 갖는 주요 장애들 중 하나는 치료 유형이 상당히 중첩된다는 것으로, 특히 행동치료와 공통의 뿌리를 공유하고 있으며, 정서초점 커플 치료(Emotion-Focused Couple Therapy: EFT)(Johnson & Greenberg, 1985), 통찰 지향 커플 치료(Insight-Oriented Couple Therapy: IOCT)(Synder & Willis, 1989)와 같은 비-행동적 커플 치료와도 마찬가지다. 또한 Christensen(2010)은 커플 치료 연구가 용의하기 위해 통합된 프로토콜을 시행하도록 제안하였고, 통합된 프로토콜은 다음의 다섯 가지 핵심 원리로 구성된다.

1. 문제에 대한 맥락적인 이해와 양자 관계 접근, 그리고 객관적인 개념화를 제시한다.
2. 정서적으로 역기능적이고 파괴적인 상호작용 행동을 수정한다.

3. 정서에 기반한 사적 행동을 피하지 않는다.

4. 생산적인 의사소통을 조성한다.

5. 역경을 견디는 힘을 강조하고, 긍정적인 행동을 격려한다(Christensen, 2010 참조)

이러한 틀은 어떤 치료 지향이든 상관없이 개인적 요소에 대한 질문을 가능하게 하고, 관계 결과에 대해 각 요소가 단독으로 또는 다른 요소들과 결합하여 영향력을 발휘할 수 있다.

예를 들어, 다른 요소 없이도 첫 번째 원리로만 심도 깊게 실험이 가능하다. 커플은 그들의 어려움에 대한 자기 나름대로의 개념화를 갖고 치료에 오기 때문에 이를 평가와 피드백에 따라서 자신의 개념화와 비교할 수 있다. 이때 치료자는 커플이 제시한 개념화의 어떤 부분에 대해 질문할 수 있고, 변화 가능한 내용과 그것의 수위는 어느 정도인지, 그리고 이론적 지향(예: 인지적 접근 대 맥락적 접근)에 따라 혹은 개인과 커플의 특성에 따라 다양하게 질문할 수 있으며, '새로운' 개념화가 추적 조사 시기에 유지되는지, 또 개념화 요소 단독으로만 치료에 영향을 줄 수 없는 경우와 비교해서 이러한 개념화가 관계 디스트레스에 어떤 영향을 줄 수 있는지도 질문한다. 개념화 작업에서 평가와 피드백 중재는 '갈등의 정도가 심한' 커플의 만족도, 친밀감, 수용, 관계에 대한 집중을 북돋우는 데 효과적으로 작용하는 면이 있다(Cordova et al., 2005). 나아가, 개념화를 검토하는 것과 피드백 과정은 향후 연구들을 위한 유익한 방향성을 제안하는 경향도 있다. 즉, 아주 임상적인 실험들보다 비용이 더 적게 든다는 이점이 있고, 내담자의 경험에 대한 단일 요소보다 더 세부적인 분석이 가능하며, 커플에게 그들 스스로 의미 있는 경험에 대한 통찰이 가능하도록 해 준다.

현재 사용되고 있는 치료 작업의 좋은 예로서 EFT는 문서화된 측정도구는 적게 사용하고, 커플의 내적 경험에 보다 깊이 있게 초점을 맞춘다. Greenberg 등은 커플이 인정한 '가장 좋았던' 회기에서 나타난 변화 과정을 실험했고, 이 회기들의 보다 깊은 정서적 경험과 더 부드러운 사건으로 특징 지어진다는 것을 알게 되었다(Greenberg, Ford, Alden, & Johnson, 1993). 이는 정서에 기반한 사적 행동을 제거하는 것이라는 네 번째 원리를 확인하기 위한 것으로, 단 커플 치료자에 의해 시행된 전체 표본의 수는 적었다.

한편, 커플 치료자는 커플과 개인 간의 차이점이 중재 전략을 사용하는 데 있어 어떤 안내를 제공할 것이라고 본다. 다시 말해, 이는 치료의 특정한 요소를 실험하는 것이 전체 치료 패키지를 비교하는 것보다 더 유용한 경향이 있음을 시사하는 것이다. 이와 관련하여 개인 정신병리학은 치료에 대한 하나의 잠재적 중재 요소로서 많은 연구에서 실험되었는데(Snyder, Castellani, & Whisman, 2006), 예를 들어 커플 중 한 명 또는 두 명이 우울하다면 이것은 아마도 생산적인 의사소통을 조성하기 위한 우연성 대 규칙 지배적 전략을 실험하는 데 있어서 정보가 될지 모른다. McCullough(2003)는 개인 치료 문헌에서 만성적 우울을 지닌 개인은 전조작기 인지적 유형을 갖고 있고, 따라서 경험적이고 우연 발생적인 학습을 더 원하는 경향이 있다고 제안하였다. 이를 통해 만성 우울의 경우 단일성 또는 우울하지 않은 커플과 비교했을 때 규칙 지배적 의사소통 전략은 그리 효과적이지 못할 것으로 예측할 수 있다. 결국 이러한 방식으로 초점을 맞춘 연구들은 어떤 특정 커플에 대한 임상적 적용과 치료의 효과성 증대를 위해 보다 직접적인 정보를 제공할 수 있다.

앞에 제언한 바들은 아마 전통적 인지 변화 전략보다는 수용 기반 전략의 참신함, 유용성, 지속력에 관한 열띤 논의에 영향을 미칠 듯하다. IBCT와 CBCT 둘 다 전통적인 행동 커플 치료의 한계를 강조하였고, 어느 치료 유형이 보다 더 효과적인지에 대한 경험적 질문들을 상기시켰다. 또한 치료자들은 TBCT와 IBCT의 서로 다른 두 개의 치료 궤도를 제시하였는데, TBCT는 IBCT와 함께 보다 맥락적인 접근을 향한 움직임을 나타낸 반면에, CBCT는 내적 사건, 특히 인지와 관련된 내적 사건의 인과관계에 보다 초점을 맞췄다. 하지만 최근의 CBCT는 광범위한 맥락적인 주제에 보다 더 관심을 기울이도록 제안하고 있으며, 이러한 두 개의 궤도는 매우 흥미로운 과정으로 보인다. 그런데 한 가지 염려되는 바는 향후 변화 과정에 관한 연구들이 수용 기반 커플 치료의 미래를 결정짓는 데 비판적일 가능성이 있고, 궁극적으로 현재의 논쟁과 무관한 내용을 제공할지도 모른다.

참고문헌

Atkins, D. C., Berns, S. B., George, W. H., Doss, B. D., Gattis, K., & Christensen, A. (2005). Prediction of response to treatment in a randomized clinical trial of marital therapy. *Journal of Consulting and Clinical Psychology, 73*, 893-903.

Atkins, D. C., Eldridge, K. A., Baucom, D. H., & Christensen, A. (2005). Infidelity and behavioral couple therapy: Optimism in the face of betrayal. *Journal of Consulting and Clinical Psychology, 73*, 144-150.

Baucom, B. R., Atkins, D. C., Simpson, L. E., & Christensen, A. (2009). Prediction of response to treatment in a randomized clinical trial of couple therapy: A 2-year follow-up. *Journal of Consulting and Clinical Psychology, 77*, 160-173.

Baucom, D. H., & Epstein, N. (1990). *Cognitive-behavioral marital therapy*. New York: Brunner/Mazel.

Baucom, D. H., Epstein, N., & LaTillade, J. J. (2002). Cognitive-behavioral couple therapy. In A. s. Gurman & N. S. Jacobson (Eds.), *Clinical handbook of couple therapy*, 3rd ed. (pp. 26-59). New York, NY: Guilford Press.

Baucom, D. H., Sayers, S. L., & Sher, T. G. (1990). Supplementing behavioral marital therapy with cognitive restructuring and emotional expressiveness training: An outcome investigation. *Journal of Consulting and Clinical Psychology, 58*(5), 636-645.

Baucom, D. H., Shoham, V., Meuser, K. T., Daiuto, A. D., & Stickle, T. R. (1998). Empirically supported couple and family interventions for marital distress and adult mental health problems. *Journal of Consulting and Clinical Psychology, 66*, 53-88.

Beck, A. T. (1970). Cognitive therapy: Nature in relation to behavior therapy. *Behavior Therapy, 1*(2), 184-200.

Cano, A., & Leonard, M. (2006). Integrative behavioral couple therapy for chronic pain: Promoting behavior change and emotional acceptance. *Journal of Clinical Psychology: In Session, 62*, 1409-1418.

Christensen, A. (1988). Dysfunctional interaction patterns in couples. In P. Noller & M. A. Fitzpatrick (Eds.), *Perspectives on marital interaction* (pp. 31-52). Clevedon, Avon, England: Multilingual Matters.

Christensen, A. (2010). A unified protocol for couple therapy. In K. Hahlweg, M. Grawe-Gerber, & D. H. Baucom (Eds.), *Enhancing couples: The shape of couple therapy to come* (pp. 33-46). Göttingen: Hogrefe.

Christensen, A., Atkins, D. C., Berns, S. B., Wheeler, J., Baucom, D. H., & Simpson, L. (2004). Integrative versus traditional behavioral couple therapy for moderately and severely distressed couples. *Journal of Consulting and Clinical Psychology, 72,* 176-191.

Christensen, A., Atkins, D. C., Yi, J., Baucom, D. H., & George, W. H. (2006). Couple and individual adjustment for 2 years following a randomized clinical trial comparing traditional versus integrative behavioral couple therapy. *Journal of Consulting and Clinical Psychology, 74,* 1180-1191.

Christensen, A., Eldridge, K., Catta-Preta, A. B., Lim, V. R., & Santagata, R. (2006). Cross-cultural consistency of the demand/withdraw interaction in couples. *Journal of Marriage and the Family, 68,* 1029-1044.

Christensen, A., Jacobson, N. S., & Babcock, J. C. (1995). Integrative behavioral couple therapy. In N. S. Jacobson & A. S. Gurman (Eds.), *Clinical handbook of couples therapy* (pp. 31-64). New York, NY: Guilford Press.

Christensen, A., & Pasch, L. (1993). The sequence of marital conflict: An analysis of seven phases of marital conflict in distressed and nondistressed couples. *Clinical Psychology Review, 13,* 3-14.

Cordova, J. V., & Gee, C. B. (2001). Couples therapy for depression: Using healthy relationships to treat depression. In S. R. H. Beach (Ed.), *Marital and family processes in depression: A scientific foundation for clinical practice* (pp. 185-203). Washington, DC: American Psychological Association.

Cordova, J. V., Jacobson, N. S., & Christensen, A. (1998). Acceptance versus change interventions in behavioral couple therapy: Impact on couples' in-session communication. *Journal of Marital and Family Therapy, 24,* 437-455.

Cordova, J. V., Scott, R. L., Dorian, M., Mirgain, S., Yaeger, D., & Groot, A. (2005). The marriage checkup: An indicated preventive intervention for treatment-avoidant couples at risk for marital deterioration. *Behavior Therapy, 36,* 301-309.

Doss, B. D., Thum, Y. M., Sevier, M., Atkins, D. C., & Christensen, A. (2005). Improving relationships: Mechanisms of change in couple therapy. *Journal of Consulting and Clinical Psychology, 73,* 624-633.

Ellis, A. (1962). *Reason and emotion in psychotherapy.* Oxford, England: Lyle Stuart.

Erbes, C. R., Polusny, M. A., MacDermid, S., & Compton, J. S. (2008). Couple therapy with combat veterans and their partners. *Journal of Clinical Psychology: In Session, 64*, 972-983.

Greenberg, L. S., Ford, C. L., Alden, L. S., & Johnson, S. M. (1993). In-session change in emotionally focused therapy. *Journal of Consulting and Clinical Psychology, 61*(1), 78-84.

Hayes, S. C., Strosahl, K. D., & Wilson, K. G. (1999). *Acceptance and commitment therapy: An experiential approach to behavior change.* New York, NY: Guilford Press.

Heatherington, L., Friedlander, M. L., & Greenberg, L. (2005). Change process research in couple and family therapy: Methodological challenges and opportunities. *Journal of Family Psychology, 19*(1), 18-27.

Heavey, C. L., Layne, C., & Christensen, A. (1993). Gender and conflict structure in marital interaction: A replication and extension. *Journal of Consulting and Clinical Psychology, 61*, 16-27.

Jacobson, N. S. (1977). Problem solving and contingency contracting in the treatment of marital discord. *Journal of Consulting and Clinical Psychology, 45*, 92-100.

Jacobson, N. S. (1984). A component analysis of behavioral marital therapy: The relative effectiveness of behavior exchange and problem solving training. *Journal of Consulting and Clinical Psychology, 52*, 295-305.

Jacobson, N. S., & Christensen, A. (1996). *Acceptance and change in couple therapy: A therapist's guide to transforming relationships.* New York, NY: W. W. Norton.

Jacobson, N. S., Christensen, A., Prince, S. E., Cordova, J., & Eldridge, K. (2000). Integrative behavioral couple therapy: An acceptance-based, promising new treatment for couple discord. *Journal of Consulting and Clinical Psychology, 68*(2), 351-355.

Jacobson, N. S., Follette, W. C., Revenstorf, D., Baucom, D. H., Hahlweg, K., & Margolin, G. (1984). Variability in outcome and clinical significance of behavioral marital therapy: A reanalysis of outcome data. *Journal of Consulting and Clinical Psychology, 52*, 497-504.

Jacobson, N. S., & Margolin, G. (1979). *Marital therapy: Strategies based on social learning and behavior exchange principles.* New York, NY: Brunner/Mazel.

Jacobson, N. S., Schmaling, K. B., & Holtzworth-Munroe, A. (1987). Component analysis of behavioral marital therapy: 2-year follow-up and prediction of relapse. *Journal of Marital and Family Therapy, 13*, 187-195.

Johnson, S. M., & Greenberg, L. S. (1985). Emotionally focused couples therapy: An outcome study. *Journal of Marital and Family Therapy, 11*, 313-317.

Koerner, K., Prince, S., & Jacobson, N. S. (1994). Enhancing the treatment and prevention of depression in women: The role of integrative behavioral couple therapy. *Behavior Therapy, 25*, 373-390.

Lambert, M. J., Hansen, N. B., Umphress, V., Lunnen, K., Okiishi, J., Burlingame, G. M., ⋯ Reisenger, C. W. (1996). *Administration and scoring manual for the OQ-45.2.* Stevenson, MD: American Professional Credentialing Services.

Linehan, M. M., Armstrong, H. E., Suarez, A., & Allmon, D. (1991). Cognitive-behavioral treatment of chronically parasuicidal borderline patients. *Archives of General Psychiatry, 48*, 1060-1064.

McCullough, J. P., Jr. (2003). Treatment for chronic depression using cognitive behavioral analysis system of psychotherapy (CBASP). *Journal of Clinical Psychology, 59*(8), 833-846.

Sevier, M., Eldridge, K., Jones, J., Doss, B. D., & Christensen, A. (2008). Observed communication and associations with satisfaction during traditional and integrative behavioral couple therapy. *Behavior Therapy, 39*, 137-150.

Skinner, B. F. (1966). *The behavior of organisms: An experimental analysis.* Englewood Cliffs, NJ: Prentice Hall.

Snyder, D. K., Castellani, A. M., & Whisman, M. A. (2006). Current status and future directions in couple therapy. *Annual Review of Psychology, 57*, 317-344.

Snyder, D. K., & Wills, R. M. (1989). Behavioral versus insight-oriented marital therapy: Effects on individual and interspousal functioning. *Journal of Consulting and Clinical Psychology, 57*, 39-44.

Snyder, D. K., Wills, R. M., & Grady-Fletcher, A. (1991). Long-term effectiveness of behavioral versus insight-oriented marital therapy: A 4-year follow-up study. *Journal of Consulting and Clinical Psychology, 59*, 138-141.

Spainer, G. B. (1976). Measuring dyadic adjustment: New scales for assessing the quality of marriage and similar dyads. *Journal of Marriage and the Family, 38*, 15-28.

Stith, S. M., McCollum, E. E., Rosen, K. H., Locke, L. D., & Goldberg, P. D. (2005). Domestic violence-focused couples treatment. In J. L. Lebow (Ed.), *Handbook of clinical family therapy* (pp. 406-430). Hoboken, NJ: Wiley.

Stith, S. M., Rosen, K. H., McCollum, E. E., & Thomsen, C. J. (2004). Treating intimate partner violence within intact couple relationships: Outcomes of multi-couple versus individual couple therapy. *Journal of Marital and Family Therapy, 30*(3), 305-318.

Straus, M. A. (1979). Measuring intrafamily conflict and violence: The conflict tactics scales (CT). *Journal of Marriage and the Family, 41*, 75-88.

Wimberly, J. D. (1998). An outcome study of integrative couples therapy delivered in a group format (Doctoral dissertation, University of Montana, 1997). *Dissertation Abstracts International: Section B: The Sciences & Engineering, 58*(12-B), 6832.

10 맥락에서의 수용전념치료의 이해
인지행동치료와의 역사적 유사점과 차이점

Kelly G. Wilson, Michael J. Bordieri, Maureen K. Flynn, Nadia N. Lucas, & Regan M. Slater

수용 전념치료(Acceptance and Commitment Therapy) 또는 ACT(철자가 아니라 한 단어로써 언급)는 인지행동치료(Cognitive Behavior Therapies: CBTs)의 족보에서 가장 현대적이다. ACT는 CBTs 과정과의 유사점과 차이점 둘 다를 가지고 있고, 이것은 결국 행동치료(Behavior Therapies: BTs) 과정과의 유사점과 차이점도 함께 가지고 있는 것과 마찬가지다. 이처럼 CBT 치료 흐름은 항상 다면적이고 점진적으로 발달하였다. 사실상, CBT 용어는 BT 치료자들 중에 몇몇 치료자들이 인지에 보다 많은 주의를 기울이게 됨으로써 발전하게 된 것이다. CBT 발달을 비유를 들어 설명한다면, 동일한 바다로부터 파도가 모두 발생한 것이다. 어떤 새로운 치료가 나타남으로써 항상 발생하는 차이와 구분에 관한 질문들로 얼마나 가치 있고, 보증할 만한 것인가 그리고 치료 역사에서 새로운 장을 열만큼 충분히 새로운 것인가를 제시해 볼 수 있다. 종래와 같이 ACT의 치료 가치를 믿는 이들은 다른 동료들을 위한 사례를 반드시 확인해 주어야 하며, 이를 통해 과학자들은 ACT의 치료 가치에 대해 결정을 내리게 될 것이다.

다양한 인지행동치료 간의 유사점

다양한 CBT 모델은 주요한 세 가지 유사점을 갖고 이해될 수 있다.

첫째, CBT 모델은 공유된 가치에 기초한다. 현재의 CBT 흐름은 BT에서 시작해서 인지치료(Cognitive Therapies: CTs)를 포함하였다. 그리고 강력한 경험적 증거를 수집하는 임상심리학에 의해 CT와 BT는 연합하였고, 이로써 체계적인 자료 수집에 흥미를 두지 않는 수많은 심리치료자와 차별성을 갖게 되었다.

두 번째와 세 번째 유사점은 사회학적 특징을 갖는데, CBT를 구성하고 있는 요소는 단독이 아니라 다른 요소와 아주 근접하여 발달하였다는 점이다. 이러한 근접성을 통해 심리치료에서 거의 빛을 발하지 못했던 과학적 관점이 가능할 수 있었고, 또한 많은 관심 영역을 공유하게 되었으며, 언어적 조약, 연구방법론과 과학적 민감성 등을 생산할 수 있게 되었다.

게다가 CBT 흐름 내에서 지적 경계선이 혼합되었는데, 시간이 흐르면서 CBT 프로그램이 CT나 BT 내의 다양한 지적 영역과 연합되었다. 왜냐하면 각 연구 모임이나 학회에서 종종 복합능력에 대해 언급했기 때문이다(예: Skinner 이론의 지지자들, Hullian 지지자들, 사회적 학습 이론가들).

인지행동치료 간의 차이점

최초 발단은 획일적인 부분이 있고(첫 번째 유사점), 또 공유된 사회학적 요소(두 번째와 세 번째 유사점)를 지녔음에도 불구하고, 인지행동치료의 차이점은 항상 새롭게 등장하고 존재한다. 이 차이점은 '순혈통의' 치료자들 내에서 가장 분명하고, '혼합된' 치료자들에게서는 찾아보기 힘들다. CT가 등장하기 전, 행동치료자들 가운데에서도 차이점은 찾아볼 수 있는데, 이는 학습이론에서 파생된 경우로 추적해 볼 수 있다. 몇몇 초기 행동치료자들은 Polopve 정통과 보다 관련되고, 다른 이들은 Hullian, 또 다르게는 Skinner의 행동 분석 경향과 관계되어 있다. 현대의 많은 행동치료자들도 구별된 학습이론을 갖고 혼합되어 있다(이는 세 번째 유사점의 결과로서 가능하다).

동물 행동학적 이론에서부터 발생한 초기 학습이론은 Bandura(1977)와 같은 사회학습이론과 차이가 있다. 자기효능감 같은 개념이 사회학습이론에서 발전하였고, 이는 Beck의 인지 모델에 앞선 합리적인 근접성 개념에서 출발하였다. 인지치료의 초기 발달에서 Beck은 인지치료와 행동치료의 초기 버전들 간에 유사점과 차이점 둘 다를 명확하게 기술하였다[예: Beck(1976)의 12장 참조].

Beck(1976)은 인지이론에 대한 설명에서, 단순한 기법들 간의 차이점에 관해서는 언급하지 않았고, 대신 정신병리학의 특수한 모델 체계, 변화 기제 그리고 이론적으로 새롭게 구성된 모델을 쉽게 시도하는 방법에 대해 제안하였다(Beck, 1976). 몇몇의 심리치료 관련 문서에서는 여러 개정판을 통해 Beck이 제안한 내용이 추가되었는데, Bergin과 Garfield의 『심리치료와 행동 변화 핸드북』(Handbook of Psychotherapy and Behavior Change)』은 제1판(1971)에서는 인지치료에 대한 내용을 구성하지 않았고, 제2판(1978)에서도 여전히 CT에 대한 내용은 없었으며, 대신 심리치료에서의 인지적 과정에 대한 언급은 포함하였다. 그리고 제3판(1986)과 차후의 모든 출판에서는 인지치료를 위한 특별한 장이 제시되었다. 이처럼 Beck과 다른 연구자들은 CT에 대해 행동치료 이상으로 충분히 가치 있는 것으로 언급하였고, 이에 독특하게 구별되는 CT를 충분한 치료 모델로서 구성하기 시작하였다.

Beck은 인지치료에서의 초기 '순혈통' 접근의 원형을 제공하였고, 행동주의 실험과 기본 학습 심리학 실험에서의 행동주의 언어는 사용하지 않았다. 대신 경험주의에 토대를 두었다. 또한 인지치료는 행동주의 실험 방식이 갖는 몇몇 행동적 중재를 포함하기도 하였다. 그래서 결과적으로 인지치료는 BT에 적합하고, CBT와도 적절하게 공유된다. 게다가 Beck은 인지가 치료 접근에서 가장 주요한 임상적 관심사라고 추정하였고, 이러한 추정은 전혀 빈틈없이 완벽하고, 또 시대를 앞서며, BT의 많은 부분과 관계된다고 추정하였다.

한편, ACT는 순혈통과는 차이가 있는데, 이것은 행동치료 중 행동 분석파와 매우 직접적으로 관련되어 발생하였다. 즉, 기능적 분석 심리치료(Kohlenburg & Tsai, 1991)와 행동적 활성화(Martell, Addis, & Jacobson, 2001)를 포함하였다. 그리고 행동 분석 관점과 B. F. Skinner와 Charles Ferster의 관점들을 보다 인용하였다(예: Hayes, Strosahl, & Wilson, 1999, Skinner, 1953, Kohlenberg & Tsai, 1991, Ferster, 1967을 인용한 Martell et al., 1967). Beck은 정신분석과 행동치료로 훈련을 받았지만 그의 이론은 대부분 임상 경험들로부터 발생하였다. Beck의 이론은 자신이 훈련받았던 모델들이 놓쳤던 무언가를 재고함으로써 발전하였다. 예를 들어, 환자와의 회기에서 Beck은 직접적으로 나타나는 자동적 사고를 발견하였는데, Beck은 정신분석가로 훈련을 받았기 때문에 관례적으로 내담자와 자유연상 작업을 하였다. 이 과정에서 그는 내담자의 부정적 사고 패턴을 발견하였고(좀 더 세부적인 설명은 Beck, 1976, pp. 29-35), 이후로 방법론과 자유연상증진법을 개발하여 사고 패턴을 분석하였으며, 이에 대해 개입하였다. 그런데 이러한 발달적 궤도는 ACT와는 다르다. 왜냐하면 Beck의 방법은 임상 이론에 대한 임상적 수행에서부터 만들어진 게 아니고 임상 이론을 위한 기본 행동 분석 실험에서 개발된 것이기 때문이다.

● CBT 계보에서의 ACT

앞서 기술한 바와 같이, ACT는 다른 CBTs와 중요한 유사점들을 가지고 있지 않은 것처럼 보인다. ACT는 CBT와 같은 지적인 유전(intellectual genetics)으로부터 시작하였고, 연구자들과 치료자들도 동일한 커뮤니티 내에서 발달하고 성장하였다. 인지에 대한 ACT의 관심은 확실히 Beck으로부터 고무되었고, 인지적 거리두기와 같은 행동 용어들 역시 Beck의 의해 많은 부분 발생하였다(Zettle & Hayes, 1982). 또한 ACT의 발달은 규칙 지배적 특성을 지닌 행동 실험적인 분석을 통해 격려되기도 하였다(Hayes, Zettle, & Rosenfarb, 1989; Zettle & Hayes, 1982). Beck의 모델과 ACT에서 제안되는 내용의 확실한 차이점은 정확히 인간의 기능 중 규칙을 인식하는 기능에 있다. Beck은 다음과 같이 제안하였다.

> 인지치료와 행동치료 간에 가장 중요한 차이점은 부적응적인 반응들의 해소를 설명하는 데 사용되는 개념들에 있다. ····· 대부분의 행동치료자들은 심리학적 학습 이론을 기반으로 형성된 틀 내에서 행동장애들을 개념화하고····· 때문에 관련 개념은 동물 실험으로부터 주로 유래되고, 또 그들은 유기체의 관찰 가능한 행동에 초점을 맞추며····· 이러한 틀은 일반적으로 우리 자신과 타인을 이해하는데 사용되는 사고, 태도 등과 같은 내적 심리 상태의 개념을 순조롭게 수용하지 못한다.
>
> (Beck, 1976, p. 322)

ACT 이론가들은 Beck의 이론에 많이 동의하고 따르는 편이다. 1960년대와 1970년대 동안에 행동주의 이론은 몇몇을 제외하고는 동물 실험 모델에 지나치게 의존하였고, 언어와 인지가 관련되는 상당히 복잡한 인간 행동에 대해서는 다루지 않았다. ACT는 이러한 누락에 대해 많은 관심을 보였을 뿐만 아니라 인지의 중요성에 대한 불일치, 초기 행동치료가 강조하였던 내용, 그리고 다음에 제시될 세 가지 견해에 대해서도 개방적이었다. 첫 번째, ACT는 Beck을 거쳐 Ellis(1961)까지 다룬 접근으로, 전체적으로 새로운 이론으로 발달하였다. 두 번째, ACT는 기존의 행동 기법에 인지적 요소를 추가하였는데, Goldfried와 Davison은 이 전략을 사용한 초기 사례를 제공하였고, 이것은 행동치료 흐름 내에서 가장 압도적인 큰 변화였다(예: Goldfried & Davison, 1976). 세 번째, ACT는 인간 조건화(human conditioning) 연구들로부터 유효한 통찰을 추가하였고, 이를 통해 행동치료에 대한 인지적 비판에 적절한 대답을 제시하였으며, 행동 이론의 발달을 지속할 수 있었고, 궁극적으로는 ACT의 발달을 이끌었다.

또한 인지적 비판에 대한 추가적인 대답으로, ACT는 CBT의 의미와 목적에 관심을 두었다. 그러나 많은 인본주의적 그리고 실존주의적 심리치료자들은 인본주의와 실존주의 같은 분야에서의 자료 수집이 행동 접근의 초점과 유사하게 보임에도 불구하고, 행동 접근법이 인본주의와 실존주의 같은 영역들을 소홀히 하였다고 비평하였다. Yalom 역시 "실존주의 치료의 기본 교리는 경험에 의거한 실증적인 연구 방법과 같은 것으로 적용될 수 없고, 적절하지도 않다."라고 언급하였다(Yalom, 1980, p. 22).

ACT는 전통적 행동치료가 갖는 인지적 그리고 실존적 비평 둘 다에 대해 행동 분석적 반응들로서 이해될 수 있다. 그리고 ACT는 인간 조건화에 대한 보다 적절한 도전으로서 과학이 발전하길 바라며, 맥락적 행동 과학으로서 광범위하게 적용되고자 노력한다(Plumb, 2009). 이에 따라서 우리는 ACT 모델의 개요를 서술할 것이고, 또 이에 대한 반응으로서 우리는 비평을 전통에 대한 타당한 것이라고 믿는다. 물론 이러한 입장이 비평에 대한 완벽한 동의를 뜻하는 것은 아니며, 대신 문제 상황을 고심하게 하는 비평들로부터 무언가를 알게 될 것을 기대하는 바다(Forman & Herbert, 2009와 비교).

또 중요한 점으로, ACT는 행동주의 분석가들에게 적용되었고, 이들이 갖는 오래된 특징과 최신식의 특징 둘 다에 적용되었다는 점이다. 즉, ACT 전략은 오래된 것으로, 매우 초기의 행동주의 치료 전략과 같고, 임상문제에 대해서도 아주 기본적인 행동 원리를 적용하였다. 그러면서도 다른 한편으로 ACT는 새로운 특징을 갖고 있기도 한데, 이론적 체계와 원리가 확장되었고, 그러면서 행동주의 분석가들이 경험적으로 잘 시도하지 않았던 영역에까지 적용될 수 있었다.

한편, ACT는 전통적 행동주의 분석과는 두 가지 점에서 중요하게 다르다. 첫째, ACT는 관계 틀 이론(REF)에서 발견한 복잡한 인간의 행동을 분석하여 이를 확장해서 적용된 것으로, 이에 대한 내용은 다음에서 짧게 논의할 것이다(Hayes, Barnes-Holmes, & Roche, 2001 참조). 두 번째, ACT는 인지, 감정, 의미, 목적, 가치와 같은 영역들을 포함하였는데, 이러한 적용은 역사적으로 행동주의 분석에서 주요한 흥미 영역이 아니었다.

● 심리적 안녕감에 대한 ACT 육각형 모델

ACT는 절차적인 순서를 지향하지 않은 과정 지향 모델이다. Beck과 같이, 우리는 ACT가 이론적으로 일관된 절차에서 광범위하게 변종한 것으로 검증할 수 있고, 수용할 수 있는 모델의 사양과 변화 과정에 관심을 둔다. ACT는 다음의 여섯 가지 핵심 과정으로 구성되어 있으며, 이를 통해 ACT에 대한 개념을 보다 효과적으로 이해할 수 있다.

1. 지금 이 순간에 접촉하기
2. 수용
3. 탈융합
4. 자기
5. 가치
6. 전념 과정

이러한 과정은 독립적으로 고려되기보다는 행동의 패턴을 볼 수 있게 하는 서로 다른 렌즈로서 개념화할 수 있다(Wilson & DuFrene, 2009). 이는 마치 보석의 측면들처럼 한 면으로 안을 들여다보지만 다른 면에서 반사된 모든 것까지 볼 수 있는 것과 같다. 이 6개의 과정들은 보다 유연한 행동 패턴들, 즉 심리적 유연성이라는 폭넓은 발달을 증진하기 위해 활성화된다. 이 여섯 가지 과정들은 각각의 과학적이고 임상적인 유용성을 지녔기 때문에 과정에 대한 설명을 따로따로 제시하고자 한다. 하나의 비유를 든다면, 운동생리학자가 달리기의 전후 맥락을 알고자 속도, 리듬, 생체 역학의 각 과정들을 개별적으로 측정하려고 하는 것이다. 그러나 달리기 자체는 이러한 전후 맥락이 연합된 일원화된 활동이다. 그런데 때때로 운동생리학자는 달리기 선수들의 더 나은 수행을 돕기 위해 전후 맥락 중 한 가지 측면에 초점을 맞추기도 한다.

전통적 행동주의 분석가들은 변별 자극, 반응, 강화와 같은 고유의 특정 언어를 사용하였다. 그런데 이것은 너무 분자화(molecular)되어 있기 때문에 ACT의 임상적 모델에 선뜻 적용하기 어렵다. 반면에 ACT 과정은 광범위하게 군집화되어 있고, 손쉽게 적용할 수 있는 기능적 분석이다. 전통적 행동주의 분석은 보다 구체적인 분자식 언어를 사용하는데, 이로 인해 종종 행동 분석이 기초 행동 과학자들에 의해 맡겨지기도 하였다. 이러한 언어는 임상가들이 전형적으로 작업하는 현상과는 너무 동떨어져 있는 추상적인 개념이다. 어떤 특정한 심리학적 사건을 기술할 때 언어 혹은 관념과 같은 추상적인 개념을 연속선상에 두고, 이 연속선의 한 끝에서 변별 자극, 조작과 반응 및 인과적 조작, 조건 자극과 무조건 자극으로 사건을 설명하고, 또 다른 끝에서는 조작과 반응 자극 통제에 대한 상호작용 반응 등으로 동일한 사건을 설명할지도 모른다. ACT 과정 변인은 이 연속체에서 중간 정도에 위치해 있는 것으로 간주되며, ACT에서의 언어는 목적을 가진 언어다. 즉, 여섯 가지의 과정 모델은 임상 문제를 이해하고, 실제를 잘 수행할 수 있도록 의도된 언어다.

이제 ACT의 여섯 가지 핵심 과정들을 각각 정의하고, 각 과정에 대한 평가와 치료 적용을 논의하고자 한다. 그리고 ACT 모델과 현재 통용되고 있는 전형적인 CBT 모델을 비교하여 이러한 치료 간의 차이점이 적절하게 가치 있는 언급인지 아닌지에 대한 결정을 남겨 두고자 한다.

지금 이 순간 과정

지금 이 순간 과정에 대한 이해와 평가

ACT 관점에서 지금 이 순간 과정의 활용을 통해 많은 심리학적 어려움이 이해될 수 있다. ACT 치료자는 내담자가 지금 이 순간에 주의를 초점화하고, 유연성을 발휘할 수 있는지를 평가한다. 개인의 행동 형성과 환경에서 개인은 반드시 그가 속해 있는 환경에 심리학적으로 존재하여야만 한다. 지금 이 순간 과정이 실패하는 일반적인 이유는 걱정과 반추 때문인데, 이것은 내담자가 이미지화된 미래 또는 기억되는 과거에 머무르게 하며, 환경에 대한 수용력을 방해한다. 걱정과 반추는 물론 불안 등의 다양한 기분도 실패의 원인이 되며, 주의산만 역시 실패 변인으로, 이것은 현재의 사건에 민감하게 주의를 기울이고 초점화하는 능력이 부족한 것이다. 이는 ADHD에서 가장 흔하며, 불안하고 우울한 내담자들도 주의집중의 문제가 나타나고, 때때로 환각 때문에 산만해지는 정신증적 장애를 지닌 내담자에게서도 볼 수 있다. 지금 이 순간 과정의 실패에 또 다른 이유로는 주의 초점은 가능하지만 유연성 부재가 있다. 예를 들어, 아스퍼거장애로 진단받은 사람은 어떤 특정 대상 또는 사건에 대한 초점화된 주의는 높지만 유연성은 부족하다. 한편, 지금 이 순간 과정에 대한 평가는 임상적 대화에서 자연스럽게 주의 과정을 관찰할 수 있고, 내담자의 주의 초점 능력을 직접적으로 평가하기도 한다.

지금 이 순간 과정 다루기

이 과정을 제시하는 데 다양한 형식이 있지만 치료 적용은 동일한데, 특히 ACT 치료자는 지금 이 순간에 대한 초점화된 주의와 유연성 형성에 많은 노력을 들인다. 예를 들어, 이를 위해 정형화된 방식이든 그렇지 않든 마음챙김 훈련을 사용하고, 또 신체, 인지, 정서 각각에 순간순간 주목하기를 사용한다.

심리적 수용 과정

수용 과정을 이해하고 평가하기

Hayes 등은 심리적 수용의 요소와 상호 간의 경험 회피, 갖가지의 심리학적 장애를 설명하였다(Hayes, Wilson, Gifford, Follette, & Strosahl, 1996). 수용 과정은 개인의 행동을 조직화하는 부정적인 강화 우연성 사건을 확인하는 작업이다. 개인은 어려운 경험들(예: 생각, 감정, 기억, 신체 상태)을 감소하거나 제거, 또는 지연하기 위해 자신이 존재를 허용한 모든 세계의 경계를 설정한다. 어린 시절의 성적 학대 기억은 혐오스럽지만 그 기억과 비슷한 맥락에서 회피 반응이 나타난다. 게다가 친밀한 관계에서 성적 학대 사건이 발생했다면, 친밀한 관계도 피하게 되어 결국 관계가 손상된다. 또한 바보 같은 느낌에 대한 회피 반응이 있다면, 교실이나 시험, 새로운 직업, 흥미롭고 지적인 사람과의 대화까지 회피할 수 있다. 그리고 불안의 느낌을 받아들일 수 없다면, 공황장애를 가진 사람은 쇼핑몰에 가거나 또는 버스를 타는 것도 회피할 것이다. ACT에서는 불안장애의 고통스러운 감정, 기분장애의 부정적 사고, 알코올 중독자의 술에 대한 강한 욕구와 같은 회피하려는 심리적 내용을 정의하고, 또 회피를 돕는 행동 패턴을 평가한다.

수용 과정 다루기

경험 회피 다루기는 내담자가 어려운 경험에 대해 심리적으로 열리는 것을 돕기 위한 수용 지향 중재를 포함한다(Herbert, Forman, & England, 2009). 이에 노출법이 잘 활용되는데, 대신 ACT에서의 노출 전략은 전통적인 노출법과는 다소 다르다. ACT에서 노출은 불안과 회피의 감소보다는 삶에서의 가치 있는 패턴을 추구하는 시도이기 때문이다. 다른 중재법도 수용 증가를 목적으로 하고, 또 게슈탈트와 같은 경험적 수행이나 수용 지향 명상 등의 신체적 비유와 관련된 비수용의 결과와 접촉하는 것을 목표로 한다. 이러한 심리적 수용은 적어도 Ellis(1961) 때까지 BT와 CBT에서 다뤄진 주제이긴 하나, ACT에 와서야 수용 그 자체를 치료 모델로 충분히 다루게 되었다.

탈융합 과정

탈융합 과정 이해하고 평가하기

초기 ACT 모델과 관계 틀 이론의 개념 체계에서는 언어 규칙의 부정적 영향을 언급하였다(Hayes et al., 1989; Zettle & Hayes, 1982). 한 예로, Shimoff, Catania와 Matthews(1981)의 연구에서 참여자들은 점수를 얻기 위해 레버를 누르라는 지시를 받았다. 그 이상의 말을 듣지 못한 참여자들은 점수를 얻기 위해 레버를 매우 천천히 눌렀다. 명백한 지시를 받은 연구 참여자들도 점수를 얻기 위해 레버를 천천히 눌렀다. 통제 집단은 그들의 경험에서 배워 왔던 대로 점수를 얻기 위해 레버를 누르는 시간이 좀 더 길었다. 빠르게 누르는 것에 대한 강화는 없었으며, 참여자들의 레버 누르기는 점차 느려졌다. 실험의 후반에는 강화 계획을 바꾸었고, 점수를 얻기 위한 레버 누르기도 점차 빨라졌다. 통제 집단의 대부분의 사람은 강화 계획이 바뀌자 즉각적으로 빨리 누르기 시작하였다. 그들은 즉각적인 경험에 따라 변화된 행동을 보였다. 하지만 이와는 대조적으로 '천천히 누르기' 조건에 할당된 연구 참여자들의 절반은 이렇게 하는 것이 점수를 얻는 데 가장 좋은 방법이 아니라 할지라도, 50분 동안 내내 천천히 누르기를 유지하였다. 그리고 천천히 누르기 조건에 있는 나머지 참여자들은 결국은 점차 빠르게 누르기 시작하였는데, 자신의 경험에 의존한 참여자들보다는 천천히 누르기 비율이 높았다. 즉, 우연성 반응에 있어서 구체적으로 언어적인 지시를 하는 것은 직접적인 경험에 의한 변화를 둔감시키는 것 같다.

세계에 대한 이야기들은 이러한 점수를 벌기 위한 방법들로 간단히 설명할 수 있고, 인간의 행동은 계속되는 경험에 의해 형성된 것에서부터 행동을 방해하는 방법들에 의해 조직화된다. 언어적으로 구조화된 세계는 인지치료 모델에서의 도식 및 자동적 사고와 유사하고, 이 개념은 Beck 이론의 가장 핵심적이고 통찰적 영향력을 갖는 개념이다. 하지만 ACT 모델은 문제의 성격과 해결에 있어서 인지치료와는 매우 다른 관점을 취한다.

Beck에 따르면, "인지치료는 역기능적 신념과 각 장애의 불완전한 정보처리 양상을 수정하기 위해 설계된 다양한 기법을 사용하며, 특정 장애에 대한 인지 모델의 적용으로서 가장 좋은 관점이다."(1933, p. 194). 또한 Beck은 "방법과 행위의 방식"(Beck, 1976, p. 325)을 구분하였고, 행동 기법은 "개념적 변화가 생산되는 것 때문에 효과적이다."(Beck, p. 331 덧붙여 강조되고 있다)라고 주장하였다. Beck은 30년 이상 전에 있었던 명상적 가설에 대해서도 강력한 긍정적 증거를 들어 입증하는 것이 매우 어렵다고 직접적으로 지적하였다. 1986년 Hollon과 Beck은 "인지치료 과제에 대한 주목할 만한 강력한 증거는 아직 없지만, 그럼에도 불구하고 신념의 변화라든지 정보처리의 변화라는 장점은 매우 다양한 가능성을 시사한다."라고 언급하였다(Hollon & Beck, 1986, p. 451). 그런데 2008년 후반쯤, Dobson, Hollon 등과 같은 인지치료자들은 인지치료에서 지속되는 긍정적 효과의 기제에 대해 "잘 이해되지 않는다."라고 제안하였다(Dobson et al., 2008, p. 475). 최근 연구들에서도 똑같이 CBT 내 치료적 변화의 인지적 중재에 대한 경험적 지지의 제한점을 언급하였다(Longmore & Worrell, 2007). 그러나 이것이 인지치료가 전혀 효과가 없다는 식의 질문은 아니다. 우울에 대한 인지치료의 이득 효과와 내구력 있는 결과에 대한 증거 기반은 어느 치료에도 비할 데가 없다. 대신 앞서 제시된 논의들은 CT 창시자에 의해 제안된 기제와 특정한 인지적 중재의 영향에 대한 질문으로 볼 수 있겠다(Dobson et al., 2008).

ACT에서 인지적 융합은 가치 있는 삶의 방향을 추구하기 위해 제한된 자유와 행동을 조직화하는 언어 체계의 세계와 같은 방식과 그 정도를 평가한다. 그리고 인지적 융합은 유사한 인지 체계를 지닌 언어 구조에 의해 발생한다. 하지만 치료는 언어 구조의 정확도보다는 그 기능에 초점을 맞추기 때문에 다르게 적용된다. 그리고 ACT에서의 중재는 부정적 사고에 의해 통제된 것을 줄이기보다는 내담자가 그 같은 사고가 나타나든 그렇지 않든 상관없이 유익하게 살 수 있게 하는 데 목적을 둔다. ACT 관점에서 이것은 필수적이다. 불안 또는 우울에서 부정적 인지의 감소가 나타날 수 있지만, 조현병 또는 만성 통증과 같은 경우에서는 지속되는 증상이 있음에도 성공적으로 치료된다.

탈융합 과정 다루기

ACT에서는 사고의 내용이 효력이 없는 것에서 효력이 있는 것으로 또는 비논리적인 것에서 이성적인 것으로 변하는 데 초점을 두지 않는다. 대신 ACT에서는 행동 분석의 기본 원리에 기초하고, 관계 틀 이론(Relational Frame Theory: RFT) (Hayes, Barnes-Holmes, & Roche, 2001)이 갖는 특징을 포함한다. RFT는 언어 자극의 통제가 행동의 유연성을 감소시킴으로써 오류가 발생한다고 본다. 때때로 언어 내용은 정확하고 실제적일 수 있지만 유용하지는 않다. 일평생 사회 불안을 지닌 사람은 사회적 상호작용이 매우 끔찍할 것이다. 그래서 관련 사고(예: '나는 다른 사람들과 제대로 상호작용할 수 없어.')가 정확하든 그렇지 않든 간에 이러한 사고가 자신에게 유용한 행동(예: 집에 머무르는 것)을 이끈다. Beck은 사고가 적응적인지 그렇지 않은지의 문제보다는 '실제적' '객관적' '왜곡된' '잘못된' 것의 근거에 초점을 맞춘다. 그러나 우리는 내담자의 사고가 이러한 질적인 특성을 가지는 데는 동의하지만 임상적 변화에 있어서 필요한 조건은 다르다고 본다. 예를 들어, CT는 사회적 상황에 노출하기 위한 수단으로써 보다 정확한 인식을 가정하는데, 더 정확한 인지가 기능적인 행동을 이끌 수 있다고 개념화하기 때문이다. 반면, ACT 모델에서는 인지적 내용의 정확성을 간주하는 것보다는 기능적 행동을 강조한다. 그리고 탈융합 전략은 인지적 내용의 변화에 개의치 않고, 가치로 구성된 행동을 가능하게 하기 위한 것으로 설계된다.

이와 관련된 이론과 증거는 행동과 정서 패턴은 심지어 인식 내용이 그렇지 않을 때조차도 변화 가능하다고 제안한다. 예를 들어, 정신병 환자를 위한 ACT에서(Bach & Hayes, 2002), 일반적인 치료 과정에 있는 통제 집단의 환자들보다 정신증적 증상이 더 높은 비율로 보고되었지만, 4달 동안에 재입원율은 ACT 집단에서 반으로 줄었다.

ACT에서는 인식 그 자체의 내용보다는 인식에 대한 개인의 관계성을 변경하는 데 초점을 맞춘다. ACT 치료자들은 환자에게 대안적이면서 보다 합리적인 인식에 대한 질문을 하기보다는 스트레스가 되는 사고가 매우 빠르게 반복적으로 나타나는 것에 초점을 둔다. 이에 게슈탈트에서는 이미지화된 대상에 대한 수행과 같이 ACT에서는 스트레스가 되는 사고에 접촉하기 위해서 떠오르는 생각을 냇가의 나뭇잎에 띄우는 이미지화 작업을 시도하고, 또 이러한 생각의 흐름을 마음챙김 자각하도록 한다. 그리고 불안감을 주고 방해가 되는 생각까지도 이 작업 수행 시에 포함한다(Hayes et al., 1999; Wilson & DuFrene, 2009).

자기 과정

자기 과정을 이해하고 평가하기

행동주의 관점에서 자기는 사회적 환경과 함께 반복되었던 상호작용들로부터 발생한 행동을 통해 확인된다. '자기'는 보다 기술적으로 정확해야 하는데, 만약 기술적으로 정확하지 못하다면 이것은 말하기 방법의 문제다. 모든 사람은 그들이 소유한 특정한 관점으로부터 질문에 대한 대답을 갖는다. 이는 개인의 역사를 통해 형성되는데, 일생 동안 '졸리나요?' '배고픈가요?' '전에 뭘 했나요?' '이후에는 무얼 하시겠습니까?' '아픈가요?' '입맛에 쓴가요?'와 같은 많은 질문을 받는다. 즉, 우리는 우리가 태어난 순간부터 이러한 질문들을 수천 번 경험했고, 이에 '나'로 시작하는 모든 대답을 해 왔다. 그리고 결과적으로 '내가 되는 것' 또는 '자기'는 어떤 행동의 레퍼토리를 가지며, 여기서부터 개인의 독특한 관점이 발생하게 되는 것이다(Hayes, 1984; Skinner, 1953, 1974; Wilson & DuFrene, 2009 참조).

ACT 기저의 이론에 따르면, 자기와 타인에 대한 개념은 관점 다루기라는 기저를 갖는다. 관계 틀 이론에서 관점 다루기는 지시적 틀이라고 불리는 학습의 광범위한 한 부분에서 출현하였다(McHugh, Barnes-Holmes, & Barnes-Holmes, 2009). 이 지시적 틀은 구두로 구성된 관계 틀이며, 이를 통해 모든 관련된 관점이 다루어진다. 예를 들어, 여기와 저기, 지금과 나중, 너와 나라는 관계 틀에서 관점을 다루기 때문에 화자는 말하는 순간의 자신이 위치한 곳이 어디인지, 그리고 누가 말하는지에 따라 다뤄지는 관점이 다르다. 그리고 환경에 대한 질문은 관점 다루기에 추가적인 질문을 함으로써 그 복잡성을 심화시킨다. 지금 아이스 크림을 먹겠는가? 아니면 배고플 때 먹겠는가? Jimmy가 행복하다고 느낄 때 당신은 어떤 생각이 드는가? 이러한 질적인 질문들은 '자기화 되기' 또는 '나 되기'를 위한 보다 풍성하고 유연한 레퍼토리를 생성한다. 또한 기법적으로는 덜 정확하지만 친근하게 말하는 유연한 자기감을 발달시켜 준다.

하지만 과정은 실패할 수 있는데, 이때 가장 일반적인 어려움으로 융합이 있다. ACT에서는 융합을 '내용으로서의 자기'로 언급하며, 여기서는 자기에 대한 언어적 규칙에 따라 행동이 지나치게 경직된 형태로 조직화되는 것이 포함된다. 이는 자기 자신 또는 개인의 습관적인 규칙에 의한 특정한 사고에 지나친 애착을 보임으로써 형성된다. 만성적인 심리적 장애를 지닌 사람들은 종종 그들의 어려움에 관해 매우 확인적인 태도를 가진다(예: '나는 양극성 장애다.'). 진단으로서의 자기라는 융합은 종종 치료자가 내담자의 현재 나타나고 있는 문제 외에 어떤 이슈를 논의하고자 할 때 어려움을 준다. ACT에서 자기 과정은 제한된 도식으로 형성된 관점을 다루고, 이를 통해 내담자의 유연성을 검증하는 것으로 평가된다.

자기 과정 다루기

ACT에서의 많은 중재는 내담자가 의식의 어떤 특정한 내용을 확인하는 것이 아닌 자기감에 접촉할 수 있도록 돕는다. 이것의 목적은 초월적인 자기감을 일구는 사고에 있다. 이 자기감은 신비주의적 감각이 갖는 초월적인 것이 아니라, 어떤 특정한 내용이 고정되어 있지 않고 가동할 수 있다는 관점이다(Hayes, 1984 참조). 참관인 훈련과 같은 중재(Hayes et al., 1999)는 내담자가 눈을 감고 자신의 사고와 감정, 신체적 상태 그리고 자신의 개인사에서 여러 다른 역할을 마음속으로 상상하는 작업이다. 이때 특별히 다른 관점을 다루도록 초점화된 질문을 받게 된다. 내용으로서의 자기, 감정, 인지, 역할, 진단의 융합 또한 앞에서 강조하였던 것과 동일한 방법으로 초점화된다. 어떤 융합은 세상에 관한 것이고, 어떤 것은 개념화된 미래이거나 기억하고 있는 과거에 관한 것이며, 또 어떤 것은 자기에 관한 것이다(이는 Beck의 인지 삼제와 유사하다)(Beck, 1976). 그리고 자기와의 융합 역시 다른 형태의 융합과 질적으로 다르지 않다. 즉, 그 초점은 레퍼토리가 갖는 편협함과 경직성보다는 내용의 진실성에 있다.

가치 과정

가치 과정 이해하기와 평가하기

가치는 심리학, 철학 그리고 종교에서 광범위하게 다양한 방법들로 다뤄져 왔다. ACT 모델에서 "가치는 자유롭게 선택되고, 계속 진행되는 언어적 구성의 결과이며, 또 역동적이고 점진적으로 전개되는 활동 패턴이며, 이것은 가치 행동적 패턴에 참여하려는 행위를 위한 우세 강화 인자를 설립한다." (Wilson & DuFrene, 2009, p. 66) 가치에 대한 이 정의는 가치의 원래 의미를 약화시키는 것이 아니라, 가치라는 용어 사용을 위한 기술적 정의다. 이러한 기술적 정의가 다소 위압적일 수는 있지만, 정의에 포함되어 있는 네 가지 특성으로 ACT의 가치 작업을 설명할 수 있다.

첫 번째, 가치는 자유롭게 선택된다. 내담자들은 종종 '~해야만 한다' 식의 목록을 가지고 치료에 참여한다. 이 '~해야만 한다' 는 아마도 부모로부터, 또는 문화적으로 부여받은 것이 자신 역시 '~해야만 한다' 는 식으로 말하게 된 것이다. 여기에는 변화해야만 하는 위기감이 포함되어 있다. ACT에서는 '만약 당신의 삶에서 ~해야만 한다는 식이 사라진다면, 그리고 그것이 실제로 당신에게 의미 있고, 당신의 삶에서 목적이었던 것이 사라진다면 당신은 이제 무엇으로 삶의 방향을 잡겠는가?'와 같은 형식의 질문에 흥미를 갖는다. 물론 우리가 근본적으로 해야만 하는 것들에 대해 반대하는 것은 아니다. 결국에 삶은 책임과 의

무로 가득하기 때문이다. 하지만 우리가 심리적인 갈등에 지나치게 몰두하게 되면 삶에서의 필수적인 방향감을 잃어버리게 되는데, 왜냐하면 우리의 삶은 덜 불안해야 하고, 덜 우울해야 하며, 더 적극적이어야 하고, 더 열정적이어야 하는 등의 요소로 이루어져 있어야 한다고 여기기 때문이다. 이에 가치 작업은 '~해야만 한다'의 압제로부터 내담자가 자유롭게 되는 것을 목적으로 한다.

두 번째, 가치는 언어적으로 구성된다. 그래서 삶에서 가치 있는 방향을 다룰 때 이와 관련된 활동에 관한 걱정이 나타나는데, 즉 내담자의 '진실된' 가치 또는 '핵심' 가치에 대한 임상적 대화는 종종 차후에 추측되는 것들에 대한 걱정을 이끈다. '이 많은 가치가 실제로도 가치 있는가?' '이 가치는 유치할지도 모른다.' '내가 틀렸을 수도 있지 않을까?'와 같은 대화들은 근본적으로 답을 알 수 없는 질문이다. 미래는 알 수가 없는 것이다. 대신에 만약 우리가 확신을 갖는다면 좀 더 쉽게 인생을 견딜 수 있을 것이다.

또한 ACT에서는 '진실된' 가치를 발견하기 위한 대화보다는 삶에서 가치 있는 패턴의 활동으로 내담자가 몰두하는 것을 추구한다. 이는 집을 구성하는 것에 비유할 수 있는데, 만약 내가 살 집을 내가 설계한다면, 집의 크기나 방의 개수, 가구를 배치하는 방식 등등에 대해 어떤 결정을 할 것이다. 그리고 내가 이런 식으로 집을 지었는데, 이게 진짜 당신의 집입니까라는 질문을 받게 된다면 이상할지도 모른다. 그러나 이것은 단순히 당신이 집을 짓는 것에 대한 질문이다. 유사하게, 우리는 내담자에게 가치 도식 내에서 가치에 대해 질문할 때 집을 언어적으로 구성한 것과 같이 '당신을 구성하는 패턴은 무엇입니까?'라고 질문할 수 있다.

세 번째, 가치 작업은 계속 진행되는 역동적이고 진전하는 활동 패턴을 포함한다. 가치는 특정한 목표나 특정한 활동이 아니라, 개인의 가치와 일치하는 삶을 통해서 자연스럽게 많은 목표와 활동이 포함된다. 이는 예컨대 남편이 되는 것과 같은 어떤 가치화된 도식을 살펴봄으로써 좀 더 명백하게 확인할 수 있다. 결혼 첫 해에 좋은 남편이 되는 것과 결혼 30년 동안 좋은 남편이 된다는 것의 의미는 동일하지 않다. 배우자가 건강할 때와 암을 진단받았을 때의 패턴은 동일하지 않다. 이러한 패턴은 변화하고 시간이 지나감에 따라 성장한다. 선생님이 되는 것, 아버지 또는 친구가 되는 것도 마찬가지다.

네 번째, ACT에서 가치 작업은 가치 있는 패턴 그 자체에서 그 순간순간에 몰입하고, 현재를 강화하는 것에 초점을 맞춘다. 이러한 강화는 가치 있는 패턴 그 자체에 본질적으로 초점을 맞추는 것이지 행동으로부터 누적된 이득에 초점을 맞추는 것과는 다르다. 예를 들어, 좋은 양육은 향후 자녀의 경계적 · 사회적 · 교육적 이득을 증가시킨다. 하지만 불치병 또는 심각한 질병을 가진 아이를 양육하는 부모는 양육에 몰두하지만 앞서 언급된 이점들을 확실히 보장받지 못한다. 왜 그런가? 머리맡에서 책을 읽어 주는 것, 뜨거운 그릇에 손을 대지 못하게 하는 것, 식사를 함께하는 것 등 '좋은 양육'이라고 불리는 많은 가치 패턴을 이야기하는 데만 시간을 쓰기 때문이고, 이러한 패턴은 어떤 장기적인 이득을 고려하여 선택할 수 있기 때문이다. 그리고 만약 어떤 양육이 임상적으로 문제가 있다면, 여기에는 매우 특별하고 지나친 애착이나 예정된 이득을 포함하고 있기 때문이다. 때때로 부모는 자녀가 운동이나 학문 또는 사회적으로 성공해야만 한다고 하는데, 이러한 아주 고결한 결말을 추구하는 목적이 양육에 있다면 결국 아이들은 부모로부터 소원해진다.

가치 평가는 서로 다른 가치 도식 내에서 삶의 패턴을 활발하게 구성하는 내담자의 능력을 측정하는 것으로 이루어진다. 이에 가치 있는 삶 질문지 II(Valued Living Questionnaire-II)와 같은 도구를 사용하여 가치에 대한 특정한 도식을 알아볼 수 있고, 또 이러한 도식 내에서 활동의 수준이나 가치 있는 삶에 있어서의 방해 요소도 평가 가능하다(VLQ-II와 다른 ACT 가치 평가 결과에 대한 기술과 관련하여 Wilson, Sandoz, Flynn, Slater, & DuFrene, 출간 중; Wilson & Dufrene, 2009 참조; 또한 Dahl, Plumb, Stewart, & Lundgren, 2009 참조).

가치 과정 다루기

ACT에서 가치 작업은 가치 중심 마음챙김 작업과 활동 가치 구성이라는 중요한 두 가지 요소로 나뉜다. 가치 도식에 관해 논의할 때 내담자는 많은 회피 반응을 보이고, 그의 가치 도식은 상당히 융통성 없이 서술되는데, 이에 탈융합과 수용 중재가 활용될 수 있다. 예를 들어, '스윗 스폿(sweet spot)'이라는 연습은 치료자가 내담자에게 어떤 가치 있는 도식 내에서 행복한 순간을 떠올리도록 하는 것이다(Wilson & DuFrene, 2009 오디오 자료; Wilson & Sandoz, 2008 참조). 또한 치료자는 내담자에게 마음챙김 연습을 진행할 때, 내담자는 순간순간에 천천히 노출되는 것, 그리고 시각, 청각, 촉각, 순간의 정서적 질을 포함하는 어떤 의도적인 방법을 통해 순간의 형상을 경험하며 확장된 마음챙김을 수행하게 된다. 이러한 연습을 통해 개인은 자신의 삶에서의 가치 있는 도식에 순간순간 접촉하게 되고, 그렇게 함으로써 가치 융합과 회피가 붕괴되는 것이다.

가치 작업의 두 번째 요소는 가치를 추구하는 방식에서 어떤 유연성을 강조하는 것으로, 치료자는 내담자의 가치에 맞게 그들의 활동 행동 패턴에 대해 질문하고, 그 행동 패턴 구성에 내담자가 참여하도록 돕는다. 이 작업에서는 가치의 '발견'보다는 삶에서의 가치 있는 패턴으로 활동을 구성하도록 강조한다. 만약 가치 구성에 대한 작업을 할 때, 융통성 없음과 회피 반응이 나타난다면 마음챙김 과제를 재작업한다.

전념 과정

전념 과정 이해하기와 평가하기

ACT 모델에서 전념은 가치와는 다른데, 전념은 어떤 가치 있는 방식에 특별하게 참여하는 것보다는 가치 있는 활동 패턴이 발생하도록 하는 것이다. ACT에서 전념의 의미를 이해하는 데 유용한 비유로는 간단한 호흡 명상에서 발견될 수 있는데, 이것은 개인이 자신의 호흡을 순간순간 자각하기 위해 호흡에 주의를 기울이는 것이다. 물론 전형적으로 호흡 명상을 하는 동안에 아픔이나 고통에 주의가 가고, 또는 그때의 근심이나 걱정, 다른 감각이나 인지 그리고 정서적 내용에 모든 주의가 가기 마련이다. 이때 주어지는 작업은 여기저기 돌아다니는 인식을 자각하고, 다시 호흡을 통해 부드럽게 호흡하는 그 순간으로 주의 자극을 되돌리는 것이다. ACT의 전념에서 핵심은 부드럽게 되돌아오는 것으로, 명상에서 호흡으로 되돌아가는 것과는 차이가 있다. 그리고 ACT에서 전념은 삶의 가치 있는 패턴으로 되돌아가는 것을 포함한다.

사실상, 모든 가치의 본질은 크든 작든 어떤 방식으로든 그 핵심이 간과되는 경우가 있다. 예를 들어, 부모가 되는 것은 가치 있는 일이지만, 부모라는 가치보다는 부모가 되고자 굉장히 조바심을 내거나 지나치게 그것에 몰두해 있는 우리 자신을 발견하게 된다. 또 우리는 삶이 너무 바쁘기 때문에 어떤 가치화된 영역들을 무시하게 된다. 전념에 관한 많은 문제는 회피와 융합으로부터 발생한다. 가치화된 방식으로 전념하는 활동의 정도를 질문지를 통해 평가할 수 있는데, VLQ-II와 같은 도구는 가치 있는 영역 내에서의 활동 수준에 관한 체계적인 질문을 가지고 있고, 또 이러한 활동에 대한 만족의 정도를 평가하는 질문이 포함되어 있다. 만약 가치 행동의 수준이 낮은 경우, 치료자는 내담자에게 지난 실패에 대한 반추, 미래에도 실패할 것이라는 걱정, 또는 개인적으로 매우 고통스러운 어떤 행동 패턴에 대한 논의를 무조건 거절하는 것과 관련하여 질문하게 된다. 반대로 가치 전념 행동이 높은 경우에는 상당한 유동 능력을 갖고, 크고 작은 특정한 전념 행동이 발생하는데, 이는 개인이 선택한 가치로 구성된 전념 행동이다.

전념 과정 다루기

전념 과정은 가치 지향 행동 활성화로서 간단히 설명할 수 있고, 만약 융합과 회피가 낮다면 이 과정은 더욱 가능해진다. 삶을 확증하는 활동에 참여하도록 내담자를 촉구하는 것은 모든 의학에서 필요한 것일지 모른다. 하지만 만약 융합과 회피 반응이 높다면, 치료는 앞서 언급한 가치 치료의 두 단계를 다시 거쳐 야만 한다. 전념 작업에서 초기에는 탈융합과 수용의 중재를 포함하여 특정한 전념 활동을 함께 다루어야 한다. 그리고 내담자가 이 수행에 몰두하길 원해도 어떤 면에서 거리낌이 들 수 있는데, 그러한 감정에서도 특정한 전념 활동에 매 순간순간 참여하도록 해야 한다. 또한 이 작업은 단순히 재미있는 대화를 넘어 실제적인 전념 행동을 다루어야만 한다. 이때 내담자는 자신이 원하지 않는 것 을 이야기해야만 하기도 하지만, 이것은 결국 내담자를 풍요롭게 하고 그들의 진 가를 알아보는 시간을 갖는 것과 같다. 게다가 이 작업은 특정한 방식에서 가장 가능성이 낮을 수 있는 전념 행동을 하도록 요청하기도 한다. 이를 통해 회피와 융합은 감소하게 되고, 내담자가 실제적으로 착수할 수 있는 특정한 활동에 관 한 대화의 과정을 거칠 수 있게 되는 것이다. 한편, 회피와 융합의 재발생은 치료 작업의 속도를 떨어트리기 때문에 이때 지금 이 순간에 초점화된 수용과 탈융합 작업을 다시 수행해야만 한다. 그러나 유연성이 다시 발생하면 본 작업 과정으 로 되돌아오면 된다.

● ACT의 발전에서 마음챙김과 수용 기반 전략의 역할

심리적 수용은 치료에서 충분히 가치 있는 것으로 확인되며, 특히 ACT에서 매우 중요하다. ACT에 대한 교재를 처음 출판하기 3년 전(Hayes et al., 1999), 진 단을 통한 기능적 차원으로서 경험적 회피를 제안한 기사를 냈다(Hayes et al., 1996). ACT에서의 마음챙김은 보다 복잡하다. ACT는 '제3의 물결'인 CBTs와 는 다르게, 예를 들어 마음챙김 기반 인지치료가 하듯이 전통적인 마음챙김으로 부터 온 것이 아니다(Segal, Williams, & Teasdale, 2001). 또 변증법적 행동치료 (Linehan, 1993)에서 볼 수 있는 전통적인 마음챙김의 개념도 강조하지 않는다. 하지만 과정을 이해하는 데 있어서는 ACT와 전통적 마음챙김 간에 상당한 중첩이 있을 수 있다.

우리는 "특정한 방법으로 주의를 두는 것, 즉 의도적으로 지금 이 순간에 비판단적으로 주의를 두는 것"(1994, p. 4)이라는 Kabat-Zinn의 정의를 인용하여 ACT 모델에서 마음챙김이 적합한지 알아볼 수 있다. 이러한 마음챙김의 요소가 지금 이 순간에 접촉하기, 수용, 탈융합, 맥락으로서의 자기라는 ACT의 네 가지 핵심 과정을 구성한다. 마음챙김에서의 핵심은 지금 이 순간으로 주의를 불러오는 것이다. 그리고 ACT에서는 내담자에게 수용(수용 과정)과 함께 계속 진행되고 있는 사고와 감정에 주목(지금 이 순간 과정)하도록 요청한다. 그래서 사고와 감정을 무엇으로 간주하려는 자각이 발생하고, 이를 의식의 내용으로 두려는 경향은 덜해지며(탈융합 과정), 계속 진행되고 있는 사고와 감정에 보다 더 주목하게 된다. 게다가 수용은 내담자가 관찰된 사건의 흐름으로부터 자기 자신에게 보다 주목하게 한다(맥락으로서의 자기 과정).

이렇듯 ACT는 마음챙김의 이 과정 정의에 적합한 요소를 포함한다. 이것은 지난 10년 동안 마음챙김과 ACT의 관계성에 대해 계속 조사하고 개척한 결과다(예: Hayes & Plumb, 2007; Hayes & Wilson, 2003; Wilson & DuFrene, 2009). 그리고 CBT의 현대 모델과도 시너지 효과를 가져왔다. ACT 치료 개발자들은 마음챙김을 계속 연구하였고(예: Wilson & Dufrene, 2009), 이 마음챙김은 ACT의 이점에 대한 매개 효과를 가졌는데, 이와 관련하여 Mark Williams와 같은 MBCT 연구자들이 수용과 활동 질문지를 통해 ACT에서의 마음챙김 매개 효과를 측정하였고, 또 마음챙김 기반 치료 프로젝트에서 ACT가 갖는 심리적 유연성을 측정하기도 하였다(M. Williams, 개인적 접촉, 2008년 4월). 한편, CBT와 ACT의 사회학적 관계는 측정, 치료 접근, 감성 등에서 섞여 있다고 볼 수 있는데, 출현한 CBTs 중 몇몇은 새로운 치료 이론을 돕고, 이와 학문적인 영역을 공유하려는 경향이 있다. 그래서 1980년대의 CBT는 1960년대 초반의 BT와 유사하다.

● ACT 모델의 전형적인 특징과 독특성을 보여 주는 사례

Jane Thompson[1]은 22살 된 유럽계 미국인 여성으로 현재 대학을 다니고 있다. 그녀는 4남매 중에서 둘째이고(두 명의 남자 형제와 두 명의 여자 형제), 그녀의 부모는 그녀가 2세 때 이혼했다. 그녀는 혼란스러운 심리 상태와 자신의 자각이 현실과 다르게 이상하게 느껴지고, 설명할 수 없는 괴로운 기분 변화, 또 이 때문에 정신을 집중하기 어려운 문제들을 호소하였다. 이런 상태 때문에 학교에서도 부적응을 보이고, 빈번하게 나타나는 극적인 감정 변화 때문에 이성과의 관계에서도 어려움이 있다고 보고하였다.

Jane은 적어도 하루에 한 번씩 마리화나뿐만 아니라 다른 약물을 복용하고 있었다. 술과 약물 복용은 고등학교 때부터였고, 이로 인해 학교에서 적응 문제를 보이며, 고등학교 2학년 때 재활시설 기관에 입원한 경력이 있다.

또한 Jane은 자기 삶에서 자신이 원하는 것이 무엇인지 불확실하다고 하였고, 또 자신의 가족이 자기에게 원하는 것과 또 자신이 하길 원하는 것 사이에서 갈등을 겪었다고 하였다. 이를 바탕으로 초기 사례 개념화와 가능할 수 있는 치료 방향을 논의하였다.

지금 이 순간 과정

지금 이 순간 과정에서 Jane은 융통성이 없고 발화 속도가 빠른 점이 지적되었다. 그녀의 발화 속도는 지금 이 순간에 대한 반응을 방해하는 것으로, 치료자로부터 천천히 이야기하도록 요청받았다. 그리고 어떤 특정한 어려움에 주의를 기

---

1) 본 사례에서는 개인 정보 보호를 위해 필명을 사용하였다.

울여야 할 때도 같은 속도로 말하도록 요청받았는데, 이때 그녀는 그 순간에 주의를 기울이지 못하고 계속 다른 주제로 넘어갔다. 또한 이 회기에서 그녀의 자기보고를 관찰하였는데, 그녀는 머릿속으로 자신이 해야 할 일들에 대한 목록을 자꾸 생각하였고, 이에 자신이 했었던 일들이 무엇인지 또 하룻동안 무엇을 했었는지에 관한 생각을 이야기하였다. 이러한 생각이 거의 끊임없이 마음에서 불쑥불쑥 나타난다고 하였고, 이는 주의집중을 방해하며, 학교와 대인관계를 간섭한다고 하였다. 즉, 그녀는 머릿속으로 이러한 사고의 목록을 만드는 동안 외부와의 상호작용을 놓쳤다고 보고하였다.

이 과정의 치료와 평가에서 Jane은 발화 속도를 천천히 하는 것과 유연하고 초점화된 주의와 관련된 체계적인 작업을 수행한다. 초기에는 지금 이 순간에 머무르는 시간을 늘이기 위해 하나의 특정한 주제만 이야기하도록 하였고, 이후에는 복합적이고 즉각적으로 주의를 기울일 수 있는 훈련이 포함된다. 그리고 치료자는 현재의 주의 패턴을 방해하는 특정한 주제로 되돌아가기를 내담자에게 의도적으로 시도해 볼 수도 있다. 이외에도 회기를 시작할 때 간단하게 마음챙김 훈련을 하거나 일상적인 대화가 포함된 매우 간단한 연습을 통해 유연성과 주의 초점을 위한 연습이 가능하다.

수용 과정

또한 Jane은 '감정 기복을 피하기' 위해, 또 외부 세계에 대한 실제적인 지각을 알아보기 위해 약물을 사용하였는데, 이러한 약물 사용은 그녀의 심리적 수용이 결핍되어 있음을 보여 준다.

이 과정의 치료와 평가에서는 그녀가 회피 전략으로 오랫동안 약물을 사용해 왔기 때문에 약물 남용의 정도와 그 기간을 평가해야만 한다. 또한 그녀의 회피 행동이 외부 세계와 상호작용하는 것이나 미래에 원하는 행동을 성취하는 데 필요한 능력을 제한하는 부분은 없는지 조사해야만 한다. 그리고 그녀가 회피하고 있는 일반적인 내용들(예: ‘기분 변화’ ‘이것이 얼마나 실제적인가’ 가 갖는 세부 사항들)이 어떤 특정한 것을 발생하지는 않는지의 여부도 살펴보아야만 한다. 이때 추상적인 회피 내용이 아닌 반드시 확인할 수 있는 내용이어야만 수용 작업이 가능하다. 그리고 삶에서의 가치 있는 패턴이 갈등을 겪을 때도 수용과 탈융합 작업을 수행해야만 한다. 예를 들어, Jane은 학교 숙제와 가족에 대한 의무로 인해 압박감을 느낄 때마다 약물을 복용하였고, 이에 본 치료 회기의 목표는 ‘압도되는 감정’ 을 수용하는 것이 되고, 회피 행동에 몰두하는 것 없이 ‘압도되는 감정’ 에 접촉할 수 있도록 어떤 맥락을 제공받게 된다.

탈융합 과정

Jane은 약물 사용과 자신의 삶에 대한 신념이 많이 융합되어 있었다. 약물 사용에 대한 이유를 보면, ‘마리화나 흡연은 나의 관계성을 돕는다.’ ‘약물은 모든 것에 대한 더 나은 관점을 가질 수 있게 해 준다.’ 와 같다. 또한 세상에 대해 융합된 신념을 보면, ‘나의 부모는 내가 원하는 것이 무엇인지 모른다.’ ‘나는 반드시 대학에 가야만 하고 대학을 졸업해야만 하는데, 그건 나의 가족이 원하기 때문이다.’ ‘나는 내 기분의 변화에 대한 이유를 알 필요가 있다.’ 와 같다. 그리고 융합된 사고들은 융통성이 없고, 이러한 매우 골칫거리인 생각들은 계속 반복되는 경향이 있다. 이에 치료자는 그 융합된 사고들이 실제적인지를 직접적으로 다루기보다는 진실성을 갖고 공감해야 하며, 그러면서 다른 관점을 다루도록 도와야 한다.

탈융합 작업에서는 Jane에게 나타난 어려움이 걱정으로 인한 선택된 사고로 이루어져 있음을 확인할 수 있었다. 이러한 사고들은 흔히 치료 초기에 나타나고, 특히 가치 있는 삶의 방향과 변화에 대한 질문의 답을 통해 알아볼 수 있다. 예를 들어, Jane이 약물 사용을 그만두도록 요청받게 되면, 그녀는 ‘약은 기분을 통제하도록 돕는다.’ 라는 사고가 즉각적으로 떠오르게 될 것이다. 이러한 신념은 탈융합 작업에서 적절한 목표가 되는데, 이것이 Jane의 회피 레퍼토리(예: 약물 사용)를 형성하게 되는 것이다. 그런데 이 문장에는 진실성이 없다는 것이 중요한데, 그럼에도 불구하고 이 문장의 기능은 탈융합 작업에서 이상적인 목적으로 삼는 약물 사용을 그만두는 것을 방해한다는 것이다.

이 과정의 치료와 평가에서는 융합된 신념을 확인하기 위해 가족과 관련된 가치를 좀 더 자세히 다루며, 또한 Jane이 이러한 신념이 얼마나 진실하다고 믿는지를 평가한다. 그리고 치료에는 그녀가 이러한 신념에 다르게 접촉할 수 있도록 돕는 활동이 포함되고, 또 '진실하다'고 믿는 신념에 덜 메이도록 그녀를 돕는 활동이 포함된다. 그리고 융합이 매우 심할 경우에는 반드시 수용과 마음챙김을 함께 포함해야 하며, 이를 통해 융합된 사고에 접촉하고 가치에도 초점을 맞출 수 있게 된다.

자기 과정

Jane은 자기 자신에 대해서도 많은 융합된 신념을 가지고 있다. 예를 들어, '나는 내가 원하기 때문에 마리화나를 흡입하거나 약물을 복용하는 것이다.' '나는 나의 가족에게 실망했기 때문에 고등학교 때부터 이러한 문제 행동이 있었던 것이다.'와 같은 것이다. 일반적으로 자기 과정을 다루는 회기에서는 자신에 대한 이러한 생각들이 매우 융통성이 없음을 확인한다. 그리고 자기 자신에 대한 다른 관점을 다룰 수 있도록 하는데, 이를 위해 Jane은 치료자로부터 여동생으로서, 학생으로서, 그리고 딸로서 삶의 다양한 역할을 갖고 있는 자신을 묘사하도록 요청받는다. 다양한 역할에 직접적으로 주의를 기울임으로써 자신과 관련된 반복적으로 융합되어 있는 신념을 확인할 수 있다.

이 과정의 치료와 평가는 자기 과정이 자기 자신에 대한 융합된 신념과 관계되므로 탈융합의 평가 및 치료와 유사하다. 그리고 복합적인 관점을 갖도록 하는 연습도 있는데, 당신의 자녀나 형제 또는 다른 사람이 갖는 사고와 감정을 상상하는 작업도 수행하게 된다. 또한 마음챙김 훈련에 대한 작업을 통해 자기 과정에서도 보다 유연하게 상호작용하는 능력을 가능하게 해 준다.

가 치

만약 Jane이 무엇을 할 수 있는지에 대한 질문을 받게 되면, 그녀는 자기를 지탱하게 하는 공동체 내에서 현실적으로 살아가는 것이라고 이야기할 것이다. 이에 그녀는 자신에게는 해로운 환경으로부터 보호받는 삶보다는 단순한 삶을 사는 것이 더 중요하다고 할 것이다. 그녀는 공동체의 구성원으로서 다른 사람들과 함께 교류하고, 함께 일하며 살아가는 것의 가치 때문에 스트레스를 받고 있다. 또한 그녀는 가족에 대한 자신의 신념으로 인해 어려움을 겪고 있는데, 이는 가족이 그녀에게 중요한 가치이기 때문이다. ACT 모델은 가치와 취약성 간에 어떤 긴밀한 연결성이 있음을 추정하고, 가족에 대한 지나친 걱정이 그녀에게 중요한 가치라고 제안한다.

이 과정의 치료와 평가에서는 가장 일반적인 검사도구인 VLQ-II를 활용하여 가치를 평가할 수 있는데, 이것은 다양한 가치 도식의 중요한 상관관계를 살펴볼 수 있게 해 주며, 평가된 가치들 중 융합과 회피가 가장 높게 나타날 수 있는 영역을 추정하는 데도 적절하다. 또한 Jane에게 특정한 상황이 갖는 중요한 가치 도식을 평가하는 것도 포함되고, 다른 과정들(내용으로서의 자기, 융합, 회피, 지금 이 순간의 결핍)이 가치 있는 삶을 살아갈 수 있는 그녀의 능력에 어떤 어려움을 주고 있는지도 질문해 볼 수 있다. 만약 융합과 회피가 일어나는 영역이 있다면 반드시 그 영역의 가치 도식과 관련된 활동을 재구성해야 한다. 융합과 회피가 높을 경우 지금 이 순간에 초점화된 탈융합을 다시 고려해야 하며, 가치를 처리하는 데 있어서 반복적으로 회피하는 것에 대해서는 수용 작업이 필요하다.

전념 행동

내담자에게 처음부터 전념 행동 작업을 강조하지 않고, 지금 이 순간에 접촉하는 것과 수용 및 탈융합, 그리고 맥락으로서의 자기를 먼저 충분히 다뤄야 한다. 전념 행동으로 너무 빨리 진행되면, 아주 사소할 수 있는 특정 행동에 대해 질문을 해도 이것은 자신의 가치 내에서 실패 및 무능력과 관련된 융합된 생각을 즉각적으로 발생시키는 위험이 있다.

이 과정의 치료와 평가에서는 가치 과정에 따라 전념 행동은 반드시 절차적으로 소개되어야만 한다. 또한 전념 행동의 초기 작업에서도 수용과 탈융합에 먼저 초점을 맞춰야만 하고, 그리고 이 작업에서 다뤄진 내용으로써 전념 행동을 구성해야 한다. 한편, 유연성이 생기면 Jane은 점점 더 보다 광범위한 전념 행동 패턴을 선택할 수 있도록 격려받게 된다. 그리고 가치 작업을 통해 수용이나 탈융합 작업의 재시행 빈도를 예상해 볼 수 있다.

● 거리두기, 상위인지, 마음챙김 그리고 탈융합: 인지에 대한 다양한 관점

BT에서 CBT로의 이동은 심리적 어려움에서 인지의 역할에 대한 관심을 증가시켰다. 앞서 기술되었던 것과 같이 ACT는 전통적 CBT와는 다른데, ACT에서는 인지와 관련하여 직접적인 변화 전략을 강조하기보다는 고통스러운 생각 및 감정과 함께하는 내담자의 관계성을 변화하는 데 더 초점을 맞춘다. 많은 연구자는 내담자가 고통스러운 감정과 인지, 그리고 변화하기 어려운 다른 고통스러운 내용이 빈번하게 일어나거나 또 강렬하게 존재함에도 불구하고 생태학적으로 중요한 삶의 변화를 경험할 수 있는 가능성을 보여 주었다.

1970년대와 1980년대를 보면, 전통적 BT에서 인지에 대한 강조가 증가하기 시작하면서 전통 CBT가 발전하였다. 그리고 CBTs는 인지를 강조하는 방식에서 서로 다른 전략을 취하고 있다. 또한 이러한 변화 흐름에 있어서 지속적으로 어떤 노력이 있든지 없든지 간에 인지로의 이동은 시간이 흐르면서 자연스럽게 나타났다. 그런데 제반 치료 영역에서 여전히 인지의 중요성이 강조되고 있음에도 ACT는 개인의 인식보다는 개인의 관계성에 초점을 이동하였다. 또한 ACT는 인지의 역할이나 중재, 중재의 목적 그리고 추정되는 변화 기제와 관련된 이론적 관점에서 공통점과 차이점을 보인다. 이에 인지에 대한 ACT의 적절성을 살펴보기 위해 우리는 동시대의 다른 이론들에 대해서도 간략하게나마 개요를 제공할 필요가 있다. 이는 초기 CBT 내용을 통해 현재의 변화된 이론의 근원을 살펴볼 수 있는데, 특히 Beck의 이론으로부터 영감을 많이 받았고, 거리두기 개념이 대표적이다.

거리두기

Beck은 거리두기 기법을 설명한 바 있는데, 이것은 자기 자신을 3인칭으로 언급함으로써 내담자가 고통스러운 생각이나 감정으로부터 자신을 한 걸음 물러서게 하는 것이다.

내담자는 거리두기 기법을 통해 자발적으로 그의 불안으로부터 자기 자신을 거리를 두게 함으로으로써 자신에 대한 인식을 증가할 수 있게 된다. 내담자는 자신을 언급할 때 3인칭이나 자신의 성(first name)을 사용할 수 있다. 내담자는 하루 동안 자기 자신을 분리된 독립체로서 언급하는 연습을 통해 불안에 대해서도 거리를 두고 언급할 수 있게 된다. 예를 들어, (자신의 이름을 사용하여) 'Bill은 마치 겁먹은 것처럼 보인다. 그의 심장은 심하게 요동친다. 그는 그를 취약하게 하는 여러 가지 생각 때문에 염려스러운 것처럼 보인다. Bill은 그가 만들어 내고 있는 이러한 인상에 집중하고 있다.' 라는 식으로 언급할 수 있다. 이런 식

으로 자신의 불안 반응으로부터 거리를 둠으로써 자신에 대해서 보다 객관적인
인상을 얻을 수 있게 된다.

(Beck, Emery, & Greenberg, 1985, p. 194)

Beck은 거리두기의 맥락에서 심리적 수용에 대해서도 다음과 같이 언급하였다.

> '또 다른 공포스러운 생각을 단지 생각 자체로 두고, 더 이상 이를 심각하게
> 받아들이지 않는다.' 이는 내담자가 공포스러운 생각과 투쟁하기보다는 그 사
> 고를 수용하도록 하는 것이다. 내담자는 그의 생각을 그 자체로 관찰하고 그냥
> 그것대로 둔다.

(Beck et al., 1985, p. 196)

한편, Beck은 추정되는 행위의 기제와 중재의 목적에 대해서도 상기시켰고,
제안된 기제는 인지적 변화를 일으킨다.

> 내담자가 자신의 불완전한 생각을 확인하는 방법을 배우고 나면, 그다음에 자
> 신의 왜곡을 정확하게 하는 방법과 생각을 재구조화하는 방법을 배우게 된다.
> 인지적 · 행동적 · 정서적 전략과 기법은 내담자가 보다 실제적이고 적응적인 사
> 고가 가능하도록 돕는 데 유용하게 활용된다.

(Beck et al., 1985, p. 195)

Beck의 이론이 갖는 가치는 『인지치료와 정서장애』(1967)에 잘 설명되어 있
다. 그런데 우리는 이 자료에서는 인지 내용의 변화와 생태학적으로 관련된 이
점들을 경험적으로 입증할 수 있는 거리두기에 대한 측정 도구나 관련 방법을 확
인할 수 없었다. 대신 탈중심화를 측정하는 Teasdale의 경험 질문지(EQ)(Fresco
et al., 2007)의 어떤 항목(예: '나는 나의 생각으로 내가 존재하지 않는다는 것을 확실

히 안다.')을 보면, Beck의 거리두기 개념과 상당히 관련되어 있다. 하지만 '나는 나로서의 나 자신을 보다 더 잘 수용할 수 있다.' 와 같은 항목에는 수용의 개념도 같이 혼합되어 있다. 이렇듯 거리두기 개념은 Beck이 처음 구성하였지만, 이후 Teasdale와 그의 동료들에 의해 보다 정교화되었으며, 결국 마음챙김 기반 인지치료(Mindfulness-Based Cognitive Therapy: MBCT)를 형성하게 되었다.

상위인지

Wells는 상위인지를 "개인의 인지적 체계에 대한 안정된 지식 또는 신념, 그리고 인지적 체계가 기능하는 데 영향을 주는 요소에 관한 지식" 으로 기술하였다(Wells, 1995, p. 302). 내담자의 인지는 종종 긍정적 또는 부정적 평가에 의해 수행된 사고다. 예를 들어, Wells의 상위인지 모델은 일반화된 불안장애를 두 가지 유형의 걱정으로 분류하는데, 첫 번째 유형의 걱정은 재정, 건강, 사회적 소득과 같은 실제적으로 존재할 수 있는 어려움에 대한 걱정이다. 반면에 두 번째 유형의 걱정은 걱정에 대한 걱정으로, 이것이 Wells의 상위인지 모델에서 중요한 중재 목표가 된다(Wells, 1995). 또한 Wells는 우울증에서 지속적으로 나타나는 광범위한 반추에 대해서도 유사한 상위인지 역할을 적용하였고, 이에 인지과정의 변화를 위해서는 반드시 반추의 내용 대신 반추에 대한 부정적 그리고 긍정적 신념을 중재 목표로 해야 한다고 언급하였다(Wells et al., 2009). 이 이론 역시 Beck의 이론으로부터 구성되었기 때문에 불완전한 신념을 바꾸는 것을 목표로 하지만 대신에 제2유형의 신념에 보다 초점을 맞춤으로써 발전하였다.

상위인지치료(Metacognitive Therapy: MCT)에서 Wells는 Beck과 같이 잦은 걱정을 호소하는 내담자에게 수용 전략을 제안하였다. '증상을 처방하는 것' 은 아주 오래된 중재이고(예: 실존주의 정신분석에서는 역설적 목적으로 이를 활용; Frankl, 1959), 대신 Wells는 이전의 반복되었던 것들, 즉 확인 가능한 변화 기제로는 더 예상할 수 없는 무언가를 제시하였다. 그리고 Wells는 "GAD에 대한 인지치료는 상위 지식을 갖는 데 목적이 있는 상위 걱정(두 번째 유형의 걱정)에 초점을 맞출 의무가 있다."(Wells, 1995, p. 311)라고 언급하였다. 또 걱정에 관한 부정적이고 파국적인 신념뿐만 아니라 걱정이 갖는 유용성으로 긍정적인 상위 신념을 변화시키는 특수한 목적을 가진다.

한편, Wells와 그의 동료들은 정신측정 도구(예: 상위인지 질문지-30; Wells & Cartwright-Hatton, 2004)를 개발하여 상위인지 모델을 경험적으로 지지하였고, 또 임상 표본을 통해 모델의 적합성을 분석하였으며(Papageorgiou & Wells, 2003), 우울(Wells et al., 2009), 일반화된 불안장애(Wells & King, 2006), 강박장애(Fisher & Wells, 2007)와 같은 장애에서 MCT의 효과성을 확인하였다. 그러나 이 연구들에서의 증거가 좀 더 유망한 것이 되기 위해서는 향후에 정형화된 중재 분석이 필요해 보인다.

상위인지 자각 그리고 마음챙김

Wells의 MCT 상위인지 개념과 MBCT에서의 상위인지 개념에는 중요한 차이점이 있지만, 몇몇의 전문 용어를 서로 공유하고 있다(Wells et al., 2009, p. 293 참조). 즉, 언어 체계가 중첩되는데, 이는 하나의 인지이론 관점에서 나온 현상을 두 연구 집단에서 서로 다르게 됨으로써 나타난 부분적인 결과다. 하지만 Teasdale 등에 의해 개발된 MBCT 접근은 추정되는 행동의 기제 수준과 중재 수준에서 다른 차이점을 보인다.

중재의 수준에서 MBCT는 MCT와 기타 주류의 CBT에서 보이는 인지적 도전에 대한 강조를 줄인다. "MBCT의 초점은 개인에게 생각과 감정을 보다 더 잘 인식할 수 있도록 가르치고, 또 개인의 생각과 감정을 자기의 한 측면으로서 혹은 실제를 정확하게 반영하는 것으로서 보기보다는 '정신적 사건'으로서 더 넓고 탈중심화할 수 있게 가르친다."(Teasdale et al., 2000, p. 616) 그리고 행동 기제와 관련해서 Teasdale 등은 "우울한 사고에 있는 신념 또는 역기능적 가설을 줄이는 것

(즉, 사고 내용의 변화)" 이 변화를 확실하게 이끈다는 가정에 반대하였다. 대신에 그들은 "그저 신념을 변화시키려는 방법보다는 인지적 방식의 변화가 아마도 CT 의 재발 방지 효과보다 더 실제적으로 중요한 기제일지 모른다."(Teasdale et al., 2001, p. 354)라고 주장한다.

MBCT에서 제안된 변화 기제를 지지하기 위해 연구자들은 상위인지 자각을 우울의 예측 인자로 가정하고 이것이 재발을 심화시킨다고 입증하였고, 이로써 MBCT가 상위인지의 효과성을 증가시킴을 확인하였다(Teasdale et al., 2002). 또 한 MBCT가 우울증 치료에 있어서 환자의 자서전적 기억 회상을 감소시킴을 보 여 주었고(Williams, Teasdale, Segal, & Soulsby, 2000), 우울로부터 고통받는 사람 들에게서 단정적인 반응 유형이 감소하였음을 보여 주었다(Teasdale et al., 2001). 게다가 MBCT를 통해 우울과 관련된 인지적 반응 유형이 표준화된 일반 기준을 갖게 되었고, 이러한 MBCT의 임상적 효과는 MBCT에서 제안한 변화 기제를 지 지하는 것으로 보인다(Teasdale et al., 2001).

탈융합

앞서 기술하였던 것과 같이, 탈융합은 ACT의 여섯 가지 핵심 과정 중 하나다. 그리고 탈융합은 상기한 모든 것과 함께 몇 가지의 특징을 공유하고, 개념적으 로는 MBCT와 가장 중첩된다. 물론 ACT와 MBCT는 매우 다른 이론적 기원에서 부터 시작하였기 때문에 이론적 용어가 다르다. 하지만 행동의 기제와 중재에 있어서는 민감하게 중첩된다. 첫째, MBCT는 인지 내용에 대한 내담자의 관계성 을 변화시키는 방법으로서 고통스러운 인지를 향한 수용적이고 개방적인 태도 를 가르친다. 둘째, ACT와 MBCT는 둘 다 인지적 내용에 대한 관계성 수정을 중 요한 관점으로 둔다. Beck과 Wells는 부정확한 인지적 내용을 대체하기 위한 수 단으로써 인지에 대한 수용과 개방성을 언급하였다. 또한 Wells 등은 "수용이나 지금 이 순간을 더 잘 인식하는 것이 목표가 아니고, 수행 통제의 강화가 목표다."(Wells et al., 2009, p. 293)라고 하였다.

MBCT와 ACT의 개념화 중 융합이 부분적으로 중첩되는데, ACT에서는 내용으로서의 자기로 이를 언급한 바 있다. MBCT에서 치료는 "자각의 더 광범위한 맥락 또는 영역 내에서 발생한 정신적 사건으로서 부정적 경험을 확인하는 것보다 부정적 사고와 감정을 그 자체로 개별적으로 확인하는 것"(Teasdale et al., 2002, p. 276)을 촉진한다. "'지나가는 사고와 감정이 진실이든 그렇지 않든 간에' 우리는 그것을 경험하게 되고, 이러한 경험과 관련하여 '실제로 비난을 받는다' 는 식"의 부정적 사고를 하게 되는데, 이에 치료는 부정적 사고에 대한 개인의 부정적 관점(부정적 사고를 부정적으로 사고하는 관점)을 이동시키는 것이다(Teasdale et al., 2002, p. 276). 이처럼 사고의 진실성보다는 사고의 행동적 기능에 더 주의를 기울이고, 또 진실성에 의존한 사고로 자기 정체성을 확인하는 것이 줄어드는 점은 MBCT와 ACT가 중첩되는 부분이다.

탈융합 작업에서는 고통스러운 인지를 보다 합리적인 사고나 보다 실행 가능한 사고로 대체하도록 내담자에게 요청하지 않는다. 또한 고통스러운 사고가 감소하거나 완화되는 것을 그리 중요점으로 두지 않는다. ACT 중재는 유형1 인식이든 유형2 인식이든 관계없이 이를 직접적으로 논쟁하거나 도전하지 않는다. 사실상 ACT에서는 고통스러운 사고의 감소보다는 그것의 빈도에 더 초점을 둔다. 게다가 탈융합은 상위인지 의식과 보다 더 유사하고, 이것은 고통스러운 사고에 대한 심리적 유연성을 증가시키며, 탈융합은 어떤 내용의 사고가 생기는지에 관계없이 내담자를 개선하기 위함이다. 이전에 제시하였던 것에 의하면, 탈융합은 고통스러운 사고가 유지되거나 회복되는 경향이 있는 도식 내에서 특별히 더 중요하다. 한편, MBCT는 우울 에피소드가 재발한 내담자에게 효과가 없었지만, ACT는 만성 통증이나 당뇨병, 스트레스, 정신증과 같은 증상의 재발 또는 지속이 확실한 장애에서 특별히 매우 효과적임을 보여 준다.

ACT 연구자들은 탈융합뿐만 아니라 다른 핵심 ACT 과정을 측정하기 위한 도구 개발에 노력을 기울이고 있다. ACT 과정 중 탈융합의 경험적 중요성에 대해서는 다음 장에서 논의하고, 여기서는 ACT 효과에 대한 증거와 관련 과정을 간략하게 다루고자 한다.

● ACT 모델에 대한 증거의 간략한 개요

인간이 고통받는 것은 아주 흔한 일이다. 국가적인 정신건강 조사에서 표집된 사례의 4분의 1 이상이 지난해에 정신장애를 겪었고(Kessler, Chiu, Demler, & Walters, 2005), 예전 조사에서는 거의 반 정도가 삶에서 한 번은 정신장애 때문에 고통스러웠다고 보고하였다(Kessler et al., 1994). 이는 ACT가 주장하는 인간이 고통받는 것은 비정상이 아니고, 인간 경험의 필수적인 부분임을 지지한다. ACT는 자연 언어와 인지적 과정을 상정하였고, 이는 어떤 도식에 대해서는 적응적이나 다른 것에는 파괴적인 잠재성을 가진다고 지적하였다. 이러한 기본 언어 과정은 RFT에서도 주요점이고, 이와 관련된 160개 이상의 경험 연구들이 정신병리학에 대한 ACT 모델의 근거를 지지하였다.

ACT 치료 모델의 이론적 틀은 다양한 장애와 연구 대상에 대한 치료 효과를 지속적으로 조성하였다. 기분장애(Forman, Herbert, Moitra, Yeomans, & Geller, 2007; Zettle & Rains, 1989), 약물 남용(Hayes et al., 2004) 그리고 강박장애(Twohig, Hayes, & Masuda, 2006)에 대한 ACT 치료 모델의 효과는 지속적으로 연구되고 있다. 또한 특별히 치료 저항이 심한 정신증과 같은 수많은 정신질환 문제에 있어서도 ACT의 치료 효과를 지지하는 연구 결과들이 있다(Bach & Hayes, 2002; Gaudiano & Herbert, 2006).

또한 ACT는 종종 전통적 치료 기법 모델로는 잘 맞지 않는 비임상적 집단에게도 효과적인 중재임을 보여 준다. 예를 들어, 최근 연구를 보면 ACT가 물질 남용 상담가들의 오명과 소진을 줄이는 데(Hayes et al., 2004), 자폐 아동의 부모를 돕는 데(Blackledge & Hayes, 2006), 그리고 스트레스는 줄이고 생산성은 증가시키는 데(Bond, Hayes, & Barnes-Holmes, 2006) 효과적인 결과를 보였다. 또한 ACT
는 간질 발작의 빈도를 줄이는 데(Lundgren, Dahl, Melin, & Kies, 2004)와 만성 통
증에 대처하도록 돕는 데(Dahl, Wilson, & Nilsson, 2004; McCracken, Vowles, &
Eccleston, 2005), 그리고 흡연(Gifford et al., 2004), 당뇨병 관리(Gregg, Callaghan,
Hayes, & Glenn-Lawson, 2007), 체중 감소(Forman, Butryn, Hoffman, & Herbert,
2009; Lillis, Hayes, Bunting, & Masuda, 2009; Tapper et al., 2009)에 효과적인 중재
로 작용함을 알 수 있다.

　이러한 ACT의 연구 자료들이 정식으로 출판된 수는 많지 않지만, 장애와 대
상 집단의 다양한 범위를 제시해 주었다. 연구 프로그램은 의도적으로 폭넓게
적용되었다. ACT 치료 개발 커뮤니티는 맥락적 행동 과학을 위한 협회를 중심
으로 광범위하게 적용될 수 있는 모델들을 개발하였다. 즉, 다양한 범위의 장애
와 다양한 범위의 맥락 내에서의 치료 개발은 맥락적 행동 과학 치료 개발 전략
을 중심으로 이루어진다(Hayes의 문서를 참고하라).

　개인 연구의 효과성에 대한 종합적인 검토와 개인 치료 간의 비교는 이 장의
범위를 넘어선다. 대신, ACT 중재에 대한 최근 세 가지 메타 분석의 결과를 통해
ACT 효과에 대한 일반적인 내용을 독자에게 제시해 줄 수 있을 것이다. Hayes,
Luoma, Bond, Masuda와 Lillis(2006)와 Öst(2008)에 의한 메타 분석 결과, ACT
가 공신력 있는 다른 치료보다 일반 치료(Treatment-as-usual: TAU) 집단과 대기
집단 간의 효과 크기를 더 잘 중재하였다.

　또 다른 최근 메타 분석은 ACT 효과성에 대해 다소 제한된 추정을 언급하였는
데, TAU와 대기 집단 간에 아주 작은 수준의 효과 크기를 보였다고 하며, 공신
력 있는 다른 치료와 비교해서도 비슷한 수준의 효과 크기만을 제공하였다
(Powers, Zum Vörde Sive Vörding, & Emmelkamp, 2009). 그런데 이 결과는 ACT에
서 가장 선두적인 연구 집단(Hayes 등)과 효능성에 대한 유망성을 제안하였던
Öst에 의해 재논의되었다. ACT 연구 효과에 대한 Öst의 맹렬한 비판에도 불구
하고, Öst의 연구를 포함한 치료들 간에 상관적 특성을 비교한 메타분석을 보면,

ACT와 CBT 연구에서 발견된 결과들이 매우 차이가 있었다(Gaudiano, 2009a). 예를 들어, Öst의 CBT 비교 연구는 전형적으로 불안과 우울 치료에만 해당되는 반면에, ACT는 간질, 복합 물질 남용 혹은 약물 중독, 성격장애와 같은 질병들까지 다루었다. 또한 Öst의 분석은 ACT와 비교했을 때보다 전통적인 CBT 모델이지만, ACT와 전통적 CBT만으로는 가능할 수 없었던 차원을 비교해 주었다(예: 수준의 발견과 장애 치료 등; Gaudiano, 2009a; Gaudiano, 2009b; 그리고 이러한 방법론적 이슈들의 확장된 교환을 위해, Öst, 2009 참조).

이처럼 제한점이 있음에도 메타 분석은 ACT가 TAU보다 더 효과적이고, 또 적어도 CBT, CT와 동등한 수준의 효과를 보이는데(때때로 더 우수한 결과를 보여 주었다), 예를 들어 불안과 우울에 대한 최근 치료 연구에서 ACT와 CT는 둘 다 동등한 수준의 효과를 보였다(Forman, Herbert, Moitra, Yeomans, & Geller, 2007). Zettle과 Rains(1989)도 ACT와 CT 둘 다 우울 증상을 줄이는 데 동등하게 효과적임을 발견하였다. 또한 ACT는 수많은 효과 연구에서 전형적인 CBT 치료보다 우수한 결과를 보여 주었다. 섭식장애 치료를 위한 최근의 ACT와 CT 연구에서도 ACT 치료 조건(Cohen's $d=1.89$)이 CT 치료 조건(Cohen's $d=.048$; Juarascio, Forman, & Herbert, 출간 중)보다 더 유의미하게 섭식장애의 큰 감소를 이끌었다. 게다가 초보 임상 실습 치료자에 의해 시행된 ACT조차 CBT보다 더 긍정적인 효과성을 보였다(Lappalainen et al., 2007).

치료 간 비교 연구에 대한 메타 분석에서 ACT의 제한점은 다른 전통적 치료보다 치료 효과를 측정하는 데 있어 어려움이 있다는 것이다. 예를 들어, Powers 등(2009)은 메타 분석에서 ACT와 TAU 조건을 비교하였는데, 고통의 강도에서 집단 간에 차이가 있었다. 특정한 효과 측정에서는 집단 간에 유의미한 차이가 없었지만, ACT에서 TAU보다 고통이 10배 덜하였고, 의학적 조치를 받을 경우에는 고통이 7배 덜하였다. 이는 고통의 감소와 의학적 활용에서 주요한 차이가 있음을 보여 준다(Dahl, Wilson, & Nilsson, 2004). 현대 접근에서 전통적 접근과의 비교는 결코 쉬운 과정이 아니며, 이에 ACT 연구자들은 다양한 방법론적 이슈에 대한 관심을 나타냈다(Levin & Hayes, 2009; Gaudiano, 2009a, 2009b 참조). 하지만 반드시 알아야 할 것은 ACT 커뮤니티는 최근에 생겨난 과정과 효과 측정에 있어서의 신뢰성과 타당성을 지속적으로 강화할 필요가 있다.

물론 치료 효과가 다는 아니다. CBT에서는 최근의 변화 기제를 점검하는(즉, ACT와 다른 새로운 CBTs의 인지 기제에 대한 논의는 앞에서 제시된 바 있음) 것과 특히 진단에 의한 차원 분류(즉, 한 모델에 의한 진단의 변종에 끊임없이 영향을 미치는 심리치료 모델의 요소에 관심을 가짐)에 보다 흥미를 보이고 있다. 그리고 변화 기제에 대한 ACT의 기저 이론은 전형적인 CBTs와 다른데, 이는 이론 개요에서 기술된 과정을 통해 설명될 수 있겠다.

여섯 가지의 이론화된 과정을 기반으로 ACT에 대한 증거 기반은 지속적으로 축적되고 있는데, 각각의 과정이 갖는 중요성 역시 지속적으로 연구·축적되고 있다. 이명 스트레스에 대한 수용과 탈융합의 매개 효과(Hesser, Westin, Hayes, & Andersson, 2009), 작업 스트레스에 대한 심리적 유연성의 매개 효과(Bond & Bunce, 2000), 당뇨병 환자의 혈당 조절에 대한 자기 관리 행동의 매개 효과(Gregg, Callagan, Hayes, & Glenn-Lawson, 2007) 등이 있다. 또한 연구자들은 이전에 출판된 자료들을 통해서도 변화 과정을 살펴보기 시작했는데, 예를 들어 Zettle, Rains와 Hayes(출간 중)는 우울에 대한 ACT와 CT의 중재 효과 치료 연구를 재실험하였는데, ACT에서 우울 증상의 변화에 대한 탈융합의 중재 효과를 발견하였다. 최근의 또 다른 재실험으로 Gaudiano, Herbert와 Hayes(출간 중)는 정신증에 대해서도 ACT의 중재 효과를 발견하였다(Gaudiano & Herbert, 2006). 이외에도 ACT 문헌(Hayes et al., 2006 참조)에서 중재에 대한 몇 가지 예들을 살펴볼 수 있는데, 변화 기제를 입증하는 것이 ACT 모델의 핵심 요소이며, 이에 대한 메타 분석은 ACT 연구자들이 기초 연구와 응용 연구 모두를 수행하는 데 근간을 제공하였다.

게다가 변화 기제에 대한 문서화 작업에서는 ACT의 기저 과정을 강조하였고, 또 ACT 모델 내에서의 요소의 작용을 분석하기 위해 ACT 핵심 과정의 요인 분석을 시도하였다. 그리고 연구자들은 전통적 CBT 기법들(예: 거리두기)과 ACT 과정들(예: 수용, 탈융합)을 비교하기 위해서 아날로그식의 실험실 연구를 활용하였다. 침입하는 사고를 다루는 것(Marcks & Woods, 2007)과 압박적인 과제가 주는 고통을 인내하는 것(Hayes et al., 1999; Masedo & Esteve, 2007), 그리고 음식에 대한 강한 욕구를 조절하는 것(Forman et al., 2007)에서 수용 기반 전략이 통제 기반 전략보다 효과적임을 제안하였다. 또한 부정적 자기진술(Healy et al., 2008)과 거리두기 또는 사고통제기법(Masuda, Hayes, Sackett, & Twohig, 2004)에서 탈융합 전략이 보다 큰 효과성을 보였다. 이러한 아날로그식의 연구와 이와 유사한 연구는 ACT 모델의 기저에 있는 요소에 대해 경험적 지지를 제공하였고, 또 ACT의 효과성을 지속하는 특정한 치료 과정을 강조하였다. 그런데 대부분의 ACT 요인 연구들이 전형적으로 아날로그식의 방법론을 취하였지만, 앞으로의 연구에서는 임상 집단에 대한 요인 통제를 입증할 필요가 있겠다.

한편, ACT에서는 최근에 생겨난 현상을 반영하여 경험적 지지 수준을 고려하였는데(Hayes, Masuda, Bissett, Luoma, & Guerrero, 2004), ACT는 RCT의 효과성에 대한 증거이며, CBT 내에서 고려된 치료의 부분이다. 그런데 ACT의 치료 개발과 연구 모델은 가장 주류인 CBTs와는 다른 발달 궤도를 나타냈다. 그리고 ACT 연구자들은 요인 분석을 통해 기본 언어 과정을 토대로 복합적인 수준에까지 적용하였고, 효과 연구에 대해서도 고찰적인 설명을 지지하였으며, 집단과 장애의 다양성을 보여 주기도 하였다. 따라서 지금까지의 이러한 전략은 앞으로 유망한 결과를 가져다줄 것으로 보인다.

● 후속 연구 방향에 대한 개요

ACT에 대한 상기한 리뷰를 보면, ACT는 오래된 치료 이론이든 최신 치료 이론이든 둘 다 대안적인 치료로 관계되며, 향후 연구 작업을 위한 네 가지의 주요점을 제시해 줄 수 있다. 첫째, 파일럿 자료를 모으는 것처럼 ACT의 치료 효과 연구는 반드시 가장 방법론적으로 가능한 설계에서 적용되어야만 한다. 둘째, ACT 연구자들은 추정되는 변화 과정의 신뢰할 만하고 타당한 척도를 지속적으로 개발할 필요가 있다. 셋째, ACT의 치료 개발 커뮤니티는 다면적이고 반복적으로 연구를 수행해야 하는데, 기초 연구와 응용 연구, 소규모 혹은 대규모로 잘 통제된 RCT, 특정 ACT 요소 및 과정과 관련하여 정신병리학 실험 연구 등을 지속해야 한다. 마지막으로 ACT 치료 개발 연구자들은 중재와 변화 과정에 대해 다른 치료 모델의 경험적 실험과 관점을 갖고 '제3의 물결'인 CBTs와의 어떤 관계성을 알아볼 필요가 있다.

참고문헌

Bach, P., & Hayes, S. C. (2002). The use of acceptance and commitment therapy to prevent the rehospitalization of psychotic patients: A randomized controlled trial. *Journal of Consulting and Clinical Psychology, 70*, 1129-1139.

Bandura, A. (1977). *Social learning theory*. New York, NY: Prentice-Hall.

Beck, A. T. (1976). *Cognitive therapy and the emotional disorders*. New York, NY: International Universities Press.

Beck, A. T. (1993). Cognitive therapy: Past, present, and future. *Journal of Consulting and Clinical Psychology, 61*, 194-198.

Beck, A. T., Emery, G., & Greenberg, R. L. (1985). *Anxiety disorders and phobias: A cognitive perspective*. New York, NY: Basic Books.

Bergin, A. E., & Garfield, S. L. (Eds.). (1971). *Handbook of psychotherapy and behavior change*. New York, NY: Wiley.

Bergin, A. E., & Garfield, S. L. (Eds.). (1978). *Handbook of psychotherapy and behavior change* (2nd ed.). New York, NY: Wiley.

Bergin, A. E., & Garfield, S. L. (Eds.). (1986). *Handbook of psychotherapy and behavior change* (3rd ed.). New York, NY: Wiley.

Blackledge, J. T., & Hayes, S. C. (2006). Using acceptance and commitment training in the support of parents of children diagnosed with autism. *Child & Family Behavior Therapy, 28*, 1-18.

Bond, F. W., & Bunce, D. (2000). Mediators of change in emotion-focused and problem-focused worksite stress management interventions. *Journal of Occupational Health Psychology, 5,* 156-163.

Bond, F. W., Hayes, S. C., & Barnes-Holmes, D. (2006). Psychological flexibility, ACT, and organizational behaviour. *Journal of Organizational Behavior Management, 26,* 25-54.

Dahl, J. C., Plumb, J. C., Stewart, I., & Lundgren, T. (2009). *The art and science of valuing in psychotherapy.* Oakland, CA: New Harbinger.

Dahl, J., Wilson, K. G., & Nilsson, A. (2004). Acceptance and commitment therapy and the treatment of persons at risk for long-term disability resulting from stress and pain symptoms: A preliminary randomized trial. *Behavior Therapy, 35,* 785-802.

Dobson, K. S., Hollon, S. D., Dimidjian, S., Schmaling, K. B., Kohlenberg, R. J., Gallop, R. J., ⋯ Jacobson, N. S. (2008). Randomized trial of behavioral activation, cognitive therapy, and antidepressant medication in the prevention of relapse and recurrence in major depression. *Journal of Consulting and Clinical Psychology, 76,* 468-477.

Ellis, A. (1961). *A guide to rational living.* Englewood Cliffs, NJ: Prentice-Hall.

Ferster, C. B. (1967). Arbitrary and natural reinforcement. *Psychological Record, 17,* 341-347.

Fisher, P. L., & Wells, A. (2007). Metacognitive therapy for obsessive-compulsive disorder: A case series. *Journal of Behavior Therapy and Experimental Psychiatry, 39,* 117-132.

Forman, E. M., Butryn, M., Hoffman, K. L., & Herbert, J. D. (2009). An open trial of an acceptance-based behavioral treatment for weight loss. *Cognitive and Behavioral Practice, 16,* 223-235.

Forman, E. M., & Herbert, J. D. (2009). New directions in cognitive behavior therapy: Acceptance-based therapies. In W. O'Donohue & J. E. Fisher (Eds.), *General principles and empirically supported techniques of cognitive behavior therapy* (pp. 102-114). Hoboken, NJ: Wiley.

Forman, E. M., Herbert, J. D., Moitra, E., Yeomans, P. D., & Geller, P. A. (2007). A randomized controlled effectiveness trial of acceptance and commitment therapy and cognitive therapy for anxiety and depression. *Behavior Modification, 31,* 772-799.

Forman, E. M., Hoffman, K. L., McGrath, K. B., Herbert, J. D., Brandsma, L. L., & Lowe, M. R. (2007). A comparison of acceptance and control-based strategies with food cravings: An analog study. *Behaviour Research and Therapy, 45,* 2372-2386.

Frankl, V. E. (1959). *Man's search for meaning.* New York, NY: Washington Square Press.

Fresco, D. M., Moore, M. T., van Dulmen, M., Segal, Z. V., Teasdale, J. D., Ma, H., & Williams, J. M. G. (2007). Initial psychometric properties of the Experiences Questionnaire: Validation of a self-report measure of decentering. *Behavior Therapy, 38,* 234-246.

Gaudiano, B. A. (2009a). Öst's (2008) methodological comparison of clinical trials of acceptance and commitment therapy versus cognitive behavior therapy: Matching apples with oranges. *Behaviour Research and Therapy, 47,* 1066-1070.

Gaudiano, B. A. (2009b). Reinventing the wheel versus avoiding past mistakes when evaluating psychotherapy outcome research: Rejoinder to Öst. Unpublished manuscript. Retrieved from http://www.psychotherapybrownbag.com/psychotherapy_brown_bag_a/2010/01/the-empirical-status-of-acceptance-and-commitment-therapy-act-a-conversation-amongst-two-prominent-p.html

Gaudiano, B. A., & Herbert, J. D. (2006). Acute treatment of inpatients with psychotic symptoms using acceptance and commitment therapy: Pilot results. *Behaviour Research and Therapy, 44*, 415-437.

Gaudiano, B. A., Herbert, J. D., & Hayes, S. C. (in press). Is it the symptom or the relation to it? Investigating potential mediators of change in acceptance and commitment therapy for psychosis. *Behavior Therapy.*

Gifford, E. V., Kohlenberg, B. S., Hayes, S. C., Antonuccio, D. O., Piasecki, M. M., Rasmussen-Hall, M. L., & Palm, K. M. (2004). Acceptance-based treatment for smoking cessation. *Behavior Therapy, 35*, 689-705.

Goldfried, M. R., & Davison, G. C. (1976). *Clinical behavior therapy.* New York, NY: Holt, Rinehart, & Winston.

Gregg, J. A., Callaghan, G. M., Hayes, S. C., & Glenn-Lawson, J. L. (2007). Improving diabetes self-management through acceptance, mindfulness, and values: A randomized controlled trial. *Journal of Consulting and Clinical Psychology, 75*, 336-343.

Hayes, S. C. (1984). Making sense of spirituality. *Behaviorism, 12*, 99-110.

Hayes, S. C., Barnes-Holmes, D., & Roche, B. (Eds.). (2001). *Relational frame theory: A post-Skinnerian account of human language and cognition.* New York, NY: Plenum Press.

Hayes, S. C., Bissett, R., Korn, Z., Zettle, R. D., Rosenfard, I., Cooper, L., & Grudnt, A. (1999). The impact of acceptance versus control rationales on pain tolerance. *Psychological Record, 49*, 33-47.

Hayes, S. C., Bissett, R., Roget, N., Padilla, M., Kohlenberg, B. S., Fisher, G., ··· Niccolls, R. (2004). The impact of acceptance and commitment training and multicultural training on the stigmatizing attitudes and professional burnout of substance abuse counselors. *Behavior Therapy, 35*, 821-835.

Hayes, S. C., Luoma, J. B., Bond, F. W., Masuda, A., & Lillis, J. (2006). Acceptance and commitment therapy: Model, processes, and outcomes. *Behaviour Research and Therapy, 44*, 1-25.

Hayes, S. C., Masuda, A., Bissett, R., Luoma, J., & Guerrero, L. F. (2004). DBT, FAP, and ACT: How empirically oriented are the new behavior therapy technologies? *Behavior Therapy, 35*, 35-54.

Hayes, S. C., & Plumb, J. C. (2007). Mindfulness from the bottom up: Providing an inductive framework for understanding mindfulness processes and their application to human suffering. *Psychological Inquiry, 18*, 242-248.

Hayes, S. C., Strosahl, K., & Wilson, K. G. (1999). *Acceptance and commitment therapy: An experiential approach to behavior change*. New York, NY: Guilford Press.

Hayes, S. C., & Wilson, K. G. (2003). Mindfulness: Method and process. *Clinical Psychology: Science and Practice, 10*, 161-165.

Hayes, S. C., Wilson, K. G., Gifford, E. V., Bissett, R., Piasecki, M., Batten, S. V., ··· Gregg, J. (2004). A preliminary trial of twelve-step facilitation and acceptance and commitment therapy with polysubstance-abusing methadone-maintained opiate addicts. *Behavior Therapy, 35*, 667-688.

Hayes, S. C., Wilson, K. W., Gifford, E. V., Follette, V. M., & Strosahl, K. (1996). Experiential avoidance and behavioral disorders: A functional dimensional approach to diagnosis and treatment. *Journal of Consulting and Clinical Psychology, 64*, 1152-1168.

Hayes, S. C., Zettle, R. D., & Rosenfarb, I. (1989). Rule following. In S. C. Hayes (Ed.), *Rule-governed behavior: Cognition, contingencies, and instructional control* (pp. 191-220). New York, NY: Plenum.

Healy, H. A., Barnes-Holmes, Y., Barnes-Holmes, D., Keogh, C., Luciano, C., & Wilson, K. (2008). An experimental test of a cognitive defusion exercise: Coping with negative and positive self-statements. *Psychological Record, 58*, 623-640.

Herbert, J. D., Forman, E. M., & England, E. L. (2009). Psychological acceptance. In W. O' Donohue & J. E. Fisher (Eds.), *General principles and empirically supported techniques of cognitive behavior therapy* (pp. 77-101). Hoboken, NJ: Wiley.

Hesser, H., Westin, V., Hayes, S. C., & Andersson, G. (2009). Clients' in-session acceptance and cognitive defusion behaviors in acceptance-based treatment of tinnitus distress. *Behaviour Research and Therapy, 47*, 523-528.

Hollon, S. D., & Beck, A. T. (1986). *Cognitive and cognitive-behavioral therapies*. In S. L. Garfield & A. E. Bergin (Eds.), *Handbook of psychotherapy and behavior change* (3rd ed.) (pp. 443-482). New York, NY: Wiley.

Juarascio, A. S., Forman, E. M., & Herbert, J. D. (in press). Acceptance and commitment therapy versus cognitive therapy for the treatment of comorbid eating pathology. *Behavior Modification*.

Kabat-Zinn, J. (1994). *Wherever you go there you are: Mindfulness meditations in everyday life*. New York, NY: Hyperion.

Kessler, R. C., Chiu, W. T., Demler, O., & Walters, E. E. (2005). Prevalence, severity, and comorbidity of 12-month DSM-IV disorders in the national comorbidity survey replication. *Archives of General Psychiatry, 62*, 617-627.

Kessler, R. C., McGonagle, K. A., Zhao, S., Nelson, C. B., Hughes, M., Eshleman, S., ··· Kendler, K. S. (1994). Lifetime and 12-month prevalence of DSM-III-R psychiatric disorders in the United States: Results from the national comorbidity survey. *Archives of General Psychiatry*,

51, 8-19.

Kohlenberg, R., & Tsai, M. (1991). *Functional analytic psychotherapy.* New York: Plenum Press.

Lappalainen, R., Lehtonen, T., Skarp, E., Taubert, E., Ojanen, M., & Hayes, S. C. (2007). The impact of CBT and ACT models using psychology trainee therapists: A preliminary controlled effectiveness trial. *Behavior Modification, 31*, 488-511.

Levin, M., & Hayes, S. C. (2009). Is acceptance and commitment therapy superior to established treatment comparisons? *Psychotherapy and Psychosomatic, 78*, 380.

Lillis, J., Hayes, S. C., Bunting, K., & Masuda, A. (2009). Teaching acceptance and mindfulness to improve the lives of the obese: A preliminary test of a theoretical model. *Annals of Behavior Medicine, 37*, 58-69.

Linehan, M. M. (1993). *Cognitive-behavioral treatment of borderline personality disorder.* New York, NY: Guilford Press.

Longmore, R. J., & Worrell, M. (2007). Do we need to challenge thoughts in cognitive behavior therapy? *Clinical Psychology Review, 27*, 173-187.

Lundgren, T., Dahl, J., & Hayes, S. C. (2008). Evaluation of mediators of change in the treatment of epilepsy with acceptance and commitment therapy. *Journal of Behavior Medicine, 31*, 225-235.

Lundgren, T., Dahl, J., Melin, L., & Kies, B. (2004). Evaluation of acceptance and commitment therapy for drug refractory epilepsy: A randomized controlled trial in South Africa: A pilot study. *Epilepsia, 47*, 2173-2179.

Marcks, B. A., & Woods, D. W. (2007). Role of thought-related beliefs and coping strategies in the escalation of intrusive thoughts: An analog to obsessive-compulsive disorder. *Behavior Research and Therapy, 45*, 2640-2651.

Martell, C. R., Addis, M. E., & Jacobson, N. S. (2001). *Depression in context: Strategies for guided action.* New York: W. W. Norton.

Masedo, A. I., & Esteve, M. R. (2007). Effects of suppression, acceptance and spontaneous coping on pain tolerance, pain intensity and distress. *Behaviour Research and Therapy, 45*, 199-209.

Masuda, A., Hayes, S. C., Sackett, C. F., & Twohig, M. P. (2004). Cognitive defusion and self-relevant negative thoughts: Examining the impact of a ninety year old technique. *Behaviour Research and Therapy, 42*, 477-485.

McCracken, L. M., Vowles, K. E., & Eccleston, C. (2005). Acceptance-based treatment for persons with complex, long standing chronic pain: A preliminary analysis of treatment outcome in comparison to a waiting phase. *Behaviour Research and Therapy, 43*, 1335-1346.

McHugh, L., Barnes-Holmes, Y., & Barnes-Holmes, D. (2009). Understanding and training perspective taking as relational responding. In R. A. Rehfeldt & Y. Barnes-Holmes (Eds.), *Derived relational responding: Application for learners with autism and other developmental disabilities* (pp. 281–300). Oakland, CA: New Harbinger.

Öst, L. (2008). Efficacy of the third wave of behavior therapies: A systematic review and meta-analysis. *Behaviour Research and Therapy, 46,* 296–321.

Öst, L. (2009). Inventing the wheel once more or leaning from the history of psychotherapy research methodology: Reply to Gaudiano's comments on Öst's (2008) review. *Behaviour Research and Therapy, 49,* 1071–1073.

Papageorgiou, C., & Wells, A. (2003). An empirical test of a clinical metacognitive model of remination and depression. *Cognitive Therapy and Research, 27,* 261–273.

Plumb, J. (2009, September 1). *Head, heart & hands: A motto for living and governing ACBS.* Retrieved September 30, 2009, from http://www.contextualpsychology.org/head_heart_hands_2009

Powers, M. B., Zum Vörde Sive Vörding, M. B., & Emmelkamp, P. M. (2009). Acceptance and commitment therapy: A meta-analytic review. *Psychotherapy and Psychosomatics, 78,* 73–80.

Segal, Z. V., Williams, J. M. G., & Teasdale, J. D. (2001). *Mindfulness-based cognitive therapy for depression: A new approach to preventing relapse.* New York, NY: Guilford Press.

Shimoff, E., Catania, A. C., & Matthews, B. A. (1981). Uninstructed human responding: Sensitivity of low-rate performance to schedule contingencies. *Journal of the Experimental Analysis of Behavior, 36,* 207–220.

Skinner, B. F. (1953). *Science and human behavior.* New York, NY: Free Press.

Skinner, B. F. (1974). *About behaviorism.* New York, NY: Alfred A. Knopf.

Tapper, K., Shaw, C., Ilsley, J., Hill, A. J., Bond, F. W., & Moore, L. (2009). Exploratory randomised controlled trial of a mindfulness-based weight loss intervention for women. *Appetite: Multidisciplinary Research on Eating and Drinking, 52,* 396–404.

Teasdale, J. D., Moore, R. G., Havhurst, H., Pope, M., Williams, S., & Segal, Z. V. (2002). Metacognitive awareness and prevention of relapse in depression: Empirical evidence. *Journal of Consulting and Clinical Psychology, 70,* 275–287.

Teasdale, J. D., Scott, J., Moore, R. G., Hayhurst, H., Pope, M., & Paykel, E. S. (2001). How does cognitive therapy prevent release in residual depression? Evidence from a controlled trial. *Journal of Consulting and Clinical Psychology, 69,* 347–357.

Teasdale, J. D., Segal, Z. V., Williams, J. M. G., Ridgeway, V. A., Soulsby, J. M., & Lau, M. A. (2000). Prevention of relapse/recurrence in major depression by mindfulness-based cognitive therapy. *Journal of Consulting and Clinical Psychology, 68,* 615–623.

Twohig, M. P., Hayes, S. C., & Masuda, A. (2006). Increasing willingness to experience obsessions: Acceptance and commitment therapy as a treatment for obsessive-compulsive disorder. *Behavior Therapy, 37,* 3–13.

Wells, A. (1995). Metacognition and worry: A cognitive model of generalized anxiety disorder.

Behavioral and Cognitive Psychotherapy, 23, 301-320.

Wells, A., & Cartwright-Hatton, S. (2004). A short form of the metacognitions questionnaire: Properties of the MCQ-30. *Behaviour Research and Therapy, 42,* 385-396.

Wells, A., Fisher, P., Myers, S., Wheatley, J., Patel, T., & Brewin, C. R. (2009). Metacognitive therapy in recurrent and persistent depression: A multiple-baseline study of a new treatment. *Cognitive Therapy and Research, 33,* 291-300.

Wells, A., & King, P. (2006). Metacognitive therapy for generalized anxiety disorder: An open trial. *Journal of Behavior Therapy and Experimental Psychiatry, 37,* 206-212.

Williams, J. M. G., Teasdale, J. D., Segal, Z. V., & Soulsby, J. (2000). Mindfulness-based cognitive therapy reduces overgeneral autobiographical memory in formerly depressed patients. *Journal of Abnormal Psychology, 109,* 150-155.

Wilson, K. G., & DuFrene, T. (2009). *Mindfulness for two: An acceptance and commitment therapy approach to mindfulness in psychotherapy.* Oakland, CA: New Harbinger.

Wilson, K. G., & Sandoz, E. K. (2008). Mindfulness, values, and the therapeutic relationship in acceptance and commitment therapy. In S. Hick & T. Bein (Eds.), Mindfulness and the therapeutic relationship (pp. 89-106). New York, NY: Guilford Press.

Wilson, K. G., Sandoz, E. K., Flynn, M. K., Slater, R., & DuFrene, T. (in press). Understanding, assessing, and treating values processes in mindfulness and acceptance-based therapies. To appear in R. Baer (Ed.), *Assessing mindfulness and acceptance: Illuminating the processes of change.* Oakland, CA: New Harbinger.

Yalom, I. D. (1980). *Existential psychotherapy.* New York, NY: Basic Books.

Zettle, R. D., & Hayes, S. C. (1982). Rule governed behavior: A potential theoretical framework for cognitive behavior therapy. In P. C. Kendall (Ed.), *Advances in cognitive behavioral research and therapy* (pp. 73-118). New York, NY: Academic.

Zettle, R., D., & Rains, J. C. (1989). Group cognitive and contextual therapies in treatment of depression. *Journal of Clinical Psychology, 45,* 438-445.

Zettle, R., D., Rains, J. C., & Hayes, S. C. (in press). Processes of change in acceptance and commitment therapy and cognitive therapy for depression: A mediational reanalysis of Zettle and Rains (1989). *Behavior Modification.*

제2부

통합과 종합

11 마음챙김과 수용: 인지치료의 관점

Stefan G. Hofmann, Julia A. Glombiewski, Anu Asnaani, & Alice T. Sawyer

인지행동치료(Cognitive Behavioral Therapy: CBT)는 부적응적 인지를 수정함으로써 정서적 스트레스와 문제 행동을 개선할 수 있다는 전제에 기반한 중재법이다. 이러한 CBT가 간단하게 보이나 상당히 복잡하고, 일반적인 원리나 어떤 특정한 CBT 프로토콜만으로는 상기한 전제를 감소시킬 수 없다. 이에 CBT는 다양한 치료 기법을 개발하는 대규모 사업에 참여하였다. 마음챙김과 수용 기반 중재는 CBT와 완전히 함께 양립할 수 있음과 동시에, 이미 CBT 프로토콜의 특정 부분과 통합되어 있으며, CBT의 초기 전제를 포함하고 있다. 이 때문에 행동 변화 전략은 CBT의 확실한 적용을 위해 중요한 요소이고, 또 이 때문에 우리는 인지치료보다는 CBT의 용어를 더 사용한다.

11장에서는 기본적인 이론적 전제를 명백히 하는 것을 목표로 하여 광범위한 CBT 문헌에 대한 비판적인 리뷰를 제공할 것이고, 또 인지에 대한 정의와 현대 CBT 프로토콜에서 마음챙김과 수용 전략을 사용하는 것과 관련하여 비판적인 리뷰를 제시할 것이다. 우선 CBT에 대한 간략한 리뷰를 논의하는 것으로 시작하여, CBT 이론과 관련 중재를 규정하고 있는 기본 가정들에 대해서 살펴보고자 한다. 또한 평가 이론과 정보처리 과정 관점에 기초하여 인지를 정의하고자 한다. 그런 다음, 마음챙김과 수용 기반 중재, 그리고 전통적 CBT 간에 유사점과 차이점을 비교하고, 향후 연구에 대해서도 제안하고자 한다.

● 역사적 맥락

몸과 마음의 관계에 대한 질문은 철학과 과학에서 주요한 질문 중 하나이며, 여전히 해결되지 않은 채 이의가 제기되고 있다. Descartes의 이원론에서는 영혼(마음)과 신체를 두 개의 구별된 독립체로 상정하고, 마음은 인간에게만 독특하게 있는 것으로 전적으로 실체가 없는 무형이며 인지와 의식과 관련되는 반면에, 신체는 전적으로 실체가 있는 유형으로 기계로 비유할 수 있다고 본다. 또한 데카르트는 정서와 감각이 신체에 의해 영향을 받음에도 불구하고, 정서와 감각의 의식은 영혼(마음)의 부분이라고 믿었다.

이 마음-신체 문제는 심리학의 역사에서도 지속되었는데, William James는 『심리학의 원리』를 집필할 때 일원론과 환원주의의 관점을 차용하였다.

> 이를 고려하여…… 종합하면, 마음의 분명하고 근본적인 개념은 정신 활동으로서 아마도 한결같이 그리고 전적으로 뇌 활동의 기능이며, 후에 각양각색으로 변화하며, 뇌 활동과 인과관계를 갖는다. 이 개념은 최근 몇 년간 모든 '생리심리학'에 기저를 이루는 '작업 가설'이다(James, 1890, p. 6).

유사하게 Skinner도 일원론적 관점을 취하였고, 인지의 개념과 이와 관련하여 인간의 독특성에 대해 중요한 의문점을 가졌다. 그는 자신의 저서 『언어 행동』(Skinner, 1957)에서 언어와 사고를 포함하는 인간의 행동은 과거와 현재의 환경적 접촉에 의해 배우고, 형성되며, 유지된다고 주장하였다.

한편, Skinner의 저서에 대한 Chomsky(1959)의 비평은 종종 인지적 혁명의 시발점으로 간주되었고, 이로 인지적 그리고 급진적 행동주의자들의 관점에 기초한 기본 주장이 계속 유지될 수 있었다. 그리고 현대의 행동 지향적 연구자들은 정신적 과정을 언어 행동과 같은 것으로 보고, 어떤 하나의 행동이 다른 행동의 원인이 될 수 없다고 주장하였다(Wilson, 1997). 예를 들어, "인지 작용은 다양한 행동 방식을 조절하는 데 중요한 역할을 하지만 인과적 역할은 아니다."라고 주장하였다(Wilson, Hayes, & Gifford, 1997, p. 56). 또 대조적으로 인지심리학자들은 정서, 감정 그리고 행동은 언어학적으로 기초한 사고 과정에 의해 직접적으로 영향을 받을 수 있다고 가정한다(Hauser, Chomsky, & Fitch, 2002).

● 인지적 인과관계의 전제

인지적 인과관계의 기본 전제(즉, 인지가 정서와 행동에 원인이 된다는 가정)는 이제 더 이상 새로운 게 아니다. 이 기본적인 생각은 Epictetus(『편람』 중 "인간은 상황이 아닌 그들의 관점에 의해 움직인다.")와 Marcus Aurelius(『명상록』 중 "만약 당신이 외부의 어떤 것에 의해 스트레스를 받는다면 그 고통은 그 어떤 것 자체 때문이 아니다. 그것은 그것에 대한 당신의 판단 때문이다. 그리고 당신은 이를 어느 순간에 철회할 수 있는 힘을 가지고 있다.")의 가르침, 그리고 William Shakespeare의 저술들(『햄릿』 중 "좋은 것도 나쁜 것도 어떤 것도 없지만 생각은 그렇게 만들어진다.")에서 발견할 수 있다.

유사하게 CBT에서도 인지는 행동과 정서와는 구별되는 중요한 구성요소라는 전제에 기반한다. 그리고 보다 더 중요하게는 부적응적 인지가 정서적 스트레스를 이끄는 정신활동이며, 이러한 부적응적 인지의 수정을 통해 정서적 스트레스와 부적응적 행동을 개선할 수 있다고 전제한다.

이 관점은 다른 정서 평가 이론과도 일치하며, 정서는 인지적 혁명의 숨겨진

추동적 힘 중에 하나이기도 하다. 이 이론에서는 정서적 반응을 사건 또는 상황에 대한 인지적 평가의 결과로써 설명한다(예: Beck, Emery, & Greenberg, 1985; Lazarus, 1982; Schachter & Singer, 1962). 그리고 인지는 정서를 만들어 낼 수 있지만, 정서는 어떤 종류의 사고활동 없이는 발생할 수 없다고 가정한다. 또한 인지와 정서를 밀접한 연관이 있는 기능적 관계로 인식하였다. 예를 들어, 불안은 해롭고 위협적이며 또는 도전을 받는 것이라는 평가 과정을 통해 발생한다(예: Beck et al., 1985). 평가와 이에 수반되는 감정은 대처반응 과정에 영향을 주며, 이것은 개인이 관계하고 있는 환경에 따라 변화된다(예: Lazarus, 1982, 1991). 이런식으로 변화된 개인과 환경과의 관계성은 재평가되고, 이 재평가는 정서의 질과 강도에 영향을 준다(Lazarus & Folkman, 1988). 이처럼 정서와 행동에 대한 인지의 영향은 충동 행동을 대체할 수 있는 능력을 제공하고, 개인과 환경과의 관계성에 있어 더 큰 통제력과 미래를 계획할 수 있는 능력을 제공한다. 물론 이러한 능력의 기초 원리가 동물들에게서도 관찰될 수 있지만, 인간은 상위인지의 발달을 통해 보다 더 세련된 수준을 갖는다(예: Piaget, 1952).

인지, 정서 그리고 행동 간의 통합적 관련성은 CBT 모델의 초기 전제에서부터 인식되었다. 예를 들어, Ellis는 그의 치료 접근을 합리적 정서 행동 치료(Ellis, 2001)라고 불렀고 인지치료의 행동과 정서적 · 경험적 양상의 중요성을 강조하였다. 유사하게 Beck(1991)도 지성과 경험 그리고 행동적 접근을 구별하였고, 이 모두를 자신의 치료 핵심 요소로 고려하였다. 지적인 접근에서 환자는 자신의 편견을 확인하는 것을 배우고, 자신의 사고가 타당한지를 검토하며, 보다 합리적이고 객관적인 내용의 사고가 적합함을 확인한다. 그리고 경험적 접근에서 환자는 이러한 편견을 변화하기 위해서 자기 스스로를 경험에 노출하도록 한다. 마지막으로 행동적 접근에서 환자는 자신과 세계를 보는 관점의 방법을 보다 일반화시키기 위해 특정 행동을 발달시킨다. 그런데 이 세 가지를 통합함으로써 CBT가 역기능적 인지도식이 정신장애를 심화시키는 원인이라는 전제에 기초하였음에도 불구하고, 결국 CBT는 심리적 스트레스와 관련하여 행동적 그리고 정서적 · 경험적 양상의 중요성도 인식하게 되었다.

● 인지의 역할

정 의

인지는 연구와 수용할 만한 전형적인 임상적 예에 따라 기초하여 다양하게 다른 방식으로 정의할 수 있다. 여기서 우리는 인지의 정의를 얼마만큼 성숙하게 구성할 수 있는지, 그리고 이에 과학적 모델을 기저에 두고 시도하였다. 생물학에서의 유전자, 물리학에서의 중력과 같이 다른 과학 분야에서의 개념 정의와 유사하게 인지의 정의도 그것이 얼마나 특수한지를 고려하였다. 또 인지 과정은 점진적인 발달을 보이는 다른 모델처럼 변화할 수 있다고 간주하였다. 예를 들어, 유전자는 아미노산의 수준에 따라서 정의될 수 있고, 이는 그것의 형질이 무엇인지와는 관계없다. 유사하게 인지는 문헌이나 평가이론, 그리고 보다 최근에 정서인지 신경과학 논문에서 제공되는 정보에 따라 또 다르게 정의될 수 있다.

정보처리 관점에서 Neisser(1967)는 인지를 다음과 같이 정의하였다.

　　…… 이 모든 과정을 통해 투입된 감각은 변형되고, 감소되고, 처리되고, 저장되며, 또 다시 불러일으켜지고, 결국 사용된다. ……(인지 개념) 이 과정은 심지어 심상이나 환각과 같은 상응하는 자극 없이 처리되기도 한다. 또 감각, 지각, 심상, 유지, 기억, 문제해결, 사고와 같은 개념들은 가설적 인지 전략 또는 가설적 인지 양상으로 언급된다. …… 일단 인간이 할 수 있는 모든 것에 인지가 관여한다고 할 수 있다(p. 19).

유사하게, Beck(1991)의 언급을 보면,

> 단일한 명사로서 인지는 인지적 또는 지각, 해석, 회상과 같은 정보처리 과
> 정의 다양한 과정에 해당된다. 심리적 체계들(인지, 정서, 그리고 동기)의 각
> 각은 서로 연결되어 있어서 한 체계 내의 변화는 아마도 다른 체계의 변화와
> 도 관련이 있을지도 모른다(p. 371).

이 정의는 정서와 인지(그리고 행동) 간의 관계에서 양방향적 특징을 강조하는
데, 즉 인지는 정서에 영향을 주고, 그러면서 정서 내 변화가 인지 내 변화까지
이끌어 낼 수 있다.

인지치료에서는 사고의 역기능적 패턴에 주목하고, 역기능적 사고 패턴은 자
신과 세계, 그리고 미래에 관한 부적응적 신념과 가정을 나타낸다(Beck, 1963,
1964). 이러한 신념 또는 도식은 특정 자동적 사고를 심화시키고, 또 이러한 자기
진술에 따라 특정 상황이나 사건을 해석하는 방법이 결정된다. 그리고 도식은
편향된 정보처리 과정과도 관련되는데, 즉 행동에 대한 정보의 선택적 여과를
통해 신념이 유지되는 것이다. 결과적으로, 역기능적 사고는 인지 과정에서 자
극이 입력되는 초기 단계에서의 편향과 연합되고, 그다음 주의는 신속하고 자동
적으로 위협과 관련되거나 정서적으로 부정적인 자극을 발달시킨다(Beck et al.,
1985).

그런데 이러한 정의는 인지적 내용과 인지적 과정 간에 명백한 구분을 하지 못
하였으며, 이는 새로운 치료 접근에서 보다 강조되고 있다. 사실상 핵심 신념의
역할과 그 과정을 유지하는 것은 CBT의 도식 초점화된 접근에서 중요한 주제
이기도 하다(예: Young, Klosko, & Weishaar, 2003). 도식 과정의 한 예로는 회피
도식이 있으며, 이는 이러한 도식에 대한 인지를 저하시키고, 그러면서 부적응
적 도식 내용과 연합되어 있는 갈등으로부터 도피하게 한다(Young et al., 2003
참조).

인지 과정 전략

초기 평가 이론은 도식적 그리고 개념적 과정 간에 구분을 목적으로 하였다 (Leventhal, 1984). 도식 과정은 자동적으로 발생하는 평가이고, 복잡한 인지 활동이 없는 반면, 개념적 과정은 지식 구조와 의식, 의도적으로 평가 형성된 감정, 추론을 통한 관념을 갖는다. 이러한 인지적 과정 간에 다른 유사한 구분은 문헌을 통해 찾아볼 수 있는데, 인지 활동은 단순하고 신속하게, 그리고 자동적으로 발생하고, 하위 또는 전의식적 유형이거나, 복잡하고 점진적으로, 그리고 보다 심사숙고하고 복합적인 과정 방식으로 구분할 수 있다.

인지 과정에서 다른 전략은 최근 신경과학 문헌에서 지지되고 있는데, 이 연구의 초기 단계에서 전구체는 의식적 인식 밖으로 의식적 정서 경험을 작동시키는 반면, 이후 단계에서는 보다 천천히 작동되는 의식적 숙고가 나타나고, 또 편도체가 시상으로부터 직접 감각을 받거나 혹은 피질을 통해서 감각이 투입된다고 한다. 예를 들어, 편도체의 중앙 핵은 자율신경계 내분비 반응을 광범위하게 조절하는 시상 하부와 뇌간 구조물에 연결되어 있고(Davis & Whalen, 2001), 시상-편도체로의 투입은 감각적 단서의 중요한 정서적 과정을 포함하지만, 표피-편도체 투사는 복잡한 자극을 처리하는 데 필수적이다(예: LeDoux, 1989). 정서적 과정의 피질 하부 신경 경로는 시상에서 편도체까지 신속하게 발생하지만, 또한 이것은 환경 내에서 잠재적 위험이 있는 일시적인 과정이기도 하다. 한편 보다 천천히 활성화되는 표피-편도체 투사는 실제로는 해롭지 않은 상황이나 사건을 위협적인 것으로 보는 아날로그식의 신경심리학적 평가 및 재평가다(Lazarus & Smith, 1988).

이러한 이론적 관점은 인지 활동이 자동적인(초기 단계) 과정과 심사숙고하는 (후기 단계) 과정 둘 다를 포함한다고 제안한다. 후기 단계에서의 과정은 아마도 일차적 평가와 이차적 평가를 분리시킬지도 모른다(Lazarus, 1991). 일차적 평가는 목표 타당성, 목표 일치 또는 불일치, 그리고 접하게 되는(사건 또는 상황) 목표의 내용을 평가한다. 여기서 목표 타당성은 자극과의 접촉이 갖는 잠재적 위협을 언급하고, 목표 일치 또는 불일치는 자극과의 접촉이 해로운 것인지 아닌지를 평가하는 것이며, 마지막으로 목표 내용은 정서의 질을 결정한다. 예를 들어, 만약 어떤 사람이 사회적 규준을 지각하지 못한다면 불안은 수치심과 당혹스러움의 감정으로 채색될지 모른다. 이러한 일차적 평가와 대조적으로 이차적 평가는 위협적인 접촉에 대처하기 위한 선택과 예상을 중심으로 이루어진다. 이에 문제 초점 대처 전략이든, 정서 초점 대처 전략이든 방법에 상관없이 자극에 대한 대처는 잠재적으로 이차적 평가에 달려 있고, 이는 개인과 환경의 관계성에도 영향을 줄 수 있다.

어떤 대처 방식은 정서 반응에 유익하고 진정 효과를 가지지만, 또 다른 대처 방식은 정서 반응을 더 심화시킬 수도 있다(예: Lazarus & Folkman, 1988). 이는 어떤 주제에 대한 자유연상 후에 나타나는 억압 기간 동안에 오히려 역설적으로 억압하였던 특정 사고의 빈도가 더 증가하였던 연구를 통해 확인할 수 있다(Wegner, Schneider, Carter, & White, 1987). 다른 연구로는 실험실 현상과 임상적 장애가 갖는 재효과 간의 연관성을 살펴보았는데, 예를 들어 사고 억압은 정서적 사고에 대한 피부 전기 반응의 증가와 관련되고(Wegner & Zanakos, 1994), 또 이것은 동정 어린 각성을 증가시킨다고 제안하였다.

보다 최근의 정서 이론에서는 억압을 정서 조절 전략의 특정한 유형으로 구상하였다(Gross, 1998, 2002; Gross & John, 2003; Gross & Leenson, 1997). 이 모델에 따르면, 정서 조절 전략은 선행 사건에 초점화된 것과 반응에 초점화된 전략으로 나눌 수 있고, 이는 정서 과정 동안에 정서가 발생하는 시점에 따라 결정된다. 선행 사건에 초점화된 정서 조절 전략은 정서 반응 전에 발생하고, 이는 전적인 활성화와 상황 수정, 주의 분산, 그리고 상황에 대한 인지적 재구성과 같은 전략들을 포함한다. 한편, 반응에 초점화된 정서 조절 전략은 초기 반응 경향 후에 나타나는 정서 표현 또는 정서 경험을 변경하기 위한 시도들을 포함한다. 그리고 이러한 전략들은 억압과 경험 회피 전략을 포함하는데, 이와 관련된 경험 연구에서 선행 사건에 초점화된 전략은 비교적 단기적 정서 조절에서 효과적인 방법인 반면에, 반응 초점화된 전략은 역효과적임을 제안하였다(Gross, 1998). 또한 연구들에서는 가장 효과적인 정서 조절 전략으로 정서 자극에 대한 인지적 평가를 언급하였는데, 왜냐하면 이것은 어떤 해로운 영향 없이 정서적 인내를 증가시키고, 주관적인 스트레스를 완화시키기 때문이다(Gross, 1998; Hofmann, Heering, Sawyer, & Asnaani, 2009; Richards & Gross, 2000).

정보처리 관점

인지 심리학과 실험 심리학은 인지적 과정을 연구할 때 심리학자들에게 엄격한 연구방법론을 요구하였는데, 특히 과정의 아주 초기 단계에 관한 실험실 연구에서 더 그러하다. 이러한 패러다임은 영향력 있는 정보처리 모델을 이끌어 내고(예: Beck & Clark, 1997; Beck et al., 1985; Bower, 1981; Foa & Kozak, 1986; Williams, Watts, MacLeod, & Mathews, 1988), 의사소통에 관한 수학적 이론에 근간을 두고 있다(Shannon, 1948; Shannon & Weaver, 1949). Foa와 Kozak의 모델(1986)에서 정서는 기억 내에서 구성된 정보에 의해 재현된다고 제안하였고, 불안은 도피 또는 회피가 활성화되는 것과 연합되어 정보가 구성될 때 발생한다고 하였다. 이 모델은 두려운 결과가 없는 상태에서도 두려운 자극에 반복해서 노출된 결과에 따라 발생하고, 위협과 자극 간에 연합 또는 공포에 대한 기제를 취약하게 하며, 예측되는 두려운 결과의 변화를 이끌어 낸다. 이는 최근에 다시 논의되었는데, 노출 치료는 근본적으로 인지적 과정이고, 이것은 위협적인 예상의 변화를 이끌어 내는 과정이다(Hofmann, 2008a). 이러한 진술은 Bower(1981)의 네트워크 모델과도 일관성을 보이는데, 이 모델은 실험 심리학을 기반으로 하여 불안은 위협과 관련된 정보처리 과정이 편파적인 인지적 편향과 연합되어 있다고 한다(예: MacLeod & Mathews, 1991; McNally, 1996).

나아가 이러한 정보처리 연구들은 불안장애가 위협적인 정보를 처리하는 데 있어서 다른 제안점을 갖는 것에 대한 충분한 증거를 제공하였다(Amir, McNally, & Wiegartz, 1996; McNally, Foa, & Donnell, 1989; Mogg, Mathews, & Weinman, 1987; Rapee, McCallum, Melville, Ravenscroft, & Rodney, 1994; Vrana, Roodman, & Beckham, 1995; Wilhelm, McNally, Baer, & Florin, 1996). 따라서 특정 장애에 대한 정보처리 모델 체계가 만들어졌다(예: Beck & Clark, 1997; Beck et al., 1985; Bower, 1981; Foa & Kozak, 1986; Heinrichs & Hofmann, 2001; Williams et al., 1988). 이러한 연구들의 대부분은 초기 정보처리 단계에서 발생하는 주의 처리의 편향을 조사하였고, 몇몇 연구들에서는 불안장애를 가지고 있는 개인은 위협을 더욱 감지하는 경향이 있고, 이는 불안을 악화시킬 수 있다라는 위협에 대한 과잉 각성을 보여 준다는 가정을 지지하였다(MacLeod, Rutherford, Campbell, Ebsworthy, & Holker, 2002; Mathews & MacLeod, 2002).

이러한 불안장애에서의 점-탐침(dot-probe) 패러다임은 불안에 대한 인지 연구의 세련된 방법론과 과학적 성숙의 수준을 보여 준다. 이 패러다임은 시각적 주의 분산을 측정하는데, 전형적인 점-탐침 실험에서 참가자들은 컴퓨터 화면에 나타나는 두 가지 자극(단어 또는 그림)의 점의 위치를 확인한 후에 두 버튼 중에서 하나를 누르도록 요청받았다. 이때 제시되는 자극은 전형적으로 다양한 정서적 변인들이다. 그리고 해당 점의 위치를 발견할 수 있는 능력은 위협적인 자극으로부터 분산되거나 혹은 위협적인 자극을 통제할 수 있는 시각적 주의에 따라 결정된다.

초기 연구자들은 불안한 개인은 전반적으로 위협적인 정보에 민감해서 이것이 위험 과정을 촉진시킨다고 가정하였다(Beck et al., 1985). 따라서 불안한 개인은 위협적인 정보에 대한 편향을 보여 준다고 추정하였고, 이러한 생각은 과잉 각성 가설로 알려지게 되었다. 대조적으로 다른 이론가들은 회피 가설을 더 선호하였는데, 불안한 개인은 위협적인 자극에 대한 '인지적 회피'를 야기하는 위협적인 정보의 깊은 과정을 억제하는 경향 또는 심지어 무조건 회피하고자 하는 경향이 있다고 언급하였다(Foa & Kozak, 1986; Mogg et al., 1987). 이러한 모순되는 가정들은 이후에 정보처리의 두 단계 모델로 통합되었는데, 이는 과잉 각성-회피 가설로 알려지게 되었다(Amir, Foa, & Coles, 1998; Mogg, Bradley, Bono, & Painter, 1997; Williams et al., 1988). 이 모델에 따르면, 불안한 개인은 과정의 초기 단계에서 위협적인 정보에 대해 과잉 각성하게 되고, 이후의 단계에서는 이 정보를 회피하게 될 것이다. 하지만 이 가설에 대한 실험적 지지는 혼합되어 있음을 반드시 언급해야만 하는데, 사회불안장애의 경우에는 시표 추적 검사(예: Garner, Mogg, & Bradley, 2006), 동형이의어(예: Amir et al., 1998), 그리고 다양한 자극의 비동시성 발병을 갖는 점-탐침 패러다임(예: Vassilopoulos, 2005)의 가설을 지지하였다. 대조적으로 다른 연구들에서는 각성-회피 주의 패턴에 대한 명백한 증거를 찾는 데 실패하였다(예: Heuer, Rinck, & Becker, 2007; Mansell, Clark, Ehlers, & Chen, 1999; Mogg, Philippot, & Bradley, 2004; Pineles & Mineka, 2005; Sposari & Rapee, 2007).

그럼에도 불구하고 보다 중요하게 최근 연구들에서는 인지적 모델에서 증상 개선이 주의 편향의 변화와 직접적으로 관련될 수 있다고 제안하였다(Mogg & Bradley, 1998). 관련 연구를 보면, 초기에는 어느 집단도 통제되지 않은 상태에서 주의 편향 내 감소를 보고하였고(Mattia, Heimberg, & Hope, 1993), 그리고 대기 집단과 통제 집단 간의 비교 연구(Mathews, Mogg, Kentish, & Eysenck, 1995)와 비통제 집단 둘 다에서 변화된 주의 편향을 보고하였다. 또한 초기 정보처리 단계에서의 인지적 편향의 변화는 정신병리의 개선에 영향을 줄 수 있다고 제시하였다(Amir, Beard, Burns, & Bomyea, 2009; Amir, Weber, Beard, Bomyea, & Taylor, 2008; MacLeod & Hagan, 1992; MacLeod et al., 2002). MacLeod와 Hagan(1992)은 주의 편향이 스트레스가 심한 실제 생활 사건에 대한 효과적인 반응을 중재한다고 주장하였고, 이들 간의 인과관계를 정확하게 확인하기 위해 주의 조작을 위한 실험설계를 하였다(MacLeod et al., 2002). 이것은 주의 전환 과정을 통해 직접적으로 주의 할당을 조작하는 실험 연구로 설계되었다(MacLeod et al., 2002). 즉, 점-탐침 변별 과제를 사용하였는데, 두 단어(위협적인 단어와 중립적인 단어)가 컴퓨터 화면에 짧은 간격(20ms)으로 제시된다. 실험 참가자들은 탐침의 위치를 찾아내도록 교육받았는데, 이때 실험 조건은 중립적인 또는 위협 단어와 탐침의 위치(즉, 부정적 조건에 주의를 기울이게 하는 위협 단어를 해당 탐침에 대치시킬 것) 간에 강한 우연성을 조작해 두었다. 실험 결과, 위협 단어를 향해 부정적인 주의를 나타내는 경향의 참가자들은 조건에 따라서 주의를 옮겨 간 반면, 중립적인 주의를 기울이는 경향의 참가자들은 중립적인 단어를 지향하는 경향을 보였다. 게다가 부정적 조건에 주의를 기울이는 참가자들은 중립 상태에 주의를 기울이는 참가자들보다 스트레스 자극에 대한 반응에서 보다 의미 있게 부정적인 기분을 보고하였고, 또한 철자의 순서가 바뀌어져 있는 단어를 처리해야 하는 경우와 같은 스트레스 상황에서 더 높은 스트레스를 경험하였다.

다른 연구 설계를 보면, 최근에 연구자들이 점-탐침 패러다임을 수정하였는데, 참가자들에게 한 쌍을 이루는 단어 철자의 수를 확인한 후 이를 대체할 수 있는 탐침을 찾도록 하였다. 이때 한 단어는 위협적인 것이고, 다른 단어는 비위협적인 것으로, 참가자들은 탐침의 위치와 비위협적인 단어 간에 우연성에 대해 주의를 기울이도록 훈련받았다. 통제 집단에서 탐침은 위협 단어와 비위협 단어 후에 동일하게 나타나는 경향이 있었다. 훈련 집단의 참가자들은 주의 편향 내 변화를 보였고, 또 자기보고와 인터뷰 측정에서 나타나는 불안이 감소하였다. 이 패러다임은 범불안장애(Amir et al., 2009)와 발표 불안(Amir et al., 2008)을 치료하는 데도 성공적으로 적용되었다. 그리고 이 연구들은 부적응적 행동과 주관적 스트레스는 기저에 있는 인지 과정 수정을 통해 개선될 수 있다고 제안하였다.

● CBT 접근의 계보

Beck의 초기 이론에서부터 다양한 심리적 문제들을 위해 다수의 특정 CBT

프로토콜이 개발되었다. 모든 CBT 프로토콜이 중요한 유사점을 가지고 있음에도 불구하고, CBT는 단일한 것이 아닌 특수한 치료 프로토콜이다. 대신에 이러한 다양한 CBT 프로토콜은 한 계보를 이루는 중재로 언급할 수 있겠다. Beck의 CBT 프로토콜은 우울을 위해 개발된 것으로, 무선 통제된 실험 비교를 통해 광범위하고 과학적인 정밀 조사를 하였고, 또한 요인 분석과 매개 분석 결과 거의 모든 정신증적 장애에 효과적임을 보여 주었다.

　불안장애의 경우, 부적응적인 인지는 전형적으로 위험 또는 위협에 대한 미래 지향적 지각과 연합되어 있고, 신체적 위협(예: 공황장애에서 심장발작이 일어날 것이라는 두려움), 또는 심리적 위협(예: 사회불안장애에서 당혹스러움에 대한 공포)을 포함하며, 상황과 증상에 대한 통제 능력의 상실에 초점이 맞춰져 있다. 예를 들어, 외상 후 스트레스장애에 대한 현재 CBT 모델은 과거의 외상 사건이 현재의 이 사건과 함께 정서적으로 연합이 되면서 인과적으로 연결되는 역기능적 인지 과정을 가정하기 때문에(Ehlers & Clark, 2000), 외상 후 스트레스장애에 대한 CBT 기법은 외상 기억에 대한 재평가에 초점이 맞춰진다. 대조적으로 건강염려증(Barsky & Klerman, 1983; Warwick & Salkovskis, 1990), 공황장애(Clark, 1986)와 같은 다른 정신장애에 대한 CBT 모델은 위협적인 신체 감각에 대한 역기능적 해석보다는 정서적 스트레스와 부적응적 행동과 연합되어 있는 인식 가능한 과거 사건에 대한 역기능적 과정을 가정한다. 그리고 사회불안장애와 관련되어 있는 개인의 부적응적 사고는 전형적으로 대인관계 상황 및 자기 초점화와 관련되고(예: Clark & Well, 1995), 강박장애와 범불안장애에서의 부적응적 인지는 미래 지향적이거나 강박적 사고 경향 또는 걱정이라는 과정을 가지는데(예: Wells, 2000), 이후에는 이 같은 현상을 종종 상위인지로 언급하였다.

　정신장애 치료에 대한 접근과 인지적 개념화에서 분명한 차이점이 있음에도 불구하고, 모든 CBT 치료 프로토콜은 기본 CBT 접근에 명백히 뿌리를 둔다. 이 기본적인 접근은 부적응적 인식이 정서적 스트레스와 인과적으로 연관되어 있기 때문에 인지 내용의 변화를 통해 정서적 스트레스와 부적응적 행동을 개선할 수 있다는 점이다. 그리고 특정 정신병리에 대한 치료를 위해 CBT 기법은 장애의 효과 크기를 강화하고자 전통적인 CBT와 비교해서 특수하게 수정되었다. 예를 들어, 외상 후 스트레스장애(예: Ehlers, Clark, Hackmann, McManus, & Fennell, 2005), 범불안장애(Wells & King, 2006), 사회불안장애(Clark et al., 2003), 공황장애(Clark et al., 1999), 강박장애(Freestone et al., 1997), 그리고 건강염려증(Salkovskis, Warwick, & Deale, 2003) 등이 있다.

CBT가 불안을 비롯해 다른 정신장애(Butler, Chapman, Forman, & Beck, 2006; Hofmann & Smits, 2008) 치료에 효과적임에도 불구하고, 기저의 치료 기제에 관해서는 알려진 바가 적다. 사실상, CBT 모델의 기본 전제, 즉 치료 관련 변화 내에서 인과적 역할을 한다는 인지의 작동에 대한 직접적인 경험적 지지가 드물다. 게다가 인지, 인지적 편향 그리고 인지적 중재에 대한 생물학적 관련 증거는 아주 부족하다.

최근 요인 분석에서 Longmore와 Worrell(2007)은 정형화된 인지적 재구조화 기법과 인지 수정을 위한 직접적인 기법이 포함되지 않은 행동치료 간에 어떠한 중요한 차이점도 없음을 발견하였다. 이 결과에 기초하여 이론가들은 인지행동 치료 모델의 타당성에 대해 의문을 가졌고, 나아가 인식의 변화가 증상을 중재하지 않는다고 주장하였다. 하지만 Hofmann(2008a)의 저술을 보면, 요인 분석은 인지적 중재를 검토하기에 불충분하며, 인지의 변화는 정확한 인지 수정 과정 없이 발생할 수 있고, 또 치료 변화를 중재할 수 있다고 언급하였다(Hofmann, 2008b). 대신에 치료 변화의 기제를 연구하기 위한 적절한 절차는 인지적 매개 분석에 의해 수행된다. 이에 많은 연구 결과가 인지적 중재를 명백하게 지지함을 보여 주었다. 예를 들어, 발표 장면을 예상하면서 자기보고식의 불안을 측정한 최근 실험 연구에서 부정적 자기 초점화된 인지가 자기보고된 사회 불안의 경향을 효과적으로 매개하였고, 부정적인 예측을 하는 동안에 심장박동도 증가하였다(Schulz, Alpers, & Hofmann, 2008). 또한 많은 연구에서 정신장애 치료에 대한 인지적 중재를 지지하는 결과를 제공하였는데, 예를 들어 공황장애(Hofmann et al., 2007), 사회불안장애(Hofmann, Moscovitch, Kim, & Taylor, 2004; Smits, Rosenfield, Telch, & McDonald, 2006), 강박장애(Moore & Abramowitz, 2007), 우울 (Kaysen, Scher, Mastnak, & Reich, 2005; Tang, DeRubeis, Beberman, & Pham, 2005), 그리고 통증(Price, 2000)이 포함된다. 하지만 이러한 연구들은 인지적 중재에 대한 단지 간접적인 증거만을 제공하였고, 어떤 연구에서도 엄격한 통계적 검사를 사용하여 확정적으로 인지적 중개를 제시하지는 못했다.

이렇듯 증거의 양이 명백히 제한되어 있는 이유 중 하나는 인지를 측정하는 방법과 관련되는데, 이는 특별히 심리치료에서 더 그러하다. 예를 들어, 인지 또는 인지적 과정의 제한된 범위를 측정하는 데 있어서 질문지가 유일한 방법이며, 사고의 기법이나 이에 암시된 내용을 명백하게 측정하는 것은 어렵다. 또한 매개 효과에 대한 통계적 절차에 있어서 Baron과 Kenny(1986)의 영향력을 확인하였음에도 치료 변화에 대한 매개 분석은 여전히 초창기 수준에 머물러 있다. 그리고 Baron과 Kenny(1986)에 대해 횡단적 자료에 대한 매개 효과를 측정하기 위해서는 보다 복잡한 통계 방법론이 요구된다고 비판하였다. 예를 들어, 최근 연구자들은 단일 집단에 대한 매개 연구에서 회귀 불연속을 사용하여 시간적 연속성을 해석한 것(Doss & Atkins, 2006), 종단연구에 있어서도 구조적으로 동등한 회귀 모형 절차를 사용한 것(Cole & Maxwell, 2003), 그리고 다면적 통계 모형(Kenny, Korchmaros, & Bolger, 2003)과 무선 통제된 선형 회귀 모형을 비평하였다(Kraemer, Wilson, Fairburn, & Agras, 2002). 종합하면, CBT는 초기의 기본적인 전제를 기반으로 점점 발달되었고, 특정 장애를 위해 각색된 것도 효과성이 높게 나타났다. 또 매개 분석은 CBT 모델의 타당성을 지지하였다. 그러나 아직 이와 관련된 더 많은 연구가 필요하고, 특별히 매개 연구들은 치료에 있어서 보다 정확한 기제를 확인할 필요가 있다.

● 마음챙김

접 근

일반적으로 정의되길, 마음챙김은 개방성과 호기심 그리고 수용적인 태도를 갖고 비구조화, 비판단, 현재 초점화된 자각을 통해 사고와 감각, 감정을 인정하고 수용하는 것이다(예: Bishop et al., 2004; Kabat-Zinn, 2003; Melbourne Academic Mindfulness Interest Group, 2006; Teasdale et al., 2000). 마음챙김 기반 치료(Mindfulness-Based Therapy: MBT)에는 마음챙김 인지치료(Mindfulness-Based Cognitive Therapy: MBCT)(예: Segal, Williams, & Teasdale, 2002)와 마음챙김 기반 스트레스 완화(Mindfulness-Based Stress Reduction: MBSR)(예: Kabat-Zinn, 1982)가 있고, 이는 현대 심리치료에서 매우 대중적인 치료다(예: Baer, 2003; Bishop, 2002; Hayes, 2004; Kabat-Zinn, 1994; Salmon, Lush, Jablonski, & Sephton, 2009). Bishop 등(2004)은 마음챙김을 두 가지 요소로 구별하였는데, 하나는 주의에 대한 자기통제이고, 또 다른 하나는 호기심, 개방성 및 수용의 특징을 갖는 현재 순간으로의 지각이다.

마음챙김 실제의 기저에 있는 기본 전제는 현재 순간을 비판단적이고 개방적으로 경험함으로써 스트레스 요인들의 영향력을 효과적으로 떨어트리는 데 있다. 왜냐하면 과거나 미래에 대해 과잉 지각할 때 스트레스 요인들이 우울과 불안 등의 감정과 연합하기 때문이다(예: Kabat-Zinn, 2003). 이 정신 훈련은 마음챙김 명상 훈련을 통해 숙련됨으로써 이루어질 수 있고, 이 훈련의 목표는 사고와 감정을 더 잘 인식하게 되는 것과 사고와 감정을 자기 자신의 한 양상으로써 인식하기보다는 더 넓고 탈중심화된 '정신적 사건'이라는 관점 또는 실제를 정확하게 반영하는 관점으로 분산시키는 것이다. 그리고 마음챙김 기반 치료는 대부분의 정서장애가 지속되는 데 공헌하는 부적응적 전략을 다루는데(Bishop et al.,

2004), 즉 사람들이 스트레스 상황에 대해 반사적으로 반응하지 않고 반성적인 태도를 가르치며, 또한 경험적 회피 전략의 효과적인 감소와 원하지 않는 내적 경험의 강도와 빈도를 변화시킨다. 뿐만 아니라 마음챙김 훈련에는 느리고 깊은 호흡법의 명상이 포함되는데, 이 호흡 명상을 통해 교감신경계와 부교감신경계 반응의 균형을 이루며 스트레스로 인한 신체적 증상들을 완화시킨다(Kabat-Zinn, 2003). 예를 들어, 마음챙김 기반 스트레스 완화 프로그램(MBSR)(Kabat-Zinn, 1982)의 세 가지 핵심 요소는 정좌 명상, 하타 요가, 바디 스캔으로, 이는 신체를 거쳐 주의가 순차적으로 유도되는 마음챙김 수행이다(Kabat-Zinn, 2003).

많은 메타 분석 연구들은 MBT의 효과성 입증에 공헌하였다(Baer, 2003; Grossman, Niemann, Schmidt, & Walach, 2004; Hofmann, Sawyer, Witt, & Oh, 2010; Ledesma & Kumano, 2009; Toneatto & Nguyen, 2007). Hofmann 등(2010)에 의해 시행된 가장 최근의 MBT 메타 분석은 암, 범불안장애, 우울 그리고 다른 정신질환 또는 기타 의학적 상태에 대한 39개의 MBT 연구(총 1,140명)를 확인하였다. 그 결과, MBT는 전체 표집 내에서 사전-사후 불안과 기분 증상을 개선하는 데 있어 중간 정도의 효과 크기를 보여 주었고, 불안과 기분장애의 개선을 지속하는 데 큰 효과가 있었다. 이를 통해 MBT가 임상 집단, 특히 불안장애 환자의 기분 문제와 불안을 치료하는 데 유망한 중재임을 확인할 수 있었다.

전통적 CBT와의 비교

MBT의 마음챙김 기법들은 범불안장애(Craigie, Rees, & Marsh, 2008; Evans, Ferrando, Findler, Stowell, Smart, & Haglin, 2008), 공황장애(Kabat-Zinn, Massion, Kristeller, & Peterson, 1992; Kim et al., 2009; Lee et al., 2007), 사회불안장애(Bögels, Sijbers, & Voncken, 2006; Koszycki, Benger, Shlik, & Bradwejn, 2007), 그리고 우울 (Barnhofer et al., 2009; Kingston, Dooley, Bates, Lawlor, & Malone, 2007; Ramel, Goldin, Carmona, & McQuaid, 2004; Williams et al., 2008)의 치료를 포함하여 급성

정서 스트레스에 대한 다양한 CBT 프로토콜로 통합되어 왔다(Baer, 2003; Bishop, 2002; Salmon, Lush, Jablonski, & Sephton, 2009; Segal et al., 2002 참조).

특정 집단과 마음챙김 기법을 통합한 영향력 있는 CBT 치료는 변증법적 행동 치료(Dialectical Behavior Therapy: DBT)(예: Linehan, Amstrong, Suarez, Allmon, & Heard, 1991)의 핵심 요소이자 골조다. DBT는 변증법적 세계관에 기초한 CBT 접근을 취함으로써 경계선 성격장애 치료에 전형적으로 활용된다. 여기서 변증 법이란 환자의 정서 조절 능력을 향상하기 위한 수용과 변화 사이에 관계성에 해 당하는 용어다. DBT에서 환자는 교감적 변화와 수용이라는 목적을 갖고 그들의 고통과 개인사를 동시에 수용함으로써 정서적 자극에 대한 행동 변화를 격려받 는다(이와 관련된 내용은 이후에 보다 자세하게 제시됨). 또한 DBT는 특정한 목표를 성취하기 위해 상당한 마음챙김 연습을 해야 하는데, 이는 전형적으로 전문가 집단에서 매주마다 시행된다(Linehan, 1993). Linehan(1993)은 마음챙김의 기법 들이 '무엇'인지(관찰하기, 묘사하기, 참여하기), 그리고 그 방법들이 '어떻게' 되 는지(비판단적이고, 한 방향으로 주의를 기울이며, 효과적으로)를 설명하였다. 마음 챙김 연습 외에도, DBT는 인지, 행동 또는 정서로 설계된 다양한 인지행동치료 절차를 포함하였다(Baer, 2003). 따라서 DBT에서의 마음챙김 기반 전략은 심리 적 수용을 목표로 하는 특징이 있고, 전통적 CBT의 목적은 역기능적 행동 변화 를 위해 인지를 직접적으로 다루는 것이다.

한편, 마음챙김 기반 CBT와 전통적 방식의 CBT 간에는 유사점뿐만 아니라 잠재적으로 중요한 차이점도 분명 나타나는데, 예를 들어 Teasdale 등(2000)은 다음과 같이 기술하였다.

> CBT와 달리 MBCT에서는 사고 내용의 변화에 대한 강조점을 축소하고, 이
> 보다는 사고에 대한 인식의 변화와 그 관계성을 보다 강조한다. MBCT에 포함
> 되어 있는 CBT 양상들은 주요하게 '생각은 사실이 아니다.' '나의 생각이 내
> 가 될 수 없다.'와 같은 '탈중심화' 관점을 촉진시키도록 설계되어 있다. 그리

고 MBCT는 개인이 사고와 감정을 더 잘 인식할 수 있게 가르치고, 보다 넓은 관점에서 사고와 감정을 다루며, 이를 자신의 양상이 아닌 '정신적 사건' 으로 탈중심화하거나 또는 실제적인 정확한 반영이 가능하도록 하는 것에 초점을 둔다(p. 616).

탈중심화는 전통적 CBT에서의 거리두기 개념과 관련된다. 거리두기는 사고를 향한 객관적 관점을 얻기 위한 과정이며, 또 이것은 환자가 대안적인 설명을 성공적으로 고려할 수 있기 전의 필수적인 단계다. 특별히 Beck(1970)의 기록을 보면 다음과 같다.

> 환자가 개인 특유의 생각으로 정체성을 확립하게 되면, 이 특유의 생각을 객관적으로 확인하는 데는 어려움이 있다. 그 생각은 종종 외적 자극에 대한 지각으로서 유사한 종류의 특징을 가지고…… 거리두기는 이러한 인지들에 대한 객관성을 얻는 과정으로 언급된다(p. 189).

환자는 "생각과 외부 실제 간에 거리를 두는 것, 그리고 가설과 사실 간에 거리를 두는 것"(p. 189)을 격려받고, "자신의 생각이 반드시 사실을 의미하는 무언가가 아니다."(p. 190)라는 것을 깨닫게 된다. 따라서 거리두기와 탈중심화는 환자가 그들의 생각에 대한 관찰자 관점을 갖도록 하는 것이다. 한편, 이 두 가지의 개념이 갖는 차이점은 기저의 치료 모델과 관련되는데, 거리두기는 인지를 정확할 수도 있고 아닐 수도 있는 또는 적응적일 수도 있고 아닐 수도 있는 실제에 관한 신념이라는 개념에 기반하며, 탈중심화는 이러한 사고가 실제에 대한 정확한 지각이든 그렇지 않든 상관없이 자기로부터 사고를 분리하는 것에 해당한다.

요약하자면, 마음챙김 기반 전략은 CBT 틀 내에서 발달하였고, 마음챙김 훈련의 중요한 양상은 탈중심화 개념으로 종합할 수 있다. 탈중심화는 환자가 그의 사고와 몰개성화된 자신을 더 잘 인식하도록 하고, 동시에 그것들의 실제성과 관련하여 비판적으로 실험해 보도록 하는 CBT의 거리두기와 관련된다. 한편, 거리두기는 사고의 타당성을 확인하려는 시도 전의 필수적인 첫 단계로 간주되고, 탈중심화는 반응과 성찰의 전반적인 반영을 독려하는 일반적인 과정이다.

● 수 용

접 근

수용전념치료(Acceptance and Commitment Therapy: ACT)의 이론적 기초는 관계 틀 이론(Relational Frame Theory: RFT)(Hayes, Barnes-Holmes, & Roche, 2001)으로, 이것은 기능적 맥락주의라는 철학적 관점으로부터 발생하였다(예: Gifford & Hayes, 1993; Pepper, 1942). 이 관점은 인지와 언어를 행동 분석 틀로 통합하는 방법을 제공한다. 그리고 ACT는 인간의 언어와 인지를 더 잘 설명하기 위해 Skinner의 급진적 행동주의를 재공식화한 것이기도 하다(Hayes, Masuda, Bissett, Luoma, & Guerrero, 2004). 또한 ACT는 인지적 인과관계라는 전제(즉, 인지가 정서와 행동의 변화를 야기할 수 있다는 개념)를 가정하지 않기 때문에 전통적 CBT의 확장이나 보완이 아니다. CBT에 대한 ACT의 비판적 요약과 또 그 반대의 평론은 관련 문서를 참고하라(Hofmann, 2008b; Hofmann & Asmundson, 2008 출간 중).

이러한 철학적 그리고 이론적 수준에서의 주요한 차이점에도 불구하고, 기법적 수준에서는 ACT와 전통적 CBT 간에 상당히 중첩되는 부분들이 있다. ACT는 경험적 회피의 감소를 중요한 목표로 두는데, 경험적 회피는 부정적으로 평가된 감정, 신체 감각, 사고의 경험을 방해하는 것이다(Hayes et al., 2004). 경험적 회피의 감소를 위해 ACT는 심리적 유연성을 증가시키는 기법을 포함하고 있는데, 여기서 심리적 유연성이란 "의식적 인간이 되기 위해 현재 순간에 보다 더 충분히 접촉할 수 있는 능력, 그리고 가치가 매겨진 것을 완수하기 위해 어떤 행동을 추구하거나 또는 변경할 수 있는 능력"(Hayes, Luoma, Bond, Masuda, & Lillis, 2006, p. 7)으로 정의된다. 그리고 이러한 치료 목표를 위해서 수용, 인지적 탈융합, 현재로서 존재하기, 맥락으로서의 자기, 가치, 그리고 전념 행동을 조성하는 특정한 과정과 기법들이 있다.

　수용 전략은 경험적 회피에 대한 대안으로서, 환자가 원하지 않았던 사고와 불안, 고통, 죄책감과 같은 정서를 받아들이도록 돕는다. 그리고 수용의 목표는 변화시키거나 제거하려는 시도 없이 원하지 않았던 사고 및 정서와 투쟁하는 것을 끝내는 것이다. 또한 인지적 탈융합의 목표는 사고와 다른 사적 사건(정서와 같은)의 달갑지 않은 기능을 변화시키는 것이다. 이러한 전략은 환자로 하여금 사적 사건이 해결 안 되는 어떤 문제로서 통제해야 되는 것이 아님을 깨닫도록 만든다. 따라서 환자는 사고와 감정에 의거하여 행동하지 않도록 격려받게 되며, 궁극적으로는 통제를 포기하도록 한다. 나아가 비판단적인 태도와 환경적 사건에 대해 주의를 기울이며 접촉하는 것, 그리고 자신의 영적 감각을 취할 수 있도록 격려받는다. 뿐만 아니라 치료자는 환자가 자기정체성과 삶의 중요한 목적을 추구하는 데 전념하도록 격려한다.

　Öst(2008)의 최근 보고서를 보면, ACT와 DBT의 13개의 무선 통제된 시행(Randomized Controlled Trials: RCTs)과 심리치료에서의 인지행동 분석 체계 1개, 그리고 통합적 행동 커플 치료 2개를 분석하였다. 그 결과, CBT 시행과 비교해서 RCTs에서는 연구방법론이 덜 엄격하였고, 유효한 연구의 평균 효과 크기가 ACT와 DBT 둘 다 중간 정도였다. 그리고 이 치료들 중에 어떤 것도 APA의 12개 분과 대책 위원회에서 정의한 경험적 지지치료에 대한 기준에는 충족되지 못하였다. 한편, 한 논평에서 Gaudiano(2009)는 Öst(2008)의 보고서를 비판하였는데, ACT와 전통적 CBT를 비교하는 연구의 샘플이 전체 모집단의 치료 기간과 불일치한다고 주장하였고, 또한 CBT가 ACT보다 더 효과적이라고 언급하였다. 이러한 비판들에 대해 Öst(2009)는 논박하였고, ACT가 이미 기득권의 치료보다 더

관대한 비판으로 평가받지 않아야 한다고 주장하였다.

이외에도 Powers, Zum Vörde Sive Vörding과 Emmerlkamp(2009)에 의한 메타 분석에서는 18개 RCTs(n=917)로 ACT의 효과성을 검증하여 확인하였는데, 그 결과 ACT는 통제 조건과 비교했을 때 전반적인 이점을 보였다(효과 크기 =0.42). 하지만 기득권의 치료와 비교했을 때는 그 효과성이 유의미하게 나타나지 않았다(효과 크기=0.18, p=0.13). 게다가 ACT는 통제 조건에서 우세하지 않았고, 기득권의 치료보다 더 효과적이지도 않다고 제시하였다.

전통적 CBT와의 비교

CBT와 ACT는 기법의 수준에서 많은 유사점을 보여 주는데, 둘 다 사고와 감정 그리고 신체 감각에 대한 자각의 증가에 초점을 두고 정서 표현 촉진을 추구한다. 또한 CBT와 ACT는 노출법, 문제해결 기술, 역할놀이, 모델링, 과제 등과 같은 행동 기법을 사용하고, 과거에 대한 반추 또는 사고를 직접적으로 통제하려는 시도를 단념시킨다. 이뿐만 아니라 목표에 대해서 명백하게 표현하도록 강조하고, 삶의 질을 개선하는 것이 목적인데, 여기서 삶의 질은 일상의 주요한 영역의 성공을 포함한다. 그리고 CBT의 도식 작업은 ACT의 가치 작업과 매우 유사하다.

하지만 인지의 역할과 관련하여 ACT와 CBT 간에 철학적 그리고 이론적 수준에서 상당한, 그리고 전혀 양립할 수 없는 차이점이 있다. 이에 ACT는 다음과 같이 서술하였다.

> 20년간 확대 적용된 장기적인 시도로 현대적 방식의 행동 분석이 발전되었는데, 이는 기능적 맥락주의 또는 행동 분석적 관점을 통해 인지를 설명하는 데 필요한 원리를 추가하였다(Hayes et al., 2006, p. 4).

　CBT와 대조적으로, ACT는 명백한 행동(활동), 감정(주관적 경험), 인지(사고 과정) 사이에서 구별하는 이 삼원적 구조 모델을 취하지 않는다. 대신에 ACT는 인지를 행동의 한 형태로서 범주화하고, 이는 "인지를 포함하여 공식적 그리고 사적 심리적 활동의 모든 형태를 일컫는 하나의 용어다."(Hayes et al., 2006. p. 2)

　이렇듯 인지를 행동의 한 형태로 간주하기 때문에 ACT에서는 인지 내용보다는 그 기능을 확인하고 수정하는 것에 초점을 맞춘다. 그리고 인지 기능은 어떤 명백한 인식에 대한 반응을 격려하는 것이 아니라, 대신에 그것의 실제적인 내용 변화를 시도하는 것 없이 그 자체로 수용하는 것을 목적으로 한다.

　이 같은 수용 접근은 불쾌한 감정을 다루는데, 불안이나 우울과 같은 정서장애는 아마도 원하지 않는 감정을 조절하는 데 있어서 효과적이지 못한 시도 때문일지 모른다. 정서를 성공적으로 조절할 수 있는 능력은 인간에게 중요한 부분이며, 이것에는 사회적 적응과 전반적인 웰빙을 가능하게 하는 특징이 있다. 즉, 인생의 중요한 목표를 추구하기 위해서는 불쾌하고 스트레스가 되는 감정을 포함하여 다양한 정서 상태를 관리할 수 있는 능력과 인내심이 요구된다. 그래서 정서장애를 위한 효과적인 심리치료는 유효한 정서 조절 전략을 증진시키는 데 초점을 두고, 비효과적인 전략의 사용을 차단시킨다.

　초반에 기술하였던 것에 따르면(Hofmann & Asmundson, 2008), ACT는 부적응적 반응에 초점화된 정서 조절 전략에 대응하기 위해 제안된 반면, CBT는 정서 촉발 요인에 대한 인지적 재평가를 조장함으로써 적응적인 선행사건에 초점화된 정서 조절 전략을 촉진하는 데 목적을 둔다. 선행 사건에 초점화된 정서 조절 전략과 반응에 초점화된 정서 조절 전략 간의 구별은 Gross의 정서 과정 모델에 기초하는데, 이것은 외부 또는 내부의 정서적 단서의 평가를 강조한다(Gross, 1998, 2002; Gross & John, 2003; Gross & Levenson, 1997). 이러한 단서들이 처리가 되면, 경험적·생리적·행동적 반응은 한 세트로써 정서 조절 양상에 의해 활성화되고 영향을 받는다. 이에 각 개인은 자신의 통제적 시도에 효과적인 영향을 주고자 정서를 조절하게 된다. 이전의 설명과 같이 선행 사건에 초점화된 정서 조절 전략은 정서적 반응이 완전히 활성화되기 전에 상황 수정, 주의 전개, 상황에 대한 인지적 재구조화 등이 활성화된다. 반면, 반응에 초점화된 정서 조절 전략은 억압과 다른 경험적 회피 전략이 포함된 반응 양상 후에 나타나는 정서의 경험이나 정서의 표현을 수정하고자 시도한다. 이러한 차이점을 기반으로 앞으로 경험적 연구와 매개 분석 연구에서는 특정 정서장애에 대한 가장 적절한 접근을 밝혀낼 필요가 있다.

● 결론과 후속 연구 방향

정서장애는 두려움, 슬픔, 분노, 그리고 고조된 스트레스 수준과 같이 부정적으로 동기 부여된 정서적 반응과 관련된다. 이러한 정서장애에 대해서 CBT는 부정적인 정서를 제거하거나 또는 규제하는 것 대신에 환자 스스로 직면한 상황을 보다 현실적이고 정확하게 평가할 수 있는 능력을 갖도록 조성하는 데 목적을 둔다. 이를 위해 CBT는 환자에게 긍정적으로 생각하기를 강요하지 않고, 행동적·경험적·인지적 전략을 사용하여 정서의 부정적인 영향력을 조절하는 기법을 제시한다.

앞에서 기술한 것에 따르면, CBT 모델의 핵심은 인지가 정서와 행동에 중요한 인과성 영향을 가지며, 이러한 기저의 핵심이 정신병리학이 유지되는 데 공헌하였다. 또 다른 논의를 보면(Hofmann & Asmundson, 2008), 정서 유발 상황과 경험에 대한 약물 표적화는 경험적 회피의 감소(예: 불안과 고통을 수용함으로써)를 통한 정서 조절 접근과는 다르다. 한편, 이러한 후자의 접근은 이후에 마음챙김기반 기법들과 수용전념치료(ACT)를 적용하게 되었다.

이러한 전략들은 기법적 수준에서 CBT 접근과 전혀 양립할 수 없는 것은 아니지만, 이론적이고 철학적인 수준에서는 몇 가지 기본적인 차이점이 있고, 특히 CBT와 ACT 간에 그러하다. 또한 효과 연구는 여럿 중 어떤 하나의 치료 접근법만을 선호하는 것과는 거리가 있다. ACT에서도 환자의 부정적 정서를 조절하기 위해 마음챙김 기반 전략과 전통적 CBT 프로토콜만을 전형적으로 도입하지는 않는다. 그리고 어떤 완벽한 치료 패키지라 해도 이를 쉽게 검증할 수는 없으며, 통제된 실험 조건하에 특정한 치료 기법을 확인해야만 한다.

한 최근 연구에서는 다양한 정서장애 환자들에게서 부적응적인 정서 조절 전략과 관련된 몇 가지 증거를 제시하였다(Campbell-Sills, Barlow, Brown, & Hofmann, 2006a). 이 연구에서는 불안이나 기분장애 진단 범주에 있는 60명의 임상 집단과 정서장애 병력이 없는 30명의 비임상 집단에게 정서 자극이 포함된 영화를 보여 준 다음 부정적 정서가 유도되는 경험을 실험하였다. 그 결과, 임상 집단과 통제 집단(비임상 집단) 둘 다에게서 자발적인 정서 평가와 정서 조절 전략이 발견되었다. 그러나 임상 집단 참가자들(공황장애, 범불안장애, 주요 우울장애, 강박 장애, 기분부전장애)은 비임상 집단에게서 관찰된 정서 평가와 정서 조절 전략과는 유의미하게 차이가 있었는데, 임상 집단에게서는 불안에 상당히 초점화되어 있는 정서가 발생하였고, 정서적 명확성은 낮게 나타났다. 또한 임상 집단은 부적응적 정서 조절 전략(예: 억압이나 반복)에 보다 더 의존하였는데, 즉 정서에 덜 수용적이고 억압 시도가 높았다. 결국 높은 수준의 억압은 정서에 대한 반응으로 심장 박동 비율이 올라가고, 피부 전도율과 손가락의 온도 변화, 그리고 주관적인 스트레스로부터의 회복을 떨어트린다. 이러한 결과는 불안과 기분장애가 부적응적 정서 조절 전략과 관련된다는 주장을 지지해 준다.

또 다른 연구(Campbell-Sills, Barlow, Brown, & Hofmann, 2006b)에서는 환자에게 정서 관련 수행 동안, 정서 억압 활동이나 정서 수용 활동 중 하나에 참여하도록 지시하였고, 그 결과 수용 활동 참가자들에 비해 억압 활동 참가자들이 정서적 경험에 대한 주관적 스트레스로부터의 회복을 실패하였으며, 심박 비율도 다르게 나타났다. 특히 정서를 억압하도록 안내받은 환자들은 정서 자극 관련 영화 상영 후에 예상할 수 있는 심박 비율이 확실히 감소한 반면, 수용 조건에서의 환자들은 그 기간 동안에 심박 비율이 증가하였다. 따라서 정서장애 환자들은 비임상 집단과 비교했을 때보다 부정적인 정서 평가를 보이고, 역효과적인 정서 조절 전략으로 특징지어진다. 단, 다른 진단의 집단들과의 차이점에 대한 증거는 나타나지 않았다. 다시 정리하자면, 정서장애 환자들에게 부정적 정서를 수용하도록 지시하는 것은 유의미한 효과를 갖는 반면, 정서를 억압하는 것은 유해한 효과를 가질 수 있다.

또 세 번째 실험(Hofmann et al., 2009)에서는 사회 불안과 관련하여 수용, 억압, 재평가의 효과를 직접적으로 비교하였는데, 예상한 것과 같이 억압 집단은 재평가와 수용 집단보다 심박 비율이 유의하게 증가하였고, 또 재평가 집단보다 더 높은 수준의 불안을 보고하였다. 한편, 수용과 억압 집단은 주관적 불안 반응에서 차이가 없었는데, 이러한 결과는 불안을 재평가하는 것과 수용하는 것 둘 다 불안을 억압하는 것보다 생리적인 각성을 보다 효과적으로 중재함을 보여 준다. 그런데 재평가는 불안을 억압하거나 수용하려는 시도보다 불안에 대해 주관적인 느낌을 보다 효과적으로 중재하였다. 물론 이 자료에 대해서는 사전에 반드시 고려했어야만 했다. 그럼에도 불구하고 우리는 가장 복잡한 치료 기법들까지도 과학적인 검증이 가능하다고 믿는다.

또 다른 중요한 자료는 치료와 치료 중재에 관한 연구들에서 얻을 수 있는데, 몇몇 사전 연구 증거에서 ACT와 CBT가 서로 다른 기제를 통해 정서 조절이 작동된다고 제시하였다(Hayes et al., 2006). 하지만 이는 어떤 확정된 결론을 내리기에는 지나치게 예비 조사에 해당된다.

앞으로의 연구에서는 반드시 수용 기반 그리고 다른 반응에 초점화된 정서 조절 전략을 포함한 다양한 CBT 접근의 효과성을 확인해야만 한다. 특별히, 향후 연구에서는 또 다른 적응적 정서 조절 전략의 추가적인 이득 효과 여부, 그리고 개인과 진단에 따라 정서 조절 전략을 다르게 적용함으로써 그 이득이 더 극대화될 수 있는지의 여부를 확인할 필요가 있겠다. 이는 각 개인이 정서 조절 전략을 서로 다른 식으로 사용하고(Gross & John, 2003; Hofmann & Kashdan, 2010), 또한 이러한 개인차는 정서적 경험 그리고 심리사회적 기능과 의미 있게 관련됨을 보여 준다. 예를 들어, 정서 조절을 위해 재평가를 습관적으로 사용하는 사람은 긍정적인 정서는 더 많이 그리고 부정적인 정서는 더 적게 경험하고, 더 나은 대인관계 기능과 높은 심리적 안녕감을 보고하였다(Gross & John, 2003). 이는 상황적 요구를 예측하거나 치료 효과를 매개하기 위해 다양한 정서 조절 전략을 유연하게 활용할 수 있는 능력에 관한 중요한 연구이기도 하다(Bonnanno, Papa, Lalande, Westphal, & Coifman, 2004). 그리고 이것은 임상심리학자들에게 기대감을 주며, 자극이 될 것이다.

참고문헌

Amir, N., Beard, C., Burns, M., & Bomyea (2009). Attention modification program in individuals with generalized anxiety disorder. *Journal of Abnormal Psychology, 118,* 26-35.

Amir, N., Foa, E. B., & Coles, M. E. (1998). Negative interpretation bias in social phobia. *Behaviour Research and Therapy, 36,* 945-957.

Amir, N., McNally, R. J., & Wiegartz, P. S. (1996). Implicit memory bias for threat in posttraumatic stress disorder. *Cognitive Therapyand Research, 20,* 625-635.

Amir, N., Weber, G., Beard, C., Bomyea, J., & Taylor, C. T. (2008). The effect of a single-session attention modification program on response to a public-speaking challenge in socially anxious individuals. *Journal of Abnormal Psychology, 117,* 860-868.

Baer, R. (2003). Mindfulness training as a clinical intervention: A conceptual and empirical review. *Clinical Psychology: Science and Practice, 10,* 125-143.

Barnhofer, T., Crane, C., Hargus, E., Amarasinghe, M., Winder, R., & Williams, J. M. G. (2009). Mindfulness-based cognitive therapy as a treatment for chronic depression: A preliminary study. *Behaviour Research and Therapy, 47,* 366-373.

Baron, R. M., & Kenny, D. A. (1986). The moderator-mediator variable distinction in social psychological research: Conceptual, strategic, and statistical considerations. *Journal of Personality and Social Psychology, 51,* 1173-1182.

Barsky, A. J., & Klerman, G. L. (1983). Hypochondriasis, bodily complaints, and somatic styles. *American Journal of Psychiatry, 140,* 273-283.

Beck, A. T. (1963). Thinking and depression: I. Idiosyncratic content and cognitive distortions. *Archives of General Psychiatry, 9,* 324-444.

Beck, A. T. (1964). Thinking and depression: II. Theory and therapy. *Archives of General Psychiatry, 10*, 561–571.

Beck, A. T. (1970). Cognitive therapy: Nature and relation to behavior therapy. *Behavior Therapy, 1*(2), 184–200.

Beck, A. T. (1991). Cognitive Therapy—A 30–year retrospective. *American Psychologist, 46*(4), 368–375.

Beck, A. T., & Clark, D. A. (1997). An information processing model of anxiety: Automatic and strategic processes. *Behaviour Research and Therapy, 35*, 49–58.

Beck, A. T., Emery, G., & Greenberg, R. C. (1985). *Anxiety disorders and phobias: A cognitive perspective.* New York, NY: Basic Books.

Bishop, M., Lau, S., Shapiro, L., Carlson, N. D., Anderson, J., Carmody Segal, Z. V., ⋯ Devins, G. (2004). Mindfulness: A proposed operational definition. *Clinical Psychology: Science and Practice, 11*, 230–241.

Bishop, S. R. (2002). What do we really know about mindfulness–based stress reduction? *Psychosomatic Medicine, 64*, 71–83.

Bögels, S. M., Sijbers, G. F. V. M., & Voncken, M. (2006). Mindfulness and task concentration training for social phobia: A pilot study. *Journal of Cognitive Psychotherapy, 20*, 33–44.

Bonnanno, G. A., Papa, A., Lalande, K., Westphal, M., & Coifman, K. (2004). The importance of being flexible: The ability to both enhance and suppress emotional expression predicts long–term adjustment. *Psychological Science, 15*, 482–487.

Bower, G. H. (1981). Mood and memory. *American Psychologist, 36*, 129–148.

Butler, A. C., Chapman, J. E., Forman, E. M., & Beck, A. T. (2006). The empirical status of cognitive–behavioral therapy: A review of meta–analysis. *Clinical Psychology Review, 26*, 17–31.

Campbell–Sills, L., Barlow, D. H., Brown, T. A., & Hofmann, S. (2006a). Acceptability and suppression of negative emotion in anxiety and mood disorders. *Emotion, 6*, 587–595.

Campbell–Sills, L., Barlow, D. H., Brown, T. A., & Hofmann, S. G. (2006b). Effects of suppression and acceptance on emotional response in individuals with anxiety and mood disorders. *Behavior Research and Therapy, 44*, 1251–1263.

Chomsky, N. (1959). A review of B. F. Skinner's *Verbal behavior. Language, 35*, 26–58.

Clark, D. M. (1986). A cognitive approach to panic. *Behaviour Research and Therapy, 24*, 461–470.

Clark, D. M., Ehlers, A., McManus, F., Hackman, A., Fennell, M., Campbell, H., ⋯ Louis, B. (2003). Cognitive therapy versus fluoxetine in generalized social phobia: A randomized placebo–controlled trial. *Journal of Consulting and Clinical Psychology, 71*, 1058–1067.

Clark, D. M., Salkovskis, P. M., Hackman, A., Wells, A., Ludgate, J., & Gelder, M. (1999). Brief cognitive therapy for panic disorder: A randomized controlled trial. *Journal of Consulting and Clinical Psychology, 67,* 583–589.

Clark, D. M., & Wells, A. (1995). A cognitive model of social phobia. In R. G. Heimberg, M. R. Liebowitz, D. A. Hope, & F. R. Schneier (Eds.), *Social Phobia: Diagnosis, assessment and treatment* (pp. 69–93). New York, NY: Guilford Press.

Cole, D. A., & Maxwell, S. E. (2003). Testing mediational models with longitudinal data: Questions and tips in the use of structural equation modeling. *Journal of Abnormal Psychology, 112,* 558–577.

Craigie, M. A., Rees, C. S., & Marsh, A. (2008). Mindfulness–based cognitive therapy for generalized anxiety disorder: A preliminary evaluation. *Behavioural and Cognitive Psychotherapy, 36,* 553–568.

Davis, M., & Whalen, P. J. (2001). The amygdala: Vigilance and emotion. *Molecular Psychiatry, 6,* 13–34.

Doss, B. D., & Atkins, D. C. (2006). Investigating treatment mediators when simple random assignment to a control group is not possible. *Clinical Psychology: Science and Practice, 13,* 321–336.

Ehlers, A., & Clark, D. M. (2000). A cognitive model of posttraumatic stress disorder. *Behaviour Research and Therapy, 38,* 319–345.

Ehlers, A., Clark, D. M., Hackmann, A., McManus, F., & Fennell, M. (2005). Cognitive therapy for posttraumatic stress disorder: Development and evaluation. *Behaviour Research and Therapy, 43,* 413–431.

Ellis, A. (2001). *Overcoming destructive beliefs, feelings, and behaviors: New directions for rational emotive behavior therapy.* Amherst, NY: Prometheus Books.

Evans, S., Ferrando, S., Findler, M., Stowell, C., Smart, C., & Haglin, D. (2008). Mindfulness–based cognitive therapy for generalized anxiety disorder. *Journal of Anxiety Disorders, 22,* 716–721.

Foa, E. B., & Kozak, M. J. (1986). Emotional processing of fear: Exposure to crrective information. *Psychological Bulletin, 99,* 20–35.

Freeston, M. H., Ladouceur, R., Gagnon, F., Thibodeau, N., Rehaume, J., Letarte, H., & Bujold, A. (1997). Cognitive–behavioral treatment of obsessive thoughts: A controlled study. *Journal of Consulting and Clinical Psychology, 65,* 405–413.

Garner, M., Mogg, K., & Bradley, B. P. (2006). Orienting and maintenance of gaze to facial expressions in social anxiety. *Journal of Abnormal Psychology, 115,* 760–770.

Gaudiano, B. A. (2009). Öst's (2008) methodological comparison of clinical trials of acceptance and commitment therapy versus cognitive behaviors therapy: Matching apples with oranges? *Behaviour Research and Therapy, 47,* 1066–1070.

Gifford, E. V., & Hayes, S. C. (1993). Functional contextualism: A pragmatic philosophy for behavioral science. In: W. O'Donohue & R. Kitchener (Eds.), *Handbook of behaviorism.*

San Diego, CA: Academic Press, Inc.

Gross, J. J. (1998). Antecedent-and response-focused emotion regulation: Divergent consequences for experience, expression, and physiology. *Journal of Personality and Social Psychology*, *74*, 224-237.

Gross, J. J. (2002). Emotion regulation: Effective, cognitive, and social consequences. *Psychophysiology*, *39*, 281-291.

Gross, J. J., & John, O. P. (2003). Individual differences in two emotion regulation processes: Implications for affect, relationships, and well-being. *Journal of Personality and Social Psychology*, *85*, 348-362.

Gross, J. J., & Levenson, R. W. (1997). Hiding feelings: The acute effects of inhibiting negative and positive emotion. *Journal of Abnormal Psychology*, *106*, 95-103.

Grossman, P., Niemann, L., Schmidt, S., & Walach, H. (2004). Mindfulness-based stress reduction and health benefits: A meta-analysis. *Journal of Psychosomatic Research*, *57*, 35-43.

Hauser, M. D., Chomsky, N., & Fitch, W. T. (2002). The faculty of language: What is it, what has it, and how did it evolve? *Science*, *298*, 1569-1578.

Hayes, S. C. (2004). Acceptance and commitment therapy, relational frame theory, and the third wave of behavior therapy. *Behavior Therapy*, *35*, 639-665.

Hayes, S. C., Barnes-Holmes, D., & Roche, B. (Eds.). (2001). *Relational frame theory: A post-Skinnerian account of human language and cognition*. New York, NY: Kluwer Academic/Plenum.

Hayes, S. C., Luoma, J. B., Bond, F. W., Masuda, A., & Lillis, J. (2006). Acceptance and commitment therapy: Model, processes, and outcomes. *Behaviour Research and Therapy*, *44*, 1-26.

Hayes, S. C., Masuda, A., Bissett, R., Luoma, J., & Guerrero, L. F. (2004). DBT, FAP and ACT: How empirically oriented are the new behavior therapy technologies? *Behavior Therapy*, *35*, 35-54.

Heinrichs, N., & Hofmann, S. G. (2001). Information processing in social phobia: A critical review. *Clinical Psychology Review*, *21*, 751-770.

Heuer, K., Rinck, M., & Becker, E. S. (2007). Avoidance of emotional facial expression in social anxiety: The approach-avoidance task. *Behaviour Research and Therapy*, *45*, 2990-3001.

Hofmann, S. G. (2008a). Cognitive processes during fear acquisition and extinction in animals and humans: Implications for exposure therapy of anxiety disorders. *Clinical Psychology Review*, *28*, 200-211.

Hofmann, S. G. (2008b). ACT: New wave or Morita therapy? *Clinical Psychology: Science and Practice*, *15*, 280-285.

Hofmann, S. G., & Asmundson, G. J. (2008). Acceptance and mindfulness-based therapy: New wave or old hat? *Clinical Psychology Review*, *28*, 1-16.

Hofmann, S. G., & Asmundson, G. J. (in press). The science of cognitive behavioral therapy.

Behavior Therapy.

Hofmann, S. G., Heering, S., Sawyer, A. T., & Asnaani, A. (2009). How to handle anxiety: The effects of reappraisal, acceptance, and suppression strategies on anxious arousal. *Behaviour Research and Therapy, 47,* 389–394.

Hofmann, S. G., & Kashdan, T. B. (2010). The affective style questionnaire: Development and psychometric properties. *Journal of Psychopathology and Behavioral Assessment, 32,* 255–263.

Hofmann, S. G., Meuret, A. E., Rosenfield, D., Suvak, M. K., Barlow, D. H., Gorman, J. M., ··· Woods, S. W. (2007). Preliminary evidence for cognitive mediation during cognitive behavioral therapy for panic disorder. *Journal of Consulting and Clinical Psychology, 75,* 374–379.

Hofmann, S. G., Moscovitch, D. A., Kim, H. J., & Taylor, A. N. (2004). Chnges in self–perception during treatment of social phobia. *Journal of Consulting and Clinical Psychology, 72,* 588–596.

Hofmann, S. G., Sawyer, A. T., Witt, A., & Oh, D. (2010). The effect of mindfulness–based therapy on anxiety and depression: A meta–analytic review. *Journal of Consulting and Clinical Psychology, 78,* 169–183.

Hofmann, S. G., & Smits, J. A. J. (2008). Cognitive–behavioral therapy for adult anxiety disorders: A meta–analysis of randomized placebo–controlled trials. *Journal of Clinical Psychiatry, 69,* 621–632.

James, W. (1890). *Principles of psychology.* Cambridge, MA: Harvard University Press.

Kabat–Zinn, J. (1982). An outpatient program in behavioral medicine for chronic pain patients based on the practice of mindfulness meditation: Theoretical considerations and preliminary results. *General Hospital Psychiatry, 4,* 33–47.

Kabat–Zinn, J. (1994). *Wherever you go there you are.* New York, NY: Hyperion.

Kabat–Zinn, J. (2003). Mindfulness–based interventions in context: Past, present, and future. *Clinical Psychology: Science and Practice, 10,* 144–156.

Kabat–Zinn, J., Massion, A. O., Kristeller, J., & Peterson, L. G. (1992). Effectiveness of a meditation–based stress reduction program in the treatment of anxiety disorders. *American Journal of Psychiatry, 149,* 936–943.

Kaysen, D., Scher, C. D., Mastnak, J., & Reich, P. (2005). Cognitive mediation of childhood maltreatment and adult depression in recent crime victims. *Behavior Therapy, 36,* 235–244.

Kenny, D. A., Korchmaros, J. D., & Bolger, N. (2003). Lower level mediation in multilevel models. *Psychological Methods, 8,* 115–128.

Kim, Y. W., Lee, S. H., Choi, T. K., Suh, S. Y., Kim, B., Kim, C. M., ··· Yook, K. H. (2009). Effectiveness of mindfulness–based cognitive therapy as an adjuvant to pharmacotherapy in patients with panic disorder or generalized anxiety disorder. *Depression and Anxiety, 26,*

601-606.

Kingston, T., Dooley, B., Bates, A., Lawlor, E., & Malone, K. (2007). Mindfulness-based cognitive therapy for residual depressive symptoms. *Psychology and Psychotherapy: Theory, Research and Practice, 80,* 193-203.

Koszycki, D., Benger, M., Shlik, J., & Bradwejn, J. (2007). Randomized trial of a meditation-based stress reduction program and cognitive behavior therapy in generalized social anxiety disorder. *Behaviour Research and Therapy, 45,* 2518-2526.

Kraemer, H. C., Wilson, T., Fairburn, C. G., & Agras, W. S. (2002). Mediators and moderators of treatment effects in randomized clinical trials. *Archives of General Psychiatry, 59,* 877-883.

Lazarus, R. S. (1982). Thoughts on the relations between emotion and cognition. *American Psychologist, 37,* 1019-1024.

Lazarus, R. S. (1991). Progress on a cognitive-motivational-relational theory of emotion. *American Psychologist, 46,* 819-834.

Lazarus, R. S., & Folkman, S. (1988). Coping as a mediator of emotion. *Journal of Personality and Social Psychology, 54,* 466-475.

Lazarus, R. S., & Smith, C. A. (1988). Knowledge and appraisal in the cognition-emotion relationship. *Cognition and Emotion, 2,* 281-300.

Ledesma, D., & Kumano, H. (2009). Mindfulness-based stress reduction and cancer: A meta-analysis. *Psycho-Oncology, 18,* 571-579.

LeDoux, J. E. (1989). Cognitive-emotional interactions in the brain. *Cognition and Emotion, 3,* 267-289.

Lee, S. H., Ahn, S. C., Lee, Y. J., Choi, T. K., Yook, K. H., & Suh, S. Y. (2007). Effectiveness of a meditation-based stress management program as an adjunct to pharmacotherapy in patients with anxiety disorder. *Journal of Psychomatice Research, 62,* 189-195.

Leventhal, H. (1984). A perceptual-motor theory of emotion. In K. R. Scherer & P. Ekman (Eds.), *Approach to emotion* (pp. 271-291). Hillsdale, NJ: Erlbaum.

Linehan, M. M. (1993). *Skills training manual for treating borderline personality disorder.* New York, NY: Guilford Press.

Linehan, M. M., Amstrong, H. E., Suarez, A., Allmon, D., & Heard, H. L. (1991). Cognitive-behavioral treatment of chronically suicidal borderline patients. *Archives of General Psychiatry, 48,* 1060-1064.

Longmore, R. J., & Worrell, M. (2007). Do we need to challenge thoughts in cognitive behavioral therapy? *Clinical Psychology Review, 27,* 173-187.

MacLeod, C., & Hagan, R. (1992). Individual differences in the selective processing of threatening information, and emotional responses to a stressful life event. *Behavior Research and Therapy, 30,* 151-161.

MacLeod, C., & Mathews, A. (1991). Biased cognitive operations in anxiety: Accessibility of information or assignment or processing priorities? *Behaviour Research and Therapy, 29*, 599–610.

MacLeod, C., Rutherford, E., Campbell, L., Ebsworthy, G., & Holker, L. (2002). Selective attention and emotional vulnerability: Assessing the causal basis of their association through the experimental manipulation of attentional bias. *Journal of Abnormal Psychology, 111*, 107–123.

Mansell, W., Clark, D. M., Ehlers, A., & Chen, Y. P. (1999). Social anxiety and attention away from emotional faces. *Cognition and Emotion, 13*, 673–690.

Mathews, A., & MacLeod, C. (2002). Induced processing biases have causal effects on anxiety. *Cognition & Emotion, 16*, 331–354.

Mathews, A., Mogg, K., Kentish, J., & Eysenck, M. (1995). Effect of psychological treatment on cognitive bias in generalized anxiety disorder. *Behavior Research and Therapy, 33*, 293–303.

Mattia, J. I., Heimberg, R. G., & Hope, D. A. (1993). The revised Stroop color–naming task in social phobics. *Behavior Research and Therapy, 31*, 305–313.

McNally, R. J. (1996). Cognitive bias in the anxiety disorders. *Nebraska symposium on Motivation, 43*, 211–250.

McNally, R. J., Foa, E. B., & Donnell, C. D. (1989). Memory bias for anxiety information in patients with panic disorder. *Cognition and Emotion, 3*, 27–44.

Melbourne Academic Mindfulness Interest Group (2006). Mindfulness–based psychotherapies: A review of conceptual foundations, empirical evidence and practical considerations. *Australian and New Zealand Journal of Psychiatry, 40*, 285–294.

Mogg, K., & Bradley, B. P. (1998). A cognitive–motivational analysis of anxiety. *Behavior Research and Therapy, 36*, 809–848.

Mogg, K., Bradley, B. P., Bono, J., & Painter, M. (1997). Time course of attentional bias for threat information in non–clinical anxiety. *Behaviour Research and Therapy, 35*, 297–303.

Mogg, K., Mathews, A., & Weinman, J. (1987). Memory bias in clinical anxiety. *Journal of Abnormal Psychology, 96*, 94–98.

Mogg, K., Philippot, P., & Bradley, B. P. (2004). Selective attention to angry faces in clinical social phobia. *Journal of Abnormal Psychology, 113*, 160–165.

Moore, E. L., & Abramowitz, J. S. (2007). The cognitive mediation of thought–control strategies. *Behaviour Research and Therapy, 45*, 1949–1955.

Neisser, U. (1967). *Cognitive Psychology.* New York, NY: Holt, Rinehart & Winston.

Öst, L.-G. (2008). Efficacy of the third wave of behavioral therapies: A systematic review of meta–analysis. *Behaviour Research and Therapy, 46*, 296–321.

Öst, L.-G. (2009). Inventing the wheel once more or learning from the history of psychotherapy research methodology: Reply to Gaudiano's comments on Öst's (2008) review. *Behaviour*

Research and Therapy, 47, 1071–1073.

Pepper, S. C. (1942). *World hypotheses: A study in evidence.* Berkeley: University of California Press.

Piaget, J. (1952). *The language and thought of the child.* London, England: Routledge and Kegan Paul.

Pineles, S. L., & Mineka, S. (2005). Attentional biases to internal and external sources of potential threat in social anxiety. *Journal of Abnormal Psychology, 114,* 314–318.

Powers, M. B., Zum Vörde Sive Vörding, M. B., & Emmelkamp, P. M. (2009). Acceptance and commitment therapy: A meta–analytic review. *Psychotherapy and Psychosomatics, 78,* 73–80.

Price, D. D. (2000). Psychological and neural mechanisms of the affective dimension of pain. *Science, 288,* 1769–1772.

Ramel, W., Goldin, P. R., Carmona, P. E., & McQuaid, J. R. (2004). The effects of mindfulness meditation on cognitive processes and affect in patients with past depression. *Cognitive Therapy and Research, 28,* 433–455.

Rapee, R. M., McCallum, S. L., Melville, L. F., Ravenscroft, H., & Rodney, J. M. (1994). Memory bias in social phobia. *Behaviour Research and Therapy, 32,* 89–99.

Richards, J. M., & Gross, J. J. (2000). Emotion regulation and memory: The cognitive costs of keeping one's cool. *Journal of Personality and Social Psychology, 79,* 410–424.

Salkovskis, P. M. (1985). Obsessional–compulsive problems: A cognitive–behavioral analysis. *Behaviour Research and Therapy, 23,* 571–583.

Salkovskis, P. M., Warwick, H. M., & Deale, A. C. (2003). Cognitive–behavioral treatment for severe and persistent health anxiety (hypochondriasis). *Brief Treatment and Crisis Intervention, 3,* 353–367.

Salmon, P., Lush, E., Jablonski, M., & Sephton, S. E. (2009). Yoga and mindfulness: Clinical aspects of an ancient mind/body practice. *Cognitive and Behavioral Practice, 16,* 59–72.

Schachter, S., & Singer, J. E. (1962). Cognitive, social, and physiological determinants of emotional state. *Psychological Review, 69,* 379–399.

Schulz, S. M., Alpers, G. W., & Hofmann, S. G. (2008). Negative self–focused cognitions mediate the effect of trait social anxiety on state anxiety. *Behaviour Research and Therapy, 48,* 438–449.

Segal, Z. V., Williams, J. M. G., & Teasdale, J. D. (2002). *Mindfulness-based cognitive therapy for depression: A new approach to preventing relapse.* New York, NY: Guilford Press.

Shannon, C. E. (1948). A mathematical theory of communication. *Bell System Technical Journal, 27,* 379–423.

Shannon, C. E., & Weaver, W. (1949). *A mathematical theory of communication.* Urbana: University of Illinois Press.

Skinner, B. F. (1957). *Verbal behavior.* New York, NY: Appleton–Century Crofts.

Smits, J. A. J., Rosenfield, D., Telch, M. J., & McDonald, R. (2006). Cognitive mechanisms of social anxiety reduction: An examination of specificity and temporality. *Journal of Consulting and Clinical Psychology, 74*, 1203-1212.

Sposari, J. A., & Rapee, R. M. (2007). Attentional bias toward facial stimuli under conditions of social threat in socially phobic and nonclinical participants. *Cognitive Therapy and Research, 31*, 23-37.

Tang, T. Z., DeRubeis, R. J., Beberman, R., & Pham, T. (2005). Cognitive changes, critical sessions, and sudden gains in cognitive-behavioral therapy for depression. *Journal of Consulting and Clinical Psychology, 73*, 168-172.

Teasdale, J. D., Segal, Z. V., Williams, J. M. G., Ridgeway, V. A., Soulsby, J. M., & Lau, M. A. (2000). Prevention of relapse/recurrence in major depression by mindfulness-based cognitive therapy. *Journal of Consulting and Clinical Psychology, 68*, 615-623.

Toneatto, T., & Nguyen, L. (2007). Does mindfulness meditation improve anxiety and mood symptoms? A review of the controlled research. *Revue Canadienne de Psychiatrie, 52*, 260-266.

Vassilopoulos, S. P. (2005). Social anxiety and the vigilance-avoidance pattern of attentional processing. *Behavioural and Cognitive Psychotherapy, 33*, 13-24.

Vrana, S. R., Roodman, A., & Beckham, J. C. (1995). Selective processing of trauma-relevant words in posttraumatic stress disorder. *Journal of Anxiety Disorder, 9*, 515-530.

Warwick, H. M. C., & Salkowskis, P. M. (1990). Hypochondriasis. *Behaviour Research and Therapy, 28*, 105-117.

Wegner, D. M., Schneider, D. J., Carter, S. R., & White, T. L. (1987). Paradoxical effects of thought suppression. *Journal of Personality and Social Psychology, 52*, 5-13.

Wegner, D. M., & Zanakos, S. (1994). Chronic thought suppression. *Journal of Personality, 62*, 615-640.

Wells, A. (2000). A cognitive model of generalized anxiety disorder. *Behavior Modification, 38*, 319-345.

Wells, A., & King, P. (2006). Metacognitive therapy for generalized anxiety disorder. *Journal of Behavior Therapy and Experimental Psychiatry, 37*, 206-212.

Wilhelm, S., McNally, R. J., Baer, L., & Florin, I. (1996). Directed forgetting in obsessive-compulsive disorder. *Behaviour Research and Therapy, 34*, 633-641.

Williams, J. M. G., Alatiq, Y., Crane, C., Barnhofer, T., Fennell, M. J. V., Duggan, D. S., ⋯ Goodwin, G. M. (2008). Mindfulness-based cognitive therapy (MBCT) in bipolar disorder: Preliminary evaluation of immediate effects on between-episode functioning. *Journal of Affective Disorders, 107*, 275-279.

Williams, J. M. G., Watts, F. N., MacLeod, C., & Mathews, A. (1988). *Cognitive psychology and emotional disorders.* Chichester, England: Wiley.

Wilson, K. G. (1997). Science and treatment development: Lessons from the history of behavior therapy. *Behavior Therapy, 28,* 547–561.

Wilson, K. G., Hayes, S. C., & Gifford, E. V. (1997). Cognition in behavior therapy: Agreements and differences. *Journal of Behavior Therapy and Experimental Psychiatry, 28,* 53–63.

Young, J., Klosko, J., & Weishaat, M. (2003). *Schema therapy: A practioners' guide.* New York, NY: Guilford Press.

12 마음챙김과 수용: 수용전념치료의 관점

Michael Levin & Steven C. Hayes

과학은 본질적으로 보수적이기 때문에 어떤 주장이 주류로부터 벗어날 때 과학자들은 이에 회의적이다. 만약에 어떤 주장이 그저 이론들로 차용되거나 수정되기만 한다면, 이로 인해 어떤 과학 분야는 매우 혼란될 수 있다. 심지어 잘 통제된 연구라고 해도 적절한 재현과 확장이 없다면 이는 불충분한 것이 된다.

점진적인 과학은 자연스럽게 변화를 수반하고 요구한다. 한 분야가 꾸준히 진보한다면, 새로운 발견이 이루어지고, 자연스럽게 오래된 이론들은 허위가 되는 것이다. 회의론은 과학에 있어서 기대하지 않았거나 또는 함축적인 영향을 가진 개발 영역을 탐색하는 데 중요하다. 새로운 과학적 발전에 대한 인식 실패는 과학적 진전을 의미 있게 늦추고, 가치 있는 혁신에 대한 잘못된 라벨링과 특징화를 야기하거나 심지어 무시될지도 모른다. 즉, 잠재적으로 중요한 함축을 띤 개발을 깨닫는 것은 기존의 이론적 모델에 대한 도전을 철저히 탐색할 수 있게 하며, 나아가 연구의 새로운 방향을 확인시켜 준다.

최근 몇 년 동안, 인지행동치료(Cognitive Behavior Therapy: CBT) 내에서는 수용과 마음챙김 기반 접근의 적용에 대한 관심이 증가하였다. 이 책에서도 마음챙김 기반 스트레스 완화(Mindfulness Based Stress Reduction: MBSR)(Kabat-Zinn, 1990), 마음챙김 기반 인지치료(Mindfulness Based Cognitive Therapy: MBCT)(Segal, Williams, & Teasdale, 2002), 수용전념치료(Acceptance and Commitment Therapy: ACT)(Hayes, Strosahl, & Wilson, 1999), 변증법적 행동치료(Dialectical Behavior Therapy: DBT)(Linehan, 1993), 통합적 행동 커플 치료(Integrative Behavioral Couples Therapy: IBCT)(Jacobson & Christensen, 1996), 상위인지치료(Metacognitive Therapy: MT)(Wells, 2008)와 같은 많은 치료 기법을 논의하였다. 어떤 접근은 마음챙김과 수용 기법을 독점적으로 적용하기도 하고, 또 다르게 행동치료나 인지행동치료 요소를 추가하여 함께 통합적으로 적용하기도 한다. 이에 우리는 새로운 치료가 전통적 CBT와 어떻게 다른지 의문을 가질 수 있다.

앞선 장에서 새로운 치료 접근은 하나의 큰 치료의 부분으로써 파생되었음을 논의한 바 있고, CBT의 기저 핵심 가정의 변화 적용을 통해 발생하였다(Hayes, 2004). 그리고 이러한 새로운 치료에 대한 주장은 비평의 중요한 주제가 되고(Arch & Craske, 2008; Hofmann & Asmundson, 2008; Leahy, 2008), 또 이것이 CBT의 변화 여부를 제시하는 데 중요하며, 어떤 도전을 제기한다.

새로운 치료 접근이 중요한 과학적 발전이 될지 아닐지를 결정하는 과정은 다른 과학적 수행에 비해 상대적으로 주관적이며, 특히 이때 사용되는 용어는 융통성이 있다. 또한 인간은 사건들 간에 관계성을 구분짓는 능력이 있어서 상당한 차이점을 갖는 접근들부터 사소한 차이점을 갖는 접근들까지 유사점을 쉽게 찾아낼 수 있다. 어느 학자는 이러한 자연적인 언어 과정을 통해 ACT가 전통적 CBT(Hofmann & Asmundson, 2008)와 같고, Morita 치료(Hofmann, 2008)와도 동일하다고 주장하였다. 또한 이것은 논리적으로 CBT가 Morita 치료와도 동일함을 수반하는데, Morita 치료는 일본에서 개발된 잘 알려지지 않은 치료로, 감각 박탈과 강렬한 신체 운동의 과정을 포함한다. 그런데 여기서 문제는 자연 언어가 이러한 과학적 목적을 위해 사용되는 데 있어서 너무 대략적인 도구라는 것이다.

오히려 여러 치료의 차이에 대한 보다 객관적이고 생산적인 논의는 기존의 이론적 모델을 조심스럽게 비교함으로써 가능하다. 치료 접근에는 전형적으로 정신병리학, 중재, 일반적인 건강 모델이 포함된다. 그리고 이 이론들은 인간의 다양한 심리학적 문제의 발달과 지속, 그리고 악화에 공헌하는 것이 무엇인지, 중재 방법에는 무엇이 있는지, 또 치료 내에 적절한 변화 과정에는 무엇이 있는지를 간주할 수 있도록 해 준다. 그리고 치료의 목적과 건강에 대한 개념화는 치료에 대한 가이드가 되며, 명쾌하고 함축적으로 제시된다. 이러한 치료들 간의 이론적 비교는 중요한 유사점과 차이점에 대해 보다 강력한 방향을 제시해 준다.

　수용전념치료가 CBT 내에서 중요한 발달인지 아닌지를 결정하기 위해 우리는 CBT를 정의할 필요가 있다. 그런데 아직 일관성 있고 동의된 정의가 없기 때문에 이 과제는 매우 어렵다(Hayes, 2008; Mansell, 2008). CBT 용어는 때때로 CT를 기술하는 데 사용되기도 하고, 다른 때는 인지행동 요소(Beck, 2005)를 혼합한 중재로써 설명되기도 한다. 전반적으로 CBT는 기술적으로는 상당한 차이가 있지만 많은 치료 패키지를 포함하며, 특정한 기법과 요소의 세트는 선호하지 않는다. 또한 CBT는 특정화되어 있지 않고, 정신병리학, 중재 또는 건강에 있어서 일반적으로 동의된 모델이다. 그리고 CBT 내에서의 이론적 모델은 치료 개발자에 따라 문제의 초점은 서로 다르지만, 어떤 모델이나 이론 또는 접근보다는 전통을 보다 중요하게 삼는다. 한편, 치료자들의 설명이 미진하고 병적으로만 정의된 선택은 치료 개발을 확인하고 특징짓는 데 어려움을 제공한다.

　이러한 절충주의와 혼란에도 불구하고, 전통적 CBT의 기저에 대한 일반적인 이론적 가정을 제시해 볼 수 있다. Hofmann과 Asmundson은 "CBT의 기본 전제는 행동적 그리고 정서적 반응이 인지와 사건에 대한 인식에 영향을 받아 강하게 조정된다는 것이다."(2008, p. 3)라고 기술하였다. 유사하게, CBT 효과 연구에 대한 최근 메타 분석에서 Butler, Chapman, Forman과 Beck(2006)은 "역기능적 행동과 증상은 종종 인지적으로 중재되기 때문에 결국 인지행동치료에서의 개선은 역기능적 생각과 신념을 수정함으로써 가능하다고 제의할 수 있겠다."(Butler et al., 2006, p. 19)라고 주장하였다. 이 이론적 가정은 행동치료와 전통 CBT에서 중요한데(Hayes, 2004), 이렇듯 광범위한 가정이 매우 정확한 이론을 제시하지는 못하더라도 새로운 치료와 비교할 수 있는 전통적 CBT 모델을 제공하였다.

이 장에서는 전통적 CBT, 수용 그리고 마음챙김 기반이라는 새로운 치료 간에 비교 가능한 중요한 차이점을 제시할 것이며, 이 새로운 치료들이 점진적인 발달을 제시하는지의 여부, 또 새로운 치료에서의 핵심 가정이 전통적 CBT 모델과 어떠한 명백하고 중요한 차이점을 가지고 있는지를 보여 주고자 한다. 즉, 우리는 이것이 새로운 치료 물결인지 아니면 단지 전통적 CBT의 확장인지 주장하기 전에 먼저 치료들 간의 차이점을 탐색하고자 한다.

● 정신병리학 모델 내에서의 변화

치료는 일반적으로 특정한 과정 세트를 지향하는데, 이것은 정신병리학의 발달과 지속을 적절하게 지각하는 과정이다. 행동치료는 고전적 그리고 조작적 학습 원리를 통해 임상 문제를 개념화한다. 이에 더해 CBT는 인지 과정이 추가적인 비판적 역할을 한다고 주장함으로써 개발되었다. CBT 모델에서 인지 과정은 일반적으로 인과관계 현상, 내·외적 사건 간에 관계성을 중재하는 것, 그리고 부차적인 행동과 정서 반응을 포함한다. 또한 CBT에서의 핵심 신념은 사건 그 자체가 어떤 반응을 생산하지 않고, 그보다는 사건에 대한 개인의 인식과 생각이 반응을 일으킨다는 것이다(Hofmann & Asmundson, 2008). 정신병리학은 사건에 대한 편향된 인지 과정과 개인의 경험에 대한 왜곡에 크게 영향을 받고, 특정한 역기능적 신념과 도식의 활성화에 의해 특정 장애의 비합리적이고 부적응적인 인지 특성이 발생하게 된다(Beck, 2005).

수용과 마음챙김 기반 이론이 인지의 중요성을 인식하는 것과 유사하게 정신병리학에서도 정서와 감각과 같은 사적 사건과 마찬가지로 인지를 중요하게 인식한다. 하지만 수용 및 마음챙김 기반 치료는 이러한 경험에 대한 인과적 상황을 필수적으로 두기보다는 맥락적 접근 또는 2차적 수준 접근으로서 경험과 사건을 다룬다. 사적 행동과 공적 행동 간의 관계성은 그것이 발생한 맥락에서 이해되고, 이때 인지 내용에 대한 개인적 접근이 포함된다. 너무 많은 생각이나 감정, 그리고 감각 그 자체로는 문제가 되지 않지만, 이러한 경험들에 대한 개인의 관여가 보다 더 문제가 될 수 있다.

예를 들어, ACT는 문자의 맥락과 행동에 대한 지배적인 통제를 갖는 언어의 평가적 기능을 설명하기 위해서 융합이라는 용어를 사용하였다. 이러한 문자적 맥락은 종종 사회적 언어 커뮤니티로 인해 지지를 받고, 그러면서 개인의 생각과 말은 문자적으로 진실한 것이 되며, 이후에 부차적인 행동이 나타나게 된다. 즉, 사고가 행동의 원인으로서 나타나는 것이다. 내담자가 '나는 잠자리에서 일어날 수 없어.' 라는 생각을 가졌다면, 그는 잠자리에서 일어나지 않을 것이다. 하지만 언어의 융합이 맥락적으로 통제되고 있음을 인식하고, 내담자가 '나는 잠자리에서 일어날 수 없어.' 라는 생각을 단지 생각으로써 경험하게 된다면, 그는 잠자리에서 일어나는 부차적인 행동 경향을 보일 것이다. 유사하게, 혐오스러운 감정과 생각 또는 감각에 대해 억제와 회피 그리고 통제하려는 시도의 특정한 맥락이 있는데, ACT에서는 이 과정을 경험 회피로 설명한다. 즉, 정서나 감각이 회피 반응의 원인이 된다는 것이다(예: 공황장애 동안에는 방에만 머물기). 한편, 관계의 수정은 맥락적인 통제를 의미하는 것으로, 혐오 경험을 직접적으로 통제하지 않고 단순히 이 경험에 대해 주목하기만 하는 수용의 맥락을 통해 사건과 경험의 관계를 수정하는 것이다. 따라서 사적 사건과 공적 행동 간의 관계성은 특정한 인과 과정을 통해 선험적으로 정의되기보다는 맥락적으로 통제되는 것으로 볼 수 있겠다.

한편, 이러한 모델은 정신병리에 대한 일반적 이론에서 매우 차이를 보인다. 전통적 CBT 모델은 인지 과정이 정신병리에서 핵심적인 인과관계의 역할을 한다고 제안하였다. 반면, 수용과 마음챙김 모델은 정신병리가 맥락적으로 통제가능하며, 맥락적 경험이 특정한 내용보다 더 중요하고, 또 그 관련성에 있어서 다른 사적인 사건만큼 인지가 갖는 관계성을 중요하게 언급하였다.

● 치료 모델의 변화

치료의 핵심적 정의는 변화 기제다. 대부분의 치료는 임상 효과를 얻기 위해 무엇을 목표로 하고, 어떻게 목표로 해야 하는지에 대한 이론적 모델을 갖는다. 기본 행동치료와 CBT는 인지 과정을 중요한 목표로 두기 때문에 이 치료에서는 인지 변화가 임상 문제를 효과적으로 치료하는 데 필수적이다. 따라서 치료자는 내담자들이 논리적 분석과 경험적 시험을 통해 보다 정확하고 합리적인 인지 과정을 확인하고, 적절한 것으로 수정할 수 있도록 도움으로써 임상 문제를 표적 치료한다(Beck, 2005; Hofmann & Asmundson, 2008).

한편, 수용과 마음챙김 기반 치료는 인지 과정 또는 다른 사적 사건을 직접적으로 수정하는 것에 초점 두기를 완화한다. 대신, 내담자가 현재 순간에서 사적 사건과의 접촉에 온 힘을 기울이고, 이보다 더 중요하게 보이는 행동 문제가 발생하는 것과 또 이에 주의가 전환되는 것에 관계없이 행동 문제와의 거리두기를 강조한다. 이는 사적 사건과 관련된 대안적인 방법을 설립하는 데 이바지하였는데, 불쾌한 감정과 사고 그리고 감각은 비효과적인 통제 전략 없이도 경험될 수 있다. 사고는 어떤 행동 반응을 필수적으로 발생시키지 않는 사고 그 자체로 단순히 경험될 수 있다. 오히려 이 치료들은 사고와 감정, 감각의 기능 변화를 필수적으로 추구한다. 즉, 경험의 형태나 빈도, 또는 강도를 변화시키지 않고, 전통적 CBT와는 달리 이차적인 목표로 다루어진다.

전통적 CBT와 인지를 목표로 하는 수용 및 마음챙김 기반 치료 간에 어떤 유사점이 있는지를 언급하는 것은 중요하다. CBT에서 가설을 검증하는 것처럼 인지 과정을 확인하고 치료하는 과정은 수용과 마음챙김 과정에서의 탈중심화와 탈융합과 다소 중첩된다. 사실상, ACT에서 개발된 포괄적인 거리두기는 원래 CT의 활동적 요소로 언급되었던 어느 한 부분에 기초한다(Zettle, 2005). 하지만 CBT에서 중재는 이러한 거리두기 과정을 강조하지 않고, 확인된 인지 과정을 변화시키는 것에 초점을 둔다. 초기의 요인 관련 연구에서는 CT의 거리두기가 갖는 효과를 중요하게 언급하지 않았고, 이를 ACT와는 구별된 방법으로 보았다 (Zettle & Rains, 1989).

　　현대에는 수용과 마음챙김 기반 치료 내에서 뚜렷한 과정의 변화가 때때로 사적 행동과 공적 행동을 방해하는 전형적인 공변인을 비동기화시킨다고 입증하였다. 예를 들어, Bach와 Hayes(2002)는 브리프 형식으로 정신증에 대한 ACT의 중재를 연구하였는데, 그 결과 통상적 치료(Treatment As Usual: TAU)와 비교해서 ACT 조건에서 치료가 끝나고 4개월 이후에도 환각과 망상은 증가하였지만, 재입원율은 TAU보다 대략 50% 더 적었다. 이를 다른 말로 한다면, 정신증적 증상은 여전히 존재하고, 또 사실상 보다 높은 비율로 보고되고 있지만, 입원율은 훨씬 더 적다는 것이다. 게다가 ACT 참가자들은 그들의 증상이 유의미하게 더 낮아졌다고 믿는데, 이는 아마도 내담자들이 자신의 증상에 대한 관계성 내 변화라는 비동기성 효과 때문이 아닐까라고 제안할 수 있겠다.

　　Vowles 등(2007)이 진행한 다른 연구에서는 만성 요통 환자들을 무선적으로 할당하여 고통 수용 중재 조건과 고통 통제 중재 조건, 그리고 비처치 조건으로 배정하였다. 그 결과, 수용 중재 참가자들은 다른 두 상태의 참가자들보다 신체적 손상 과업에서 유의미하게 더 나은 수행을 보였지만, 고통에 대한 자기보고에서는 어떤 차이점도 없었다. 따라서 참가자들은 동등한 수준의 고통감을 경험함에도 불구하고 어려운 과제를 좀 더 지속할 수 있음을 보여 준다. 전통적 CBT 모델은 의존 관계성을 보다 많이 가정하는데, 환각 또는 강렬한 고통과 같은 증상들은 자신이 바라는 행동 효과를 성취하기 위해서 감소될 필요가 있는 관계적인 것으로 보다 더 강조한다. 대신, 수용과 마음챙김 기반 치료는 만약 사적 사건의 형태가 전혀 변화가 없거나 또는 심지어 악화되어도 임상 효과를 성취하기 위해 사적 경험의 기능을 변화하도록 제안하였다.

비동기성 효과뿐만 아니라, ACT 효과 연구는 변화 과정에 대한 기본적인 골격의 자료를 제공함으로써 수용과 마음챙김 기반 치료의 이론적 모델을 지지하였다. 또한 연구에서는 수용 및 마음챙김 과정의 영향과 임상 효과, 그리고 과정 내에서의 상관적인 변화를 지속적으로 입증하였다(예: Bach & Hayes, 2002; Forman, Herbert, Moitra, Yeomans, & Geller, 2007). 보다 중요하게, 최소 21개의 무선화된 실험을 매개 분석하였는데(Hayes, 2009), 수용과 마음챙김 과정이 ACT의 임상 효과를 지속하는 데 관련됨을 알 수 있고, 또한 수용과 심리적 유연성(예: Gifford et al., 2004; Gregg, Callaghan, Hayes, & Glenn-Lawson, 2007; Lappalainen et al., 2007; Lundgren, Dahl, & Hayes, 2008) 그리고 탈융합(예: Gaudiano, Herbert, & Hayes, 출간 중; Lundgren et al., 2008; Zettle & Hayes, 1986)도 과정 변화에 있어서 매개 효과를 갖는다. 매개 분석을 반복함으로써 효과 지속성을 알아보는 것은 심리학에서 드물다. 변화 효과 전에 매개 변인의 일시적인 선행 변화는 항상 입증되지 않고, 이것의 기준은 여러 연구에서 만나볼 수 있다(Gifford et al., 2004; Lundgren et al., 2008; Zettle & Hayes, 1986; Hayes, Luoma, Bond, Masuda, & Lillis, 2006 재해석). 이러한 연구를 통한 발견은 이론적 모델을 강하게 지지하고, 또 구체적으로는 치료 효과에 있어서 중요한 부분으로 설명되고 있는 개인 내적 경험과 관련된 수용과 마음챙김을 증진케 한다.

또한 효과 연구에서는 ACT의 과정 변화와 전통적 CBT를 직접적으로 비교하였는데, 처음으로 출간된 2개의 ACT 효과 연구는 우울에 대한 ACT와 CT의 비교다(Zettle & Hayes, 1986; Zettle & Rains, 1989). 이 두 연구에서의 결과 자료를 갖고 매개 분석을 하였고, 최근에는 이를 재분석하였는데, 그 결과 CT에서와 달리 ACT의 매개 효과를 통해 부정적 자기-관련 사고가 감소하였다(Zettle & Hayes, 1986, Hayes et al., 2006 재해석; Zettle & Rains, 1989 재해석). 반대로 부정적 사고의 빈도의 감소는 ACT 효과를 매개하지 않았는데, 이를 통해 과정의 변화는 사고의 내용이나 빈도보다는 내담자가 그 사고를 어떻게 관련시키는지에 기초함을 제안하였다.

Forman 등(2007)은 우울과 불안에 대한 ACT와 CT의 비교를 통해 이론적 과정 내에서의 변화와 결과 효과의 변화 간에 관계성을 알아보았다. 이 연구에서 효과 내 변화는 경험적 회피의 변화와 KIMS 마음챙김척도(Kentucky Inventory of Mindfulness Skills)(Baer, Smith, & Allen, 2004)에서의 인식, 그리고 수용 하위 척도를 활성화시켰고, CT보다는 ACT에 더 관계 있음을 보여 주었다. Lappalainen 등 (2007)에 의한 다른 연구에서는 ACT가 CBT와 비교해서 경험 회피가 유의미하게 감소하였고, 6개월 추후 검증에서도 경험 회피의 수준에서 예측된 효과가 지속되었다. 이같이 과정의 변화에 있어서 ACT와 CBT 간에 관찰된 차이점은 결국 다른 기제를 통해 작업되는 구별된 치료 접근임을 보여 준다.

치료 목적에서 사적 사건의 형태보다는 기능에 대해 초점을 두는 것은 전통적 CBT 모델에서 상당한 변화다. 인지 과정이 임상 효과를 갖는 데 있어 내용의 변화를 필요로 하지는 않는다. 대신, 융합과 경험 회피와 같은 사적 사건의 해로운 기능을 지지하는 맥락을 목적으로 둔다. 즉, 내담자는 여전히 자신과 외부 세상, 그리고 미래에 대해 부정적인 사고를 가지고 있을지 모르나, 이러한 사고는 문자 그대로 진실된 무엇이라기보다는 단지 사고로서 본다. 물론 개인의 사적 사건에 관한 이러한 방법을 인지 또는 상위인지라는 사고로 볼 수도 있지만(그리고 가장 최근의 CBT 방법도 여전히 인지를 포함하고 있지만), 이것은 전통적 CBT 관점에서의 이치와는 같지 않고, 차이를 무시함으로써 그 분야의 역사를 왜곡하는 것이다. 이론적 구별에서 수용과 마음챙김 기반 치료의 변화 과정 내에서의 차이를 실제적으로 반영하는 것은 실증적인 문제다. 이러한 주장에 대해서는 매우 지지적인 자료를 갖고 있다.

●치료 목표의 변화

치료 모델은 명쾌하든 그렇지 않든 심리적 건강이 무엇인지에 대한 가정을 포함하고, 이에 부합하는 치료 목표를 갖는다. 일반적으로 CBT는 특정한 증후군을 확인하고 그것의 심리적 증상을 목표로 하는 증거 기반 치료의 개발에 초점을 맞춘다. CBT는 다른 목표도 추구하지만, 가장 우선적으로는 문제가 되는 명백한 행동과 사고, 그리고 정서를 감소하거나 제거하기 위한 변화 전략에 초점을 맞춘다. 최근 기사에서 Hofmann과 Asmundson(2008)은 "CBT에서의 목표는 심리적 디스트레스를 완화하거나 제거하는 것이고, 이 목적은 영적인 증상 감소다." (p. 7)라고 언급하였다. 따라서 임상 효과를 일반적으로 장애의 특정 증상과 심리적 디스트레스의 경감으로 정의할 수 있겠다.

한편, 수용과 마음챙김 기반 치료는 치료 목표와 건강에 대한 개념화에 있어서 CBT와는 다른 관점을 갖는다. 이 치료에서는 심리적 디스트레스가 문제에 속하지만, 그 자체로는 문제가 아니라는 관점을 취한다. 대신에 효과적인 일상적 기능과 성취적 완수를 간섭하는 사고와 감정 그리고 감각이 갖는 기능적인 관계성을 문제로 본다. 그래서 치료는 심리적 디스트레스가 존재하든 그렇지 않든 관계없이 보다 광범위하고 보다 효과적인 행동 레퍼토리의 개발을 추구한다. 또한 어떤 치료는 심리적 디스트레스를 중재하고 반드시 가치화된 삶에 참여할 수 있도록 이전에 제거되었던 내담자의 생각을 그것 자체로서 재초점화하기도 한다.

이러한 치료 목표에서의 차이점은 제3의 물결 치료에 대한 전통적 CBT 연구자들의 리뷰에서도 살펴볼 수 있다. 예를 들어, Powers, Zum Vörde Sive Vörding과 Emmelkamp(2009)가 시행한 ACT 메타 분석을 보면, 삶의 질과 이차적 기능을 측정하고 연구의 주요한 효과를 알아보기 위해 특정 장애에 대한 디스트레스를 활용하였다. 이 접근은 치료 모델에서의 중요한 차이점을 나타내고, 또다수 연구의 오역을 밝혔다. 예를 들어, 만성적 고통에 관한 연구에서 자기보고된 고통은 주요한 일차적 효과를 보였지만, 고통이 사라지는 것과 신체적 기능 같은 행동적 효과는 이차적인 효과를 나타냈다. 따라서 ACT 모델은 심리적 디스트레스를 경감하는 데 핵심을 두고, 이것이 선두에 있으며, 일상적인 기능과 참여에서의 변화는 이차적인 것으로 간주한다.

● 새로움이란

수용과 마음챙김 기반 치료는 정신병리와 중재, 그리고 건강에 대한 개념화에 있어서 유의한 차이가 있다. 전통적 치료 전략에서는 사적 사건의 형태나 빈도 또는 강도의 변화를 강조하지만, 수용과 마음챙김 기반 치료에서는 사적 사건의 맥락과 기능에 초점을 맞춘다. 또한 인지 내용을 수정하려는 시도 대신에 치료 개발자들은 인지와 행동에 있어서 그 내용이 어떻게 관계되는지에 따른 부차적인 영향과 그 관계를 변화시키는 데 초점을 두었다. 즉, 심리적 디스트레스의 완화에 초점을 맞추기보다는 심리적 디스트레스와 외적인 행동 간의 관계성 변화를 다루면서, 내담자들은 스트레스 경험에도 불구하고 가치화된 삶에 참여하게 된다. 과정의 변화에 있어서 이러한 차이는 여러 효과 연구를 통해 지속적으로 입증되었다. 전통적 CBT 모델에서는 심리적 디스트레스를 제거하기 위해 비합리적 또는 역기능적 인지 과정을 확인하고 변화시키고자 하지만, 수용과 마음챙김 기반 치료에서는 보다 광범위하고 효과적인 행동 레퍼토리를 향상시키기 위해 인지, 정서, 그리고 다른 사적 사건의 기능을 변화시키는 데 초점을 둔다.

비록 거시적인 질문이긴 하지만 이러한 치료의 발전이 행동치료와 인지치료 또는 전통적 CBT의 확장을 보다 더 반영하는 새로운 형태의 치료인지 아닌지를 질문해 볼 필요가 있다. 수용과 마음챙김 접근 이면의 핵심 가정은 명백하게 완전히 새로운 것이 아니라 수천 년의 전통에 토대를 두고 있다.

그러나 이러한 가정들은 비교적 최신의 CBT에서는 다뤄지기 어려운데, 왜냐하면 CBT 자체가 급진적으로 진전되는 목표 대상이기 때문이다. 지난 5년 동안의 Hayes(2004)의 출판물들을 보면, 행동치료에서 보다 광범위한 CBT 커뮤니티로의 제3의 물결을 기술하였는데, 여기서 중요한 변화로 CBT와 수용, 그리고 마음챙김 기반 치료 간의 관계성을 다루었다. 그리고 수용과 마음챙김 기반 접근이 더욱 주류가 되고 있으며, 적어도 어떤 맥락에서는 이러한 접근이 보다 긍정적인 임상 효과를 나타낸다고 동의하였다. 또한 효과 연구에서 다양한 심리적 문제에 있어서 수용과 마음챙김 기반 치료가 갖는 긍정적인 영향에 관한 증거를 지속적으로 보여 주었다(Feigenbaum, 2007; Grossman, Niemann, Schmidt, & Walach, 2004; Hayes et al., 2006; Öst, 2008; Powers et al., 2009). 전통적 CBT 패키지에서도 이러한 과정을 강조하고 통합적으로 적용하기 시작하였다(예: Fairfax, 2008; Ong, Shapiro, & Manber, 2008). 심지어 CBT 연구자들은 전통적 인지 기법을 이해하기 위해 수용과 마음챙김 이론적 모델을 적용하기도 하였다. 예를 들어, "인지적 재구조화와 인지적 탈융합은 둘 다 내적 경험에 대한 회피를 줄이고, 이전에 억압하였던 내적 경험에 노출되는 것을 강화하는 데 목적을 둔다. 따라서 인지적 재구조화와 탈융합은 '경험적 회피'와 관련 있어 보인다." (Arch & Craske, 2008, p. 267)

여러모로 CBT는 이러한 새로운 치료 접근을 흡수하였고, 전형적인 주류 패러다임 내로 이를 통합하기 시작하였다. 그리고 연구자들은 전통적 치료 모델을 수정하는 것 없이 수용과 마음챙김을 기반으로 이론적 도전을 제시하였다. 예를 들어, 새로운 치료 과정은 반응에 초점화된 정서 조절 전략(Hofmann & Asmundson, 2008), 또는 전통적 노출 패러다임의 확장(Arch & Craske, 2008)으로써 재설명되었다. 궁극적으로 이것은 CBT가 새로운 접근에 대해 과감하게 수정하지 않고도 상당 부분 적용할 수 있음을 보여 준다.

또한 이러한 유연성은 단지 치료만이 아닌 과학으로서의 심리학이라는 접근에서 보다 과감한 진전을 위한 기회이기도 하다. 한 분야가 발전하기 위한 기회는 개인의 성장과 과학적 전략을 실험할 때 발생한다. 수용과 마음챙김 기반 치료의 발전은 현재 과학적 전략이 갖는 제한점을 지적하였고, 이러한 기존과 다른 접근이 한 치료 영역으로서 다뤄질 수 있게 되었다. 그리고 중요한 점은 수용과 마음챙김 기반 치료에 의한 이론적·기법적 발전이 과학적 전략에 대한 독특하고 유망한 접근이고, 또 이것은 행동치료의 새로운 동향으로 아주 핵심적이고 급진적인 패러다임의 이동을 재현하였다.

CBT의 과학적 전략은 대체로 무선 통제 실험(Randomized Controlled Trials: RCTs)을 통해 특정 장애에 대해서 아주 특수하게 매뉴얼화된 중재법을 갖는 미국 식품의약국(FDA) 모델을 반영하고 있다. 이 접근은 이론적 모델에서만 그치는 것이 아니라 치료 패키지의 효과를 실험하도록 강조하였고, 기능적으로 정의된 임상 요소 이상으로 증후에까지 초점을 맞추었다. 행동치료가 갖는 과학적 전략의 부분적인 진척으로 CBT가 개발되었지만, CBT의 이론적 모델과 중재는 기본적 행동 원리와의 연관성을 잃게 되었다. 이처럼 기본 원리와 이론 그리고 기법 간에 전통적 관계성이 부식된 것은 초기 행동치료 흐름의 특징이며, 또한 FDA 모델이 치료 분야의 진보성을 감소하게 하였을지도 모른다. 예를 들어, 심리치료의 효과 크기 개선이 천천히 나타났고(Wampold, 2001), CBT의 변화 과정과 활동 구성요소에 대한 지식을 제한하였으며(Hayes, 2004; Longmore & Worrell, 2007), DSM에 의해 특성화된 증후군적 접근은 독특한 병인론을 가진 질병과 중재법을 확인하는 데 실패하였고(Kupfer, First, & Regier, 2002), 그리고 임상가들을 연습시킴으로써 CBT 수행을 적용하는 것은 다소 제한적이었다(Sanderson, 2002). 이에 수용과 마음챙김 기반 치료의 발달은 보다 성공적일 수 있는 대안적 접근을 제시하였다.

보다 최근의 수용 그리고 마음챙김 기반 치료는 구별된 과학적 모델을 통해 발달되었다. 특별히 우리는 맥락적 행동과학(Contextual Behavioral Science: CBS) (Hayes, Levin, Plumb, Boulanger, & Pistorello, 출간 중)이라고 부르는 ACT 배후의 개발 전략을 살펴볼 것이다. CBS는 귀납적이고 원리 중심 접근으로서, 임상적 행동 분석에서 개발되었다. 이것은 기능적 맥락주의라는 철학적 추정에 기초한다(Hayes, 1993; Hayes, Hayes, & Reese, 1988). CBS는 복합적 공동 연구에 앞서 기초 연구를 통해 발전한 원리를 이론적 모델로서 추출하였고, 이것은 다양한 범위의 방법론을 통해 검증된 치료 기법에 영향을 주었으며, 특별히 치료 요소, 변화 과정, 그리고 효과성과 파급성 검증에 대해 강조하였다. CBS에 대한 세부적인 서술과 CBS와 다른 과학적 발전 모델과의 차이점은 최근 여러 출판물에서 확인해 볼 수 있다(Hayes, 2008; Hayes et al., 출간 중; Levin & Hayes, 2009; Vilardaga, Hayes, Levin, & Muto, 2008). 이 장에서는 CBT가 갖는 현재 과학적 전략 내에서의 한계를 정확하게 확인해 주고, 또 행동치료의 새로운 동향을 안내하는 데 도울 수 있는 대안으로서 CBS만의 특징을 살펴볼 것이다.

● 기법 중심 치료 모델에서 이론 중심 치료 모델로의 이동

치료 개발에 대한 FDA 모델은 RCTs에서 상당히 특별한 치료 기법을 검증하는 데 초점을 맞추었다. 이에 연구자들은 치료의 임상 효과 여부를 정확하게 결정해 주는 내적 타당도를 위협할 가능성이 있는 잠재적 오염 변인을 통제하기 위한 방법론을 취하였다. 그리고 이를 통해 치료 패키지는 치료 전달 체계와 증거 기반 가이드라인과 관련하여 그 정보를 결정하기 위해 신중히 평가되고 비교될 수 있었다.

하지만 이것은 치료 효과가 어떻게 발생하는지, 치료의 활성화 요소와 관련된 정보를 제공하지는 못하였다(Borkovec & Castonguay, 1998). RCTs는 치료 효과에 대한 일반적인 정보는 제공하지만 이론적 모델에 대한 정보는 거의 없다. 그리고 RCTs에서의 초점은 치료 모델의 유용성보다는 치료 요소와 과정의 변화에 특수화되어 있는 전체적인 패키지로서 그것의 기술적 효과를 검증하는 데 있다.

언뜻 보기에는 이것이 타당하고 이해되기 쉬워 보일지 모른다. 만약 이론이 효과적인 치료로서 이행될 수 있다면 그 이론은 유용한 것이다. 궁극적으로 우리는 치료가 임상적 향상을 줄 수 있는지, 그리고 다른 치료 견해보다 효과적인지의 여부를 알기 원할지 모른다. 그리고 이론적 검증보다 기법을 강조하는 문제는 계속적으로 발생하였고, 이것은 CBT와 제반 임상심리학 내에서 통용되고 있는 몇몇의 이슈를 통해 살펴볼 수 있었다. 결국 이러한 이슈들은 임상심리학에서 과학적 모델의 진보성과 관련된 관심을 야기하였다.

이와 관련하여 경험적 지지치료(Empirically Supported Treatments: ESTs) 운동을 좋은 예로 들 수 있는데, ESTs는 일반적으로 RCTs를 통해 효과 검증되었다(Chambless & Ollendick, 2001). EST는 증거 기반 기법을 수집하였고, 안구 운동 민감 소실 및 재처리(Eye-Movement Desensitization and Reprocessing: EMDR) 같은 기법을 통해 강력한 연구 자료 및 결과를 이끌어 내었는데, 이는 전통적 노출 기법과 같은 과정으로서 안구 운동 훈련이라는 구별된 특징이 추가되는지의 여부와 상관없이 효과를 나타냈다(Davidson & Parker, 2001). 이는 그 중요성이 알려지지 않았던 기술적 구별을 통해 동일한 과정의 변화를 목표로 하고, 동일한 치료 활성 요소를 포함하는 무수한 치료를 가능하게 하였으며, 경험적으로 지지하게 되었다 (Herbert, 2003). 결과적으로 조직적이고 점진적인 분야보다는 점점 더 유연해지고 비간섭성 선택이 가능해졌다.

순수하게 기술적 모델이 갖는 문제는 CBT 내에서 통용되고 있는 현재 지식을 통해 살펴볼 수 있다. CBT의 인지치료 요소에 대한 여러 분석과 요인 연구에서는 전형적 행동치료 이상의 추가적인 효과를 갖지 못하였다(Longmore & Worrell, 2007). CBT는 인지 과정에 대한 추가적인 고려를 반드시 포함하였고, 행동 원리 대신에 보다 큰 임상 효과를 이끌 수 있는 역기능적 인지에 초점을 맞추며 발전하였다. 인지치료의 요소가 갖는 효과를 입증하는 것은 충분히 임상적 중요성을 갖고, CBT 모델에 대한 비판적 도전을 지속적으로 제공하였다. 그럼에도 불구하고 지난 10년 동안 행동치료가 인지치료 요소 없이도 효과적이었고(예: Jacobson, Dobson et al., 1996), 기본 치료 모델에서도 별 다른 변화가 없었는데, 이를 반박하는 데 있어서 CBT 연구자들 역시 중요하고 결정적인 경험적 입증을 하지 못하였다. 오히려 이것은 이론적으로 정보화된 요소를 통해 전체 치료 패키지를 검증하는 것을 강조하는 과학적 모델에 부분적으로 기여하였을지 모른다. 특정한 요소의 활성화이든, 이론적 모델의 확정이든 이것은 이차적인 것으로 간주되며, 치료 접근의 타당성에 있어서도 결정적인 것이 아니다.

치료의 활성 요소와 관련된 추가적인 질문들이 있지만, 여전히 CBT 내에서의 변화 과정은 명백하지 않다(Longmore & Worrell, 2007). 10년 동안 CBT 내에서의 변화 과정 연구를 위해 잘 통제된 많은 CBT 효과 연구를 수행한 것은 사실이다(Hollon, DeRubeis, & Evans, 1987). 다시 말해, 이것은 이론적 모델이 광범위하게 검증되지 않은 채 편협한 과학적 모델을 반영하는 것처럼 보이지만, 검증 결과, 부정적인 증거는 수용하지 않았다.

이에 CBT 효과 연구에서는 특정 장애에 대한 인지 과정의 변화를 목표로 하여 매개 효과를 검증하였다(Hofmann, 2004; Hofmann et al., 2007; Smits, Powers, Cho, & Telch, 2004; Smits, Rosenfield, Telch, & McDonald, 2006). 그러나 이 연구에서는 사회 공포증과 함께 가설적인 부정적 사건이 갖는 사회적 영향(Hofmann, 2004)이나 공황장애의 두려움에 대한 두려움(Smits et al., 2004)과 같이 매우 특정하고, 관련된 일부 영역만을 평가하였다. 또한 매개 효과의 실패를 확실하게 설명하지도 못했다(Longmore & Worrell, 2007). 즉, 특정 장애에 대한 모델에서 일부 양상을 검증하는 것은 어떤 특정하게 중요한 인지 과정을 지지해 줄 수는 있지만, 모델 전체를 검증하는 데는 충분하지 않다. CBT 모델을 충분하게 검증하기 위해서는 핵심 과정의 변화를 명백하게 규정하고 측정할 필요가 있다. 그리고 모델을 강하게 지지할 수 있는 일관된 매개 요인을 입증해야만 한다.

같은 종류의 많은 문제가 치료 요소의 영역 내에 존재한다. 그리고 상당히 거대한 세트의 자료들이 CBT 내에서의 인지치료 개입의 유용성에 도전하고 있다(Longmore & Worrell, 2007). 이에 Hofmann과 Asmundson(2008)은 "요인 분석은 CBT 모델을 지지할 수도 있고 논박할 수도 있는데, 왜냐하면 인지는 그것 자체를 정확하게 목표로 하지 않아도 변화할 수 있기 때문이다."(pp. 9-10)라고 응답하였다. 물론 이것이 사실이기는 하지만 추가적인 관심사가 발생한다. 추가적인 효과를 갖지 않는 요소에 대한 이론에 왜 흥미를 가져야만 하는지에 관해 설명하지 못하였고, 단지 현존하고 있는 방법의 작동만 설명하였다. 또한 이것은 이론 검증에 대한 책임을 누가 그것을 개발하였는가에서부터 누가 그것에 도전하고 있는가로 옮겨 놓았다. 전통적 CBT는 자신의 생각이 점진적이라고 주장하였고, 요인 분석을 통해 이를 검증하였다. 매개 검증에서도 이론적으로 점진적인지 아닌지를 일관되게 확인하였는데, 결국 둘 다 중요하며, 비평보다는 지지적인 것에 책임을 부여하였다.

변화 과정과 치료 요소의 이론적 파생에 대한 검증을 거의 강조하지 않는 치료 패키지에서는 CBT 과정이 틀림없이 더디게 일어난다. 이 문제는 EST 기준이 갖는 제한점과 CBT에서의 치료 활성 요소와 그 과정을 확인하는 데 있어서의 어려움으로 나타난다. 이론 개발과 검증은 점진적인 과학으로서의 심리학을 위해 중요하다. 이론들은 새로운 기법의 개발과 새로운 문제에 대한 기법의 적용을 안내해 주고, 또한 체계화를 위한 수단이 되며, 치료 기법을 개선한다. RCTs를 통해 매뉴얼화된 치료를 경험적으로 타당화하는 것에 대한 초점을 두는 것은 높은 수준의 정확성을 제공하였다. 독립변인은 명백해야 하고, 반드시 적절한 조건이 갖는 효과를 되풀이할 수 있어야만 한다. 하지만 이것은 유의미한 제한점을 보였는데, 새로운 문제에 대한 치료 적용을 거의 안내해 주지 않거나 또는 치료 활성 요소와 변화 과정을 강화한 치료 개선이 아주 적었다. 대신에 치료 개발자들은 특정한 치료 요소가 활성화되는 것을 가정하고, 이를 문제에 적용하도록 강조하였다. 이것은 주어진 문제와 관련된 과정을 확인하는 데 애매모호하였던 치료 패키지가 점점 더 확장되었고, 여러 다른 종류의 치료 패키지를 개발하였다.

치료 검증에 있어서 이러한 문제와 제한점의 대안으로 이론 지향 전략에의 필요성이 제안되었다. 수용과 마음챙김 기반 치료는 이 접근을 다루는 데 있어서 기술 검증에만 독점적으로 초점화되지 않고 이론적으로 파생된 치료 요소와 과정의 변화를 검증하는 데 초점을 맞추었다. 이것은 일반적으로 요인 분석과 매개 분석을 통해 확인하였다.

이 접근에서 치료 기법과 요소는 이론적 과정의 변화와 상당히 긴밀하게 연관되어 있다. 따라서 치료 요소를 검증하는 것은 특수하게 목표화된 중요한 과정 모델의 검증을 제공한다. 이러한 연구들은 종종 극소의 요소를 사용하여 설계된 비교적 간단한 중재 모델뿐만 아니라 아주 엄격하게 통제된 조건에서 특정한 과정의 변화를 검증하였다. 치료 요소가 이론적 질문을 보다 정확하게 탐색할 수 있어야 하는 것만큼 심리적 활성화의 여부를 입증할 수도 있어야 한다. 극소의 요소를 갖고 비교적 신속하고 낮은 비용으로 연구를 설계할 수 있는 능력은 연구자들로 하여금 치료 개발을 위한 초기 요인 연구를 가능하게 해 준다. 이것은 일반적으로 RCTs가 완수되는 데 있어 비싼 비용과 다년간의 시간이 드는 정형적인 연구에 대한 의존을 피할 수 있게 하며, 치료 개발에 있어서 비활성화 요소의 문제를 확인할 수 있게 하였다. 물론 이러한 정형화된 연구 역시 필수적이기는 하지만 극소의 요소 연구를 통해서도 치료 요소와 과정의 변화에 대한 지식이 점점 증가하였다.

극소의 요소 연구는 40개 이상이며, 수용과 마음챙김 치료 요소를 검증하였다(Levin, Hildebrandt, Lillis, & Hayes의 논평). 예를 들어, 단순히 수용 요소의 중재만으로도 어렵고 디스트레스가 되는 과업을 지속할 수 있었으며(예: Levitt, Brown, Orsillo, & Barlow, 2004; Vowles et al., 2007), 노출에도 기꺼이 참여하였고(예: Eifert & Heffner, 2003), 이러한 연구 결과들은 무처치 조건과도 비교되었다. 또한 간단한 마음챙김 개입만으로는 어렵고 디스트레스가 되는 과업들을 지속하였고(예: Hayes et al., 1999; Masedo & Esteve, 2007), 과업을 수행하는 동안이나 과업 후에 디스트레스가 감소하였으며(예: Masedo & Esteve, 2007), 이 역시 무처치 조건과 비교되었다. 이뿐만 아니라 연구들은 탈융합 또는 마음챙김의 탈중심화 요소를 검증하였고, 이러한 개입은 신뢰할 수 있게 부정적 자기관여 사고와 관련된 스트레스를 감소시켰다(예: Masuda, Hayes, Sackett, & Twohig, 2004). 즉, 이러한 요소 연구들은 이론적 모델을 위한 지지적 증거를 제공하고, 또한 치료 패키지에 수용과 마음챙김 요소를 포함하는 데 있어서 이점을 제안하였다.

또한 이론 지향적 접근은 과정의 변화에 대한 검증과 매개 효과의 검증을 강하게 강조하였다. 치료 패키지를 검증하는 데 있어서는 잘 통제된 임상 실험이 필수적이다. 하지만 이론적 모델의 성공은 기술의 효과성보다는 그것 자체로서 중요하다. 이 관점에서 본다면, 만약 어떤 기법이 과정의 변화나 임상 효과에 영향을 주지 못했어도 이후에 어떤 적용이 발생할 수 있으며, 모델의 온전함은 여전히 유지된다고 할 수 있다. 그런데 만약 어떤 기법이 효과적인 영향은 갖지만 그것이 특정한 과정의 변화에 통하지 않거나 어떤 기법이 변화 과정에는 영향을 주지만 효과 면에 있어서는 어떤 변화도 없다면, 이는 이론적 모델에 있어서 중요한 문제가 된다(Follette, 1995). 첫 번째 경우에는 치료 개입이 이론적 변화 과정을 통해서 임상 효과를 생산하지 않는다고 제안하였고, 두 번째 경우에는 이론적 과정의 변화가 임상 효과를 이끌어 내지 못한다고 제안하였다. 만약 이러한 결과들이 측정에서의 문제나 다른 방법론적 이슈들 때문이 아니라면, 이 이론적 모델의 변화는 의미 있는 도전을 받게 되며, 반드시 조정되어야만 하거나 심지어 버려지기도 한다.

과정의 변화에 대한 많은 연구들은 수용과 마음챙김 기반 치료를 포함하고, 특별히 ACT에 해당된다. 효과 연구에서 연구자들은 수용과 마음챙김 과정에 대한 적합한 측정법을 개발하는 것을 중요하게 언급한다. 예를 들어, 대부분의 출간된 ACT 효과 연구에서는 그것의 이론적 모델을 지속적으로 지지하는 결과와 함께 과정 변화에 대한 측정을 다루었다. 단, 이론의 정확성을 보장해야 하기 때문에 연구의 긍정적인 결과는 비교적 적은 수의 과정에 초점화되어 있다.

전통적 CBT와 CBS 간의 차이점은 최근 문헌 고찰에서 살펴볼 수 있는데, 예를 들어 Öst(2008)는 제3의 물결로 행동치료를 메타 분석하였는데, 이때 RCT 효과에만 전적으로 초점을 맞추었고, 과정에 대한 증거 및 요인 분석 연구는 무시되었다. 치료 개발에 있어 이론 지향적 모델로의 움직임은 변화 과정과 치료 활성 요소에 대한 이해를 의미 있게 개선시켜 주었다. 이것은 치료 영역에서의 새로운 적용과 관련하여 직접적인 정보를 제공하고, 또 새로운 기법의 개발과 이를 조직화하는 방법, 그리고 치료 기법을 개선하는 데 도움이 될 것이다. 따라서 이론적 모델을 검증하고 개선하는 것은 임상심리학의 혁신을 증가시킨다.

● 증후적 접근으로부터 기능적 접근으로의 이동

전통적 CBT 전략은 특정 증후에 대한 치료 개발 및 검증에 초점을 맞춘다. 각 장애에 대한 인지 모델이 개발되었고, 특정한 장애 치료에 대한 정보가 활용되었다. 그리고 이 치료는 엄격한 기준을 포함하는 RCTs를 사용하여 검증되었다.

이 접근은 장애가 결과적으로 특정한 인과관계를 가진 질병 단위로 구별될 수 있다는 가정에 기초한다. 하지만 이 전략은 여전히 성공적이지 못하다. 이 접근이 가질 수 있는 잠재적 성공에 관해서 회의적이고, 그것의 문제와 영향에 관해 DSM-V에 잘 기술되어 있다(Kupfer et al., 2002).

…… 이러한 증후들의 목표를 타당화하고 공통의 인과관계에 대한 규정은 여전히 어려운 과제로 남아 있다. 그럼에도 불구하고 많은 주장이 제안되었는데, 그러나 DSM에서 정의된 증후를 확인하는 데 있어 어떠한 특정한 것도 발견하지 못하였다(p. xviii).

역학 조사와 임상 연구에서 질병의 증후가 이면에 구별된 병인론을 가질 것이라고 가정하고, 이에 대한 공존 이환이 극도로 높은 비율을 보였다. 또한 역학 조사 연구에서는 많은 질병에 대한 단기적 진단의 불안정성을 높게 언급하였고, 치료와 관련해서는 특수성이 제외되었다기보다는 오히려 규칙적임을 간주하였다(p. xviii).

　　대부분은 아니지만 많은 조건과 증상이 정상 행동과 인지 과정에서 확인할 수 있는 병리적 과잉을 다소 임의적으로 보여 준다. 이것이 갖는 문제는 인간의 일반적 경험 상태를 병리적으로 조직화한다는 비평을 이끈다는 것이다 (p. 2).

　　현재 진단적 패러다임이 갖는 모든 제한점은 DSM에서 정의된 증상의 이면에 병인론을 밝히는 데 전적으로 초점을 맞추는 연구를 제안한다. 이를 위해 아직 알려지지 않은 패러다임의 이동이 발생될 필요가 있을지도 모른다 (p. xix).

이 전략은 성공적이지 않아 보일 뿐만 아니라 어떤 방해가 되는 과정일지도 모른다. DSM-V를 기획하는 데 있어(Kupfer et al., 2002), "DSM-IV에서는 실체를 구체화할 때 각 질병을 동등하게 고려하였고, 연구에서 발견된 것을 설명하기보다는 오히려 잘 알려지지 않은 것에 대해 더 주의를 기울였으며"(p. xix), "DSM-IV 정의에 대한 연구자의 맹목적인 채택이 정신장애의 병인론 연구에 오히려 방해가 될지 모른다."(p. xix)라고 언급하였다.

특정 증상 군집을 확인하고 구별하는 것에 초점을 맞추고, 이를 정확하게 나타내기 위해 치료와 관련된 핵심 기능 변인에도 관심을 가져야 한다. 차이점은 치료를 위한 기능적 관계성보다는 문제 영역과 특정 증상과 같은 지형학적 특징에 기초하여 나타난다. 그러나 각 장애에 대한 특정 치료 매뉴얼의 개발이라는 기법적 치료 모델은 특정한 문제를 조합해 낼 수도 있는데, 즉 상당한 수의 치료 개발과 검증 및 파급에 과잉 압도되는 문제가 야기될 수 있다.

이에 한 대안으로 임상적 문제에 기능적으로 접근하는 것이다. 질병에 초점을 맞추는 것 대신에 임상적으로 관련된 기능 변인을 치료 목표로 조직화하는 것이다. 여기에는 특정한 방식에 기초하여 범주화된 문제들보다는 선행 사건, 행동, 결과 간의 관계를 간주하는 것이 포함된다. 예를 들어, 불안장애에서 공통의 기능적 변인은 불안을 도발하는 자극을 회피함으로써 문제 행동이 유지되고, 이것은 불안장애에 대한 핵심개입 요소로서 노출의 중요성을 설명하는 데 도움이 된다.

이 접근은 수용과 마음챙김 기반 치료에서 다루어졌는데, 기능적 진단 차원은 경험적 회피(Hayes, Wilson, Gifford, Follette, & Strosahl, 1996)와 디스트레스 감내력(Rodman, Daughters, & Lejuez, 2009) 같은 치료 맥락 내에서 발전하였고, 지형적으로 구별된 문제의 범위가 타당한지를 설명하였다. 또한 이것은 직접적으로 정보를 다루는 방식으로 임상 문제를 범주화하는 방법을 제공하였다. 만약 한 치료가 특정한 기능적 진단 차원을 목표로 하는 데 효과적임이 확인되면, 이것은 기능적 차원이 어디든지 적용되는 치료의 잠재적 적용력을 제안해 준다.

수용과 마음챙김 기반 기법이 치료에 반드시 적용되기 위해 기능적으로는 유사한 문제이지만 지형학적으로는 구별되는 범위에 있는 치료를 검증하는 전략을 추구하였다. 이는 이론적 모델의 영역을 검증해 주고, 모델과 기법의 제한점을 신속하게 확인하도록 돕는다. 여기서 발견된 내용은 치료가 주어진 문제 영역에서 효과적이지 않을 때, 치료 개발자들이 기법과 이론적 모델을 더욱더 개발하는 데 활용될 수 있다. 예를 들어, ACT 모델은 인지적 융합과 경험적 회피 같은 과정이 인간 행동에 영향을 주는 언어 및 인지와 관련 있을지도 모른다고 가정한다. ACT는 우울, 불안, 정신증, 만성 통증, 물질 남용, 흡연, 소진, 만성적인 질병에 대처하기, 비만, 자기 낙인, 편견을 포함하여 증거 기반 치료에 적용됨으로써 방대한 영역에서 긍정적인 영향이 검증되었다(Hayes et al., 2006; Hayes et al., 출간 중).

유사하게 CBT도 광범위한 범위의 문제 영역에 성공적으로 적용되었는데(Butler et al., 2006), 그러나 무엇이 일반적인 수단인지를 더 잘 밝혀 주기 위한 과정의 변화 세트를 명백하게 하는 데는 부족하였다. 핵심적인 공통의 과정과 진단 치료에 대한 연구는 아마도 동일한 관심사를 반영할지도 모른다.

DSM 증후에 대해서 증거 기반 치료를 고정하는 데는 중요한 한계점이 있다. 이러한 증후들이 구별된 질병 체계를 이끌어 낼지 그 여부가 명백하지가 않다

(Kupfer et al., 2002). 치료 영역은 기능적으로는 중요하지 않지만, 표적 인구의 정확함을 유지하기 위해 희생되었다. 기능적 진단 접근은 직접적으로 정보를 다루는 조직화된 체계를 제공하고, 게다가 이는 치료 영역이 기능적으로 관련이 되든 그렇지 않든 치료의 광범위한 적용을 증가시켜 준다.

● 매뉴얼화된 치료에서부터 유연하고 과정 지향적인 치료로의 이동

과학적 개발 전략 내에서의 차이점은 치료가 보급되고 이행되는 방법에 영향을 준다. 전통적 CBT 접근은 RCTs를 통해 충분히 검증된 특정 장애에 특수화된 치료 매뉴얼을 보급하였다. 연구자들에 따르면, 어떤 요소가 활성화되고 왜 그런지와 관련해서 명백하지 않기 때문에 임상가들은 정확한 임상적 검증을 할 수 있는 실험을 되풀이하도록 제안하였다. 만약에 변화가 일어난다면, 활성화 요소와 과정이 여전히 포함되는지의 여부를 알 수 있는 방법은 없다. 이는 임상가들에게 중요한 장애물이 되는데, 특히 임상 작업에서 접하게 된 문제의 영역을 효과적으로 치료하기 위해서 방대한 양의 특정 장애 매뉴얼을 배워야 하는 문제가 있다. 임상가들은 ESTs의 낮은 비율 적용만으로도(Sanderson, 2002) 이러한 문제에 부분적으로 공헌할 수 있다.

그 대신 중요한 기능적 진단 차원과 변화 과정에 대한 작업은 변인이 보다 더 유연한 중재 접근으로 발전할 수 있도록 효과적인 영향을 준다. 임상가들은 어떤 방법을 통해 중요한 기능적 변인을 목표로 하여 적절한 변화 과정에 영향을 주는 것을 배울 수 있게 된다. 효과적인 기법은 임상가가 자신만의 치료 기법 레퍼토리를 개발하는 데 있어 시발점과 선택 사항을 제시해 준다. 그리고 이 제시는 경험적으로 지지되었던 치료에서 경험적으로 지지되었던 원리의 변화로 이행된다(Rosen & Davison, 2003).

이 방법은 보급과 이행에 있어서 수많은 잠재적 이점을 가진다(McHugh, Murray, & Barlow, 2009). 이 접근은 임상가들이 소유한 자신만의 레퍼토리가 강점을 갖기 위해 특정한 기법을 배우도록 요구하기보다는 관련 과정에 더 목적을 둔다. 또한 수많은 치료로 인해 유의하게 감소함을 배울 수 있게 되고, 게다가 치료는 특정한 환경에 따라 상대적으로 보다 유연하게 적용된다.

ACT는 이 전략을 추구하고자 하였는데, 특정한 기법의 세트보다는 치료 모델을 반영하였고, 여기에는 유연성 증진을 위한 행동 변화 과정, 가치 일관된 행동 패턴, 수용과 마음챙김 과정들이 포함된다. 그리고 치료자들은 내담자의 과정 변화를 증진하기 위해 자신만의 기법 레퍼토리를 개발하도록 격려 받았다. 연구에서는 ACT 모델이 다양한 치료 양식을 포괄하여 표준화된 치료 양식(Wicksell, Melin, & Olsson, 2007)뿐만 아니라 집단 치료(Zettle & Rains, 1989), 워크숍(Bond & Bunce, 2000), 간단한 중재법(Bach & Hayes, 2002), 그리고 독서치료(Lazzarone et al., 2007) 등 전반적인 치료 양식을 검증하였다(Wicksell, Melin, & Olsson, 2007). 과정 지향적인 치료의 기법과 양상을 통한 유연한 접근은 ACT의 보급력을 향상시켰고, 또 다양한 맥락에 대한 적용 능력을 증진하였다.

● 기본 관계성을 강화하는 것과 과학에 적용하는 것

계속 발전되고 검증이 유연한 과정 지향적 치료는 기능적 진단 차원에 목표를 두고, 제대로 정교화된 검증된 이론을 요구한다. 특히 이론적 구성은 정확성을 필수로 하고, 지대한 영향을 가져올 범위를 가지며, 조작할 수 있는 변인을 가진다. 이론 모델을 조직화하고 가이드하는 것을 지속하기 위해서는 정확성이 필수다. 그리고 충분한 범위 없이는 이론 모델이 수많은 사례에 적절히 적용될 수 없다. 또한 정확성과 광범위하게 적용할 수 있는 요소가 확인되었다고 해도, 이를 특정하게 조작할 수 없다면, 이는 행동 변화에 있어 큰 효과를 기대할 수가 없다.

이 중요한 도전은 현재 과학적 CBT 모델 내에서 성취될 수 있다. 이론적 모델은 정신병리학과 중재에 관한 연구에 적용됨으로써 상당한 정보를 제공하였다. 이것은 연구의 중요한 영역이기는 하지만 이 전략이 치료에서 목표로 하는 조작 가능 요인을 가리킬 충분히 높은 정확성과 범위를 구성할 수 있을지의 여부는 명백하지 않다. 예를 들어, 인지이론 모델은 경험의 정보처리와 구성이 어떻게 역기능적 신념과 도식에 의해 편향되는지를 기술하고 있고, 다른 심리학적 증상에 있어서도 비합리적이고 역기능적인 인지를 어떻게 영향을 주는지에 관해 묘사하였다(Beck, 2005). 인지 도식에 의해 편향된 정보처리는 개인의 경험이 무엇이든지 간에 광범위하게 적용될 수 있다고 강조한다. 그러나 아직 이 모델의 정확성은 그리 명백하지 않다. 왜냐하면 신념과 도식, 인지 내용, 그리고 정보처리와 같은 구조를 정확하게 정의하는 것이 어렵기 때문이다. 오히려 상당히 기법적인 용어보다는 비전문적인 정의를 더 선호한다. 인지에 대한 기법적 고려 없이는 무엇이 특정한 것이고, 그것이 어떻게 개발되며, 그리고 어떻게 변화하는지, 또 무엇을 목표로 해야 하고, 어떻게 해야 하는지 등을 알기 어렵다. 대신, 중재법은 임상 경험이나 다른 치료에서 차용하였던 기법 등을 소스로 개발되었다. 이것은 중재 기법으로부터 이론적 분리를 가능하게 할 수 있다.

이러한 어려움은 전통적 행동치료에서 CBT로 이동하는 데 발생하였던 과학적 전략의 중요한 변화를 통해 살펴볼 수 있다. 원래 행동치료에서는 조작과 고전적 학습 원리를 적용하여 치료 목표를 삼았고, 이 치료에서의 기본 연구는 인간 행동의 예측과 결과에 관한 것으로 발전되었다. 기초 연구로부터의 발견은 정확성을 갖고 발전되었고, 무엇보다 인간 행동에 대한 예측과 결과에 직접적으로 적용할 수 있는 일반적인 규칙을 가질 수 있게 되었다. 이에 복잡한 인간 행동을 간단한 개념으로 분석할 수 있게 되었으며, 세부적인 것을 다루는 상향식 접근으로 치료 개발이 가능해졌다. 또한 연구자들은 상당히 정확한 기법적 분석을 위해 이러한 원리와 유사한 뿌리를 동시에 유지하는 성공적인 중재로 전이될 수 있게 되었다. 이를 통해 다양한 치료가 개발되었고, 이 중 많은 것은 정신병리학에서 가장 효과적인 기법(예: 우연성 관리, 노출)으로 계속 유지되고 있다. 그러나 모델이 기본 원리를 충분히 갖지 못하거나 기초 행동 연구자들이 언어와 인지에 대해서 적절한 설명을 제공하지 않아 어떤 전략을 포함해야 할지 모를 경우에는 문제가 된다.

이는 치료 개발자들이 다른 소스를 다루기 위해서 인지를 보다 더 강하게 강조할 필요가 있음을 보여 준다. 인지 과학에서의 정보처리 모델은 기초 행동 과학의 토대를 교체하였다. 정확성보다 기법적 분석은 기초 행동 원리를 제공하였고, 인지 모델은 마음이 컴퓨터와 같다는 식의 비유를 갖는다. 정신병리학에 대해서 인지 모델이 갖는 타당성은 기본적으로 임상 작업의 체계적인 관찰에 기초하고, 이후에 경험적 연구에 적용됨으로써 지지된다(Beck, 2005). 중재의 구성과 그 내용은 정신분석을 수행하는 경험뿐만 아니라 행동치료가 갖는 특징에도 기초한다(Beck, 2005). 따라서 인지 과정이 심리적 증상을 중재하고, 논리적 분석과 가설 검증 같은 중재를 통해 비합리적이고 역기능적인 인지를 변화할 수 있다는 개념은 기초 연구가 아닌 체계적인 임상 관찰로부터 나왔고, 측정도구 개발과 정보처리 모델에 관한 연구에 적용되었다. 이것은 과학적 전략 내에서 중요한 변화를 보여 주며, 오늘날까지도 상기되는 부분이다.

최근 기사에서 Hofmann과 Asmundson(2008)은 인지치료와 기초 과학이 직접적으로 관련이 없다는 주장에 동의하지 않았다. 저자들은 정신병리학 실험과 치료 효과 연구가 치료 접근에 어떠한 정보를 제공하는지 몇 가지의 예로 설명하였다. 하지만 조작 가능한 치료 요소와 직접적으로 관련 있는 높은 정확성과 영역의 기법적 분석의 개발을 목표로 하는 치료 실험실 연구에서는 방법론적으로 동등하게 통제되지 않았다. 또한 저자들은 기초 과학에 대한 한 가지 예로서 신경 통로에 관한 인지적 중재 모델의 영향이라는 신경과학 연구를 논의하였다. 그러나 신경과학이 기초 과학으로 신경생물학 수준에서 모델의 지속성과 관련된 중요한 정보를 제공하기는 하지만 이것이 심리적 중재의 기법적 분석을 대체할 수는 없었다. 신경통로와 활성화에 기초하여 인지적 개념과 과정을 정의하는 것은 여전히 심리치료에서 목표로 하는 조작 가능한 맥락적 요소를 보여 주지는 못할 것이다. 또한 신피질 기능을 수정하기 위한 방법을 개발하는 것은 인지 변화를 목표로 하는 것과 유사한 문제가 제기될 수 있다.

　ACT 개발자들은 언어와 인지의 행동적 총체, 그리고 인간 행동의 예측과 결과에 있어서 중요한 문제를 인식하였다. 하지만 임상적으로 파생된 모델과 정보처리 비유에 대안적으로 의존하는 것은 문제에 대한 적합한 해결책으로 보이지 않는다. 대신, Hayes와 그의 동료들은 기본 원리와의 밀접한 연관성을 유지하는 CBT 형태를 만드는 데 사용될 수 있는 언어와 인지의 적합한 기초 행동 총합을 개발하도록 주장하였다. 이러한 독특한 접근은 초기 기초 연구에서 상당히 적용되었으며, 이후에는 다른 기초 연구자들에 의해서도 받아들여지고 지속되었다. 연구는 규칙 지배적 행동에서 시작되었고(Hayes, 1989), 후에 이에 파생된 자극관계에 관한 연구가 개발되었으며, 결과적으로 관계 틀 이론(Relational Frame Theory: RFT)(Hayes, Barnes-Holmes, & Roche, 2001)이 발전하였다. 규칙 지배적 행동과 RFT에 관한 연구는 ACT 모델의 개입과 경로, 특정한 평가와 중재 기법의 발전에 직접적인 정보를 주었다(Barnes-Holmes, Barnes-Holmes, McHugh, & Hayes, 2004; Hayes et al., 출간 중).

　따라서 ACT와 전통적 CBT는 정신병리 개입과 관련하여 인지 과정을 적절하게 다루는 모델을 개발하는 데 공동의 관심을 공유하였다. 하지만 여전히 임상적이고 비유적인 컴퓨터 또는 뇌 모델에 의존하기보다 ACT 개발자들은 행동적 근원에 대한 이슈를 확인하고자 시도하였다. 엄격한 임상적 관점은 CBT에서보다 훨씬 더 천천히 다뤄진다. 첫 번째 ACT 효과 연구는 포괄적인 거리두기로 불렸고, 이는 1980년대 초반에 검증되었다. 이 초기 결과가 유망한 것처럼 보였으나(Zettle & Hayes, 1986; Zettle & Rains, 1989), 언어 행동에 대한 기법적 분석은 여전히 개발을 필요로 하였다. 따라서 ACT 개발자들은 15년 동안의 치료 검증을 그만두고, 언어와 행동에 관한 기본 설명과 치료의 이론적 모델 개발에 초점을 맞추었다(Zettle, 2005).

때로 향상의 정도는 낮은 비율임에도 불구하고, 기초 원리와의 관련성을 유지하는 것은 이론적 모델과 관련 개입 기법을 개발하는 데 있어서 상당한 이점을 제공한다. 언어와 인지에 관한 기법적 설명으로부터 파생된 원리는 복잡한 인간의 행동을 분석하고, 이론적 모델을 개발하는 데 마치 건물을 짓는 것으로써 사용될 수 있다. 임상 문제에 관한 기능적 분석은 이러한 원리에서 이해될 수 있으며, 개입을 위한 조작 가능한 중요한 요소를 지향한다. 또한 기능적 분석의 세트는 공통의 기능적 진단 차원과 변화 과정(예: 경험 회피/수용, 인지적 융합/탈융합)을 제안하였고, 이로부터 중재, 정신병리 그리고 건강에 관한 귀납적 이론 모델이 추출되었다. 기초 원리와 기법적 용어 간의 연관성은 정확성을 유지하게 해 주며, 조작 가능한 요소를 지향하는 분석이 광범위하게 적용될 수 있도록 해 주었다. 따라서 행동 현상뿐만 아니라 언어와 인지에 관한 기본 이해의 관련성을 유지하는 것은 임상 문제의 분석과 치료에 있어서 상당히 효과적인 이론 모델을 제공해 준다.

● 철학적 가정에 대한 검토

이 장에서는 전통적 CBT 접근의 진전을 위한 잠재 변인 시리즈를 강조하였고, 대안적인 전략으로서 CBS의 여러 중요한 특징을 제안하였다. 이 두 접근 간의 많은 차이점은 과학과 관련된 독특한 가정에 뿌리를 두고 있다. 과학적 전략의 급진적 이동이 변화 없이 가능한지 아니면 최소한의 검토가 필요한지에 대해서 명확하지 않고, 이면에 가정들도 차이가 있다.

사전 분석 추정은 과학에 있어서 필수적인 부분이다. 분석 단위와 '진실'에 대한 정의 기준 등의 가정 없이는 체계적으로 연구할 수 있는 방법이 없다. 이러한 가정들은 이론과 방법론을 위한 연구 프로그램 접근에 기초를 제공해 준다. 그런데 이러한 가정들이 필수적임에도 불구하고, 연구자들은 자신들이 가정하는 것이 무엇인지를 항상 인식하지는 못한다. 연구 프로그램에서 철학적 가정을 설명하는 것은 접근 내 불일치를 확인할 수 있게 해 주며, 그것의 이론적 모델과 연구 방법을 고무시킨다. 이 과정은 특히 과학적 전략 내에서 현저한 이동이 고려될 때 중요하다.

전통적 CBT의 철학적 가정은 고대 스토아 철학에서 언급하였던 것 이상으로 명백하게 설명되지는 않는다. 하지만 연구자들은 CBT와 비판적인 합리주의(Hofmann & Asmundson, 2008), 그리고 CBT와 기본적인 현실주의(Hayes, Strosahl, & Wilson, 출간 중) 간에 강한 유사점을 지적하였다. 이러한 철학적 체계 내에서 진실은 객관적으로 정의되었고, 이론은 사실적인 세계와 일치하는 데 있어서 어느 정도까지는 진실이었다. 따라서 지식은 가설 검증을 통해 이론을 수정함으로써 얻게 된다. 이러한 이론은 신념, 도식, 정서 반응, 공적 행동과 같은 별개의 부분과 그 영향력을 명시하는 인간 행동 모델 개발에 전형적으로 초점을 맞추었다. 이러한 가설적 구성이 서로 어떤 영향을 주는지 예측하는 정확한 모델이 개발됨으로써 보다 효과적인 중재의 발생을 가정할 수 있게 된다.

CBS는 기능적 맥락주의라고 불리는 과학과는 구별된 철학에 기초한다(Hayes, 1993; S. C. Hayes, Hayes, & Reese, 1988). 기능적 맥락주의는 존재론적인 진실과는 거리가 먼 비판적인 합리주의와 기본적인 현실주의와는 구별된다. 기능적 맥락주의에서 진실은 과학자의 목표와 관련하여 맥락적으로 정의된다. 그리고 분석의 목표를 성공적으로 성취하는 작업에서 진실에 대한 실용적인 기준은 추정된다. 이때 중요한 점은 이러한 목표는 한 영역 내로 과학자들이 확실히 동의하여 시작해야 한다는 것이다. CBS에서 행동의 예측과 영향은 합일된 목표를 가진다.

존재론적 진실을 덜 강조한다고 해서 기능적 맥락주의가 실재를 부인하는 것을 의미하지는 않는다. 세계는 실제로 존재하는 것을 가정한다. 하지만 이 하나의 세계를 분할할 때는 존재론적 진실을 반영하기보다는 과학자의 행동 결과를 보다 더 고려한다. 예를 들어, 선행 사건, 행동, 그리고 행동 분석의 결과를 구별하는 것은 존재론적 주장에 해당되지는 않지만, 예측과 영향을 알아볼 수 있는 방법이다. 이러한 '진실'에 대한 분할은 행동을 예측하고, 행동에 영향을 미치는 유용성을 제한하는 것으로만 정의되었다.

기능적 맥락주의에서 분석 단위는 맥락과 함께 유기체와 상호작용한다. 즉, 별개의 부분과 그 영향을 다루는 유물론적인 모델을 개발하는 것보다, 유기체의 행동을 맥락과의 역동적 상호작용으로서 간주한다. 행동은 맥락적으로 정의되고, 맥락과 독립적으로 연구되는 것은 의미가 없다. 분석 단위로서 행동과 조작 가능한 맥락적 요소 둘 다를 고려하는 것은 행동의 예측과 영향이라는 목표를 반영한다.

전통적 CBT와 CBS의 철학적 가정은 근본적으로 다르다. 이러한 차이점은 경험적으로 해결될 수 없다. 이러한 가정은 사전 분석이라는 특징을 갖고 있으며, 검증할 수 있는 가설이 아니다. 대신에 이러한 가정은 경험적 검증을 세울 수 있도록 가정적인 기본을 제시해 준다. 이를 바탕으로 과학자들이 자신의 가정을 설명할 수는 있지만, 다른 연구 프로그램과 연구 분야가 갖는 가정이 틀렸음을 입증하는 데는 그리 효과적이지 못하다. 하지만 이것이 연구 프로그램에서의 가정이 질문을 이끌어 낼 수 없다는 것을 의미하지는 않는다. 철학적 가정이 연구 프로그램의 목표를 달성할 수 있을지의 여부는 평가 가능하다(Long, 2009).

인지행동치료를 위한 협회 강령을 축약하면, '인간의 문제 상태에 대한 이해와 개선을 위한 과학적 접근의 발전'을 목표로 한다는 것이다. CBT와 경험적 임상심리학은 한 분야로서 이러한 약정에 의해 일반적으로 연합된다. 이것은 실용적인 목표에 뿌리를 두고, '인간의 문제 상태'를 완화하는 것이 중요하다고 언급하였다. 많은 연구자는 과학적 접근의 적용이 궁극적으로 이러한 문제를 해결하는 데 가장 효과적인 전략임을 가정한다. 전통적 CBT에서의 가정은 이 실용적 목표를 달성하기 위한 수용력에 관하여 질문 받을 수 있다.

CBT의 기본 가정은 예측과 영향보다는 행동의 예측에 초점을 맞추고 있다(Biglan & Hayes, 1996). 그리고 CBT는 인지가 사건과 부차적인 행동 및 정서 반응 사이의 관계를 어떻게 매개하는지와 같은 가설적 구성 간의 관계를 명시하는 모델을 개발하고 타당화하는 것을 강조하였다. 이러한 모델은 예측 시험을 통해 실제와 일치하는지를 평가함으로써 검증되었다. 하지만 행동에 미치는 영향력은 이 모델의 핵심이 아니라, 정확한 이론을 개발한 후에 나타나는 효과다. 그리고 조작 가능한 맥락적 요소는 예측 모델과 같은 직접적으로 개입하는 정보를 보장해 주지 않는다.

예를 들어, 정신착란 사고가 정서장애를 야기하고, 결국 공공연한 행동 문제의 원인을 만든다고 가정한다. 기능적 맥락주의 관점에서 행동과 인지 및 정서는 유기체의 온갖 종속 변인이 된다. 정의상, 종속 변인은 다른 것에 의해 직접적으로 조작될 수 없다. 인지 변화를 위해서는 독립 변인이 필요한데, 이는 조작할 수 있는 것이다. 예를 들어, CBT는 스토아 학파의 방법과 가설 검증 같은 부적응적 인지 과정을 변화시키기 위해 수많은 전략을 제공하였는데, 이러한 개입은 종속 변인을 수정할 수 있는 환경적 조작이라는 독립 변인을 제시하였다. 하지만 각각의 종속 변인 간에 관계를 명시하는 모델의 예측 유용성을 강조하였기 때문에 이렇게 조작할 수 있는 요소 자체를 이론적으로 명시하는 것은 드물었다. 오히려 이는 이론으로부터 중재 기법을 분리하는 데 공헌하였다. 치료 기법은 이론적 모델에 의해 직접적으로 정보를 주지 않고, 대신에 관련된 이론적 목표에 영향을 줄 것이라고 기대되는 다른 자원으로부터 개발되거나 적용된다.

종속 변인에 초점을 둔 이론적 모델이 갖는 또 다른 문제는, 아마도 맥락적 요소를 고려해야 할 때 이론적 모델이 부정확할지 모른다는 것이다. 종속 변인 간의 관계는 그들에게서 변화가 발생하는 맥락에 따라 다를지 모른다. 예를 들어, 부정적 자기 참조 사고와 사회적 상황 회피 간에 관련이 있을지 모르고, 이에 부정적 자기 참조 사고를 중재 목표로 한다면 사회적 회피의 빈도는 감소할 수 있는데, 단 이러한 중재 목표가 사회적 회피의 변화를 필수적으로 수반하지는 않는다. 이것은 이론에 의해 예측되었던 것과 동일한 방식으로 더 이상 부정적 사고와 회피와의 관련성을 설명하기에 제한적이다. 유사하게 수용과 마음챙김의 중재는 사고의 내용보다는 사회적 회피와 부정적 자기 참조 사고의 관련성을 목표로 하고, 이 경우 내담자들이 여전히 이전과 동일한 부정적 사고를 가지고 있지만 사회적 상황에 대한 회피는 훨씬 더 감소할 것이라는 결과를 예측해 볼 수 있다. 이렇듯 맥락과 관련 행동이 어떻게 상호작용하는지를 고려하는 것은 중요하다.

이러한 한계들은 전통적 CBT 이면에 있는 철학적 가정이 아마도 인간 고통의 완화라는 실용적 목표를 성취하는 데 제한점으로 작용할지 모른다고 제시한다. 대안적으로 기능적 맥락주의의 가정은 실용적 목표 달성을 가장 중요한 핵심으로 하는 과학의 발전에 뿌리를 둔다. 분석 단위는 유기체의 행동과 조작 가능한 맥락적 요소 둘 다를 포함한다. 게다가 과학에서 도출할 수 있는 예측과 영향이 갖는 실용적 목적은 중재 방법에 맞춰진 인간 행동의 기능적 설명을 강조한다. 이 장에서 제시되었던 과학적 전략의 많은 변화는 과학에서의 대안적인 모델 개발을 이끌어 냈다.

기본적인 현실주의와 비판적인 합리주의의 가정이 어떻게든 틀렸다는 것이 아니라, 임상심리학의 실제적인 목표를 다루는 데 효과적인 것이 아닐지도 모른다는 것이다. 이 가정에 대해 기능적 맥락주의는 대안적인 세트를 소개하였는데, 이것은 응용과학의 실용적인 목표를 다룰 수 있도록 특정하게 설계된 것이다. 이 접근은 수용과 마음챙김 기반 중재, 특별히 ACT에 성공적으로 적용되었다. 따라서 보다 진보된 과학으로서 임상심리학의 발전은 전통적 심리과학이 갖고 있는 철학적 가정을 검증하는 것과 또한 그것이 목표를 성취하는 데 있어서 가장 효과적인지 아닌지를 평가하는 것을 포함한다.

● 결 론

병리학과 중재 그리고 건강에 관한 일반적인 이론 모델의 검증에서 전통적 CBT와 수용과 마음챙김 기반 치료 간에는 몇 가지의 명백한 차이가 있다. 궁극적으로 제3세대의 접근이 얼마나 점진적인지 아닌지, 그리고 그것이 '새로운' 것인지 아닌지는 중요하지 않다. 만약 수용과 마음챙김 접근에서 발생한 기법이 CBT에도 적용되고 통합된다면, 치료 효과(심지어 아직 알려지지 않았음에도 불구하고)의 증대성은 아주 높아질 것이며, 어떤 연구 영역으로 이행될지도 모른다. 하지만 효과가 무엇이든지 이러한 변화는 빠르게 탈진될 것이다.

비록 CBT와 CBS 지지 간에 정책적인 갈등이 출현함에도 불구하고, 사실상 과학은 정책이 아니다. 만약에 어느 한쪽의 정책적 견해가 약화된다면, 상대방은 선거에서 당선이 될 것이다. 하지만 과학은 과학적 상대가 약화된다고 하더라도 이에 대안적인 과학적 지지는 조금도 증가하지 않는다. 결국 목표는 투쟁에서 이기는 것이 아니라 진전되는 것이다.

장기간 동안, 과학적 전략이 과학에 적용되는 것을 재고할 필요성에 관해서 중요하게 강조되어 왔다. 수용과 마음챙김 기반 치료의 개발은 현재 적용과학의 모델이 갖는 제한점을 지적하였고, 그러면서 우리가 직면할 수 있는 도전을 다루기 위해, 지금까지의 일반적 치료 접근들을 보다 기능적으로 수정할 수 있도록 그 기회를 제공하였다. 그리고 과학적 모델은 특정 장애와 관련하여 편협하게 정의된 기법 모델을 검증하는 것이 아니라 매우 기초적인 연구 프로그램에 뿌리를 둔 과정의 변화와 또 과학의 진보성에 있어서 기능적 진단 차원이 갖는 상당한 영향력을 이론적으로 강조하였다. 이는 연구와 치료 영역에서 앞으로 10년 동안 효과적인 변화를 가져다 줄 것이다.

참고문헌

Arch, J. J., & Craske, M. G. (2008). Acceptance and commitment therapy and cognitive behavioral therapy for anxiety disorders: Different treatments, similar mechanisms? *Clinical Psychology, Science and Practice, 15*, 263-279.

Bach, P., & Hayes, S. C. (2002). The use of acceptance and commitment therapy to prevent the rehospitalization of psychotic patients: A randomized controlled trial. *Journal of Consulting and Clinical Psychology, 70*, 1129-1139.

Baer, R. A., Smith, G. T., & Allen, K. B. (2004). Assessment of mindfulness by self-report: The Kentucky Inventory of Mindfulness Skills. *Assessment, 11*, 191-206.

Barnes-Holmes, Y., Barnes-Holmes, D., McHugh, L., & Hayes, S. C. (2004). Relational frame theory: Some implications for understanding and treating human psychopathology. *International Journal of Psychology and Psychological Therapy, 4*(2), 161-181.

Beck, A. T. (2005). The current state of cognitive therapy: A 40-year retrospective. *Archives of General Psychiatry, 62*, 953-959.

Biglan, A., & Hayes, S. C. (1996). Should the behavioral sciences become more pragmatic? The case for functional contextualism in research on human behavior. *Applied and Preventive Psychology: Current Scientific Perspectives, 5*, 47-57.

Bond, F. W., & Bunce, D. (2000). Mediators of change in emotion-focused and problem-focused worksite stress management interventions. *Journal of Occupational Health Psychology, 5*, 156-163.

Borkovec, T. D., & Castonguay, L. G. (1998). What is the scientific meaning of empirically supported therapy? *Journal of Consulting and Clinical Psychology, 66*(1), 136-142.

Butler, A. C., Chapman, J. E., Forman, E. M., & Beck, A. T. (2006). The empirical status of cognitive-behavioral therapy: A review of meta-analysis. *Clinical Psychology Review, 26*, 17-31.

Chambless, D. L., & Ollendick, T. H. (2001). Empirically supported psychological interventions: Controversies and evidence. *Annual Review of Psychology, 52*, 685-716.

Davidson, P. R., & Parker, C. H. (2001). Eye movement desensitization and reprocessing (EMDR): A meta-analysis. *Journal of Consulting and Clinical Psychology, 69*, 305-316.

Eifert, G. H., & Heffner, M. (2003). The effects of acceptance versus control contexts on avoidance of panic-related symptoms. *Journal of Behavior Therapy and Experimental Psychiatry, 34*, 293-312.

Fairfax, H. (2008). The use of mindfulness in obsessive compulsive disorder: Suggestions for its application and integration in existing treatment. *Clinical Psychology & Psychotherapy,*

15(1), 53-59.

Feigenbaum, J. (2007). Dialectical behavior therapy: An increasing evidence base. *Journal of Mental Health, 16*(1), 51-68.

Follette, W. C. (1995). Correcting methodological weaknesses in the knowledge base used to derive practice standards. In Hayes, S. C., Follette, V. M., Dawes, R. M., & Grady, K. E. (Eds.), *Scientific Standards of Psychological Practice: Issues and Recommendations* (pp. 229-247). Reno, NV: Context Press.

Forman, E. M., Herbert, J. D., Moitra, E., Yeomans, P. D., & Geller, P. A. (2007). A randomized controlled effectiveness trial of acceptance and commitment therapy and cognitive therapy for anxiety and depression. *Behavior Modification, 31*(6), 1-28.

Gaudiano, B. A., Herbert, J. D., & Hayes, S. C. (in press). Is it the symptom or the relation to it? Investigating potential mediators of change in acceptance and commitment therapy for psychosis. *Behavior Therapy.*

Gifford, E. V., Kohlenberg, B. S., Hayes, S. C., Antonuccio, D. O., Piasecki, M. M., Rasmussen-Hall, M. L., & Palm, K. M. (2004). Acceptance theory-based treatment for smoking cessation: An initial trial of acceptance and commitment therapy. *Behavior Therapy, 35*, 689-705.

Gregg, J. A., Callaghan, G. M., Hayes, S. C., & Glenn-Lawson, J. L. (2007). Improving diabetes self-management through acceptance, mindfulness, and values: A randomized controlled trial. *Journal of Consulting and Clinical Psychology, 75*(2), 336-343.

Grossman, P., Niemann, L., Schmidt, S., & Walach, H. (2004). Mindfulness-based stress reduction and health benefits: A meta-analysis. *Journal of Psychosomatic Research, 57*, 35-43.

Hayes, S. C. (1993). Analytic goals and the varieties of scientific contextualism. In S. C. Hayes, L. J. Hayes, H. W. Reese, & T. R. Sarbin (Eds.), *Varieties of scientific contextualism* (pp. 11-27). Reno, NV: Context Press.

Hayes, S. C. (Ed.). (1989). *Rule-governed behavior: Cognition, contingencies, and instructional control.* New York, NY: Plenum.

Hayes, S. C. (2004). Acceptance and commitment therapy, relational frame theory, and the third wave of behavior therapy. *Behavior Therapy, 35*, 639-665.

Hayes, S. C. (2008). Climbing our hills: A beginning conversation on the comparison of ACT and traditional CBT. *Clinical Psychology: Science and Practice, 5*, 286-295.

Hayes, S. C. (2009, August). *The way of the turtle: Creating clinical science from the bottom up.* Invited address presented at the meeting of the Japanese Psychological Association, Kyoto, Japan.

Hayes, S. C., Barnes-Holmes, D., & Roche, B. (2001). *Relational frame theory: A post-Skinnerian account of human language and cognition.* New York, NY: Kluwer Academic/Plenum.

Hayes, S. C., Bissett, R., Korn, Z., Zettle, R. D., Rosenfarb, I., Cooper, L., & Grundt, A. (1999). The impact of impact of CBT and ACT models using psychology trainee therapists: A preliminary acceptance versus control rationales on pain tolerance. *Psychological Record, 49,* 33-47.

Hayes, S. C., Hayes, L. J., & Reese, H. W. (1988). Finding the philosophical core: A review of Stephen C. Pepper's *World Hypotheses. Journal of the Experimental Analysis of Behavior, 50,* 97-111.

Hayes, S. C., Levin, M., Plumb, J., Boulanger, J., & Pistorello, J. (in press). Acceptance and commitment therapy and contextual behavioral science: Examining the progress of a distinctive model of behavioral and cognitive therapy. *Behavior Therapy.*

Hayes, S. C., Luoma, J. B., Bond, F. W., Masuda, A., & Lillis, J. (2006). Acceptance and commitment therapy: Model, processes and outcomes. *Behavior Research and Therapy, 44,* 1-25.

Hayes, S. C., Strosahl, K. D., & Wilson, K. G. (1999). *Acceptance and commitment therapy: An experiential approach to behavior change.* New York, NY: Guilford Press.

Hayes, S. C., Strosahl, K. D., & Wilson, K. G. (in press). *Acceptance and commitment therapy: Developing a unified model of behavior change* (2nd ed.). New York: Guilford.

Hayes, S. C., Wilson, K. G., Gifford, E. V., Follette, V. M., & Strosahl, K. (1996). Experiential avoidance and behavioral disorders: A functional dimensional approach to diagnosis and treatment. *Journal of Consulting and Clinical Psychology, 64,* 1152-1168.

Herbert, J. D. (2003). The science and practice of empirically supported treatments. *Behavior Modification, 27,* 412-430.

Hofmann, S. G. (2004). Cognitive mediation of treatment change in social phobia. *Journal of Consulting and Clinical Psychology, 72,* 392-399.

Hofmann, S. G. (2008). Acceptance and commitment therapy: New wave or Morita therapy? *Clinical Psychology, Science and Practice, 15,* 280-285.

Hofmann, S. G., & Asmundson, G. J. G. (2008). Acceptance and mindfulness-based therapy: New wave or old hat? *Clinical Psychology Review, 28,* 1-16.

Hofmann, S. G., Meuret, A. E., Rosenfield, D., Suvak, M. K., Barlow, D. H., Gorman, J. M., ··· Woods, S. W. (2007). Preliminary evidence for cognitive mediation during cognitive behavioral therapy for panic disorder. *Journal of Consulting and Clinical Psychology, 75,* 374-379.

Hollon, S. D., DeRubeis, R. J., & Evans, M. D. (1987). Causal mediation of change in treatment for depression: Discriminating between nonspecificity and noncausality. *Psychological Bulletin, 102*(1), 139-149.

Jacobson, N. S., & Christensen, A. (1996). *Integrative couple therapy: Promoting acceptance and change.* New York, NY: W. W. Norton.

Jacobson, N. S., Dobson, K. S., Truax, P. A., Addis, M. E., Koerner, K., Gollan, J. K., ··· Prince, S. E. (1996). A component analysis of cognitive-behavioral treatment for depression. *Journal of Consulting and Clinical Psychology, 64,* 295-304.

Kabat-Zinn, J. (1990). Full catastrophe living: Using the wisdom of your body and mind to face stress, pain and illness. New York, NY: Delacorte.

Kupfer, D. J., First, M. B., & Regier, D. A. (2002). *A research agenda for DSM V*. American Psychiatric Association.

Lappalainen, R., Lehtonen, T., Skarp, E., Taubert, E., Ojanen, M., & Hayes, S. C. (2007). The controlled effectiveness trial. *Behavior Modification, 31*(4), 488–511.

Lazzarone, T. R., Hayes, S. C., Louma, J., Kohlenberg, B., Pistorello, J., Lillis, J., ⋯ Levin, M. (2007). The effectiveness of an acceptance and commitment therapy self-help manual: Get out of your mind and into your life. Paper presented at the meeting of the Association for Behavioral and Cognitive Therapies, Philadelphia, PA.

Leahy, R. L. (2008). A closer look at ACT. *Behavior Therapist, 31*, 148–150.

Levin, M., & Hayes, S. C. (2009). ACT, RFT, and contextual behavioral science. Chapter in J. T. Blackledge, J. Ciarrochi, & F. P. Deane (Eds.), *Acceptance and commitment therapy: Contemporary research and practice* (pp. 1–40). Sydney: Australian Academic Press.

Levin, M., Hildebrandt, M., Lillis, J., & Hayes, S. C. (under review). The impact of treatment components in acceptance and commitment therapy: A meta-analysis of micro-component studies.

Levitt, J. T., Brown, T. A., Orsillo, S. M., & Barlow, D. H. (2004). The effects of acceptance versus suppression of emotion on subjective and psychophysiological response to carbon dioxide challenge in patients with panic disorder. *Behavior Therapy, 35*, 747–766.

Linehan, M. M. (1993). *Cognitive-behavioral treatment of borderline personality disorder*. New York, NY: Guilford Press.

Long, D. M. (2009, May). History and philosophy of science. Paper presented at the 35th annual convention of the Association for Behavior Analysis International, Phoenix, AZ.

Longmore, R. J., & Worrell, M. (2007). Do we need to challenge thoughts in cognitive behavior therapy? *Clinical Psychology Review, 27*, 173–187.

Lundgren, T., Dahl, J., & Hayes, S. C. (2008). Evaluation of mediators of change in the treatment of epilepsy with acceptance and commitment therapy. *Journal of Behavioral Medicine, 31*(3), 225–235.

Mansell, W. (2008). The seven C's of CBT: A considerationof the future challenges for cognitive behaviour therapy. *Behavioural and Cognitive Psychotherapy, 36*(6), 641–649.

Masedo, A. I., & Esteve, M. R. (2007). Effects of suppression, acceptance and spontaneous coping on pain tolerance, pain intensity and distress. *Behaviour Research and Therapy, 45*, 199–209.

Masuda, A., Hayes, S. C., Sackett, C. F., & Twohig, M. P. (2004). Cognitive defusion and self-relevant negative thoughts: Examining the impact of a ninety year old technique. *Behaviour Research and Therapy, 42*, 477–485.

Masuda, A., Hayes, S. C., Twohig, M. P., Drossel, C., Lillis, J., & Washio, Y. (2009). A parametric study of cognitive defusion and the believability and discomfort of negative self-relevant thoughts. *Behavior Modification, 33*, 250-262.

McHugh, R. K., Murray, H. W., & Barlow, D. H. (2009). Balancing fidelity and adaptation in the dissemination of empirically-supported treatments: The promise of transdiagnostic interventions. *Behaviour Research and Therapy, 47*(11), 946-953.

Ong, J. C., Shapiro, S. L., & Manber, R. (2008). Combining mindfulness meditation with cognitive-behavior therapy for insomnia: A treatment-development study. *Behavior Therapy, 39*(2), 171-182.

Öst, L. G. (2008). Efficacy of the third wave of behavioral therapies: A systematic review and meta-analysis. *Behaviour Research and Therapy, 46*(3), 296-321.

Powers, M. B., Zum Vörde Sive Vörding, M. B., & Emmelkamp, P. M. G. (2009). Acceptance and commitment therapy: A meta-analytic review. *Psychotherapy and Psychosomatics, 78*, 73-80.

Rodman, S. A., Daughters, S. B., & Lejuez, C. W. (2009). Distress tolerance and rational-emotive behavior therapy: A new role for behavioral analogue tasks. *Journal of Rational-Emotive & Cognitive Behavior Therapy, 27*(2), 97-120.

Rosen, G. M., & Davison, G. C. (2003). Psychology should list empirically supported principles of change (ESPs) and not credential trademarked therapies or other treatment packages. *Behavior Modification, 27*, 300-312.

Sanderson, W. C. (2002). Are evidenced-based psychological interventions practiced by clinicians in the field? *Medscape Mental Health, 7*, 1-3.

Segal, Z. V., Williams, J. M. G., & Teasdale, J. D. (2002). *Mindfulness-based cognitive therapy for depression: A new approach to preventing relapse.* New York, NY: Guilford Press.

Smits, J. A., Powers, M. B., Cho, Y., & Telch, M. J. (2004). Mechanism of change in cognitive-behavioral treatment of panic disorder: Evidence for the fear of fear mediational hypothesis. *Journal of Consulting and Clinical Psychology, 72*, 646-652.

Smits, J. A. J., Rosenfield, D., Telch, M. J., & McDonald, R. (2006). Cognitive mechanisms of social anxiety reduction: An examination of specificity and temporality. *Journal of Consulting and Clinical Psychology, 74*, 1203-1212.

Vilardaga, R., Hayes, S. C., Levin, M., & Muto, T. (2009). Creating a strategy for progress: A contextual behavioral science approach. *Behavior Analyst.*

Vowles, K. E., McNeil, D. W., Gross, R. T., McDaniel, M. L., Mouse, A., Bates, M., ⋯ McCall, C. (2007). Effects of pain acceptance and pain control strategies on physical impairment in individuals with chronic low back pain. *Behavior Therapy, 38*, 412-425.

Wampold, B. E. (2001). *The great psychotherapy debate: Models, methods, and findings.* Mahwah, NJ: Erlbaum.

Wells, A. (2008). *Metacognitive therapy for anxiety and depression.* New York, NY: Guilford Press.

Wicksell, R. K., Melin, L., & Olsson, G. L. (2007). Exposure and acceptance in the rehabilitation of children and adolescents with chronic pain. *European Journal of Pain, 11*, 267–274.

Zettle, R. D. (2005). The evolution of a contextual approach to therapy: From comprehensive distancing to ACT. *International Journal of Behavioral Consultation and Therapy, 1*(2), 77–89.

Zettle, R. D., & Hayes, S. C. (1986). Dysfunctional control by client verbal behavior: The context of reason giving. *The Analysis of Verbal Behavior, 4*, 30–38.

Zettle, R. D., & Rains, J. C. (1989). Group cognitive and contextual therapies in treatment of depression. *Journal of Clinical Psychology, 45*, 438–445.

Zettle, R. D., Rains, J. C., & Hayes, S. C. (in press). Processes of change in acceptance and commitment therapy and cognitive therapy for depression: A meditational reanalysis of Zettle and Rains (1989). *Behavior Modification.*

13 인지행동치료에서 마음챙김과 수용

Marvin R. Goldfried

신이시여, 내가 변경할 수 없는 일에 대해서는 그것을 받아들일 침착함을 주시고,

변화시킬 수 있는 일에 대해서는 과감히 도전할 수 있는 용기를 주옵시며,

이 두 가지 차이점을 알 수 있는 지혜를 주시옵소서.

한 번에 하루씩 살아가는 것,

한 번에 한 순간씩 즐기는 것.

-Reinhold Niebuhr

인지행동치료(Cognitive Behavior Therapy: CBT)는 행동치료에 인지 구조가 소개된 1970년대부터 장기간 동안 지속되어 왔다. 가장 최근에는 마음챙김과 수용이 '인지행동치료' 라고 불리는 영역의 범위를 확장시켰다. 이로 CBT는 복잡해지고 논란과 혼란을 가지게 되었다(Herbert & Forman, 출간 중). 나는 현재 CBT에 대한 논평에서 명예와 도전 둘 다를 고려하고자 한다.

1964년, Stony Brook 대학교에 조교수로 있을 때 나는 행동치료와 CBT를 편

안하게 강의할 수 있었고, 보다 전문적으로 성장할 수 있었다. 치료 개발에 있어 참가자로서 그리고 관찰자로서 나의 관점을 통해 이때 사용하였던 방법을 비교하고자 한다. 비록 치료 역사가 나의 특정한 관심 주제는 아니지만, 우리가 어디에서부터 왔는지에 관한 정보를 위해 장기기억에 의존할 필요가 있고, 현재는 무엇이 일어나고 있는지, 그리고 미래로 나아가는 데 덜 위험하기 위해 이에 관한 임상적이고 경험적인 언급을 위한 정보가 필요하다고 본다.

이에 대한 맥락을 제공하기 위해서 나는 CBT의 간략한 역사에서 시작하여, 사회과학에서 관찰된 다른 맥락적 체계를 따르고자 한다. 그런 다음에는 CBT에서의 새로운 무언가를 언급하고자 하는데, 특별히 이것은 인지와 행동, 그리고 정서의 역할과 관련된다. 나는 이것들을 해석할 때 다양한 중재 절차를 초월하고 앞으로 어떻게 하면 좋을지와 관련된 생각을 끝내는 식으로 원리의 변화에 기초하여 상세히 기술하고자 한다.

● 인지행동치료의 간략한 역사

행동치료 개발의 초기 작업의 대부분은 1950년대에 미국과 영국에서 발생하였다. 정신분석의 추측적 특징에 대해 불만이 증가하고, 보다 경험적으로 특성화된 수많은 연구자와 치료자는 치료 중재를 개발하는 데 있어서 그 초석을 보다 개선하기 위해 '현대 학습이론'을 제안하였다. 1960년대에는 '행동치료'가 매우 유의미하게 성장하였고, 여기에는 임상 실험과 고전적 및 조작적 조건화 연구가 포함되었다. 확실히 이제는 '중재연구'에 대한 강조가 새롭지 않다.

처음에 행동치료자들은 중재 기법을 개발하는 연구에서 고전적 그리고 조작적 조건화 작업을 강조하였다. 그런데 다른 연구 발견(예: 태도의 변화)에도 임상적으로 적용 가능할지 모른다고 인식하게 되었지만, 행동치료를 새로운 '학파'로 대표하여 간주하는 것은 실수임을 깨닫게 되었다. 『임상적 행동치료』라는 책에서 Davison과 나는 행동치료에 대한 보다 적절한 관점을 다음과 같이 언급하였다.

> 임상 작업에서는 일반적으로 인간 행동 연구에 실험적 접근뿐만 아니라 철학적인 지향을 함께 반영한다. 이 특정한 지향은 임상적 문제 행동이 광범위하게 다양한 심리학적 실험에서부터 파생된 원리를 가장 쉽게 이해할 수 있게 하며, 이러한 원리는 임상 장면 내에서의 행동 변화에 대해 시사점을 갖는다는 기본 가정을 갖는다.
>
> (Goldfried & Davison, 1976, pp. 3~4)

행동치료의 출현은 이 새로운 접근과 전통적 정신분석 간에 주요한 갈등을 발생시켰다. 행동치료자들은 그들의 논평과 문서에서 정신분석치료가 문제를 다루는 방식에서의 잘못된 점과 그리고 행동치료의 더 나은 대안 방법에 대해 언급하였다. 이에 정신분석 치료자들은 행동치료가 미숙하고 권모술수에만 능하다고 논쟁하였다. 사실 우리는 방법론적인 행동주의 언어(예: 조작이나 통제 등)를 사용하며, 이것의 난점을 의심하지는 않는다. 행동치료가 통제와 세뇌의 방식으로 제시되는 것에 대해서 우리는 '자기 통제'에 그 강조점을 두고자 하며, 그래서 내담자 스스로 치료자로서 기능할 수 있도록 시도한다고 본다(Goldfried & Merbaum, 1973; Thoresen & Mahoney, 1974). 그런데 이 용어와 연합되어 있는 오해 때문에 이후에는 '대처기술'로 언급되었다(Goldfried, 1980).

1960년대 후반부터 상당수의 많은 행동치료자들은 문제 행동을 이해하고 이를 변화시키는 데 있어서 인지 변인이 중요한 역할을 할지도 모른다고 생각하기 시작하였다. 『Psychological Bulletin』에 실린 Breger와 McGaugh(1965)의 매우 도발적인 기사를 보면, 행동치료에 대해 단지 고전적 그리고 조작적 조건화만으로 인간의 행동을 이해하고, 행동의 변화를 다룬다고 기술하였다. 더 본질적으로 그들은 신흥 영역인 인지심리학의 중요성을 언급하였고, 심리치료적 중

재가 갖는 중요한 잠재력을 넓히고자 하였다. 그 후 얼마 안 되어 나를 포함하여
Stony Brook 대학교의 여러 교직원들(Davison, D'Zurilla, Valins, 그리고 나를 포함
하여)은 행동치료에 관련된 인지 변인을 결합시키는 것의 가능성을 품기 시작하
였다. 우리는 '행동 수정을 위한 인지 과정'이라는 전제로 1968년에 미국 심리
학 학회 심포지엄 대회를 개최하였고, 다음과 같이 기술하였다.

> 조건화 기법이라는 '행동치료'의 우세적 개념화는 어떠한 인지적 영향도
> 없는 행동 변화를 포함한다. 이것은 인지적 통제라는 인간의 독특한 수용력을
> 활용할 수 있도록 현재 통용되고 있는 절차를 수정하여 새롭게 개발되어야 한
> 다고 제안한다.

Levin과 Hayes(출간 중)는 행동치료에 인지를 정확하게 도입하는 데 있어서
그들의 관찰은 이용할 수 있는 연구 자료보다 더 많은 임상적 요구에 기초하고
있다. 이것이 비록 인지심리학에서 이행하였던 작업과 약간 상관이 있을지라도,
Bandura(1969), Mischel(1968) 그리고 Peterson(1968)은 행동치료에 인지를 정
당하게 도입하는 데 중요한 근거를 들며 공헌하였다.

행동치료에 인지적 구성요소를 통합하기 위한 초기 시도에서 몇몇은 고려할 만
한 저항이 발생하였는데, 특히 조작적 조건화에 기초한 작업이 그러하다. 그럼에
도 외래 성인 환자들을 대상으로 고전적 및 조작적 조건화를 기반으로 하는 치료
중재를 시도하였던 행동치료자들에게서 인지적 중재 방법의 필요성에 대한 인식
이 상당히 증가하기 시작하였다. 결과적으로 행동치료자인 Davison, Lazarus,
Mahoney, Meichenbaum 그리고 나는 인지적 중재법을 개발한 Beck, Ellis와 함
께 연계를 형성하였다. 행동치료자들은 Beck의 행동 활성화와 같은 몇몇의 행동
적 구성을 포함하기 위해 인지적 접근을 수정하였던 Beck과 Ellis의 공헌을 받아
들이기 시작하였다. 시간이 흐르면서 단지 학습이론만을 중재로 사용하였던 행
동주의 치료자들의 제한점이 증가하였고, 이에 그들의 임상 작업에 인지적 중재

법을 포함하기 위해서 수많은 다른 것을 시도하였다. 게다가 1980년대 초반에 인지행동치료는 행동치료진흥학회(Association for Advancement of Behavior Therapy: AABT)의 주류가 되었다.

그런데 1980년대 중반에 이러한 융합은 '인지행동치료'로 구성되었다. 국립 정신건강연구소(National Institute for Mental Health: NIMH)에서 우울치료를 위한 공동의 연구를 진행하였는데, 이에 Beck의 인지치료와 대인관계 치료를 비교하였고, 여기서는 인지적 중재가 정확하게 '인지행동치료'로 기술되지는 않았다 (Elkin, Parloff, Hadley, & Autry, 1985). 그럼에도 불구하고 Beck은 그의 접근에서 '인지치료'(Hollon & Beck, 1986)를 명백하게 고려하였고, 이 연구(Beck et al., 1979)에서 차용되었던 인지치료 매뉴얼은 '인지행동치료'라는 정의를 사용하였다. 결과적으로 1970년대와 1980년대에 CBT 중재의 필수적인 구성요소들(예: 행동 리허설, 자기주장 훈련, 모델링, 강화, 이완 훈련, 둔감화, 문제 해결)이 인지치료에 의해 퇴색되었는데, 인지치료는 행동 활성화 또는 실험을 통해 왜곡된 인지를 수정한다. 이때 어떤 연구자들은(예: Levin & Hayes, 출간 중) '인지행동치료'와 '인지치료'를 번갈아 사용하기도 하였다.

인지행동치료와 인지치료 간의 차이점과 관련하여 Beck, Meichenbaum 그리고 Strupp은 Richard 사례의 치료 과정 분석 비교를 통해 설명하였는데, 이 사례는 파혼으로 인한 우울증 관련 내용이다(Goldsamt, Goldfried, A. Hayes, & Kerr, 1992). 사례 분석에서 세 치료자들은 모두 Richard가 만들어 낸 내용(예: '당신의 아내가 당신에게 무언가를 말할 때 당신은 무슨 생각을 하고, 또 어떻게 느꼈습니까?')에 초점을 맞추었고, 이를 각자의 치료 경향 내에서 비교하였다. 그런데 Meichenbaum의 CBT 중재와 Beck의 인지치료 간의 차이점은 Richard의 행동이 다른 사람에게 어떤 영향을 미쳤는지(예: '아내가 어떻게 할 때 당신은 화가 났나요?')에 대해 얼마나 더 많은 초점을 맞추는가에 있다. 매우 흥미롭게도 정신역동치료와 관련된 지향을 보이는 Meichenbaum과 Strupp은 이 치료 초점을 통해 보다 더 잘 비교할 수 있었다. 따라서 Richard가 다른 사람의 행동에 어떤 영향을 주었는지 탐색할 때 CBT와 정신역동 중재법은 인지치료와 유사하였고, 게다가 Richard가 다른 사람으로부터 영향받는 부분에 대해서도 둘 다 초점을 두었다. 우울에 대한 인지치료에서 차후의 치료 과정 평가를 통해 내담자가 다른 사람에게 어떤 영향을 미쳤는지보다는 다른 사람이 내담자의 행동에 어떤 영향을 주었는지에 보다 초점을 두는 경향이 있음을 발견하였다(Castonguay, Hayes, Goldfried, & DeRubeis, 1995).

초기 행동치료자들 중 한 명인 Jacobson은 그의 동료들과 함께 우울치료에 행동치료가 적용될 수 있는 역할을 재고하였다(Jacobson et al., 1996). 이 작업에서 Jacobson과 그의 동료들은 인지치료의 행동적 활성화 요소를 발견하였고, 일정한 활동을 격려받은 내담자들은 이에 즐겁게 참여함으로써 매우 효과적인 숙달감을 경험하였으며, 이는 인지치료 매뉴얼을 완벽히 따랐던 중재만큼이나 상당히 효과적이었다. Dimidjian과 동료들에 의한 후기 연구(Dimidjian et al., 2006)에서는 보다 전통적인 행동치료 과정(예: 행동 기술 훈련의 사용은 내담자들이 그들의 욕구와 필요가 무엇인지를 명백하게 하는 경향을 증가시킨다)을 포함시키기 위해 행동 활성화 중재를 증진시켰다. 이를 통해 '행동적 활성화'—나는 이것을 행동치료라고 생각한다—라고 불리는 무언가를 발견하였고, 이것은 중증 우울 환자를 치료하는 데 있어 인지치료보다 더 효과적임을 보여 주었다. 이러한 발견은 Hayes, Castonguay와 Goldfried(1996)의 연구 결과와 함께 우울을 위한 인지치료의 효과적인 영향을 시사하였고, 또한 내담자의 지각보다는 상호관계적 관계성 내에서 실제적인 행동 변화를 구성하는 데 초점을 맞출 때보다 긍정적인 영향을 나타냈다. Dimidjian과 동료들은 추후분석을 시도하였는데, 그 결과 인지치료에 즉각적인 반응을 하지 않았던 환자들이 보다 더 우울해 하였고, 그들의 행동 기능도 보다 손상되었으며, 이와 관련된 문제들도 드러났다(Coffman et al., 2007).

몇 년 전, Davison과 나는 우울에 대한 보다 종합적인 기능 분석을 믿는다고 묘사하였는데, "개인의 자기 노력과 그것에 따르는 결과의 특성을 강화하는 것 간에 우연성 부재를 지각하는 것"으로부터 우울이 발생한다고 제안하였다(Goldfried &

Davison, 1976, p. 234). 이 개념적인 해석에서 인지적('우연성 부재를 지각'), 행동 적('개인의 자기 노력'), 그리고 환경적('그것에 따르는 결과') 변인이 중요하게 포 함된다. 이것은 유전적 또는 생물학적 소인을 부인하는 것 없이 제안되었는데, 개인은 어떤 결과적 영향에 대해 자신이 무능력하다고 인지적으로 왜곡되었기 때문에, 그리고 결과에 대해서 어떤 행동을 취하는 것에도 능력이 부족하기 때 문에, 또 자신의 노력을 발휘할 수 없는 생활환경에 있기 때문에 우울하게 되 었을지 모른다. 하나의 지속적인 변인만을 강조하는 특정한 이론적 모델에 기 반한 중재를 고안하는 것보다는 임상적 감각을 통해 개별화된 사례 개념화를 구성하고, 그렇게 함으로써 강조된 변인들은 아마도 기능적 역할을 할지도 모 른다.

다양한 방법을 시도한 우리의 열정 때문에 인지가 정서와 행동에 영향을 미칠 수 있음을 발견할 수 있었고, 인지행동치료자들과 마찬가지로 우리도 인지를 강 조하게 되었다. 그러면서도 나는 이러한 특정한 접근을 지나치게 추구하거나 또 는 그것의 공포를 지나치게 강조하여 우리의 관점을 너무 쉽게 잃어버리게 될까 봐 염려스러웠다. 이에 나는 1960년대와 1970년대에 행동치료에 인지를 도입하 는 시도에서 인지적 중재의 한계에 대한 지식을 통해 내가 정서적으로 연루되지 않을 수 있었다. 게다가 Levin과 Hayes(출간 중), Martell과 Kanter(출간 중), Linehan(Robins & Rosenthal, 출간 중), 그리고 K. G. Wilson, Bordieri, Flynn, Lucas와 Slater(출간 중)에 의한 연구에서도 유사한 결과를 볼 수 있는데, 이들은 행동적 근원을 상기시켰고, 임상 문제의 개발과 치료에서 행동 그리고 기능 분석 의 중요한 역할을 무시하지 않았다.

이 책의 다른 부분에서는 '인지행동치료'에 대한 다른 설명을 기술하였다. 하 지만 보다 논란이 되는 것은 이 분야의 발전이 질적으로 새로운 '물결'을 확실히 경험하게 하는 것인지 아닌지에 대해 의문이 남는다는 점이다. 수용전념치료가 무엇인지, 예를 들어 인지행동치료자들에게 무엇을 제시할 수 있는지? 마음챙 김, 수용 그리고 상위인지—결국에는 인지—와 같은 구성 개념이 CBT에서도

적합한 것인지? 행동적 활성화가 무엇인지? 변화를 가져오는 데 있어서 정서의
역할은 무엇인지? 나는 이러한 질문들이 보다 거대한 이슈에 뿌리를 두고 있을
지도 모른다는 논쟁을 계속해서 의심하고 있는데, 그 이슈는 사회학자들이 과학
적 탐색, 즉 과학적 경쟁 상대를 통해 보다 일반적으로 문서화되어 존재한다는
것이다.

● 과학에 있어서의 사회학

우리가 인간 행동과 치료적 변화 과정에 관한 연구에 몰두하는 동안, 사회학
자들은 우리에 대해서 연구하였다. 이것은 과학자들의 행동에 초점을 맞춘 사회
학의 특수성으로, 나는 이 본문에서 과학자와 사회학자 간의 의견 불일치를 타
당하게 설명하고자 한다.

과학에 있어서 사회학자들은 과학적 지식의 핵심과 연구 경계 간에 중요한 차
이점을 갖는다(Cole, 1992). 과학적 지식의 핵심은 연구 커뮤니티의 합의 내에서
가능한 발견들로 정의되고, 연구 경계는 최첨단을 나타낸다. 재심 절차에 대한
Cole(1992)의 연구에서 아주 흥미롭게도 최첨단에 대한 사회 과학처럼 순수 과
학에서도 상당한 불일치를 발견할 수 있었다. 게다가 Cole은 연구 지원의 적용
가치에 있어서 이에 대한 검토자들의 높은 의존도를 승인할지의 여부를 제안하
였다. 그런데 심리치료와 실제, 그리고 순수 과학에서의 연구 간에 차이점은 어
떤 핵심도 갖지 않는다는 것이다.

문제의 영역에서 일치성 획득은 아마도 공헌이 중요한 연구자들과 임상가들
간에 오랫동안 지속되어 온 불일치의 역사라는 사실부터 추적할지도 모른다. 또
한 이것은 심리치료 연구자들과 임상가들이 그들의 영역에서 지난 공헌들을 간
과하는 경향이 있는 것과 관련된다. 예를 들어, 아동놀이치료가 '인지행동치료'
로 통합된 방법에 관해 기술한 저널에서는 인지적 모델 전략과 적절한 적합 행동

을 인형놀이에 사용하였다고 제안하였다(Knell, 1998). 저자는 그녀의 공헌에 대해 '인지행동 놀이치료'로 언급하였고, 그리고 이것은 Beck의 인지치료 '산물 중 아마도 가장 새롭고, 가장 최연소의' 성과가 되었다. 그녀는 이러한 발견을 자신이 50세 이상이 되어서도 인식하지 못하였다. 1942년, Chittenden(1942)은 어린이 모델 협력 행동을 위한 방법으로서 인형놀이를 사용한 절차에 대해 기술하였다. 게다가 수많은 다른 인지행동치료자와 이론가는 행동치료의 핵심 전제를 기반으로 유사한 절차들을 묘사하였다(예: Bandura, 1969; Lazarus, 1960; Meichenbaum, 1977).

나는 이론적 차이점, 관점의 중요성, 사회과학 체계 특성에서 어떤 핵심을 형성하는 데 심리치료 연구와 실제 같은 몇몇의 요소가 방해가 될지도 모른다는 점에 다르게 반박하였다(Goldfried, 2000). 특별히 이러한 변인과 관련된 이슈를 본문에서 다루었다.

이론적 장해물

Herbert와 Forman(출간 중), 그리고 Kurt Lewin(1952)은 "보다 실용적인 것만큼 좋은 이론은 없다."(p. 169)라고 언급하였다. 그런데 이것은 이론의 좋고 나쁨을 결정짓는 방법에 너무 의존한 것이다. 게다가 이론은 이론보다는 이론가들 때문에 문제가 될 수 있다. Boring(1964)은 이론가들의 집념이 그들의 이론을 만들어 낸다고 언급하였고, "이론은 연구자 자신의 이미지에서 만들어졌고, 그의 부분이 되었다. 이론을 버리는 것은 자살과 같고, 또는 적어도 자기-손상 행위다."(p. 682)라고 기술하였다. 이 상황은 심리치료와 같은 응용 분야에서 보다 더 복잡하게 나타나며, 사회, 정치, 경제적 네트워크는 심지어 어떤 이론적 접근의 한계점이 문서화되었어도 그 이론을 계속 지지할지 모른다.

'이론을 학습할 필요성이 있는가?'라는 오래된 저널에서 Skinner(1950)는 특정한 이론적 위치를 지지하는 시도와 관련한 연구 프로그램을 만들기 위한 이해를 질문하였고, 다음과 같이 언급하였다.

> ······이론 생성 연구는 그 연구가 가치 있지 않는 한 그것의 가치를 입증하지 않는다. 이론으로부터의 아주 쓸모없는 실험 결과들, 그리고 많은 에너지와 기술은 연구에 의해 흡수된다. 대부분의 연구는 결과적으로 전복되고, 관련 연구의 상당한 부분이 폐기된다(p. 194).

어떤 것도 말할 나위 없이, Skinner는 Hull과 Tolman 간에 존재하는 경쟁에 관해 언급하였는데, 이들은 학습 과정과 관련하여 서로 대립되는 이론적 입장에 있는 연구자들로서 각각의 집단을 통해 광범위한 연구를 수행하였고, 이후 이 집단의 대부분은 이론과 이론가들의 종말과 함께 잊혀졌다.

과학 이론의 역할을 논의하는 데 있어서 Kuhn(1962)은 이론을 밝히는 데 있어서 이와 관련하여 무슨 질문을 받을 것이며, 또 무엇을 고려할 만한 가치가 있는 발견으로 봐야 할지를 주장하였다. 본질적으로 치료 이론은 아마도 '이론적 도식' 으로 생각될지 모른다. 격차를 채움으로써 도식은 아직까지 관찰되지 않았던 이슈에 주목하도록 도울지 모르고, 또한 도식 특성상 편향이 발생할지도 모른다. 몇 년 전에 Norman R. F. Maier(1960)는 학습이론과 연구에서 존재하는 편향에 대해 언급하였고, 'Maier의 법' 을 만들어 냈는데, 이것은 "만약 사실이 이론을 통해 확인되지 않는다면, 그것은 반드시 없어져야만 한다······." (p. 208)라고 진술하였다. 이 법은 Mahoney에 의한 연구(1976)에서 극적으로 확인되었는데, Mahoney는 원고를 두 가지 버전으로 작성해서 저널 검토자들에게 보냈다. 그 버전들은 서문과 방법 부문들은 같지만 결과와 논의는 달랐다. 그는 검토자들이 선호하였던 이론적 편향(급진적 행동주의)을 발견할 수 있었는데, 원고 작성 시 검토자의 지향을 고려하였을 때 출판사로부터 더 잘 수용되는 경향이 있었다. 게다가 출판사로부터 거절받았을 때, 검토자는 방법론적인 실패에 대해 더 고려하는 경향을 보였다.

새로운 무언가의 중요성

전형적으로 '새로운' 것은 '향상된' 무언가로 연합된다. 이 연합을 좀 더 연구하기 위해 나는 일단 대학생 집단에게 각각 1분 동안에 '새로운'과 '낡은' 단어와 연합된 목록들을 질문하였다. 그들의 반응을 보면, '새로운'과 연합된 것으로는 '좋다' '더 낫다' '신선한'과 같은 단어 등 일반적으로 긍정적인 특성을 보였다. 이러한 단어들은 '낡은'과는 전혀 연합되지 않았다. '낡은'과 연합된 목록들 중에 반 정도만 긍정적인 함축을 가졌는데, '능숙한' '설립된' '지혜'와 같은 것들이다. 그리고 '지루한' '상이한' '진부한'과 같은 단어들을 포함하여 명백히 부정적인 것으로 상기되었다. 게다가 웹스터의 『New Collegiate Dictionary』에서는 '신인을 소개하는 것'과 같이 '상이한 기원과 일반적으로 우수한 품질'로서 '새로운'에 대해 정의하였다. 또한 대학생의 연상에 상당히 부합하여 '낡은'을 '시간 또는 사용의 노력을 보여 주는 것' 그리고 '오래된 걸레'와 같이 '더 이상 사용하지 않는 것: 폐물'로 정의하였다.

치료 개입의 급증과 관련하여 최근 Kendall(2009)은 이 이슈에 대해 "'새로운 접근'에 의해 쉽게 미혹된 것"으로 언급하였고, 이러한 혁신은 "아마도 새로운 라벨은 새로운 접근을 설명하기 위해 사용된 것이며, 새로운 접근에 흥미를 갖는 추종자들에 의해 새롭게 되는데, 이 새로운 접근은 진정 기존의 접근과 다르게 새로운가?"(p. 20)라고 제안하였다.

과학적 발전에 대한 광범위한 맥락적 관점에 따르면, 여기서는 다른 질문은 없지만 새로움은 최첨단과 중요성으로서 보인다. 한 분야에서 핵심에 대해 의견을 같이하면, 연구 경계에 대해서도 보다 더 주의를 기울이게 된다. 하지만 핵심에 대한 의견 합일이 없는 최첨단에 대한 과도한 초점화는 어떠한 유의미한 방법으로도 영역 발전을 이루지 못할 것이다.

과학의 표준

과학자들의 행동에 대한 사회학자들의 서술은 만약 전문적 지식 없이 순진한 것이 아니라면 다소 이상적이었다. 예를 들어, Merton(1942)은 다음의 네 가지 특징으로 과학자들을 묘사하였다. 첫째, 과학자들은 객관적이고 동의된 판단 기준을 갖고 새로운 지식을 평가한다. 둘째, 이 지식은 전체 과학 커뮤니티에 속하게 된다. 셋째, 그 분야에서의 공헌을 다하는 책임으로 만족을 얻는다. 넷째, 과학자들의 판단은 개인적인 신념이 아닌 논리와 자료에 기초한다. 그러나 과학자들의 행동에 대한 실제적인 연구를 여러 해 동안 거듭한 후에 Merton (1957)은 그가 가졌던 원래의 생각을 수정하였다. 게다가 그는 연구를 통해 주어진 분야 내에서 맹렬한 경쟁이 존재함을 발견하였고, 우선적으로 발견된, 즉 처음 얻은 발견을 통해 논의를 시작하였다. 그리고 그는 이 경쟁이 개인 연구자의 특성을 반영하는 것뿐만 아니라, 전형적으로 전문적인 인식을 통해 형성되는 일반적인 체계 또한 포함한다고 믿었다. 더욱이, 개인의 직업 경력은 이것을 아는 것이 아니라, 역사를 만드는 것을 통해 진전된다.

Apollo Moon 과학자들의 행동에 대한 연구를 수행한 Mitroff(1974)는 Merton의 네 가지 특성을 보다 실제적이고 정확하게 반영하기 위해 다음과 같이 수정하였다. 첫째, 연구의 어떤 부분에 대한 평가는 객관적인 판단 기준만큼 연구자들의 평판에도 많이 의존한다. 둘째, 연구 발견은 전체 과학 커뮤니티에 속하기보다는 그것을 발견한 과학자들에게 의해 소유되기도 한다. 셋째, 연구자들은 지식을 위한 지식 대신에 그들의 참조 집단의 신념으로 구성될 발견을 얻고자 동기 부여된다. 넷째, 연구자들의 개인적 신념은 한쪽에 치우쳐 있지 않고, 다른 발견에 대한 회의적인 태도로 기능하게 된다. Merton의 제자인 Cole(1992)은 연구 커뮤니티에 포함되어 있는 사회적 · 정책적 과정에 대한 보고에서 "사회적 과정을 조작하는 것에 익숙하고 능숙한 과학자들은 이에 익숙하지 않거나 덜 능숙한 과학자들보다 더 성공적인 직업 경력을 경험할 것이다."(p. 181)라고 제안하였다. 이것은 DNA 분자를 연구하는 과학자들에게 경쟁적인 측면으로서 『*The Double Helix*』에서 설명을 제공하였던 Watson(1968)에 의해 극적으로 설명되었다. 연구자들은 그들이 과학자가 되기 전에 사람이었음에도 불구하고, 인간을 연구 대상으로 만들기 위해 영향을 미칠 수 있도록 지속적으로 사람을 도구로 확장하였다.

● 인지행동치료에서 새로운 것은 무엇인가

행동치료자들이 정신역동치료자들과 경쟁하였고, 인지행동치료자들이 행동치료자들과 충돌하였음에도 불구하고, 우리는 인지행동치료자로서 우리 자신과 논쟁하는 것처럼 보인다. 앞서 기술된 과학에 대한 사회학자들의 작업은 의견 차이를 더 잘 이해하는 데 유용한 맥락을 제공한다. 이 맥락과 함께 이제 우리는 본문에서 제시되는 다양한 접근의 특성을 보다 유심히 살펴볼 수 있다.

초반에 제시하였던 것에 따라 이것은 수많은 중재를 포함하는 포괄적인 라벨로써 행동치료와 CBT를 다루는 데 적합하다. 우리의 치료 접근은 인간 행동은 인지적 변인과 행동적 변인 둘 다를 통해서 가장 잘 이해될 수 있을 것과 또 이러한 변인이 치료 중재로 유익하게 통합될 수 있을 것이라는 가정에 기초한다. Hofmann 등(출간 중)은 인지행동 중재를 살펴보고는 때때로 행동 전에 인지가 먼저 나타나는 경우가 있고, 다른 때는 행동 후에 인지가 나타난다고 언급하였다. 이것은 우리가 어떻게 느끼는지 매개할 수 있고, 또 우리가 타당하게 하는 무언가를 무효화시킬 수도 있다. 인지행동치료자들이 다루는 인지에는 다음의 것들을 포함한다.

- 자기 그리고/또는 타인에 대한 수용
- 타인의 동기에 대한 재귀인

- 사고는 단지 사고일 뿐이라고 자신에게 말하기
- 업무를 수행하기 위한 자기 지시
- 주의 재배치
- 우리에게 주어지는 타인의 영향을 인식하기
- 타인에게 미치는 우리의 영향을 인식하기
- 불안과 같은 내적 감각에 대한 재명명
- 통제하는 것에 대한 지각
- 개인의 사고, 감정, 그리고/또는 행동을 마음챙김하기
- 왜곡된 신념을 재평가하기

이것은 확실히 인지의 보다 장기적인 목록을 발생시킬 가능성뿐만 아니라, 관련 행동과 정서의 장기적인 목록과도 비교 가능하다. 치료의 유용성에 대한 핵심 질문은 특정 인지, 특정 행동, 또는 특정 정서에 관한 학설에 있지 않고, 오히려 이러한 변인들 이면에 치료적 변화를 유용하게 가져올지도 모르는 환경적 배경에 보다 초점을 맞춘다. 초반에 제안하였던 것처럼, 변화에 대한 필요성의 여부를 결정하는 데 있어서 개인의 사례 개념화에 의존하고, 이것은 Martell과 Kanter(출간 중)에 의해 강조되었다. 사례 개념화가 갖는 기능 분석은 여전히 존속하며, 유용하고, 또 이때 초점화된 중재는 인지, 행동 또는 정서가 갖는 역할에 의존한다.

인지의 역할

인지적 중재에 관한 조사를 보면, 대부분의 내담자의 기능 변화를 직접적으로 시도하는 것에 초점을 맞추었다. 그리고 인지적 중재에는 '거리두기' '탈중심화' '상위인지' '목격자' 그리고 '반영 기능'과 같은 다양한 방법이 제안되었고, 이것들은 자기 관찰을 공통적으로 포함하고 있다. 자기 관찰과 관련하여

Freud는 아주 흥미롭게도 서술적이고 비평가적인 방법으로 내담자들이 스스로를 바라보고, 한걸음 물러나는 것의 중요성을 인식하였다. 그는 이를 '관찰하는 자아' 의 기능으로서 언급하였고, 이것은 그것 자체로뿐만 아니라 환자의 기능의 부적응적인 양상을 관찰할 수 있는 치료자의 능력과도 함께 조정된다. 유사하게 Sullivan 역시 치료자가 '참여자-관찰자' 가 되기 위해 자기 관찰의 중요성을 논의하였고, 환자들 또한 상호작용의 특성을 점점 더 중요하게 관찰하도록 언급하였다. 우리가 치료자로서 내담자들의 생각이나 감정, 그리고 활동에 대해 피드백을 제공하는 것은 내담자들의 개인적 행동의 보다 나은 관찰이 될 것이라는 점에서 희망적이다.

CBT에 관한 가장 초창기 출판물들 중 하나로, Meichenbaum(1977)은 인지행동 중재의 핵심으로서 자기 관찰의 역할을 특징적으로 언급하였다.

> 변화 과정에서 첫 번째 단계는 내담자가 자신의 행동에 대해 관찰자가 되는 것이다. 이러한 자기 모니터를 통해 내담자들은 자신의 생각과 감정, 신체적 반응, 그리고 대인관계적 행동에 대한 인식이 고조되고, 의도적인 주의두기가 의미 있게 증가한다. 그리고 치료 동안에 발생한 과정에 대한 해석적 결과에 따라 내담자는 새로운 인지 구조(개념)를 형성하게 되는데, 이것은 자신의 증상을 이전과 다르게 보도록 하는 개념이다. 즉, 개인의 부적응적인 행동은 고조된 각성 또는 '높아진 의식' 이라는 수단을 통해 다뤄진다는 것을 의미한다 (p. 219).

과정의 변화에 관한 연구에서 우리는 인지행동치료자들이 특별하게 간주하는 치료법으로서 내담자의 자기 관찰에 초점을 두고 있음을 발견하였다(Goldfried, Raue, & Castonguay, 1998). 또한 상호관계적 지향을 중요하게 다루는 정신역동치료자들에게서도 이와 같은 발견이 명백히 나타났는데, 이들은 치료 회기 동안에 내담자의 자기 관찰('반영 기능' 이라고 불리는)에 초점을 맞추고 이를 중요하게 간주하였다.

현대의 CBT에서 마음챙김은 상당히 인기가 있는데, 이것은 심리치료의 수행보다는 불교의 수행에서 먼저 온 것이다. 그리고 마음챙김은 CBT 내에서의 중재로써 '그 안에' 있는 것이지 '새로운' 것은 아니다. 예를 들어, Shapiro(1978)는 자신의 저서 『정확한 열반(*Precision Nirvana*)』에서 Zen 명상이 내담자의 불안에 대한 자기 규제를 돕기 위한 방법으로 행동치료에서 사용되었을지 모른다고 묘사하였다. 유사하게 Marlatt와 Marques(1977)도 알코올 치료 집단에 지원하였던 학부생들에게 행동치료자들의 명상을 활용한 방법을 제안하였다. 또 Marlatt의 보다 최근 연구를 보면, 한 해 동안에 일상생활에서 명상을 개인적이고 전문적으로 계속 수행하였던 설명을 제시하였다(Marlatt, 2006).

명상은 자각하는 것과 순간에 있는 것으로서, 이는 내담자들이 관찰한 무언가를 보다 더 수용할 수 있도록 기능한다. 특별히 마음챙김 명상은 우울 삽화를 반복적이고 만성적으로 경험하는 고위험군의 우울 환자들에게 중요하게 적용되었다. Hofmann 등(출간 중)은 Teasdale(1988)의 공헌을 중요하게 언급하였는데, 그는 우울이 재발되는 동안에 우울하게 되는 것이라고 하였고, 이러한 재발이 증상을 더 악화시킬 수 있다고 제안하였다. Fresco 등(출간 중)에 따르면, 우울이 재발되는 것에 대한 해석 방법을 변화시킴으로써 이점을 얻을 수 있다고 언급하였는데, 이것은 마음챙김 기반 인지치료에서 다뤄질 수 있다(Segal, Williams, & Teasdale, 2002). Salmon과 Sephton(출간 중)은 자기 관찰과 수용을 획득하기 위해 내담자들이 명상 수행에 참여하는 것을 지지하였다. 그런데 모든 내담자에게 명상 수행을 성실하게 하도록 요구해서는 안 되며, 어떤 내담자들에게는 자기 관찰과 수용을 위한 명상 외에 다른 대안적인 방법이 더 효과적일 수 있음을 반드시 인식해야만 한다.

'뉴에이지' 운동에 대한 실험으로 알려진 때인, 1970년대에 미국에서 불교의 가르침은 큰 인기를 끌었다. 특히 Werner Erhart(born John Rosenberg)에 의해 성공적인 노력을 거둘 수 있었고, 이는 'Erhart 세미나 훈련' 또는 심신 통일 훈런(est, 라틴어로 '이것이다')이라고 불려졌다. 이 훈련은 장기적이고 대단히 힘든 과정으로 주말마다 집단 세미나로 진행되었으며, 목표는 '이것'을 얻는 것이다. 이 훈련에서 제시되는 것과 연습은 불교의 가르침에 기초하고, Dale Carnegie와 Abraham Maslow처럼 개인 작업도 함께 수행하였다. 두 번째 주말쯤 나를 포함하여 참가자들은 지쳤고, 훈련 동안에 경험하였던 정서적·신체적 기복에 대해서 불평하였는데, 이러한 경험과 정서는 우리들 삶의 소우주를 나타낸다고 지적하였고, 따라서 우리는 '이것'을 수용하는 것이 필요하였다. 게다가 est의 다른 중요 레슨에서는 수용하기의 전념을 통해 참가자들은 자신의 삶뿐만 아니라 관계성까지 더 좋게 된다고 제안하였다.

est는 일반적으로 인기가 있을 뿐만 아니라 또한 몇몇 심리학자에게도 흥미로운 것이었다. 실제 두 급진적 행동학자인 Baer와 Stolz(1978)는 이 훈련은 행동 지향과 모순이 없다고 주장하였고, est의 주요 양상에 대한 개요를 보여 주었다. Baer와 Stolz는 다음과 같이 수용을 언급하였다.

> 당신은 미래를 계획할 수는 있지만, 이것을 결정할 수는 없다. 당신은 미래를 다가오는 것으로서 다룰 수 있어야 한다……. 이것은 아주 조금이라도 미래가 계획적으로 되는 것과 희망적인 것에 대한 절망감이라기보다는 즐거운 인식이다(pp. 57-58).

그들은 추가적으로 "……사랑하는 대상의 상실, 경쟁에서의 패배, 또는 예측 불가능한 박탈감은 우울이나 절망에 대한 이유라기보다는 영속적인 우주 내에서 자연스러운 사건들로 수용되었다."(p. 58)라는 언급도 하였다.

est에서의 학습에 관해 Baer와 Stolz는 "……새로운 레퍼토리 형성, 특별히 경험에 대한 지각이 개인 인식론 또는 맥락 내에서 점점 변화되는 것……" 그리고 "……지속적으로 약속을 지키는 것"이라고 주장하였다(pp. 61-62).

상이한 치료 접근마다 수용의 기능에 관해 여러 차이를 보인다. 수용전념치료

(Acceptance and commitment Therapy: ACT)에서 목표는 부정적 정서 반응을 완화하는 것이며, 또한 사고는 단지 사고일 뿐이라는 인식을 확실히 해야 한다(Levin & Hayes, 출간 중; Wilson et al., 출간 중). Jacobson과 그의 동료들은 행동 커플 치료에서 자기 자신에게 하는 것처럼 타인을 수용하기 위해서는 관계성이 중요하며, 이를 통해 각 개인에게 필요한 변화를 이끌어 낼 수 있다고 하였다(McGinn, Benson, & Christensen, 출간 중). 그리고 변증법적 행동치료에서는 맥락적 수용을 통해 거절에 민감한 경계선 환자들의 변화 가능성을 보다 높였다(Robins & Rosenthal, 출간 중).

나는 때때로 인지행동치료자들의 수용에 대한 관심이 우리의 성숙한 지향을 성장시키는지 아닌지 궁금하다. 초반에 행동치료와 인지행동치료는 새로운 낙관론을 가진 변화 과정으로서 접근하였다. 우리는 정신역동치료보다 치료가 잘되었고, 점점 향상되었다. 그러는 동안에 다른 치료 지향으로는 성취될 수 없었던 성공적인 방법임을 의심하지 않았고, 가끔 변화에 대한 희망 속에 짧게 빠져 있었음도 인식하기 시작하였다. 생물학적 그리고 헌법상의 제한점들 때문에 초기 학습 경험은 불리하였고, 개인에게서 의미 있는 변화를 이끌어 내기 위한 어떤 개입이 갖는 제한점과 시점의 중요성에 대해서도 무지하였으며, 이에 변화가 항상 가능하지 않다는 사실을 수용할 필요가 있다.

행동의 역할

인지적 중재의 중요성에 대한 강조는 치료적 변화 과정 내에서 행동이 갖는 매우 중요한 역할을 충분히 고려하지 않고 있으며, 이러한 경향은 CBT와 인지치료를 혼란시키는 원인이기도 하다. 나는 인지행동치료자로서 행동 활성화, 변증법적 행동치료, 그리고 수용전념치료에서 반영되고 있는 것처럼 행동적 중재에 대한 강조를 새롭게 갱신하고자 한다.

어떤 인지행동치료자는 행동적 중재를 재도입하는 데 별로 필요성을 느끼지 못할 수 있고, 임상 작업에서 행동적 중재를 결코 적용하지 않을지도 모른다. 이들을 위해 불안장애를 위한 치료 선택에서 행동적 노출을 포함하였는데, 때때로 이완법 또는 대처기술로서 마음챙김 훈련과 같은 다른 중재들이 추가되기도 하였다. 이것은 특정 공포증과 강박장애 치료에서 효과적이었다. 수많은 다른 임상적 사례에서도 내담자들은 개인 내 또는 대인 간에서 자연스럽게 발생하는 문제 상황에 대처하기 위한 행동적 기술이 부족하였고, 따라서 상황을 실험적으로 다루는 데 있어 불안을 경험하며, 이는 개인으로 하여금 문제 사안을 학습하는 것을 어렵게 할지도 모른다. 이 경우 치료는 학습 기술을 가르치는 것을 포함할지 모른다. 또한 대인관계 상황에서 개인은 자신이 원하는 무엇을 얻지 못하기 때문에 우울할지 모르는데, 즉 자기주장 기술이 부족하여 자신이 원하는 바를 얻지 못하는 것일지도 모른다. 그러한 상황하에 인지적 중재가 포함된 주장 훈련이 요구되는 것이다.

요약하면 임상 문제에 대한 포괄적인 기능 분석에서 행동적 중재가 갖는 효과성을 인식할 필요가 있다. 행동 활성화에 대한 초반 언급에서 나는 이 접근이 원래의 행동치료 방법과 상당히 유사하다고 보았다. 그런데 행동 활성화라는 용어는 부적절할 수 있는데, 왜냐하면 이것은 인지치료의 행동 계획하기와 혼동될 수 있고, 기술 훈련 같은 보다 실제적인 것을 더 많이 포함하기 때문이다.

정서의 역할

G. T. Wilson(1982)이 몇십 년 전에 치료에서 과정 변화를 위한 정서의 중요한 역할을 언급하였음에도 불구하고, CBT에서는 정서 변인을 덜 강조한다. 물론 CBT 접근에서 정서는 변화를 위해 각성 체계를 활성화시킬 필요가 있는 불안장애를 이해하고, 이때의 노출법을 설명할 때 다뤄졌다. 하지만 이것 말고도 변화 과정에서 정서의 역할은 더 많다.

CBT 또는 인지치료와는 대조적으로, 정신역동 그리고 경험주의 치료자들은 정서적 경험의 중요성을 강하게 강조하였다. 정신역동적 관점에서 Strupp과 Binder(1984)는 '통찰'이란 환자의 현재의 역기능적 행동 패턴은 어린 시절의 대인관계 갈등 패턴을 반복하는 것임을 환자가 인지적으로 이해하고 정서적으로 경험하는 것이라고 기술하였다(pp. 24-25). 또 Greenberg와 Safran(1987)은 대인관계에서의 정서적 인식에 대한 부족이 개인 간에 수많은 문제를 발생시킬 수 있고, 자신의 행동과 타인의 행동을 결정짓는 필수적 요인에 대한 무지함을 지속시키게 한다고 언급하였다. Leahy(출간 중)도 인지행동 틀 내에서 너무 교훈적이고, 정서의 간섭을 받지 않는 중재와는 반대되는 정서 기반 중재를 강하게 강조하였다. 게다가 Castonguay와 동료들에 의한 연구(Castonguay & Beutler, 2006)를 보면, 우울에 대한 인지치료에서 치료자가 내담자의 정서적 경험에 초점을 둘 때보다 효과적이었음이 나타났다.

최근 신경과학 연구에서 정서의 역할을 강조하였는데, 정서적 정보처리와 관련하여 대뇌에 두 개의 다른 루트가 존재한다고 언급하였고, 하나는 신경피질이고, 다른 하나는 우회 혈관이다(LeDoux, 1996). 따라서 정서 반응이 항상 인지적 중재를 포함하는 것은 아니며, 또 치료자들이 정서를 다루는 방식은 정서가 인지 기능이 아닌 조건화된 반응인지 아닌지에 의존할지도 모른다. Fresco 등(출간 중)은 Teasdale(1993)이 구별하였던 명제적 의미와 함축적 의미 간의 차이에 대해 특히 의의가 있다고 언급하였는데, 특별히 전자는 외연적인 의미를 나타내고, 후자는 보다 전반적이고 정서적인 연상을 나타낸다. 예를 들어, 봄의 외연적인 의미로는 겨울과 여름 사이의 기간으로, 이때 나무와 꽃이 피어나기 시작한다. 그런데 봄의 함축적인 의미는 부활, 회춘, 그리고 안녕감 등의 정서 반응을 이끌어 낼 수 있다. 게다가 이것은 또한 봄과 관련하여 개인적인 정서적 연합이 포함되는데, 봄에 주관인인 외상 경험을 겪은 어떤 사람은 이 계절만 되면 매우 슬프고 스트레스를 많이 받는 기간이 될지 모른다.

Greenberg와 동료들(예: Greenberg & Watson, 2006)의 두 의자 기법의 임상적 사용에 대한 유망한 연구에서는 CBT 맥락 내에서의 정서 중심 개입의 적용 방법과 관련하여 정보를 제공할 수 있다. 만약 개인이 명백히 비현실적인 것에 대하여 보다 현실적인 방법을 학습하려고 하거나 인지적 관점을 정서적으로 관여하려고 한다면, 각각 다른 의자에 앉아서 두 가지 방식의 생각을 상연할 수 있도록 지지받게 되고, 이를 통해 생각과 감정은 각각 서로 다른 부분으로 나타나게 된다. 그런데 인지행동치료자들이 여러 해 동안에 이 절차를 수행하였음에도 불구하고, 임상 연구에서는 인지행동 체계 내에서 이 기법의 유용성이 입증되지 않았다. 그렇지만 Leahy(출간 중)를 포함하여 수많은 연구자들에 의해 보고된 임상 경험을 보면, 내담자들은 이 방법이 왜곡된 인지에 대해서 마음챙김할 수 있게 한다고 하였고, 또한 자기 자신과 타인에 대한 개념이 의미 있게 변화되었다고 보고하였다. 이 절차를 사용하여 내담자는 왜곡된 정서적 의미에 대한 상위인지 자각을 갖게 되고, 그러면서 실제적인 중재가 더 가깝게 일어날 수 있게 된다.

● 치료 전략과 변화 원리

이 책에서 묘사된 절차의 다양성은 이들 간에 어떤 합일점을 가질 수 있을지 여부를 질문하게 한다. 이에 나는 다양한 절차는 어떤 핵심을 공유하고 있고, 또 서로 다른 치료 접근을 아우르는 보다 일반적인 전략과 원리라는 맥락 내에서 유용하게 이해될 수 있다고 제안하고자 한다.

치료 중재를 CBT 또는 다른 치료 지향의 범주로 포함할 수 있는지 아닌지는 아마도 다음의 네 가지 일반적인 전략에 따라 고려될 듯하다. 치료의 발단에서 환자들은 전형적으로 자신의 일상생활 문제를 드러내는데, 왜 그러한 문제가 존재하는지에 대해서는 알지 못하고, 또 문제의 원인에 대해서도 잘못 오해하고 있다. 이러한 문제에 대한 환자의 이해와 상관없이 환자들은 사건을 편안하게 다루는 데 무익하고 무능하다. 변화 과정의 시작점에서 환자들은 무의식적 무능의 단계를 시작하게 된다. 그들은 치료를 시작하면서 최선의 동맹을 형성한 치료자와 상호작용하게 되며, 환자들은 자신의 무능에 기여할지도 모르는 현재 그리고/또는 역사적 요소를 더 잘 인식하게 된다. 이러한 인식과 함께 그들은 변화의 다음 단계로 나아가게 되는데, 이는 의식적 무능이다. 가변성/결정 요인/역동성이 자신의 의식적인 무능력에 기여하고 있음을 이해함으로써 환자들은 문제가 되는 사고와 감정, 행동을 변화하기 위한 의도적인 단계를 시작하게 되고, 이것은 치료의 세 번째 단계로서 의식적 역량이다. 여기서는 계속해서 과정을 학습하게 되고(훈습), 이에 따라 사고, 감정, 행동에서 새로운 방식이 시도된다. 그러면서 치료적으로 성공하게 되고, 새롭고 보다 효과적인 방법으로 기능하는 것을 배우게 되며, 이제는 덜 노력하게 되고, 보다 더 자동적으로 된다. 이로부터 치료의 마지막 단계는 무의식적 역량이라는 지점까지 닿게 된다.

추상적 개념—개인의 치료적 지향과 특정한 중재 기법 사이 어딘가에—의 중간 단계에 초점을 맞춤으로써, 이것은 또한 치료 변화 과정과 연합되어 있을지도 모르는 이면에 내재되어 있는 보다 특정한 원리를 검토해 볼 수 있게 한다. 변화 원리를 기술하는 것에 대한 관심은 점점 증가하였고(예: Rosen & Davison, 2003; Westen, Novotny, & Thompson-Brenner, 2004), Castonguay와 Beutler(2006)는 서로 다른 치료 접근을 아우르는 연구 기반 원리의 포괄적인 고찰을 제공하였다.

치료 변화 원리에 관한 최근 논의에서 나는(Goldfried, 2009) 치료 변화 과정은 다음의 공통점을 포함한다고 제안하였다.

1. 치료 초반에 내담자가 치료에서 도움이 될 수 있는 긍정적 기대를 갖고 있는지 아닌지 또는 발달시킬 수 있는지 아닌지가 중요하며, 적어도 최소한의 동기를 갖고 이 과정에 참여해야 한다.

2. 내담자의 적절한 기대, 동기 수준, 그리고 적극적인 참여는 치료 동맹이라는 특징에 의해 영향을 받을 수 있으며, 치료자와 내담자 간의 합일은 좋은 대인관계 유대를 기반으로 이루어진다. 그리고 치료 목표와 방법에 대해서도 동의를 해야 한다.

3. 우리가 인지행동치료자인지 아닌지 고려하는 것도 치료에서 중요하게 다루
   어져야 하는데, 왜냐하면 이러한 고려가 내담자로 하여금 자신의 문제에 기
   여한 요소를 보다 더 잘 인식하도록 돕기 때문이다.
4. 이러한 인식과 함께 내담자는 변화를 위한 단계를 적극적으로 수행할 준비
   가 되어야 하고, 이로 인해 자신의 생각과 감정 그리고 활동을 수정할 수 있
   는 교정 경험이 가능하게 된다.
5. 다르게 행동하는 것과 교정 경험을 갖는 것은 자신의 삶에서 지금 무엇을
   작업해야 하고 또 하지 말아야 하는지에 대한 인식을 보다 향상시키고, 이
   러한 인식을 통해서 실제 생활에서의 교정 경험을 이끌어 낼 수 있게 된다.
   그로 인해 사고, 감정, 행동 간에 시너지 효과가 발생되며, 이것은 아마도
   현실 검증력을 지속할 수 있게 한다.

앞서 기술된 변화의 네 가지 단계들을 보면, 이러한 원리들은 비교적 높은 수
준의 추상적 개념이며, 치료자는 원리를 시행하기 위해 특별히 무엇이 필요한지
알 수 없다. 따라서 인식의 특성을 강화하고 보다 일반적인 원리의 한도를 구성
하는 방법을 결정할 필요가 있다. 인지-정서 중재를 존중하는 것과 함께 사례에
주어지는 임상적 개념화에 의존하는 것, 그리고 문헌 연구를 알아 감으로써 내
담자가 중요한 타인에게 다시금 동기적 태도를 취하고, 왜곡된 신념을 재평가하
며, 변화될 수 없을 것 같은 무언가를 단순하게 수용하도록 도울 수 있게 되는데,
이 모두는 함축적 의미로의 이동이 가능하도록 하는 목표를 포함하고 있다.

● 앞으로 어떻게 하면 좋을까

이 장의 초반에서 언급하였던 것과 같이, 행동치료의 개념적 그리고 실증적
토대들은 본래적으로 고전적 및 조작적 조건 형성 연구에 기초한다. 하지만 행

동치료와 CBT에 대한 광범위한 관점은 결코 학파나 치료 경향이 아닌, 증거 기반 치료 접근에 기초한다. 그런데 자료에 대한 상당한 증거에도 불구하고, CBT 또는 인지치료 중에서 그 치료 효과성을 양자택일하도록 요구하는데, 그렇더라도 Greenberg 등(예: Greenberg & Watson, 2006)의 과정-경험 치료와 같이 다른 치료 지향에 기초한 중재들이 경험적 지지를 얻음으로써 연구의 본체는 계속 성장하였다. 게다가 대인관계적 이슈에 대한 연구에서 친밀한 관계성의 어려움이 우울과 정적 관계를 보임을 발견하였고(Davila & Steinberg, 2006), 대인관계 치료가 섭식장애를 성공적으로 치료할 수 있음을 제시하였다(G. T. Wilson, Wilfley, Agras, & Bryson, 2010). 또한 치료 내의 관계적 요소의 중요성을 강조한 행동 중재가 임상 변화를 이끌어 낼 수 있음을 발견하였다(Kohlenberg & Tsai, 1991; Linehan, 1993; McCullough, 2000).

요약하자면, 행동치료가 본래 학습 연구에 기초하고 있음에도 불구하고, 다른 연구 발견에서도 존재하는데, 이는 현재도 활용할 수 있는 것이며, 이때의 중재는 이전의 것과 매우 다르게 보일지 모르며, 심지어 '행동치료'라고 불리지 않았을지도 모른다. 기초 연구와 응용 연구의 유용성은 인지, 정서, 대인관계, 그리고 신경과학을 추가적으로 포함하는 임상적 중재를 끌어당겨 올 수 있다는 것이다.

행동치료 진흥 학회(AABT)는 그 이름을 인지행동치료 학회(Association for Behavioral and Cognitive Therapies: ABCT)로 변경하였고, 이것은 올바른 방향으로 나아가는 데 있어서의 한 단계다. 하지만 이것만으로는 충분하지 않을 수 있다. 매우 흥미롭게도, 이것은 30년 전에 두 명의 중요한 행동치료자 Arnold Lazarus와 Cyril Franks에 의해 이슈화된 적이 있다. '행동치료가 그 유용성을 보다 더 오래 지속할 수 있는가?'라는 제목의 저널에서 Lazarus(1977)는 행동치료의 토대와 영역을 넓히도록 언급하였는데, 특별히 이것은 고전적 및 조작적 조건 형성을 넘어서야 한다고 하였다. 그의 저널에서 그는 AABT의 창립자들 중 한 명인 Cyril Franks의 개인적 의사소통을 인용하였는데, Cyril Franks는 "우리는 기본적으로 인간의 상호작용이 갖는 영향에 관한 과학적 연구가 진보할 수 있는 학회인가?”라고 언급하였다(Lazarus, 1977, p. 550). 이를 통해 경험 기반 치료 학회(Association for Empirically Based Therapies: AEBT)로 명칭을 변경함으로써 가치 경험적 기반 중재 체계와 지향이라는 우리의 원래 정체성을 재확인하게 되었다.

본문을 끝마치기 전에 마지막으로 한 가지 더 언급하고자 하는데, 우리의 특정한 접근이 만약 보다 나은 것이 아니라고 해도, 다른 것과 차별적으로 정의하고자 했던 시도와 또한 동의된 핵심으로 형성된 과정을 의도치 않게 약화시켰음을 인식하는 것이 중요하겠다. 인간 행동은 CBT의 일반적 영역 내의 변인으로 부분집합을 이룰 수 있도록 제한시키기에는 너무나도 복잡하고, 또 확실히 어떤 특정한 이론적 지향으로 한정지을 수도 없다. 이것은 어떤 변인과 중재가 관련되는 가설(if)보다는 그 시기(when)에 대한 질문일 수 있다. 요약하자면, 만약 우리가 진실로 치료 이점을 위해 전념하길 원하고, 디스트레스 완화를 돕기 원한다면, 우리는 누가 맞는가가 아닌 무엇이 맞는가를 알아 가는 데 더 많은 노력을 기울일 필요가 있다.

참고문헌

Baer, D. M., & Stolz, S. B. (1978). A description of the Erhard seminars training (*est*) in terms of behavior analysis. *Behaviorism, 6*, 45-70.

Bandura, A. (1969). *Principles of behavior modification.* New York, NY: Holt, Rinehart, & Winston.

Beck, A. T., Rush, A. J., Shaw, B. F., & Emery, G. (1979). *Cognitive therapy of depression.* New York, NY: Guilford Press.

Boring, E. G. (1964). Cognitive dissonance: Its use in science. *Science, 145*, 680-685.

Breger, L., & McGaugh, J. L. (1965). Critique and reformulation of "learning-theory" approaches to psychotherapy and neurosis. *Psychological Bulletin, 63*, 338-358.

Castonguay, L. G., & Beutler, L. E., (Eds.). (2006). *Principles of therapeutic change that work.* New York, NY: Oxford University Press.

Castonguay, L. G., Goldfried, M. R., Wiser, S. L., Raue, P. J., & Hayes, A. M. (1996). Predicting the effect of cognitive therapy for depression: A study of unique and common factors. *Journal of Consulting and Clinical Psychology, 64*, 497–504.

Castonguay, L. G., Hayes, A. M., Goldfried, M. R., & DeRubeis, R. J. (1995). The focus of therapist interventions in cognitive therapy for depression. *Cognitive Therapy and Research, 19*, 485–503.

Chittenden, G. E. (1942). An experimental study in measuring and modifying assertive behavior in young children. *Monographs of the Society for Research in Child Development, 7* (1, Serial No. 31).

Coffman, S. J., Martell, C. R., Dimidjian, S., Gallop, R., & Hollon, S. D. (2007). Extreme nonresponse in cognitive therapy: Can behavioral activation succeed where cognitive therapy fails? *Journal of Consulting and Clinical Psychology, 75*, 531–541.

Cole, S. (1992). *Making science: Between nature and society.* Cambridge, MA: Harvard University Press.

Davila, J., & Steinberg, S. J. (2006). Depression and romantic dysfunction during adolescence. In T. E. Joiner, J. S. Brown, & J. Kistner (Eds.), *The interpersonal, cognitive, and social nature of depression* (pp. 23–41). Mahwah, NJ: Erlbaum.

Dimidjian, S., Hollon, S. D., Dobson, K. S., Schmaling, K. B., Kohlenberg, R. J., Addis, M. E., ⋯ Jacobson, N. S. (2006). Randomized trial of behavioral activation, cognitive therapy, and antidepressant medication in the acute treatment of adults with major depression. *Journal of Consulting and Clinical Psychology, 74*, 658–670.

Dozois, D. J. A., & Beck, A. T. (in press). Cognitive therapy. In J. D. Herbert & E. M. Forman (Eds.), *Acceptance and mindfulness in cognitive behavior therapy.* Hoboken, NJ: Wiley.

Elkin, I., Parloff, M. B., Hadley, S. W., & Autry, J. H. (1985). NIMH treatment of depression collaborative research program: Background and research plan. *Archives of General Psychiatry, 42*, 305–316.

Fresco, D. M., Flynn, J. J., Mennin, D. S., Emily, A. P., & Haigh, E. A. P. (in press). Mindfulness-based cognitive therapy. In J. Herbert and E. Forman (Eds.), *Acceptance and mindfulness in cognitive behavior therapy.* Hoboken, NJ: Wiley.

Goldfried, M. R. (1980). Psychotherapy as coping skills training. In M. J. Mahoney (Ed.), *Psychotherapy process: Current issues and future directions.* New York, NY: Plenum.

Goldfried, M. R. (2000). Consensus in psychotherapy research and practice: Where have all the findings gone? *Psychotherapy Research, 10*, 1–16.

Goldfried, M. R. (2009). Searching for therapy change principles: Are we there yet? *Applied and Preventative Psychology, 13*, 32–34.

Goldfried, M. R., & Davison, G. C. (1976). *Clinical behavior therapy.* New York, NY: Holt, Rinehart & Winston.

Goldfried, M. R., & Davison, G. C. (1994). *Clinical behavior therapy* (expanded ed.). New York, NY: Wiley-Interscience.

Goldfried, M. R., & Merbaum, M. (Eds.). (1973). *Behavior change through self-control.* New York, NY: Holt, Rinehart & Winston.

Goldfried, M. R., Raue, P. J., & Castonguay, L. G. (1998). The therapeutic focus in significant sessions of master therapists: A comparison of cognitive-behavioral and psychodynamic-interpersonal interventions. *Journal of Consulting and Clinical Psychology, 66,* 803-810.

Goldsamt, L. A., Goldfried, M. R., Hayes, A. M., & Kerr, S. (1992). Beck, Meichenbaum, and Strupp: A comparison of three therapies on the dimension of therapist feedback. *Psychotherapy: Theory, Research, Practice, Training, 29,* 167-176.

Greenberg, L. S., & Safran, J. D. (1987). *Emotion in psychotherapy: Affect, cognition, and the process of change.* New York, NY: Guilford Press.

Greenberg, L. S., & Watson, J. C. (2006). *Emotion-focus therapy for depression.* Washington, DC: American Psychological Association.

Hayes, A. M., Castonguay, L. G., & Goldfried, M. R. (1996). The effectiveness of targeting the vulnerability factors of depression in cognitive therapy. *Journal of Consulting and Clinical Psychology, 64,* 623-627.

Herbert, J. D., & Forman, E. M. (in press). The evolution of cognitive behavior therapy: The rise of psychological acceptance and mindfulness. In J. D. Herbert & E. M. Forman (Eds.), *Acceptance and mindfulness in cognitive behavior therapy.* Hoboken, NJ: Wiley.

Hofmann, S. G., Glombiewski, J. A., Asnaani, A., & Sawyer, A. T. (in press). Mindfulness and acceptance: The perspective of cognitive therapy. In J. Herbert and E. Forman (Eds.), *Acceptance and mindfulness in cognitive behavior therapy.* Hoboken, NJ: Wiley.

Hollon, S. D., & Beck, A. T. (1986). Cognitive and cognitive-behavioral therapies. In S. L. Garfield & A. E. Bergin (Eds.), *Handbook of psychotherapy and behavior change* (3rd ed.) (pp. 443-482). New York, NY: Wiley.

Jacobson, N. S., Dobson, K., Truax, P. A., Addis, M. E., Koerner, K., Gollan, J. K., ··· Prince, S. E. (1996). A component analysis of cognitive-behavioral treatment for depression. *Journal of Consulting and Clinical Psychology, 64,* 295-304.

Kendall, P. C. (2009). Principles of therapeutic change circa 2010. *Applied and Preventative Psychology, 13,* 19-21.

Knell, S. M. (1998). Cognitive-behavioral play therapy. *Journal of Clinical Child Psychology, 27,* 28-33.

Kohlenberg, R., & Tsai, M. (1991). *Functional analytic psychotherapy.* New York, NY: Plenum.

Kuhn, T. S. (1962). *The structure of scientific revolutions.* Chicago, IL: University of Chicago Press.

Lazarus, A. A. (1960). The elimination of children's phobias by deconditioning. In H. J. Eysenck (Ed.), *Behavior therapy and the neuroses* (pp. 114-122). New York, NY: Pergamon.

Lazarus, A. A. (1977). Has behavior therapy outlived its usefulness? *American Psychologist, 32,* 550–554.

Leahy, R. L. (in press). Emotional schema therapy: A bridge over troubled waters. In J. Herbert and E. Forman (Eds.), *Acceptance and mindfulness in cognitive behavior therapy.* Hoboken, NJ: Wiley.

LeDoux, J. E. (1996). *The emotional brain: The mysterious underpinnings of emotional life.* New York, NY: Simon and Schuster.

Levin, M., & Hayes, S. C. (in press). Mindfulness and acceptance: The perspective of acceptance and commitment therapy. In J. Herbert and E. Forman (Eds.), *Acceptance and mindfulness in cognitive behavior therapy.* Hoboken, NJ: Wiley.

Lewin, K. (1952). *Field theory in social science: Selected theoretical papers of Kurt Lewin.* London: Tavistock.

Linehan, M. M. (1993). *Cognitive–behavioral treatment of borderline personality disorder.* New York, NY: Guilford Press.

Mahoney, M. J. (1976). *Scientist as subject: The psychological imperative.* Cambridge, MA: Ballinger.

Maier, N. R. F. (1960). Maier's law. *American Psychologist, 15,* 208–212.

Marlatt, G. A. (2006). Mindfulness meditation: Reflections from a personal journey. *Current Psychology, 25,* 155–172.

Marlatt, G. A., & Marques, J. K. (1977). Meditation, self-control, and alcohol use. In R. B. Stuart (Ed.), *Behavioral self-management: Strategies, techniques, and outcomes* (pp. 117–153). New York, NY: Brunner–Mazel.

Martell, C. R., & Kanter, J. (in press). Behavioral activation in the context of "third wave" therapies. In J. Herbert and E. Forman (Eds.), *Acceptance and mindfulness in cognitive behavior therapy.* Hoboken, NJ: Wiley.

McCullough, J. P., Jr. (2000). *Treatment for chronic depression: Cognitive behavioral analysis system of psychotherapy.* New York, NY: Guilford Press.

McGinn, M. M., Benson, L. A., & Christensen, A. (in press). Integrative behavioral couple therapy: An acceptance–based approach to improving relationship functioning. In J. Herbert and E. Forman (Eds.), *Acceptance and mindfulness in cognitive behavior therapy.* Hoboken, NJ: Wiley.

Meichenbaum, D. (1977). *Cognitive behavior modification: An integrated approach.* New York: Plenum Press.

Merton, R. K. (1942). Science and technology in a democratic order. *Journal of Legal and Political Sociology, 1,* 115–126.

Merton, R. K. (1957). Priorities in scientific discovery: A chapter in the sociology of science. *American Sociological Review, 22,* 635–659.

Mischel, W. (1968). *Personality and assessment.* New York, NY: Wiley.

Mitroff, I. I. (1974). *The subjective side of science: A philosophical inquiry into the psychology of the Apollo moon scientists.* Amsterdam: Elsevier.

Peterson, D. R. (1968). *The clinical study of social behavior.* New York, NY: Appleton Century Crofts.

Robins, C. J., & Rosenthal, M. Z. (in press). Dialectical behavior therapy. In J. Herbert and E. Forman (Eds.), *Acceptance and mindfulness in cognitive behavior therapy.* Hoboken, NJ: Wiley.

Rosen, G. M., & Davison, G. C. (2003). Psychology should list empirically supported principles of change (ESPs) and not credential trademarked therapies or other treatment packages. *Behavior Modification, 27,* 300–312.

Salmon, P. G., Sephton, S. E., & Dreeben, S. J. (in press). Mindfulness-based stress reduction. In J. Herbert and E. Forman (Eds.), *Acceptance and mindfulness in cognitive behavior therapy.* Hoboken, NJ: Wiley.

Segal, Z. V., Williams, J. M. G., & Teasdale, J. D. (2002). *Mindfulness-based cognitive therapy for depression: A new approach to preventing relapse.* New York, NY: Guilford Press.

Shapiro, D. H., Jr. (1978). *Precision nirvana.* Englewood Cliffs, NJ: Prentice-Hall.

Skinner, B. F. (1950). Are theories of learning necessary? *Psychological Review, 57,* 193–216.

Strupp, H. H., & Binder, J. L. (1984). *Psychotherapy in a new key.* New York, NY: Basic Books.

Teasdale, J. D. (1988). Cognitive vulnerability to persistent depression. *Cognition and Emotion, 2,* 247–274.

Teasdale, J. D. (1993). Emotion and two kinds of meaning: Cognitive therapy and applied cognitive science. *Behaviour Research and Therapy, 31,* 339–354.

Thoresen, C. E., & Mahoney, M. J. (1974). *Behavioral self-control.* New York: Holt, Rinehart, & Winston.

Watson, J. (1968). *The double helix.* New York, NY: Mentor Books.

Wells, A. (in press). Metacognitive therapy. In J. Herbert and E. Forman (Eds.), *Acceptance and mindfulness in cognitive behavior therapy.* Hoboken, NJ: Wiley.

Westen, D., Novotny, C. M., & Thompson-Brenner, H. (2004). The empirical status of empirically supported psychotherapies: Assumptions, findings, and reporting in controlled clinical trials. *Psychological Bulletin, 130,* 631–663.

Wilson, G. T. (1982). Psychotherapy process and procedure: The behavioral mandate. *Behavior Therapy, 13,* 291–312.

Wilson, G. T., Wilfley, D. E., Agras, S., & Bryson, S. W. (2010). Psychological treatments of binge eating disorder. *Archives of General Psychiatry, 67,* 94–101.

Wilson, K. G., Bordieri, M. J., Flynn, M. K., Lucas, N. N., & Slater, R. M. (in press). Understanding acceptance and commitment therapy in context: A history of similarities and differences with other cognitive behavior therapies. In J. Herbert and E. Forman (Eds.), *Acceptance and mindfulness in cognitive behavior therapy.* Hoboken, NJ: Wiley.

Wicksell, R. K., Melin, L., & Olsson, G. L. (2007). Exposure and acceptance in the rehabilitation of children and adolescents with chronic pain. *European Journal of Pain, 11*, 267-274.

Zettle, R. D. (2005). The evolution of a contextual approach to therapy: From comprehensive distancing to ACT. *International Journal of Behavioral Consultation and Therapy, 1*(2), 77-89.

Zettle, R. D., & Hayes, S. C. (1986). Dysfunctional control by client verbal behavior: The context of reason giving. *The Analysis of Verbal Behavior, 4*, 30-38.

Zettle, R. D., & Rains, J. C. (1989). Group cognitive and contextual therapies in treatment of depression. *Journal of Clinical Psychology, 45*, 438-445.

Zettle, R. D., Rains, J. C., & Hayes, S. C. (in press). Processes of change in acceptance and commitment therapy and cognitive therapy for depression: A meditational reanalysis of Zettle and Rains (1989). *Behavior Modification.*

13 인지행동치료에서 마음챙김과 수용

Marvin R. Goldfried

신이시여, 내가 변경할 수 없는 일에 대해서는 그것을 받아들일 침착함을 주시고,

변화시킬 수 있는 일에 대해서는 과감히 도전할 수 있는 용기를 주옵시며,

이 두 가지 차이점을 알 수 있는 지혜를 주시옵소서.

한 번에 하루씩 살아가는 것,

한 번에 한 순간씩 즐기는 것.

—Reinhold Niebuhr

인지행동치료(Cognitive Behavior Therapy: CBT)는 행동치료에 인지 구조가 소개된 1970년대부터 장기간 동안 지속되어 왔다. 가장 최근에는 마음챙김과 수용이 '인지행동치료'라고 불리는 영역의 범위를 확장시켰다. 이로 CBT는 복잡해지고 논란과 혼란을 가지게 되었다(Herbert & Forman, 출간 중). 나는 현재 CBT에 대한 논평에서 명예와 도전 둘 다를 고려하고자 한다.

1964년, Stony Brook 대학교에 조교수로 있을 때 나는 행동치료와 CBT를 편

안하게 강의할 수 있었고, 보다 전문적으로 성장할 수 있었다. 치료 개발에 있어 참가자로서 그리고 관찰자로서 나의 관점을 통해 이때 사용하였던 방법을 비교하고자 한다. 비록 치료 역사가 나의 특정한 관심 주제는 아니지만, 우리가 어디에서부터 왔는지에 관한 정보를 위해 장기기억에 의존할 필요가 있고, 현재는 무엇이 일어나고 있는지, 그리고 미래로 나아가는 데 덜 위험하기 위해 이에 관한 임상적이고 경험적인 언급을 위한 정보가 필요하다고 본다.

이에 대한 맥락을 제공하기 위해서 나는 CBT의 간략한 역사에서 시작하여, 사회과학에서 관찰된 다른 맥락적 체계를 따르고자 한다. 그런 다음에는 CBT에서의 새로운 무언가를 언급하고자 하는데, 특별히 이것은 인지와 행동, 그리고 정서의 역할과 관련된다. 나는 이것들을 해석할 때 다양한 중재 절차를 초월하고 앞으로 어떻게 하면 좋을지와 관련된 생각을 끝내는 식으로 원리의 변화에 기초하여 상세히 기술하고자 한다.

● 인지행동치료의 간략한 역사

행동치료 개발의 초기 작업의 대부분은 1950년대에 미국과 영국에서 발생하였다. 정신분석의 추측적 특징에 대해 불만이 증가하고, 보다 경험적으로 특성화된 수많은 연구자와 치료자는 치료 중재를 개발하는 데 있어서 그 초석을 보다 개선하기 위해 '현대 학습이론'을 제안하였다. 1960년대에는 '행동치료'가 매우 유의미하게 성장하였고, 여기에는 임상 실험과 고전적 및 조작적 조건화 연구가 포함되었다. 확실히 이제는 '중재연구'에 대한 강조가 새롭지 않다.

처음에 행동치료자들은 중재 기법을 개발하는 연구에서 고전적 그리고 조작적 조건화 작업을 강조하였다. 그런데 다른 연구 발견(예: 태도의 변화)에도 임상적으로 적용 가능할지 모른다고 인식하게 되었지만, 행동치료를 새로운 '학파'로 대표하여 간주하는 것은 실수임을 깨닫게 되었다. 『임상적 행동치료』라는 책에서 Davison과 나는 행동치료에 대한 보다 적절한 관점을 다음과 같이 언급하였다.

> 임상 작업에서는 일반적으로 인간 행동 연구에 실험적 접근뿐만 아니라 철학적인 지향을 함께 반영한다. 이 특정한 지향은 임상적 문제 행동이 광범위하게 다양한 심리학적 실험에서부터 파생된 원리를 가장 쉽게 이해할 수 있게 하며, 이러한 원리는 임상 장면 내에서의 행동 변화에 대해 시사점을 갖는다는 기본 가정을 갖는다.
>
> (Goldfried & Davison, 1976, pp. 3~4)

행동치료의 출현은 이 새로운 접근과 전통적 정신분석 간에 주요한 갈등을 발생시켰다. 행동치료자들은 그들의 논평과 문서에서 정신분석치료가 문제를 다루는 방식에서의 잘못된 점과 그리고 행동치료의 더 나은 대안 방법에 대해 언급하였다. 이에 정신분석 치료자들은 행동치료가 미숙하고 권모술수에만 능하다고 논쟁하였다. 사실 우리는 방법론적인 행동주의 언어(예: 조작이나 통제 등)를 사용하며, 이것의 난점을 의심하지는 않는다. 행동치료가 통제와 세뇌의 방식으로 제시되는 것에 대해서 우리는 '자기 통제'에 그 강조점을 두고자 하며, 그래서 내담자 스스로 치료자로서 기능할 수 있도록 시도한다고 본다(Goldfried & Merbaum, 1973; Thoresen & Mahoney, 1974). 그런데 이 용어와 연합되어 있는 오해 때문에 이후에는 '대처기술'로 언급되었다(Goldfried, 1980).

1960년대 후반부터 상당수의 많은 행동치료자들은 문제 행동을 이해하고 이를 변화시키는 데 있어서 인지 변인이 중요한 역할을 할지도 모른다고 생각하기 시작하였다. 『Psychological Bulletin』에 실린 Breger와 McGaugh(1965)의 매우 도발적인 기사를 보면, 행동치료에 대해 단지 고전적 그리고 조작적 조건화만으로 인간의 행동을 이해하고, 행동의 변화를 다룬다고 기술하였다. 더 본질적으로 그들은 신흥 영역인 인지심리학의 중요성을 언급하였고, 심리치료적 중

재가 갖는 중요한 잠재력을 넓히고자 하였다. 그 후 얼마 안 되어 나를 포함하여
Stony Brook 대학교의 여러 교직원들(Davison, D'Zurilla, Valins, 그리고 나를 포함
하여)은 행동치료에 관련된 인지 변인을 결합시키는 것의 가능성을 품기 시작하
였다. 우리는 '행동 수정을 위한 인지 과정'이라는 전제로 1968년에 미국 심리
학 학회 심포지엄 대회를 개최하였고, 다음과 같이 기술하였다.

　　조건화 기법이라는 '행동치료'의 우세적 개념화는 어떠한 인지적 영향도
　없는 행동 변화를 포함한다. 이것은 인지적 통제라는 인간의 독특한 수용력을
　활용할 수 있도록 현재 통용되고 있는 절차를 수정하여 새롭게 개발되어야 한
　다고 제안한다.

　Levin과 Hayes(출간 중)는 행동치료에 인지를 정확하게 도입하는 데 있어서
그들의 관찰은 이용할 수 있는 연구 자료보다 더 많은 임상적 요구에 기초하고
있다. 이것이 비록 인지심리학에서 이행하였던 작업과 약간 상관이 있을지라도,
Bandura(1969), Mischel(1968) 그리고 Peterson(1968)은 행동치료에 인지를 정
당하게 도입하는 데 중요한 근거를 들며 공헌하였다.
　행동치료에 인지적 구성요소를 통합하기 위한 초기 시도에서 몇몇은 고려할 만
한 저항이 발생하였는데, 특히 조작적 조건화에 기초한 작업이 그러하다. 그럼에
도 외래 성인 환자들을 대상으로 고전적 및 조작적 조건화를 기반으로 하는 치료
중재를 시도하였던 행동치료자들에게서 인지적 중재 방법의 필요성에 대한 인식
이 상당히 증가하기 시작하였다. 결과적으로 행동치료자인 Davison, Lazarus,
Mahoney, Meichenbaum 그리고 나는 인지적 중재법을 개발한 Beck, Ellis와 함
께 연계를 형성하였다. 행동치료자들은 Beck의 행동 활성화와 같은 몇몇의 행동
적 구성을 포함하기 위해 인지적 접근을 수정하였던 Beck과 Ellis의 공헌을 받아
들이기 시작하였다. 시간이 흐르면서 단지 학습이론만을 중재로 사용하였던 행
동주의 치료자들의 제한점이 증가하였고, 이에 그들의 임상 작업에 인지적 중재

법을 포함하기 위해서 수많은 다른 것을 시도하였다. 게다가 1980년대 초반에 인지행동치료는 행동치료진흥학회(Association for Advancement of Behavior Therapy: AABT)의 주류가 되었다.

그런데 1980년대 중반에 이러한 융합은 '인지행동치료'로 구성되었다. 국립 정신건강연구소(National Institute for Mental Health: NIMH)에서 우울치료를 위한 공동의 연구를 진행하였는데, 이에 Beck의 인지치료와 대인관계 치료를 비교하였고, 여기서는 인지적 중재가 정확하게 '인지행동치료'로 기술되지는 않았고(Elkin, Parloff, Hadley, & Autry, 1985). 그럼에도 불구하고 Beck은 그의 접근에서 '인지치료'(Hollon & Beck, 1986)를 명백하게 고려하였고, 이 연구(Beck et al., 1979)에서 차용되었던 인지치료 매뉴얼은 '인지행동치료'라는 정의를 사용하였다. 결과적으로 1970년대와 1980년대에 CBT 중재의 필수적인 구성요소들(예: 행동 리허설, 자기주장 훈련, 모델링, 강화, 이완 훈련, 둔감화, 문제 해결)이 인지치료에 의해 퇴색되었는데, 인지치료는 행동 활성화 또는 실험을 통해 왜곡된 인지를 수정한다. 이때 어떤 연구자들은(예: Levin & Hayes, 출간 중) '인지행동치료'와 '인지치료'를 번갈아 사용하기도 하였다.

인지행동치료와 인지치료 간의 차이점과 관련하여 Beck, Meichenbaum 그리고 Strupp은 Richard 사례의 치료 과정 분석 비교를 통해 설명하였는데, 이 사례는 파혼으로 인한 우울증 관련 내용이다(Goldsamt, Goldfried, A. Hayes, & Kerr, 1992). 사례 분석에서 세 치료자들은 모두 Richard가 만들어 낸 내용(예: '당신의 아내가 당신에게 무언가를 말할 때 당신은 무슨 생각을 하고, 또 어떻게 느꼈습니까?')에 초점을 맞추었고, 이를 각자의 치료 경향 내에서 비교하였다. 그런데 Meichenbaum의 CBT 중재와 Beck의 인지치료 간의 차이점은 Richard의 행동이 다른 사람에게 어떤 영향을 미쳤는지(예: '아내가 어떻게 할 때 당신은 화가 났나요?')에 대해 얼마나 더 많은 초점을 맞추는가에 있다. 매우 흥미롭게도 정신역동치료와 관련된 지향을 보이는 Meichenbaum과 Strupp은 이 치료 초점을 통해 보다 더 잘 비교할 수 있었다. 따라서 Richard가 다른 사람의 행동에 어떤 영향을 주었는지 탐색할 때 CBT와 정신역동 중재법은 인지치료와 유사하였고, 게다가 Richard가 다른 사람으로부터 영향받는 부분에 대해서도 둘 다 초점을 두었다. 우울에 대한 인지치료에서 차후의 치료 과정 평가를 통해 내담자가 다른 사람에게 어떤 영향을 미쳤는지보다는 다른 사람이 내담자의 행동에 어떤 영향을 주었는지에 보다 초점을 두는 경향이 있음을 발견하였다(Castonguay, Hayes, Goldfried, & DeRubeis, 1995).

초기 행동치료자들 중 한 명인 Jacobson은 그의 동료들과 함께 우울치료에 행동치료가 적용될 수 있는 역할을 재고하였다(Jacobson et al., 1996). 이 작업에서 Jacobson과 그의 동료들은 인지치료의 행동적 활성화 요소를 발견하였고, 일정한 활동을 격려받은 내담자들은 이에 즐겁게 참여함으로써 매우 효과적인 숙달감을 경험하였으며, 이는 인지치료 매뉴얼을 완벽히 따랐던 중재만큼이나 상당히 효과적이었다. Dimidjian과 동료들에 의한 후기 연구(Dimidjian et al., 2006)에서는 보다 전통적인 행동치료 과정(예: 행동 기술 훈련의 사용은 내담자들이 그들의 욕구와 필요가 무엇인지를 명백하게 하는 경향을 증가시킨다)을 포함시키기 위해 행동 활성화 중재를 증진시켰다. 이를 통해 '행동적 활성화'—나는 이것을 행동치료라고 생각한다—라고 불리는 무언가를 발견하였고, 이것은 중증 우울 환자를 치료하는 데 있어 인지치료보다 더 효과적임을 보여 주었다. 이러한 발견은 Hayes, Castonguay와 Goldfried(1996)의 연구 결과와 함께 우울을 위한 인지치료의 효과적인 영향을 시사하였고, 또한 내담자의 지각보다는 상호관계적 관계성 내에서 실제적인 행동 변화를 구성하는 데 초점을 맞출 때보다 긍정적인 영향을 나타냈다. Dimidjian과 동료들은 추후분석을 시도하였는데, 그 결과 인지치료에 즉각적인 반응을 하지 않았던 환자들이 보다 더 우울해 하였고, 그들의 행동 기능도 보다 손상되었으며, 이와 관련된 문제들도 드러났다(Coffman et al., 2007).

몇 년 전, Davison과 나는 우울에 대한 보다 종합적인 기능 분석을 믿는다고 묘사하였는데, "개인의 자기 노력과 그것에 따르는 결과의 특성을 강화하는 것 간에 우연성 부재를 지각하는 것"으로부터 우울이 발생한다고 제안하였다(Goldfried &

Davison, 1976, p. 234). 이 개념적인 해석에서 인지적('우연성 부재를 지각'), 행동적('개인의 자기 노력'), 그리고 환경적('그것에 따르는 결과') 변인이 중요하게 포함된다. 이것은 유전적 또는 생물학적 소인을 부인하는 것 없이 제안되었는데, 개인은 어떤 결과적 영향에 대해 자신이 무능력하다고 인지적으로 왜곡되었기 때문에, 그리고 결과에 대해서 어떤 행동을 취하는 것에도 능력이 부족하기 때문에, 또 자신의 노력을 발휘할 수 없는 생활환경에 있기 때문에 우울하게 되었을지 모른다. 하나의 지속적인 변인만을 강조하는 특정한 이론적 모델에 기반한 중재를 고안하는 것보다는 임상적 감각을 통해 개별화된 사례 개념화를 구성하고, 그렇게 함으로써 강조된 변인들은 아마도 기능적 역할을 할지도 모른다.

다양한 방법을 시도한 우리의 열정 때문에 인지가 정서와 행동에 영향을 미칠 수 있음을 발견할 수 있었고, 인지행동치료자들과 마찬가지로 우리도 인지를 강조하게 되었다. 그러면서도 나는 이러한 특정한 접근을 지나치게 추구하거나 또는 그것의 공포를 지나치게 강조하여 우리의 관점을 너무 쉽게 잃어버리게 될까 봐 염려스러웠다. 이에 나는 1960년대와 1970년대에 행동치료에 인지를 도입하는 시도에서 인지적 중재의 한계에 대한 지식을 통해 내가 정서적으로 연루되지 않을 수 있었다. 게다가 Levin과 Hayes(출간 중), Martell과 Kanter(출간 중), Linehan(Robins & Rosenthal, 출간 중), 그리고 K. G. Wilson, Bordieri, Flynn, Lucas와 Slater(출간 중)에 의한 연구에서도 유사한 결과를 볼 수 있는데, 이들은 행동적 근원을 상기시켰고, 임상 문제의 개발과 치료에서 행동 그리고 기능 분석의 중요한 역할을 무시하지 않았다.

이 책의 다른 부분에서는 '인지행동치료'에 대한 다른 설명을 기술하였다. 하지만 보다 논란이 되는 것은 이 분야의 발전이 질적으로 새로운 '물결'을 확실히 경험하게 하는 것인지 아닌지에 대해 의문이 남는다는 점이다. 수용전념치료가 무엇인지, 예를 들어 인지행동치료자들에게 무엇을 제시할 수 있는지? 마음챙김, 수용 그리고 상위인지—결국에는 인지—와 같은 구성 개념이 CBT에서도 적합한 것인지? 행동적 활성화가 무엇인지? 변화를 가져오는 데 있어서 정서의 역할은 무엇인지? 나는 이러한 질문들이 보다 거대한 이슈에 뿌리를 두고 있을지도 모른다는 논쟁을 계속해서 의심하고 있는데, 그 이슈는 사회학자들이 과학적 탐색, 즉 과학적 경쟁 상대를 통해 보다 일반적으로 문서화되어 존재한다는 것이다.

● 과학에 있어서의 사회학

우리가 인간 행동과 치료적 변화 과정에 관한 연구에 몰두하는 동안, 사회학자들은 우리에 대해서 연구하였다. 이것은 과학자들의 행동에 초점을 맞춘 사회학의 특수성으로, 나는 이 본문에서 과학자와 사회학자 간의 의견 불일치를 타당하게 설명하고자 한다.

과학에 있어서 사회학자들은 과학적 지식의 핵심과 연구 경계 간에 중요한 차이점을 갖는다(Cole, 1992). 과학적 지식의 핵심은 연구 커뮤니티의 합의 내에서 가능한 발견들로 정의되고, 연구 경계는 최첨단을 나타낸다. 재심 절차에 대한 Cole(1992)의 연구에서 아주 흥미롭게도 최첨단에 대한 사회 과학처럼 순수 과학에서도 상당한 불일치를 발견할 수 있었다. 게다가 Cole은 연구 지원의 적용 가치에 있어서 이에 대한 검토자들의 높은 의존도를 승인할지의 여부를 제안하였다. 그런데 심리치료와 실제, 그리고 순수 과학에서의 연구 간에 차이점은 어떤 핵심도 갖지 않는다는 것이다.

문제의 영역에서 일치성 획득은 아마도 공헌이 중요한 연구자들과 임상가들 간에 오랫동안 지속되어 온 불일치의 역사라는 사실부터 추적할지도 모른다. 또한 이것은 심리치료 연구자들과 임상가들이 그들의 영역에서 지난 공헌들을 간과하는 경향이 있는 것과 관련된다. 예를 들어, 아동놀이치료가 '인지행동치료'로 통합된 방법에 관해 기술한 저널에서는 인지적 모델 전략과 적절한 적합 행동을 인형놀이에 사용하였다고 제안하였다(Knell, 1998). 저자는 그녀의 공헌에 대해 '인지행동 놀이치료' 로 언급하였고, 그리고 이것은 Beck의 인지치료 '산물 중 아마도 가장 새롭고, 가장 최연소의' 성과가 되었다. 그녀는 이러한 발견을 자신이 50세 이상이 되어서도 인식하지 못하였다. 1942년, Chittenden(1942)은 어린이 모델 협력 행동을 위한 방법으로서 인형놀이를 사용한 절차에 대해 기술하였다. 게다가 수많은 다른 인지행동치료자와 이론가는 행동치료의 핵심 전제를 기반으로 유사한 절차들을 묘사하였다(예: Bandura, 1969; Lazarus, 1960; Meichenbaum, 1977).

나는 이론적 차이점, 관점의 중요성, 사회과학 체계 특성에서 어떤 핵심을 형성하는 데 심리치료 연구와 실제 같은 몇몇의 요소가 방해가 될지도 모른다는 점에 다르게 반박하였다(Goldfried, 2000). 특별히 이러한 변인과 관련된 이슈를 본문에서 다루었다.

이론적 장해물

Herbert와 Forman(출간 중), 그리고 Kurt Lewin(1952)은 "보다 실용적인 것만큼 좋은 이론은 없다." (p. 169)라고 언급하였다. 그런데 이것은 이론의 좋고 나쁨을 결정짓는 방법에 너무 의존한 것이다. 게다가 이론은 이론보다는 이론가들 때문에 문제가 될 수 있다. Boring(1964)은 이론가들의 집념이 그들의 이론을 만들어 낸다고 언급하였고, "이론은 연구자 자신의 이미지에서 만들어졌고, 그의 부분이 되었다. 이론을 버리는 것은 자살과 같고, 또는 적어도 자기-손상 행위다." (p. 682)라고 기술하였다. 이 상황은 심리치료와 같은 응용 분야에서 보다 더 복잡하게 나타나며, 사회, 정치, 경제적 네트워크는 심지어 어떤 이론적 접근의 한계점이 문서화되었어도 그 이론을 계속 지지할지 모른다.

'이론을 학습할 필요성이 있는가?' 라는 오래된 저널에서 Skinner(1950)는 특정한 이론적 위치를 지지하는 시도와 관련한 연구 프로그램을 만들기 위한 이해를 질문하였고, 다음과 같이 언급하였다.

> ……이론 생성 연구는 그 연구가 가치 있지 않는 한 그것의 가치를 입증하지 않는다. 이론으로부터의 아주 쓸모없는 실험 결과들, 그리고 많은 에너지와 기술은 연구에 의해 흡수된다. 대부분의 연구는 결과적으로 전복되고, 관련 연구의 상당한 부분이 폐기된다(p. 194).

어떤 것도 말할 나위 없이, Skinner는 Hull과 Tolman 간에 존재하는 경쟁에 관해 언급하였는데, 이들은 학습 과정과 관련하여 서로 대립되는 이론적 입장에 있는 연구자들로서 각각의 집단을 통해 광범위한 연구를 수행하였고, 이후 이 집단의 대부분은 이론과 이론가들의 종말과 함께 잊혀졌다.

과학 이론의 역할을 논의하는 데 있어서 Kuhn(1962)은 이론을 밝히는 데 있어서 이와 관련하여 무슨 질문을 받을 것이며, 또 무엇을 고려할 만한 가치가 있는 발견으로 봐야 할지를 주장하였다. 본질적으로 치료 이론은 아마도 '이론적 도식'으로 생각될지 모른다. 격차를 채움으로써 도식은 아직까지 관찰되지 않았던 이슈에 주목하도록 도울지 모르고, 또한 도식 특성상 편향이 발생할지도 모른다. 몇 년 전에 Norman R. F. Maier(1960)는 학습이론과 연구에서 존재하는 편향에 대해 언급하였고, 'Maier의 법'을 만들어 냈는데, 이것은 "만약 사실이 이론을 통해 확인되지 않는다면, 그것은 반드시 없어져야만 한다……."(p. 208)라고 진술하였다. 이 법은 Mahoney에 의한 연구(1976)에서 극적으로 확인되었는데, Mahoney는 원고를 두 가지 버전으로 작성해서 저널 검토자들에게 보냈다. 그 버전들은 서문과 방법 부문들은 같지만 결과와 논의는 달랐다. 그는 검토자들이 선호하였던 이론적 편향(급진적 행동주의)을 발견할 수 있었는데, 원고 작성 시 검토자의 지향을 고려하였을 때 출판사로부터 더 잘 수용되는 경향이 있었다. 게다가 출판사로부터 거절받았을 때, 검토자는 방법론적인 실패에 대해 더 고려하는 경향을 보였다.

새로운 무언가의 중요성

전형적으로 '새로운' 것은 '향상된' 무언가로 연합된다. 이 연합을 좀 더 연구하기 위해 나는 일단 대학생 집단에게 각각 1분 동안에 '새로운' 과 '낡은' 단어와 연합된 목록들을 질문하였다. 그들의 반응을 보면, '새로운' 과 연합된 것으로는 '좋다' '더 낫다' '신선한' 과 같은 단어 등 일반적으로 긍정적인 특성을 보였다. 이러한 단어들은 '낡은' 과는 전혀 연합되지 않았다. '낡은' 과 연합된 목록들 중에 반 정도만 긍정적인 함축을 가졌는데, '능숙한' '설립된' '지혜' 와 같은 것들이다. 그리고 '지루한' '상이한' '진부한' 과 같은 단어들을 포함하여 명백히 부정적인 것으로 상기되었다. 게다가 웹스터의 『New Collegiate Dictionary』에서는 '신인을 소개하는 것' 과 같이 '상이한 기원과 일반적으로 우수한 품질' 로서 '새로운' 에 대해 정의하였다. 또한 대학생의 연상에 상당히 부합하여 '낡은' 을 '시간 또는 사용의 노력을 보여 주는 것' 그리고 '오래된 걸레' 와 같이 '더 이상 사용하지 않는 것: 폐물' 로 정의하였다.

치료 개입의 급증과 관련하여 최근 Kendall(2009)은 이 이슈에 대해 " '새로운 접근' 에 의해 쉽게 미혹된 것"으로 언급하였고, 이러한 혁신은 "아마도 새로운 라벨은 새로운 접근을 설명하기 위해 사용된 것이며, 새로운 접근에 흥미를 갖는 추종자들에 의해 새롭게 되는데, 이 새로운 접근은 진정 기존의 접근과 다르게 새로운가?"(p. 20)라고 제안하였다.

과학적 발전에 대한 광범위한 맥락적 관점에 따르면, 여기서는 다른 질문은 없지만 새로움은 최첨단과 중요성으로서 보인다. 한 분야에서 핵심에 대해 의견을 같이하면, 연구 경계에 대해서도 보다 더 주의를 기울이게 된다. 하지만 핵심에 대한 의견 합일이 없는 최첨단에 대한 과도한 초점화는 어떠한 유의미한 방법으로도 영역 발전을 이루지 못할 것이다.

과학의 표준

과학자들의 행동에 대한 사회학자들의 서술은 만약 전문적 지식 없이 순진한 것이 아니라면 다소 이상적이었다. 예를 들어, Merton(1942)은 다음의 네 가지 특징으로 과학자들을 묘사하였다. 첫째, 과학자들은 객관적이고 동의된 판단 기준을 갖고 새로운 지식을 평가한다. 둘째, 이 지식은 전체 과학 커뮤니티에 속하게 된다. 셋째, 그 분야에서의 공헌을 다하는 책임으로 만족을 얻는다. 넷째, 과학자들의 판단은 개인적인 신념이 아닌 논리와 자료에 기초한다. 그러나 과학자들의 행동에 대한 실제적인 연구를 여러 해 동안 거듭한 후에 Merton (1957)은 그가 가졌던 원래의 생각을 수정하였다. 게다가 그는 연구를 통해 주어진 분야 내에서 맹렬한 경쟁이 존재함을 발견하였고, 우선적으로 발견된, 즉 처음 얻은 발견을 통해 논의를 시작하였다. 그리고 그는 이 경쟁이 개인 연구자의 특성을 반영하는 것뿐만 아니라, 전형적으로 전문적인 인식을 통해 형성되는 일반적인 체계 또한 포함한다고 믿었다. 더욱이, 개인의 직업 경력은 이것을 아는 것이 아니라, 역사를 만드는 것을 통해 진전된다.

Apollo Moon 과학자들의 행동에 대한 연구를 수행한 Mitroff(1974)는 Merton의 네 가지 특성을 보다 실제적이고 정확하게 반영하기 위해 다음과 같이 수정하였다. 첫째, 연구의 어떤 부분에 대한 평가는 객관적인 판단 기준만큼 연구자들의 평판에도 많이 의존한다. 둘째, 연구 발견은 전체 과학 커뮤니티에 속하기보다는 그것을 발견한 과학자들에게 의해 소유되기도 한다. 셋째, 연구자들은 지식을 위한 지식 대신에 그들의 참조 집단의 신념으로 구성될 발견을 얻고자 동기 부여된다. 넷째, 연구자들의 개인적 신념은 한쪽에 치우쳐 있지 않고, 다른 발견에 대한 회의적인 태도로 기능하게 된다. Merton의 제자인 Cole(1992)은 연구 커뮤니티에 포함되어 있는 사회적·정책적 과정에 대한 보고에서 "사회적 과정을 조작하는 것에 익숙하고 능숙한 과학자들은 이에 익숙하지 않거나 덜 능숙한 과학자들보다 더 성공적인 직업 경력을 경험할 것이다."(p. 181)라고 제안하였다. 이것은 DNA 분자를 연구하는 과학자들에게 경쟁적인 측면으로서 『*The Double Helix*』에서 설명을 제공하였던 Watson(1968)에 의해 극적으로 설명되었다. 연구자들은 그들이 과학자가 되기 전에 사람이었음에도 불구하고, 인간을 연구 대상으로 만들기 위해 영향을 미칠 수 있도록 지속적으로 사람을 도구로 확장하였다.

● 인지행동치료에서 새로운 것은 무엇인가

행동치료자들이 정신역동치료자들과 경쟁하였고, 인지행동치료자들이 행동치료자들과 충돌하였음에도 불구하고, 우리는 인지행동치료자로서 우리 자신과 논쟁하는 것처럼 보인다. 앞서 기술된 과학에 대한 사회학자들의 작업은 의견 차이를 더 잘 이해하는 데 유용한 맥락을 제공한다. 이 맥락과 함께 이제 우리는 본문에서 제시되는 다양한 접근의 특성을 보다 유심히 살펴볼 수 있다.

초반에 제시하였던 것에 따라 이것은 수많은 중재를 포함하는 포괄적인 라벨로써 행동치료와 CBT를 다루는 데 적합하다. 우리의 치료 접근은 인간 행동은 인지적 변인과 행동적 변인 둘 다를 통해서 가장 잘 이해될 수 있을 것과 또 이러한 변인이 치료 중재로 유익하게 통합될 수 있을 것이라는 가정에 기초한다. Hofmann 등(출간 중)은 인지행동 중재를 살펴보고는 때때로 행동 전에 인지가 먼저 나타나는 경우가 있고, 다른 때는 행동 후에 인지가 나타난다고 언급하였다. 이것은 우리가 어떻게 느끼는지 매개할 수 있고, 또 우리가 타당하게 하는 무언가를 무효화시킬 수도 있다. 인지행동치료자들이 다루는 인지에는 다음의 것들을 포함한다.

- 자기 그리고/또는 타인에 대한 수용
- 타인의 동기에 대한 재귀인

- 사고는 단지 사고일 뿐이라고 자신에게 말하기
- 업무를 수행하기 위한 자기 지시
- 주의 재배치
- 우리에게 주어지는 타인의 영향을 인식하기
- 타인에게 미치는 우리의 영향을 인식하기
- 불안과 같은 내적 감각에 대한 재명명
- 통제하는 것에 대한 지각
- 개인의 사고, 감정, 그리고/또는 행동을 마음챙김하기
- 왜곡된 신념을 재평가하기

이것은 확실히 인지의 보다 장기적인 목록을 발생시킬 가능성뿐만 아니라, 관련 행동과 정서의 장기적인 목록과도 비교 가능하다. 치료의 유용성에 대한 핵심 질문은 특정 인지, 특정 행동, 또는 특정 정서에 관한 학설에 있지 않고, 오히려 이러한 변인들 이면에 치료적 변화를 유용하게 가져올지도 모르는 환경적 배경에 보다 초점을 맞춘다. 초반에 제안하였던 것처럼, 변화에 대한 필요성의 여부를 결정하는 데 있어서 개인의 사례 개념화에 의존하고, 이것은 Martell과 Kanter(출간 중)에 의해 강조되었다. 사례 개념화가 갖는 기능 분석은 여전히 존속하며, 유용하고, 또 이때 초점화된 중재는 인지, 행동 또는 정서가 갖는 역할에 의존한다.

인지의 역할

인지적 중재에 관한 조사를 보면, 대부분의 내담자의 기능 변화를 직접적으로 시도하는 것에 초점을 맞추었다. 그리고 인지적 중재에는 '거리두기' '탈중심화' '상위인지' '목격자' 그리고 '반영 기능'과 같은 다양한 방법이 제안되었고, 이것들은 자기 관찰을 공통적으로 포함하고 있다. 자기 관찰과 관련하여